全本全注全译丛书

中华经典名著

罗炳良◎译注

文史通义 下

中华书局

方志立三书议

【题解】

　　本篇是章学诚论方志的总纲,对此前所撰《和州志》、《永清县志》、《亳州志》的修志实践加以总结,提出系统完整的方志改革理论,反过来又运用于撰修《湖北通志》。他明确提出方志应当确立三家之学,即"仿纪传正史之体而作志,仿律令典例之体而作掌故,仿《文选》、《文苑》之体而作文征。三书相辅而行,缺一不可"。所谓三书,就是把"志"作为中心,按照修史原则勒成一方之史,以备国史取材;"掌故"收录地方官府文书中的各项具体制度,作为考察一方典制的材料;"文征"收录地方记事文献,适当选取诗文名篇,大旨在于证史之用。全篇以问答形式,依次阐述方志设立三书的依据、性质和作用,体现出深入思考与别识心裁的见解。三书之外,章学诚还附立"丛谈",把取材之余而弃之可惜的材料附录在后,以便最大限度保存一方文献。章学诚提出的方志学新理论,是把"志"当作方志的主体,以"掌故"、"文征"和"丛谈"作为重要的补充资料,最大程度地发挥保存地方文献的功能,使方志编纂与文献保存紧密联系在一起,从而纠正了历来把方志视作地理书的错误。

　　凡欲经纪一方之文献,必立三家之学^①,而始可以通古人之遗意也。仿纪传正史之体而作志,仿律令典例之体而作掌故②,仿《文选》、《文苑》之体而作文征。三书相辅而行,缺一不可;合而为一,尤不可也。惧人以谓有意创奇,因假推或问以尽其义。

【注释】

①三家之学:三种各自成家的专门学问。

②典例:可以作为准则的成例。清代法律有《会典》、《则例》。

【译文】

　　凡是想要整理一个地区的文献,必须设立三种专门的学问,才可以凭借它们贯通古人遗留的旨意。仿照纪传正史的体制而作志,仿照法令成例的体制而作掌故,仿照《文选》、《文苑英华》的体制而作文征。三种书互相辅助而实行,缺一不可;合并成一体,尤其不行。担心有人认为这是有意创设新奇事物,因此假设有人提问来完全表达出其中的含意。

　　或曰:方志之由来久矣,未有析而为三书者。今忽析而为三,何也? 曰:明史学也。贾子尝言古人治天下,至纤至析①。余考之于《周官》,而知古人之于史事,未尝不至纤析也。外史掌四方之志,注谓若晋《乘》、鲁《春秋》、楚《梼杌》之类②,是一国之全史也。而行人又献五书③,太师又陈风诗④。详见《志科议》,此但取与三书针对者。是王朝之取于侯国,其文献之征,固不一而足也。苟可缺其一,则古人不当设是官;苟可合而为一,则古人当先有合一之书矣。

【注释】

①贾子尝言古人治天下,至纤至析:语出贾谊《论积贮疏》。析,原

著作"悉"。

②外史掌四方之志,注谓若晋《乘》、鲁《春秋》、楚《梼杌》之类:语出《周礼·春官》:"外史……掌四方之志。"郑玄《注》曰:"志,记也。谓若鲁之《春秋》、晋之《乘》、楚之《梼杌》。"

③行人又献五书:据《周礼·秋官》记载,属官有大行人、小行人,掌管接待四方邦国的宾客使臣。小行人负责了解各邦国情,献于天子。五书,据《周礼·秋官》记载:"其万民之利害为一书,其礼俗政事教治刑禁之逆顺为一书,其悖逆暴乱作慝犹犯令者为一书,其札丧凶荒厄贫为一书,其康乐和亲安平为一书。"

④大师又陈风诗:语出《礼记·王制》:"岁二月,东巡狩……命大师陈诗,以观民风。"大师,即太师,春秋时期乐官。

【译文】

有人说:方志的由来已经很久了,从来没有分开而作三种书的人。现在忽然分开而作三种,为什么呢? 回答说:为了使史学显明。贾子曾经说古人治理天下,极其细致入微。我从《周礼》中考察,从而知道古人对于史事,未尝不细致入微。外史掌管四方诸侯国的志书,注释说像晋国的《乘》、鲁国的《春秋》、楚国《梼杌》之类,这是一国的全史。而且行人又献五种书,太师又呈上民间诗歌。详见《州县请立志科议》,这里只选取和三书相对应的内容。这样王朝从诸侯国取得资料,对于文献的征集,本来不止一个方面。假如可以缺少其中一方面,那么古人不应当设立这个官职;假如可以合成一体,那么古人应当先有合成一体的书了。

或曰:封建罢为郡县,今之方志,不得拟于古国史也。曰:今之天下,民彝物则①,未尝稍异于古也。方志不得拟于国史,以言乎守令之官,皆自吏部迁除,既已不世其家,即不得如侯封之自纪其元于书耳②。其文献之上备朝廷征取者,岂有异乎？人见春秋列国之自擅，以谓诸侯各自为制度，略如后世割据之国史，不可推行于方志耳。不知《周官》之法，乃是同文共轨之盛治③，侯封之禀王章，不异后世之郡县也。

【注释】

①民彝物则：人和物所遵循的法则。彝，常法，常道。

②侯封之自纪其元于书：上古分封诸侯，每年天子给各国颁布正朔，象征天下一统。各诸侯国内部则根据当地具体情况，制定自己的历法，在本国实行。

③同文共轨：语出《礼记·中庸》"今天下车同轨，书同文"。形容国家文物制度统一的局面。

【译文】

有人说：封邦建国制度废除而实行郡县制度，现在撰修的方志，不能比照古代诸侯国史。回答说：现在的天下，人际关系与事物法则，和古代没有多少不同。方志不能比照诸侯国史，说的是郡守县令的官职，都由吏部调动和任命，既然已经不是世袭传家，就不能像诸侯国那样自己在书上记载本国年代。至于预备朝廷征取的文献，难道有什么不同吗？人们见到春秋列国自行擅权，以为是诸侯国各自实行制度，诸侯国史大抵像后世割据政权的国史，不能推行到方志纂修之中。不知道《周礼》的法度，乃是文字相同与车轨相等的大一统政治，诸侯国奉行朝廷法令，和后世的郡县没有什么不同。

古无私门之著述，六经皆史也。后世袭用而莫之或废者，惟《春秋》、《诗》、《礼》三家之流别耳。纪传正史，《春秋》之流别也；掌故典要，《官礼》之流别也；文征诸选，风诗之流别也。获麟绝笔以还，后学鲜能全识古人之大体，必积久而然后渐推以著也。马《史》班《书》以来，已演《春秋》之绪矣。刘氏《政典》，杜氏《通典》，始演《官礼》之绪焉。吕氏《文鉴》，苏氏《文类》，始演风诗之绪焉。并取括代为书，互相资证，无空言也。

【译文】

古代没有私家的著述，六经都是史书。后世沿用而没有废止，只有《春秋》、《诗经》、《周礼》三家的流派而已。纪传体正史，是《春秋》的流派；掌故准则，是《周礼》的流派。文章选集，是《诗经》的流派。孔子著《春秋》以后，后世学者很少能完全了解古人的全貌，一定要经过很长时间推阐然后逐渐趋向明显。司马迁《史记》与班固《汉书》以来，已经延续《春秋》开设的传统了。刘秩的《政典》，杜佑的《通典》，已开始延续《周礼》的端绪了。吕祖谦的《宋文鉴》，苏天爵的《元文类》，已开始延续《诗经》的端绪了。这些都是采用包容一代编撰成书的方式，互相凭借证实，没有空泛的言论。

或曰：文中子曰："圣人述史有三，《书》、《诗》与《春秋》也。"①今论三史，则去《书》而加《礼》，文中之说，岂异欤？曰：《书》与《春秋》，本一家之学也。《竹书》虽不可尽信，编年盖古有之矣。《书》篇乃史文之别具。古人简质，未尝合撰纪传耳。左氏以传翼经，则合为一矣。其中辞命，即训诰之遗也；所征典实，即《贡》、《范》之类也。故《周书》讫平王，《秦誓》乃附侯国之书②。而《春秋》托始于平王，明乎其相继也。左氏合而马、班因之，遂为史家一定之科律，殆如江汉分源而合流，不知其然而然也。后人不解，而以《尚书》、《春

秋》分别记言记事者，不知六艺之流别者也。若夫《官礼》之
不可缺，则前言已备矣。

【注释】

①文中子曰："圣人述史有三，《书》、《诗》与《春秋》也"：语出王通
《中说》卷一《王道》："昔圣人述史三焉：其述《书》也，帝王之事备
矣，故索焉而皆获；其述《诗》也，兴衰之由显，故究焉而皆得；其
述《春秋》也，邪正之迹明，故考焉而皆当。"文中子，王通。

②《秦誓》：《尚书》篇名，记载春秋秦穆公时期秦国与晋国交战兵败
崤山之后在军中的誓词。《尚书·周书》讫于周平王作《文侯之
命》，其下所收鲁侯伯禽所作《费誓》和秦穆公所作《秦誓》，乃是
附录的诸侯国之书。

【译文】

有人说：文中子说："圣人传述的史书有三部，《尚书》、《诗经》与《春
秋》。"现在讨论三种史书，去掉《尚书》而增加《周礼》，文中子的说法，难
道是不同的意思吗？回答说：《尚书》和《春秋》，本来就是一家的学术。
《竹书纪年》虽然不能完全相信，大概编年体在古代就有了。《尚书》的
篇章是史书文字的另外存流形式。古人简朴，不曾把它们聚合成纪传
而已。左氏用传文辅助经书，就合为一书了。书中的应对言辞，就是训
诰命诰的遗留；所征引的典故史实，就是《禹贡》、《洪范》一类。所以《周
书》截止到平王，《秦誓》是附入诸侯国的书。而《春秋》从平王时代开始，
表明是相互继承的关系。左氏聚合而司马迁、班固因袭，于是就成为史
学一家固定的规则，大约像长江、汉水源头不同而合流为一，不知道为什
么就这样了。后人不了解，认为《尚书》、《春秋》是分别记言与记事，这是
不知道六经的流派。至于《周礼》不可缺少，前面的话里已经详细说了。

或曰：《乐》亡而《书》合于《春秋》，六艺仅存其四矣。既

曰六经皆史矣，后史何无演《易》之流别欤？曰：古治详天道而简于人事，后世详人事而简于天道，时势使然，圣人有所不能强也。上古云鸟纪官，命以天时，唐、虞始命以人事；《尧典》详命羲和，《周官》保章，仅隶春官之中秩，此可推其详略之概矣。《易》之为书也，开物成务，圣人神道设教，作为神物，以前民用。羲、农、黄帝不相袭，夏、商、周代不相沿，盖与治历明时，同为一朝之创制，作新兆人之耳目者也。后世惟以颁历授时为政典，而占时卜日为司天之官守焉；所谓天道远而人事迩①，时势之不得不然。是以后代史家，惟司马犹掌天官②，而班氏以下，不言天事也。

【注释】

①天道远而人事迩：语出《左传·昭公十七年》："郑裨灶言于子产曰：'宋、卫、陈、郑将同日火。若我用瓘斝玉瓒，郑必不火。'子产弗与。"《左传·昭公十八年》又记载："五月……宋、卫、陈、郑也，数日皆来告火。裨灶曰：'不用吾言，郑又将火。'郑人请用之，子产不可。子大叔曰：'宝，以保民也，若有火，国几亡。可以救亡，子何爱焉？'子产曰：'天道远，人道迩，非所及也，何以知之？灶焉知天道！是亦多言矣，岂不或信？'遂不与，亦不复火。"

②司马犹掌天官：语出司马迁《史记》卷一百三十《太史公自序》："司马氏世主天官。"司马贞《索隐》曰："天官，乃广知天文星历之事。"

【译文】

有人说：《乐经》消失而《尚书》与《春秋》合并，六经只留下其中四经了。既然说六经都是史书，为什么后世史书没有延续《周易》的流派呢？回答说：古代治理天下在天道上详尽而在人事上简略，后世在人事上详尽而在天道上简略,是时势造成这样,圣人也不能勉强。上古用云和鸟名作官名,命令官员掌握天时,唐尧和虞舜才开始命令官员管理人事;《尧典》详细记载命令义和掌管天文,而《周礼》中掌管天文保章氏,仅属于春官的中等级别,由此可以推究天人关系详细和简略的大体情况了。《周易》作为一部书,揭示事理而成就世务,圣人依据神妙的道理设立教化,作为神奇的事理,用来引导百姓使用。伏羲、神农、黄帝不相因袭,夏、商、周三代不相沿用,大概和制定历法说明时令,同是一个朝代创立的制度,用来教化百姓移风易俗。后世只把颁布历法时令当作典章制度,而预测天象只是作为掌管天象官员的职责,这就是人们所说的天道遥远而人事接近,是时势造成不得不这样。所以后代的史学家,只有司马谈和司马迁父子还掌管天文,而班固以后的人,不谈论天道之事。

　　或曰:六经演而为三史,亦一朝典制之巨也。方州蕞尔之地①,一志足以尽之,何必取于备物欤?曰:类例不容合一也。古者天子之服,十有二章,公、侯、卿、大夫、士差降,至于元裳一章②,斯为极矣。然以为贱,而使与冠履并合为一物,必不可也。前人于六部、卿、监,盖有志矣③。然吏不知兵,而户不侵礼,虽合天下之大,其实一官之偏,不必责以备物也。方州虽小,其所承奉而施布者,吏、户、礼、兵、刑、工,无所不备,是则所谓具体而微矣④。国史于是取裁,方将如《春秋》之藉资于百国宝书也,又何可忽欤?

【注释】

①蕞(zuì)尔:语出《左传·昭公七年》:"蕞尔国。"杜预《注》曰:"蕞,小貌。"

②天子之服,十有二章,公、侯、卿、大夫、士差降,至于元裳一章:语

出《周礼·春官》:"司服掌王之吉凶衣服,辨其名物与其用事。"
郑玄《注》曰:"《书》曰:'予欲观古人之象,日、月、星辰、山、龙、华
虫,作绘。宗彝、藻、火、粉米、黼、黻,缔绣。'此古天子冕服十二
章。"章,古代君臣礼服上的图案。每图为一章。天子十二章,公
九章,以下群臣按七、五、三章递减,至玄裳一章。元裳,即玄裳,
避清圣祖玄烨讳而改。

③六部、卿、监(jiàn),盖有志矣:据《明史》卷九十七《艺文志》职官
类著录,有《吏部志》、《南京户部志》、《刑部志》、《工部志》、《太常
志》、《太仆志》、《国子监志》等。六部,指中央行政机构吏、户、
礼、兵、刑、工六部。卿,封建社会中央事务机构的长官,有太常
等九卿。监,封建社会官府机构名称,如秘书监、国子监。

④具体而微:语出《孟子·公孙丑上》:"昔者窃闻之:子夏、子游、子
张皆有圣人之一体,冉牛、闵子、颜渊则具体而微。"一体,一部
分。具体,全体,整体。

【译文】

有人说:六经演变成三史,也是一朝典章制度中的重大内容。州郡
小小的地方,一部方志足够全部包括,何必要求全面具备呢? 回答说:
类别和体例不容许合在一起。古代天子的礼服有十二章,公、侯、卿、大
夫、士依次递减,到玄裳一章,就是尽头了。但是如果认为玄裳卑微,而
把它和鞋帽合并成一件东西,一定不可以。前人对于六部、卿、监,大概
都编撰志书了。然而吏部不管理军事,而户部不干涉礼仪,即使合在全
国的大范围,实际上一个官署掌管一方面,不一定要求全面负责。一方
州郡虽然狭小,然而它所承受上司并发布施行的命令,吏、户、礼、兵、
刑、工六部,无不具备,这就是所说的具备全体而规模稍小而已。国史
从这里取材,正像孔子修《春秋》借助各国史书一样,又怎么可以忽
视呢?

　　或曰：自有方志以来，未闻国史取以为凭也。今言国史取裁于方志，何也？曰：方志久失其传。今之所谓方志，非方志也。其古雅者，文人游戏、小记短书、清言丛说而已耳①。其鄙俚者，文移案牍、江湖游乞、随俗应酬而已耳。搢绅先生每难言之②。国史不得已，而下取于家谱、志状、文集、记述，所谓礼失求诸野也。然而私门撰著，恐有失实，无方志以为之持证，故不胜其考核之劳，且误信之弊，正恐不免也。盖方志亡而国史之受病也久矣。方志既不为国史所凭，则虚设而不得其用，所谓觚不觚也③，方志乎哉！

【注释】

①小记短书：语出王充《论衡》卷三《骨相》："若夫短书俗记，竹帛胤文，非儒者所见，众多非一。"指短篇杂记之书。

②搢绅先生每难言之：语出司马迁《史记》卷一《五帝本纪赞》："百家言黄帝，其文不雅驯，荐绅先生难言之。"荐绅，即搢绅，也作缙绅。

③觚（gū）不觚：语出《论语·雍也》："子曰：'觚不觚，觚哉觚哉！'"孔子慨叹觚的形制发生变化，不合古法，就不成其为觚了。觚，酒器，身长，口部与底部呈喇叭形状。

【译文】

　　有人说：自从有方志以来，没听说国史取用方志来作依据。现在说国史从方志里取材，为什么呢？回答说：方志失去传承已经很长久了。现在人们所说的方志，不是方志。那些古雅的志书，是文人游戏、短记杂书、清谈丛说而已；那些粗俗的志书，是公文案卷、江湖乞丐、随俗应酬而已。士大夫与读书先生常常难以说出口。国史无可奈何，向下采取家谱、墓志、行状、文集、记述之中的材料，这是所说的礼制亡失而从郊野寻求。然而私家撰著，恐怕有失实的地方，没有方志来为它们提供证据，所以考查核实的劳苦承受不了，况且误信的弊病，只恐怕不能避免。大概方志消亡而国史受到损害已经很久了。方志既然不被国史凭借，就会虚设而不起作用，人们所说的觚不再是觚，就是指方志吧！

　　或曰：今三书并立，将分向来方志之所有而析之欤？抑增方志之所无而鼎立欤？曰：有所分，亦有所增。然而其义难以一言尽也。史之为道也，文士雅言，与胥吏簿牍，皆不可用；然舍是二者，则无所以为史矣。孟子曰：其事，其文，其义，《春秋》之所取也。即簿牍之事而润以尔雅之文①，而断之以义，国史方志，皆《春秋》之流别也。譬之人身，事者其骨，文者其肤，义者其精神也。断之以义，而书始成家。书必成家，而后有典有法，可诵可识，乃能传世而行远。故曰：志者志也②，欲其经久而可记也。

【注释】

　　①尔雅：语出班固《汉书》卷三十《艺文志》："古文读应尔雅。"颜师古《注》曰："尔雅，近正也。"

　　②志者志也：《汉书》十志，颜师古《注》曰："志，记也，积记其事也。"

【译文】

　　有人说：现在同时设立三书，是把方志向来所有的项目分开呢，还是增加以前方志所缺而三足鼎立呢？回答说：有的内容分开，也有的内容增加。然而这个意思很难用一句话说清楚。修史的原则，文人典雅的语言，和官府吏人的文书，都不能使用；然而舍弃这两种东西，那就没有办法修史了。孟子说：那些事，那些文辞，那些道理，被《春秋》所采用。依据文书的记事而用典雅的文辞润色，再运用道理决断是非，国史与方志，都是《春秋》的流派。用人的身体做比喻，事件是骨骼，文辞是皮肤，道理是精神。运用道理决断是非，史书才能成一家。史书一定成家，然后有准则有规范，可以诵读可以识记，才能传到后世而流行久远。所以说：志就是记载，想要它经历长久而可以识记。

　　或曰：志既取簿牍以为之骨矣，何又删簿牍而为掌故乎？曰：说详《亳州掌故》之例议矣，今复约略言之。马迁八书，皆综核典章，发明大旨者也。其《礼书》例曰："笾豆之事，则有司存。"①此史部书志之通例也。马迁所指为有司者，如叔孙朝仪，韩信军法，萧何律令②，各有官守而存其掌故，史文不能一概而收耳。惜无刘秩、杜佑其人，别删掌故而裁为典要。故求汉典者，仅有班书，而名数不能如唐代之详，其效易见也。则别删掌故以辅志，犹《唐书》之有《唐会要》③，《宋史》之有《宋会要》④，《元史》之有《元典章》⑤，《明史》之有《明会典》而已矣⑥。

【注释】

①《礼书》例曰："笾豆之事，则有司存"：语出司马迁《史记》卷二十八《封禅书》："若至俎豆珪币之详，献酬之礼，则有司存。"此处言出于《礼书》，属于误记。

②马迁所指为有司者，如叔孙朝仪，韩信军法，萧何律令：语出司马迁《史记》卷一百三十《太史公自序》："汉兴，萧何次律令，韩信申军法，张苍为章程，叔孙通定礼仪。"

③《唐会要》：记述唐代典章制度沿革变迁的典制体史书。唐德宗时苏冕编《会要》四十卷，唐宣宗时杨绍复续编《会要》四十卷。五代王溥重加整理，并补录唐宣宗以后史事，编为《唐会要》一百

卷。北宋太祖建隆二年(961)，奏上其书。

④《宋会要》：宋代各朝接续编修的会要，有王珪《六朝会要》三百卷，起宋太祖建隆元年(960)讫宋神宗熙宁十年(1077)；卢允文《续四朝会要》三百卷，起宋神宗元丰元年(1078)讫宋钦宗靖康二年(1127)；梁克家《中兴会要》一百卷，起宋高宗建炎元年(1127)讫绍兴三十二年(1162)；南宋中后期则有《孝宗会要》、《光宗会要》、《宁宗会要》、《理宗会要》等官修史书，成书二千二百余卷。私人撰修的会要有李心传所编宋太祖至宋宁宗十三朝《国朝会要总类》，又称为《十三朝会要》；张从祖私辑的宋太祖至宋孝宗十一朝会要，名为《总类国朝会要》，两书大抵删改官修实录而成。宋代官私会要后来散佚殆尽，至清代嘉庆年间徐松从《永乐大典》中辑出残存之稿，共三百六十六卷，名为《宋会要辑稿》。

⑤《元典章》：元代官修史书，记载元英宗以前的典章制度，六十卷。分为十门，包括诏令、圣政、朝纲、台纲、吏部、户部、礼部、兵部、刑部、工部，共三百七十三目。不著撰人姓名。附新集不分卷，记载元英宗至治二年之事，体例同正集。今人陈垣有《元典章校补》十卷。

⑥《明会典》：明李东阳等奉敕撰，一百八十卷。以六部为纲，分述各官署职掌。明孝宗弘治十五年(1480)成书。明神宗万历十五年(1587)续修，编成二百二十八卷。

【译文】

有人说：方志已经取文书来作骨骼了，为什么又节取文书作掌故呢？回答说：解释已经详见《亳州志·掌故》的例议了，现在进一步粗略说说。司马迁的八书，都是综括考核典章制度，阐发大旨。《史记》的《礼书》讲到体例说："笾豆等礼器的小事，有主管官员保存。"这是史书中撰修书志的常规。司马迁所指的主管官员，例如叔孙通的朝仪、韩信的兵法、萧何的法令，各有官员保存那些掌故，史书记事文字不能全部收入。可惜当时没有刘秩、杜佑这样的人，另外节取掌故而形成固定准则。所以探求汉代典章制度，只有班固《汉书》，因而名物度数不能像唐代那样详细，效果容易看出。那么另外节取掌故来辅助志文，就像《唐书》有《唐会要》，《宋史》有《宋会要》，《元史》有《元典章》，《明史》有《明会典》了。

或曰：今之方志，所谓艺文，置书目而多选诗文，似取事言互证，得变通之道矣。今必别撰一书为文征，意岂有异乎？曰：说详《永清文征》之序例矣，今复约略言之。志既仿史体而为之，则诗文有关于史裁者，当入纪传之中，如班《书》传志所载汉廷诏疏诸文，可也。以选文之例而为《艺文志》，是《宋文鉴》可合《宋史》为一书，《元文类》可合《元史》为一书矣，与纪传中所载之文，何以别乎？

【译文】

有人说：现在的方志，所说的艺文部分，弃置收录书目而大量选取诗文，似乎采用事和言互相证明的方法，已经找到了变通的途径了。现在一定要另外编撰一部文征，难道有不同意图吗？回答说：解释已经详见《永清县志·文征》的序例了，现在进一步粗略说说。方志既然是仿照史书体裁编纂，那么诗文和史书体裁有关的部分，应该收进纪传里面，就像班固《汉书》传、志记载的汉朝诏令、奏疏诸文，就可以了。如果按照选择诗文的体例而作《艺文志》，那么《宋文鉴》可以和《宋史》合成一部书，《元文类》可以和《元史》合成一部书了，这和纪传中所记载的文章，用什么区别呢？

或曰：选事仿于萧梁[①]，继之《文苑英华》与《唐文粹》，其所由来久矣。今举《文鉴》、《文类》，始演风诗之绪，何也？曰：《文选》、《文苑》诸家意在文藻，不征实事也。《文鉴》始有意于政治^②，《文类》乃有意于故事^③，是后人相习久，而所见长于古人也。

【注释】

①仿：当作"昉"。原意是曙光初现，引申为开始。

②《文鉴》始有意于政治：据宋人周必大《文忠集》卷一百零四《皇朝文鉴序》曰："[孝宗]皇帝陛下……万机余暇，犹玩意于众作，谓篇帙繁夥，难于遍览，择有补治道者，表而出之……略存一代之制，定为一百五十卷。"此所谓有意于政治也。

③《文类》乃有意于故事：据元人陈旅《安雅堂集》卷四《国朝文类序》曰："国朝文章之盛，不采而汇之，遂将散轶沉泯，赫然休光，弗耀于将来，非当务之大缺者钦？乃搜摭国初至今名人所作……为七十卷，名曰《国朝文类》。百年文物之英，尽在是矣。"此所谓有意于故事也。

【译文】

有人说：选文编录之事从萧梁开始，接下来有《文苑英华》和《唐文粹》，来源已经很久了。现在举出《宋文鉴》、《元文类》，开始延续《诗经》的开端，为什么呢？回答说：《文选》、《文苑英华》诸书重视文采，不选征实的事情。《宋文鉴》才开始重视政治，《元文类》才开始重视典故，这是后人互相沿袭时间长了，而见识比古人高超之处。

或曰：方州文字无多，既取经要之篇入纪传矣^①，又辑诗文与志可互证者，别为一书，恐篇次寥寥无几许也。曰：既已别为一书，义例自可稍宽。即《文鉴》、《文类》，大旨在于证史,亦不能篇皆绳以一概也。名笔佳章,人所同好,即不尽合于证史,未尝不可兼收也。盖一书自有一书之体例,《诗》教自与《春秋》分辙也②。近代方志之艺文,其猥滥者,毋庸议矣。其稍有识者,亦知择取其有用,而慎选无多也。不知律以史志之义,即此已为滥收;若欲见一方文物之盛,虽倍增其艺文,犹嫌其隘矣。不为专辑一书,以明三家之学,进退皆失所据也。

【注释】

①经要(yào):经指通行的义理、法度、原则等常道。要指要点、要纲、总要。

②《诗》教自与《春秋》分辙:辞章本于《诗经》,史学本于《春秋》,途辙自分。

【译文】

有人说:州郡值得记载的文字不多,已经选取关系治道常法的篇章收入纪传了,又收集可以和方志互相印证的诗文,另外再作一部书,恐怕篇章就寥寥无几了。回答说:既然已经另作一书,宗旨和体例自然可以稍微放宽。即使《宋文鉴》、《元文类》,大的原则在于印证史事,也不能每篇都用这个标准一概衡量。著名的好文章,人们共同爱好,即使不完全符合印证史事的要求,未尝不可以兼收并蓄。大概一部书自有一部书的体例,《诗经》的教义自然和《春秋》不同。近代方志选择的艺文部分,那些烦杂冗滥的选家,就不需要谈论了。那些稍有见识的选家,也知道选取有用的文章,而慎重选择防止过多。不懂得用编撰史书志体的义例规范方志,上述这样已经是收入过滥;如果想要展示一个地区文物的兴盛,虽然成倍增加艺文的篇幅,也还是嫌它范围狭小了。如果不为艺文专门编集一部书,用来表明三种专门的学业,那就前进后退都失掉凭借的依据。

或曰:《文选》诸体,无所不备,今乃归于风诗之流别,何谓也? 曰:说详《诗教》之篇矣,今复约略言之。《书》曰:"诗言志。"古无私门之著述,经、子、诸史,皆本古人之官守;诗则可以惟意所欲言。唐、宋以前,文集之中无著述[1]。文之不为义解[2]、经学。传记、史学。论撰子家。诸品者[3],古人始称之为文。其有义解、传记、论撰诸体者,古人称书,不称文也。萧统《文选》,合诗、文而皆称为文者[4],见文集之与诗,同一流别也。今仿选例而为文征,入选之文,虽不一例,要皆自以其意为言者,故附之于风诗也。

【注释】

[1]唐、宋以前,文集之中无著述:解说详见本书《文集》之篇。著述,指诗文以外的经学、史学、子学文章。

[2]义解:解释阐发经书义理的著作。

[3]论撰:具有特定宗旨的议论文章。

[4]萧统《文选》,合诗文而皆称为文:据萧统《昭明太子集》卷五《文选序》曰:"若其赞论之综缉辞采,序述之错比文华,事出于沉思,义归乎翰藻,故与夫篇什,杂而集之。"翰藻,指文章。篇什,指诗作。此可见文与诗为同一流别。

【译文】

有人说:《文选》各种文体,无不具备,现在却归入《诗经》的流派,为什么呢? 回答说:解释已经详见《诗教》篇了,现在进一步粗略说说。《尚书》说:"诗言志。"古代没有私家的著述,经书、子书、诸史,都语出古人的专官职守,诗却可以任凭心意说话。唐、宋以前,文集里面没有专家著述。文章不是义解、经学。传记、史学。论撰子家。各类,古人才称它是文。那些有义解、传记、论撰诸体的撰述,古人称为书,不称文。萧统的《文选》,汇合诗、文而全部都称为文,是看到文集和诗为同一流派。现在仿照文选体例编文征,入选的诗文,虽然不完全是同一体例,总之都是凭自己心意说话的文章,所以归附《诗经》流派。

　　或曰:孔衍有《汉魏尚书》,王通亦有《续书》,皆取诏、诰、章、疏,都为一集,亦《文选》之流也。然彼以衍《书》家,而不以入《诗》部,何也? 曰:《书》学自左氏以后,并入《春秋》。孔衍、王通之徒,不达其义而强为之,故其道亦卒不能行。譬犹后世,济水已入于河①,而泥《禹贡》者,犹欲于荥泽、陶邱浚故道也②。

【注释】

①济水已入于河:语出《尚书·禹贡》:"导沇水,东流为济,入于河,溢为荥,东出于陶丘北。"济水,古代四渎之一,源出今河南济源市西王屋山。故道流过黄河又南流,东向与黄河并行入海。后下游为黄河所夺。

②荥泽:在今河南郑州西北,西汉末渐淤为平地。陶邱:在今山东定陶县境。

【译文】

有人说:孔衍有《汉尚书》与《魏尚书》,王通也有《续尚书》,都是取材诏、诰、章、疏,汇集成一书,也是《文选》一类。然而它们因为延续《尚书》家,而不被列入《诗经》部类,为什么呢? 回答说:《尚书》学从左氏以后,合并进《春秋》家。孔衍、王通一类人,不懂得这个道理而勉强续《尚书》,所以他们的主张也终究不能通行。譬如后世济水已经并入黄河,而拘泥于《禹贡》的人，还想在荥泽、陶邱疏浚故道。

　　或曰：三书之外，亦有相仍而不废者，如《通鉴》之编年，《本末》之纪事①，后此相承，当如俎豆之不祧矣。是于六艺，何所演其流别欤？曰：是皆《春秋》之支别也。盖纪传之史，本衍《春秋》家学，而《通鉴》即衍本纪之文，而合其志传为一也。若夫《纪事本末》，其源出于《尚书》；而《尚书》中折而入于《春秋》，故亦为《春秋》之别也。马、班以下，代演《春秋》于纪传矣，《通鉴》取纪传之分，而合之以编年，《纪事本末》又取《通鉴》之合，而分之以事类；而因事命篇，不为常例，转得《尚书》之遗法。所谓事经屡变而反其初，贲饰所为受以剥，剥穷所为受以复也②。譬烧丹砂以为水银，取水银而烧之，复为丹砂，即其理矣。此说别有专篇讨论③，不具详也。此乃附论，非言方志。

【注释】

①《本末》：宋代史家袁枢的《通鉴纪事本末》。

②贲饰所为受以剥，剥穷所为受以复：语出《周易·序卦》："贲者，饰也。致饰然后亨则尽矣，故受之以剥。剥者，剥也。物不可终尽，剥穷上反下，故受之以复。"

③别有专篇讨论：本书的《书教》篇。

【译文】

　　有人说：三书之外，也有继续延续而不废弃的书，例如《资治通鉴》的编年，《通鉴纪事本末》的纪事，自此以后继承不断，应当像祭祀始祖而不迁庙了。这些对于六经，延续的是什么流派呢？回答说：这些都是《春秋》的支派。大概纪传体史书，本来延续《春秋》家的学术，而《资治通鉴》就是延续本纪的文字,而与志、传合为一体。至于《通鉴纪事本末》,它的源头语出《尚书》,而《尚书》后来转而并入《春秋》,所以也是《春秋》的流派。司马迁、班固以下,世代用纪传体延续《春秋》了,《资治通鉴》取分割体裁的纪传体,用编年法整合在一处;《通鉴纪事本末》又取整合的《资治通鉴》,按事类分开;而根据事件确立篇目,不按照惯例,反而得到《尚书》遗留的方法。这就是常说的事情经过多次变化而回到起初状态,承续文饰的卦是剥落,剥落到尽头而承续剥落的卦是回复。譬如烧丹砂而变成水银,取水银来烧,又变成丹砂,就是这个道理了。这一说法另外有专篇探讨,这里不详细说明。这是附论,不是说方志。

　　或曰:子修方志,更于三书之外,别有《丛谈》一书①,何为邪? 曰:此征材之所余也。古人书欲成家,非夸多而求尽也。然不博览,无以为约取地。既约取矣,博览所余,拦入则不伦②,弃之则可惜,故附稗野说部之流,而作《丛谈》,犹经之别解,史之外传,子之外篇也。其不合三书之目而称四,何邪? 三书皆经要,而《丛谈》则非必不可缺之书也。前人修志,则常以此类附于志后,或称余编,或称杂志。彼于书之例义,未见卓然成家,附于其后,故无伤也。既立三家之学,以著三部之书,则义无可借,不如别著一编为得所矣。《汉志》所谓小说家流,出于稗官,街谈巷议③,亦采风所不废云尔。

【注释】

①《丛谈》一书:章学诚为毕沅纂修《湖北通志》,撰有《丛谈》四卷,分为考据、轶事、琐语、异闻。

②拦入:阑入。意为擅入。

③《汉志》所谓小说家流，出于稗官，街谈巷议：语出班固《汉书》卷
三十《艺文志》："小说家者流，盖出于稗官。街谈巷语，道听途说
者之所造也。"稗官，《汉书》颜师古《注》为先秦小官，采集街谈巷
语，以供君主了解闾巷风俗。

【译文】

　　有人说：您编修方志，又在三书之外，另有《丛谈》一书，为什么呢？
回答说：这是收集材料的剩余。古人著书想要成一家，不夸耀数量多和
追求穷尽。然而不广泛阅览，就没有可以简约的基础。已经可以简约
了，广泛阅览所剩余的材料，掺杂进去不伦不类，丢弃不要又可惜，所以
附入野史笔记一类，而作成《丛谈》，犹如经书的别解，史书的外传，子书
的外篇。它不与三书的名目合并而称四，是为什么呢？三书都关系常
道准则，而《丛谈》却不是一定不可缺少的书。前人修志，就经常把这一
类内容附在志后，有的书叫做余编，有的书叫做杂志。那些人的方志在
宗旨和体例方面，看不出超然出众自成一家，把这一类东西附在后面，
本来没有损害。既然设立三家的学术，著成三个部类的书，那么原则不
能假借，不如另外撰述一编就找到合适的位置了。《汉书·艺文志》所
说的小说家一流，出于稗官，街谈巷议，也是了解民间风俗时不能废弃
罢了。

州县请立志科议

【题解】

本篇所论，缘起于章学诚在多年纂修方志的实践中，认识到方志取材不易，主要原因是没有形成修志的稳固制度，于是提出州县设立志科的建议。他通过研究《周礼》，认为周代对于四方诸侯国文献的采集，有多种官员分别掌管，形成一套自下而上的制度，极其详细周密，所以王室能够保存丰富的四方之志。后世的方志相当于周代诸侯国史，然而历代朝廷却没有专门官员职掌文献，以至于造成各种方志体例不一致。章氏指出，修史应当具有不同的层次，有天下之史，有一国之史，有一家之史，有一人之史。天下之史指一个朝代的国史，一国之史指地方志，一家之史指家谱和家传，一人之史指个人的传记与行状等。朝廷修撰国史，主要应当从地方志选取材料。而在各级地方志中，州县志尤为关键，上可以为通志与府志取材，下可以考察采纳家谱、传记等情况。正因为州县志关系至重，所以州县应当设立专门的志科，作为官府长设行政机构，专门负责修志事宜。章学诚提出志科的具体职责，一是摘取州县六科文书案卷的要点，保存副本；二是记载离任长官在任史实，作为宦迹；三是核实境内家谱、传记、行状等资料，以备方志取材；四是收藏境内人士著述、诗文等，保留副本；七是记载地方典礼、兴建等事宜。另外每乡设采访一人，搜集遗文逸事，汇集于志科。对于以上各类文献，需要辟专室建柜收藏，分门别类，标记时间，不至于紊乱。一旦全国形成制度，方志纂修局面将会大大改善。这一建议非常合理与必要，可惜由于章学诚人微言轻而无人采纳。

　　鄙人少长贫困①，笔墨干人②，屡膺志乘之聘③，阅历志事多矣。其间评骘古人是非，斟酌后志凡例，盖尝详哉其言之矣。要皆披文相质④，因体立裁。至于立法开先，善规防后，既非职业所及，嫌为出位之谋⑤，间或清燕谈天⑥，辄付泥牛入海⑦。美志不效，中怀缺如。然定法既不为一时，则立说亦何妨俟后，是以愿终言之，以待知者择焉。

【注释】

①鄙人：古人自称的谦辞。

②干（gān）人：求人。干，求取。

③屡膺（yīng）志乘之聘：清高宗乾隆二十九年（1764），章学诚协助父亲章镳纂修《天门县志》；乾隆三十八年（1773），应和州知州刘长城之聘，纂修《和州志》；乾隆四十二年（1777），应永清县知县周震荣之请，纂修《永清县志》；乾隆五十四年（1789），应亳州知州裴振之聘，纂修《亳州志》；乾隆五十七年（1792），应湖广总督毕沅之聘，纂修《湖北通志》。膺，受，当。

④披文相（xiàng）质：语出萧统《文选》卷十七《陆士衡·文赋》："碑披文以相质。"李善《注》曰："碑以叙德，故文质相半。"披，翻阅，翻开。相，辅佐，帮助。

⑤出位之谋：语出《论语·宪问》："曾子曰：'君子思不出其位。'"意为超出本职范围，越俎代庖之意。

⑥清燕谈天：清燕也作清晏，语出陈寿《三国志》卷二十八《钟会

传》:"拓平西夏,方隅清晏。"清静安宁。谈天,语出司马迁《史
记》卷七十四《孟子荀卿列传》:"故齐人颂曰:谈天衍,雕龙奭。"
裴骃《集解》引刘向《别录》曰:"邹衍之所言五德终始,天地广大,
尽言天事,故曰谈天。"意为闲居高谈,闳辩阔论。

⑦泥牛入海:语出《锦绣万花谷》前集卷二十八《佛祖》:"洞山问龙
山和尚:'见什么道理便住此山?'师云:'我见两个泥牛斗入海,
直至如今无消息。'"比喻一去不返,杳无音信。

【译文】

　　我从少年到成年身处贫困,凭借笔墨向别人干请,多次接受编修方
志的聘请,经历有关方志的事情很多了。在这期间评定古人是非,推敲
以后修志的凡例,大约也曾经谈论得很详细了。总之都运用文采辅助
实质内容,根据本体确立体裁。至于设立法则开创先例,妥善制定规则
防止以后出现弊病,既然不是职务涉及的范围,不愿做超越本分的谋
划,有时清谈高论,总是归于泥牛入海。美好的志愿不能实现,心中感
到失落。然而制定法则既然不是为一时之用,那么提出的学说又何妨
等待后人,所以终究愿意说出来,等待知音的人选择。

　　按《周官》宗伯之属,外史掌四方之志,注谓若晋《乘》、
楚《梼杌》之类,是则诸侯之成书也。成书岂无所藉?盖尝
考之周制,而知古人之于史事,未尝不至纤悉也。司会既于
郊野县都掌其书契版图之贰①;党正"属民读法,书其德行道
艺"②;闾胥比众,"书其敬敏任恤"③;诵训"掌道方志,以诏观
事,掌道方慝,以诏避忌,以知地俗"④;小史"掌邦国之志,奠
系世,辨昭穆"⑤;训方"掌导四方之政事,与其上下之志,诵
四方之传道"⑥;形方"掌邦国之地域,而正其封疆"⑦;山师、
川师"各掌山林川泽之名,辨物与其利害"⑧;原师"掌四方之

地名,辨其邱、陵、坟、衍、原、隰之名"⑨;是于乡、遂、都、鄙之间⑩,山川风俗,物产人伦,亦已巨细无遗矣。至于行人之献五书,职方之聚图籍⑪,太师之陈风诗,则其达之于上者也。盖制度由上而下,采摭由下而上,惟采摭备,斯制度愈精,三代之良法也。后世史事,上详于下。郡县异于封建,方志不复视古国史,而入于地理家言,则其事已偏而不全。且其书无官守制度,而听人之自为,故其例亦参差而不可为典要,势使然也。

【注释】

①司会既于郊野县都掌其书契版图之贰:语出《周礼·天官·司会》:"掌国之官府郊野县都之百物财用,凡在书契版图者之贰。"郑玄《注》曰:"版,户籍也。图,土地形象,田地广狭。"司会,天官的属官,辅助管理财政经济和对群官政绩的考察。县,古代邦畿千里之地为县,后来王畿内都邑也称县。都,周代王族以及公卿大夫在畿内的封地。贰,副本。

②党正"属民读法,书其德行道艺":语出《周礼·地官·党正》。贾公彦《疏》曰:"党正于正岁建寅朔日,聚众庶读法,因即书其德行道义。"党正,地官的属官,一党的长官。五百家为一党。

③闾胥比众,"书其敬敏任恤":语出《周礼·地官·闾胥》:"聚众庶,既比,则读法,书其敬敏任恤者。"闾胥,地官的属官,一闾的长官。二十五家为一闾。

④诵训"掌道方志,以诏观事,掌道方慝,以诏避忌,以知地俗":语出《周礼·地官》。诵训,地官的属官。

⑤小史"掌邦国之志,奠系世,辨昭穆":语出《周礼·春官》。小史,春官的属官,为大史副职,掌管史书、帝王世系及礼仪等事。

⑥训方"掌道四方之政事,与其上下之志,诵四方之传道":语出《周礼·夏官》。训方氏,夏官的属官,掌管对天子述说四方诸侯政事,以及训导四方人民。

⑦形方"掌邦国之地域,而正其封疆":语出《周礼·夏官·形方氏》。形方氏,夏官的属官。

⑧山师、川师"各掌山林川泽之名,辨物与其利害":语出《周礼·夏官》。山师、川师,夏官的属官。

⑨原师"掌四方之地名,辨其丘、陵、坟、衍、原、隰(xí)之名":语出《周礼·夏官》。原师,夏官的属官。丘,低矮的土山。陵,高大的土山。坟,水边高地。衍,低平之地。原,平原之地。隰,低洼湿地。

⑩乡、遂、都、鄙:据《周礼》记载,畿内王城之外为郊甸之地。郊有六乡,五家为比,五比为闾,四闾为族,五族为党,五党为州,五州为乡。则近郊一乡一万二千五百家。甸有六遂,五家为邻,五邻为里,四里为酂,五酂为鄙,五鄙为县,五县为遂。则远郊一遂一万二千五百家为。都鄙,语出《周礼·天官·冢宰》:"以八则治都鄙。"郑玄《注》曰:"都鄙,公卿大夫之采邑,王子弟所食邑。"即王族子弟及公卿大夫在畿内的封地。

⑪职方之聚图籍:语出《周礼·夏官》:"职方氏掌天下之图,以掌天下之地……周知其厉害。"职方氏,夏官的属官,掌管天下地图与四方进贡。

【译文】

考察《周礼》宗伯的属官,外史掌管四方诸侯国的志书,注疏说像晋国的《乘》、楚国的《梼杌》之类,那么这是诸侯国修成的书。修成的书怎么能没有凭借的依据呢? 大致曾经考察周代制度,知道古人对于史事,未尝不非常详细完备。司会已经对郊野县邑掌管书契、户籍、地图的副本;党正"聚集民众读法令,记录他们的德行和技能";同胥考核民众,

"记录他们的恭敬、通达、诚信、助人的德行";诵训"掌管述说方志,让君主能博览众事,掌管述说四方罪恶,让君主能避开禁忌,以便知道各地风俗";小史"掌管王朝和诸侯国的史书,确定王族世系,辨明昭穆辈分";训方"掌管述说四方诸侯的政事,和他们君臣上下的心意,诵说四方世代传说的古事";形方"掌管划定王室和诸侯国的地域,确定它们的边界";山师、川师各自掌管山林、河流、湖泊的名称,辨别出产物品和它们的利害";原师"掌管四方的地名,辨别丘、陵、坟、衍、原、隰的名称"。这是对于乡、遂、都、鄙之间,山川、风俗、物产、人际关系,也已经从大到小都没有遗漏了。至于行人献进五种书,职方氏聚拢图籍,太师呈上民间诗歌,这是送达到上面王朝的图书。大约制度是由上到下,采集是由下到上,只有采集完备,那么制度才会更加周密,这是夏、商、周三代的好方法。后代的史事,上面比下面详细。郡县制和封邦建国制度不同,方志不再比照古代诸侯国史,而流入地理之家的书籍,那么方志的事情已经偏颇而不全面。况且修方志没有专职机构和制度,而听任人们自己纂修,所以方志的体例也参差不齐而不能当做固定准则,这是时势造成这样的结果。

　　夫文章视诸政事而已矣。三代以后之文章,可无三代之遗制;三代以后之政事,不能不师三代之遗意也。苟于政法亦存三代文章之遗制,又何患乎文章不得三代之美备哉?天下政事,始于州县,而达乎朝廷,犹三代比、闾、族、党,以上于六卿;其在侯国,则由长、帅、正、伯①,以通于天子也。朝廷六部尚书之所治,则合天下州县六科吏典之掌故以立政也。其自下而上,亦犹三代比、闾、族、党,长、帅、正、伯之遗也。六部必合天下掌故而政存,史官必合天下纪载而籍备也。乃州县掌故,因事为名,承行典吏②,多添注于六科之外③。而州县纪载,并无专人典守,大义缺如。间有好事者流,修辑志乘,率凭一时采访,人多庸猥,例罕完善;甚至挟私诬罔,贿赂行文。是以言及方志,荐绅先生每难言之。史官采风自下,州县志乘如是,将凭何者为笔削资也?且有天下之史,有一国之史,有一家之史,有一人之史。传、状、志、述,一人之史也;家乘谱牒④,一家之史也;部、府、县志⑤,一国之史也;综纪一朝,天下之史也。比人而后有家,比家而后有国,比国而后有天下。惟分者极其详,然后合者能择善而无憾也。谱牒散而难稽,传志私而多谀;朝廷修史,必将于方志取其裁。而方志之中,则统部取于诸府⑥,诸府取于州县,亦自下而上之道也。然则州县志书,下为谱牒传志持平,上为部府征信,实朝史之要删也。期会工程⑦,赋税狱讼,州县恃有吏典掌故,能供六部之征求;至于考献征文,州县仅恃猥滥无法之志乘,曾何足以当史官之采择乎?州县挈要之籍,既不足观,宜乎朝史宁下求之谱牒传志,而不复问之州县矣。夫期会工程,赋税狱讼,六部不由州县,而直问于民间,庸有当欤?则三代以后之史事,不亦难乎?夫文章视诸政事而已矣。无三代之官守典籍,即无三代之文章;苟无三代之文章,虽有三代之事功,不能昭揭如日月也。令史案牍,文学之儒,不屑道也。而经纶政教,未有舍是而别出者也。后世专以史事责之于文学,而官司掌故,不为史氏备其法制焉,斯则三代以后,离质言文,史事所以难言也。今天下大计⑧,既始于州县,则史事责成,亦当始于州县之志。州县有荒陋无稽之志,而无荒陋无稽之令史案牍。志有因人臧否、因人工拙之义例文辞，案牍无因人臧否、因人工拙之义例文辞；盖以登载有一定之法，典守有一定之人，所谓师三代之遗意也。故州县之志，不可取办于一时⑨，平日当于诸典吏中，特立志科，金典吏之稍明于文法者⑩，以充其选。而且立为成法，俾如法以纪载，略如案牍之有公式焉，则无妄作聪明之弊矣。积数十年之久，则访能文学而通史裁者，笔削以为成书，所谓待其人而后行也。如是又积而又修之，于事不劳，而功效已为文史之儒所不能及，所谓政法亦存三代文章之遗制也。

【注释】

①长、帅、正、伯：语出《礼记·王制》："千里之外设方伯，五国以为属，属有长；十国以为连，连有帅；三十国以为卒，卒有正；二百一十国以为州，州有伯。"下文"长、帅、正、伯"，底本误作"长、卒、正、伯"，据《章氏遗书》卷十四《州县请立志科议》改。

②典吏：语出《隋书》卷二十五《刑法志》："上又以典吏久居其职，肆情为奸。诸州县佐史，三年一代，经任者不得重居之。"指地方官府的吏员。

③添注：明代官员家居被任用，补官缺，称为添注。

④家乘(shèng)：语出宋人罗大经《鹤林玉露》乙编卷四《家乘》："山谷晚年作日录，题曰《家乘》，取孟子'晋之《乘》'之义。"山谷，黄庭坚，号山谷。后称家谱为家乘。

⑤部：汉武帝分全国为十三州部，派刺史巡察郡县。章学诚以部或统部称呼布政使司(俗称省)机构，参见下篇《地志统部》。

⑥统部：总领区域单位。统，统一，统领。部，古代区域单位。一般指地方最高行政区划，例如唐代的道、宋代的路、元代的行中书

省、明清两代的布政使司。

⑦期会:语出司马迁《史记》卷一百二十九《货殖列传》:"此宁有政教发征期会哉?"意为指定期限,也泛指政令的施行。

⑧大计:语出《周礼·天官》:"三岁则大计群吏之治,以知民之财,器械之数。"意为统计功过作为赏罚依据。明、清两代则把考核外官的制度称为大计,由县、州、府、省每月逐级升报,巡抚每三年造册申报朝廷,赏功罚罪。

⑨办:底本误作"辨",据《章氏遗书》卷十四《州县请立志科议》改。

⑩佥:通"签"。原意为以记号标出标志,此处指委派、任用吏人。

【译文】

　　文章比照政事就可以了。三代以后的文章,可以没有三代遗留下来的制度;三代以后的政事,不能不仿效三代遗留下来的旨意。假使政事法令中也保存三代文章遗留的制度,又何必担心文章不能达到三代的完美齐备呢? 天下的政事,从州县开始,而上达朝廷,就像三代地方的比、闾、族、党,把政事上报王室的六卿;在诸侯国里,就由长、帅、正、伯负责,把政事告知天子。朝廷六部尚书所治理的政务,就是汇合天下州县六科吏治的掌故来确立执行政务的原则。这种由下到上,也就像三代比、闾、族、党,长、帅、正、伯的遗法。六部一定要汇合天下掌故才能实行政务,史官一定要汇合天下记载才能完备文献。可是州县掌故,依据事情设立名目,承办的主管官吏,大多在六科之外任命。而州县记载,并没有专人主管,缺少大原则。偶尔有喜欢多事的人,纂修一方史志,大多根据短期搜集寻访的资料,人员多半平庸浅陋,体例很少能够完善;甚至夹带私念诬陷毁谤,接受贿赂而撰文。所以提到方志,士大夫与乡绅常常难以说出口。史官从下面采集风俗,州县方志这样猥滥,将根据什么做著述的凭借呢? 况且有天下之史,有一国之史,有一家之史,有一人之史。家传、行状、墓志、行述,是一人之史,家史、家谱,是一家之史;部、府、州、县志,是一国之史;综合记载一个朝代,是天下之史。

汇聚人然后有家,汇聚家然后有国,汇聚国然后有天下。只有分区达到最详细的记载,然后统和才能择善而从没有遗憾。家谱分散而难于考察,家传、墓志夹带私念而自我吹嘘;朝廷修史,一定要在方志中选取材料。而方志当中,统部从诸府选材,诸府从州县选材,也是从下到上的途径。那么州县志书,下对家谱、家传、墓志衡量公平,上被省府所凭信,实际是朝廷修史撮要删定的依据。政令实施与工作程式,赋税征收与案件诉讼,州县赖有吏员的掌故,能供给六部的求取;至于考核与征集文献,州县只依靠杂乱繁多而没有准则的方志,怎么能够适应史官的选材呢? 州县提纲挈领的书籍,既然不值得观览,难怪朝廷修史宁愿向下从家谱、家传、墓志求取,而不再从州县方志取材了。政令实施与工作程式,赋税征收与案件诉讼,六部不经过州县,而直接从民间求取,怎么能适合呢? 那么三代以后的史事,不是很难办吗? 文章比照政事就可以了。没有三代的官员职掌典籍,就没有三代的文章;如果没有三代的文章,即使有三代的功绩,不能像日月那样明确显示出来。胥吏的文书,有文才的儒者,不屑于谈论。而治理国家与政治教化,不能舍弃这些而从另外的地方产生。后世专门把史事要求文学之士负责,而官府的掌故,不为史官建立完备制度,这就是三代以后,离开实质讲究文辞、史事难于谈论的原因。现在天下的官员考核,既然从州县开始,那么史事要求的责任,也应当从州县方志开始。州县有荒疏而缺乏依据的方志,却没有荒疏而没有依据的胥吏文书。方志存在因为撰修之人有君子与小人、撰修之人有精巧与拙劣的不同体例和文辞,文书则不存在因为撰修之人有君子与小人、撰修之人有精巧与拙劣的不同体例和文辞;大概因为官府记载有确定的规则,主管有确定的专人负责,这就是所说的效法三代遗留的旨意。所以州县纂修方志,不能在短时期内仓促办理,平时应当在各位吏员中,特别设立志科,指派吏员中略微懂得文章作法的人,挑选出来担当这项工作。而且还要确立固定法规,让他们按照法规来记载,大略像文书的记录有一定格式,就没有随意妄作而自作聪明的弊病了。长期积累几十年，就寻求有文才而通晓史学裁断的人，加以删改编成完整的书，这就是所说的等待适当的人然后施行。照这样再积累而再编修，在事情上做起来不费力，而功效却是从事文史的儒生不能达到的程度了，这就是所说的在政事法令中也保存三代文章遗留的制度。

　　然则立为成法将奈何？六科案牍，约取大略，而录藏其副可也。官长师儒，去官之日，取其平日行事善恶有实据者，录其始末可也。所属之中，家修其谱，人撰其传志、状、述，必呈其副；学校师儒，采取公论，核正而藏于志科可也。所属人士，或有经史撰著，诗辞文笔，论定成编，必呈其副，藏于志科，兼录部目可也。衙廨城池，学庙祠宇，堤堰桥梁，有所修建，必告于科，而呈其端委可也。铭金刻石，纪事摛辞，必摩其本，而藏之于科可也。宾兴乡饮①，读法讲书②，凡有举行，必书一时官秩及诸名姓，录其所闻所见可也。置藏室焉，水火不可得而侵也。置锁楗焉，分科别类，岁月有时，封志以藏，无故不得而私启也。仿乡塾义学之意③，四乡各设采访一人④，遴绅士之公正符人望者为之，俾搜遗文逸事，以时呈纳可也。学校师儒，慎选老成，凡有呈纳，相与持公核实可也。夫礼乐与政事，相为表里者也。学士讨论礼乐，必询器数于宗祝⑤，考音节于工师⑥，乃为文章不托于空言也。令史案牍，则大臣讨论国政之所资，犹礼之有宗祝器数，乐之有工师音节也。苟议政事而鄙令史案牍，定礼乐而不屑宗祝器数，与夫工师音节，则是无质之文，不可用也。独于史氏之业，不为立法无弊，岂曰委之文学之儒已足办欤？

【注释】

①宾兴乡饮：周代乡大夫自乡学荐举人才升入国学，叫做宾兴。对荐举的人才，乡大夫设酒宴以宾客礼相待，叫做乡饮。科举时代，地方官设宴招待应举士人，也叫做宾兴。乡饮，有时也指地方官按时在学校举行的一种敬老仪式。

②读法讲书：据《周礼·地官》记载，地方官长每年按时召集公众，宣读一年的法令，称为读法。讲书，明、清两代设提督学道之官，至清中叶改称提督学政，负责一省儒学事务。学政赴州县考试生员，考试前先举行讲书仪式。

③乡塾：语出唐代欧阳询《艺文类聚》卷十四引南朝梁任昉《齐明帝谥议》："岩廊有缙绅之谈，乡塾无横议之士。"意为乡间私塾。义学：又称义塾，官学以外的免费学校，多由私人兴办。

④四乡：语出《国语·越语下》："皇天后土四乡地主正之。"意为四方。后来称城区四周稍远的地方为四乡。此处指州县四边东西南北四个方位。

⑤宗祝：据《周礼·春官》记载，春官之属有内宗、外宗、大（太）祝、小祝，为掌管祭祀礼器之官。一般指宗伯和太祝。

⑥工师：据《周礼·春官》记载，春官之属有乐工、乐师，掌管音乐。

【译文】

　　那么确立为固定法规应该怎么办呢？六科文书，择要摘取大略，而誊写收藏文书副本就可以。长官和学官，离任的时候，选取他们平日行事善恶有确实证据的事例，记录始末原委。所管辖的范围之中，各家编修家谱，各人撰写家传、墓志、行状与行述，一定要呈交副本；让学校教官，采取公众评论，核实以后收藏在志科就可以。管辖范围内的人士，如果有经史著述、诗赋文章，编排确定成书后，一定要呈交副本，收藏在志科，同时登记类别就可以。官署城池，学庙祠堂，堤坝桥梁，倘若有所修建，一定要告知志科，呈报始末原委就可以。铭刻金石文字，记事铺展文辞，一定要拓印原件，收藏在志科就可以。地方科举考试设宴，举行乡饮酒礼，聚众宣读法令，学校讲书仪式，凡是有举行的事情，一定要记载当时的官职和各人姓名，记录所听到与所见到的内容就可以。设置收藏室，水火不能损害。设置上锁的文件柜，区分科目类别，按照年月日期，封存标记收藏起来，没有缘故不能私自打开。仿照乡塾义学的意图，四乡各设采访一人，选择绅士中公正有声望的人担任，让他们搜寻遗文逸事，按时交纳就可以。在学校教官之中，谨慎选择年高有德之人，凡是交纳的文献，一同秉公核实就可以。礼乐和政事，是互相配合的关系。士大夫探讨研究礼乐，一定要向宗祝询问有关礼器礼仪的规定，从乐工、乐师那里考察音调节奏，才算是文章不依托空泛言论。胥吏文书，是大臣商讨国家政事所凭借的依据，就像礼仪有宗祝主管的礼器礼仪，音乐有乐工、乐师主管的音调节奏。假使议论政事而轻视胥吏文书，制定礼乐而对宗祝主管的礼器礼仪，和乐工、乐师主管的音调节奏不屑一顾，就是没有实质的文章，无法使用。唯独对史家的事情，不设立法规避免弊病，难道说托付给有辞章之学的文人就足以办好了吗？

　　或曰：州县既立志科，不患文献之散逸矣。由州县而达乎史官，其地悬而其势亦无统要，府与布政使司，可不过而问欤？曰：州县奉行不实，司府必当以条察也。至于志科，既约六科案牍之要，以存其籍矣。府吏必约州县志科之要，以为府志取裁；司吏必约府科之要，以为通志取裁；不特司府之志，有所取裁，且兼收并蓄，参互考求，可以稽州县志科之实否也。至于统部大僚，司科亦于去官之日，如州县志科之于其官长师儒，录其平日行事善恶有实据者，详其始末，存于科也。诸府官僚，府科亦于去官之日，录如州县可也。

此则府志科吏，不特合州县科册而存其副，司志科吏，不特合诸府科而存其副，且有自为其司与府者，不容略也。

【译文】

　　有人说：州县既然设立志科，就不用担心文献的散逸了。由州县到达史官那里，地位相隔悬殊运作也不得统辖要领，府和布政使司，可以不过问吗？回答说：州县执行如果不属实，布政使司与府一定会按条规审察。至于志科，已经摘取六科文书的要点，用来保存书册了。府衙的胥吏一定摘取州县志科的要点，用来供府志选择；布政使司的胥吏一定摘取府志科的要点，用来供通志选择；不仅布政使司与府的方志，有选择材料的依据，而且兼收并蓄，相互参证与稽考寻求，可以考察州县志科记载是否确实。至于统部的长官，布政使司的志科也在他们离任的时候，就像州县志科对待州县长官与学官那样，记录他们平时行事善恶有确凿证据的事实，详细叙述始末，保存在志科。诸府的长官，府衙志科也可以在他们离任的时候，就像州县那样记录就可以。这样府衙志科胥吏不仅汇合州县志科书册而保存其副本，布政使司志科胥吏不仅汇合诸府志科而保存其副本，而且有自己对布政使司和诸府事实的记载，不容忽略。

　　或曰：是于史事，诚有裨矣。不识政理亦有赖于是欤？曰：文章政事，未有不相表里者也。令史案牍，政事之凭藉也。有事出不虞，而失于水火者焉，有收藏不谨，而蚀于湿蠹者焉；有奸吏舞法，而窜窃更改者焉；如皆录其要，而藏副于志科，则无数者之患矣。此补于政理者不尠也①。谱牒不掌于官，亦今古异宜，天下门族之繁，不能悉核于京曹也②。然祠袭争夺，则有讼焉；产业继嗣，则有讼焉；冒姓占籍，降服归宗③,则有讼焉;昏姻违律,则有讼焉;户役隐漏,则有讼焉。或谱据遗失,或奸徒伪撰,临时炫惑,丛弊滋焉。平日凡有谱牒,悉呈其副于志科,则无数者之患矣。此补于政理者,又不尠也。古无私门之著述,盖自战国以还,未有可以古法拘也。然文字不隶于官守,则人不胜自用之私。圣学衰而横议乱其教,史官失而野史逞其私④;晚近文集、传、志之猥滥,说部是非之混淆,其渎乱纪载,荧惑清议,盖有不可得而胜诘者矣。苟于论定成编之业,必呈副于志科,而学校师儒从公讨论,则地近而易于质实,时近而不能托于传闻,又不致有数者之患矣。此补于政理者,殆不可以胜计也。故曰文章政事,未有不相表里者也。

【注释】

①尠(xiǎn):也作"尟",通"鲜",少。

②京曹:朝廷各部司以下的属官均为京官,故曰京曹。

③降服归宗:古代丧制规定,出嗣之子为本生父母持丧,丧服降低一等,等级由斩衰降为齐衰,期限由三年降为一年,称为降服。随母育于异性或者出继异姓亲戚者回归本姓,称为归宗。

④野史:据《新唐书》卷五十八《艺文志》杂史类著录:"公沙仲穆《大和野史》十卷。起大和,尽龙纪。"此乃以"野史"名书之始。后世泛称私家记载的朝野见闻为野史。

【译文】

有人说:这对于修史,确实是有裨益了。不知道这对于政事治理是否也有帮助呢?回答说:文章和政事,没有不互相配合的情况。胥吏的文书,是政事的凭借。有出现意外事故,而在水火灾害中损失的事情;有收藏不谨慎,而被潮气与蠹虫损伤的事情;有奸诈胥吏舞文弄法,而窃取窜改的事情；如果都摘录文书要点，而把副本收藏在志科，就没有这几种损害情况了。这对政事治理具有不少补益。家谱不由官府掌管，也是由于古今情况不同，天下门第家族繁多，不能全部由朝廷官署查验。然而宗族祠堂承袭的争夺，就有诉讼；家产的继承，就有诉讼；冒用他人姓氏填入户籍，由外姓之家还归本宗，就有诉讼；婚姻违反法律，就有诉讼；按户分派的差役有隐瞒遗漏，就有诉讼。有时家谱遗失，有时奸诈之徒伪造家谱，趁机迷乱众人，种种弊病由此产生。平时凡是有家谱，都把副本呈交给志科，就没有这几种祸害情况了。这对政事治理的补益，又不为少。古代没有私家的著述，大概从战国以来，就没有可以用古代方法规范的著述了。然而著述不归属官员职掌，人们自以为是的私心就没有限制。圣贤之学衰落而纵横议论扰乱儒学的教化，史官失去职守而野史放纵恣肆；近代的文集、家传、墓志杂滥繁冗，笔记小说是非混淆，它们搅乱史书记载，迷惑社会舆论，大概有不能尽数责问的了。假如对编排确定成书的文字，一定要向志科呈送副本，而由学校教官秉公讨论是非，那么地理位置接近容易对证事实，相距时间接近不能妄托传闻，又不致有这几种祸害情况了。这对政事治理的补益，大概无法尽数计算了。所以说文章和政事，没有不互相配合的情况。

地志统部

【题解】

清仁宗嘉庆二年(1797),章学诚在安徽桐城披阅试卷,看到洪亮吉刊刻《卷施阁文集》,其中有《与章进士书》一篇,反驳章学诚十年前之说,于是章学诚又作此篇申论。十年之前,章学诚见洪亮吉所作《乾隆府厅州县图志》,认为对清代各大行政区划的称呼,不应沿用《大清一统志》的旧例仍称布政使司,而应该按照清代中叶制度称为部院。他在文中列举应称部院的十条理由,其中最根本的理由就是,清初沿用明制,称布政使司,后来逐渐把明代的巡抚按察制度固定下来,各省设立巡抚之职,巡抚均兼兵部侍郎与都察院副都御史衔,成为固定长官,布政使成为属员,因此不能继续称布政使司,而应当称为部院。这种说法从职官制度演变的角度来看比较合理,更符合清代社会的实际情况,能够做到名正言顺。然而任何时代的名物度数都会产生变化,而称呼不一定立即废除。汉代的州和隋、唐的州管辖地域有天壤之别,未尝不称州;唐代的节度使和宋代的节度使职权有天壤之别,未尝不称节度使。历代各大行政区划,唐代称道,宋代称路,元代称行中书省,明、清两代称布政使司,形成固定的制度。自元、明、清以来,人们习惯于把各大行政区划称为省,这一制度名称一直沿用到现在,久已深入人心。章学诚不同意使用省的名称,说省是俗称,所以主张应称部院,替代省作为各大政区名称。这一做法不免矫枉过正,因为过于强调制度名称随时,就难免造成割断历史联系、过分拘泥于名称而不顾客观时势的失误。

　　阳湖洪编修亮吉①,尝撰辑《乾隆府厅州县志》②,其分部乃用《一统志》例③,以布政使司分隶府、厅、州、县。余于十年前,访洪君于其家,谓此书于今制当称部院④,不当泥布政使司旧文。因历言今制分部与初制异者,以明例义。洪君意未然也。近见其所刻《卷施阁文集》,内有《与章进士书》⑤,繁称博引,痛驳分部之说。余终不敢为然。又其所辨,多余向所已剖,不当复云云者。则余本旨,洪君殆亦不甚忆矣。因疏别其说,存示子弟,明其所见然耳,不敢谓己说之必是也。

【注释】

①阳湖洪编修亮吉:洪亮吉(1746—1809),字稚存,号北江,清代江苏阳湖(今江苏武进)人。清高宗乾隆五十五年(1790)进士,授翰林院编修。嘉庆初年,上书指摘朝政,谪戍新疆伊犁。次年赦还,改号更生居士。著述颇多,有《春秋左传诂》、《卷施阁文集》、《更生阁文集》等。编修,翰林院官员,掌编修国史及实录等。

②《乾隆府厅州县志》:洪亮吉撰《乾隆府厅州县图志》五十卷,清高宗乾隆五十四年(1789)刊刻。

③《一统志》:《大清一统志》。始撰于清高宗乾隆八年(1743),编成三百四十二卷,另外附录外藩及朝贡诸国。至乾隆二十年(1755),伊犁平定,又诏重修,编成五百卷定本。

④部院:部指朝廷六部,院指都察院。清代总督、巡抚例加兵部尚书、侍郎及都察院都御史、副都御史衔。故称巡抚为部院。

　　⑤《与章进士书》：洪亮吉《卷施阁文甲集》卷八《与章进士学诚书》。

　　【译文】

　　阳湖洪亮吉编修曾经编撰《乾隆府厅州县志》，书中划分政区却使用《一统志》的体例，以布政使司分别统辖府、厅、州、县。我在十年之前，去洪君家中拜访，说这部书里按照当今制度应该叫做部院，不应该拘泥于布政使司的旧称。于是一一说明当今划分政区制度和当初制度的不同，用来表明宗旨和体例。洪君之意不以为然。近来看到他刻印的《卷施阁文集》，里面有《与章进士书》，广泛论说征引，彻底驳斥我关于划分政区的说法。我终究不能认为像他所说的这样。另外他所分辨的观点，大多是我以前已经剖析明白的内容，不应当再说怎么怎么样。那么我的本意，洪君恐怕也不太记得清楚了。因而分条辨析关于政区的说法，留给子弟观看，表明对此问题的见解是这样罢了，不敢说自己的说法一定对。

　　统部之制，封建之世，则有方伯①。郡县之世，则自汉分十三部州②；六朝州郡，制度迭改，其统部之官，虽有都督总管诸名③，而建府无常，故唐人修五代地志④，即《隋志》。不得统部之说，至以《禹贡》九州，画分郡县，其弊然也。唐人分道⑤，宋人分路⑥，虽官制统辖不常，而道、路之名不改；故修地志者，但举道、路而分部明也。元制虽亦分路，而诸路俱以行省平章为主，故又称行省⑦。而明改行省为十三布政使司⑧，其守土之官，则曰布政使司布政使⑨。布政使司者，分部之名，而布政使者，统部之官，不可混也。然布政使司，连四字为言，而行省则又可单称为省，人情乐趋简便，故制度虽改，而当时流俗，止称为省。沿习既久，往往见于章奏文移，积渐非一日矣。我朝布政使司，仍明旧制；而沿习称省，亦仍明旧。此如汉制子弟封国，颁爵为王，而诏诰章奏，乃称为诸侯王；当时本非诸侯，则亦徇古而沿其名也。但初制尽如明旧，故正名自当为布政使司。百余年来，因时制宜，名称虽沿明故，而体制与明渐殊⑩。

【注释】

①方伯：商、周时期统领一方的诸侯国首领。后来泛称地方最高行政长官。

②汉分十三部州：据班固《汉书》卷二十八《地理志》记载，汉武帝分全国为十三个监察区，称为十三州部，部置刺史，大体沿用《禹贡》九州之名而略微损益，曰冀州、幽州、并州、兖州、青州、徐州、扬州、荆州、豫州、凉州、益州、交州、朔方。

③都督总管：魏、晋、南北朝时中央派往地方的领军长官，后兼管辖区民政，演变为大区军政长官。据杜佑《通典》记载，魏、晋、宋、齐、梁、陈设置都督诸州诸军事、都督某州诸军事，北魏设置京畿大都督，后周改都督诸州诸军事为总管，隋、唐于要州设置大总管，其于州府设置总管。

④五代地志：五代指梁、陈、北齐、北周、隋五朝。唐初命史官分撰五朝史，只有纪传而无志。唐高宗命修《五代史志》，后附于《隋书》。地志，《五代史志·地理志》，亦即《隋书》卷二十九《地理志》。

⑤道：唐太宗贞观时期，根据山川形势，把全国分为十道，即关内道、河南道、河东道、河北道、山南道、陇右道、淮南道、江南道、剑南道、岭南道。唐玄宗开元年间，又分为十五道，即分山南、江南各为东、西两道，新增黔中道、京畿道、都畿道。

⑥路：宋太宗至道年间，分全国为十五路；宋仁宗天圣年间，析为十八路；神宗元丰年间，又析为二十三路，即京东东、西路，京西南、

北路，河北东、西路，永兴军路、秦凤路、河东路、淮南东、西路，两
浙路、江南东、西路，荆湖南、北路，成都府路、梓州路、利州路、夔
州路、福建路、广南东、西路。

⑦行省：元世祖至元年间，设立中书省一，统辖山东西部、河北之
地，称为腹里；行中书省十一，即岭北行省、辽东行省、河南行省、
陕西行省、四川行省、甘肃行省、云南行省、江浙行省、江西行省、
湖广行省、征东行省。行省长官为丞相、平章等。无丞相则以平
章统理行省事。

⑧十三布政使司：明代除京师、南京直隶朝廷外，全国设置十三个
布政使司，即山东布政使司、山西布政使司、河南布政使司、陕西
布政使司、四川布政使司、湖广布政使司、浙江布政使司、江西布
政使司、福建布政使司、广东布政使司、广西布政使司、云南布政
使司、贵州布政使司。

⑨布政使司布政使：据《明史》卷七十五《职官志》记载："承宣布政
使司左右布政使各一人，从二品……掌一省之政，朝廷有德泽禁
令，承流宣播，以下于有司。"清代略有损益，据《清通典》卷三十
四《职官》记载："国初每省设承宣布政使司，置左右布政使各一
人。顺治十八年，分江南布政使司为江苏、安徽，各二人。康
熙……六年，去左右系衔，每省只设布政使一人。"

⑩体制与明渐殊：明代布政使司长官布政使掌管一省行政，清代布
政使成为总督、巡抚的下属，这是明、清体制的不同。

【译文】

统部的制度，在封邦建国的时代，就有方伯。在郡县制的时代，从
汉代开始分十三部州；六朝时代的州郡，制度交替改变，此时统部的长
官，虽然有都督、总管等名目，而设置府衙不固定。所以唐代史家编撰
五代地理志，即《隋书·地理志》。不了解统部的含意，以至于按照《禹
贡》九州，划分郡县，弊病竟然如此。唐代分道，宋代分路，虽然官制和

统辖区域分合不定，而道、路的名称不改，所以编修地理志的人，只标举道、路而统部划分明确。元代制度虽然也分路，而诸路都以行省平章为长官，所以又称行省。而明代改行省为十三布政使司，管理一方的长官，叫做布政使司布政使。布政使司，是划分统部的名称，而布政使，是统部的长官，不可混淆。然而布政使，连用四个字作为称呼，而行省却可以单字称作省，人情喜欢趋向简便，所以制度虽然改变，而当时流行的习惯，只称作省。习惯因循已经长久，往往在章奏、公文中见到这样的称呼，逐渐形成而不是短暂的时间了。我朝布政使司，仍然沿用明代旧制；而习惯因循称省，也沿用明代的旧习。这就像汉代制度中子弟封国，授予的爵位是王，而诏书章奏中，却称为诸侯王；当时本不是诸侯，也就顺从古代沿用这个名称。只是起初的制度完全如同明代旧制，所以端正名称自然应当做为布政使司。一百多年来，根据时势确立原则，名称尽管沿袭明代旧制，体制和明代却逐渐不同。

　　今洪君书以乾隆为名，则循名责实，必当称部院而不当称布政使司矣。盖初制巡抚无专地[1]，前明两京无布政使司[2]，而顺天、应天间设巡抚[3]；顺天之外，又有正定[4]，应天之外，又有凤阳诸抚[5]。不似今之统辖全部，自有专地。此当称部院者一也。初制巡抚无专官，故康熙以前，巡抚有二品、三品、四品之不同，其兼侍郎则二品[6]，副都御史则三品，金都御史则四品；今则皆兼兵部侍郎、右副都御史矣。其画一制度，不复如钦差无定之例。此当称部院者二也。学差关部[7]，皆有京职，去其京职，即无其官矣。今巡抚新除，吏部必请应否兼兵部、都察院衔。虽故事相沿，未有不兼衔者；但既有应否之请，则亦有可不兼衔之理矣。按《会典》、《品级考》诸书[8]，已列巡抚为从二品，注云："加侍郎衔正二。"则巡抚虽不兼京衔,已有一定阶级⑨,正如宋之京朝官,知州军知县事⑩,虽有京衔,不得谓州县非职方也⑪。此当称部院者三也。国之大事,在祀与戎⑫。今戎政为总督专司⑬,而巡抚亦有标兵⑭,固无论矣。坛庙祭祀,向由布政使主祭者,而今用巡抚主祭⑮。则当称部院者四也。宾兴大典,向用布政使印钤榜者,而今用巡抚关防⑯。此当称部院者五也。初制布政使司有左右使,分理吏、户、礼、工之事。都司掌兵⑰,按察使司提刑⑱。是布政二使,内比六部;而按察一使,内比都察院也。今裁二使归一,而分驿传之责于按察使,裁都司而兵权归于督抚,其职任与前异。故上自诏旨,下及章奏文移,皆指督抚为封疆⑲,而不曰蕃使⑳;皆谓布政之司为钱谷总汇㉑,按察之司为刑名总汇㉒,而不以布政使为封疆。此尤准时立制,必当称部院者六也。督抚虽同曰封疆,而总督头衔则称部堂㉓;盖兵部堂官㉔,虽兼右都御史,而仍以戎政为主者也。巡抚头衔则称部院;盖都察院堂官,虽兼兵部侍郎,而仍以察吏为主者也。故今制陪京以外㉕,有不隶总督之府、州、县,而断无不隶巡抚之府、州、县也。如河南、山东、山西,有巡抚而无总督,巡抚不必兼总督衔。直隶、四川、甘肃㉖,有总督而无巡抚,则总督必兼巡抚衔㉗。督抚事权相等,何以有督无抚,督必兼抚衔哉?正以巡抚部院,画一职方制度,并非无端多此兼衔。此尤生今之时,宜达今之体制,其必当称部院者七也。今天下有十九布政使司㉘,而《会典》则例,六部文移,若吏部大计,户部奏销㉙,礼部会试㉚,刑部秋勘㉛,皆止知有十八直省㉜,而不知有十九布政使司；盖巡抚止有十八部院故也。巡抚实止十五，总督兼缺有三。故江苏部院，相沿称江苏省久矣。苏松布政使司，与江淮布政使司，分治八府三州㉝，不闻公私文告，有苏松直省、江淮直省之分。此尤见分部制度，今日万万不当称使司，必当称部院者八也。洪君以巡抚印用关防，不如布政使司正印，不得为地方正主，可谓知一十而忘其为二五矣。如洪君说，则其所为府、厅、州、县之称，亦不当也。府、州、县固自有印，厅乃直隶同知㉞，止有关防而无印也。同知分知府印，而关防可领职方；巡抚分都察院印，而关防不可以领职方，何明于小而暗于大也？此当称部院者九也。洪君又谓今制督抚，当如汉用丞相长史出刺州事㉟，州虽领郡，而《汉志》仍以郡国为主㊱，不以刺史列于其间。此比不甚亲切。今制惟江苏一部院，有两布政使司；此外使司所治，即部院所治，不比汉制之一州必领若干郡也。然即洪君所言，则阚氏《十三州志》㊲，自有专书，何尝不以州刺史著职方哉㊳？此当称部院者十也。

【注释】

①必当称部院而不当称布政使司矣。盖初制巡抚无专地：必当称部院而不当称，《章氏遗书》卷十四《地志统部》作"必当以巡抚为主而称、部院，不当更称"。初制巡抚无专地，语出《续文献通考》卷五十四《职官考》："巡抚之名，始于洪武中……盖大灾重事，则遣行视，谓之巡抚。迄事而止，无定员也。"明初，朝廷派遣官员巡抚地方，属于临时性质，后来逐渐演变为一省的实际长官。清初定制，每省以巡抚为长官，地位次于总督。

②前明两京：明代的北京和南京。北京设顺天府，南京设应天府。

③顺天、应天间设巡抚：据《明史》卷七十三《职官志》记载："［成化］八年，以畿辅地广，从居庸关中分，设二巡抚，其东为巡抚顺天、永平二府，驻遵化。"又记载："总理粮储提督军务，兼巡抚应天等府一员。"

④正定：据《明史》卷七十三《职官志》记载："成化八年，分居庸关以西，另设巡抚保定、真定、河间、顺德、大名、广平六府……驻真定。"明代改元代真定路为真定府，治所在真定（今河北正定），隶属北京。清代雍正年间，避清世宗胤禛(zhēn)之讳，改称正定。

⑤凤阳：据《明史》卷七十三《职官志》记载："总督漕运兼提督军务巡抚凤阳等处兼管河道一员。"明代设凤阳府，治所在凤阳（今属安徽），隶属南京。

⑥兼侍郎则二品：据《清通典》卷三十三《职官》记载："凡巡抚例兼都察院右副都御使衔。其应否兼兵部侍郎衔，由吏部请旨定夺。"明代巡抚例兼都察院官衔。都察院长官为都御史，副长官为副都御史、佥都御史。

⑦学差：学政。清代各省设提督学政，由京官派出，与总督、巡抚平行，督察各府、州、县的儒学事务。关：官府之间行文质询。

⑧《会典》、《品级考》：《会典》指《清会典》，一百卷。清圣祖康熙年间初修，清世宗雍正、清高宗乾隆、清仁宗嘉庆、清德宗光绪各朝迭加修改。体例仿照《明会典》，记载各官署的职掌和事例。《品级考》一卷，撰成于清圣祖康熙年间，撰人不详。

⑨阶级：官阶和品级。

⑩宋之京朝官，知州军知县事：据《宋史》一百六十七《职官志》记载："宋初革五季之患，召诸镇节度会于京师，赐第以留之。分命朝臣出守列郡，号权知军州事。军谓兵，州谓民政焉。"又记载："县令……若京、朝、幕官，则为知县事。有戍兵则兼兵马都监或监押。"宋代高级文官每日朝参者称为朝官，品级较低不能常参者称为京官，合称京朝官。军，宋代行政区划。有两种级别：一

种与府州同级,隶属于路。一种与县同级,隶属于府州。

⑪职方:官名。《周礼》有职方氏,隋有职方侍郎,唐、宋有职方郎中和职方员外郎,明、清有职方清吏司,虽历代执掌权限不尽相同,但都负责掌管天下舆图之事。此处指职掌方面之官。

⑫国之大事,在祀与戎:语出《左传·成公十三年》。

⑬总督:据《清通典》卷三十三《职官》记载:"总督……掌总治军民,统辖文武,考核官吏,修饬封疆。"明代派遣大臣作为军事重镇总督,主管地方军政,废置不常。清代变为常设制度,总督成为地方最高长官,总管一省或二三省的军民大政。巡抚位在其下。山东、山西、河南、江西等省不设总督,由巡抚兼任总督之职。

⑭标兵:标为清代绿营兵的最高军事编制单位,以三营为一标。标下之兵由总督统辖者称为督标,由巡抚统辖者称为抚标,由提督统辖者称为提标。

⑮巡抚主祭:清代社稷坛、祖庙、圣贤庙、诸神庙等坛庙祭祀,由巡抚主祭。

⑯关防:一种长方形的官印。明、清两代,正规职官使用的正方形印称为"印",临时派遣官员使用的长方形印称为"关防"。总督、巡抚起初属于临时派遣,故使用关防。

⑰都司:据《明史》卷七十六《职官志》记载:"都司掌一方之军政,各率其卫所,以隶于五府而听于兵部。"都司即都指挥使司的简称。明代在各省设立的与布政使司地位平等的机构,其长官都指挥使掌管一省的军事,隶属于中央的五军都督府。清代因兵权归属督抚,都司地位大大下降,仅为四品武官,位居游击之下。

⑱按察使司:据《清通典》卷三十四《职官》记载:"提刑按察使司按察使……掌全省刑名按核之事,振扬风纪,澄清吏治……与布政使称两司。"明代每省设按察使司,长官按察使掌管一省司法。清代沿置。

⑲封疆：语出《战国策·燕策三》："国之有封疆，犹家之有垣墙。"又据司马迁《史记》卷六十八《商君列传》记载："为田开阡陌封疆。"张守节《正义》曰："封，聚土也。疆，界也。谓界上封记也。"明、清两代总督、巡抚总领地方的军政大权，被称作封疆大臣或封疆大吏。

⑳轺使：语出萧统《文选》卷四十三《丘希范·与陈伯之书》："乘轺建节，奉疆埸之任。"又称轺车、轺传，均指使者乘坐的使车。

㉑钱谷总汇：管理赋税、财政的总机构。

㉒刑名总汇：管理刑事案件的总机构。

㉓部堂：清代的六部尚书、侍郎，因有大堂、左右堂名目，故称部堂。各省总督加兵部尚书衔，也称作部堂。

㉔堂官：明、清时期对朝廷六部长官尚书、侍郎的通称，因在各官署大堂、左右堂办公而得名。其他独立机构以及地方长官也被称作堂官。

㉕陪京：也称陪都。清代以盛京（今辽宁沈阳）为陪京。

㉖直隶：清代建都北京，以京师所辖地区为直隶，大致相当于今北京、天津两市以及河北省地区。

㉗总督必兼巡抚衔：清代设置总督八人，直隶、两江、闽浙、湖广、陕甘、四川、两广、云贵各一人。巡抚十五人，山东、山西、河南、江苏、安徽、江西、浙江、湖北、湖南、陕西、新疆、广东、广西、云南、贵州省各一人。以总督兼巡抚者，直隶、甘肃、福建、四川省四人。

㉘今天下有十九布政使司：据《清通典》卷三十四《职官》记载："承宣布政使司布政使，直隶、山东、山西、河南、江宁、苏州、安徽、江西、福建、浙江、湖北、湖南、陕西、甘肃、四川、广东、广西、云南、贵州各一人。"其中江宁、苏州是清高宗乾隆二十五年（1760）由江苏分出，同归江苏巡抚管辖。

㉙奏销：清代各州县每年将赋税征收的实数上报户部，称为奏销。

㉚会试：明、清科举制度，每三年会集各省举人赴京城参加礼部考试，称为会试。

㉛秋勘：清制，每年秋天，刑部会同大理寺等机构，对已判死刑的案件复审，称为秋审或秋勘。

㉜直省：各省直属朝廷，故称直省。

㉝苏松布政使司，与江淮布政使司，分治八府三州：清高宗乾隆年间，江苏省分设两布政使司，一驻江宁（今南京），一驻苏州。江宁布政使司辖江宁、扬州、淮安、徐州四府，海州、通州二州，海门一厅。苏州布政使司辖苏州、松江、常州、镇江四府，太仓州。

㉞同知：明、清时期府州的佐官，分掌各类事务。

㉟丞相长史出刺州事：汉代相国、丞相及三公府各设长史，协助主管各项事务，权任甚重。汉武帝分全国为十三州，设刺史监察诸郡，汉成帝改称州牧，汉哀帝复名刺史。

㊱郡国：汉代兼用郡县和分封两种体制，分天下为郡与国，并称郡国。

㊲阚氏《十三州志》：据《隋书》卷三十三《经籍志》地理类著录："《十三州志》十卷，阚骃撰。"

㊳何尝不以州刺史著职方哉：《章氏遗书》卷十四《地志统部》此后尚有一段文字："阚书今虽不传，而《隋志》著录，章怀太子《后汉书注》、六臣《文选注》多引之。洪君以博雅名，岂未见邪？"

【译文】

现在洪君的书用乾隆作书名，那么按照名称要求实际，一定应该称部院而不应该称布政使了。大概起初的制度是巡抚没有专门统领的地域，前明两京没有布政使司，而顺天府、应天府有时设置巡抚；顺天府之外，又有正定巡抚，应天府之外，又有凤阳巡抚。不像现在的巡抚管辖整个统部，自有专门统领的地域。这是应该称呼部院的第一个理由。

起初的制度是巡抚没有专门官职,所以康熙以前,巡抚有二品、三品、四品的不同,巡抚兼侍郎就是二品,兼副都御史就是三品,兼佥都御史就是四品;现在就全部兼兵部侍郎、右副都御史了。这样使制度整齐统一,不再有像钦差那样没有固定品级的事例。这是应该称呼部院的第二个理由。学政行文质询统部,署衔都有京官官职,去掉他们的京官官职,就没有学政这个官了。当今巡抚新任命,吏部一定请示是否应该兼兵部与都察院官衔。这虽然是沿用过去的惯例,现在没有不兼衔的巡抚,但是既然有是否应该的请示,那就也有可以不兼衔的道理了。考察《清会典》《品级考》等书,已经把巡抚列为从二品,并作注释说:"加侍郎衔巡抚为正二品。"那么巡抚即使不兼京官头衔,已经有固定的官阶品级,正像宋代的京朝官知州军和知县事,虽然有京朝官头衔,不能说州县官不是地方官。这是应该称呼部院的第三个理由。国家的大事,在于祭祀和战争。现在军事是总督专管,而巡抚也有标兵,本来就不用说了。神坛和庙宇的祭祀,一向由布政使主祭,而现在改用巡抚主祭。这是应该称呼部院的第四个理由。科举考试大典,一向用布政使印在榜上盖章,而现在用巡抚的关防长印。这是应该称呼部院的第五个理由。起初的制度是布政使司有左右二使,分别管理吏、户、礼、工的事务,都司掌管军事,按察使司主管刑狱。这是布政司左右二使,比照朝内的六部,而按察使一官,比照朝内的都察院。现在裁减左右二使归属一使,而把驿站的责任分给按察使,削减都司权力而把兵权归属总督与巡抚,它们的职务和以前不同。所以上自皇帝诏旨,下到臣僚章奏和诸司公文,都把总督、巡抚视为封疆大吏,而不称乘轺使臣;都说布政使司是管理钱粮机构,按察使司是管理刑名机构,而不把布政使看作封疆大吏。这尤其是参照时势设立制度,一定应该称呼部院的第六个理由。总督和巡抚虽然同样叫做封疆大吏,而总督头衔称作部堂;大概是兵部长官,虽然兼任右都御史,而仍然以管辖军事为主。巡抚头衔称作部院;大概是都察院长官,虽然兼任兵部侍郎,而仍然以监察官员为主。

所以现在制度规定陪京以外,有不隶属总督的府、州、县,而绝对没有不隶属巡抚的府、州、县。例如河南、山东、山西,有巡抚而没有总督,巡抚不需要兼总督之衔;直隶、四川、甘肃,有总督而没有巡抚,那么总督一定兼巡抚之衔。总督与巡抚职权相等,为什么有总督没有巡抚的情况下,总督一定兼巡抚之衔呢? 正是要用巡抚部院,使地方官制整齐划一,并不是无缘无故地增加这个兼衔。这尤其是生活在当今时代,应当了解当今的体制,一定应该称呼部院的第七个理由。现在天下有十九个布政使司,而《会典》法规,六部公文,像吏部考核地方官的大计,户部征收赋税的奏销,礼部考试举人的会试,刑部秋天的复审,都只知道有十八个直省,而不知道有十九个布政使司,大概是因为巡抚只有十八个部院的缘故。巡抚实际上只有十五个,总督兼巡抚有三个。所以江苏部院,相沿称江苏省很久了。苏松布政使司,和江淮布政使司,分治江苏八府三州,没听说公府公文与私人奏告里,有苏松直省、江淮直省的分别。这尤其可以看出划分统部的制度,当今万万不应当称使司,一定应该称呼部院的第八个理由。洪君认为巡抚的印使用关防长印,不如布政使司方印,不能当做地方主要长官,可以说是知道一十是十而忘掉二五也是十了。如果按照洪君的说法,那么他对府、厅、州、县的称呼,也不适当了。府、州、县固然自己有印,厅是直接隶属同知,只有关防长印而没有方印。同知分享知府印权,而关防长印可以统辖地方官;巡抚分享都察院印权,而关防长印不可以统辖地方官,为什么对于小官明白而对大官糊涂呢? 这是应该称呼部院的第九个理由。洪君又说现在制度的总督与巡抚,应当就像汉代用丞相长史出使监察州事,州虽然统辖郡,而《汉书·地理志》仍然以郡国为主,不把刺史列在书里面。这个比方不太贴切。现在制度只有江苏一个部院,设有两个布政使司;此外布政使司所治理的区域,就是部院所治理的区域,不能和汉代制度中一州一定统辖若干郡相比。但是就按照洪君的说法,那么阚氏《十三州志》,本来有专书,何尝不把州刺史标著为地方官呢? 这是应该称呼部院的第十个理由。

夫制度更改，必有明文。前明初遣巡抚，与三使司官①，宾主间耳。其稍尊者，不过王臣列于诸侯之上例耳。自后台权渐重②，三司奉行台旨。然制度未改，一切计典奏销，宾兴祭祀，皆布政使专主，故为统部长官，不得以权轻而改其称也。我朝百余年来，职掌制度，逐渐更易。至今日而布政使官与按察使官，分治钱谷刑名，同为部院属吏，略如元制行省之有参政、参议耳③。一切大政大典，夺布政使职而归部院者，历有明文，此朝野所共知也。而统部之当称使司，与改称部院，乃转无明文，何哉？以官私文告，皆沿习便而称直省，不特部院无更新之名，即使司亦并未沿旧之名耳。律令典例，诏旨文移，皆有直省之称；惟《一统志》尚沿旧例，称布政使司，偶未改正。洪君既以乾隆名志，岂可不知乾隆六十年中时事乎？

【注释】

①三使司：明代各省设承宣布政使司、提刑按察使司、都指挥使司，分掌一省行政、司法、军事。

②台：御史台。明代改称都察院。总督、巡抚例兼都察院长官衔，故称台官。

③参政、参议：元代行中书省以丞相、平章为长官，参知政事为副长官。元代中书省设参议，行省未见参议之官。明代布政使司设参政、参议，为副长官。

【译文】

制度的更改，一定有明确的文字。前明起初派遣巡抚，和三使司的长官，是宾主之间的关系而已。稍微尊贵的巡抚，仅仅是王朝使臣列在诸侯之上的惯例罢了。从那以后御史台使臣权力逐渐加重，三使司长官奉行御史台使臣意旨。然而制度并没有改变,所有官员考核的计典与征收赋税的奏销,科举考试与祠庙祭祀大典,都是布政使主管,所以作为统部的长官,不能因为权力渐轻而改变称呼。我朝一百多年来,地方官职掌制度,逐渐变革改易。到现在的布政使官和按察使官,分管钱粮和刑法,同为部院属官,大致像元代制度的行省有参政、参议而已。所有大政事和大典礼,夺去布政使的职责而归属部院,历来有明确文字,这是朝廷和民间都知道的事情。而统部应该称使司,和改称部院,却反而没有明确文字,为什么呢? 因为官府公文和私人奏告,都沿用习惯而称直省,不仅没有改用部院的新名,即使布政使司也并没有沿用旧名。法律条令与典章成例,诏旨与公文,都有直省的称呼,只有《大清一统志》还沿用旧例,称为布政使司,偶然没有改正。洪君既然用乾隆作志的名称,怎么能不知道乾隆六十年间的时事呢?

　　或曰:《统志》乃馆阁书[①],洪君遵制度而立例,何可非之? 余谓《统志》初例已定,其后相沿未及改耳。初例本当以司为主。其制度之改使司而为部院者,以渐而更,非有一旦创新之举,故馆阁不及改也。私门自著,例以义起,正为制度云然。且余所辨,不尽为洪君书也。今之为古文辞者,于统部称谓,亦曰诸省,或曰某省。弃现行之制度,而借元人之名称,于古盖未之闻也。雍正、康熙以前,古文亦无使司之称;彼时理必当称使司。则明人便省文,而因仍元制,为古文之病也久矣。故余于古文辞,有当称统部者,流俗或云某省,余必曰某部院,或节文称某部;流俗或云诸省及、某某等省,余必曰诸部院或某某等部院,节文则曰诸部、某某等部;庶几名正为言顺耳。使非今日制度,则必曰使司,或节文称司,未为不可,其称省则不可行也。或云:诏旨、章奏、文移,何以皆仍用之？答曰：此用为辞语故无伤，非古文书事例也。且如诏旨、章奏、文移，称布政为藩②，按察为臬③，府、州、县长为守、牧、令④，辞语故无害也，史文无此例矣。

【注释】

①馆阁：北宋有昭文馆、史馆、集贤院三馆和秘阁、龙图阁等阁，分掌图书经籍和编修国史等事，通称馆阁。明、清时期，馆阁的职掌归属翰林院，故翰林院也称馆阁。

②称布政为藩：明、清时期人们习惯称布政使司为藩司，布政使为藩台。

③按察为臬(niè)：元代称肃政廉访司为臬司。明、清时期人们习惯称按察使司为臬司，按察使为臬台。臬，法度，刑律。

④府、州、县长为守、牧、令：隋、唐以前郡的长官称太守，州的长官称州牧，县的长官为县令。明、清时期，人们在书信、笔记等私人文书中沿用旧名，习惯于称知府为太守，知州为州牧，知县为县令。

【译文】

有人说：《一统志》是馆阁编撰的书，洪君遵照制度而设立体例，怎么能够非议呢？我认为《一统志》起初体例已经确定，此后相沿没有更改罢了。起初的体例本来应当以布政使司为主。改布政使司而为部院制度，因为是逐渐改变，没有一时之间创新的举措，所以馆阁没有更改。私家独自著述，体例依照宗旨确立，正因为制度是这样。况且我所分辨的事，也不完全是为洪君的书。现在作古文辞的人，对于统部的称呼，也说诸省，有的说某省。抛开现在施行的制度，而借用元代人的名称，在古代没有听说有这样的事。雍正、康熙以前，古文也没有布政使司的名称；那时按道理一定应该称布政使司。那么明代的人为省略文字的方便，而因袭元代制度，成为古文的弊病已经很久了。所以我在古文辞中,有应该称呼统部的时候,流行习惯有时说某省,我一定说某部院,或者节省文字称某部;流行习惯有时说诸省以及某某等省,我一定说诸部院或者某某等部院,节省文字就说诸部或某某等部;期望名称端正而言辞顺当。假使不是现在的制度,那么一定要说布政使司,或者节省文字称司,未尝不可以,称省就行不通了。有人说:诏旨、章奏、公文,为什么都还沿用省的名称呢?回答说:这用作辞语本来没有什么危害,却不是古文记事的惯例。况且像诏旨、章奏、公文,称布政为藩,按察为臬,府、州、县长官为郡守、州牧、县令,辞语本来没有什么危害,史书文字就没有这样的惯例了。

和州志皇言纪序例

【题解】

　　本篇是《和州志》的首篇,主要说明为方志作《皇言纪》的缘由,体现出他的史学见识和创新。清高宗乾隆三十八年(1773),章学诚应安徽和州知州刘长城之聘修志,于次年成书。此志立纪、表、图、书、政略、传六种体例,共四十二篇。另外又编成《和州文征》八卷。呈上安徽学政秦潮,因意见不合而作废。章学诚于是将志稿删存为二十篇,名为《志隅》。《章氏遗书》外编卷十六载其《自叙》说:"志者,史之一隅也。获麟而后,迁、固极著作之能,向、歆尽条别之理,史家所谓规矩方圆之至也。魏、晋、六朝,时得时失,至唐而史学绝矣。其后如刘知几、曾巩、郑樵皆良史才,生史学废绝之后,能推古人大体,非六朝、唐、宋诸儒所能测识,余子则有似于史而非史,有似于学而非学尔。然郑樵有史识而未有史学,曾巩具史学而不具史法,刘知几得史法而不得史意,此予《文史通义》所为作也。《通义》示人,而人犹疑信参之,盖空言不及征诸实事也。《志隅》二十篇,略示推行之一端。能反其隅,《通义》非迂言可比也。"可见诸方志叙例,与其内篇的史学创见,相互发明,体现出史学理论与方法论的成就。章氏在这篇文章里引据《周礼》,认为周代外史掌四方之志,四方诸侯编撰史书,尊崇王室命令,在书中详细记载。司马迁《史记》的诸侯世家,仍然遗留保存各国各自成书的传统,所以《三王世家》

记载诏策。而后世方志没有得到古诸侯国的修史传统，对诏令的记载没有恰当妥善的方法。这个意见，充分体现出章学诚修志尊崇功令的思想。

　　《周官》，外史"掌四方之志"，又"以书使于四方，则书其令"①。郑氏注四方之志，"若鲁之《春秋》，晋之《乘》，楚之《梼杌》"是也。书其令，谓"书王命以授使者"是也。乡大夫于"正月之吉，受教法于司徒，退而颁之乡吏"②。孔氏疏"谓若大司徒职十二教以下"是也③。夫畿内六乡④，天子自治，则受法于司徒，而畿外侯封，各治其国，以其国制自为《春秋》⑤。列国之史，总名《春秋》。然而四方之书，必隶外史；书令所出，奉为典章。则古者国别为书，而简策所昭，首重王命，信可征也。是以《春秋》岁首必书王正⑥，而韩宣子聘鲁，得见《易》象、《春秋》，以谓周礼在是。盖书在四方，则入而正于外史；而命行王国，亦自外史颁而出之。故事有专官，而书有定制，天下所以协于同文之治也。

【注释】

①以书使于四方，则书其令：语出《周礼·春官》。

②正月之吉，受教法于司徒，退而颁之乡吏：语出《周礼·地官》："乡大夫之职，各掌其乡之政教禁令。正月之吉，受教法于司徒，退而颁之于其乡吏，使各以教所治。"

③孔氏疏"谓若大司徒职十二教以下"：《周礼·地官》贾公彦《疏》曰："云受法于司徒者，谓若大司徒职十二教已下，其法皆受于司徒而来。"章学诚此处把贾公彦《疏》误作孔颖达《疏》。吉，农历每月初一。

④六乡：据《周礼·地官》郑玄《注》曰："司徒掌六乡，乡师分而治
之。"叶瑛《文史通义校注》校勘曰："按各本'六乡'讹作'六卿'，
兹依刘刻《遗书》本正。"

⑤以其国制自为《春秋》：据《墨子·明鬼下》记载："鬼神者……著
在周之《春秋》……著在燕之《春秋》……著在宋之《春秋》……著
在齐之《春秋》。"

⑥王正：王正月。史家修史用来表示大一统观念的纪事原则。

【译文】

《周礼》记载，外史"掌管四方诸侯国的志书"，又记载"以书籍的事
出使四方诸侯，外史就书写命令"。郑氏注释四方诸侯国的志书，说"像
鲁国的《春秋》，晋国的《乘》，楚国的《梼杌》"就是这样。书写命令，郑氏
说"书写周天子的王命交给使臣"就是这样。乡大夫在"正月初一，接受
司徒颁发的教法，然后颁发给本乡的官吏"。孔氏解释为"指像大司徒
主管的十二类教法以下"就是这样。京畿之内的六乡，是天子自己治
理，各乡就从司徒那里接受法令，而京畿之外的诸侯，各自治理自己的
封国，按照本国的制度自己编撰《春秋》。各国的史书，总称《春秋》。然而
四方诸侯国的书，一定隶属于外史；外史书写的王命，各国尊奉为典章。
那么古代各国各自作史书，而书籍所昭显的内容，首先重视天子的命
令，确实可以证实了。所以《春秋》每年开端一定记载王正月，而韩宣子
出使鲁国，见到《易》的卦象、《春秋》，认为周王朝的礼制保存在这里。
大概书在四方诸侯国，交给王室而由外史修正；而王命在王畿实行，也
从外史那里颁发出来。所以事务有专官管理，而书有确定的制度，天下
凭借这种体制协调而形成同文共轨的王道政治。

　　窃意《周官》之治，列国史记，必有成法①，受于王朝，如
乡大夫之受教法，考察文字，罔有奇衺②。至晋、楚之史，自
以《乘》与《梼杌》名书，乃周衰官失，列国自擅之制钦？司马

迁侯国世家③,亦存国别为书之义,而孝武《三王》之篇,详书诏策,冠于篇首④。王言丝纶,史家所重,有由来矣。后代方州之书,编次失伦,体要无当,而朝廷诏诰,或入艺文,篇首标纪,或载沿革。又或以州县偏隅,未有特布德音,遂使中朝掌故,散见四方之志者,缺然无所考见。是固编摩之业,世久失传;然亦外史专官,秦、汉以来,未有识职故也⑤。夫封建之世,国别为史,然篇首尚重王正之书。郡县受治,守令承奉诏条⑥,一如古者畿内乡、党、州、闾之法⑦,而外史掌故,未尝特立专条。宋、元、明州县志书,今可见者,迄用一律,亦甚矣其不讲于《春秋》之义也!今衰录州中所有,恭编为《皇言纪》,一以时代相次,蔚光篇首⑧,以志祗承所自云尔⑨。

【注释】

①列国史记,必有成法:据《国语·鲁语上》记载,曹刿对鲁庄公说:"君举必书,书而不法,后嗣何观?"又《礼记·玉藻》曰:"动则左史书之,言则右史书之。"另据《左传·僖公七年》记载,管仲对齐桓公说:"夫诸侯之会,其德、刑、礼、义,无国不记。"此外《左传·襄公二十年》还记载:"卫宁惠子疾,招悼子曰:'吾得罪于君,悔而无及也。名藏在诸侯之策,曰孙林父、宁殖出其君。'"由此可见列国史记成法之一斑。

②奇衺(xié):语出《周礼·天官》:"去其淫怠与其奇衺之民。"郑玄《注》曰:"奇衺,谲觚非常。"又《内宰》曰:"禁其奇衺。"郑玄《注》曰:"奇衺,若今媚道。"意为谄媚欺诈,行为不正。

③侯国世家:司马迁《史记》记载春秋战国时期各诸侯而确立的世家体例。赵翼《廿二史札记》卷一《各史例目异同》曰:"《史记·

卫世家赞》：'余读《世家》言'云云。是古来本有世家一体,迁用
之以记王侯诸国,《汉书》乃尽改为列传。传者,传一人之生平
也。王侯开国,子孙世袭,故称世家。今改作传,而其子孙嗣爵
者,又不能不附其后,究非体矣。"

④孝武《三王》之篇,详书诏策,冠于篇首:据司马迁《史记》卷六十
《三王世家》记载:"维六年四月乙巳……立子闳为齐王……旦为
燕王……胥为广陵王。"并载汉武帝封齐王刘闳、燕王刘旦、广陵
王刘胥的策文。

⑤识职:语出韩愈《韩昌黎全集》卷三十四《南阳樊绍述墓志铭》:
"文从字顺各识职。"意为认清职责。

⑥郡县受治,守令承奉诏条:郡县受治,《章氏遗书》外编卷十六《和
州志皇言纪序例》作"列卿或慕《周官》之典,至于郡县受治"。诏
条,语出班固《汉书》卷十九上《百官公卿表上》:"武帝元封五年,
初置部刺史,掌奉诏条察州。"意为诏书所颁列的条款,用来考察
官员的条令。

⑦乡、党、州、闾:据《周礼·地官》记载,二十五家为一闾,五百家为
一党,五党为州,五州为乡。

⑧蔚光:语出《周易·革卦》:"君子豹变,其文蔚也。"意为华美
光彩。

⑨祗(zhī)承:语出伪古文《尚书·大禹谟》:"文命敷于四海,祗承于
帝。"意为敬承,恭奉。

【译文】

　　我认为《周礼》的制度,各国的史书,一定有固定方法,从王室接受
而来,就像乡大夫接受教法,考察文字,使得没有诡诈不正的内容。至
于晋、楚的史书,自己用《乘》和《梼杌》作为书名,这大概是周代衰败后
史官失去职守,各国自作主张的制度吧? 司马迁为诸侯国作世家,也还
存留诸国各自作书的意思,而孝武帝《三王世家》,一律详细记载策封诏

书,放在篇首。帝王的诏令,被史学家所重视,是有源头了。后世地方
州县的志书,编排没有条理,体制不适当,而朝廷的诏书,有的收进艺文
部分;篇首标明纪的名称,有的却记载沿革。又有的方志因为州县在偏
僻地区,没有特地颁发诏书,于是使朝廷的掌故,散见在四方志书的内
容,缺少记载而无处考察。这本来是编集书籍的事业,久已失去传承;
然而也是外史这一专门官职从秦、汉以来不知道职责的缘故。封邦建
国的时代,诸国各自作史,然而篇首还重视王正月的记载。郡县接受朝
廷统治,长官奉行朝廷条令,完全像古代王畿之内乡、党、州、间的制度,
而外史掌故,不曾特地设立专门条例。宋、元、明州县志书,现在可见的
版本,始终千篇一律,不研究《春秋》的撰述宗旨也太严重了。现在集录
州中所有的诏书,恭敬地编成《皇言纪》,一律按照时代排列,文采照耀
篇首,用来表明恭敬奉行的由来如此而已。

和州志官师表序例

【题解】

本篇所称《官师表》，即《职官表》。章学诚上溯《周礼》，认为班固所撰《汉书·百官公卿表》尚存古意，篇序叙述官职，类似《周礼》太宰统辖的纲纪，表目类似御史统计官员数目。后世修史之家未能继承班固之法，对于编制《职官表》不甚措意，至多只能编列宰相表。历代虽有专门的职官书，由于受正史编撰观念的拘囿，记载不得要领。历代方志记载职官，存在的问题更多。章学诚对方志中《职官表》的做法提语出己的主张，强调序录应当详细叙述，然后广泛搜集官员姓名，按职官归类，分格立目。根据上述原则，他把从汉代至清代和州一地的职官列为一表，有助于读者详细了解和州地区历代职官设置情况。

《周官》，御史"掌赞书，数从政"。郑氏注谓"凡数及其见在空缺者"[1]。盖赞太宰建六典而掌邦治之故事也。夫官有先后，政有得失；太宰存其纲纪，而御史指数其人以赞之，则百工叙而庶绩熙也[2]。后代官仪之篇[3]，考选之格[4]，《汉官仪》、《唐六典》、《梁选簿》、《隋官序录》[5]。代有成书，而官职姓名，浩繁莫纪，则是有太宰之纲纪，而无御史之数从政者也。

班固《百官公卿表》⑥，犹存古意，其篇首叙官，则太宰六典之遗也，其后表职官姓氏，则御史数从政之遗也⑦。范、陈而后，斯风渺矣⑧。至于《唐书》、《宋史》，乃有《宰相年表》⑨，然亦无暇旁及卿尹诸官⑩；非惟史臣思虑有所未周，抑史籍猥繁，其势亦难概举也。

【注释】

①御史"掌赞书，数从政"。郑氏注谓"凡数及其见在空缺者"：语出《周礼·春官·御史》："掌赞书，凡数从政者。"郑玄《注》曰："自公卿以下至胥徒，凡数及其见在空缺者。"御史，《周礼》春官属官，掌管王畿之内和诸侯国的治民法令，起草诏令。数，统计，计数。

②百工叙而庶绩熙：语出《尚书·尧典》："允厘百工，庶绩咸熙。"伪孔安国《传》曰："允，信。厘，治。工，官。绩，功。咸，皆。熙，广也。"

③官仪：官府的典制礼仪。

④考选：通过考试和选拔任用官员。

⑤《汉官仪》、《唐六典》、《梁选簿》、《隋官序录》：东汉应劭撰《汉官仪》十卷。记载西汉官制。已佚。唐玄宗撰、李林甫等注《唐六典》三十卷。唐玄宗时期官修，开元二十七年(739)成书。以三师、三公、三省、九寺、五监、十二卫等为目，述其职守、官佐、品级。当时虽未能完全实行，而此后唐人讨论典章，常引以为据。南朝梁徐勉撰《梁选簿》三卷。唐代郎颖撰《隋官序录》十二卷。

⑥班固《百官公卿表》：班固《汉书》中的一篇，分为上下两卷。上卷叙述百官职掌，下卷表列公卿姓名。

⑦表职官姓氏，则御史数从政之遗：语出《隋书》卷三十三《经籍志》

职官类叙录:"古之仕者,名书于所臣之策,各有分职,以相统治。《周官》冢宰掌建邦之六典,而御史数凡从政者。然则冢宰总六卿之属以治其政,御史掌其在位名数先后之次焉。今《汉书·百官表》列众职之事,记在位之次,盖亦古之制也。"

⑧范、陈而后,斯风渺矣:范晔《后汉书》中的《百官志》,即司马彪《续汉书》中的《百官志》,仅叙职官而无姓名。

⑨《唐书》、《宋史》,乃有《宰相年表》:《新唐书》有《宰相表》。《宋史》有《宰辅表》。

⑩卿尹:唐、宋时期的九卿和京兆府尹、开封府尹等高级官员。

【译文】

《周礼》记载,御史"掌管协助天子作文辞,统计官员数目"。郑玄注释说"统计那些官职在任和空缺的数目"。大概是辅佐太宰建立施政的六典而掌管治国的典章故实。官职有先后变动,政事有得有失,太宰掌握法度,而御史统计官员以辅助太宰,那么百官有次序且众多事情都顺利推广了。后世官府礼仪的篇目,考选官员的条例,《汉官仪》、《唐六典》、《梁选簿》、《隋官序录》。各个朝代都有完整的书,而担任官职的姓名,繁多而没有记载,这就是有太宰的法度,而没有御史统计官员数目。班固撰《汉书·百官公卿表》,还保留古人遗意,篇首叙述官职,就是太宰六典的遗留,后面表列职官姓名,就是御史统计官员数目的遗留。范晔、陈寿以后,这种风气已经很渺茫了。到了《唐书》、《宋史》,只有《宰相年表》,然而也来不及连带记载卿尹等其他高级官员。这不仅是史臣思虑有不周到的地方,也是史籍繁多,情势之下难以一律列举出来。

至于嗜古之士,掇辑品令①,联缀姓名,职官故事之书,六朝以还,于斯为盛②。然而中朝掌故,不及方州,猥琐之编,难登史志;则记载无法,而编次失伦,前史不得不职其咎也。夫百职卿尹,中朝叙官;方州守令,外史纪载。《周官》

御史数从政之士，则外史所掌四方之志，不徒山川土俗，凡所谓分职受事，必有其书，以归柱下之掌③，可知也。唐人文集，往往有厅壁题名之记④，盖亦叙官之意也。然文存而名不可考，自非蒐罗金石⑤，详定碑碣，莫得而知，则未尝勒为专书之故也。宋、元以来，至于近代，方州之书，颇记任人名氏；然猥琐无文，如阅县令署役卯簿⑥，则亦非班史年经月纬之遗也⑦。或编次为表者，序录不详，品秩无次；或限于尺幅，其有官阶稍多，沿革异制，即文武分编，或府州别记，以趋苟简。是不知班史三十四官，分一十四级之遗法也⑧。又前人姓氏，不可周知，然遗编具存，他说互见，不为博采旁搜，徒托缺文之义，是又不可语于稽古之功者也。

【注释】

①品令：语出陈寿《三国志》卷七下《高祖纪下》：太和十九年"十有二月乙未朔，引见群臣于光极堂，宣示品令，为大选之始"。即选拔官吏的格令，分为九品。

②职官故事之书，六朝以还，于斯为盛：语出《隋书》卷三十三《经籍志》职官类叙录："汉末王隆、应劭等以百官表不具，乃作《汉官解诂》、《汉官仪》等书，是后相因，正史表志无复百僚在官之名矣。搢绅之徒，咸取官曹名品之书，撰而录之，别行于世。宋、齐已后，其书益繁。"

③柱下之掌：语出司马迁《史记》卷九十六《张苍列传》司马贞《索隐》："周、秦皆有柱下史。"

④厅壁题名之记：写在官厅墙壁上的文章，叙述官职设置及任职官员情况。如李华《李暇叔文集》卷三有《御史大夫壁记》，韩愈《韩昌黎全集》卷十三有《兰田县丞厅壁记》，柳宗元《柳河东全集》卷

二十六有《监察使壁记》等等。

⑤蒐(sōu)罗金石：蒐，通"搜"。金，指钟鼎等金属器物，石，指碑碣等石质器物。

⑥卯簿：点名册。古代官衙卯时开始办公，吏役按时报到，查点人数，称作点卯。

⑦年经月纬：当是"年经事纬"之误。按后文《永清县志职官表序例》正作"年经事纬"。

⑧班史三十四官，分一十四级之遗法：班固《汉书》卷十九《百官公卿表》列相国、丞相、大司徒、太师、太傅、太保为一级，太尉、大司马为一级，御史大夫、大司空为一级，将军为一级，奉常、太常为一级，郎中令、光禄勋为一级，卫尉、中大夫令为一级，太仆为一级，廷尉、大理为一级，典客、大行令、大鸿胪为一级，宗正、治粟内史为一级，中尉、执金吾、少府为一级，水衡都尉、主爵都尉、右扶风为一级，左内史、左冯翊、右内史、京兆尹为一级，共三十五个官职，分十四级。章学诚言三十四官，不准确。

【译文】

至于好古的人，掇拾编辑选官品令，排列姓名，职官旧例一类的书，六朝以来，在这方面最兴盛。然而朝廷的掌故，不涉及州郡，琐碎的篇章，难以收入史志；就是因为记载没有法则，编排没有条理，前代史官不能不承担这项过失。卿尹百官，由朝廷叙述官职；州郡长官，由外史记载任官。《周礼》御史统计官员的数目，那么外史掌管的四方诸侯国的志书，不仅仅是山川、风俗，凡是所说的授予官职担任事务，一定有这方面的书，归属御史掌管，可以推知。唐人文集里，往往有官厅墙壁题名的记载，大概也是叙述官员职掌的意思。然而文章保存下来而姓名不可考察，如果不搜罗金石记载，考据核定碑碣文字，无法知道，就是不曾编撰成专书的缘故。宋、元以来，直到近代，州郡的志书，大都记载担任官职者的姓名；然而琐碎没有文采，如同看县令差役点名册，那么也不是班固《百官公卿表》以年为经以月为纬的遗留方法。有些编排成表的书,序录内容不详细,品级排列没有顺序;有的书限于篇幅,遇到官阶稍多,沿革不同的制度,就按文武官分开排列,或者府州分别记载,而追求简便省事。这是不知道班固《百官公卿表》列三十四个官职,分十四级的遗留方法。另外前人的姓名,无法完全知道,然而历代留下的著作都存在,不同说法交错出现,不加以广泛的搜集,仅仅假托慎言缺文的借口,这就又不可以用来讨论考察古事的功效了。

今折衷诸家,考次前后,上始汉代,迄于今兹,勒为一表,疑者缺之。后之览者,得以详焉。

【译文】

现在协调各家之说,考察前后编排体例,上从汉代开始,截至目前,编成一篇表,有疑惑的地方空缺。以后参阅的人,可以从中详细了解。

和州志选举表序例

【题解】

本篇通过简述历代选举制度的概况,说明选拔荐举人才的重要,纂修地方志应当反映出来。章学诚认为,从《周礼》乡大夫将荐举贤能的文书进献周王,中间经汉代举荐孝廉、秀才,隋、唐实行科举取士,制度延续不断,因而也产生大量有关选举制度书籍。他把唐、宋以来记载科举的书籍划分为三类,即律例功令之书,题名记传之书,稗野杂记。这些书都是史官撰修正史《选举志》采择资料的对象。与此同时,自明代以来,也出现记载地方科举情况的书。有些方志记载科举,较之宋、元方志是一大进步。章学诚在肯定成绩的同时,也指出某些方志编纂的选举表体例不恰当,最显著的缺陷是不熟悉年经事纬的编纂方法和表中附载事迹造成表传不分。他申明义例之后,选取唐代至清代的科举事迹,前述制度,后列题名,撰为《和州志·选举表》。

《周官》,乡大夫"三年大比,兴一乡之贤能,献书于王。王再拜受之,登于天府"①,甚盛典也。汉制,孝廉、茂才、力田、贤良之举②,盖以古者乡、党、州、闾之遗,当时贤书典籍,辟举掌故③,未可专书;则以科条未繁④,兴替人文,散见纪传;潜心之士,自可考而知也。江左六朝,州郡侨迁⑤,士不土著⑥,学不专业,乡举里选,势渐难行。至于隋氏,一以文学词章,创为进士之举,有唐以来,于斯为盛。选举既专,资格愈重⑦,科条繁委,故事相传。于是文学之士,蒐罗典章,采摭闻见,识大识小⑧,并有成书。传记故事,杂以俳谐,而选举之书,盖哀然与柱下所藏等矣⑨。

【注释】

① 三年大比,兴一乡之贤能,献书于王。王再拜受之,登于天府:语出《周礼·地官》:"三年则大比,考其德行道艺,而兴贤者能者。乡老及乡大夫帅其吏与其众寡以礼礼宾之。厥明,乡老及乡大夫群吏献贤能之书于王。王再拜受之,登于天府,内史贰之。"大比,周制每三年对乡人考察一次,选择贤能,向朝廷荐举,称作大比。天府,《周礼》春官的属官,掌管保存祖庙的宝物及官府考核文书。

② 孝廉、茂才、力田、贤良之举:汉代举荐人才的科目。孝指孝敬父母,廉指品行清廉。汉武帝采纳董仲舒对策,令郡国每年各举孝廉一人。茂才,优异人才。初名秀才。汉武帝时期丞相公孙弘等议,各地有秀才异等,许以名闻。东汉时期避光武帝刘秀之讳,改称茂才。汉代州举秀才,郡举孝廉,成为定例。力田,努力农耕之人。汉惠帝时期,诏举民孝弟力田者,免除本人徭役。贤良,又称贤良方正,有德行才能之人。汉武帝建元初年,诏天下举贤良方正直言极谏之士。

③ 辟(bì)举:语出范晔《后汉书》卷八十三《黄宪传》:"宪初举孝廉,又辟公府。"举指地方官员察举人才向皇帝推荐,辟指朝廷和地方长官自行征辟招聘属员。

④ 未:底本原作"为",据《章氏遗书》外编卷十六《和州志选举表叙例》改。

⑤州郡侨迁：六朝时期南北分裂，北方人为躲避战乱而大批南渡，在寄居地仍然集体定居，使用北方原来州郡名称命名，称为侨置州郡。

⑥土著：语出司马迁《史记》卷一百一十六《西南夷列传》："其俗或土著，或迁徙。"原意指有城郭居住，不随畜牧迁徙，世代定居一地。后来把世代居住在本地的人称为土著。

⑦资格：语出唐人封演《封氏闻见记》卷三《铨曹》："十四年，玄宗在东都，敕吏部置十铨……吏部窄狭，乃权寄诸厅引注。选人喧繁，满于省闼。明年，铨注复归之吏部，承前所司注拟，皆约官资，升降之时，难于允惬。侍郎裴光庭始奏立条例，谓之循资格。自后皆率为标准。"即官员根据任官年限资历升迁的制度。自宋代以后，按年资升迁成为常法。

⑧识大识小：语出《论语·子张》："子贡曰：'文武之道，未坠于地，在人。贤者识其大者，不贤者识其小者。莫不有文武之道焉。'"

⑨哀然：语出《诗经·小雅·常棣》："原隰哀矣，兄弟求矣。"原意为聚集，引申为众多。

【译文】

《周礼》记载，乡大夫"三年一次大比，举荐一乡有德行与才能的人，并把举荐文书呈给天子，天子恭敬地拜两次接受它，交给天府收藏"，是非常盛大的典礼。汉代制度，孝廉、茂才、力田、贤良的举荐，大概是因为古代地方乡、党、州、间举荐的遗留之法，当时举荐贤能的文献，征辟察举的掌故，没有专门书籍；那是由于条例不多，人事的盛衰，散见纪传；专心探究的人，自然可以通过考察而了解。江左六朝，侨置州郡，士大夫不在一地定居，学术没有专门职业，乡里举荐人才，形势逐渐难以实行。到了隋代，统一考试文学词章，创设进士科举。唐代以来，在这方面最兴盛。选拔举荐的制度已经专门化，越来越看重官员的年限资格，条令繁多细碎，旧例沿袭相传。于是有文才的士人，搜罗典章制度，采集所见所闻，无论重大还是细小，都撰有完整的专书。传记旧事之中，，混杂进诙谐文字，选拔举荐一类的书，大概多得和御史收藏的职官一类书相等了。

　　撰著既繁，条贯义例，未能一辙，就求其指，略有三门：若晁迥《进士编敕》①，陆深《科场条贯》之属②，律例功令之书也；姚康、乐史《科第录》③，姚康十六卷，乐史十卷。李奕、洪适《登科记》④，李奕二卷，亡。洪适十五卷。题名记传之类也；王定保《唐摭言》⑤，钱明逸《宋衣冠盛事》⑥，稗野杂记之属也。史臣采辑掌故，编于书志，裁择人事，次入列传；一代浩繁，义例严谨，其笔削之余，等于弃土之苴⑦，吐果之核。而陈编猥琐，杂录无文，小牍短书，不能传世行远；遂使甲第人文⑧，《周官》所以拜献于王而登之天府者，缺焉不备。是亦方州之书⑨，不遵乡大夫慎重贤书之制，记载无法，条贯未明之咎也。

【注释】

①晁迥《进士编敕》：据《宋史》卷二百零四《艺文志》刑法类著录："晁迥《礼部考试进士敕》一卷。"晁迥（951—1034），字明远，北宋澶州清丰（今属河南）人。宋太宗太平兴国年间进士。历任知制诰、翰林学士、知审官院、翰林学士承旨、工部尚书、礼部尚书。朝廷封泰山、祀汾阴，参与制定仪注，起草诏令。著有《法藏碎金录》等书。

②陆深《科场条贯》：据《明史》卷九十七《艺文志》故事类著录："陆深《科场条贯》一卷。"陆深（1477—1544），初名荣，字子渊，号俨山，明代松江府上海（今属上海）人。明孝宗弘治十八年（1505）

进士,授编修。历官国子祭酒、四川左布政使、太常卿兼侍读学士,进詹事府詹事。著作有《俨山集》等。

③姚康、乐史《科第录》:据《新唐书》卷五十八《艺文志》杂传记类著录:“姚康《科第录》十六卷。”又据郑樵《通志》卷六十五《艺文略》传记类著录:“《重定科第录》十卷,宋朝乐史撰。”姚康,姚康复。乐史(930—1007),字子正,北宋抚州宜黄(今属江西)人。曾官南唐,任秘书郎。入宋为平原县主簿。历三馆编修、直史馆,知舒、黄、商州。著有《太平寰宇记》等书。

④李奕、洪适(kuò)《登科记》:据《新唐书》卷五十八《艺文志》杂传记类著录:“李奕《唐登科记》二卷。”又据《宋史》卷二百零三《艺文志》传记类著录:“洪适《宋登科记》二十一卷。”洪适(1117—1184),字景伯,号盘洲,南宋饶州鄱阳(今江西波阳)人。绍兴十二年(1142),中博学宏词科。孝宗时期官至同中书门下平章事,兼枢密使。任相仅三月,罢免。喜好收藏金石拓本,据以考证史事。著者《隶释》、《盘洲集》等书。

⑤王定保《唐摭言》:据陈振孙《直斋书录解题》卷十一小说家类著录:“《摭言》十五卷,唐王定保撰。专记进士科名事。”王定保(870—940),唐末五代南昌(今属江西)人。唐昭宗光化三年(900)进士,为容管巡官,至广州,值乱不能北归,仕于南汉,官宁远军节度使,后为宰相,不久卒。

⑥钱明逸《宋衣冠盛事》:据《宋史》卷二百零六《艺文志》小说类著录:“钱明逸《衣冠盛事》一卷。”钱明逸(1015—1071),字子飞,北宋临安(今浙江杭州)人。仁宗庆历二年(1042),中制科。擢右正言。为翰林学士,知开府。英宗时,复为翰林学士。神宗初年,御史奏其倾险,罢学士。

⑦弃土之苴(chá):语出《庄子·让王》:“其土苴以治天下。”郭象《注》曰:“土苴,如粪草也。”苴,枯干的草。

⑧甲第：语出《新唐书》卷四十四《选举志》："凡进士，试时务策五
　　道，帖一大经，经、策全通为甲第，策通四、帖过四以上为乙第。"
　　指科举考试第一等。

⑨是亦：底本原作"是以"，据《章氏遗书》外编卷十六《和州志选举
　　表叙例》改。

【译文】

　　撰著既已繁多，条理统贯和宗旨体例，不能相互一致，探求它们的
大意，大约有三个门类：像晁迥的《进士编敕》，陆深的《科场条贯》一类，
是律例功令方面的书。姚康、乐史的《科第录》，姚康十六卷，乐史十卷。
李奕、洪适的《登科记》，李奕二卷，亡佚。洪适十五卷。是题名传记一类。
王定保的《唐摭言》，钱明逸的《宋衣冠盛事》，是野史杂记一类。史臣采
集掌故，编进书志，裁剪选择人物事迹，编入列传；一代史事浩盛繁多，
宗旨和体例严谨，那些删削的剩余资料，相当于弃置粪土之上的枯草，
吃掉果肉后吐出的果核。而旧书繁多细碎，内容杂乱没有文采，书册简
短，不能传到后世流行久远；于是使甲科进士的人物事迹，《周礼》用来
恭敬地呈献给天子而交给天府收藏的制度，空缺而不完备。这也是州
郡的志书，不遵循古代乡大夫慎重对待荐举贤能文书的制度，记载没有
章法，条理统贯不明确的过失。

　　近代颇有考定方州自为一书者，若乐史《江南登科
记》①，张朝瑞《南国贤书》②，陈汝元《皇明浙士登科考》③，皆
类萃一方掌故，惜未见之天下通行。而州县志书，编次科
目，表列举贡④，前明以来，颇存其例，较之宋、元州郡之书，
可谓寸有所长者矣⑤。特其体例未纯，纪载无法，不熟年经
事纬之例，亦有用表例者，举贡、掾仕、封荫之条⑥，多所抵牾。猥
杂成书；甚者附载事迹，表传不分，此则相率成风，未可悉数

其谬者也。论辨详列传第一篇总论内。**今摭史志之文，先详制度，后列题名，以世相次，起于唐代，讫于今兹，为《选举表》。其封、荫、辟、举，不可纪以年者，附其后云。**

【注释】

①乐史《江南登科记》：据郑樵《通志》卷六十五《艺文略》传记类著录："《江南登科记》一卷，乐史撰。"

②张朝瑞《南国贤书》：据明人焦竑《国史经籍志》卷三传记类著录："《南国贤书》四卷，张朝瑞撰。"而清代杭州丁氏《八千卷楼书目》则记载该书前编二卷，后编四卷。张朝瑞（1536—1603），字子祯，明代淮安府海州（今江苏连云港）人。明穆宗隆庆二年（1568）进士，历任安丘、鹿邑知县，金华知府，湖广参政，应天府丞等官。著作有《忠节录》、《明贡举考》等书。

③陈汝元《皇明浙士登科考》：据焦竑《国史经籍志》卷三传记类著录："《皇明浙士登科考》十卷，陈汝元撰。"陈汝元，字太乙，明代绍兴府会稽（今浙江绍兴）人。著作有杂剧《红莲债》、传奇《金莲记》等。

④举贡：地方向朝廷荐举人才。通常指科举考试中式及第。

⑤寸有所长者：语出《楚辞·卜居》："夫尺有所短，寸有所长。"比喻事物各有短处和长处。

⑥掾仕、封荫：汉代高级官员可以自行辟召任用人才为掾属，作为仕途的一种，称为掾仕。清代地方官府可自聘幕僚，与古掾属性质相同。封，古代朝廷对高级官员父祖等授予相应官号，称为封官。荫，以父祖的官爵而任用子孙做官，称为荫子。

【译文】

近代多有考核审定州郡选拔荐举自成一书的著作，像乐史的《江南登科记》，张朝瑞的《南国贤书》，陈汝元的《皇明浙士登科考》，都是聚集一个地区的掌故，可惜没见到这些著作在全国流行。而州县编纂的方志，编排科举名目，制表列科举中第之人，从前明以来，大多存有这种体例，比起宋、元州郡的志书，可以说具备一日之长了。只是它体例尚未纯粹划一，记载没有章法，不熟悉利用以年为经以事为纬的体例，也有使用表体的书，科举、掾仕、封官、荫子的条目，多有彼此矛盾。杂乱编纂成书，甚至附带记载事迹，表、传不分，这就互相接续形成风气，不能一一列举它们的错误。论辩详见列传第一篇总论内。现在摘取史志的文献，首先详细记载制度，然后胪列题名，按时代排列，从唐代开始，直至现今，作成《选举表》。其中封官、荫子、征辟、荐举，不能按年代记载的人，附在表的后面。

和州志氏族表序例上

【题解】

《和州志氏族表序例》上中下三篇,通过叙述家族谱牒的源流,说明方志设立氏族表的必要性,以及编纂表体的方法,体现出作者注重溯源、致用和变通的史学思想。章学诚引据《周礼》,认为古代谱牒有专官掌管,制度严密。司马迁《史记》作《三代世表》,还能继承古代谱学传统;而班固《汉书》以下的史书不重视谱系,造成谱学失传。他赞同刘知几在正史中设立氏族志的观点,对郑樵《通志·氏族略》中批评后世没有继承谱学的错误表示认同。章学诚指出,从历史编纂学的角度来看,家谱应当是撰修国史最基本的凭借,否则就失去基础史料。然而家谱容易散佚,更不可能全部收正史,而方志最便于汇集家谱,以备国史选用。他认为方志设立氏族表,可以有效地保存与核实地方各家族谱系的真伪,记载大族历史与人文状况,具有十大便利之处。最后,章学诚针对和州地区经过战乱而文献缺乏的具体情况,根据中国史学传统多闻缺疑的原则,一方面强调要录其可考而略其不知,另一方面也遵循与其过废毋宁过存的原则,尽量多地保存已经极其缺乏的文献,使方志真正承担起家史与国史之间的桥梁作用。

《周官》,小史"奠系世,辨昭穆"。谱牒之掌,古有专官。

司马迁以《五帝系》牒、《尚书集世》记，为《三代世表》①，氏族渊源②，有自来矣。班固以还，不载谱系。而王符《氏姓》之篇③，《潜夫论》第三十五篇。杜预《世族》之谱④，《春秋释例》第二篇。则治经著论，别有专长，义尽而止，不复更求谱学也⑤。自魏、晋以降，迄乎六朝，族望渐崇⑥。学士大夫，辄推太史世家遗意，自为家传。其命名之别，若《王肃家传》、虞览《家记》、范汪《世传》、明粲《世录》、陆煦《家史》陆史十五卷。之属⑦，并于谱牒之外，勒为专书，以俟采录者也。至于挚虞《昭穆记》、王俭《百家谱》，以及何氏《姓苑》、贾氏《要状》贾希鉴《氏族要状》十五卷。诸编⑧，则总汇群伦，编分类次，上者可裨史乘，下或流入类书，其别甚广，不可不辨也。族属既严，郡望愈重。若沛国刘氏、陇西李氏、太原王氏、陈郡谢氏⑨，虽子姓散处，或本非同居，然而推言族望，必本所始。后魏迁洛，则有八氏、十姓、三十六族、九十二姓⑩，并居河南、洛阳。而中国人士，各第门阀，有四海大姓、州姓、郡姓、县姓，撰为谱录⑪。齐、梁之间，斯风益盛，郡谱州牒，并有专书。若王俭、王僧孺之所著录⑫，王俭《诸州谱》十二卷。王僧孺《十八州谱》七百卷。《冀州姓族》、《扬州谱抄》之属⑬，不可胜纪，俱以州郡系其世望者也。唐刘知几讨论史志，以谓族谱之书，允宜入史⑭。其后欧阳《唐书》，撰为宰相世系⑮；顾清门巨族⑯，但不为宰相者，时有所遗。至郑樵《通志》，首著《氏族》之略，其叙例之文⑰，发明谱学所系，推原史家不得师承之故，盖尝慨切言之。而后人修史，不师其法，是亦史部之缺典也。

【注释】

①司马迁以《五帝系》牒、《尚书集世》记，为《三代世表》：语出司马迁《史记》卷十三《三代世表序》："余读谍记，皇帝以来，皆有年数。稽其历谱谍终始五德之传，古文咸不同乖异。夫子之弗论次其年月，岂虚哉！于是以《五帝系》谍、《尚书集世》纪黄帝以来讫共和为世表。"《五帝系》，《大戴礼》有《五帝德》及《帝系》两篇。谱谍，即谱牒，记载世系名谥之书。集世记，通"集世纪"。唐人司马贞《索隐》解释为"集而纪黄帝以来为系表也"；日人泷川资言《史记会注考证》引日本学界之说，认为："《尚书集世》，盖书名。"按司马迁"余读谍记"之言，"谍"当指"《五帝系》谍"，"记"当指"《尚书集世》记（纪）"，故此处采用泷川所引之说。

②氏族：语出《左传·隐公八年》："胙之土而命之氏。"唐孔颖达《疏》曰："氏、族一也，所从言之异耳。《释例》曰：'别而称之谓之氏，合而言之则曰族。"意为独指个人则称氏，并称其宗则称族。

③王符《氏姓》之篇：王符《潜夫论》卷九《志氏姓》。王符（约85—162），字节信，东汉安定临泾（今甘肃镇原）人。一生隐居著书，指陈时政得失，反对谶纬迷信。著有《潜夫论》十卷三十六篇。与王充《论衡》、仲长统《昌言》并称。

④杜预《世族》之谱：杜预《春秋释例》一书中的《氏族谱》。《春秋释例》十五卷，西晋杜预撰。内容分为地名、谱牒、历数等十四部，解释春秋时期地名、世族、历法等。其中《氏族谱》、《土地名》、《长历》篇，尤为精核。原书散佚，清人从《永乐大典》裒为辑本。

⑤谱学：研究谱牒的学问。魏、晋以来注重门第，选举必稽谱牒，谱学成为专门之学。五代以后，门阀制度衰落，谱学亦废。

⑥族望：据宋代王谠《唐语林》卷五《补遗》记载："高宗朝，太原王，范阳卢，荣阳郑，清河、博陵崔，陇西、赵郡李等七姓，恃有族望，耻与诸姓为婚。"即封建社会名门大族相互标榜出身门第而形成

的宗族或家族声望。

⑦《王肃家传》、虞览《家记》、范汪《世传》、明粲《世录》、陆煦《家
史》：据《隋书》卷三十三《经籍志》杂传类著录："《王朗王肃家传》
一卷……《虞氏家记》五卷，虞览撰……《范氏家传》一卷，范汪
撰……《明氏世录》六卷，梁信武记室明粲撰。《陆史》十五卷，陆
煦撰。"郑樵《通志》卷六十五《艺文略》作"《范氏世传》一卷，范汪
撰"。

⑧挚虞《昭穆记》、王俭《百家谱》，以及何氏《姓苑》、贾氏《要状》：据
《隋书》卷三十三《经籍志》谱系类著录："《百家集谱》十卷，王俭
撰……《姓苑》一卷，何氏撰……晋世挚虞作《族姓昭穆记》十
卷。"而《新唐书》卷五十八《艺文志》谱牒类著录："何承天《姓苑》
十卷。贾希镜《氏族要状》十五卷。"

⑨沛国刘氏：汉高祖刘邦始置沛郡，后改为沛国，辖境在今安徽北
部以及江苏丰、沛一带。刘氏有一支语出沛国，故后人以沛国作
为刘氏郡望。陇西李氏：秦置陇西郡，辖境在今甘肃东南部一
带。李氏有一支语出陇西，故后人以陇西作为李氏郡望。太原
王氏：秦置太原郡，辖境在今山西太原一带。王氏有一支语出太
原，故后人以太原作为王氏郡望。陈郡谢氏：秦置陈郡，汉改称
淮阳国，辖境在今河南淮阳一带。谢氏有一支语出陈郡，故后世
以陈郡作为谢氏郡望。

⑩后魏迁洛，则有八氏、十姓、三十六族、九十二姓：语出《隋书》卷
三十三《经籍志》谱系类叙录："后魏迁洛，有八氏、十姓，咸出帝
族。又有三十六族，则诸国之从魏者。九十二姓，世为部落大人
者。并为河南洛阳人。"后魏，即北魏。西晋末年，鲜卑人拓跋珪
自立为代王，国号为魏，建都平阳（今山西临汾）。传至孝文帝拓
跋宏，迁都洛阳（今属河南），改姓元氏，故又称元魏。

⑪中国人士，各第门阀，有四海大姓、州姓、郡姓、县姓，撰为谱录：

语出《隋书》卷三十三《经籍志》谱系类叙录："其中国士人,则第其门阀,有四海大姓、郡姓、州姓、县姓。及周太祖入关,诸姓子孙有功者,并令为其宗长,仍撰谱录。"门阀,门第和阀阅。门第指家族的等级,阀阅指功绩和声望。谱录,谱牒。周太祖,宇文泰(505 或 507—556),字黑獭,北魏代郡武川(今属内蒙古)人。迎北魏孝武帝入关,形成东、西魏分裂局面。把持西魏朝政二十余年,奠定北周代魏的基础。北周孝闵帝宇文觉受禅,追谥文皇帝,庙号太祖。

⑫王僧孺(464—521 或 465—522):南朝梁东海郯(今山东郯城)人。历官治书侍御史、钱塘令、南海太守、尚书左丞、御史中丞等。有文名,精谱学。有文集,已散佚。明人辑有《王右丞集》。

⑬《冀州姓族》、《扬州谱抄》:据《隋书》卷三十三《经籍志》谱系类叙录:"《冀州姓族谱》二卷……《扬州谱抄》五卷。"均无撰人姓名。

⑭族谱之书,允宜入史:语出刘知几《史通》卷三《书志》:"凡为国史者,宜各撰《氏族志》,列于《百官[志]》之下。"

⑮宰相世系:《新唐书》卷七十二至七十五为《宰相世系表》。

⑯清门:又称寒门,清寒门第。魏、晋至隋、唐时期的门阀制度,士族把持要职,官高爵显,称作高门;庶族官职地位低下,称作清门或寒门。后来随着寒人掌机要,庶族势力不断壮大,成为掌握实权的新贵族。故也指清贵显要之家为清门,谓其职位清贵,掌握枢要。

⑰叙例之文:郑樵《通志》卷二十五《氏族略・氏族序》。

【译文】

《周礼》记载,小史"确定王室的系世关系,辨明宗庙的昭穆位置"。谱牒的掌管,古代有专门官员。司马迁根据《五帝系》牒、《尚书集世》记,写成《史记》的《三代世表》,氏族的起源,有由来了。班固以后,修史不记载谱系。王符的《志氏姓》,《潜夫论》第三十五篇。杜预的《氏族谱》、《春秋释例》第二篇。就是佐治经书与著论辨物，另外有学术专长，意思表述清楚就终止，不再进一步讲求谱学。自从魏、晋以来，直到六朝，家族声望逐渐受到推崇。学者与官员，往往推广司马迁作世家的遗留宗旨，自己作家传。这些家传确定名称有区别，像《王肃家传》、虞览的《家记》、范汪的《世传》、明粲的《世录》、陆煦的《家史》陆煦的史书十五卷。之类，都是在谱牒之外，编集成专书，以便等待史家采择。至于挚虞的《昭穆记》、王俭的《百家谱》、以及何氏《姓苑》、贾氏《要状》贾希鉴《氏族要状》十五卷。等书，就是汇总同一类人，按类别编纂，上等书可以对正史有补益，下等书有些演变成类书，它们的区别很大，不可不分辨。同族亲属确认非常严格，家族郡望越来越重要。像沛国刘氏、陇西李氏、太原王氏、陈郡谢氏，虽然后代散居各地，或者本来就不是同居一地，然而推论族望所属，一定依据起初之地。后魏迁都洛阳，就有八氏、十姓、三六族、九十二姓，共同居住河南、洛阳等地。而中原人士，各自评定门第，有四海大姓、州姓、郡姓、县姓，编撰成谱录。齐、梁之间，这种风气更加兴盛，州郡谱牒，都有专书。像王俭、王僧孺所收录的谱牒，王俭的《诸州谱》十二卷，王僧孺的《十八州谱》七百卷。《冀州姓族》、《扬州谱抄》之类，多得记载不过来，都是用州郡联结世家大族的书。唐代刘知几探讨史书中志的编纂，认为族谱一类的书，确实应当载入正史。以后欧阳修撰《新唐书》，编撰成《宰相世系表》；然而清要门第的世家大族，只要没有人做宰相，常常有遗漏。到郑樵的《通志》，率先写出《氏族略》，书中序言的文字，阐明谱学所涉及的方面，推究史学家不能师承古人的原因，曾经感慨深切地谈到这个问题。而后人修史，不仿效他的方法，这也是史部的记载缺漏。

古者，瞽矇诵诗，并诵世系，以戒劝人君①。《国语》所谓"教之世，而为之昭明德"者是也②。然则奠系之属，掌于小史，诵于瞽矇，先王所重；盖以尊人道而追本始也。当时州、闾、族、党之长,属民读法③;乡大夫三年大比,考德艺而献书于王;则其系世之属,必有成数,以集上于小史,可知也。夫比人斯有家,比家斯有国,比国斯有天下。家牒不修,则国之掌故,何所资而为之征信耶?《易》曰:"天与火同人。君子以类族辨物。"④物之大者,莫过于人。人之重者,莫重于族。记传之别,或及虫鱼;地理之书,必征土产;而于先王锡土分姓⑤,所以重人类而明伦叙者⑥,缺焉无闻,非所以明大通之义也。且谱牒之书,藏之于家,易于散乱;尽入国史,又惧繁多;是则方州之志,考定成编,可以领诸家之总,而备国史之要删,亦载笔之不可不知所务者也。

【注释】

①瞽矇(gǔ méng)诵诗,并诵世系,以戒劝人君:语出《周礼·春官》瞽矇"讽诵诗,世奠系"。郑玄《注》引杜子春曰:"瞽矇主诵诗,并诵世系,以戒劝人君也。"瞽矇,盲人,充任乐官。

②教之世,而为之昭明德:语出《国语·楚语上》,申叔时谈论辅导太子。

③州、闾、族、党之长,属民读法:据《周礼·地官》记载,周代州长、党正、族师、闾胥,都有"属民而读法"的责任。

④天与火同人。君子以类族辨物:语出《周易·同人卦》。

⑤锡土分姓:语出《尚书·禹贡》:"锡土姓。"伪孔安国《传》曰:"天子建德,因生以赐姓,谓有德之人生此地,以此地名赐之姓以显之。"锡,通"赐"。

⑥伦叙:语出《尚书·洪范》:"彝伦攸叙。"彝伦,天地人之常道。攸,所。叙,次序。意为条理次序。

【译文】

古时候,瞽矇诵读诗,并且诵读世系,用来告诫君主。《国语》所说的"教给世系,而替他显示美德"就是这样。那么确定世系的一类事,由小史掌管,由瞽矇诵读,是上古帝王所重视的事情;大概是用来尊崇人伦之道而追溯本生初始。当时州、间、族、党的长官,聚集民众诵读法令,乡大夫三年一次大比,考察管辖之人的德行和才能,而把荐举人才的书进献给天子;那么他们的世系之类,一定有完整的统核数目,聚集起来上交给小史,可以知道。聚集起人而有家,聚集起家而有国,聚集起国而有天下。家谱不编纂,那么国家的掌故,又凭借什么而对它考核求证呢?《周易》说:"天与火和人和同。君子聚集同类辨别事物。"事物中最大的东西,没有什么能超过人类。人类中重要的东西,没有什么比家族更重大。记传的分支,有些记载虫鱼这些小动物;地理类的书,一定记载土产;而对于上古帝王赐国土授予族姓,重视人的族类而明确人伦秩序的内容,反而缺漏不管,这不是用来阐明深刻道理的做法。况且谱牒一类的书,保存在个人家里,容易散乱;完全收入国史,又担心繁杂;那么州县的方志,考定成书,可以统领诸家谱牒的汇聚,而预备国史撮要删选,也是修史之人不可不知道应该致力的事情。

和州志氏族表序例中

奠系世之掌于小史,与民数之掌于司徒①,其义一也。杜子春曰:"奠系世为帝系、诸侯卿大夫世本之属。"②然则比伍小民③,其世系之牒,不隶小史可知也。乡大夫以岁时登夫家之众寡④,三年以大比兴一乡之贤能。夫夫家众寡,即上大司徒之民数,其贤能为卿大夫之选,又可知也。民贱,故仅登户口众寡之数;卿大夫贵,则详系世之牒,理势之自然也。后代史志,详书户口,而谱系之作无闻,则是有小民而无卿大夫也。《书》曰:"九族既睦,平章百姓。"⑤郑氏注:"百姓,为群臣之父子兄弟。"见司马迁《五帝本纪》注。平章,乃辨别而章明之,是即《周官》小史奠系之权舆也。孟子曰:"所谓故国者,非谓有乔木之谓也,有世臣之谓也。"⑥近代州县之志,留连故迹,附会桑梓⑦;至于世牒之书,缺而不议,则是重乔木而轻世家也。且夫国史不录,州志不载;谱系之法,不掌于官,则家自为书,人自为说,子孙或过誉其祖父,是非或颇谬于国史。其不肖者流,或谬托贤哲,或私鬻宗谱,以伪乱真,悠谬恍惚,不可胜言。其清门华胄⑧,则门阀相矜，私立名字。若江左王、谢诸家，但有官勋，即标列传，史臣含毫⑨，莫能裁断。以至李必陇西，刘必沛国，但求资望，不问从来，则有谱之弊，不如无谱。史志缺略，盖亦前人之过也。

【注释】

①民数之掌于司徒：语出《周礼·地官》："大司徒'掌建邦之土地之图与其人民之数，以佐王安扰邦国'。"

②莫系世为帝系、诸侯卿大夫世本之属：语出《周礼·春官》瞽矇"讽诵诗，世奠系"，郑玄《注》引"杜子春云：'世奠系，谓帝系、诸侯卿大夫世本之属是也。'"

③比伍：据《周礼·地官》记载，五家为比，五人为伍。后以比伍泛指乡里。

④乡大夫以岁时登夫家之众寡：语出《周礼·地官》："乡大夫之职……以岁时登其夫家之众寡，辨其可任者……以岁时入其书。"夫家，男女。

⑤九族既睦，平章百姓：语出《尚书·尧典》。平章，也作便章、辩章。据范晔《后汉书》卷六十九《刘恺传》李贤《注》引郑玄《注》曰："辩，别也。章，明也。"意为辨别而彰显。

⑥所谓故国者，非谓有乔木之谓也，有世臣之谓也：语出《孟子·梁惠王下》。乔木，古称木之高而上曲者曰乔，后世通称高大树木。世臣，世代承袭官职之臣。

⑦桑梓(zǐ)：语出《诗经·小雅·小弁》："惟桑与梓，必恭敬止。"古人经常在住宅旁边栽种桑树和梓树，后来遂用来比喻故乡。

⑧华胄：古代世家贵族后代子孙称为华胄。

⑨含毫：以口润笔。根据上下文义，可以指吮笔不写，也可以指吮笔写作。

【译文】

确定世系由小史掌管，和民众数目由司徒掌管，两者意义相同。杜子春说："确定系世就是帝系、诸侯卿大夫世系谱牒一类。"那么乡里小民，他们的世系谱牒，不归属小史就可以知道了。乡大夫每年时定登记男女人数的多少，每三年根据大比荐举一乡有德行与才能的人。男女人数的多少，就是上呈大司徒的民众数目，有德行与才能的人是卿大夫的人选，又可以知道了。民众地位低，所以只登记户口多少的数目；卿大夫高贵，就详细记载世系谱牒，是事势的自然趋势。后世正史的书志，详细记载户口，而谱系的书不予记载，就是有小民而没有卿大夫了。《尚书》说："九族已经和睦，然后平章百姓。"郑玄注释说："百姓，是群臣的父子兄弟。"见司马迁《史记·五帝本纪》注。平章，即辨别而彰显，这就是《周礼》小史掌管世系的开始。孟子说："人们所说的故国，不是说有高大树木的意思，是有累代世袭的功臣的意思。"近代州县的方志，留恋人物遗迹，附会乡里籍贯，至于世系谱牒的书，空缺而不讨论，就是重视高大的树木而轻视世家。况且国史不收入，州志不记载；谱系的撰法，不由官府掌管，各家就自己作书，每人自己立说，子孙有时过分称赞自己的祖父与父亲，是非有时和国史互相乖谬。那些品行不端之徒，有的人假托贤哲后裔，有的人私下贩卖宗谱，以假乱真，荒诞模糊，多得不能说完。那些显贵之家的后代，彼此相互夸耀门第，私下创立称呼。像江东王、谢等各家，只要有官位勋号，就进入史书列传。史官停笔思虑，没人能够裁断。以至于李姓一定称陇西，刘氏一定称沛国，只求资历声望，不问家族来源，那么有谱牒产生弊病，还不如没有谱牒。正史的书志在这方面存在缺漏，大概也是前人的过失。

夫以司府领州县，以州县领世族，以世族率齐民，天下大计，可以指掌言也[1]。唐三百年谱系，仅录宰相[2]，彼一代浩繁，出于计之无如何耳。方州之书，登其科甲仕宦，则固成周乡大夫之所以书上贤能者也。今仿《周官》遗意，特表氏族，其便盖有十焉。一则史权不散，私门之书，有所折衷，其便一也。一则谱法画一，私谱凡例未纯，可以参取，其便二也。一则清浊分涂③，非其族类，不能依托，流品攸分，其便三也。一则著籍已定，衡文取士④，自有族属可稽；非其籍者，无难勾检，其便四也。一则昭穆亲疏⑤，秩然有叙；或先贤奉祀之生，或绝嗣嗣续之议，争为人后，其讼易平，其便五也。一则祖系分明，或自他邦迁至，或后迁他邦，世表编于州志，其他州县，或有谱牒散亡，可以借此证彼，其便六也。一则改姓易氏，其时世前后及其所改之故，明著于书，庶几婚姻有辨；且修明谱学者，得以考厥由来，其便七也。一则世系蝉联⑥，修门望族⑦，或科甲仕宦，系谱有书，而德行道艺，列传无录，没世不称，志士所耻⑧；是文无增损，义兼劝惩，其便八也。一则地望著重⑨，坊表都里⑩，不为虚设，其便九也。一则征文考献，馆阁檄收，按志而求，易如指掌，其便十也。然则修而明之，可以推于诸府、州、县，不特一州之志已也。

【注释】

①指掌：语出《论语·八佾》："或问禘之说。子曰：'不知也；知其说者之于天下也，其如示诸斯乎！'指其掌。"意为指其手掌。比喻事理浅近而易明。

②唐三百年谱系，仅录宰相：欧阳修撰《新唐书》，仅作《宰相世系表》收录宰相，未及其他官职。

③清浊：原意指门阀士族制度的清官和浊官，后来泛指人品的善

恶、优劣、高下之别。

④衡文：衡鉴品评文章。特指主持科举考试评定文章。

⑤昭穆：语出《礼记·祭统》："夫祭有昭穆。昭穆者，所以别父子、
　　远近、长幼、亲疏之序而无乱也。"古代宗法制度，宗庙和墓地的
　　排列次序，以始祖居中，二、四、六世位于始祖左方，称昭；三、五、
　　七世位于始祖右方，称穆，以此分别宗族内部的长幼、亲疏关系。
　　后来泛指家族的辈分。

⑥蝉联：也作"蝉连"，连续不断。

⑦修门：高门。修，长，高。

⑧没世不称，志士所耻：语出《论语·卫灵公》："君子疾没世而名不
　　称焉。"

⑨地望：地位与名望。通常指一个地方有声望的家族。

⑩坊表：牌坊。封建时代为表彰忠孝节义、功名道德、科第出身而
　　建造的纪念建筑物。后用来代指街巷。

【译文】

用布政使司和府统领州县，用州县统领世家大族，用世家大族率领
民众，天下的重大谋划，可以像指着手掌那样容易谈论。唐代三百年的
谱系，仅仅记录宰相，那一代史书浩大繁多，出于谋划无可奈何罢了。
州郡的方志，登载该地科第仕宦，本来就是周代乡大夫用文书献上有德
行与才能之人的方式。现在仿照《周礼》遗留的旨意，专门为氏族作表，
这反面的便利大概有十条。一是修史职责不分散，私家的谱系之书，有
可以评判的依据，这是第一条便利。一是作谱方法整齐划一，私谱凡例
杂乱，可以参照吸取，这是第二条便利。一是区分不同家族，不属于同
一家族，不能假托冒认，门第品级于是区别开来，这是第三条便利。一
是户籍已经登记确定，评定文章录取士人，自有家族属籍可以查考；不
属于谱籍的人，不难考核检查，这是第四条便利。一是昭穆亲疏关系，
排列井然有序；或者有先贤供奉祭祀问题的发生，或者有断绝后代立嗣

承传家业的议论，争辩属于某人后代，这类诉讼容易平息，这是第五条便利。一是祖宗世系分明，有的家族从外地迁来，有的家族后来迁至外地，世系表编在州志里，其他的州县，有时遇到谱牒散失，可以借此证实，这是第六条便利。一是改变姓氏，前后时事背景以及改变的原因，明确记载在方志里，或许结婚联姻能够区别；而且撰修阐释谱学的人，能够凭借它考察姓氏由来，这是第七条便利。一是世系连续不断，高门大族，或者科第仕宦，世系谱牒有记载，而德行才能，史书列传没有记录，死后不被世人称道，是有志的人感到耻辱的事情；这样文字没有增加减少，意思同时有勉励警戒，这是第八条便利。一是世家大族名重一方，街巷邑里的设立，不是徒有其名，这是第九条便利。一是征集与考察文献，朝廷馆阁用檄文征收，按照方志寻求，易如反掌，这是第十条便利。那么撰修并且阐明氏族表，可以推广到各级府、州、县，不仅作为一州的志书而已。

和州志氏族表序例下

　　《易》曰:"物不可穷也,故受之以《未济》。"① 夫网罗散失,是先有散失,而后有网罗者也。表章潜隐,是先有潜隐,而后有表章者也。陈寿《蜀志》列传,殿以杨戏之赞② ;常璩《华阳》序志,概存士女之名③ 。二子知掌故之有时而穷也,故以赞序名字,存其大略,而明著所以不得已而仅存之故,是亦史氏缺文之旧例也。和州在唐、宋为望郡④ ,而文献之征,不少概见。至于家谱世牒,寥寥无闻。询之故老,则云明季乙亥寇变⑤ ,图书毁于兵燹⑥ 。今州境之人士,皆当日仅存幸免者之曾若玄也⑦ 。所闻所传,闻者不过五世七世而止,不复能远溯也。传世既未久远,子姓亦无繁多,故谱法大率不修。就求其所有,则出私札笔记之属,体例未定,难为典则,甚者至不能溯受姓所由来。余于是为之慨然叹焉。

【注释】

　　①物不可穷也,故受之以《未济》:语出《周易·序卦》。

　　②陈寿《蜀志》列传,殿以杨戏之赞:陈寿《三国志》中的《蜀书》最后一篇传是《杨戏传》,传末附录杨戏蜀后主刘禅延熙四年(241)所

著《季汉辅臣赞》,颂扬昭烈皇帝刘备、诸葛亮等五十多人。杨戏（? —261），字文然,蜀汉键为武阳（今四川彭山）人。诸葛亮辟为丞相府主簿,后为蒋济大将军府东曹掾,历建宁、梓潼太守,为射声校尉。后因触犯大将军姜维,被免为庶人。

③常璩《华阳》序志,概存士女之名：据常璩《华阳国志·序志》篇末列《梁益宁三州先汉以来士女目录》,记载汉兴至三国士女三百四十人；三国两晋以来士女五十一人,共计三百九十人。常璩,字道将,十六国时期江原（今四川崇庆西北）人。在西南成汉政权中官至散骑常侍。劝李势归降东晋。著有《华阳国志》、《汉之书》。

④望郡：唐代府、州、县,根据实力地位大小高低,划分为雄、望、紧、赤、畿、上、中、下各种等级。

⑤明季乙亥寇变：明毅宗崇祯八年（1635）张献忠农民军攻占和州之事。

⑥兵燹（xiǎn）：战火。燹,火。

⑦曾若玄：语出《尔雅·释亲》："孙之子为曾孙,曾孙之子为玄孙。"若,与,和。

【译文】

《周易》说："事物不可能穷尽,所以用象征事情未成的《未济》卦接续。"网罗散失的文献,是先有散失的文献,然后才有网罗。表扬彰显隐藏的事物,是先有隐藏的事物,然后才有表扬彰显。陈寿《三国志·蜀志》的列传,把杨戏的《季汉辅臣赞》放在最后；常璩《华阳国志》的《序志》,概括保存蜀地士女的姓名。两人知道掌故有穷尽的时候,所以用赞、序记录姓名,保存掌故大略,而明确记叙不得已而只留下姓名的原因,这也是史家多闻缺疑的惯例。和州在唐、宋时期是大郡,而文献的存留征验,没有略微的梗概记载。至于家谱世系,寥寥无几。询问当地老人,说是明末乙亥年间强盗祸乱,图书在战火中焚毁。现在州境内的人士，都是当时幸免仅存者的曾孙和玄孙。所听到和辗转听到的轶事，不超过五世、七世而止，不再能向上推求。传世既不久远，子孙也不众多，所以大多不讲求作家谱方法。寻求他们所撰修的东西，就拿出私人札记和笔记之类，体例没有确定，难以当做准则，甚至不能向上追溯授予姓氏的由来。我于是为他们感慨而叹息。

夫家谱简帙，轻于州志；兵燹之后，家谱无存。而明嘉靖中知州易鸾与万历中知州康诰所修之州志①，为时更久，而其书今日具存；是在官易守，而私门难保之明征也。及今而不急为之所，则并此区区者，后亦莫之征矣。且吾观《唐书·宰相世系》，列其先世，有及梁、陈者矣，有及元魏、后周者矣，不复更溯奕叶而上②；则史牒缺文，非一朝一夕之故也。然则录其所可考，而略其所不可知，乃免不知而作之诮焉③。每姓推所自出，备稽古之资也。详入籍之世代，定州略也④。科甲仕宦为目，而贡监生员与封君⑤，及赀授空阶皆与焉⑥，从其类也。无科甲仕宦，而仅有生员及赀授空阶，不为立表，定主宾轻重之衡。科甲仕宦之族，旁支皆齐民，则及分支之人而止。不复列其子若孙者，君子之泽，五世而斩⑦。若皆列之，是与版图之籍无异也。虽有科甲仕宦，而无谱者缺之，严讹滥之防也。正贡亦为科甲⑧，微秩亦为仕宦，不复分其资级，以文献无征，与其过而废也，毋宁过而存之⑨，是《未济》之义也。

【注释】

①明嘉靖中知州易鸾与万历中知州康诰所修之州志：据《章氏遗

书》外编卷十八《和州志·前志列传》记载：易鸾，字鸣和，明代分宜（今属江西）人。明世宗嘉靖三年（1524），任和州知州。为政之暇，取陈钧、黄公标两家旧州志删定为新志十七篇。康诰，字瀛湖，明代汀州卫（今福建长汀）人。明穆宗隆庆五年（1571），任和州知州。明神宗万历三年（1575），命和州学正齐柯等人修志，定为大纲八篇。

②奕叶：犹言累世，一代接一代。

③不知而作：语出《论语·述而》："子曰：'盖有不知而作之者，我无是也。'"

④略：语出《左传·庄公二十一年》："王与之武公之略，自虎牢以东。"指疆界，地域。

⑤贡监(jiàn)生员与封君：贡，贡生。明、清时期从地方学校选拔生员进入京城国子监学习，称为贡生。贡生名目繁多，有副贡、拔贡、优贡、岁贡、恩贡等。监，监生。明、清时期在国子监学习的生员，统称监生。有举监、贡监等名目。一般所称监生，指由捐纳而买得空名的人。生员，经过各级考试而进入府、州、县学的学生，都叫做生员。习惯称呼秀才。封君，因子孙显贵而受朝廷封官者，称为封君。

⑥赀授：通过交纳钱财而授予官职。

⑦君子之泽，五世而斩：语出《孟子·离娄下》。朱熹《集注》曰："泽，犹言流风余韵也……斩，绝也。"

⑧正贡：贡生中非捐纳而得者，属于入仕正途，故称正贡。清代有恩贡、拔贡、副贡、岁贡、优贡五贡。

⑨与其过而废也，毋宁过而存之：语出班固《汉书》卷三十六《楚元王传附刘歆传》："与其过而废之也，宁过而存之。"

【译文】

家谱的篇幅，比方志少；战乱之后，家谱没有保存下来。而明代嘉靖中知州易鸾和万历中知州康诰所修的方志,经过的时间更长久,而他们的书现在都保存下来;这是书在官府容易保存,而私家难以保存的明显证据。到今天不紧急采取措施妥善处置,那么连这点很少的东西,以后也不能求取了。况且我看《唐书·宰相世系表》,胪列宰相先世,有到梁、陈的人了,也有到元魏、后周的人了,不再向前追溯累世以上,那么史书谱牒的缺失,不是一朝一夕短时间的缘故。那么记录那些可以考知的内容,而省略那不能知道的内容,就可以避免不知道情况而写作的责备了。每姓推求来源,是准备考察古事的凭借。详细说明入籍的世代,是划定一州的疆界。用科第仕宦作名目,而贡生、监生、生员和封君,以及纳资财授虚衔的人都列入,是以类相从。没有科第仕宦,而只有生员及纳资财授虚衔的人,不为他们立表,是确定主宾轻重的衡量标准。科第仕宦的家族,旁支都是平民,就截止到分支的人。不再列入他们的子孙,因为君子的恩泽,五世以后就断绝。如果全部列入,这和户籍、土地图册上的人没有不同。虽然有科第仕宦,而没有家谱的人空缺,是严格对谬误失实的防范。正途贡生也是科第,低微的官阶也是仕宦,不再分资格品级,因为文献没有征验。与其过分而废弃,不如过分而保存,这是《未济》的道理。

和州志舆地图序例

【题解】

　　本篇为《和州志》舆地、建置、营汛、水利四图中的第一篇序文,其实是阐明全书设置图这一体例的总体论述。全篇三部分内容,据《章氏遗书》外编卷十六《和州志·舆地图》分别标名为考图、定体、著例。考图旨在说明图学失传原因以及图的作用,定体旨在辨别图的体式,著例则旨在申论图与文辞之间的关系。章学诚认为图谱之学在古代是专门学问,地位同样重要。到司马迁作《史记》,效法周谱而列表,却不效法象魏而置图,于是后世史书相承,导致图学衰亡。郑樵撰《通志·图谱略》,虽然感慨前人之失,自己却也没有作图。后世的图学,仅仅在方志一类书中存饩羊一线。章学诚指出,图与谱对于研究经学都是必不可少的内容。同样,这两种体例对于研究史学也具有不可替代的价值。谱牒为无文之书,图象为无言之史,可以对史书的文字表述起到相辅相成的作用。历代方志之图,尽管尚存古人之意,然而沿流忘源,已失古学之大体。章学诚对方志中的图加以辨别,认为前人作图只为显示绘画技巧和觉得可有可无两种不良风气,都不符合史书体裁的要求,正确的做法应该是图与文辞互相配合,追求文省而事无所晦,形著而言有所归的境界。

　　图谱之学，古有专门，郑氏樵论之详矣①。司马迁为史，独取旁行斜上之遗②，列为十表；而不取象魏悬法之掌③，列为诸图。于是后史相承，表志愈繁，图经浸失。好古之士，载考陈编，口诵其辞，目迷其象，是亦载笔之通弊，斯文之缺典也。郑樵生千载而后，慨然有志于三代遗文，而于《图谱》一篇，既明其用④；又推后代失所依据之故，本于班固收书遗图⑤，亦既感慨言之矣。然郑氏之意，只为著录诸家，不立图谱专门，故欲别为一录，以辅《七略》、四部之不逮耳；其实未尝深考，图学失传，由于司马迁有表无图，遂使后人修史，不知采录；故其自为《通志》，纪、传、谱、略诸体具备，而形势名象，亦未为图。以此而议班氏，岂所谓楚则失之，而齐亦未为得者非耶⑥？夫图谱之用，相为表里。周谱之亡久矣，而三代世次，诸侯年月，今具可考，以司马迁采摭为表故也。象魏之藏既失，而形名制度，方圆曲直，今不可知，以司马迁未列为图故也。然则书之存亡，系于史臣之笔削，明矣。图之远者，姑弗具论。自《三辅黄图》、《洛阳宫殿图》以来⑦，都邑之簿，代有成书，后代蒐罗，百不存一。郑氏独具心裁，立为专录⑧，以谓有其举之，莫或废矣。然今按以郑氏所收，其遗亡散失，与前代所著，未始径庭⑨；则书之存亡，系于史臣之笔削者尤重，而系于著录之部次者犹轻，又明矣。罇罍之微⑩，或资博雅，卤簿之属⑪，或著威仪，前人并有图书，盖亦繁富。史臣识其经要，未遑悉入编摩⑫；郑氏列为专录，使有所考，但求本书可也。至于方州形势，天下大计，不于表志之间，列为专部；使读其书者，乃若冥行摘埴⑬，如之何其可也？治《易》者必明乎象，治《春秋》者必通乎谱；图象谱牒，《易》与《春秋》之大原也。《易》曰："系辞焉以尽其言。"⑭《记》曰："比事属辞，《春秋》教也。"⑮夫谓之系辞属辞者，明乎文辞从其后也。然则图象为无言之史，谱牒为无文之书，相辅而行，虽欲缺一而不可者也。况州郡图经，尤前人之所重耶？

【注释】

①图谱之学，古有专门，郑氏樵论之详矣：据郑樵《通志》卷七十二《图谱略·索象》记载："古之学者，为学有要，置图于左，置书于右，索象于图，索理于书，故人亦易为学，学亦易为功，举而措之，如执左契。后之学者离图即书，尚辞务说，故人亦难为学，学亦难为功，虽平日胸中有千章万卷，及置之行事之间，则茫茫然不知所向……且有专门之书，则有专门之学；有专门之学，则其学必传，而书亦不失……隋家藏书富于古今，然图谱无所系。自此以来，荡然无纪。至今虞、夏、商、周、秦、汉上代之书具在，而图无传焉。图既无传，书复日多，兹学者之难成也。"

②司马迁为史，独取旁行斜上之遗：据姚思廉《梁书》卷五十《刘杳传》记载："杳云：'桓谭《新论》云：太史《三代世表》，旁行邪上，并效周谱。'"邪，通"斜"。司马迁《史记》的《三代世表》等十表，旁行斜上，分标子注，用表格形式排列，乃周代谱牒之遗法。

③象魏悬法：语出《周礼·天官·太宰》："正月之吉……县治象之法于象魏，使万民观治象。"象魏，又称阙或观，是宫门外相对而立的高大建筑。

④《图谱》一篇，既明其用：郑樵《通志》卷七十二《图谱略》有《明用》篇，列古今待图谱之用而明者十六类，一曰天文，二曰地理，三曰

宫室,四曰器用,五曰车旄,六曰衣裳,七曰坛兆,八曰都邑,九曰城筑,十曰田里,十一曰会计,十二曰法制,十三曰班爵,十四曰古今,十五曰名物,十六曰书。这十六类,有书无图,不可用。

⑤推后代失所依据之故,本于班固收书遗图:据郑樵《通志·总序》曰:"古之学者,左图右书,不可偏废。刘氏作《七略》,收书不收图,班固即其书为《艺文志》。自此以还,图谱日亡,书籍日冗,所以困后学而隳良材者,皆由于此。"

⑥楚则失之,而齐亦未为得:语出萧统《文选》卷八《司马长卿·上林赋》:"楚则失矣,而齐亦未为得也。"

⑦《三辅黄图》、《洛阳宫殿图》:据《隋书》卷三十三《经籍志》地理类著录:"《黄图》一卷。记三辅宫观、陵庙、明堂、辟雍、郊畤等事。"大抵汉、魏之间人所撰。记载秦、汉时期京城长安一带城池、宫殿、苑囿、陵庙等建筑。郑樵《通志》卷七十二《图谱略》著录《洛阳宫阙图》,无卷数与撰人。

⑧郑氏独具心裁,立为专录:据郑樵《通志·总序》曰:"臣乃立为二记:一曰记有,记今之所有者,不可不聚;二曰记无,记今之所无者,不可不求。故作《图谱略》。"

⑨径庭:语出《庄子·逍遥游》:"大有径庭。"径指门前小路,庭指居中庭院。原意指两者偏正悬绝,犹如霄壤。后来用"大相径庭"比喻相距遥远。

⑩罇罍(zūn léi):泛指盛酒器皿。罇,也作"尊"、"樽",古代盛酒器。罍,也作"櫑"。古代盛酒器。体型比樽大,因装饰外表云雷纹,故曰罍。

⑪卤簿之属:语出蔡邕《独断》卷下:"天子出,车驾次第谓之卤簿。"卤,大楯。用作护卫仪器。封演《封氏闻见记》卷五《卤簿》曰:"舆驾行幸,羽仪导从谓之卤簿……甲楯有先后部伍之次,皆著之簿籍,天子出入,则按次导从,故谓之卤簿耳。"即帝王、太子、

后妃、王公大臣出行时的仪仗队。

⑫未遑（huáng）：即"不遑"。语出《诗经·小雅·小弁》："心之忧矣，不遑假寐。"意为来不及，没有空闲。遑，闲暇。假寐，打盹。

⑬冥行擿（zhì）埴（zhí）：语出扬雄《法言》卷三《修身》："擿埴索途，冥行而已矣。"司马光《集注》曰："埴，土也。盲人以杖擿地而求道。"擿，通"擲"，投掷。埴，细密的黄粘土。也用作泥土的通称。

⑭系辞焉以尽其言：语出《周易·系辞上》。

⑮比事属辞，《春秋》教也：语出《礼记·经解》。原文为："属辞比事，《春秋》教也。"

【译文】

图谱的研究，古代有专门学问，郑樵论述得很详细了。司马迁作史，只继承横排斜线列表的遗法，列为十表，而不继承宫阙悬挂法令的职掌，绘画排列为图。于是后世史书互相沿袭，表志越来越多，图类经籍逐渐失传。喜好古代文化的人，考察故籍陈编，嘴里诵读古书文辞，眼睛却看不到古物形象，这也是史家记事的通病，古典文化的缺失。郑樵生在千年以后，慷慨有志愿研究夏商周三代遗文，而在《图谱略》一篇里，已经阐明图谱的功用；又推究后世失去根据的原因，是起源于班固收录书而舍弃图，也已经感慨地说过了。然而郑氏的意图，只是因为书目著录诸家，不设立图谱专有门类，所以想要另外作一录，用来辅助《七略》、四部的分类没有涉及的图类罢了；实际上他并不曾深入考察，图学之所以失传，是由于司马迁《史记》有表无图，就使后人修史，不知道采集图；所以他自己作《通志》，纪、传、谱、略各种体例完备，然而地理形势和器物形状，也没有画图表现。凭这点来议论班氏，难道不是所谓的楚人错了，而齐人也不算对吗？图与谱的功用，互相配合。周代的族谱散亡很久了，而三代的传承世系，诸侯的时事年月，现在都可以考知，是因为司马迁采用它们作表的缘故。宫阙悬挂的法令已经失传，而古代器物的形状和样式，方圆曲直，现在无法知道，是因为司马迁没有列图的缘故。那么书的存在和散失,和史官的记载删削有关系,就很清楚了。年代久远的图,姑且不详细讨论。自《三辅黄图》、《洛阳宫殿图》以来,记载城镇的图册,世代都有已成的书,后世搜罗,一百种也留不下一种。郑氏别具心裁,设立专门著录,认为把现有的书标著下来,就不会丢弃了。然而现在根据郑氏所收的书考察,遗落散失的图录,比起前代有著录而遗落散失的书,没有多大差距;那么书的存在和散失,和史官的记载删削关系特别大,而和书目著录的分类编排关系还比较小,又很清楚了。酒器微小,有时帮助增进学识,仪仗之类,有时显示尊威礼仪,前人都有图书,大概也繁多丰富。史官记载它们的大要,无暇全部收进编撰的史书;郑氏列为专门著录,假使需要考察,只寻求他的书就行了。至于州郡地理形势,关系天下的重大谋划,不在表志之间,列为专门部类;使得读这类书的人,竟像盲人用杖探地而行,这怎么可以呢?研究《周易》的人必须了解卦象,研究《春秋》的人必须通晓谱牒;图象与谱牒,是《周易》和《春秋》的根本。《周易》说:"联缀文辞以便说尽要说的话。"《礼记》说:"排比事情连结文辞,是《春秋》的教化。"称作联缀与连结文辞,很明显是文辞跟随在图象谱牒后面。那么图象是没有言辞的史册,谱牒是没有语句的书籍,互相辅助而流传,即使想要缺少哪一方面都不行。何况州郡图经,尤其受前人所重视呢?

　　或曰:学者亦知图象之用大矣。第辞可传习,而图不可以诵读,故书具存,而图不可考也,其势然也。虽然,非知言也。夫图不可诵,则表亦非有文辞者也。表著于史,而图不入编,此其所以亡失也。且图之不可传者有二:一则争于绘事之工也[①]。以古人专门艺事,自以名家,实无当于大经大法。若郭璞《山海经图赞》[②],赞存图亡。今观赞文,自类雕龙之工[③],则知图绘,殆亦画虎之技也[④]。一则同乎髦弁之微也⑤。近代方州之志，绘为图象，厕于序例之间⑥，不立专门，但缀名胜，以为一书之标识，而实无当于古人图谱之学也。夫争于绘事，则艺术无当于史裁；而厕于弁髦，则书肆苟为标帜⑦，以为市易之道⑧，皆不可语于史学之精微也。古人有专门之学，即有专门之书；有专门之书，即有专门之体例。旁行斜上，标分子注，谱牒之体例也。开方计里，推表山川，舆图之体例也。图不详而系之以说，说不显而实之以图，互著之义也。文省而事无所晦，形著而言有所归，述作之则也。亥豕不得淆其传，笔削无能损其质，久远之业也。要使不履其地、不深于文者，依检其图，洞如观火，是又通方之道也。夫《天官》、《河渠》图⑨，而八书可以六；《地理》、《沟洫》图⑩，而十志可以八；然而今日求太初之星象⑪，稽西京之版舆，或不至于若是茫茫也。况夫方州之书，征名辨物，尤宜详赡无遗，庶几一家之作；而乃流连景物，附会名胜，以为丹青末艺之观耶？其亦不讲于古人所以左图右史之义也夫⑫？

【注释】

①绘事之工：语出《论语·八佾》："子曰：'绘事后素。'"意为先以白色打底，再涂上颜色。

②郭璞《山海经图赞》：据《隋书》卷三十三《经籍志》地理类著录："《山海经图赞》二卷，郭璞注。"

③雕龙之工：语出司马迁《史记》卷七十四《孟子荀卿列传》："故齐人颂曰：谈天衍，雕龙奭。"裴骃《集解》引刘向《别录》曰："邹奭修[邹]衍之文，饰若雕镂龙文，故曰雕龙。"战国时期齐国人邹奭善

于修饰文辞,像雕刻龙纹,人称"雕龙奭"。后用来指善于修改
文章。

④画虎之技:语出范晔《后汉书》卷五十四《马援传》马援诫兄子马
严敦书:"效伯高不得,犹为谨敕之士,所谓刻鹄不成尚类鹜者
也。效季良不得,陷为天下轻薄子,所谓画虎不成反类狗者也。"
敕(chì),整饬。鹄,天鹅。鹜(wù),鸭子。

⑤髦弁(máo biàn):语出《左传·昭公九年》:"岂如弁髦而因以敝
之?"髦,童子下垂的头发。弁,缁布冠。古代男子行加冠礼,先
加缁布冠敛括垂髦,再加皮弁,最后加爵弁,然后剃掉垂髦,丢弃
缁布冠不用,故曰因以敝之。后用髦弁比喻弃置无用的事物。

⑥厕:安置,放置。

⑦书肆:语出扬雄《法言》卷二《吾子》:"好书而不要诸仲尼,书肆
也。"司马光《集注》曰:"卖书市肆,不能释义。"即售书的店铺。

⑧市易:语出司马迁《史记》卷一百二十九《货殖列传》:"汶山之下,
沃野下有蹲鸱,至死不饥。民工于市易贾。"意为买卖交易。

⑨《天官》、《河渠》:司马迁《史记》有《天官书》、《河渠书》。

⑩《地理》、《沟洫》:班固《汉书》有《地理志》、《沟洫志》。

⑪太初:汉武帝年号,公元前104—前101年。

⑫左图右史:语出《新唐书》卷一百四十二《杨绾传》:"性沉靖,独处
一室,左图右史。"郑樵《通志》卷七十二《图谱略》亦言:"古之学
者,为学有要,置图于左,置书于右,索象于图,索理于书。"

【译文】

有人说:学者也知道图象的用处大了。只是文辞可以传授学习,而
图不能诵读,所以书都保存下来,而图不可考见,那是形势造成这样。
虽然如此,却不是有见识的话。图不能诵读,那么表也不是有文辞的东
西。表记载于史书,而图不编入史书,这是图散失的原因。况且图不能
流传的原因有两点:一是在绘画技术的工巧上竞争。利用古人绘画的

专门艺术,作为自己成名成家的资本,实际上不符合根本的大原则。像郭璞的《山海经图赞》,赞存在而图散失。现在看赞的文字,自然类似雕刻龙纹的工巧,就知道图绘之事,恐怕也是画虎不成反类狗的技艺。一是等同弃置不戴的帽子那样微不足道。近代州郡的方志,绘画图象,和序例放在一起,不设立专门部类,仅仅联缀名胜,当做一部书的标记,而实际上不符合古人图谱的学问。在绘画技术上竞争,就属于艺术而不符合史学裁制;而等同弃置不戴的帽子,就被书铺随意充当标志,把这当成做买卖的途径,都不能用来谈论史学的精深微妙。古人有专门的学问,就有专门的书籍;有专门的书籍,就有专门的体例。标明横排斜线,区分正文小注,这是谱牒的体例。计算面积里程,表明山川位置,这是地图的体例。图不详细而联缀附加文辞,文辞不明显而用图充实,这是互相说明的意思。文字减省而叙事不隐晦,形状明显而言辞有归属,这是著述的原则。以亥为豕一类的误字不会弄乱它的流传,记载删除不会损害它的内容,这是长远的事业。要让不亲身到达该地、不精通文辞的人,查看所绘的地图,就像看火一样观察得清楚,这又是贯通整体的原则。《天官书》、《河渠书》改作图,《史记》八书可以减成六书;《地理志》、《沟洫志》改作图,《汉书》十志可以减成八志;那么今天推求太初年间的星象,考察西汉时期的版图,也许不至于像现在这样模糊不清。何况州郡的志书,验证名称与辨别事物,尤其应当详细丰满而没有遗漏,差不多就能成一家的著作;却贪恋绘制景物,附会名胜古迹,是要当做绘画这种小技艺的观赏之用吗? 这也太不讲究古人读书左边放置舆图而右边放史书的宗旨了吧?

　　图不能不系之说,而说之详者,即同于书,图之名不亦缀欤[①]? 曰:非缀也。体有所专,意亦有所重也。古人书有专名,篇有专义。辞之出入非所计,而名实宾主之际[②],作者所谓窃取其义焉耳。且吾见前史之文,有表似乎志者矣,《汉书·百官公卿表》,篇首历叙官制。不必皆旁行斜上之文也。有志似乎表者矣,《汉书·律历志》,排列三统甲子③。不必皆比事属辞之例也。《三辅黄图》,今亡其书矣,其见于他说所称引,则其辞也。遁甲、通统之图④,今存其说,犹《华黍》、《由庚》之有其义耳⑤。虽一尺之图,系以寻丈之说可也。既曰图矣,统谓之图可也。图又以类相次,不亦繁欤?曰:非繁也。图之有类别,犹书之有篇名也。以图附书,则义不显,分图而系之以说,义斯显也。若皇朝《明史·律历志》,于仪象推步皆绘为图⑥,盖前人所未有矣。当时史臣,未尝别立为图,故不列专门,事各有所宜也。今州志分图为四:一曰舆地,二曰建置⑦,三曰营汛⑧,四曰水利。皆取其有关经要,而规方形势所必需者,详系之说,而次诸纪表之后,用备一家之学,而发其例于首简云尔。

【注释】

①缀:通"赘"。据《诗经·大雅·桑柔》曰:"具赘卒荒。"孔颖达《疏》曰:"赘,犹缀。"

②名实宾主:语出《庄子·逍遥游》:"名者,实之宾也。"比喻内容和形式的关系。

③三统:《三统历》。西汉末年刘歆根据《太初历》等历法修订而成,是我国史书上第一完整记载天象的历法。

④遁甲、通统之图:据《隋书》卷三十四《经籍志》五行类著录:《三元遁甲上图》一卷,《三元遁甲图》三卷,《遁甲九宫八门图》一卷,荣氏撰《遁甲开山图》三卷,葛洪撰《遁甲返覆图》一卷,《易通统卦验玄图》一卷,《易通统图》二卷等,均为古代方士的术数之书。

⑤《华黍》、《由庚》:《诗经·小雅》中的篇名,已佚。

⑥仪象推步皆绘为图:《明史》卷三十二至三十三《历志》有《割圆弧矢图》、《月道距差图》、《二至出入差图》三图。仪象,观测天象的仪器。

⑦建置:语出班固《汉书》卷六十三《武五子传赞》:"略取河南,建置朔方。"指设立郡县。

⑧营汛:清代兵制,各省驻防绿营兵在标下设协,协下设营,营下设汛。营由参将、游击、都司、守备分别统领,汛由千总、把总、外委统领。

【译文】

有人说:图不能不联缀文字解说,而文字详细的解说,就等同于书,图的名称不也就成了点缀吗?回答说:这不是点缀。体裁具有专门独特之处,意图也就有具有重点所在。古人的书有专一名称,篇有专一宗旨。言辞的差别不是所要考虑的内容,而名称与实质、主体与客体之间的关系,才是著书的人所说的寄托主张的地方。况且我看过去史书的文字,有表体类似志体的文字了,《汉书·百官公卿表》,篇首一一叙述官制。不一定都是横行斜线的文字。有志体类似表体的文字了,《汉书·律历志》,排列《三统历》干支。不一定都是排比事情连缀文辞的体例。《三辅黄图》,今天此书亡佚了,那些在别的书里引用所见到的内容,就是它的文辞。遁甲、通统的图,现在还保留它们的说辞,就像《诗经》中《华黍》、《由庚》篇无歌辞而有含意。即使一尺大小的图,联缀一丈长的文辞也可以。有人说:既然叫做图了,总称是图就行了。图又按照类别顺序排列,不也很繁杂吗?回答说:这不是繁杂。图具有类别,如同书具有篇名。把图附在书里,那么意思就不明显,图分出来而联缀文辞,意思就明显了。就像皇朝撰修《明史·律历志》,对天象仪器和推算历法都画成图,大概是前人所没有了。当时的史官,不曾另外作图,所以不设立专门部类,这是事情各有适当之处。现在编纂州志把图分成四种:第一叫做舆地,第二叫做建置,第三叫做营汛,第四叫做水利。都选取那些和治理要领有关联,而规划地理形势所必需的内容,详细地附缀解说文辞,编排在纪、表的后面,用来完备自成一家的学问,而在开篇说明体例而已。

和州志田赋书序例

【题解】

  本篇通过考察历代赋税记载的始末,论述方志记载赋税的重要性以及具体做法。章学诚认为,关于赋税的记载,可以上溯到《尚书·禹贡》和《周礼》,班固《汉书》设立《食货志》,成为后世史书的准则。除正史之外,历代还编有《国计簿》、《会计录》一类书,依据财政部门胥吏文书汇编而成,琐碎而不成体系,仅备一时之需,不能传世行远。又有《通典》、《会要》一类掌故汇编,概括一代赋税大要,而不能考察细微详情。所以很难见到记载赋税的专书,无法窥见一代赋税制度完整全貌。赋税制度关系到国计民生大事,对于某一地方的利弊影响尤其明显。国史记载大略,统其要纲,至于方志,恰恰可以详细分目,记载具体得失,补充国史所不能涉及的范围。章学诚明确认识到过去方志对赋税之事重视不够,仅仅依据文书编录,无法看到一方民瘼之所在。章学诚指出,方志对于赋税的记载,要做到考究古今,深求原委,使后人可以考究得失,洞察利弊。所以,对于私家议论、官府公文中有关赋税利弊的文献,应当采入方志。一旦赋税制度有改变,或者以后有不法官吏增添名目,就可以根据方志的记载考察制度原委,真正实现方志作为史学分支而达到经世致用的效果。

自画土制贡，创于夏书①，任土授职，载师物地事及授地职②。详于《周礼》；而田赋之书，专司之掌，有由来矣。班氏约取《洪范》八政，裁为《食货》之篇③，后史相仍，著为圭臬。然而司农图籍④，会稽簿录⑤，填委架阁⑥，不可胜穷；于是酌取一代之中，以为定制。其有沿革大凡，盈缩总计，略存史氏要删，计臣章奏⑦；使读者观书可以自得，则亦其势然也。若李吉甫、韦处厚所为《国计》之簿⑧，李吉甫《元和国计簿》十卷，韦处厚《太和国计》二十卷。丁谓、田况所为《会计》之录⑨，丁谓《景德会计录》六卷，田况《皇祐会计录》六卷。则仿《周官》司会所贰书契版图之制也。杜佑、宋白之《通典》⑩，王溥、章得象之《会要》⑪，则掌故汇编；其中首重食货，义取综核，事该古今；至于麻缕之微，铢两之细，不复委折求尽也。赵过均田之议⑫，李翱《平赋》之书⑬，则公牍私论，各抒所见；惟以一时利病，求所折衷，非复史氏记实之法也。夫令史簿录，猥琐无文，不能传世行远；文学掌故，博综大要，莫能深鉴隐微；此田赋之所以难明，而成书之所以难觏者也⑭。古者财赋之事，征于司徒，载师属大司徒。会于太宰。司会属太宰。太宰制三十年为通九式，均节九赋，自祭祀宾客之大，以至刍秣匪颁之细⑮，俱有定数，以其所出，准之以其所入；虽欲于定式之外，多取于民，其道无由。此财赋所以贵簿正之法也。自唐变租庸调而为两税⑯，明又变两税而为一条鞭法⑰，势趋简便，令无苛扰，亦度时揆势，可谓得所权宜者矣。然而存留供亿诸费⑱，土贡方物等目⑲，佥差募运之资，总括毕输，便于民间，使无纷扰可也。有司文牍，令史簿籍，自当具录旧有款目，明著功令所以并省之由，然后折以时之法度，庶几计司职守^⑳，与编户齐民，皆晓然于制有变更，数无增损也。文移日趋简省，而案牍久远无征，但存当时总括之数，不为条列诸科，则遇禁网稍弛，官吏不饬于法，或至增饰名目，抑配均输^㉑，以为合于古者惟正之贡^㉒，孰从而议其非制耶？

【注释】

①画土制贡，创于夏书：语出《尚书·禹贡》："禹别九州，随山浚川，任土作贡。"伪孔安国《传》曰："任其土地所有，定其贡赋之差。"

②载师物地事及授地职：语出《周礼·地官》："载师掌任土之法，以物地事，授地职，而待其政令。"郑玄《注》曰："任土者，任其力势所能生育，且以制贡赋也。物，物色之，以知其所宜之事者，而授农牧衡虞，使职之。"载师，地官属官，掌管土地赋役等事。

③班氏约取《洪范》八政，裁为《食货》之篇：据班固《汉书》卷二十四上《食货志上》记载："《洪范》八政，一曰食，二曰货。食谓农殖嘉谷可食之物，货谓布帛可衣，及金刀龟贝，所以分财布利，通有无者也。"

④司农：大司农。秦设治粟内史，汉景帝改称大农令，汉武帝又改称大司农，掌管国家赋税等财政事务，为九卿之一。

⑤会稽：会计。《周礼》天官属官有司会，掌管会计事物。

⑥架阁：宋、元时期，朝廷各部门有架阁库，储藏文牍案卷。

⑦计臣：原意指谋臣。这里意同计官，指掌管国家财政事务的大臣。

⑧李吉甫、韦处厚所为《国计》之簿：据《新唐书》卷五十八《艺文志》职官类著录："李吉甫《元和国计簿》十卷……韦处厚《太和国计》

二十卷。"李吉甫(758—814),字弘宪,唐代赞皇(今属河北)人。
以父荫任仓曹参军。唐宪宗即位,任中书舍人,后拜中书侍郎同
平章事。任相期间,削弱藩镇势力,加强中央集权。出任淮南节
度使,不久再度为相。封赞皇县侯,卒谥忠毅。著有《元和郡县
图志》等书。韦处厚(773—828),字德载,唐代京兆万年(今陕西
西安)人。宪宗元和元年(806)登进士第。官翰林承旨学士。文
宗即位,为中书侍郎同平章事。封灵昌郡公,号为贤相。参与撰
修《德宗实录》、《宪宗实录》等书。

⑨丁谓、田况所为《会计》之录:据陈振孙《直斋书录解题》卷五典故
　类著录:"《景德会计录》六卷,丞相吴郡丁谓谓之撰……《皇祐会
　计录》六卷,枢密信都田况元均权三司使时所撰。"丁谓(962—
　1033),字谓之,又字公言,北宋苏州长洲(今江苏吴县)人。太宗
　淳化年间进士。真宗时期任三司使。与王钦若造作天书,营造
　宫观,崇奉道教。后任参知政事,排挤寇准,升任宰相,封晋国
　公。仁宗即位,贬为崖州司户参军。卒于光州(今河南光山)。
　田况(1005—1063),字元均,北宋开封(今属河南)人。仁宗天圣
　年间进士。曾知成德军,又随夏竦经略陕西,言治边十四事。参
　与平定保州兵变。历翰林学士、三司使、枢密副使、枢密使。著
　有《儒林公议》等书。

⑩宋白之《通典》:宋白(936—1012),字太素,北宋大名(今属河北)
　人。太祖建隆年间进士。曾任著作佐郎,翰林学士承旨,官至吏
　部尚书。与李昉等共同编纂《文苑英华》。宋真宗咸平三年
　(1012),诏翰林学士承旨宋白等修《续通典》,次年书成,共二百
　卷。记载自唐至德初到后周显德末二百余年的典章制度,分为
　食货等九门。已佚。

⑪王溥、章得象之《会要》:王溥《唐会要》与《五代会要》、章得象《国
　朝会要》。王溥(922—982),字齐物。五代并州祁县(今属山西)

人。后汉乾祐年间进士。后周太祖时期任宰相。入宋后数年罢相，后进位司空，封祁国公。整理编撰《唐会要》一百卷，又撰《五代会要》三十卷。章得象（978—1048），字希言，北宋建州浦城（今属福建）人。真宗咸平年间进士，任翰林学士。仁宗朝，官居相位。宋仁宗庆历年间，主持编纂《国朝会要》一百五十卷。庆历五年（1045），出判陈州。

⑫赵过均田之议：据班固《汉书》卷二十四上《食货志上》记载："［汉武帝］以赵过为搜粟都尉。过能为代田，一亩三甽，岁代处，故曰代田。"颜师古《注》曰："代，易也。"甽（quǎn），古"畎"字。据班固《汉书》卷三十六《楚元王传附刘向传》颜师古《注》曰："甽者，田中之沟也。田沟之法，耜广五寸，二耜为耦，一耦之伐，广尺深尺，谓之甽。六甽而为一亩……字或作畎，其音同耳。"赵过，汉武帝在位末年任搜粟都尉，改进农具，创设使农田轮流休耕的代田法，休养地力，提高粮食产量。则赵过所行当为代田，而非均田。按唐代元稹《元氏长庆集》卷三十八《同州奏均田》，内容属于均田之议。当是章学诚把元稹误作赵过。

⑬李翱《平赋》之书：李翱《李文公文集》卷三《平赋书》，旨在建议田赋实行十一赋，即按照产量的十分之一缴纳赋税。

⑭覯（gòu）：通"遘"、"逅"，遇见。

⑮太宰制三十年为通九式，均节九赋，自祭祀宾客之大，以至刍秣匪颁之细：据《周礼·天官》记载："太宰……以九赋敛财贿，一曰邦中之赋，二曰四郊之赋，三曰邦甸之赋，四曰家削之赋，五曰邦县之赋，六曰邦都之赋，七曰关市之赋，八曰山泽之赋，九曰币余之赋。以九式均节财用，一曰祭祀之式，二曰宾客之式，三曰丧荒之式，四曰羞服之式，五曰工事之式，六曰币帛之式，七曰刍秣之式，八曰匪颁之式，九曰好用之式。"式，用财之节度法式。羞，饮食之物。刍秣，饲养牛马的禾谷。匪颁，分赐。好用，燕好之

赐。太宰制三十年,语出《礼记·王制》:"冢宰制国用……以三
十年之通制国用,量入为出……三年耕必有一年之食,九年耕必
有三年之食,以三十年之通,虽有凶旱水溢,民无菜色。"

⑯唐变租庸调而为两税:唐初制定的田租、力庸、户调三种赋役制
度,合称租庸调。这一赋税制度建立在均田制的基础上,以地主
和自耕农为征收对象。安史之乱以后,均田制已经彻底破坏,租
庸调制度无法实行。唐德宗建中元年(780),开始实行征收两税
的赋税制度。按产业确定民户的等级,分夏秋两次纳税,将原来
租庸调折钱并入两税征收。这种税法历经宋、元,一直沿用到明
代中期。

⑰明又变两税而为一条鞭法:明神宗万历年间,制定新的赋税制
度。将役钱并入田赋,各种杂税也合并征收,史称一条鞭法。其
最显著特点,是由实物税改为货币税。

⑱存留供亿:古代地方机构所征收的赋税,除按规定缴纳朝廷以
外,允许留下一定数量供应本地开支,称作留州或存留。供亿,
语出《左传·隐公十一年》:"寡人唯是一二父兄不能共亿。"杜预
《注》曰:"共,给;亿,安也。"即供给所需。

⑲土贡:语出班固《汉书》卷九十四下《匈奴传》:"物土贡,制内外。"
颜师古《注》曰:"各因其土所生之物而贡之也。"指各地或藩属国
向君主进献的土特产。方物:语出伪古文《尚书·旅獒》:"无有
远迩,毕献方物。"指地方的产物。

⑳计司:对于掌管国家财政赋税事务的官署的统称。

㉑抑配均输:抑配,语出《宋史》卷十五《神宗纪》:"[熙宁]三年春正
月……乙卯,诏诸路散青苗钱禁抑配。"意为强制配给份额。均
输,古代朝廷为调节市场物价而采取的货物统购统销和运输政
策。汉武帝首先实行均输法。北宋王安石变法,于宋神宗熙宁
二年(1069)制定市易均输法。明末也曾经实行均输法。

㉒惟正之贡:语出《尚书·无逸》:"以庶邦惟正之供。"宋代蔡沈《书
经集传》卷五曰:"常供正数之外,无横敛也。"

【译文】

自从划分州境制定贡赋,最早创建于《夏书》,根据土地好坏情况确
定用途,载师了解各种土地的适宜性质以及确定不同土地的用途。详细记
载在《周礼》;而登载田赋的书籍,专设官署的掌管,由来已久了。班固
对《尚书·洪范》八政摘取要领,写成《食货志》一篇,后世史书互相沿
袭,当做准则。然而司农官署的图籍,会计机构的簿册,堆满了档案库
架,不可穷尽;于是从一个朝代的图籍簿册当中斟酌采取,成为确定的
制度。至于沿革的大略情形,盈余和亏损的统计,简略地保存在史官撮
要删定的史书,和掌管财政的大臣的章奏里;让读者看书可以自己了
解,那么也是形势造成这样。像李吉甫、韦处厚所撰的《国计簿》,李吉甫
《元和国计簿》十卷,韦处厚《太和国计》二十卷。丁谓、田况所撰的《会计
录》,丁谓《景德会计录》六卷,田况《皇祐会计录》六卷。就是仿照《周礼》司
会掌管书契、户籍、地图副本的制度。杜佑、宋白的《通典》,王溥、章得
象的《会要》,就是掌故汇编;书中把食货放在首要位置,大致采取汇总
而考核的方法,事情包括自古迄今的范围;至于麻线的轻微,铢两的细
小,不再周备地追求详尽。赵过均田的奏议,李翱的《平赋书》,就是公
家文书与私人议论,各自抒发见解;只是对某个时期的利弊,寻求适宜
措施,不再是史家记载实事的方法。胥吏经手的簿册,琐碎没有文采,
不能传布后世流行久远;文人记载的掌故,广博综合大要,不能深入观
察隐约细微;这就是田赋难以弄清,而已成的书难以遇到的原因。古代
财赋的事情,由司徒征收,载师隶属大司徒。由太宰总核,司会隶属太宰。
太宰制定三十年贯通九种用财法式,调节九种赋税,从祭祀和接待宾客
的大事,到牛马饲料和赏赐群臣的小事,都有数量规定,根据各种支出,
估量确定征收的数目;即使想要在规定数量之外,从民众那里多取,也
没有多征收的途径。这就是对赋税重视确立文书规定制度的缘故。自

从唐代把租庸调法变为两税法,明代又把两税法变为一条鞭法,形势趋向简便,法令不会扰民,也是估量时势,可以说是得到变通方法了。然而存留和供给等费用,土贡与特产等名目,派遣差使和招募运输的钱财,总括计算一并交纳,民间感到便利,使民间不扰乱就可以。官署的文案,胥吏的簿册,自然应该完整记录原有的款项,明确记载法令合并减省的原由,然后按照当时的法度折算,差不多可以让财政机构的官员,和编入户籍的平民,都明白制度有变更,数量没有增减。公文越来越趋向简便,而案卷时间久远没有验证,只留下当时总括计算的数量,不逐一列出各项数目,那么遇到法网略微松弛,官吏不谨慎守法,也许会增添名目,强行摊派实行均输,认为符合古代正常赋税之外不再征收的原则,有谁因而指责这种做法没有遵从制度呢?

　　夫变法所以便民,而吏或缘法以为奸,文案之势,或不能备,图史所以为经国之典也。然而一代浩繁,史官之籍,有所不胜;独州县志书,方隅有限①,可以条别诸目,琐屑无遗,庶以补国史之力之所不给也。自有明以来,外志纪载,率皆猥陋无法;至于田赋之事,以谓吏胥簿籍,总无当于文章巨丽之观,遂据见行案牍,一例通编,不复考究古今,深求原委;譬彼玉卮无当②,谁能赏其华美者乎?明代条鞭之法,定于嘉靖之年,而和州旧志,今可考者,亦自嘉靖中易鸾州志而止。当时正值初更章程,而州志即用新法,尽削旧条,遂使唐人两税以来沿革莫考,惜哉!又私门论议,官府文移,有关田赋利病,自当采入本书;如班书叙次晁错《贵粟》之奏入《食货志》③,贾让《治河》之策入《沟洫志》④,庶使事显文明,学归有用。否则裁入本人列传,便人参互考求,亦赵充国《屯田》诸议之成法也⑤。近代志家类皆截去文词,别编为《艺文志》;而本门事实,及本人行业,转使扩落无材⑥。岂志目大书专门,特标义例,积成卷轴,乃等于匏瓜之悬,仰而不食者耶⑦?康诰旧志,略窥此风⑧。后来秉笔诸家,毅然删去,一而至再,无复挽回,可为太息者也!今自易《志》以前,其有遗者,不可追已;自易《志》以后,具录颠末,编次为书。其康诰《均田》之议,实有当于田赋利病;他若州中有关田赋之文,皆采录之,次于诸条之后;兼或采入列传,互相发明,疑者缺之。后之览者,或有取于斯焉。

【注释】

①方隅:语出陈寿《三国志》卷十九《陈思王植传》:"疆埸骚动,方隅内侵,没军丧众,干戈不息者,边将之忧也。"意为边疆四陲。

②玉卮无当:语出《韩非子·外储说右上》:"为人主而漏其君臣之语,譬犹玉卮之无当。"卮,酒杯。当,底。杯无底则水迸散,比喻人主不密,泄露君臣之语。后多借喻事物华丽而不合实用。

③晁错《贵粟》之奏:《论贵粟疏》,载于班固《汉书》卷二十四上《食货志上》,建议朝廷使民纳粟拜爵。晁错(200—154),西汉颍川(今河南禹州)人。文帝时,为太子家令,得到太子信任。景帝即位,任御史大夫。提出纳粟受爵,募民充实塞下,逐步削减诸侯王国封地等主张,均被采纳。不久,因吴楚七国以清君侧为名起兵,以谗言被杀。

④贾让《治河》之策:据班固《汉书》卷二十九《沟洫志》记载:"待诏贾让奏言治河有上中下策。"贾让,西汉人。汉哀帝时官待诏,上奏提出治理黄河的上中下三策。

⑤赵充国《屯田》诸议:赵充国上奏在西北屯田十二便,寓兵于农。

赵充国(前137—前52),字翁孙,西汉陇西上邽(今甘肃天水西南)人。汉武帝与昭帝时期,随军反击匈奴,升任后将军。宣帝即位,封营平侯。年七十余,驰赴金城(今甘肃兰州)与羌人作战,画图奏上方略,因以破羌。

⑥扩落:也作廓落。语出《庄子·逍遥游》:"剖之以为瓢,则瓠落无所容。"陆德明《经典释文》曰:"简文云:瓠落,犹廓落也。"意为空洞无实。

⑦匏瓜之悬,仰而不食:语出《论语·阳货》:"吾岂匏瓜也哉?焉能系而不食?"何晏《集解》曰:"言匏,瓠也。瓜得系一处者,不食故也。吾自食物,当东西南北,不得如不食之物,系滞一处。"

⑧康诰旧志,略窥此风:康诰有《均田议》,载于所撰《和州志·田赋书》。

【译文】

变法用来便利民众,而胥吏有时玩弄法令来作恶,文书案牍的工作,有时不能完备,所以地图和史书是治理国家的重要文献。然而一代史事浩大繁多,史官撰修的史书,不能全部承受;只有州县志书,地域有界限,可以逐一分列各类事项,而不遗漏细碎之物,差不多能用来补充国史力所不能及的范围。自从明代以来,方志的记载,大都猥琐简陋没有方法;至于田赋的事情,认为是胥吏的簿册,全不符合文章雅好的观览,于是根据当前施行的案卷,一律通贯编排,不再研究古今,深入探求始末;譬如玉制酒杯没有杯底,有谁能欣赏它的华美呢?明代一条鞭法,在嘉靖年间制定,而和州以前的方志,现在可以考知的书,也到嘉靖中易鸾的州志为止。当时正遇上制度变革初期,而州志就采用新法,完全削除旧有条目,于是使唐人实行两税法以来的沿革不能考知,可惜啊!另外私家议论,官府公文,和田赋利弊有关的内容,自然应当采入《田赋书》;就像班固《汉书》把晁错的《论贵粟疏》奏议编入《食货志》,把贾让《治河三策》的谋划编入《沟洫志》,希望让事情明显而文辞清楚,学问归于有用。否则编排进本人列传,便于人们相互参阅而考察求证,也是史家对待赵充国诸奏议的既定方法。近代方志家大都截取文辞,另外编成《艺文志》;而本门事情,以及本人操行功业,反而弄得空虚没有材料。难道方志的目录郑重记载门类,特地显示宗旨和体例,积聚成篇卷,却相当于悬挂着的葫芦,让人仰望而不食用吗? 康诰的旧志,略微窥测到这种风气。以后握笔编撰诸家,毫不犹豫地删除,一次不行两次,不可能挽回,值得为此叹息! 现在从易鸾的《和州志》以前,有遗留的内容,不能追溯了;从易鸾的《和州志》以后,详细记录始末,编排成书。康诰关于《均田议》文章,确实恰当地说出了田赋的利弊,其他像一州之中有关田赋的文章,都采录下来,排列在各条后面;有些同时编入列传,互相证明,有疑惑的地方空缺。以后阅览的人,或许能从书里有所选择取用。

和州志艺文书序例

【题解】

　　本篇虽然是为说明方志中设立《艺文书》体例而作，然而主旨却着眼于辨明学术源流，阐发文献校雠著录理论。其中一部分内容，可以视为后来《校雠通义》的先声与发端。文章的主要论点有以下几个方面：第一，古代官师合一，典籍与学术守在官府，后世官师分离，书籍分散失统，于是书目著录之法产生。第二，刘向、刘歆撰《七略》尚未完全失去师传，故能辨别学术源流。魏、晋以后，师法失传，不得已而改用四部著录法。第三，《七略》推究学术源流，以部类管理书籍，四部以书籍乱部类，所以应该回复到《七略》。第四，刘氏著录图书，有别出互见之法，至班固《汉书·艺文志》已不明原委，以致后来失传。第五，方志著录一方图书，不仅可以正家藏之目，备朝廷之征，而且后世可以因人因地而征求遗书，故应详细讨论部次条别之法。需要指出的是，章学诚此时欲以《七略》正四部的观点，后来在《校雠通义·宗刘》中有所修正，认为从《七略》到四部是大势所趋，不可能再回到《七略》。而他提出继承《七略》别出互见之法，则是对校雠学的重大贡献。所谓别出，就是把一部书按其类著录的同时，将书中与其他类相通的篇章裁出，著录在其他相应部类。所谓互见，就是把一书同时著录在两个相关的部类。运用别出互见之法，可以解决书目著录中无所适从的困境，使得方法和体系更加完善合理。

《易》曰："上古结绳而治，后世圣人易之以书契，百官以治，万民以察。"夫文字之原，古人所以为治法也。三代之盛，法具于书，书守之官。天下之术业[①]，皆出于官师之掌故，道艺于此焉齐，德行于此焉通，天下所以以同文为治。而《周官》六篇，皆古人所以即守官而存师法者也。不为官师职业所存，是为非法，虽孔子言礼，必访柱下之藏是也。三代而后，文字不隶于职司，于是官府章程，师儒习业，分而为二，以致人自为书，家自为说；盖泛滥而出于百司掌故之外者，遂纷然矣。六经皆属掌故，如《易》藏太卜，《诗》在太师之类。书既散在天下，无所统宗，于是著录部次之法，出而治之，亦势之所不容已。然自有著录以来，学者视为纪数簿籍，求能推究同文为治，而存六典识职之遗者，惟刘向、刘歆所为《七略》、《别录》之书而已。故其分别九流，论次诸子，必云出于古者某官之掌，其流而为某家之学，失而为某事之敝，条宣究极，隐括无遗。学者苟能循流而溯源，虽曲艺小数，诐辞邪说，皆可返而通乎大道；而治其说者，亦得以自辨其力之至与不至焉。有其守之，莫或流也；有其趋之，莫或歧也。言语文章，胥归识职，则师法可复，而古学可兴，岂不盛哉？韩氏愈曰："辨古书之正伪，昭昭然若黑白分。"[②]孟子曰："诐辞知其所蔽，淫辞知其所陷，邪辞知其所离，遁辞知其所穷。"[③]孔子曰："多闻，择其善者而从之。"[④]夫欲辨古书正伪，以几于知言，几于多闻择善，则必深明官师之掌，而后悉流别之故,竟末流之失;是刘氏著录,所以为学术绝续之几也。不能究官师之掌,将无以条流别之故,而因以不知末流之失;则天下学术,无所宗师。"生心发政,作政害事"⑤,孟子言之,断断如也。然而涉猎之士⑥,方且炫博综之才;索隐之功⑦,方且矜隅墟之见⑧;以为区区著录之文,校雠之业,可以有裨于文事。噫!其惑也。

【注释】

①术:底本误作"衡",据《章氏遗书》外编卷十七《和州志艺文书序例》改。

②辨古书之正伪,昭昭然若黑白分:语出韩愈《韩昌黎全集》卷十六《答李翊书》:"然后识古书之正伪,与虽正而不至焉者,昭昭然白黑分矣。"

③诐(bì)辞知其所蔽,淫辞知其所陷,邪辞知其所离,遁辞知其所穷:语出《孟子·公孙丑上》。诐,偏颇,邪僻。

④多闻,择其善者而从之:语出《论语·述而》。

⑤生心发政,作政害事:语出《孟子·公孙丑上》:"生于其心,害于其政;发于其政,害于其事。"

⑥涉猎:语出班固《汉书》卷五十一《贾山传》:"所言涉猎书记,不能为醇儒。"颜师古《注》曰:"涉,若涉水。猎,若猎兽。言历览之不专精也。"意为读书涉及广泛而不专精。

⑦索隐:语出《礼记·中庸》:"子曰:素隐行怪,后世有述焉,吾弗为之矣。"朱熹《中庸章句》曰:"素,按《汉书》当作索,盖字之误也。索隐行怪,言深求隐僻之理,而过为诡异之行也。"意为探索隐微。通常指对古籍的注释考证。

⑧隅墟:隅即一隅,语出《荀子·解蔽》:"夫道者,体常而尽变,一隅不足以举之。"墟即拘墟,语出《庄子·秋水》:"井鼃不可以语于

海者,拘于虚也。"陆德明《经典释文》曰:"虚,本亦作墟。"指所居之地。比喻人孤居一隅,见闻不广。

【译文】

《周易》说:"远古时代用结绳的方法记事,后世的圣人改用文字,百官用来治理,民众用来观察。"文字的起源,是古人用来作为治理的方法。三代兴盛的时候,法令完备地记录在书上,书由官员掌管。天下的技艺学问,都语出官员教师的掌故,学问技艺在这里一致,道德品行在这里贯通,这就是天下用统一文字作为治理的原因。而《周礼》六篇,都是古人用来守住官职而保存师法的书。书不被官员教师的职守保存,就是不合法度,即使孔子讲论礼制,也一定寻访柱下史掌管的宫廷藏书就是如此。三代以后,文字不由官员掌管,于是官府的规章制度,教师的艺业学问,一分为二,以致人人自己著书,家家自己立说;大概广泛扩散到官府掌故之外的学术,就纷繁众多了。六经都属于掌故,如《易经》由太卜收藏,《诗经》由太师保管之类。书既然散布在天下,没有办法统辖综理,于是著录书目和按部胪列的方法,就产生出来而管理书籍,也是事物趋势不能不这样。然而自从有书目著录以来,学者看成是记录数目的簿册,寻求能够推究用统一文字达到治理,而保存《周礼》六典明确职守的遗留,只有刘向、刘歆所作的《七略》、《别录》的书而已。所以他们区分九流,论定诸子,一定说出于古代某官职掌,逐渐演变为某家学术,错误在于某事的弊病,逐一述说并且探究穷尽,概括得没有遗漏。学者如果能沿着流变而上溯源头,即使是小技末艺,偏颇不正的论说,都可以返归通向正道;而研究这类学说的人,也能自己辨别学力是否已经达到。达到就保持它,不要让它改变;达到就遵循它,不要走上岔路。言语文章,都趋向认识得当,就可以恢复师法,而古代学术可以振兴,难道不是盛举吗? 韩愈说:"辨别古书的正和伪,明显得就像黑白分明。"孟子说:"对偏颇的言辞知道它片面的地方,对过分的言辞知道它缺陷的地方,对邪僻的言辞知道它偏离的地方,对躲闪的言辞知道它理屈的地方。"孔子说:"多听,选择那些好的言论而遵从。"想要辨别古书的正和伪,来接近能辨析言论的真意,接近能多听而选择好的言论,就一定要深刻理解官员教师的职掌,然后详细了解流派的由来,彻底追究末流的失误;这就是刘氏的著录,能够作为学术断绝或延续的征兆的原因。不能探究官员教师的职掌,就会没有办法列举流派的由来,而因此不知道末流的失误;那么天下的学术,就没有可以尊崇的榜样。"从心意中产生并在政治上体现,从事政治就会危害具体事务",孟子说的话,断然无疑。然而广泛涉猎的人,正在炫耀博通综理的才学;探求细微的人,正在夸耀一孔的见解;认为微不足道的书目著录的文字,校雠的事业,可以对文化有补益。唉! 这就迷惑了。

　　六典亡而为《七略》,是官失其守也。《七略》亡而为四部,是师失其传也。《周官》之籍富矣;保章天文,职方地理,虞衡理物①,巫祝交神②,各守成书以布治法,即各精其业以传学术,不特师氏、保氏所谓六艺《诗》、《书》之文也③。司空篇亡,刘歆取《考工记》补之④。非补之也,考工当为司空官属,其所谓记,即冬官之典籍;犹《仪礼》十七篇,为春官之典籍⑤;《司马法》百五十篇,为夏官之典籍⑥,皆幸而获传后世者也。当日典籍具存,而三百六十之篇,即以官秩为之部次,文章安得散也? 衰周而后,官制不行,而书籍散亡,千百之中,存十一矣。就十一之仅存,而欲复三百六十之部次,非凿则漏,势有难行,故不得已而裁为《七略》尔。其云盖出古者某官之掌,盖之为言,犹疑辞也。欲人深思,而旷然自得于官师掌故之原也。故曰六典亡而为《七略》,官失其守也。虽然,官师失业,处士著书,虽曰法无统纪,要其本旨,皆欲推其所学,可以见于当世施行。其文虽连缀,而指趋可约也;其说虽谲诡,而驳杂不出也。故老庄、申韩、名墨、纵横,汉初诸儒犹有治其业者⑦,是师传未失之明验也。师传未亡,则文字必有所本。凡有所本,无不出于古人官守,刘氏所以易于条其别也。魏、晋之间,专门之学渐亡,文章之士,以著作为荣华;诗、赋、章、表、铭、箴、颂、诔,因事结构,命意各殊;其旨非儒非墨,其言时离时合,裒而次之,谓之文集。流别之不可分者一也。文章无本,斯求助于词采;纂组经传,摘抉子史,譬医师之聚毒,以待应时取给;选青妃紫⑧,不主一家,谓之类书。流别之不可分者二也。学术既无专门,斯读书不能精一,删略诸家,取便省览;其始不过备一时之捷给⑨,未尝有意留青⑩,继乃积渐相沿,后学传为津逮⑪;分之则其本书具在,合之则非一家之言,纷然杂出,谓之书抄⑫。流别之不可分者三也。会心不足,求之文貌,指摘句调工拙,品节宫商抑扬;俗师小儒,奉为模楷,裁节经传,摘比词章,一例丹铅⑬,谓之评选。流别之不可分者四也。凡此四者,并由师法不立,学无专门,末俗支离,不知古人大体,下流所趋,实繁且炽;其书既不能悉付丙丁,惟有强编甲乙。而欲执《七略》之旧法,部末世之文章,比于枘凿方圆⑭,岂能有合?故曰《七略》流而为四部,是师失其传也。若谓史籍浩繁,《春秋》附庸,蔚成大国;《七略》以《太史公》列《春秋》家,至二十一史,不得不别立史部。名墨寥落,小宗支别⑮,再世失传;名家者流,墨家者流,寥寥数家者,后代不复有其书矣。以谓《七略》之势,不得不变而为四部,是又浅之乎论著录之道者矣。

【注释】

① 虞衡：据《周礼·地官》记载，地官之属山虞、泽虞、林衡、川衡，分别管理山林川泽之政令及其物产。

② 巫祝：据《周礼·春官》记载，春官之属有司巫、太祝。司巫管理群巫，祈祷祭祀。太祝为六祝之长，祈祷鬼神。

③ 师氏、保氏所谓六艺《诗》、《书》之文：据《周礼·地官》记载："师氏掌以媺诏王。以三德教国子：一曰至德，以为道本；二曰敏德，以为行本；三曰孝德，以知逆恶。教三行：一曰孝行，以亲父母；二曰友行，以尊贤良；三曰顺行，以事师长。"又据《周礼·地官》记载："保氏掌谏王恶。而养国子以道，乃教之六艺：一曰五礼，二曰六乐，三曰五射，四曰五驭，五曰六书，六曰九数。"媺（měi），通"美"，好，善。

④ 司空篇亡，刘歆取《考工记》补之：秦始皇焚书以后，《周礼》六篇，至汉武帝时期才出现。汉成帝命刘歆校勘，缺《冬官·司空》一篇，以《考工记》补入，代替《冬官》。《考工记》是记录官府手工业技术的书，大约是战国时期齐国人所作。

⑤ 《仪礼》十七篇，为春官之典籍：《仪礼》为儒家经典之一，是周代春官宗伯所掌五礼部分礼制威仪的汇编，约成书于战国时期。可知《仪礼》为周朝春官政典。

⑥ 《司马法》百五十篇，为夏官之典籍：据班固《汉书》卷三十《艺文志·六艺略》礼类著录："《军礼司马法》百五十五篇。"据《周礼·夏官》记载："大司马之职，掌建邦国之九法，以佐王平邦国。"又据《周礼·夏官》记载："小司马之职……掌其事，如大司马之法。"又据《周礼·夏官·司兵》记载："授兵，从司马之法以颁之。"可知《司马法》为周朝夏官政典。

⑦老庄、申韩、名墨、纵横，汉初诸儒犹有治其业者：老庄即老子、庄子，指道家。汉代田叔、司马谈、曹参、陈平、汲黯、郑当时、刘德等人，皆好黄老之术，为道家之流。申韩即申不害、韩非，指法家。汉代贾谊、晁错、张汤等人，学申商刑法之术，为法家之流。名墨即名家和墨家。汉代季布、司马迁、朱云等人任侠自喜，为墨家之流。纵横即纵横家。汉代陆贾、刘敬、严助、朱买臣等辩士，以及邹阳、枚乘、司马相如等辞赋家，为纵横家之流。

⑧选青妃(pèi)紫：语出柳宗元《柳河东全集》卷二十一《读韩愈所著毛颖传后题》："世之模拟窜窃，取青媲白，肥皮厚肉，柔筋脆骨，而以为辞者。"妃，通"配"，配合。媲，《尔雅·释诂》曰："妃，媲也。"比喻诗文讲求对仗。

⑨捷给：答对反应敏捷。

⑩留青：杀青。语出范晔《后汉书》卷九十四《吴祐传》："欲杀青简，以写经书。"古人用竹简写字，先把青竹简烤出竹汗，不但容易书写，而且可免虫蛀，叫做杀青。后泛指书籍写定。

⑪津逮：语出郦道元《水经注》卷二《河水》："河北有层山，山甚灵秀……悬岩之中，多石室焉，室中若有积卷矣，而世士罕有津逮者，因谓之积书岩。"即由津渡而到达。比喻达到目的所通过的途径。

⑫书抄：语出钟嵘《诗品》卷二："大明、泰始中，文章殆同书抄。"大明，南朝宋孝武帝刘骏年号，公元457—464年。泰始，南朝宋明帝刘彧年号，公元465—471年。指资料之辑录。

⑬丹铅：语出韩愈《韩昌黎全集》卷一《秋怀》诗："不如觑文字，丹铅事点勘。"指朱砂和铅粉。古人多用来校勘文字，所以称考订勘误为丹铅。

⑭枘凿(ruì zuò)方圆：语出《楚辞·九辩》："圆凿而方枘兮，吾固知其钼铻而难入。"枘，木器的榫头。凿，孔洞。意为彼此不合，比

喻格格不入。

⑮小宗：古代宗法制度，嫡长子一系为大宗，其余儿子为小宗。

【译文】

六典消亡而产生《七略》，这是官员失去职守。《七略》消亡而产生四部，这是教师失去传承。《周礼》的典籍很丰富了；保章氏掌管天文，职方氏掌管地理，虞衡管理物产，巫祝交接神灵，各自管理已成的书来宣布治理法令，也就是各自精通自己的职业来传授学术，不单单是师氏、保氏所说的六艺《诗》、《书》的文字。《冬官·司空》篇亡佚，刘歆取《考工记》补充。实际上不是补充，考工应当是司空的官属，它所说的记，就是冬官的典籍；就像《仪礼》十七篇，是春官的典籍；《司马法》一百五十篇，是夏官的典籍，都是幸而能够传到后世的书。当时典籍都存在，而《周礼》三百六十篇，就用官职作为部类排列，文章怎么会散失呢？周代衰落以后，官制不再实行，而书籍散失，千百种之中，也就保存十分之一了。根据仅存的十分之一，而想要恢复三百六十官职的部类排列，不是穿凿就是缺漏，时势有难以施行的地方，所以不得已而编成《七略》罢了。《七略》说大概出于古代某官的职掌，之所以说"大概"，就是不确定的辞语。目的是要人深入思考，而自己豁然通晓官员和教师的掌故的根源。所以说六典消亡而产生《七略》，这是官员失去职守。虽然这样，官员和教师失去职守，处士著书立说，虽然说准则没有条理，探求他们的本意，都是想要推广他们的学术，可以在当世显现和施行。他们的文字虽然连缀而成，而宗旨可以概括出来；他们的学说虽然怪诞，而不会产生舛驳纷杂。所以老庄、申韩、名墨、纵横诸家，汉初的儒家学者还有研究他们学术的人，这是师传没有丧失的明显验证。师传没有丧失，那么文字必然有根源。凡是有根源，没有不出于古人官员的职守，这是刘氏容易分条举出他们之间区别的原因。魏、晋之间，自成一家的学术渐渐消亡，善于写文章的文人，把著作当做荣耀；诗、赋、章、表、铭、箴、颂、诔，依据事情写篇章，确立旨意各不相同；它们的宗旨既不是儒家也不是墨家，它们的言论有时分歧有时接近，聚集编排起来，叫做文集。这是流派无法区分的第一种情况。文章没有根源，就借助于词藻；搜集经典传记，选择子书史书，就像医生聚集毒性药物，用来等待随时供应；选青色配紫色，不专宗某一家，叫做类书。这是流派无法区分的第二种情况。学术既然没有成为一家之学，那么读书就不能精纯专一，删选各家，为了阅览方便；起初只是预备临时应对敏捷，未尝想到刊刻书籍，而后逐渐互相沿用，后来的读书人传递当成门径；把它们分开那么原来的书都在，合并起来就不是一家的言论，繁多杂乱地出现，叫做书抄。这是流派无法区分的第三种情况。领会含意不够，就从文章外表考究，指出语句格式的精巧或拙劣，品评宫商声调的高下与起伏；平庸的教师和浅陋的儒生，尊崇为楷模，截取经传，编选诗文，一律用丹铅点校，叫做评选。这是流派无法区分的第四种情况。所有这四种，都是由于师法不能确立，学术没有自成一家，末流的习俗烦琐杂乱，不知道古人的整体，沿流趋下，实在众多而且兴盛；那些书既不能都放到火里烧毁，只有勉强按部类编排次序。如果想要按照《七略》的故有方法，对衰败时期的文章分类编排，好比方形榫头放入圆形孔洞，怎么能相符合呢？所以说《七略》演变为四部，这是教师失去传承。如果说史籍浩大繁多，原来是《春秋》的附属，现在扩展成为大国；《七略》把《史记》列入《春秋》家，到有二十一史，不得不另外设立史部。名家与墨家孤单冷落，就像小宗分支，经过两世而失传；名家一派，墨家一派，寥寥几家的学派，后世不再有他们的书了。认为《七略》的发展趋势，不得不演变成四部，这又是浅薄地谈论书目著录的准则了。

闻以部次治书籍，未闻以书籍乱部次者也。汉初诸子百家，浩无统摄，《官礼》之意亡矣。刘氏承西京之敝，而能推究古者官师合一之故，著为条贯，以溯其源，则治之未尝不精也。魏、晋之间，文集类书，无所统系，魏文帝撰徐、陈、应、刘之文，都为一集，挚虞作《文章流别》，集之始也，魏文帝作《皇览》^①，类书之始也。专门传授之业微矣。而荀、李诸家，荀勖、李充^②。不能推究《七略》源流；至于王、阮诸家，王俭、阮孝绪。相去逾远。其后方技兵书，合于子部，而文集自为专门，类书列于诸子，唐人四部之书，四部创于荀勖，体例与后代四部不同^③，故云始于唐人也。乃为后代著录不祧之成法，而天下学术，益纷然而无复纲纪矣。盖《七略》承六典之敝，而知存六典之遗法；四部承《七略》之敝，而不知存《七略》之遗法；是《七略》能以部次治书籍，而四部不能不以书籍乱部次也。且四部之藉口于不能复《七略》者：一曰史籍之繁，不能附《春秋》家学也。夫二十一史，部勒非难；至于职官故事之书，谱牒纪传之体，或本《官礼》制作，或涉儒杂家言，不必皆史裁也。今欲括囊诸体，断史为部，于是仪注不入礼经，职官不通六典，谟诰离绝《尚书》，史评分途诸子；史评皆诸子之遗，入史部，非也。变乱古人立言本旨、部次成法以就简易，如之何其可也？二曰文集日繁，不列专部，无所统摄也。夫诸子百家，非出官守，而刘氏推为官守之流别；则文集非诸子百家，而著录之书，又何不可治以诸子百家之识职乎？夫集体虽曰繁赜，要当先定作集之人。人之性情必有所近；得其性情本趣，则诗赋之所寄托，论辨之所引喻，纪叙之所宗尚，掇其大旨，略其枝叶，古人所谓一家之言，如儒、墨、名、法之中，必有得其流别者矣。如韩愈之儒家，柳宗元之名家，苏轼之纵横家，王安石之礼家。存录其文集本名，论次其源流所自，附其目于刘氏部次之后，而别白其至与不至焉，以为后学辨途之津逮；则卮言无所附丽④，文集之弊，可以稍歇。庶几言有物而行有恒，将由《七略》专家，而窥六典遗则乎？家法既专，其无根驳杂，类抄评选之属，可以不烦而自治。是著录之道，通于教法，何可遽以数纪部目之属，轻言编次哉？但学者不先有以窥乎天地之纯，识古人之大体，而遽欲部次群言，辨章流别，将有希几于一言之是而不可得者；是以著录之家，好言四部，而惮闻《七略》也。

【注释】

①《皇览》：据陈寿《三国志》卷二《魏文帝纪》："初，帝好文学，以著述为务，自所勒成垂百篇。又使诸儒撰集经传，随类相从，凡千余篇，号曰《皇览》。"三国魏文帝曹丕命刘劭等人，摘取《五经》群书，分类为篇，名为《皇览》，是我国最早的类书。久佚。

②李充：字弘度，东晋江夏（今湖北安陆）人。丞相王导辟为掾。官至中书侍郎。曾任大著作郎时，整理典籍，沿用荀勖四部著录法名称，实际分作经、史、子、诗赋四部。著作有《论语注》《翰林论》等，皆佚。

③四部创于荀勖，体例与后代四部不同：荀勖的四部称甲、乙、丙、丁，分别收录经书、子书、史书、诗赋。唐人所撰《隋书》卷三十二至三十五《经籍志》定为经、史、子、集四部，历代沿袭不改。

④附丽：语出《晋书》卷五十五《张载传》："设使秦、莽修三王之法，时致隆平，则汉祖泗上之健吏，光武春陵之侠客耳，况乎附丽者哉！"意为附着，依附。

【译文】

听说过用部类排列著录书籍，没听说过用书籍搞乱部类排列。汉代初年的诸子百家，繁多而没有统摄，《周礼》的旨意丧失了。刘氏接续西汉的衰败,而能推究古代官员与教师合为一体的原因,编成条理统贯,向上推求源头,那么研究得未尝不精密。魏、晋之间,文集与类书,没有地方归属,魏文帝纂集徐干、陈琳、应玚、刘祯的诗文,汇聚成一集,挚虞作《文章流别集》,是文集的开始。魏文帝作《皇览》,是类书的开始。自成一家传授的学术衰微了。而荀、李各家,荀勖、李充。不能推究《七略》的源流;至于王、阮诸家,王俭、阮孝绪。距离更远。此后方技与兵书,合并到子部,而文集独自成为一门,类书列在子部;唐人四部分类的书籍,四部分类法由荀勖创始,体例和后世四部不同,所以说从唐人开始。于是成为后世书集著录遵用而不废除的既定方法,而天下的学术,更加纷乱而不再有纲领法纪了。大概《七略》接续六典的衰败,而知道保存六典的遗留方法;四部接续《七略》的衰败,而不知道保存《七略》的遗留方法;这是《七略》能用部类排列著录书籍,而四部不能不用书籍搞乱部类排列了。况且四部不能回复到《七略》的借口是:一是说史书繁多,不能附属《春秋》一家学术。二十一部正史,著录在一起并不困难;至于职官典故的书籍,谱牒纪传的体裁,有的书依据官府礼仪的制度,有的书涉及儒家与杂家的言论,不一定都是史书体裁。现在想要包容各种体裁,划分为史学部类,于是仪注书籍不列入《礼》经,职官书籍不和六典相通,谟、诰的文体和《尚书》隔绝,史评和诸子途径分离;史评都是诸子的遗留,列入史部,并不正确。搞乱古人立言的本来主旨、部类排列的既定方法来趋向简易,这怎么可以呢? 二是说文集越来越多,不列为专部,就没办法统摄。诸子百家,不是出于官府职守,而刘氏推究为官府职守的流派;那么文集不是诸子百家,而书目著录的书,又为什么不能用对诸子百家的认识著录文集呢? 文集的体裁虽说复杂艰深,总之应当首先评定作集的人。人的性情一定有所接近的方面,了解作者性情的本来意趣,那么诗赋的寄托,论辩的引喻,记叙的追求,摘取它们的大旨,略去它们的枝节,古人所说的一家之言,例如儒家、墨家、名家、法家之中,一定有人了解这些流派的归属了。例如韩愈的儒家,柳宗元的名家,苏轼的纵横家,王安石的礼家。保存和著录他们文集的本名,论定他们学术源流的由来,把这些书目附在刘氏部类排列的后面,而区分清楚它们的恰当与不恰当,当做后来读书人辨别道路的门径;那么不实言论没有类例依附,文集的弊病,可以渐渐消失。这样差不多就可以言论有实质内容而行为能够持久不变,将通过《七略》一家之学,而观察六典遗留的法则吧? 家法已经专一,那些没有根源,驳杂的类抄和评选之类,可以不费精力而自行清理。这是书目著录的方法,和教化法规贯通,怎么能够用数字部目之类,轻率谈论书籍的编排呢? 只是学者不首先想办法观察天地的纯粹,了解古人的整体,而是匆忙地想要分部类排列各家著述,辨明学术流派,将会有希望一句话的正确都不能做到的情况;所以书目著录之家,喜欢谈论四部,而害怕听到谈论《七略》。

　　史家所谓部次条别之法,备于班固,而实仿于司马迁①。司马迁未著成法,班固承刘歆之学而未精。则言著录之精微,亦在乎熟究刘氏之业而已矣。究刘氏之业,将由班固之书,人知之;究刘氏之业,当参以司马迁之法,人不知也。夫司马迁所谓序次六家,条辨学术同异,推究利病,本其家学,司马谈论阴阳、儒、墨、名、法、道德,以为六家。尚已。纪首推本《尚书》②,《五帝本纪赞》。表首推本《春秋》③,《三代世表序》。传首推本《诗》、《书》所缺,至于虞、夏之文④,《伯夷列传》。皆著录渊源所自启也。其于六艺而后,周、秦诸子,若孟荀三邹、老庄申韩、管晏、屈原、虞卿、吕不韦诸传⑤,论次著述,约其归趣,详略其辞,颉颃其品⑥;抑扬咏叹,义不拘墟,在人即为列传,在书即为叙录;古人命意标篇,俗学何可绳尺限也? 刘氏之业,其部次之法,本乎《官礼》;至若叙录之文,则于太史列传,微得其裁。盖条别源流,治百家之纷纷,欲通之于大道,此本旨也。至于卷次部目,篇第甲乙,虽按部就班,秩然不乱,实通官联事,交济为功。如《管子》列于道家,而叙小学流别,取其《弟子职》篇,附诸《尔雅》之后[7];则知一家之书,其言可采,例得别出也。《伊尹》、《太公》,道家之祖;次其书在道家。《苏子》、《蒯通》,纵横家言。以其兵法所宗,遂重录于兵法权谋之部次,冠冕孙吴诸家[8],则知道德兵谋,凡宗旨有所统会,例得互见也。夫篇次可以别出,则学术源流,无缺间不全之患也。部目可以互见,则分纲别纪,无两歧牵掣之患也。学术之源流,无缺间不全;分纲别纪,无两歧牵掣;则《周官》六卿联事之意存,而太史列传互详之旨见。如《货殖》叙子贡,不涉《弟子列传》。《儒林》叙董仲舒、王吉,别有专传[9]。治书之法,古人自有授受,何可忽也?自班固删《辑略》,而刘氏之绪论不传[10];《辑略》乃总论群书大旨。省部目,而刘氏之要法不著;班省刘氏之重见者而归于一。于是学者不知著录之法,所以辨章百家,通于大道,《庄子·天下》篇亦此意也。而徒视为甲乙纪数之所需;无惑乎学无专门,书无世守,转不若巫祝符箓、医士秘方,犹有师传不失之道也。郑樵《校雠》之略,力纠《崇文》部次之失[11],自班固以下,皆有讥焉。然郑氏未明著录源流,当追《官礼》,徒斤斤焉纠其某书当甲而误乙,某书宜丙而讹丁。夫部次错乱,虽由家法失传,然儒杂二家之易混,职官故事之多歧,其书本在两可之间,初非著录之误。如使刘氏别出互见之法,不明于后世,虽使太史复生,扬雄再见,其于部次之法,犹是茫然不可统纪也。郑氏能讥班《志》附类之失当,而不能纠其并省之不当,可谓知一十而不知二五者也。且吾观后人之著录,有别出《小尔雅》以归《论语》者[12],本《孔丛子》中篇名。《隋·经籍志》别出归《论语》。有别出《夏小正》以入时令者[13]。本《大戴礼》篇名。《文献通考》别出归时令。是岂足以知古人别出之法耶?特忘其所本之书,附类而失其依据者尔。《嘉瑞记》既入五行,又互见于杂传[14];《隋书·经籍志》。《西京杂记》既入故事,又互见于地理[15];《唐书·艺文志》。是岂足以知古人互见之法耶?特忘其已登著录,重复而至于讹错者尔。夫末学支离,至附类失据,重复错讹,可谓极矣。究其所以歧误之由,则理本有以致疑,势有所以必至。徒拘甲乙之成法,而不于古人之所以别出、所以互见者,析其精微,其中茫无定识,弊固至乎此也。然校雠之家,苟未能深于学术源流,使之徒事裁篇而别出,断部而互见,将破碎纷扰,无复规矩章程,斯救弊益以滋弊矣。是以校雠师法,不可不传,而著录专家,不可不立也。

【注释】

①仿:当作"昉",开始。

②纪首推本《尚书》:语出司马迁《史记》卷一《五帝本纪赞》:"学者多称五帝,尚矣。然《尚书》独载尧以来。"

③表首推本《春秋》:语出司马迁《史记》卷十三《三代世表序》:"自殷以前,诸侯不可得而谱,周以来乃颇可著。孔子因史文次《春秋》,纪元年,正时日月,盖其详哉!"

④传首推本《诗》、《书》所缺,至于虞、夏之文:语出司马迁《史记》卷

六十一《伯夷列传序》:"夫学者载籍极博,犹考信于六艺。《诗》、《书》虽缺,然虞、夏之文可知也。"

⑤周、秦诸子,若孟荀三邹、老庄申韩、管晏、屈原、虞卿、吕不韦诸传:此论司马迁部次条别之法。《史记》将孟子、荀子、邹忌、邹衍、邹奭合为一传,题为《孟子荀卿列传》,因诸人皆言仁义与德政;将老子、庄子、申不害、韩非合为一传,题为《老子韩非列传》(一本题《老庄申韩列传》),因诸人均好刑名法术之学;将管仲、晏婴合为一传,题为《管晏列传》,因二人均为齐国贤相;将屈原与贾谊合为一传,名为《屈原贾生列传》,因二人身世遭遇相同;将虞卿与平原君合为一传,名为《平原君虞卿列传》,因二人计策给赵国带来截然不同的影响;最后举吕不韦一人之传,说明部次之法有合传,有专传。章学诚文中未提贾谊和平原君,是因为两人一为汉代人,一为战国时期赵国公子,均不属于"周、秦诸子"的范围。

⑥颉颃(xié háng):原意是鸟飞上曰颉,飞下曰颃。后来引申为不相上下,彼此抗衡。

⑦《管子》列于道家,而叙小学流别,取其《弟子职》篇,附诸《尔雅》之后:据班固《汉书》卷三十《艺文志·诸子略》道家类著录"《筦子》八十六篇",而《六艺略》的《孝经》类著录"《弟子职》一篇",列在《尔雅》、《小尔雅》之后。《弟子职》为《管子》中一篇。

⑧《伊尹》、《太公》,道家之祖;《苏子》、《蒯通》,纵横家言。以其兵法所宗,遂重录于兵法权谋之部次,冠冕孙吴诸家:班固《汉书》卷三十《艺文志·诸子略》道家类著录"《伊尹》五十一篇,《太公》二百三十七篇",纵横家类著录"《苏子》三十一篇……《蒯子》五篇",《兵书略》兵权谋类著录"《吴孙子兵法》八十二篇"等十三家,班固《注》曰:"省《伊尹》、《太公》、《管子》、《孙卿子》、《鹖冠子》、《苏子》、《蒯通》、《陆贾》、《淮南王》二百五十九种。"可见《七

略》此类原有《伊尹》、《太公》等书，班固鉴于重复省去。

⑨《儒林》叙董仲舒、王吉，别有专传：大梁本原脱"《儒林》叙董仲舒"六字，叶瑛《文史通义校注》据《章氏遗书》外编卷十七《和州志艺文书序例》校补。按《儒林传》叙董仲舒、王吉，而又另为两人作专传者，乃班固《汉书》，而非司马迁《史记》，章学诚注文有误。

⑩班固删《辑略》，而刘氏之绪论不传：章学诚《校雠通义》卷一《原道》曰："刘歆《七略》，班固删其《辑略》而存其六。颜师古曰：'《辑略》为诸书之总要。'盖刘氏讨论群书之要旨也。此最为明道之要，惜乎其文不传。"

⑪郑樵《校雠》之略，力纠《崇文》部次之失：据郑樵《通志》卷七十一《校雠略》曰："岁时自一家书，如《岁时广记》百二十卷，《崇文总目》不列于岁时，而列于类书，何也？"又曰："《唐志》别出明堂经脉一条，而《崇文总目》合为医书。据明堂一类，亦有数家，以为一条，已自疏矣。况合于医书，而其类又不相附，可乎？"

⑫《小尔雅》：《孔丛子》中一篇，内容为训诂词语，包括《广诂》、《广言》、《广训》、《广义》、《广名》、《广服》、《广器》、《广物》、《广鸟》、《广兽》十章。古代有单行本流传，班固《汉书》卷三十《艺文志》著录一篇，不著撰人，《新唐书》卷五十七《艺文志》著录一卷，李轨解。陈振孙《直斋书录解题》卷三小学类著录："今《馆阁书目》云，孔鲋撰。盖即《孔丛子》第十一篇也。"

⑬《夏小正》：据陈振孙《直斋书录解题》卷六时令类著录："《夏小正传》四卷，汉戴德传，给事中山阴傅崧卿注。"《夏小正》为《大戴礼记》中一篇，主要记载时令与一些动植物的习性。

⑭《嘉瑞记》既入五行，又互见于杂传：语出郑樵《通志》卷七十一《校雠略》："《隋志》最可信，缘分类不考，故亦有重复者。《嘉瑞记》、《祥瑞记》二书，既出杂传，又出五行。"据《隋书》卷三十三

《经籍志二》史部杂传类著录："《嘉瑞记》三卷，陆琼撰。《祥瑞记》三卷。"而卷三十四《经籍志三》子部五行类并无《嘉瑞记》与《祥瑞记》二书，只有《瑞应图》、《祥瑞图》等书。

⑮《西京杂记》既入故事，又互见于地理：据《新唐书》卷五十八《艺文志》故事类著录葛洪《西京杂记》二卷，而该书又在地理类著录。

【译文】

史学家所说的按部类排列辨别的方法，在班固的书里完备，而实际是从司马迁开始。司马迁没有形成既定方法，班固接续刘歆的学术而不精密。那么讨论书目著录的精深微妙，也就在于仔细探究刘氏的学术罢了。探究刘氏的学术，要通过班固的《汉书》，人们都知道；探究刘氏的学术，应当参照司马迁的方法，人们不知道。司马迁所说的依次论述六家，逐条辨析学术的相同和不同，推察探究利弊，是依据他的家传学问，司马谈论述阴阳家、儒家、墨家、名家、道德家，把他们作为六家。时代久远了。纪的第一篇向上推到《尚书》，《五帝本纪赞》。表的第一篇向上推到《春秋》，《三代世表序》。传的第一篇向上推到《诗经》与《尚书》的残缺，直到虞舜、夏禹的文字记载，《伯夷列传》。都是书目著录渊源的开始。他对六经以后，周、秦各个学派，像孟荀三邹、老庄申韩、管晏、屈原、虞卿、吕不韦等传，论定编排他们的著述，摘取各家的旨趣，或详或略选择各家文辞，对他们的品格区分高下；语调起伏吟咏，思想不浅陋狭隘，对于人来说就是列传，对于书来说就是叙录；古人立意标题，平庸的学者怎么能用固定的标准来匡限呢？刘氏的学业之中，他的部类排列的方法，依据《周礼》；至于叙录的文字，就在《史记》的列传中，略微能够得到《七略》的体制。大概依次辨别源流，整齐繁多杂乱的百家，想要让他们和大道贯通，这是根本宗旨。至于卷的部类名目，篇的甲乙次第，虽然是按部就班，有条理不混乱，实际上像各官署事务相通，互相帮助收到功效。例如《管子》列在道家，而叙述小学的流派，取它的《弟子职》篇，附在《尔雅》的后面；就知道一家之书，它的言论可以采纳，照例可以另外分出。《伊尹》、《太公》，是道家的始祖；把他们的书排列在道家。《苏子》、《蒯通》，是纵横家的言论。因为它们为兵法所尊崇，就重复著录在兵法权谋的部类，列在孙、吴诸家的首位，就知道道德与兵法权谋，凡是宗旨有所统辖汇合，照例可以重出互见。篇次可以另外分出，那么学术的源流，就没有缺略不全的危害；部类可以重出互见，那么划分纲领条贯，就没有各不统一互相牵制的危害。学术的源流，没有缺略不全的危害；划分纲领条贯，没有各不统一互相牵制的危害；那么《周礼》六卿联合办事的意思存在，而《史记》列传互相参见的意图就显现出来。例如《货殖列传》叙述子贡，和《仲尼弟子列传》无关。《儒林传》叙述董仲舒、王吉，两人另外有专传。管理书籍的方法，古人自有传授，怎么能忽视呢？自从班固删掉《七略》中的《辑略》，而刘氏绪论不流传；《辑略》是总论群书的大旨。减省部类名目，而刘氏的重要方法不显露。班氏省去刘氏重见的部分而归属一类。于是学者不知书目著录的方法，是用来辨明百家，和大道贯通，《庄子·天下》篇也有这个意思。而仅仅看成用甲乙部类标记数字所需要；怪不得学术没有成一家之学，书籍没有世代相传的掌管，反倒不如巫祝的符箓、医师的秘方，还有师徒相传而不丧失的方法。郑樵的《校雠略》，极力纠正《崇文总目》部类排列的错误，从班固以下，都受到指责。然而郑氏不明白著录源流应当追溯《周礼》，只是拘泥地纠正某书应当著录在甲类而误入乙类，某书应当著录在丙类而错成丁类。部类排列错乱，虽然由于家法失传，然而儒家、杂家两家容易混合，职官、故事两类多不一致，这些书本来归属两类都可以，当初并不是著录的错误。假如刘氏另外分出而并见多处的方法，在后世得不到彰显，即使让太史公司马迁复活，扬雄再现人世，对于部类排列的方法，还是模糊不清而不得要领。郑氏能指责班固《艺文志》归类的不妥当，却不能纠正他合并减省的不妥当，可以说是知道一十是十而不知道二五也是十了。况且我看后人的书目著录，有另外分出《小尔雅》归入《论语》类的人，原本是《孔丛子》中的篇名。《隋书·经籍志》另外分出归入《论语》类。有另外分出《夏小正》归入时令类的人，原本是《大戴礼记》篇名。《文献通考》另外分出归入时令类。这难道是真正懂得古人另外分出的方法吗？只不过是忘记所本原的书，归类失去依据罢了。《嘉瑞记》既列入五行类，又在杂传类重见；《隋书·经籍志》。《西京杂记》既列入故事类，又在地理类重见。《新唐书·艺文志》。这难道是真正知道古人彼此互见的方法吗？只不过是忘记已经著录，重复以至于出现差错罢了。末流的学问散乱琐碎，以至于归类失去依据，重复引起差错，可以说达到极点了。探究他们造成差错的原因，那是按照道理本来就有产生疑惑的因素，按照趋势有必然到达这种境地的缘故。仅仅拘泥于甲乙计数的既定方法，而不对古人用来别出的方法、用来互见的方法，分析它们的精深微妙，内心模糊没有明确见识，弊病当然就达到这个地步。然而从事校雠的人，假如不能深知学术源流，让他们仅仅从事裁取篇章而另外分出，隔开部类而彼此互见，将会破碎扰乱，不再有规矩章法，这是纠正弊病反而更加滋长弊病了。所以校雠的师法，不能不传授，而著录的专门学术，不能不确立。

　　州县志乘艺文之篇，不可不熟议也。古者行人采书，太史掌典，文章载籍，皆聚于上；故官司所守之外，无坟籍也。后世人自为书，家别其说，纵遇右文之代，购典之期，其能入于秘府①，领在史官者，十无七八，其势然也。文章散在天下，史官又无专守，则同文之治，惟学校师儒得而讲习，州县志乘得而部次，著为成法，守于方州，所以备𬨎轩之采风②，待秘书之论定③；其有奇衺不衷之说，亦得就其闻见，校雠是正；庶几文章典籍，有其统宗，而学术人心，得所规范也。昔蔡邕正定石经④，以谓四方之士，至有贿改兰台漆书⑤，以合私家文字者,是当时郡国传习,与中书不合之明征也。文字点画,小学之功,犹有四方传习之异,况纪载传闻,私书别录,学校不传其讲习,志乘不治其部次,则文章散著,疑似两淆,后世何所依据而为之考定耶? 郑樵论求书之法⑥,以谓因地而求,因人而求,是则方州部录艺文,固将为因地因人之要删也。前代搜访图书,不悬重赏,则奇书秘策,不能会萃;苟悬重赏,则伪造古逸,妄希诡合;三坟之《易》,古文之《书》⑦,其明征也。向令方州有部次之书,下正家藏之目,上借中秘之征,则天下文字,皆著籍录;虽欲私锢而不得,虽欲伪造而不能,有固然也。夫人口孳生,犹稽版籍;水土所产,犹列职方。况乎典籍文章,为学术源流之所自出,治功事绪之所流传,不于州县志书,为之部次条别,治其要删,其何以使一方文献无所缺失耶?

【注释】

①秘府:语出班固《汉书》卷三十六《楚元王附刘歆传》:"皆古文旧书,多者二十余通,藏于秘府,伏而未发。"即古代宫廷中收藏图书秘籍的机构。

②辎(yóu)轩:语出应劭《风俗通义·序》:"周、秦常以岁八月遣辎轩之使,求异代方言,还奏籍之,藏于秘室。"即古代使臣乘坐的轻便车。也代指使臣。

③秘书:掌管秘阁图书文籍的官员。如秘书监、秘书郎等。

④蔡邕正定石经:东汉灵帝熹平四年(175),蔡邕等上奏朝廷,请校定六经文字,得到许可。蔡邕将各部经典书写石碑,使石工雕刻,立于太学门外,作为标准文本,世称熹平石经。

⑤兰台漆书:语出范晔《汉书》卷一百零九上《儒林传序》:"党人既

诛，其高名善士，多坐流废，后遂至忿争，更相言告；亦有私行金货，定兰台漆书经字，以合其私文。"漆书，用漆书写的竹简。

⑥郑樵论求书之法：据郑樵《通志》卷七十一《校雠略》记载："求书之道有八：一曰即类以求，二曰旁类以求，三曰因地以求，四曰因家以求，五曰求之公，六曰求之私，七曰因人以求，八曰因代以求，当不一于所求也。"

⑦三坟之《易》，古文之《书》：隋人刘炫伪造《连山易》和东晋梅赜伪造《古文尚书》两事。现存《三坟书》，分山坟、气坟、形坟，以《连山易》为伏羲作，《归藏易》为神农作，《乾坤易》为黄帝作。北宋神宗元丰年间，张商英自称从民间购得《三坟》，晁公武《郡斋读书志》认为即张商英伪造。陈振孙《直斋书录解题》卷二著录《古三坟书》一卷，则说是宋人毛渐从唐州（今河南唐河）民间获得，也认为是伪书。明代程荣刻入《汉魏丛书》。

【译文】

州县方志的艺文部分，不能不仔细商讨议论。古代行人采集方书，太史掌管政典，文章典籍，都聚集到王室；所以官府所掌管的书籍之外，再没有典籍。后世人们各自著书，各学派区别自己的学说，纵使遇上崇尚文治的时代，悬赏征求书籍的时期，那些能够进入宫廷藏书机构，由史官管理的书，十分里面没有七八分，形势就是这样。文章散布在天下，史官又没有专门职掌，那么天下统一的治绩，只有学校教官可以讲论学习，州县志书可以分部排列，形成既定方法，由州府保管，用来预备朝廷使臣搜集地方文献，等待秘书官员的论定；其中有诡谲不当的学说，也能依据他们的所闻所见，校雠订正；差不多就能够使文章典籍，有它们的系统，而学术人心，得到适当的限制。从前蔡邕校定石经，认为四方的学者，竟然有行贿篡改宫廷藏书机构的漆书，用来与私家文字一致的人，这是当时郡国所传授学习的书籍，与宫中藏书不吻合的明确验证。文字笔画，属于文字学的功效，还有四方传授学习的不同，况且记载传闻,私下撰写杂录,学校不传授它们的讲论学习,方志不整理它们的部类排列,那么文章分散著录,是非混淆不明,后世依据什么而对它们考证论定呢? 郑樵论搜寻佚书的方法,提出根据地区来寻求,根据人来寻求,这样方志分类记载艺文,自然会成为根据地区与根据人寻求书籍的要纲。前代搜寻书籍,如果不公开标明重赏,那么罕见与珍贵的书都不可能汇聚;如果公开标明重赏,那就有人伪造古代逸书,妄自希图不循正道而投合;《三坟书》的《易经》,古文的《尚书》,就是最明显的验证。假使一州有分类排列的书目,对下整顿私家藏书目录,对上预备宫廷藏书的征集,那么天下的书籍,都登记在书籍目录;即使想要私下密藏也不行,即使想要伪造也不能,理应如此。人口的繁殖,还要查考户口簿册;水土的出产,还要列入职方官的掌管。何况典籍文章,学术源流凭借它们产生,治理政绩与事务条理凭借它们流传,不在州县的方志书中,对它们分类排列和依次辨别,管理它们的要纲,怎么能使一个地区的文献不缺漏遗失呢?

和州志政略序例

本篇论述方志《政略》记载地方官政绩的必要性及其作法，内容大致相当于过去方志的名宦部分，而体裁义例则体现出作者的别识心裁。章学诚认为，方志相当于古代诸侯国史书，诸侯在史书里列为世家，地位尊崇，州县长官虽不久任一地，官位也不是世袭，但在地方政治中也起着重要作用。他之所以取名为"略"，义取古人"谟略"之遗，作为方志纲纪之鸿裁，编摩之伟号。然而过去的方志习惯于把地方官称作名宦，与当地乡贤等名目并列，一体叙述，章学诚指出这是不分主次，不辨宾主，形同摘比类书。因此，他把《政略》置于列传之前，表明要以地方官的治绩为重，记载他们治郡的政绩，足以使后任者效法，兴利除弊，遗爱在民，体例比较恰当。至于具体作法，只取在本地为官时期的治绩，大凡一时循良，一方善政，只要对当地人民有利，均予以记载，而不计较其人来任以前和离任以后有无劣行。这和《列传》记载州郡人物，叙述生平，品鉴瑕瑜，体例不同。

夫州县志乘，比于古者列国史书，尚矣。列国诸侯开国承家①，体崇势异；史策编列世家，抗于臣民之上，固其道也。州县长吏，不过古者大夫邑宰之选②，地非久居，官不世禄③，其有甘棠留荫④，循迹可风⑤，编次列传，班于文学政事之间，亦其宜也。往牒所载，今不可知。若梁元帝所为《丹阳尹传》⑥，见《隋志》，凡十卷。孙仲所为《贤牧传》⑦，见《唐志》，十五卷。则专门编录，率由旧章⑧。马、班《循吏》之篇，要为不易者矣。至于州县全志，区分品地，乃用名宦为纲，与乡贤、列女、仙释、流寓诸条，均分门类；是乃摘比之类书，词人之杂纂，虽略仿乐史《太平寰宇记》中所附名目⑨，实兔园捃摭词藻之先资。欲拟《春秋》家学，外史掌故，人编列传，事具首尾；苟使官民同录，体例无殊，未免德操诣庞公之家，一室难分宾主者矣⑩。

【注释】

①开国承家：语出《周易·师卦》："大君有命，开国承家。"开国，诸侯建立邦国。承家，大夫承受家邑。

②大夫邑宰：语出杜佑《通典》卷三十三《职官五·县令》："县邑之长，曰宰、曰尹、曰公、曰大夫。"春秋时期卿大夫的家臣和采邑的长官称宰。后世以邑宰作为县令的称呼。

③世禄：春秋以前，贵族世代享有爵禄，称为世禄。

④甘棠留荫：语出《诗经·召南·甘棠》："蔽芾甘棠，勿翦勿伐，召伯所茇。"蔽芾，幼小之貌。甘棠，棠梨。茇（bá），止于草舍之中。即除草平地，意为宿所。《诗序》曰："《甘棠》，美召伯也。召伯之教，明于南国。"西周初年，召伯巡行南方，曾在甘棠树下决讼。以后百姓思念其恩德，作诗歌颂。后世用"甘棠"称颂地方官吏惠政爱民。

⑤循迹：奉职守法的治绩。风：教化，感化。

⑥梁元帝所为《丹阳尹传》：据《隋书》卷三十三《经籍志》杂传类著

录:"《丹阳尹传》十卷,梁元帝撰。"

⑦孙仲所为《贤牧传》:据《宋史》卷二百零三《艺文志》传记类著录:"孙仲《遗士传》一卷,《贤牧传》十五卷。"章学诚注误作《新唐书》的《艺文志》著录。

⑧率由旧章:语出《诗经·大雅·假乐》。

⑨乐史《太平寰宇记》:二百卷,北宋初年乐史等人编著的北宋地理总志。宋太宗太平兴国年间,铲除十国政权,统一了全国。乐史广泛采取古代地理书编撰,门类较《元和郡县志》有所增加。

⑩德操诣庞公之家,一室难分宾主:据范晔《后汉书》卷一百一十三《逸民传》李贤《注》引《襄阳记》记载:"司马德操尝诣德公,值其渡沔上先人墓。德操径入其室,呼德公妻子,使速作黍。徐元直向云当来就我,与德公谈。其妻子皆罗拜于堂下,奔走供设。须臾德公还,直入相就,不知何者是客也。"司马德操,司马徽,字德操,东汉颍川(今河南禹州)人。善于品鉴人物,曾荐诸葛亮、庞统于刘备。德公,庞德公,东汉南郡襄阳(今属湖北)人。躬耕陇亩,不受刘备之聘。后登鹿门山采药,不知所终。徐元直,徐庶,字元直,东汉颍川(今河南禹州)人。与诸葛亮友善,为刘备所重。后其母为曹操所获,乃辞刘备而投曹操。临行向刘备举荐诸葛亮。曹丕称帝后,官拜御史中丞。

【译文】

州县的方志,等同于古代诸侯国史书,时间久远了。列国诸侯建立邦国和承受家邑,身分尊贵且权力特殊;史书编入世家,高居臣民之上,固然合乎道理。州县的长官,不过是古代大夫家邑长官的人选,并非长期留居该地,官职不是世代继承,他们若有甘棠留下树荫,循良政绩可为教化,编排在列传里,排列在文学和政事之间,也是符合事宜。过去书籍的记载,现在已经无法知道。像梁元帝所作的《丹阳尹传》,见《隋书·经籍志》,共十卷。孙仲所作的《贤牧传》,见《新唐书·艺文志》,十五卷。就是专门一类编录,遵循以往的准则。司马迁、班固设立《循吏》篇,总之是不可改变的了。至于州县全志,区别品类,却用名宦作纲,和乡贤、列女、仙释、流寓各条,一例划分门类,这是摘录排比的类书,文人的杂碎纂录,虽然大致仿效乐史《太平寰宇记》中附列的名目,实际上是兔园册之学缀辑词藻的凭借。想要仿效《春秋》一家学术,外史管理的掌故,人物编入列传,事情具备首尾;如果让官员和民众一例记载,体例没有区别,未免就像司马德操到庞德公家里,一家之中难分出谁是客人谁是主人了。

　　窃意蜀郡之慕文翁①,南阳之思邵父②,取其有以作此一方,为能兴利革弊;其人虽去,遗爱在民③,职是故也。正使伯夷之清、柳下之惠,不嫌同科。其或未仕之先,乡评未协④;去官之后,晚节不终;苟为一时循良,何害一方善政?夫以治绩为重,其余行业为轻,较之州中人物,要其始末,品其瑕瑜,草木区分,条编类次者,其例本不相侔。于斯分别标题,名为"政略",不亦宜乎?夫略者,纲纪之鸿裁,编摩之伟号,黄石、淮南之属抗其题,《黄石公三略》、《淮南子·要略》⑤。张温、鱼豢之徒分其纪,张温《三史略》,鱼豢《典略》⑥。盖有取乎谟略之遗,不独郑樵之二十部也。郑樵《通志》二十略。以之次比政事,编著功猷⑦,足以临莅邦人,冠冕列传,揆诸记载,体例允符,非谓如裴子野之删《宋略》⑧,但取节文为义者也。

【注释】

①蜀郡:古蜀国地,战国秦置郡,治所在成都(今属四川)。文翁:文党,字仲翁,西汉舒(今安徽庐江)人。曾任蜀郡太守,在当地兴学,开化文明,受到当地人民的仰慕爱戴。

②南阳：战国秦昭王始置郡，治所在宛县（今河南南阳）。邵父：召（shào）信臣，字翁卿，西汉九江寿春（今安徽寿县）人。汉元帝时，任南阳太守，鼓励耕种，开通沟渠，筑水闸堤坝数十处，灌溉农田三万顷，被民众尊称为"召父"。迁河南太守，入朝任少府卿。卒后，南阳人立祠祭祀，以示爱戴之情。邵，即召。春秋时期邵、召为一氏，皆为西周召公奭的后裔。

③遗爱：语出《左传·昭公二十年》："及子产卒，仲尼闻之出涕，曰：'古之遗爱也。'"杜预《注》曰："子产见爱，有古人之遗风。"后用来指遗留及于后世之爱。

④乡评：汉代许靖和许劭兄弟喜好评论乡里人物，每月更换品题，被时人称作月旦评。后世通称乡党的评论为乡评。

⑤《黄石公三略》、《淮南子·要略》：据《隋书》卷三十四《经籍志》兵家类著录："《黄石公三略》三卷，下邳神人撰。"黄石公，秦时隐士，相传张良遇之于下邳，传授张良兵法。《淮南子·要略》，据《淮南子》卷二十一《要略》高诱《注》曰："凡《鸿烈》之书二十篇，略数其要，明其所指，序其微妙，论其大体，故曰《要略》。"《要略》为《淮南子》最后一篇。

⑥张温《三史略》，鱼豢《典略》：据《隋书》卷三十三《经籍志》杂史类著录："《典略》八十九卷，魏郎中鱼豢撰……《三史略》二十九卷，吴太子太傅张温撰。"张温，字惠恕，三国吴吴郡（今江苏苏州）人。孙权征拜议郎。官至太子太傅。出使蜀汉还吴，称美蜀政，孙权忌恨，借故罢其官。三史，魏、晋、南北朝时期，称《史记》、《汉书》和《东观汉记》为三史。鱼豢，三国魏京兆（今陕西西安）人。曾任郎中。著有《魏略》、《典略》等书。《魏略》五十卷，抄录诸史典故而成，上起周、秦，下至三国魏明帝，为纪传体史书。久佚。

⑦猷（yóu）：谋划。

⑧裴子野之删《宋略》：据姚思廉《梁书》卷三十《裴子野传》记载：
"及齐永明末,沈约所撰《宋书》既行,子野更删撰为《宋略》二十
卷。其叙事评论多善,约见而叹曰:'吾弗逮也。'"裴子野,字几
原,河东闻喜(今属山西)人。任著作郎,掌修国史及起居注。官
至鸿胪卿。曾经删改沈约《宋书》,以编年体记载南朝刘宋一代
史实,名为《宋略》。本书久佚,仅存《总论》一篇,后人收入《文苑
英华》卷七百五十四。

【译文】

我以为蜀郡仰慕文翁,南阳思念邵父,是缘自他们有能力让一方土
地兴盛,能够为此地兴利除弊;他们人虽然离开,仁爱却留给民众,就是
因为这个缘故。正是要让伯夷的高洁、柳下惠的仁惠,不嫌放在同一
类。有的地方官也许在没有做官以前,乡里的评论不和谐;离任以后,
晚节不保;如果是一时守法有治绩的人,怎么会妨害他在这个地方的善
政呢? 把治理成绩看得重要,其余德行术业看得轻淡,比起记载州中人
物,总括他们的始末,品评他们的优劣,像对待草木一样划分品类,分条
按类编排,体例本来就不相等。对这两者区别标题,称作"政略",不也
是应该的吗? "略"这个名称,是确立纲要纪统的宏大裁制,编集书籍使
用的壮伟名称,黄石公、淮南王等人标举这样的题目,《黄石公三略》、《淮
南子·要略》。张温、鱼豢等人分别用来纪事,张温《三史略》、鱼豢《典
略》。大概是对谋谟一词的遗意有所采用,不仅是郑樵的二十部使用
它。郑樵《通志》二十略。用政略排比政事,编写功绩谋划,足够凭借它
治理地方的人民,排在列传的前面。审察记事的书籍,符合体例,不是
说像裴子野删节史书而成《宋略》那样,仅仅取用减削文字当做"略"的
含意。

和州志列传总论

【题解】

本篇详细考察传体史书的源流,是章学诚撰写《传记》篇的实践基础之一。他认为古书传、志名称不分,本无定体。六经称经,注疏为传。《史记》、《汉书》等纪传体史书的纪传,即取法以传辅经的含义。自范晔《后汉书》以下,历代正史之中的列传,标题命名琐碎,内容如同告身,首征祖系,末缀子孙,编年叙事,绳墨拘牵,不敢寓作者之别裁,标法外之意蕴。至于正史之外,以传、记命名的史书不胜枚举。有的记载典章制度,有的记载故事小说,有的记载家族兴衰,有的记载个人事迹。自汉、魏、六朝以来,地方州县的志书,也称作传或者记。种类繁多,不一而足。章学诚指出,后人在此基础上作传,应当不受常规拘束,而能参稽各家短长,自具别识心裁,以垂不朽。他重点抨击了前代方志记载人物的不足,认为存在体例不清,名实互爽的缺陷。具体表现为分门立目混乱,纪事割裂分散,事实删略无当,摘比有失雅训。因此,章学诚提出仿照正史列传体裁,在方志中设立传体,勒为一家之学。

志曰①:传志之文,古无定体。《左氏》所引《军志》、《周志》诸文②,即传也。孟子所对汤、武、苑囿之问,皆曰"于传有之",即志也。六艺为经③,则《论语》、《礼记》之文谓之传。

卦爻为经,则《彖》、《象》、《文言》谓之传。自《左氏春秋》依经起义,兼史为裁④。而司马迁七十列传,略参其例;固以十二本纪,窃比《春秋》者矣。夫其人别为篇,类从相次,按诸《左氏》,稍觉方严,而别识心裁,略规诸子⑤。揆其命名之初,诸传之依《春秋》,不过如诸记之因经礼,因名定体,非有深文。即楚之屈原,将汉之贾生合传;谈天邹衍,缀大儒孟、荀之篇;因人征类,品藻无方,咏叹激昂,抑亦吕氏六论之遗也。吕氏十二纪似本纪所宗,八览似八书所宗,六论似列传所宗。班史一卷之中,人分首尾,传名既定,规制綦密。然逸民四皓之属,王、贡之附庸也⑥。王吉、韦贤诸人⑦,《儒林》之别族也。附庸如颛臾之寄鲁⑧,署目无闻;别族如田陈之居齐⑨,重开标额;征文则相如侈陈词赋⑩,辨俗则东方不讳谐言⑪;盖卓识鸿裁,犹未可量以一辙矣。范氏东汉之作,则题目繁碎,有类米盐;传中所列姓名,篇首必标子注⑫。于是列传之体,如注告身⑬,首征祖系,末缀孙曾,循次编年,惟恐失坠。求如陈寿之述《蜀志》,旁采《季汉辅臣》⑭,沈约之传灵运,通论六朝文史者⑮,不为绳墨拘牵,微存作者之意,跫然如空谷之足音矣⑯。然师般不作⑰,规矩犹存。比缉成编,以待能者;和而不倡⑱,宜若可为;第以著述多门,通材达识,不当坐是为詹詹尔⑲。至于正史之外,杂记之书,若《高祖》、《孝文》,论述策诏⑳,皆称为传。《汉·艺文志》有《高祖传》十三篇,《孝文传》十一篇。则故事之祖也。《穆天子传》、《汉武内传》㉑,小说之属也。刘向《列女传》,嵇康《高士传》㉒,专门之纪也。《王肃家传》,王裒《世传》㉓,一家之书也。《东方朔传》、《陆先生传》㉔，一人之行也。至于郡邑之志，则自东京以往，讫于六朝而还，若《陈留耆旧传》、《会稽先贤传》之类㉕；其不为传名者，若《襄阳耆旧记》、《豫章志后撰》之类㉖；载笔繁委，不可胜数。网罗放失，缀辑前闻，譬彼丛流趋壑，细大不捐；五金在冶，利钝并铸者矣。司马迁曰："百家言不雅驯，搢绅先生难言之。"又曰："不离古文者近是。"又曰："择其言尤雅者。"㉗"载籍极博，折衷六艺。《诗》、《书》虽缺，虞、夏可知。"㉘然则旁推曲证，闻见相参，显微阐幽㉙，折衷至当，要使文成法立，安可拘拘为划地之趋哉㉚？

【注释】

①志曰：据《章氏遗书》外编卷十八《和州志·列传第一》记载，该传包括序文，正文何蕃、张籍、杜默三传和后论三部分内容。此文即传后总论，因为是方志体裁中的史论，故称"志曰"，相当于正史中的"论曰"或者"史臣曰"等等。

②《左氏》所引《军志》、《周志》诸文：据《左传·僖公二十八年》记载："《军志》曰：允当则归。"杜预《注》曰："《军志》，兵书。"又据《左传·文公二年》记载：晋狼"瞫曰：《周志》有之，勇则害上，不登于明堂"。

③六艺为经：语出班固《汉书》卷三十《艺文志》颜师古《注》："六艺，六经也。"又据范晔《后汉书》卷七十下《班彪传附班固传》李贤《注》曰："六经，谓《诗》、《书》、《礼》、《乐》、《易》、《春秋》。"

④《左氏春秋》依经起义，兼史为裁：据刘知几《史通》卷一《六家》记载："观《左传》之释经也，言见经文而事详传内，或传无而经有，或经缺而传存；其言简而要，其事详而博。信圣人之羽翮，而述者之冠冕也。"

⑤略规诸子：司马迁《史记》原名《太史公书》，意欲效法《春秋》，寓理于事，自成一家之言，故曰略规诸子。

⑥逸民四皓之属，王、贡之附庸也：据班固《汉书》卷七十二《王贡两龚鲍传》，篇首叙说汉初商山四皓园公、绮里季、夏黄公、甪（lù）里先生，以及谷口郑子真、蜀郡严君平，称之为逸民。逸民，隐居避世的人。王吉（？—前48），字子阳，西汉琅邪皋虞（今山东即墨东北）人。举孝廉为郎。后为昌邑王中尉，屡次进谏，王不听。王荒淫被废，王吉受髡刑。宣帝征为博士谏大夫，因上疏不用，告病归家。元帝即位，征为谏大夫，病卒于道。贡禹（123—前44），字少翁，西汉琅邪（治今山东诸城）人。征为博士。元帝即位，征为谏大夫，屡次上书言朝政得失。官至御史大夫。

⑦韦贤：字长孺，西汉鲁国邹（今山东邹城）人。博通经学，人称邹鲁大儒。朝廷征为博士。昭帝时，官至大鸿胪。宣帝时，拜为丞相。

⑧颛臾：春秋时小国，故地在今山东费县西北。伏羲之后，风姓。鲁国的附属国。

⑨田陈之居齐：春秋时期，陈国公子陈完避祸奔齐，改姓田氏，后代取代姜氏统治齐国。

⑩相如：司马相如。

⑪东方：东方朔。

⑫传中所列姓名，篇首必标子注：例如范晔《后汉书》卷八十四《杨震传》题下小注："子秉、孙赐、曾孙彪、玄孙修。"

⑬告身：委任官职的文凭。

⑭陈寿之述《蜀志》，旁采《季汉辅臣》：陈寿《三国志》卷四十五《杨戏传》末载其所作《季汉辅臣赞》。

⑮沈约之传灵运，通论六朝文史：沈约《宋书》六十七《谢灵运传论》综论周、汉、魏、西晋、东晋、南朝刘宋各代文学发展趋势。

⑯跫(qióng)然如空谷之足音：语出《庄子·徐无鬼》："夫逃虚空者，藜藋柱乎鼪鼬之径，踉位其空，闻人足音跫然而喜矣。"跫然，脚步声。一说欢喜的样子。

⑰师般：公输般，通称鲁班。春秋时期鲁国的巧匠。

⑱和而不倡：语出《庄子·德充符》。

⑲詹詹：语出《庄子·齐物论》："大言炎炎，小言詹詹。"形容言辞烦琐、喋喋不休的样子。

⑳《高祖》、《孝文》，论述策诏：据班固《汉书》卷三十《艺文志·诸子略》儒家类著录："《高祖传》十三篇。"自注曰："高祖与大臣述古语及诏策也。"又著录："《孝文传》十一篇。"自注曰："文帝所称及诏策。"

㉑《穆天子传》、《汉武内传》：《穆天子传》六卷，郭璞注。晋武帝时期，语出汲郡古冢。记载周穆王西征等事，体例和起居注相似。《汉武内传》一卷，旧题东汉班固撰，实为六朝人托名伪作。记载西王母降临汉武帝宫中之事。

㉒嵇康《高士传》：据《隋书》卷三十三《经籍志》杂传类著录："《圣贤高士传赞》三卷，嵇康撰，周续之注。"嵇康（223—约262），字叔夜，三国谯郡铚（今安徽濉溪）人。少有奇才，博览群书。官拜中散大夫，世称嵇中散。以吕安事被诛。为竹林七贤之一。

㉓王哀《世传》：王哀，当是王褒之误。据《隋书》卷三十三《经籍志》杂传类著录："《王氏江左世家传》二十卷，王褒撰。"

㉔《东方朔传》、《陆先生传》：据《隋书》卷三十三《经籍志》杂传类著录："《东方朔传》八卷……《陆先生传》一卷，孔稚珪撰。"

㉕《陈留耆旧传》、《会稽先贤传》：据《隋书》卷三十三《经籍志》杂传类著录："《陈留耆旧传》二卷，汉议郎圈称撰《陈留耆旧传》一卷，魏散骑侍郎苏林撰……《会稽先贤传》七卷，谢承撰。"

㉖《襄阳耆旧记》、《豫章志后撰》：据《隋书》卷三十三《经籍志》杂传

类著录:"《襄阳耆旧记》五卷,习凿齿撰……《豫章旧志后传》一卷,熊欣撰。"

㉗司马迁曰:"百家言不雅驯,搢绅先生难言之。"又曰:"不离古文者近是。"又曰:"择其言尤雅者":语出司马迁《史记》卷一《五帝本纪赞》。

㉘载籍极博,折衷六艺。《诗》、《书》虽缺,虞、夏可知:语出司马迁《史记》卷六十一《伯夷列传序》:"夫学者载籍极博,犹考信于六艺。《诗》、《书》虽缺,然虞、夏之文可知也。"

㉙显微阐幽:语出《周易·系辞下》:"夫《易》彰往而察来,而微显阐幽。"

㉚划地之趋:语出《庄子·人世间》:"殆乎! 殆乎! 画地而趋。"

【译文】

志说:传与志的文字,古代没有固定的体例。《左传》所引用的《军志》、《周志》等文字,也就是传。孟子回答关于商汤、周武王革命和周文王园林的询问,都说"在传里有这样的记载",也就是志。六经是经,那么《论语》、《礼记》的文字称为传。《周易》的卦辞和爻辞是经,那么《象辞》、《彖辞》、《文言》称为传。自从《左氏春秋》根据经书创为新义,同时具有史书的体制。而司马迁的七十篇列传,大致参照《左传》的体例;本来就是用十二篇本纪,拿来比照《春秋》了。《史记》人物另外单独成篇,分成品类依次排列,按照《左传》考察,略微显得方正严格,而独特见识与内心裁断,大致效法诸子之学。考量他开始确立名称的时候,各篇传的依从《春秋》,只是像各篇记的凭借礼经,根据名称确定体例,并没有深刻的含意。就像楚国的屈原,和汉代的贾生合成一传;谈天的邹衍,连结在大儒孟子、荀子一篇;根据人物寻求同类,品评不受常规拘束,长歌吟咏情调激昂,也是《吕氏春秋》六论的遗留之意。《吕氏春秋》十二纪似乎为《史记》本纪所效仿,八览似乎为八书所效仿,六论似乎为列传所效仿。班固《汉书》一卷里面,每人分叙始末,传的名称已经确定,规则极其周密。然而隐士四皓之类，成了王吉、贡禹的附庸。王吉、韦贤等人，成了《儒林传》的旁支。附庸就像颛臾依附鲁国，国家见不到署名；旁支就像陈氏迁居齐国，重立田氏之天下；收集文章就有《司马相如传》无限度地陈述辞赋，显示习俗就有《东方朔传》毫不避忌讳谐陈辞；大概高超见识与宏大裁制，尚且不能用同一种标准衡量了。范氏的《后汉书》，题目繁杂琐碎，就像米盐一样；传中所列的人名，篇首一定标明小注。于是列传的格式，如同填写官告文凭，开端考察祖宗世系，末尾连缀子孙与曾孙，按照次序编年，唯恐挂漏遗失。寻求像陈寿撰写《蜀志》，广泛搜集《季汉辅臣赞》，沈约为谢灵运作传，综合论述六个朝代文学那样的作者，不受常规体例的牵制，隐含着创作者的意图，就像空旷山谷传来的脚步声了。然而鲁班不复生，规矩却还存在。排比连缀成书，等待有才能的人；响应而不倡导，似乎是可以做的事；只是著述有多种样式，兼有多种才能和见识通达的人，不应当为此而喋喋不休罢了。至于正史之外，杂记一类的书，像《高祖传》、《孝文传》，论述诏策，都称为传，《汉书·艺文志》有《高祖传》十三，《孝文传》十一篇。就是制度典故之传的创端。《穆天子传》、《汉武内传》，是小说之类的传。刘向的《列女传》、嵇康的《高士传》，是专门一类的传。《玉肃家传》、王褒的《世传》，是一个家族的传。《东方朔传》、《陆先生传》，是记载一个人事迹的传。至于郡县的方志，从东汉以下，到六朝时期，像《陈留耆旧传》、《会稽先贤传》之类；那些不用"传"作名称的书，像《襄阳耆旧记》、《豫章志后撰》之类；记载繁杂琐碎，多得数不过来。网罗散失文献，编集以前的传闻，犹如那些众多细流归向江河，无论大小都不舍弃；各种金属在熔炉里冶炼，锋利与不锋利都一同铸造了。司马迁说："各种学派的言辞不雅正，士大夫与绅士难以说出口。"又说："不偏离古代记载的文字接近正确。"又说："选取那些最典雅的言辞。""书籍很多，依据六经评判。《诗经》、《尚书》虽然残缺，虞舜和夏禹的事可以知道。"那么广泛推求详细考证，把听到的内容和见到的内容互相参考，显示细微而且阐明隐秘，折中协调到适当程度,总之使文字形成的同时准则成立,怎么能拘泥地在地上画出界限行走呢?

　　夫合甘辛而致味,通纂组以成文①,低昂时代,衡鉴土风②,论世之学也。同时比德,附出均编,类次之法也。情有激而如平,旨似讽而实惜,予夺之权也。或反证若比,或遥引如兴;一事互为详略,异撰忽尔同编③,品节之理也。言之不文,行之不远。聚公私之记载,参百家之短长,不能自具心裁,而斤斤焉徒为文案之孔目,何以使观者兴起,而遽欲刊垂不朽耶④?且国史征于外志,外志征于家牒,所征者博,然后可以备约取也。今之外志,纪传无分,名实多爽,既以人物、列女标为专门,又以文苑、乡贤区为定品;裁节史传,删略事实,逐条附注,有似类书摘比之规,非复古人传记之学;拟于国别为书,邱分作志⑤,不亦难乎?又其甲科仕宦,或详选举之条;志、状、碑、铭,列入艺文之内。一人之事,复见叠出,或注传详某卷,或注事见某条;此殆有类本草注药,根实异部分收⑥;韵书通音,平仄互标为用者矣⑦。文非雅驯,学者难言。今以正史通裁,特标列传,旁推互证,勒为专家,上裨古史遗文,下备后人采录;庶有作者,得以考求。如谓不然,请俟来哲。

【注释】

①通纂组以成文:语出葛洪《西京杂记》卷二:"相如曰:'合綦组以成文,列锦绣而为质。'"

②土风:原意指乡土的歌谣乐曲,后用来指地方固有的风俗习惯。

③撰：语出《论语·先进》："异乎三子者之撰。"意为具，犹事也。

④不能自具心裁，而斤斤焉徒为文案之孔目，何以使观者兴起，而遽欲刊垂不朽耶：据《章氏遗书》外编卷二《乙卯札记》曰："范氏列传之体，即以文集之体行之，全失班、马立意命篇之旨矣。故一卷可分数篇，一人可占一论，章幅少则可以牵合，多则可以别分，专门成家之言不如是也。陈寿《夏侯》、《诸葛》之传，犹有深意。"

⑤邱：古代划分田地和政区的单位名称。一般以九百亩为一井，十六井为一邱。

⑥本草注药，根实异部分收：本草为记载药物的书，例如汉代《神农本草经》、唐代《唐本草》、宋代《大观本草》、明代李时珍《本草纲目》等。本草类书籍标注药物，一种药材根、实异性者，收在不同部类。

⑦韵书通音，平仄互标为用：韵书为分韵编排的字典，供写作韵文者检查押韵。最早的韵书是三国魏李登《声类》，此后南朝梁沈约《四声》，唐代孙愐《唐韵》，宋代陈彭年《广韵》，明代宋濂《正韵》，是其荦荦大者。韵书的标注方法，古韵有互相通转者，一定标明于每韵部目之下。

【译文】

调合甜辣等味道而形成美味，连结锦绣等丝品而形成图案。评论各个时代的高下，鉴别各个地方的风俗，是知人论世的学问。同时代的东西比照性质，附出的内容均衡编排，是分类编纂的方法。感情激动而表现得平静，宗旨好像讽刺而实际上爱护，是褒扬贬斥的变通。或者提出假定证据好像比喻，或者远远地征引好像起兴；同一事件在各处叙述有详有略，不同的事件忽然排列在一起，是品评等级的道理。言辞没有文采，不能流行久远。聚集官府和私家的记载，斟酌百家的短处与长处，不能自己具备内心裁断，却拘谨地只当做文书案牍的目录，凭什么让阅读的人感奋而起，而马上就想要刻印文字流传不朽呢？况且国史从地方志征引，地方志从家谱征引，所征引的内容广泛，然后可以预备选取要领。现在的地方志，纪与传没有区别，名称和实质大多不符，既把人物、列女标明为专一门类，又用文苑、乡贤划分成固定的品类；裁减史传文字，删节省略事实，逐条附注，近似类书摘录排比的格式，不再是古人传记的学问；比起诸侯国各作史书，按地区分别作志，不是很困难吗？还有方志记载科第与仕宦，或者在选拔荐举部分详细记载；墓志、行状与碑文，编列在艺文之内。一个人的事，重复出现，或者注传详见某卷，或者注事见某条；这恐怕类似草药书籍解释药物，根茎和果实药性不同就分别收在不同部类；韵书有多音字，平声仄声就重复标明使用了。文辞不雅正，学者难以说出口。现在用正史的通用体裁，特地标名为列传，广泛推求和互相证明，编写成专门一类，向上追溯对古史遗留文字有补益，向下推演以备后人采用；或许有创作者，借此可以探索求证。如果说不正确，就请等待后世有智慧的人。

和州志缺访列传序例

【题解】

本篇主旨在于阐述编纂方志对姓名可知而事迹不详的人物保留材料,以待后人考察论定的原则。章学诚主张在方志里设立《缺访列传》,提出了对史料保存的建设性意见。章学诚以孔子"多闻缺疑,慎言其余"的话作为理论根据,认为古人对于缺者存而不删,意思是说对有怀疑的地方空缺而不设法弥补,更不要以为无用而肆意删削,应当谨慎地保留原样。他认为司马迁、班固、陈寿作史,都曾经使用缺文之法,给后世留下有待考察的信息。此后的史官不懂得这一原则的深意,甚至误认为有怀疑的地方应当删除,以免累赘,以致造成历史信息的湮没无闻。章学诚指出,把缺文之法应用到州县人物传上面,应当把事迹不详或者有怀疑而不能判定的人物,另外编成缺访篇,等待后人进一步研究。前人纂修方志,记载人物没有实事,常常使用空洞不实的套话,陈词滥调,千篇一律,冒占篇幅。章学诚主张把这些人物全部收入《缺访列传》,等待后人对这类事迹不详的人物进一步搜集资料,别择利用。

孔子曰:"吾犹及史之缺文也。"① 又曰:"多闻缺疑,慎言其余。"② 夫网罗散失,绅绎简编,所见所闻,时得疑似,非贵缺然不讲也。夫郭公、夏五③,原无深文;未耜、网罟④,亦存论说。而《春秋》仍列故题,《尚书》断自《尧典》;疑者缺而弗竟,缺者存而弗删,斯其慎也。司马迁曰:"书缺有间,其轶时时见于他说。"⑤夫疑似之迹,未必无他说可参,而旧简以古文为宗,百家以雅驯是择⑥,心知其意,所以慨然于好学深思之士也⑦。班固《东方朔传》,以谓奇言怪语,附著者多,遂详录其谐隐、射覆琐屑之谈,以见朔实止此,是史氏释疑之家法也⑧。陈寿《蜀志》,以诸葛不立史官,蜀事穷于搜访,因录杨戏季汉名臣之赞,略存姓氏,以致其意,是史牒缺文之旧章也⑨。寿别撰《益部耆旧传》十卷⑩,是寿未尝略蜀也。《益部耆旧传》不入《蜀志》,体例各有当也。或以讥寿,非也。自史学失传,中才史官不得缺文之义,喜繁辞者,或杂奇衺之说;好简洁者,或删经要之言;《晋书》喜采小说,《唐书》每删章奏。多闻之旨不遵,慎言之训误解。若以形涉传疑⑪,事通附会,含毫莫断,故牒难征,谓当削去篇章,方合缺文之说;是乃所谓疑者灭之而已,更复何缺之有? 郑樵著《校雠略》,以谓馆阁征书,旧有缺书之目;凡考文者,必当录其部次,购访天下⑫。其论可谓精矣。

【注释】

①吾犹及史之缺文也:语出《论语·卫灵公》。

②多闻缺疑,慎言其余:语出《论语·为政》。

③郭公、夏五:据《春秋·庄公二十四年》记载:"郭公。"杜预《注》曰:"无传,盖经缺误也。"又《春秋·桓公十四年》记载:"夏五。"杜预《注》曰:"不书月,缺文。"

④耒耜、网罟:语出《周易·系辞下》:"古者包牺氏之王天下也,作

结绳而为网罟，以佃以渔，盖取诸离。包牺氏没，神农氏作，斫木为耜，揉木为耒，耒耨之利，以教天下，盖取诸益。"耒、耜，耕地的农具。网、罟，捕兽和捕鱼的工具。

⑤书缺有间，其轶时时见于他说：语出司马迁《史记》卷一《五帝本纪赞》。

⑥旧简以古文为宗，百家以雅驯是择：语出司马迁《史记》卷一《五帝本纪赞》："总之不离古文者近是。"又曰："百家言黄帝，其文不雅驯……择其言尤雅者，故著为本纪书首。"古文，古文《尚书》。

⑦心知其意，所以慨然于好学深思之士也：语出司马迁《史记》卷一《五帝本纪赞》："非好学深思，心知其意，固难为浅见寡闻道也。"

⑧班固《东方朔传》，以谓奇言怪语，附著者多，遂详录其谐隐、射覆琐屑之谈，以见朔实止此，是史氏释疑之家法也：据班固《汉书》卷六十五《东方朔传赞》记载："朔之诙谐，逢占射覆，其事浮浅，行于众庶，童儿牧竖，莫不眩耀。而后世好事者，因取奇言怪语，附著之朔，故详录焉。"颜师古《注》曰："言此传所以详录朔之辞语者，为俗人多以奇异妄附于朔故耳。欲明传所不记，皆非其实也。"

⑨陈寿《蜀志》，以诸葛不立史官，蜀事穷于搜访：据陈寿《三国志》卷三十三《蜀后主传》记载："国不置史，注记无官，是以行事多遗，灾异靡书。诸葛亮虽达于为政，凡此之类，犹有未周焉。"

⑩《益部耆旧传》：据《隋书》卷三十三《经籍志》杂传类著录："《益部耆旧传》十四卷，陈寿撰。"

⑪传疑：语出《穀梁传·桓公五年》："《春秋》之义，信以传信，疑以传疑。"对有疑义的问题，不作论定，传待他人。

⑫郑樵著《校雠略》，以谓馆阁征书，旧有缺书之目；凡考文者，必当录其部次，购访天下：语出郑樵《通志》卷七十一《校雠略·编次必记亡书论》："古人亡书有记，故本所记而求之。魏人求书，有

《缺目录》一卷;唐人求书,有《搜访图书目》一卷,所以得书之多也。"

【译文】

孔子说:"我还能看到史书中有缺文的情况。"又说:"多听有怀疑的地方,谨慎地谈论其余的部分。"网罗散佚文献,抽引书籍头绪,所见到和所听到的内容,常常遇到真假难辨的情况,不是看重搁置而不研究的做法。《春秋》记载的"郭公"、"夏五",本来没有深刻的含义;创造未邦、网罟的时代,也存留着论说。而《春秋》仍然列入旧有文字,《尚书》断限从《尧典》开始;有怀疑的地方空缺而不补足,有空缺的地方保存而不删除,这是态度谨慎。司马迁说:"古书残缺有间断,那散失的内容常常在其他论说里见到。"真假难辨的事迹,不一定没有其他说法可以参考,而古代的简册以古文学说为根本,对各种派别的言辞以雅正作为选择标准,作者内心知道意思,所以对难遇好学深思的人发出感慨。班固《东方朔传》,认为世间奇异荒诞的言论,附会在东方朔身上的很多,于是详细记录下他的诙谐隐语和射覆猜物的琐屑言谈,用来显示东方朔的言谈实际上只有这些东西,这是史学家解释疑惑的家法。陈寿的《蜀志》,认为诸葛亮不设立史官,造成蜀国的史实没有办法寻访,于是收录杨戏《季汉辅臣赞》,简略地保存姓名,用来表达意思,这是史书对待缺文的惯用章法。陈寿另外撰写《益部耆旧传》十卷,这是陈寿未尝省略蜀国史事。《益部耆旧传》不收进《蜀志》,是体例各有适合的要求。有人用这一点指责陈寿,并不正确。自从史学失去家法传承,中等才能的史官不了解史书缺文的旨趣,喜欢言辞繁复的人,有的书里混杂进诡诈的说法;爱好文字简洁的人,有的书里删除重要的言论;《晋书》喜欢采用小说,《唐书》常常删除奏章。对多听缺疑的宗旨不遵循,对谨慎谈论的教导有误解。如果因为事迹涉及传疑,史实接近附会,吮笔不能决断,古书难以验证,就认为应当删除篇章,才符合史书有缺文的主张,这实在是对有怀疑的地方铲除踪迹罢了,又有什么空缺之意呢? 郑樵撰写《校雠略》,

认为馆阁征集书籍，古代有缺书目录；凡是考订书籍的人，一定应当记录下它们的部类排序，在全国悬赏征求。他的论述可以说很精确了。

窃谓典籍如此，人文亦然。凡作史者，宜取论次之余，或有人著而事不详，若传歧而论不一者，与夫显列名品，未征事实，清标夷、齐，而失载西山之薇①；学著颜、曾，而不传东国之业②，一隅三反，其类实繁。或由载笔误删，或是虚声泛采，难凭臆断，当付传疑；列传将竟，别裁缺访之篇，以副慎言之训；后之观者，得以考求。使若陈寿之季汉名臣，见上。常璩之华阳士女，《华阳国志》有序录士女志，止列姓名，云其事未详。不亦善乎？至于州县之志，体宜比史加详；而向来撰志，条规人物，限于尺幅，摘比事实，附注略节，与方物土产区门分类，约略相同。至其所注事实，率似计荐考语③，案牍谳文④，骈偶其词，断而不叙。士曰孝友端方，慈祥恺悌；吏称廉能清慎，忠信仁良；学尽汉儒，贞皆姜女⑤；千篇一律，葭莩茫然⑥，又何观焉？今用史氏通裁，特标列传。务取有文可诵，据实堪书；前志所遗，搜访略尽。他若标名略注，事实难征，世远年湮，不可寻访，存之则无类可归，削之则潜德弗曜；凡若此者，悉编为《缺访列传》，以俟后来者之别择云尔。

【注释】

①清标夷、齐，而失载西山之薇：据司马迁《史记》卷六十一《伯夷列传》记载："武王已平殷乱，天下宗周。而伯夷、叔齐耻之，义不食周粟，隐于首阳山，采薇而食之。及饿且死，作歌，其辞曰：'登彼

　西山兮,采其薇矣。'"西山,首阳山。

②学著颜、曾,而不传东国之业:据司马迁《史记》卷六十七《仲尼弟
　子列传》记载:"颜回者,鲁人也……蚤死,孔子哭之恸,曰:'自吾
　有回,门人益亲。'"又记载:"曾参,南武城人……孔子以为能通
　孝道,故授之业,作《孝经》。"东国,鲁国。

③计荐:考核与荐举官员。

④谳(yàn)文:断案文书。

⑤姜女:据《诗经·鄘风·柏舟》小序曰:"《柏舟》,共姜自誓也。卫
　世子共伯蚤死,其妻守义,父母欲夺而嫁之,誓而弗许,故作是诗
　以绝之。"姜女即共姜。

⑥葭(jiā)苇:芦苇。

【译文】

　　我认为书籍如此,人事也是这样。凡是撰写史书的人,应当择取论
定编排后的剩余,也许有人物著名而事情不详细,或者传文有不一致处
而评论不同的情况,以及显著地列出名目,而没有引证事实,表现伯夷、
叔齐的清高,而没有记载在西山采薇的事情;显示颜回、曾参的学业,而
不叙述孔子传授的学术,举一反三,种类实在繁多。或者由于记载时错
误地删除,或者由于有虚名而浮泛采取,难凭主观推测下判断,应当归
入传疑的范围;列传将要完毕,另外写出缺访篇,用来符合谨慎谈论的
教导;以后阅览的人,可以考索求证。假使像陈寿搜访季汉名臣,见上。
常璩搜访华阳士女,《华阳国志》有记录士女的《序志》,只列举姓名,而说他
们的事迹不清楚。不也是很好吗? 至于州县的方志,体制应该比史书更
详细;而向来编写方志,条别归类人物,受到篇幅限制,摘录排列事实,
附注简要叙述,和特产土产的区别门类,大致相同。至于它们所附注的
事实,大多好像官员考核的评语,文书档案和判决讼词,语句使用对偶,
判定而不叙述。记载士人就说是孝顺友爱与庄重正直,慈爱和善与和
乐平易;记载官吏则称廉洁能干与清白谨慎,忠诚真实与仁爱善良;记

载学问都比得上汉儒，记载贞洁全部像共姜；行文千篇一律，如同芦苇茫然一片，又观看什么呢？现在用史家的通用体裁，特地标名为列传。务必选取有文采可以诵读，根据事实值得记载；旧志有所遗漏，搜寻大致穷尽。其他像标出姓名省略附注，事实难以验证，时代久远年月湮没，无法寻访，保存它们就没有门类可归，删除它们就使潜藏的美德不显耀；大凡像这类情况，都编成《缺访列传》，以便等待后人的鉴别选择而已。

和州志前志列传序例上

【题解】

《和州志·前志列传序例》内容分为上中下三篇,明确论证了编纂方志设置《前志列传》的重要性,是章学诚方志学理论中的一大创举。所谓《前志列传》,是把某一地域历代所编纂的方志论定是非得失,评价其书优劣,作成专门一传,借以考察志书渊源,窥见前人折中考订之法,以供后人修志作为借鉴。章学诚认为,撰修史书和编纂方志都应当为史官立传,这样可以明了史学渊源与作史之法,恢复史学家法传统。他指出,《史记》、《汉书》没有专门设置《史官传》,无法像《儒林传》反映儒学发展面貌那样反映史学源流和著述原则,以致历代正史都不关注史家法度。因此,章学诚建议仿照《儒林传》以经书为纲,用师徒传授为纬的体例作《史官传》,用史书编撰为纲,以叙明著述流派与著述宗旨为纬。至于方志中作《前志列传》,章学诚充分考虑到撰写的难度,因为旧志不讲史法,存者无多,撰人生平不详,都给撰写《前志列传》带来很大困难。然而又不可不作,因为把旧志编纂情况保存下来,既可以看到旧志不当,后志改正,可知后志的裁断,也可以看出后志误改,比较各自得失,尤其是防止用新志掩盖旧志的恶劣行径,充分尊重前人成果。章学诚的意图是希望《史官传》与《儒林传》、《文苑传》三足鼎立,真正发挥史学经世致用的价值。这一天才的设想,表明章学诚已经具备鲜明的史学史意识,无论在方志学理论还是历史编纂学理论上都达到中国传统史学的最高境界。

《记》曰:"疏通知远,《书》教也。比事属辞,《春秋》教也。"①言述作殊方,而风教有异也。孟子曰:"颂其诗,读其书,不知其人可乎?"②言坟籍具存,而作者之旨,不可不辨也。古者史官,各有成法,辞文旨远,存乎其人。孟子所谓其文则史,孔子以谓义则窃取,明乎史官法度不可易,而义意为圣人所独裁。然则良史善书,亦必有道矣。前古职史之官不可考,春秋列国之良史,若董狐、南史之直笔③,左史倚相之博雅④,其大较也。窃意南、董、左史之流,当时必有师法授受。第以专门之业,事远失传,今不得而悉究之也。司马迁网罗散失,采获旧闻,撰为百三十篇,以绍《春秋》之业。其于衰周战国所为《春秋》家言,如晏婴、虞卿、吕不韦之徒⑤,《晏子春秋》、《虞氏春秋》、《吕氏春秋》,皆有比事属辞之体。即当时《春秋》家言,各有派别,不尽"春王正月"一体也。皆叙录其著述之大凡,缉比论次;所以明己之博采诸家,折衷六艺,渊源流别,不得不详所自也。司马迁《自序》绍《春秋》之业,盖溯其派别有自,非僭妄之言。司马氏殁,班固氏作,论次西京史事,全录《太史自序》,推其义例,殆与相如、扬雄列传同科⑥。范蔚宗《后汉》之述班固,踵成故事⑦,墨守旧法,绳度不逾;虽无独断之才,犹有饩羊告朔,礼废文成者也。及《宋书》之传范蔚宗,《晋书》之传陈寿,或杂次文人之列,或猥编同时之人⑧,而于史学渊源,作述家法,不复致意,是亦史法失传之积渐也。至于唐修《晋》、《隋》二书,惟资众力。人才既散,共事之人，不可尽知，或附著他人传末，或互见一二文人称说所及，不复别有记载，乃使《春秋》家学，塞绝梯航⑨，史氏师传，茫如河汉⑩。譬彼收族无人⑪，家牒自乱；淄流驱散，梵刹坐荒⑫；势有必至，理有固然者也。

【注释】

①疏通知远，《书》教也。比事属辞，《春秋》教也：语出《礼记·经解》。

②颂其诗，读其书，不知其人可乎：语出《孟子·万章下》。

③董狐、南史之直笔：据《左传·宣公二年》记载，晋国大夫赵穿杀晋灵公，当时执政的上卿赵盾避祸离开朝廷，但未出境，史官董狐认为责任在赵盾，于是在史册上书写："赵盾弑其君。"董狐，春秋时期晋国史官。孔子称其为"古之良史"。南史，春秋时期齐国史官。又据《左传·襄公二十五年》记载，齐国大夫崔杼杀齐庄公，太史书写："崔杼弑其君。"被崔杼所杀。太史之弟继续书写，又被杀。其弟又书写，才免死。南史听说太史尽死，执简前往，听到此事已被记载，才返回去。后世把他与董狐并称为直笔典范。

④左史倚相之博雅：据《左传》记载，春秋楚灵王时期的左史倚相知识渊博，能读三坟、五典、八索、九丘等古书。

⑤衰周战国所为《春秋》家言，如晏婴、虞卿、吕不韦之徒：据司马迁《史记》卷七十六《虞卿列传》记载："[虞卿]不得意，乃著书，上采《春秋》，下观近世，曰《节义》、《称号》、《揣摩》、《政谋》，凡八篇，以刺讥国家得失，世传之曰《虞氏春秋》。"又据司马迁《史记》卷八十五《吕不韦列传》记载："吕不韦乃使其客人人著所闻，集论以为八览、六论、十二纪，二十余万言。以为备天地万物古今之事，号曰《吕氏春秋》。"又据司马迁《史记》卷六十二《管晏列传

赞》曰:"吾读……《晏子春秋》,详哉其言之也……至其书,世多
有之,是以不论,论其轶事。"

⑥全录《太史自序》,推其义例,殆与相如、扬雄列传同科:据刘知几
《史通》卷三十六《杂说上》记载:"马卿为自叙传,具在其集中。子
长因录斯篇,即为列传。班氏仍旧,曾无改作。固于马、扬传末皆
云迁、雄之自叙如此。至于相如篇下,独无此言。盖止凭太史之
书,未见文园之集,故使言无画一,其例不纯。"班固撰《汉书》卷八
十七《扬雄传》沿用扬雄《自序》之文,末曰:"雄之自序云尔。"又撰
《司马迁传》沿用《太史公自序》之文,末曰:"迁之自叙云尔。"

⑦范蔚宗《后汉》之述班固,踵成故事:范晔《后汉书》卷七十《班彪
传附班固传》之文,大多沿用班固《汉书》卷一百《叙传》原文。

⑧《宋书》之传范蔚宗,《晋书》之传陈寿,或杂次文人之列,或猥编
同时之人:唐修《晋书》将陈寿与王长文、虞溥、司马彪、王隐、虞
预、孙盛、干宝、邓粲、谢沉、习凿齿、徐广等文人与史官编入同
传。沈约《宋书》将范晔与刘湛同传,二人先后牵涉彭城王刘义
康谋反案,属于同时之人。

⑨梯航:原意为登山与航海。借指有效的途径。

⑩河汉:语出《庄子·逍遥游》:"吾惊怖其言,犹河汉而无极也。"比
喻言论渺茫玄远,不着边际。

⑪收族:根据尊卑亲疏的关系聚拢和团结族人。

⑫淄流驱散,梵刹坐荒:淄流指佛教徒,因其穿黑衣而得名。梵刹
指寺庙。

【译文】

《礼记》说:"通达博古,是《尚书》的教义。排比史事连缀文辞,是
《春秋》的教义。"说的是传述和创作方法不同,而风貌与教化就有区别。
孟子说:"吟诵此人的诗,阅读此人的书,却不了解他的为人行吗?"说的
是典籍都存在,而作者的宗旨,不可不辨别。古代的史官,各有既定方

法,言辞有文采而且旨意深远,保存在适宜的人身上。孟子所说的文辞就用史书的作法,孔子所说的道理就借用史义,表明史官法度不可改变,而义理被圣人独自裁断利用。那么优秀的史官和完善的史书,也一定有成就的途径了。远古主管历史记载的官员不可考知,春秋时期列国的优秀史官,像董狐、南史的如实直书,左史倚相的学识渊博,就是大致情况。我觉得南、董、左史之类,当时必然有师法传授和接受。只是因为专门的学术,事情久远失去传承,现在不能详细考察它了。司马迁网罗散佚文献,搜集古代传闻,写成一百三十篇《史记》,用来继承《春秋》的学业。他对东周战国时代从事《春秋》家学说的言论,例如晏婴、虞卿、吕不韦等人,《晏子春秋》、《虞氏春秋》、《吕氏春秋》,都有排比史事连缀文辞的体例。就是当时《春秋》家学说,各有流别,不全是《春秋》“春王正月”的编年一种体例。都叙述他们著述的概况,编纂排比和论定次序,用来表明自己广泛采取各家,根据六经作出评判,对渊源流派,不得不详细叙述由来。司马迁《自序》继承《春秋》的学业,大概是向上追溯自己一派具有渊源,并不是超越名分而狂妄的言论。司马氏死后,班固出现,论定排列西汉史事,全文收录《太史公自序》,推求司马迁的宗旨和体例,大概和司马相如、扬雄传性质相同。范蔚宗《后汉书》叙述班固,沿袭而形成惯例,遵循前人的方法,不超越准绳规矩;虽然没有独自决断的才能,还有用活羊每月初一祭告祖庙,礼制虽然已废而仪式仍存的意味。到《宋书》给范蔚宗作传,《晋书》给陈寿作传,或是混杂编进文人的行列,或是随便和同时人编在一起,而对史学渊源,著述家法,不再留意,这也是史法失传之后逐渐变化而来。到了唐代修《晋书》与《隋书》,一味凭借众人的力量。人才分散以后,同编共事的人,不能全部知道,有的人附属在别人的传末,有的人在一两个文人叙述的话里顺便提到,不再另外有记载,致使《春秋》专家学术,堵塞住登山航海的途径,史学家的师传,渺茫得像天河无边。就像那些没有人团结聚拢的家族,家谱自然散乱,僧徒被逼四处遣散,佛寺因此荒废;趋势一定达到这样,道理本来就是如此。

夫马、班著史,等于伏、孔传经。大义微言,心传口授;或欲藏之名山,传之其人;或使大儒伏阁,受业于其女弟。岂若后代纪传,义尽于简篇,文同于胥史,拘牵凡例,一览无遗者耶? 然马、班《儒林》之篇,能以六艺为纲,师儒传授,绳贯珠联,自成经纬,所以明师法之相承,溯渊源于不替者也。《儒林传》体,以经为纲,以人为纬,非若寻常列传,详一人之生平者也。自《后汉书》以下,失其传矣。后代史官之传,苟能熟究古人师法,略仿经师传例,标史为纲,因以作述流别,互相经纬。试以马、班而论,其先藉之资,《世本》、《国策》之于迁《史》[①],扬雄、刘歆之于《汉书》是也。后衍其传,如杨恽之布迁《史》,马融之受《汉书》是也。别治疏注,如迁《史》之徐广、裴骃,《汉书》之服虔、应劭是也。凡若此者,并可依类为编,申明家学,以书为主,不复以一人首尾名篇,则《春秋》经世,虽谓至今存焉可也。至于后汉之史,刘珍、袁宏之作[②],华峤、谢承、司马彪之书[③],皆与范氏并列赅存[④]。晋氏之史,自王隐、虞预、何法盛、干宝、陆机、谢灵运之流[⑤],作者凡一十八家,亦云盛矣。而后人修史,不能条别诸家体裁,论次群书得失,萃合一篇之中。比如郢人善斫,质丧何求? 夏礼能言,无征不信者也。他若聚众修书,立监置纪[⑥],尤当考定篇章,覆审文字,某纪某书,编之谁氏,某表某传,撰自何人。乃使读者察其臧匿,定其是非;庶几泾、渭虽淆[⑦],淄、渑可辨[⑧];末流之弊,犹恃堤防。而唐、宋诸家,讫无专录,遂使经生帖括,词赋雕虫,并得啁啾班、马之堂,攘臂汗青之业者矣[⑨]。

【注释】

①《世本》、《国策》之于迁《史》：据班固《汉书》卷六十二《司马迁传赞》记载："司马迁据《左氏》、《国语》，采《世本》、《战国策》，述《楚汉春秋》，接其后事，讫于天汉。"

②刘珍、袁宏之作：刘珍等人的纪传体史书《东观汉记》与袁宏的编年体史书《后汉纪》。

③华峤、谢承、司马彪之书：华峤的《汉后书》、谢承的《后汉书》和司马彪《续汉书》。华峤（？—293），字叔骏，西晋平原高唐（今山东禹城西南）人。晋武帝时期，任太子中庶子，又以散骑常侍典中书著作，领国子博士，迁侍中。晋惠帝初年，封东乡侯。朝廷有撰集，皆统领之。以《东观汉记》繁芜，撰《汉后书》纪、典、传、谱九十七卷。已佚。谢承，字伟平，三国吴会稽山阴（今浙江绍兴）人。历任五官郎中、长沙东部都尉、武陵太守。著《后汉书》一百三十卷，已佚。

④皆与范氏并列赅存：《章氏遗书》外编卷十八《和州志·缺访列传序例》作"皆为范氏删辑之基"。

⑤王隐：字处叔，东晋陈郡陈（今河南淮阳）人。晋元帝时期，与郭璞同为著作郎，撰晋史。后免官归家。晋成帝时期，写成《晋书》八十六卷。已佚。虞预：字叔宁，东晋会稽余姚（今属浙江）人。历任秘书丞、著作郎、散骑常侍等官。著《晋书》四十余卷，已佚。何法盛：南朝宋人。官至湘东太守。著《晋中兴书》七十八卷。已佚。干宝：字令升，东晋新蔡（今属河南）人。西晋末年为佐著作郎。东晋初年，领国史，官至散骑常侍。著《晋纪》二十卷，起自晋宣帝司马懿，讫于晋愍帝。已佚。又著有《搜神记》等书。陆机（261—303），著有《晋纪》四卷，已佚。谢灵运（385—433）：南朝宋陈郡阳夏（今河南太康）人。曾任永嘉太守、临川内史。撰写《晋书》，已成三十六卷，因谋反被杀，未完。已佚。

⑥立监置纪：确立修史宰相监修制度和设置纪纲规则。

⑦泾、渭：语出《诗经·邶风·谷风》："泾以渭浊，湜湜其沚。"毛《传》曰："泾渭相入而清浊异。"泾、渭二水在今陕西省，泾水清，渭水浊。二水交汇以后，清浊始混淆。后用泾渭来比喻优劣对立，是非分明。

⑧淄、渑（shéng）：淄、渑二水在今山东省。相传二水味道不同。比喻两种事物性质截然不同。

⑨汗青：古代在竹简上书写，先用火烤青竹，蒸烤出水分，既便于书写，又可免虫蛀，叫做汗青。后来指书籍写成。常特指史册。

【译文】

司马迁、班固撰写史书，相当于伏生、孔安国传授经书。深奥的意义与微妙言辞，用心领会而口头传授；有的想要收藏在名山，传给适合继承的人；有的让硕学儒生登堂拜师，受业于他的妹妹。难道像后世纪传体史书，意思在篇章里说尽，文辞和胥吏文书相同，受到凡例的拘束和牵扯，一眼望去就能全部看见吗？然而马、班的《儒林传》，能用六经作纲，儒学教师传授，就像绳子把珍珠串在一起，自成经纬，用来表明师法的传承，上溯渊源使之不中断。《儒林传》的体例，以经书为纲，以人为辅，不像一般列传，详细记载一个人的生平。从《后汉书》以下，就失去传承了。后世给史官作传，如果能仔细研究古人师法，大致仿效给经学教师做传的体例，标出史书作纲，接着用著述的流派，相互配合。尝试着以马、班来说，他们修史所凭借的先期资料，《世本》《战国策》对于《史记》，扬雄、刘歆的撰述对于《汉书》就是如此。成书后推衍传播的人，例如杨恽传布《史记》，马融学习《汉书》就是如此。另外作疏注的人，例如《史记》有徐广、裴骃，《汉书》有服虔、应劭就是如此。凡是像这样的情况，都可以按类成篇，阐明一家学术，以史书为主，不再根据一人始末确定篇名，那么《春秋》治理天下的学术，即使说到现在还存在也可以。至于后汉的史书，刘珍、袁宏的著作，华峤、谢承、司马彪的书籍，都和范氏的史书同时存在。晋代的史书，从王隐、虞预、何法盛、干宝、陆机、谢灵运等人，撰作的人共计十八家，也可以说兴盛了。而后人修史，不能辨别各家体裁，论定群书得失，汇总在一篇当中。比如郢人善于斧削，搭挡死去怎么还能找到？夏代礼制能够谈论，没有验证就不确切。另外像聚集众人修书，设立监修制定规则，特别应当考订篇章，审察文字，某篇纪和某篇书，由哪个人编定，某篇表和某篇传，是什么人撰写。才能让读史的人审察这部书的好坏，判定这部书的是非；或许泾水和渭水虽然清浊混淆，淄水与渑水可以辨别出味道；对于末流的弊端，还依赖有防备。而唐、宋诸家史书，最终没有专篇记录，于是让经生的科举应试文章，诗词歌赋的雕虫小技，都能在班、马的史家厅堂喧闹，捋起衣袖跻身于史书的事业了。

和州志前志列传序例中

晋挚虞创为《文章志》，叙文士之生平，论辞章之端委，范史《文苑列传》所由仿也。自是文士记传，代有缀笔，而文苑入史，亦遂奉为成规。至于史学流别，讨论无闻，而史官得失，亦遂置之度量之外。甚矣，世之易言文而惮言史也。夫迁、固之书，不立《文苑》，非无文也；老庄申韩、管晏、孟荀、相如、扬雄、枚乘、邹阳，所为列传，皆于著述之业，未尝不三致意焉。不标文苑，所以论次专家之学也。文苑而有传，盖由学无专家，是文章之衰也。然而史臣载笔，侈言文苑，而于《春秋》家学，派别源流，未尝稍容心焉，不知将自命其史为何如也？文章志、传，挚虞而后，沈约、傅亮、张骘诸人①，纷纷撰录，傅亮《续文章志》，沈约《宋世文章志》，张骘《文士传》。指亦不胜屈矣。然而史臣采摭，存其大凡，著录诸书，今皆亡失。则史氏原委，编摩故迹，当其撰辑成书之际，公媵私楮②，未必全无征考也。乃前史不列专题，后学不知宗要，则虽有踪迹，要亦亡失无存。遂使古人所谓官守其书，而家世其业者，乃转不如文采辞章，犹得与于常宝鼎《文选著作人名》之列也③。常书凡三卷。唐李肇著《经史释题》④，宗谏注《十三代史目》⑤，其书编于目录部类，则未通乎记传之宏裁也。赵宋孔平仲尝著《良史事迹》⑥，其书今亦不传，而著录仅有一卷，则亦猥陋不足观采也。

【注释】

①傅亮(374—426)：字季友，南朝宋北地灵州(今宁夏灵武)人。东晋末年，累官侍中黄门侍郎。帮助宋武帝刘裕受禅，为中书令，封建城县公。武帝卒，与徐羡之等受命辅佐少帝。后废少帝，迎立文帝。进爵始兴郡公，加散骑常侍，开府仪同三司。宋文帝元嘉三年(426)被杀。著作有《续文章志》二卷。

②公滕(téng)私楮(chǔ)：泛指公私载籍。滕，捆束，封缄。楮，楮树。皮可造纸，故代称纸。

③常宝鼎《文选著作人名》：据《新唐书》卷五十八《艺文志》目录类著录："常宝鼎《文选著作人名目》，三卷。"

④李肇著《经史释题》：据《新唐书》卷五十八《艺文志》目录类著录："李肇《经史释题》，二卷。"李肇，唐代人。唐宪宗元和末年，任翰林学士。唐穆宗长庆初年，自司勋员外郎贬为漳州刺史。唐文宗大和初年，官中书舍人。著《翰林志》、《国史补》等书。

⑤宗谏注《十三代史目》：据《新唐书》卷五十八《艺文志》目录类著录："宗谏注《十三代史目》，十卷。"

⑥孔平仲尝著《良史事迹》：据《宋史》卷二百零五《艺文志》杂家类著录："孔平仲《良史事证》一卷。"章学诚误作《良史事迹》。孔平仲，字毅父，又作义甫，北宋临江新淦(今江西新干)人。宋英宗治平年间进士。任秘书丞、集贤校理。徽宗时期，官户部郎中，知庆州，因党籍罢官。长于史学。著作有《续世说》、《孔氏谈苑》等。

【译文】

晋代挚虞始作《文章志》，叙述文人的生平，评论诗文的源流，是范晔撰《后汉书·文苑传》所仿效的由来。从此以后的文人记传，世代都有写作，而文苑编入史书，也就尊奉为成规。至于史学流派，没听说有人商讨议论，而史官的优劣得失，也就被置之度外不考虑了。世上容易谈论文章而畏惧谈论史学，太严重了。司马迁、班固的史书，不设立《文苑传》，不是因为没有文章；老庄申韩、管晏、孟荀、司马相如、扬雄、枚乘、邹阳，所作的列传，都对他们著述的事业，未尝不再三表达意思。不用文苑作标题，是要论定一家之学的缘故。文苑有传，大概由于学术没有一家之学，这是文章的衰落。然而史官记载，夸耀谈论文苑，而对《春秋》的家学，派别和源流，不曾稍微留心，不知道将会赋予自己的史书什么样的使命？给文章作志、传，挚虞以后，沈约、傅亮、张骘等人纷纷撰写，傅亮《续文章志》，沈约《宋世文章志》，张骘《文士传》。屈指计算也数不过来了。然而史官采集摘录，保存采摘大要，著录的各书，现在都散佚了。那么史家修史的始末原委，编集时的旧事，当他们编写成书的时候，官府档案与私人文字，不一定完全不能求取考察。可是过去的史书不列专篇，后来的读书人不知道要旨，那么即使有踪迹可循，终究也散佚无存。于是使古人所说的官员掌管相关书籍，而一家世代继承学业，反而不如讲究文采的诗文，还能存入常宝鼎《文选著作人名》的序列。常宝鼎的书总共三卷。唐代李肇著《经史释题》，宗谏注《十三代史目》，这些书编在目录一类，那么是没有和记传一类宏大体裁相通。宋代孔平仲曾经著《良史事迹》，这部书现在也没有流传下来，而且著录只有一卷，那么也是浅陋不值得观览采择。

夫史臣创例，各有所因；列女本于刘向，孝义本于萧广济，晋人，作《孝子传》[1]。忠义本于梁元帝，《忠臣传》三十卷[2]。隐逸本于皇甫谧，《逸士传》、《高士传》[3]。皆前史通裁，因时制义者也。马、班《儒林》之传，本于博士所业；惜未取史官之掌，勒为专书。后人学识，不逮前人，故使未得所承，无能为役也。汉儒传经，师法亡矣。后史《儒林》之篇，不能踵其条贯源流之法，然未尝不取当代师儒，就其所业，以志一代之学。则马、班作史，家法既失，后代史官之事，纵或不能协其义例，何不可就当时纂述大凡，人文上下，论次为传，以集一史之成乎？夫《儒林》治经，而《文苑》谈艺，史官之业，介乎其间，亦编摩之不可不知所务者也。或以艺文部次，登其卷帙，叙录后语，略标作者之旨，以谓史部要旨，已见大凡。则不知经师传注，文士辞章，艺文未尝不著其部次；而《儒林》、《文苑》之篇，详考生平，别为品藻，参观互证，胡可忽诸④？其或事迹繁多，别标特传，不能合为一篇，则于史官篇内，亦当存录姓名，更注别自有传。董仲舒、王吉、韦贤之例，自有旧章⑤，仲舒治《春秋》，王吉治《毛诗》⑥，韦贤治《鲁诗》，并见《儒林》，而别有专传。两无妨害者也。夫荀卿著《礼》、《乐》之论，乃非十二子书⑦，庄周恣荒唐之言，犹叙禽、墨诸子⑧，欲成一家之作，而不于前人论著，条析分明，祖述渊源，折衷至当；虽欲有功前人，嘉惠来学，譬则却步求前，未有得其至焉者也。

【注释】

①《孝子传》：据《隋书》卷三十三《经籍志》杂传类著录："《孝子传》十五卷，晋辅国将军萧广济撰。"

②《忠臣传》：据《隋书》卷三十三《经籍志》杂传类著录："《忠臣传》三十卷，梁元帝撰。"

③《逸士传》、《高士传》：据《隋书》卷三十三《经籍志》杂传类著录：

"《高士传》六卷,皇甫谧撰。《逸士传》一卷,皇甫谧撰。"

④胡:何,何故。诸:"之乎"的合音。

⑤董仲舒、王吉、韦贤之例,自有旧章:班固《汉书》卷八十八《儒林传》只叙董仲舒传《公羊春秋》,王吉传《韩诗》,韦贤传《鲁诗》。其余事迹,分载诸人列传,此所谓旧章。

⑥王吉治《毛诗》:据班固《汉书》卷八十八《儒林传》言王吉传《韩诗》,章学诚此处引证有误。

⑦非十二子书:《荀子》有《非十二子》篇,评论指责它嚣、魏牟、陈仲、史鳝、墨翟、宋钘、慎到、田骈、惠施、邓析、子思、孟轲的学术,阐明《礼》、《乐》思想。

⑧庄周恣荒唐之言,犹叙禽、墨诸子:《庄子·天下》称其书"以谬悠之说、荒唐之言、无端崖之辞,时恣纵而不傥,不以觭见之也"。篇中墨翟、禽滑厘师徒一家,宋钘、尹文一家,彭蒙、田骈、慎到一家,关尹、老聃一家,惠施一家,各有评论。

【译文】

史官创立体例,各自都有所因袭。《列女传》源出刘向,《孝义传》源出萧广济,晋朝人,作《孝子传》。《忠义传》源出梁元帝,《忠臣传》三十卷。《隐逸传》源出皇甫谧,《逸士传》、《高士传》。都是前人史书通用的体裁,根据时势确定义例。司马迁、班固的《儒林传》,源出博士的学业;可惜没有选取史官的职掌,编写成专门之书。后人的学识,比不上前人,所以使他们没有得到可以继承的东西,没有能力做这件事。汉儒传授经学,师法失传了。后世史书的《儒林传》,不能接续经师贯穿源流的方法,但未尝不取当代儒者,根据他们所研究的内容,来记载一代的学术。那么马、班撰修史书的家法已经失传,后代史官的事迹,纵使不能符合他们的宗旨和体例,怎么不可以当时编纂著述的大体情况,人事的前后始末,论定排列成传,用来集中论述一部史书撰修的成书呢?《儒林传》研治经学,《文苑传》评论文学,史官的职业,介于两者之间,也是编撰史书的人不可不知当做的事。有人认为《艺文志》分类排列，登载史书卷数，叙录跋语，大略显示作者的宗旨，就说史部大要旨趣，已经见到大概。却不知道经学宗师的注解，文人的诗词文章，《艺文志》未尝不著录它们的部类；而《儒林传》与《文苑传》等篇，详细考察他们的生平，另外作出品评，对照考察和互相证明，怎么能够忽视它们呢？有人事迹繁多，另外作单独的传，不能合成一篇，那么在《史官传》篇内也应当保存姓名，再注明另外单独有传。董仲舒、王吉、韦贤的例子，自然有过去的规矩，董仲舒研治《春秋》，王吉研治《毛诗》，韦贤研治《鲁诗》，都见于《儒林传》，而且另外有单独的传。两者并不妨害。荀卿著《礼论》和《乐论》，而指责十二子书，庄周侈谈广阔无边际的言论，还评论禽滑厘、墨翟诸子各家，想要完成一家之作，而不对前人论著作品，条别剖析分明，对继承渊源，评判得最适当；即使想要对前人有功绩，对后学给予恩惠，就像是要求向前反而后退，没有能够到达目的地的人。

和州志前志列传序例下

州县志书，论次前人撰述，特编列传，盖创例也。举此而推之四方，使《春秋》经世，史氏家法，灿然大明于天下；则外志既治，书有统会，而国史要删，可以抵掌言也。虽然，有难叙者三，有不可不叙者三，载笔之士，不可不熟察此论也。

【译文】

州县方志，论定前人著述，专门编纂列传，大概是首创的体例。标举这种体例而推广到全国，使《春秋》治理天下的学术，史官的家法，在世人面前非常鲜明地彰显出来；那么地方志已经得到治理了，书有统辖聚汇，而且国史加以撮要删定，就可以像执着手掌一样容易讨论。虽然如此，也有难于叙述的三个方面，还有不可不叙述的三个方面，纂修之人，不能不仔细审察这个见解。

何谓难叙者三？一曰书无家法，文不足观，易于散落也。唐、宋以后，史法失传，特言乎马、班专门之业，不能复耳。若其纪表成规，志传旧例，历久不渝，等于科举程式，功令条例，虽中庸史官，皆可勉副绳墨，粗就隐括；故书虽优劣不齐,短长互见,观者犹得操成格以衡笔削也。外志规矩荡然,体裁无准,摘比似类书,注记如簿册,质言似胥吏,文语若尺牍;观者茫然,莫能知其宗旨。文学之士,鄙弃不观;新编告成,旧志遽没。比如寒暑之易冠衣,传舍之留过客①,欲求存录,不亦难乎? 二曰纂修诸家,行业不详,难于立传也。史馆征儒,类皆文学之士,通籍朝绅②,其中且有名公卿焉。著述或见艺文,行业或详列传,参伍考求,犹易集也。州县志书,不过一时游宦之士,偶尔过从;启局杀青,不逾岁月,讨论商榷③,不出州闾。其人或有潜德莫征,懿修未显;所游不知其常,所习不知其业④,等于萍踪之聚,鸿爪之留⑤;即欲效《文苑》之联编,仿《儒林》之列传,何可得耶? 三曰题序芜滥,体要久亡,难征录例也。马、班之传,皆录自序。盖其生平行业,与夫笔削大凡,自序已明;据本直书,编入列传;读者苟能自得,则于其书思过半矣。原叙录之所作,虽本《易·系》《诗》篇⑥,而史氏要删,实自校雠诸家,特重其体。刘向所谓条其篇目,撮其指意,录而奏上之文⑦,类皆明白峻洁,于其书与人,确然并有发明。简首题辞,有裨后学,职是故也。后代文无体要,职非校勘,皆能率尔操觚⑧;凡有简编,辄题弁语⑨,言出公家,理皆泛指。掩其部次,骤读序言,不知所指何人,所称何事。而文人积习相沿,莫能自反,抑亦惑矣。州县修志,尤以多序为荣,隶草夸书,风云竞体。棠阴花满⑩,先为循吏颂辞;水激山峨⑪,又作人文通赞。千书一律,观者索然⑫;移之甲乙可也,畀之丙丁可也。尚得采其旧志序言,录其前书凡例,作列传之取材,为一书之条贯耶？凡此三者，所为难叙者也。

【注释】

①传(zhuàn)舍：语出司马迁《史记》卷九十七《郦生列传》："沛公至高阳传舍。"刘熙《释名》卷五《释宫室》曰："传，传也。人所止息而去，后者复来，转相传，无常主也。"意为供行人休息住宿的驿馆。

②通籍：汉代规定符合品级的官员将本人或者祖父母、父母、兄弟的名字、年龄、身份等内容写在竹简上，悬挂在官门之外，检验核对后准许入官。籍，汉代长二尺的竹牒，用于书写人名和籍贯。

③商榷：语出李延寿《北史》卷三十二《崔挺传附崔孝芬传》："商榷古今，间以嘲谑。"意为商量评定。

④所游不知其常，所习不知其业：语出《礼记·曲礼上》："夫为人子者，出必告，反必面，所游必有常，所习必有业。"

⑤鸿爪之留：语出苏轼《东坡全集》卷一《和子由渑池怀旧》诗："人生到处知何似，应似飞鸿踏雪泥。泥上偶然留指爪，鸿飞那复计东西。"用来比喻往事留下的痕迹。

⑥叙录之所作，虽本《易·系》、《诗》篇：据姚鼐《古文辞类纂·序》曰："序跋类者，昔前圣作《易》，孔子为作《系辞》、《说卦》、《文言》、《序卦》、《杂卦》之传，以推论本原，广大其义。《诗》、《书》皆有序，而《仪礼》篇后有记，皆儒者所为。其余诸子，或自序其意，或弟子作之，《庄子·天下》篇、《荀子》末篇，皆是也。"

⑦刘向所谓条其篇目，撮其指意，录而奏上之文：语出班固《汉书》卷三十《艺文志》："每一书已，向辄条其篇目，撮其指意，录而奏之。"

⑧率尔操觚(gū)：语出萧统《文选》卷十七《陆士衡·文赋》："或操觚以率尔，或含毫而邈然。"觚，书写用的木板。意为草率撰写，

　　不负责任。

⑨弁语：语出《仪礼·士冠礼》："周弁，殷冔，夏收。"贾公彦《疏》曰：
　　"弁，是古冠之大号。"序置于篇首，犹冠戴在人头。故称序文为
　　弁语，也作弁言。

⑩棠阴花满：棠阴为民众爱戴召公之事。花满，据宋人叶廷珪《海
　　录碎事》卷十二《臣职部》记载："潘岳为河阳令，种桃李花，人号
　　曰河阳一县花。"后世用来歌颂地方官爱民政绩。

⑪水激山峨：据《世说新语》卷一《言语》记载，王济、孙楚各自夸言
　　自己家乡土地人物之美。王济曰："其地坦而平，其水淡而清，其
　　人廉且贞。"孙楚说："其山崿巍以嵯峨，其水㶠漠而扬波，其人磊
　　砢而英多。"

⑫索然：语出薛居正《旧五代史》卷五十七《郭崇韬传》："将吏辐辏，
　　降人争先略遗。都统府唯大将省谒，牙门索然。"意为寂寞，枯燥
　　无味。

【译文】

　　什么是难以叙述的三个方面呢？一是方志没有家法，文字不值得
观看，容易散佚流落。唐、宋以后，史学家法失传，着重是说司马迁、班
固一家之学的学术，不能恢复而已。至于纪、表的成规，志、传的惯例，
经历很长时间没有改变，等同于科举考试格式，法令规章条例，即使是
才能平庸的史官，都可以勉强符合尺度，粗略接近规矩；所以史书虽然
优劣不等，缺陷和长处交错出现，阅览的人仍然能够用固定的格式来衡
量记载优劣。地方志书规矩消失不存，体例没有准则，摘录排比好像类
书，记录如同文书簿册，质朴的语言就像胥吏，文雅的语言如同书信；阅
览的人迷茫模糊，不能了解方志的宗旨。有文才的士人，鄙薄不予观
览；新编宣告完成，旧志很快湮没。好像寒暑季节改换衣帽，旅舍馆驿
留宿过往客人，希望得以保存下来，不是很困难吗？二是纂修方志的各
家，操行事业不详细，难以给他们立传。史馆聘请的学者，大抵都是有

文才的士人，朝廷的官员，其中又有声望崇高的大臣。他们的著述有的在《艺文志》中能见到，操行事业有的在列传有详细记载，错综比较和探索考证，还容易汇集。州县的方志，纂修者只是一段时间在当地做官的士人，偶尔来往；开设修志局编定书稿，不超过一年，探讨商榷的范围，不出一州乡里。本州人有的具备隐藏的美德没有验证，美好的行为没有显露；不知道他游历的经常去处，也不知道他研修的学业，等同于浮萍漂泊的踪迹偶然聚合，鸿雁爪痕留在地上的遗迹；即使想要效法《文苑传》的联合成篇，仿照《儒林传》的排列作传，怎么能做到呢？三是标题序言杂乱繁多，体统纲要早已消失，很难探求序录体例。马、班的传，都收录自序。大概他们的生平和操行事业，与撰修史学著述的大要，自序已经表明；根据原样如实书写，编入列传；读书的人如果能自己体会，那么对他们的书就领悟大半了。推究序录的兴起，虽然源于《周易·系辞》、《诗经》篇序，而史家作史书的撮要删定，实际上从校雠之家而来，他们特别重视这种体例。刘向所说的分条列举篇目，摘取书中旨意，著录而呈上的文字，大抵都明白简练，对于各书及其作者，都有确凿的阐述发明。篇首题辞，对后来读书人有裨益，正是这个原因。后世文章没有体统，职业不是校勘之人，都能轻率地写作；凡是有书籍，总是写上前言，言辞使用官府格式，道理都是空泛地论说。如果遮盖上目录，马上阅读序言，不知道指的是什么人，说的是什么事。然而文人长期形成的习惯互相沿袭，没有人能够反躬自问，也就很费解了。州县编修方志，尤其把序多当做荣耀，用隶书与草书夸耀书法，风起云涌一般比赛字体。甘棠留下树荫和桃花开满全县，首先成了守法有治绩的官吏的颂辞；流水激荡和山岭巍峨，又作为人事通用的赞语。千百部书一个模样，阅读的人全无兴致；移用在甲乙身上可以，把它们给予丙丁也可以。这样还能采用旧志序言，记载前书凡例，来供《前志列传》选取材料，当做一部书的条理统贯吗？凡是这三个方面，是所说的难以叙述的内容。

　　何谓不可不叙者三？一曰前志不当，后志改之，宜存互证也。天下耳目无穷，一人聪明有限。《禹贡》岷山之文尚矣，得《缅志》，而江源详于金沙[①]。郑玄娑尊之说古矣，得王肃，而铸金凿其牺背[②]。穷经之业，后或胜前；岂作志之才，一成不易耶？然后人裁定新编，未必遽存故录；苟前志失叙，何由知更定之苦心，识辨裁之至当？是则论次前录，非特为旧志存其姓氏，亦可为新志明其别裁耳。二曰前志有征，后志误改，当备采择也。人心不同，如其面也，为文亦复称是。史家积习，喜改旧文，取其易就凡例，本非有意苛求。然淮阴带剑[③]，不辨何人；太史公《韩信传》云：淮阴少年辱信云“若虽长大，中情怯耳”。班固删去“若”字，文义便晦。太尉携头[④]，谁当假借？前人议《新唐书·段秀实传》云：柳宗元状称太尉曰：“吾带吾头来矣。”文自明。《新唐书》改云：“吾带头来矣。”是谁之头耶？不存当日原文，则三更其手，非特亥豕传讹，将恐虫鱼易体矣[⑤]。三曰志当递续，不当迭改，宜衷凡例也。迁书采《世本》、《国策》，集《尚书》世纪，《南北史》集沈、萧、姚、李八家之书[⑥]，未闻新编告成，遽将旧书覆瓿也。区区州县志乘，既无别识心裁，便当述而不作。乃近人载笔，务欲炫长，未窥龙门之藩[⑦]，先习狙公之术[⑧]，移三易四，辗转相因，所谓自扰也。夫三十年为一世，可以补辑遗文，蒐罗掌故。更三十年而往，遗待后贤，使甲编乙录，新新相承，略如班之续马，范之继班，不亦善乎？藉使前书义例未全，凡目有缺，后人创起，欲补逸文，亦当如马无地理，班《志》直溯《夏书》；梁、陈无志，《隋书》上通五代；梁、陈、北齐、后周、隋五代。例由义制，何在不然？乃竟粗更凡目，全录旧文；得鱼忘筌，有同剽窃，如之何其可也？然琴瑟不调，改而更张⑨。今兹创定一书，不能拘于递续之例；或且以矛陷盾⑩，我则不辞；后有来者，或当鉴其衷曲耳。历叙前志，存其规模，亦见创例新编，初非得已。凡此三者，所谓不得不叙者也。

【注释】

①《禹贡》岷山之文尚矣，得《缅志》，而江源详于金沙：据《尚书·禹贡》记载："岷山导江。"古人认为长江源头在岷山。《缅志》，《缅甸志》，又称《缅甸宣慰司志》。据明代方以智《东西均·扩信》记载："江源止详茂州汶山，而不知马湖江溯金沙江。《缅甸志》乃溯江于吐蕃之犁石，则千古江河之真源始显。《禹贡》导河自积石、江自岷，则半路截之耳。"

②郑玄娑尊之说古矣，得王肃，而铸金凿其牺背：据《诗经·鲁颂·閟宫》记载："牺尊将将。"毛《传》曰："牺尊，有沙饰也。"郑玄以为牺尊有鸟羽装饰。王肃根据地下出土的牺尊是牛形器，认为尊在牛背上。另据姚思廉《梁书》卷五十《刘杳传》记载："杳少好学，博综群书，沈约、任昉以下，每有遗忘，皆访问焉。尝于约坐语及宗庙牺樽，约云：'郑玄答张逸，谓为画凤皇尾娑娑然。今无复此器，则不依古。'杳曰：'此言未必可按。古者樽、彝，皆刻木为鸟、兽，凿顶及背，以出内酒。顷魏世鲁郡地中得齐大夫子尾送女器，有牺樽作牺牛形；晋永嘉贼曹嶷于青州发齐景公冢，又得此二樽，形亦为牛象。二处皆古之遗器，知非虚也。'约大以为然。"凤皇，凤凰。出内，出纳。

③淮阴：西汉淮阴侯韩信。

④太尉：段秀实（719—783），字成功，唐代陇州汧阳（今陕西千阳）

人。唐玄宗时期,任绥德府折冲都尉。代宗年间,历官四镇、北庭、泾原、郑颍节度使。唐德宗即位,召为司农卿。朱泚叛乱,遇害,谥为忠烈。

⑤虫鱼:语出韩愈《韩昌黎全集》卷六《读皇甫湜公安园池诗书其后》:"《尔雅》注虫鱼,定非磊落人。"此处借指虫书,又名虫篆,为先秦古书体之一。

⑥《南北史》集沈、萧、姚、李八家之书:李延寿撰《南史》和《北史》,删取沈约《宋书》、萧子显《南齐书》、姚思廉《梁书》和《陈书》、魏收《魏书》、李百药《北齐书》、令狐德棻《周书》、魏征《隋书》史料而成。

⑦龙门之藩:语出司马迁《史记》卷一百三十《太史公自序》:"迁生龙门。"司马迁生于龙门,在今陕西韩城。故后人用龙门指代司马迁。藩,篱笆。引申为庭院。

⑧狙(jū)公之术:语出《庄子·齐物论》:"狙公赋芧,曰:'朝三而暮四。'众狙皆怒。曰:'然则朝四而暮三。'众狙皆悦。"原意为以诈术欺骗。后引申为言而无信,随意更改。狙,猕猴。赋,给予。芧,橡子。

⑨琴瑟不调,改而更张:语出班固《汉书》卷五十六《董仲舒传》:"窃譬之琴瑟不调,甚者必解而更张之,乃可鼓也。"意为调整乐器之弦,使声音和谐。比喻改变法度或者做法。

⑩以矛陷盾:语出《韩非子·难一》:"楚人有鬻楯与矛者,誉之曰:'吾楯之坚,莫能陷也。'又誉其矛曰:'吾矛之利,于物无不陷也。'或曰:'以子之矛,陷子之楯,何如?'其人弗能应也。"楯,通"盾"。意为彼此互相冲突,无法自圆其说。

【译文】

什么是不可不叙述的三个方面呢?一是前人的方志不恰当,后人重修方志改正它,应当保存旧志和新志互相证明。天下人的见闻没有穷尽，一个人的见闻有限。《禹贡》关于长江源头语出岷山的文字时间久远了，得见《缅甸志》以后，才详细知道长江源头是金沙江。郑玄娑尊的说法年代很古老了，得到王肃的解说，才知道是铸金凿牛背之尊。深入钻研经书的学业，后人有的超过前人；难道作方志的才能，一旦形成就不改变吗？然而后人裁定新编，不一定就马上想到保存旧志；如果前代方志散佚，从哪里得知修订者的苦心，了解叙事和剪裁是否恰当呢？那么论定编次前人的撰录，不仅为旧志保存撰人姓名，也可以为新志表明撰人独特裁断。二是前人方志有征验，后人修志误改其文，应当预备选择。人心不相同，就像面貌各不相同一样，做文章也应当是这样。史官长期形成的习惯，喜欢改动原有文字，用意是容易接近凡例，本来不是有意识地过分要求。然而写淮阴侯佩带宝剑，不能辨别究竟是什么人；司马迁《韩信传》说：淮阴的年轻人羞辱韩信说"你虽然身材高大，内心却胆小"。班固删掉"你"字，文意就不明显。写段太尉携带头颅，谁应当借用？前人议论《新唐书·段秀实传》说：柳宗元写的行状叙述段太尉说："我带我的头颅来了。"文意自然明确。《新唐书》改成说"我带头颅来了"，是谁的头颅呢？不保存当时原文，那么经过几次变换，不仅玄豕一类的形近字流传错误，恐怕会使各类字体改变形状了。三是方志应当交替续编，不应当交替改撰，应该协调凡例。司马迁《史记》采用《世本》、《战国策》，汇聚《尚书》世系，《南北史》汇聚沈约、萧子显、姚思廉、李百药八部史书，没听说新编宣告完成，就把旧书覆盖酱瓮。小小的州县方志，既然没有独特见识和内心裁断，就应当传述而不创作。然而近人记载，一定想要夸耀长处，还没有见到司马迁的藩篱，先揣摩养猴老翁的手段，把三个变成四个，相互辗转沿袭，这就是所说的自己扰乱。三十年作为一世，可以补缀辑录以前遗留的文章，搜罗掌故。经过三十年以后，留下等待后世有贤德的人，让前代甲编和后代乙录，新的和新的互相延续，大致像班固接续司马迁，范晔继承班固，不也很好吗？假使前书宗旨和体例不完备，凡例纲目有缺失，后人创建体例，想要补充逸文，也应当像《史记》没有记载地理，班固的《地理志》径直上溯到《夏书·禹贡》；《梁书》、《陈书》没有作志，《隋书》向上贯通五代。梁、陈、北齐、北周、隋五个朝代。体例依据宗旨制定，在哪里不如此呢？竟然大致改变纲目，全部抄写原文；得到鱼就忘记了鱼具，行为如同剽窃，这怎么能行呢？然而琴瑟音调不和谐，就换弦重新安装。现在创作一部书，不能受交替续编体例的限制；或者将要用矛穿透盾，我不推辞；以后有继起的人，也许会体察到我的内心。一一叙述前志，保存它们的格局，也可见创立体例新编一书，本来就是不得已。总共这三个方面，就是所说的不能不叙述的内容。

和州文征序例

　　本篇内容论述编纂地方志设立《文征》的必要性，并且阐述其纂集方法与价值。自从古代史学家法消亡以后，以辑录文章为宗旨的别集和总集相继出现。尽管史书包括记事和记言两个方面，然而历代大量的著作文章，史书远远无法全部收录。刘知几《史通》主张在史书中设立"书"体，把制册章表各类文章，仿照"志"体形式区分类别，称为纪传体史书的一部分。但因实际操作有很大难度，后代修史并未采用他的建议。章学诚从历代选文之家的实践中汲取灵感，认为选家区分为注重文采与注重事实两种途径，并且主张《唐文粹》、《宋文鉴》、《元文类》应当归入史部，而与《文选》、《文苑英华》等选择文章性质不同。这个认识，萌生于章学诚早年在国子监肄业时参与纂修《国子监志》，而在撰修《和州志》时首次付诸实践。他把和州士人的文章单独收录成编，同时扩大选录的题材范围，选文注重史实而不在表彰文采，主要意图在于以文证史，和方志并行，相互辅翼。章学诚在《和州文征》中划分出奏议、征述、论著、诗赋四种类例，并且各自作出简略的叙录，说明缘故。可以看出，在方志中设立《文征》体例，是章学诚方志学理论的重要组成部分，目的在于以文证史。

乾隆三十九年，撰《和州志》四十二篇。编摩既讫，因采州中著述有裨文献，若文辞典雅有壮观瞻者，辑为奏议二卷，征述三卷，论著一卷，诗赋二卷，合为《文征》八卷，凡若干篇。既条其别，因述所以采辑之故，为之叙录。

【译文】

乾隆三十九年，编撰《和州志》四十二篇。编辑完毕以后，接着采集州中对文献有补益，以及文辞典雅值得观赏的著述，辑录成《奏议》二卷，《征述》三卷，《论著》一卷，《诗赋》二卷，合编为《文征》八卷，共若干篇。划分上述类别之后，因而叙述搜集编辑的缘故，作为它们的叙录。

叙曰：古人著述，各自名家，未有采辑诸人，裒合为集者也。自专门之学散，而别集之风日繁，其文既非一律，而其言时有所长，则选辑之事兴焉①。至于史部所征，汉代犹为近古。虽相如、扬雄、枚乘、邹阳，但取辞赋华言，编为列传②；原史臣之意，虽以存录当时风雅，亦以人类不齐，文章之重，未尝不可与事业同传；不尽如后世拘牵文义，列传止征行迹也。但西京风气简质，而迁、固亦自为一家之书，故得用其义例。后世文字，如滥觞之流为江河，不与分部别收，则纪载充栋③，将不可纪极矣④。唐刘知几尝患史传载言繁富，欲取朝廷诏令，臣下章奏，仿表志专门之例，别为一体；类次纪传之中，其意可为善矣。然纪传既不能尽削文辞，而文辞特编入史，亦恐浩博难罄，此后世所以存其说，而讫不能行也。

【注释】

①选辑之事:古代选集之作,当始于晋人挚虞。挚虞作《文章志》,
　　以人为纲;《文章流别集》,以文体为纲。

②相如、扬雄、枚乘、邹阳,但取辞赋华言,编为列传:司马迁《史记》
　　和班固《汉书》为司马相如、扬雄、枚乘、邹阳四人作传,传内完备
　　收录各人文辞,是为以文传人之法。

③充栋:语出柳宗元《柳河东全集》卷九《唐故给事中皇太子侍读陆
　　文通先生墓表》:"其为书,处则充栋宇,出则汗牛马。"形容书籍
　　太多,收藏则充满屋子,搬运则累得拉车的牛马出汗。

④纪极:语出《左传·文公十八年》:"聚敛积实,不知纪极。"意为终
　　极,限度。

【译文】

　　叙言:古人的著述,各自成一家,没有搜集编辑很多人,聚合成文集
的情况。自从各成一家的学术消亡,而编集个人文集的风气越来越兴
盛,各篇文章既不一致,而他们的言论常常有长处,选择编辑的事就产
生了。至于史部所收集的文章,汉代还算接近古代。尽管对司马相如、
扬雄、枚乘、邹阳,仅仅选取他们辞赋华美的语言,编为列传;推求史家
的用意,虽然是凭借文辞保存当时的文学作品,也因为各人的品类不一
致,文章的重要性,未尝不能和功业同在一传;不完全像后世拘泥于传
体的义例,列传只收集事迹。只是西汉风气简朴,而司马迁、班固也是
自成一家之书,所以能够使用这体例。后世的文字,就像源头细流汇聚
成江河,不对它们分部类另外收集,那么史籍将堆满房屋,就没有穷尽
了。唐代刘知几曾经担忧史书记载言论繁多,想要选取朝廷诏令,臣下
章奏,仿效表志专列门类的义法,另外作一种体例;分类编排在纪传之
间,他的意思可以说是很好了。然而纪传既不能完全削除文辞,而文辞
单独编集收入史书,也恐怕广博繁多难以穷尽,这是后世保留他的说
法,却终究不能实行的原因。

　　夫史氏之书，义例甚广；《诗》、《书》之体，有异《春秋》。若《国语》十二①，《国风》十五②，所谓典训风谣，各有攸当。是以太师陈诗，外史又掌四方之志；未闻独取备于一类之书也。自孔逭《文苑》、萧统《文选》而后，唐有《文粹》，宋有《文鉴》，皆括代选文，广搜众体。然其命意发凡，仍未脱才子论文之习，经生帖括之风，其于史事，未甚亲切也。至于元人《文类》，则习久而渐觉其非；故其撰辑文辞，每存史意，序例亦既明言之矣③。然条别未分，其于文学源流，鲜所论次。又古人云："诵其诗，读其书，不知其人可乎？"④作者生平大节，及其所著书名，似宜存李善《文选》注例⑤，稍为疏证。至于建言发论，往往有文采斐然，读者兴起，而终篇扼腕⑥，不知本事始末何如⑦。此殆如梦古人而遽醒，聆妙曲而不终，未免使人难为怀矣。凡若此者，并是论文有余，证史不足，后来攻史诸家，不可不熟议者也。至若方州选文，《国语》、《国风》之说远矣。若近代《中州》、《河汾》诸集⑧，《梁园》、《金陵》诸编⑨，皆能画界论文，略寓征献之意，是亦可矣。奈何志家编次艺文，不明诸史体裁，乃以诗辞歌赋、记传杂文，全仿选文之例，列于书志之中，可谓不知伦类者也。是用修志余暇，采摭诸体，草创规制，约略以类相从，为叙录其流别，庶几踵斯事者，得以增华云尔⑩。

【注释】

①《国语》十二：按《国语》乃国别之书，计有《周语》、《鲁语》、《齐语》、《晋语》、《郑语》、《楚语》、《吴语》、《越语》八国。此云十二，不确。

②《国风》十五：《诗经》十五《国风》，计有《周南》、《召南》、《邶风》、《鄘风》、《卫风》、《王风》、《郑风》、《齐风》、《魏风》、《唐风》、《秦风》、《陈风》、《桧风》、《曹风》、齿风》。

③序例亦既明言：据元代陈旅《安雅堂集》卷四《国朝文类序》曰："然所取者，必其有系于政治，有补于世教，或取其雅制之足以范俗，或取其论述之足以辅翼史氏，凡非此者，虽好弗取也。"

④诵其诗，读其书，不知其人可乎：语出《孟子·万章下》。诵，孟子原文作"颂"。

⑤李善《文选》注例：李善注释《文选》，叙述该书收录的各篇文章的作者生平及其作文缘由，亦即叙述本事始末。李善（约630—690），唐代扬州江都（今江苏扬州）人。唐高宗显庆年间，任太子内率府录事参军，崇贤馆直学士，兼沛王侍读。著作有《汉书辨惑》、《〈文选〉注》等。

⑥扼腕：语出司马迁《史记》卷八十六《刺客列传》："樊於期偏袒搤捥而进。"搤捥，通"扼腕"。意为用一只手握住另一只手腕，表示振奋、愤慨、惋惜等情绪。

⑦本事：作品所依据之事的情节或始末。

⑧《中州》、《河汾》诸籍：《中州集》十卷，附《中州乐府》一卷，金末元好问编辑。选录金代二百多人诗作，每人附小传，兼评其诗，具有以诗存史的用意。由于收录的作者大多聚集于中州（今河南一带），故以名书。《河汾诸老诗集》八卷，元代房祺编辑。选录金末元初平阳（今山西临汾）一带和元好问交游密切的麻革等八人的诗作，每人各为一卷，用以补充元好问《中州集》。

⑨《梁园》、《金陵》诸编：《梁园风雅》二十七卷，明代赵彦复编。选录与中州有关的李梦阳、何景明等九人诗作。梁园，西汉梁孝王园林，在今河南开封附近。据明代焦竑《国史经籍志》卷五总集类著录："《金陵风雅》四十卷，姚汝循撰。"

⑩踵斯事者，得以增华：语出梁萧统《昭明太子集》卷五《文选序》："盖踵其事而增华，变其本而加厉。"

【译文】

史家的史书，宗旨和体例很广泛；《诗经》与《尚书》的体例，和《春秋》不同。像十二国《国语》，十五国《国风》，就是所说的训诂歌谣，各自都有适合的地方。所以太师呈上诗歌，外史又掌管四方诸侯国的志书；没听说仅仅在一个门类的书中具备全部内容。自从孔逭《文苑》、萧统《文选》以后，唐代有《唐文粹》，宋代有《宋文鉴》，都是总括一个朝代的文章，广泛搜集各种体裁。然而这些书确立旨意与揭示体例，仍然没有摆脱才子谈论诗文的习惯，经生科举应试文章的风气，它们对于史事，不是太贴近。等到元人的《元文类》，那就习见长久而逐渐觉察到不对，所以书中编集文辞，常常带有史学见解，序例也已经明确说到了。但是细目没有划分，该书对于文学源流，很少论定编次。另外古人说："吟诵此人的诗，阅读此人的书，不了解他的为人行吗？"作者生平的主要方面，和他撰写的书名，似乎应当保存李善注释《文选》的体例，略微加以解释考证。至于有所建议与发表议论，往往有文采鲜明，读者受到感染而奋起，而读完全篇扼腕叹息，不知道本事始末是怎样的情况。这恐怕像梦见古人而突然惊醒，聆听美好的乐曲而没有听完，不免让人难以开心了。凡是像这类情况，都是谈论文章有余，证验史实不足，以后的考察历史的人们，不可不仔细讨论。至于州郡方志选文，《国语》、《国风》的说法由来已久了。像近代的《中州集》与《河汾遗老集》，《梁园风雅》与《金陵风雅》，都能划分界限评论文章，寄托收集文献的用意，这也可以了。为什么方志家编排艺文，不清楚史书的体裁，而把诗辞歌赋、记传杂文，完全仿照选文的体例，罗列在方志当中，可以说是不知道区分类别。故此利用修志的剩闲时间，采集各种文体，创设规则体制，大致按类归属，撰写叙录说明它们的流派，期望接续修志的人，能够进一步发扬光大而已。

奏议第一

文征首奏议①，犹志首编纪也。自萧统选文，以赋为一书冠冕，论时则班固后于屈原，论体则赋乃诗之流别②，此其义例，岂复可为典要？而后代选文之家，奉为百世不祧之祖，亦可怪已。今取奏议冠首，而官府文移附之。奏议拟之于纪，而文移拟之政略，皆掌故之藏也。

【注释】

①奏议：据姚鼐《古文辞类纂·序》曰："奏议类者，盖唐、虞、三代圣贤陈说其君之辞，《尚书》具之矣。周衰，列国臣子为国谋者，谊忠而辞美，皆本谟、诰之遗，学者多诵之。"

②赋乃诗之流别：语出萧统《文选》卷一《班孟坚·两都赋序》："赋者，古诗之流。"章学诚认为萧统《文选》以骚区别于赋，收录次序又以赋先于诗，类别不清，原委失序。

【译文】

文征开端编录奏议，犹如方志开端编录年纪。自从萧统选文为集以来，把赋作为一书的开端，论时间是班固在屈原之后，论体裁赋是诗的流派，这样的选文体例，难道还能当做根本准则吗？而后代选文的人，尊奉为百世不迁庙的始祖，也很可怪了。现在取奏议放在开端，而官府公文附在后面。奏议比照纪，而公文比照政略，都是掌故之官的收藏。

征述第二

征述者，记、传、序、述、志、状、碑、铭诸体也。其文与列传、图、书，互为详略。盖史学散而书不专家，文人别集之中,应酬存录之作,亦往往有记传诸体,可裨史事者。萧统选文之时,尚未有此也。后代文集中兼史体,修史传者往往从而取之,则征述之文,要为不易者矣。

【译文】

　　征述,是记、传、序、行述、墓志、行状、碑文、铭文等体裁。它们的文字和列传、图、书,互有详细和简略。大概史学消亡书籍不再有一家之学,文人别集当中,应酬保存的作品,也往往有记传等体裁,可以对史事有裨益的文章。萧统选文的时候,还没有收录这类文体。后代文集中同时有史学体裁,撰修史书的人往往从这里采择,那么征述一类的文章,总之是不可改变了。

论著第三

　　论著者,诸子遗风①,所以托于古之立言垂不朽者,其端于是焉在。刘勰谓论之命名,始于《论语》②,其言当矣。晁氏《读书志》,援"论道经邦",出于《尚书》,因诋刘氏之疏略③。夫《周官》篇出伪古文,晁氏曾不之察,亦其惑也④。诸子风衰,而文士集中乃有论、说、辨、解诸体;若书、牍、题、跋之类,则又因事立言,亦论著之派别也。

【注释】

　　①论著者,诸子遗风:语出刘勰《文心雕龙》卷四《诸子》:"博明万事为子,适辨一理为论。"又据姚鼐《古文辞类纂·序》曰:"论辩类者,盖原于古之诸子,各类所学著书诏后世。孔孟之道与文,至矣。自老、庄以降,道有是非,文有工拙……盖退之著论,取于六经、孟子;子厚取于韩非、贾生;明允杂以苏、张之流;子瞻兼及于

《庄子》。学之至善者，神合焉；善而不至者，貌存焉。惜乎！子厚之才，可以为其至，而不及至者，年为之也。"

② 刘勰谓论之命名，始于《论语》：据刘勰《文心雕龙》卷四《论说》记载："圣哲彝训曰经，述经叙理曰论。论者，伦也。伦理无爽，则圣意不坠。昔仲尼微言，门人追记，故抑其经目，称为《论语》。盖群论立名，始于兹矣。自《论语》以前，经无论字。《六韬》二论，后人追题乎！……论也者，弥纶群言，而研精一理者也。"

③ 晁氏《读书志》，援"论道经邦"，出于《尚书》，因诋刘氏之疏略：据南宋晁公武《郡斋读书志》卷二十《文说类》著录："《文心雕龙》，右晋刘勰撰……乃《论说》篇称'《论语》以前，经无论字；《六韬》三论，后人追题'。殊不知《书》有'论道经邦'之言，其疏略殆过于王、杜矣。"论道经邦，语出伪古文《尚书·周官》。王，王维。杜，杜牧。近人范文澜注《文心雕龙》曰："非谓经书中不见'论'字，乃谓经书中无以'论'为名者也。"晁公武所驳不当。

④ 夫《周官》篇出伪古文，晁氏曾不之察，亦其惑也：按古文《尚书》为伪书，宋代朱熹等人虽有怀疑，并未动摇其官学地位，至清初阎若璩《古文尚书疏证》出始成定论，晁公武当时还不能觉察。章学诚此言，未免苛求前人。

【译文】

论著，是诸子遗留的风气，用来依附古时立言流传不朽的人，它的发端就在这里。刘勰称"论"作为名称，从《论语》开始，他的说法很恰当了。晁氏的《郡斋读书志》，援引"论道经邦"一语，出于《尚书》，因而指责刘氏粗疏陋略。《周官》一篇出于伪古文《尚书》，晁氏竟然对此不考察，也是他的迷惑。诸子风气衰落，而文人集中才有论、说、辨、解等文体；至于书、牍、题、跋之类，却又是根据事情发表言论，也是论著的派别。

诗赋第四

诗赋者,六义之遗。《国风》一体,实于州县文征为近。《甘泉》、《上林》,班固录于列传①,行之当世可也。后代文繁,固当别为专书。惟诗赋家流,至于近世,溺于辞采,不得古者国史序《诗》之意②;而蚩蚩焉争于文字工拙之间③,皆不可与言文征者也。兹取前人赋咏,依次编列,以存风雅之遗;同时之人,概从附录,以俟后来者之别择焉。

【注释】

①《甘泉》、《上林》,班固录于列传:扬雄所作《甘泉赋》,司马相如所作《上林赋》,班固《汉书》分别收进两人之传。

②国史序《诗》:章学诚《文史通义》内篇四《黠陋》作“国史叙《诗》”。两者出处相同。

③蚩蚩:语出西汉扬雄《法言》卷十《重黎》:“六国蚩蚩,为嬴弱姬。”意为纷扰忙乱的样子。

【译文】

诗赋,是《诗经》六义的遗留。《国风》这种文体,确实和州县的文征接近。《甘泉赋》与《上林赋》,班固《汉书》记载在列传,在当时可以实行。后世文章繁富,本来就应当另外编辑成专书。只是诗赋家一派,到了近代,沉溺在文才和辞藻方面,不了解古代朝廷史官作《诗》序的意图,而纷纷争胜于文字的精巧和拙劣,都是不能共同谈论文征的人。现在选取前人诗赋歌咏,依次编排,来保存《诗经》的遗留;同时代人的作品,一律随从附录,以便等待后世之人的辨别选择。

永清县志皇言纪序例

【题解】

　　本篇为《永清县志》首篇，收录元、明至清代永清县境内存留的诏诰皇言。《永清县志》是章学诚应永清知县周震荣之请，继《和州志》后撰修的又一部重要方志。始于清高宗乾隆四十二年（1777），讫于乾隆四十四年（1779），撰成二十五篇，分纪、表、图、书、政略、列传六体。另撰《文征》一部，包括《奏议》、《征实》、《论说》、《诗赋》四卷。按《章氏遗书》外编卷十三至十五《永清文征》为《奏议》、《征实》、《论说》、《诗赋》、《金石》五卷，与大梁本略微不同。《皇言纪序例》的内容，主要阐述为方志作纪的起源和性质。章学诚指出，纪乃史书总纲，相当于儒家典籍的经，地位非常重要。后代撰修方志，仅仅等同于地理之书，不明古代四方诸侯国史之义，往往不得要领。纪传体正史有纪，那么方志也应当效仿撰纪，作为志书纲领。两者的区别有以下三方面：第一，正史体尊而称本纪，方志应当避嫌仅称纪；正史本纪内容记录一代军国大事，方志备正史取材而纪用来载录皇帝诏诰地方的文书。第二，古人称帝王诏诰为"王言"，而章学诚则主张不可泥古，通称"皇言"。因为三代天子称王，故天子之言可称"王言"；秦、汉以后天子称皇帝，"王"为其子孙乃至重臣的爵号。所以他强调称三代以后的朝代为"皇朝"而不称"王朝"，皇帝诏诰称"皇言"而不称"王言"，避免历代概念混淆。第三，正史本纪记录皇言不包括诗赋，方志则需兼收并蓄。

　　史之有纪，肇于《吕氏春秋》十二月纪。司马迁用以载述帝王行事，冠冕百三十篇，盖《春秋》之旧法也①。厥后二十一家②，迭相祖述，体肃例严，有如律令。而方州之志，则多惑于地理类书之例，不闻有所遵循；是则振衣而不知挈领③，详目而不能举纲④，宜其散漫无章，而失国史要删之义矣。夫古者封建之世，列国自有史书；然正月必系周王，鲁史必称周典，韩宣子见《易》象、《春秋》，以谓周礼尽在于鲁是也。盖著承业所由始也。后世郡县，虽在万里之外，制如古者畿甸之法⑤，乃其分门次类，略无规矩章程，岂有当于《周官》外史之义欤？《周官》外史掌四方之志，掌达书名于四方。此见列国之书，不得自擅，必禀外史一成之例也。此则撰志诸家，不明史学之过也。

【注释】

①司马迁用以载述帝王行事，冠冕百三十篇，盖《春秋》之旧法也：据刘知几《史通》卷一《六家》记载："至太史公著《史记》，始以天子为本纪。考其宗旨，如法《春秋》。"

②二十一家：二十一史。

③振衣而不知挈领：据《荀子·劝学》曰："若挈裘领，诎五指而顿之，顺者不可胜数也。"振，摇动，抖动。挈，提起。

④详目而不能举纲：据郑玄《诗谱序》曰："举一纲而万目张。"纲，拉网的绳子。目，网眼。提起纲绳，网眼全部张开，所谓纲举目张。

⑤古者畿甸之法：语出《周礼·夏官》："职方……乃辨九服之邦国，方千里曰王畿，其外方五百里曰侯服，又其外方五百里曰甸服，

又其外方五百里曰男服，又其外方五百里曰采服，又其外方五百里曰卫服，又其外方五百里曰蛮服，又其外方五百里曰夷服，又其外方五百里曰镇服，又其外方五百里曰藩服。”

【译文】

史书里出现“纪”，从《吕氏春秋》的十二月纪开始。司马迁用来记载和叙述帝王的行为事迹，置于《史记》一百三十篇的首位，大概是《春秋》的故有史法。以后的二十一部正史，前后继承和效法，体例规格谨严，就像法令一样。而州郡的方志，却大多受地理类书体例的诱导，没听说遵循什么原则；这就像抖动衣服而不知道提起衣领，详究网眼细节而不能提起纲绳，难怪它们零散没有条理，而失掉作为国史撮要删定的宗旨了。古代封邦建国的时期，各国都有自己的史书；然而在正月记事前面一定连缀书写周王，鲁国的史书一定称作周王室的典章，韩宣子见到《周易》的卦象和鲁《春秋》，认为周礼的礼制在鲁国得到完全保存。大概是要标著所承受的起始由来。后世的郡县，即使远在万里之外，制度犹如古代侯甸的划分方法，而志的区分和编排门类，丝毫没有规矩章程，难道符合《周礼》外史的准则吗？《周礼》外史掌管四方诸侯国的志书，负责把书籍的目录布告四方。由此可见各国的史书，不能自作主张，必须接受外史已定的体例。这是撰写方志的人不通晓史学的过错。

吕氏十二月令，但名为纪；而司马迁、班固之徒，则称本纪。原其称本之义，司马迁意在绍法《春秋》；顾左氏、公、穀专家，各为之传；而迁则一人之书，更著书、表、列传以为之纬，故加纪以本，而明其纪之为经耳。其定名则仿《世本》之旧称[①]。班固不达其意，遂并十志而题为本志[②]。然则表、传之不加本称者，特以表称年表，传称列传，与本纪俱以二字定名，惟志止是单名，故强配其数，而不知其有害于经纪纬传之义也。古人配字双单，往往有之，如《七略》之方称经方③，《淮南子》论称书论之类④，不一而足。惟无害于文义，乃可为之耳。至于例以义起，方志撰纪，以为一书之经，当矣。如亦从史而称本纪，则名实混淆，非所以尊严国史之义也。且如后世文人所著诗文，有关当代人君行事，其文本非纪体，而亦称恭纪以致尊崇，于义固无害也。若称本纪，则无是理矣。是则方志所谓纪者，临本书之表、传，则体为经，对国史之本纪，则又为纬矣。是以著纪而不得称本焉。

【注释】

①其定名则仿《世本》之旧称：《世本》十五篇，为战国时史官所撰。记黄帝至春秋时期诸侯大夫的世系、都邑、制作等。原书约在宋代散佚，清代有辑本多种，其中秦嘉谟《世本缉补》十卷最为完善，包括《帝系篇》、《纪》、《王侯谱》、《世家》、《大夫谱》、《传》、《氏姓》、《居篇》、《作篇》、《谥法》。秦嘉谟在《纪》篇《注》曰："此即《史记》本纪之所本。"

②班固不达其意，遂并十志而题为本志：班固《汉书》十志有《律历志》、《礼乐志》、《刑法志》、《食货志》、《郊祀志》、《天文志》、《五行志》、《地理志》、《沟洫志》、《艺文志》。今传《汉书》志前无"本"字，《序传》亦无"本志"之称。唯毛晋所刻汲古阁本《汉书》目录作"本志"，未必是班固原本。

③《七略》之方称经方：语出班固《汉书》卷三十《艺文志·方技略》。

④《淮南子》论称书论：语出《淮南子》卷二十一《要略》。

【译文】

《吕氏春秋》十二个月，只是称作纪；而司马迁、班固等人，却称作本纪。考察他们称"本"的意思，司马迁的用意在于继承和效法《春秋》;不过左氏、公羊、穀梁是专门一家,各自为《春秋》作传;而司马迁是一个人的著作,又写了书、表、列传用来当做纬,所以纪前加上"本",表明那些纪是作为经罢了。纪的名称的确定是仿效《世本》的旧称。班固不通晓司马迁的意思,于是连十志一并题为本志。那么表、传不加"本"称呼的原因,只是因为表称作年表,传称作列传,和本纪都用两个字确定名称,只有志只用一个字作名称,所以勉强配齐数字,却不知道这样做对纪是经而传是纬的宗旨有害。古人铨配单双字,往往有这种情况,例如《七略》的方称作经方,《淮南子》的论称作书论之类,已经有很多。只有对文字意思无害,才可以这样做。至于体例由于内容而产生,方志撰写纪,把它当做整部书的经,是恰当了。如果也随从正史而称作本纪,名称和实质就会混淆,不是尊崇严敬国史的意义了。况且像后世文人所写的诗文,与当代君主的行为有关联,这类诗文本来不是纪的文体,而也称"恭纪"来表达尊崇,对纪的意思本来无害。如果称作本纪,就没有这样的道理了。那么方志所称的纪,对应本书的表、传,那么本体就是经;对于国史本纪来说,那就又成纬了。所以方志撰写纪而不能在纪前称"本"。

迁、固而下,本纪虽法《春秋》,而中载诏诰号令,又杂《尚书》之体①。至欧阳修撰《新唐书》,始用大书之法,笔削谨严②,乃出迁、固之上,此则可谓善于师《春秋》者矣。至于方志撰纪,所以备外史之拾遗,存一方之祗奉③,所谓循堂楹而测太阳之照④,处牖隙而窥天光之通,期于慎辑详志,无所取于《春秋》书事之例也。是以恭录皇言,冠于首简;与史家之例,互相经纬,不可执一例以相拘焉。

【注释】

①迁、固而下,本纪虽法《春秋》,而中载诏诰号令,又杂《尚书》之体;《史记》、《汉书》以下,本纪记事之中多载帝王诏诰等记言之书,故曰夹杂《尚书》之体。

②欧阳修撰《新唐书》,始用大书之法,笔削谨严:欧阳修、宋祁撰修《新唐书》,本纪之中凡遇诏诰章书四六行文者,全部删除,所谓笔削谨严也。

③祗(zhī)奉:语出《晋书》卷七《成帝纪》:"以祗奉祖宗明祀,协和内外。"意为敬奉。

④楹(yíng):厅堂的前柱。

【译文】

司马迁、班固以来的史书,本纪虽然效法《春秋》,而中间收录诏诰命令,又夹杂《尚书》的文体。到欧阳修撰《新唐书》,开始使用郑重记载的方法,记录和删削谨严,于是超过了司马迁和班固,这就可以说是善于效法《春秋》了。至于方志撰写纪,用来预备外史补充遗漏,保存一个地方对帝王的恭敬尊奉,这是人们所说的顺着厅堂前柱观测太阳的照耀,停在窗户孔隙前观察天光的贯穿,希望慎重收集与详细记载,没有地方需要采用《春秋》记载史事的体例。所以恭敬地记录皇帝的言论,放在全书的最前面;以此和史家的体例,互相纵横配合,不能够固执于一种体例来加以限制。

大哉王言①,出于《尚书》;王言如丝②,出于《礼记》。盖三代天子称王,所以天子之言称王言也。后世以王言承用,据为典故。而不知三代以后,王亦人臣之爵;凡称天子诏诰亦为王言,此则拘于泥古,未见其能从时者也。夫《尚书》之文,臣子自称为朕③,所言亦可称诰④。后世尊称,既定于一,则文辞必当名实相符,岂得拘执古例,不知更易? 是以易王言之旧文,称皇言之鸿号⑤,庶几事从其质,而名实不淆。

【注释】

①大哉王言:语出伪古文《尚书·咸有一德》。

②王言如丝:语出《礼记·缁衣》

③臣子自称为朕:据《尚书·皋陶谟》曰:"皋陶曰:朕言惠,可厎行。"是臣子可以称朕。

④所言亦可称诰:据卫宏《诗序》曰:"汤归自夏,至于大坰,仲虺作诰。"是臣子所言可以称诰。

⑤鸿号:大号。鸿,大。

【译文】

王的言论重大啊,这话语出《尚书》;王的言论像丝线,这话语出《礼记》。大概三代的天子称王,所以天子的言论称为王的言论。后世沿用王的言论这个词,根据古人记载作为典故。却不知道三代以后,王也是臣下的爵位,凡是称呼天子的诏诰也叫做王的言论,这就拘泥于古代的制度,看不出能够顺从时势变化了。《尚书》的文字,臣下自称为"朕",所说的话也可以称为"诰"。后世作为尊称,已经统一于皇帝,那么文辞就应该名称和实质相符合,怎么能拘泥于古代的惯例,不知道改变呢? 所以这里改变"王的言论"旧名,改称"皇帝的言论"大号,就差不多事实跟随实质,而名称和实质不会混淆。

敕天之歌,载于谟典①;而后史本纪,惟录诏诰。盖诗歌抒发性情,而诏诰施于政事,故史部所收,各有当也。至于方志之体,义在崇奉所尊,于例不当别择。前总督李卫所修《畿辅通志》②,首列诏谕、宸章二门③,于义较为允协。至永清一县，密迩畿南④，固无特颁诏谕。若牵连诸府、州、县，及统该直隶全部，则当载入通志，又不得以永清亦在其内，遂冒录以入书。如有恩赐蠲逋赈恤⑤，则事实恭登恩泽之纪，而诏谕所该者广，是亦未敢越界而书。惟是覃恩恺泽⑥，褒赠貤封⑦，固家乘之光辉，亦邑书之弁冕⑧，是以辑而纪之。御制诗章，止有《冰窖》一篇⑨，不能分置卷帙，恭录诏谕之后，以志云汉光华云尔⑩。

【注释】

①敕天之歌，载于谟典：语出《尚书·益稷》："帝庸作歌，曰：敕天之命，惟时惟几。"《益稷》实乃截取《皋陶谟》后半部分，故曰出于谟典。

②前总督李卫所修《畿辅通志》：据《四库全书总目》卷六十八地理类著录："《畿辅通志》一百二十卷，国朝兵部尚书直隶总督李卫等监修。"李卫（1686—1738），字又玠，清代江苏砀山人。清世宗雍正年间，历任云南布政使、浙江巡抚、浙江总督，官至直隶总督。

③宸章：皇帝的御制诗。宸，帝王的代称。

④永清一县，密迩畿南：清代永清县隶属直隶顺天府，位置在京畿南面。密迩，紧邻。

⑤蠲逋（juān bū）：免除拖欠的赋税。蠲，蠲免。逋，拖欠。

⑥覃（tán）恩恺泽：朝廷广行封赏或者赦免以施恩泽。覃，布施。恺，安乐。

⑦褒赠貤封：褒赠指嘉奖死者而赠予官爵。貤封，即官员以自身所受的封爵名号请朝廷移授亲族尊长。貤，通"移"。

⑧弁冕：古代贵族的礼帽。吉礼服用冕，常礼服用弁。引申为冠居

首位。

⑨《冰窖》:《章氏遗书》外编卷六附录《御制诗》一首,题下注曰:"一章不能编卷,特为恭录于此。"诗为清高宗所作。冰窖,永清县境内永定河边村名。

⑩云汉:语出《诗经·大雅·云汉》:"倬彼云汉,昭回于天。"郑玄《笺》曰:"云汉,谓天河也。"天河即银河。

【译文】

谨慎奉行天命的歌,在《尚书》中有记载;而后世史书的本纪,只记载诏诰。大概诗歌是用来抒发性情,而诏诰施用于政事,所以史书所收录的内容,各有适当之处。至于方志这种体裁,意义在于崇奉所尊仰的文章,按照体例不应当有所选择。前任总督李卫编修的《畿辅通志》,前面首列诏谕、宸章二门,在义理上比较适当。至于永清一县,紧紧靠近京城南部,本来没有特地颁发的诏谕。如果诏谕牵涉到各府、州、县,并且包括直隶全部,就应当收录进通志,不能因为永清县也在里面,于是冒失地记载而收进县志。如果有恩赐免除拖欠和救济灾民,那么事实恭敬地登载在《恩泽纪》里,而诏谕所包括的地区广大,也不敢超出县界而收录。只是广泛施予散布恩泽,嘉奖死者和移封亲属,本来就是家史的荣耀,也是县志的首位,所以收辑而记载下来。皇帝亲自作的诗文,只有《冰窖》一篇,不能分门立卷,恭敬地附录在诏谕的后面,用来记录天河一般的光彩而已。

永清县志恩泽纪序例

【题解】

    本篇为《永清县志》两篇纪之中的一篇,用来记述永清县境内有关皇帝的行事。章学诚征引古人左史记言、右史记事之说,认为记言记事不可偏废,故用《皇言纪》记言,用《恩泽纪》记事。章学诚指出:史书纪与传的关系,前人认为纪属于帝王、传属于臣下,而有尊卑之分的看法不正确。中国古代的纪传体裁正史,都是把皇帝的生平事迹放在本纪里叙述,开篇述其父系母族,出生时的祥瑞,幼年时的聪明;篇尾撷取皇帝几段言行议论,寥寥数言,作为结语。这些内容完全属于传的体例,但它们又被本纪中编年记载国家大事体例所冲淡,反而不如群臣列传详细。这种记人、记事混淆在一起的做法,使得史书义例不清。他主张撰修史书不再把帝王个人生平事迹列入本纪内,而是另外增加列传类例,设立帝王传。帝王列传和帝王本纪相辅而行,既可以对本纪起到相互对照和相互补充的作用,又能够把皇帝的个人行事较为全面地记载下来,最大限度地丰富史书的记事含量,更好地体现史学的价值。

    古者左史纪言,右史纪事,朱子以谓言为《尚书》之属,事为《春秋》之属①,其说似矣。顾《尚书》之例,非尽纪言;而所谓纪事之法,亦不尽于春王正月一体也②。《周官》五史之法,详且尽矣;而记注之书,后代不可尽详。盖自《书》与《春秋》而外,可参考者,《汲冢周书》似《尚书》,《竹书纪年》似《春秋》而已。然而《穆天子传》,独近起居之注③。其书虽若不可尽信,要亦古者记载之法,经纬表里,各有所主;初不拘拘《尚书》、《春秋》二体,而即谓法备于是,亦可知矣。三代而后,细为宫史,若汉武《禁中起居注》,马后《显宗起居注》是也④。大为时政,若唐《贞观政要》、周《显德日历》是也⑤。以时记录,历朝起居注是也⑥。荟粹全书,梁太清以下实录是也⑦。盖人君之德如天,晷计蠡测⑧,玑量圭度⑨,法制周遍,乃得无所缺遗。是以《周官》立典,不可不详其义,而《礼》言左史右史之职⑩,诚废一而不可者也⑪。

【注释】

①朱子以谓言为《尚书》之属,事为《春秋》之属:据朱熹《朱文公文集》卷六十九《天子之礼》记载:"动则左史书之,言则右史书之。"自注曰:"其书《春秋》、《尚书》有存者。"

②所谓纪事之法,亦不尽于春王正月一体也:纪事之书,不止于编年一体。

③起居之注:宫廷史官对帝王言行居止的记录。汉武帝时有《禁中起居注》,是已知最早的起居注。

④汉武《禁中起居注》,马后《显宗起居注》:据《隋书》卷三十三《经籍志》史部起居注类著录:"汉武帝有《禁中起居注》,后汉明德马后撰《明帝起居注》。"马后,东汉明帝刘庄的皇后。

⑤唐《贞观政要》,周《显德日历》:据《新唐书》卷五十八《经籍志》杂史类著录:"吴兢……《贞观政要》十卷。"该书分类纂辑唐太宗与魏征、房玄龄、杜如晦等大臣的问答,朝臣谏言,以及政治措施。

贞观，唐太宗李世民年号，公元 627—649 年。又据《宋史》卷二百零二《艺文志》史部编年类著录："《显德日历》一卷，扈蒙、董淳、贾黄中撰。"显德，后周太祖郭威、世宗柴荣、恭帝柴宗训共用的年号，公元 954—960 年。

⑥历朝起居注：自汉代以后，史官撰修起居注，每帝一书，皆近侍之臣所录。魏、晋、南北朝均有撰述，唐、宋最详，元、明、清记载渐简。

⑦梁太清以下实录：据《隋书》卷三十三《经籍志》杂史类著录："《梁太清录》八卷。"另据《新唐书》卷五十八《艺文志》实录类著录："《梁太清实录》十卷。"实录，历代各朝皇帝在位时期的编年大事记。最早见于记载的有梁周兴嗣等编《梁皇帝实录》。太清，梁武帝萧衍年号，公元 547—549 年。

⑧晷（guǐ）计躔（chán）测：据许慎《说文解字·日部》记载："晷，日景也。"即日影。也指观测日影以定时刻的仪器。另据《说文解字·足部》记载："躔，践也。"指日月星辰运行的躔次度数。

⑨玑（jī）量圭度（duó）：据《尚书·舜典》记载："在璇玑玉衡，以齐七政。"为观测天体的仪器，即浑天仪的前身。又据《周礼·地官》记载："大司徒……以土圭之法测土深，正日景，以求地中。"圭为观测日影的仪器，与表配合使用。

⑩《礼》言左史右史之职：语出《礼记·玉藻》："动则左史书之，言则右史书之。"

⑪诚废一而不可者也：《章氏遗书》外编卷六《永清县志恩泽纪序例》此下尚有独立两节文字，补录于此：

　　史官各自为书，所以备一书之采择；方志各随所及，详赡登纪，所以备诸史之外篇，固其宜也。史部本纪，事言并载，虽非《春秋》本旨，文义犹或可通。方志敬慎采辑，体当录而不叙，左右之史，不分类例，则法度混淆，而纪载不可观本末矣。是以略仿左史而恭纪皇言,仿右史而恭纪恩泽焉。

　　纪体本法《春秋》,而纪言固非列史正体。今以言冠于事,则以正史本纪,法具专家,而方志外书,本备采撷,故左言属阳而居首,右事属阴而居次,事有所宜,不拘拘于古法也。

【译文】

　　古代左史记载言语,右史记载事件。朱子认为记载言语是《尚书》一类著作,记载事件是《春秋》一类著作,他的说法比较接近。不过《尚书》的体例,不都是记载言语;而他所说的记载事件的方法,也不能全部包括在《春秋》一类编年体史书之中。《周礼》五史的制度,详细又全面了;而记言载事一类的书,后世不能完全知晓。大概除《尚书》和《春秋》以外,可参合考察的著作,《汲冢周书》类似《尚书》,《竹书纪年》类似《春秋》而已。然而《穆天子传》一书,唯独接近起居注。这部书虽然好像不能完全相信,总之也是古代记载的方法,经纬和内外,各自有所主导;本来就不拘泥于《尚书》《春秋》两种体裁,而即使认为方法在这两种体裁中完备,也可以知道了。夏、商、周三代以后,细小的有宫中记载,例如汉武帝时《禁中起居注》,后汉马皇后《显宗起居注》就是如此。大的有政治措施的记载,例如唐代《贞观政要》、后周《显德日历》就是如此。按照时代记录,历朝的起居注就是如此。聚集成一书,梁太清以下的实录就是如此。大概君主的德行像天一样广大,用日晷计算并按天体运行度次推测,靠璇玑玉衡度量并依据圭表测算,制度周全,于是才能没有遗漏。所以对《周礼》建立的典章,不可不了解它的宗旨,而《礼记》说到左史和右的职责,确实是废弃其中一项都不可以。

　　纪之与传,古人所以分别经纬,初非区辨崇卑。是以迁《史》中有无年之纪,刘子玄首以为讥①,班《书》自叙,称十二纪为春秋考纪②,意可知矣。自班、马而后,列史相仍,皆以纪为尊称,而传乃专属臣下,则无以解于《穆天子传》,与《高祖》、《孝文》诸传也。今即列史诸帝有纪无传之弊论之。如人君行迹，不如臣下之详，篇首叙其灵征，篇终断其大略；其余年编月次，但有政事，以为志、传之纲领；而文势不能更及于他，则以一经一纬，体自不可相兼故也。诚以《春秋》大旨断之，则本纪但具元年即位，以至大经大法，足为事目，于义惬矣。人君行事，当参以传体，详载生平，冠于后妃列传之上。是亦左氏之传，以惠公元妃数语，先经起事，即属隐公题下传文③，可互证也。但纪、传崇卑，分别已久；君臣一例，事理未安；则莫若一帝纪终，即以一帝之传次其纪后。如郑氏《易》之以《象传》、《彖辞》，附于本卦之后之例，且崇其名曰大传④，而不混列传；则名实相符，亦似折中之一道也。方志纪载，则分别事言，统名以纪，盖所以备外史之是正，初无师法《春秋》之义例，以是不可议更张耳⑤。

【注释】

①迁《史》中有无年之纪，刘子玄首以为讥：据刘知几《史通》卷二《列传》篇所言，纪传体史书从《史记》、《汉书》开始，纪用来编年，记载帝王大政，犹如《春秋》之经，传用来叙事，记载臣子行事，犹如《春秋》之传，故有尊卑主从之分。项羽应该立传，而《史记》为他作本纪，不仅项羽不能与皇帝并列，况且其叙事乃是传体，不合纪体。

②班《书》自叙，称十二纪为春秋考纪：据班固《汉书》卷一百下《叙传下》记载："为春秋考纪、表、志、传凡百篇。"颜师古《注》曰："春秋考纪，谓帝纪也。"

③左氏之传，以惠公元妃数语，先经起事，即属隐公题下传文：《春秋》记事，起自鲁隐公元年（前722）。《左传·隐公元年》开端记

载:"惠公元妃孟子。孟子卒,继室以声子,生隐公。宋武公生仲子。仲子生而有文在其手,曰'为鲁夫人',故仲子归于我,生桓公。而惠公薨,是以隐公立而奉之。"所叙皆为《春秋》以前之事,作为传文。

④郑氏《易》之以《彖传》、《象辞》,附于本卦之后之例,且崇其名曰大传:郑玄《周易注》,至宋、元之际仅存《文言》、《说卦》、《序卦》、《杂卦》四篇,其余散佚。郑玄注《周易》,把彖、象附合于经文之下,王弼因之。大传,语出班固《汉书》卷六十二《司马迁传》颜师古《注》引张晏曰:"大传,谓《易·系辞》。"

⑤以是不可议更张耳:《章氏遗书》外编卷六《永清县志·恩泽纪》此下尚有独立一节文字,补录与此:

　　我朝列圣相承,覃恩恺泽,史不绝书。永清密迩神京,被德尤普,而案牍或有遗轶,一时不及周详,谨志其可考者,勒为一典,以次《皇言》之后云。

【译文】

纪和传,古人用来区别经纬,起初不是要区分和辨别高下。所以司马迁《史记》中有不编年的纪,刘知几最先根据这点提出指责;班固《汉书》的自序,称书中十二篇纪为春秋考纪,旨趣就可以知道了。自从班固、司马迁以后,历代史书互相沿袭,都把纪当做尊称,而把传专门归属臣下,这就没有理由解释《穆天子传》,和《高祖传》、《孝文传》称作传的情况。现在根据历代史书中诸帝有纪而没有传的弊病议论评价。例如君主的事迹,还不如臣下的事迹详细,篇首叙述出生的感应征兆,篇末评判一生的大要;其余内容按年月编排,仅仅记载政事,当做志、传的纲领;而行文趋势不能再涉及其他内容,就是因为一经一纬,体制自然不能兼有的缘故。如果用《春秋》的大要宗旨判断,那么本纪仅仅陈述元年即位的情况,以及重要的制度和法则,足够当做纲目,在意义上就恰当了。君主的事迹,应当参照传的体例,详细记载生平,放在后妃列传的前面。这也就像《左传》，用叙述惠公第一位夫人的几句话，叙述《春秋》经文之前的事，就作为鲁隐公题下的传文，可以互相证明。然而纪和传的地位高下，区分已经很长久了；如果君臣并列作传，在道理上不合适；那么不如一位皇帝的纪结束之后，就把这位皇帝的传排在他的纪后面。就像郑玄注《周易》把传、象辞附在本卦后面的例子，并且尊崇其名称叫做大传，而不和列传混合在一起；那就名称和实质相互符合，也好像把握适度的一个方法。方志的记载，则区分记事和记言，统一用纪作为名称，用来预备史官的修正，本来就没有效法《春秋》的宗旨和体例，由此而不能讨论改变方法。

永清县志职官表序例

【题解】

　　本篇序例论述方志中撰修《职官表》的性质和体例,内容比《和州志官师表序例》更加丰富和完善。章学诚认为,方志中记载州郡职官,不应该仿照正史采用志的体例。因为历代正史的职官志记载国家的典章制度内容及其沿革变迁,而方志中记载职官不涉及典章制度,只记载官员的任官时间和在任政绩,供人检索,二者性质不同。前人编修的方志常常为职官作志,是循名而不思其义,不能继续以讹传讹。章学诚进一步指出,即使后世正史也没有继承《汉书·百官公卿表》的方法,只是编纂规模很小的《宰辅表》,略存梗概。至于历代方志关于历任职官的记载,更不讲究方法,必须加以改正。他提出方志编修《职官表》的基本原则,就是仿照《汉书·百官公卿表》的体系,按照官员等级划分,按类归属人物,以年月为经,人物为纬,从而能够执简驭繁,简明易寻又不会遗漏,最大限度地保存一方文献,以备国史采择。

　　职官、选举,入于方志,皆表体也。而今之编方志者,则曰史有《百官志》与《选举志》①,是以法古为例,定以鸿名,而皆编为志,斯则迂疏而寡当者矣。夫史志之文,职官详其制度,选举明其典则,其文或仿《周官》之经,或杂记传之体,编之为志,不亦宜乎? 至于方志所书,乃是历官岁月,与夫科举甲庚②,年经事纬,足以爽豁眉目,有所考索,按格而稽,于事足矣。今编书志之体,乃以知县、典史、教谕、训导之属③,分类相从,遂使乾隆知县,居于顺治典史之前;康熙训导,次诸雍正教谕之后④。其有时事后先,须资检阅,及同僚共事⑤,欲考岁年;使人反复披寻⑥,难为究竟,虚占篇幅,不知所裁。不识何故而好为自扰如斯也! 夫人编列传,史部鸿裁,方志载笔,不闻有所规从;至于职官、选举,实异名同,乃欲巧为附依,此永州铁炉之步,所以致慨于千古也⑦。

【注释】

①史有《百官志》与《选举志》:东晋司马彪《续汉书》有《百官志》,后人补入范晔《后汉书》。唐修《晋书》有《职官志》。以后史书或称《百官志》,或称《职官志》。《新唐书》始立《选举志》。

②甲庚:甲指科举的等第,庚指年龄。

③典史、教谕、训导:典史为知县属官,元代始置,明、清沿袭,掌管一县捕盗、监狱之事。教谕为学官,明、清县学皆置,掌管文庙祭祀、教育生员之事。训导也为学官,明、清府、州、县学皆置,协助府学教授、州学学正、县学教谕处理学校之事。

④乾隆知县,居于顺治典史之前;康熙训导,次诸雍正教谕之后:清代入关以后皇帝庙号与年号次序分别为清世祖顺治(1644—1661)、清圣祖康熙(1662—1722)、清世宗雍正(1723—1735)、清高宗乾隆(1736—1795),故曰方志叙次颠倒。

⑤同僚:语出《诗经·大雅·板》:"我虽异事,及尔同僚。"僚,也作"寮"。古代称呼在同一部门做官的人。

⑥披寻：翻开寻找。披，原意为劈开，披露，引申为翻开，翻阅。

⑦永州铁炉之步，所以致慨于千古也：据柳宗元《柳河东全集》卷二十八《永州铁炉步志》记载，唐人称江边可以系船上下的地方为"步"，永州(治所在今湖南零陵)有个称作铁炉步的地名，其地名来由，原来曾经有打铁人居住，后打铁人离去，打铁炉也毁掉，已经不知过了多少年，只有那个称呼还冒名存在。于是作者感叹世上固有事去名存的情况，并且联想到一些大家族的后人借先人地位与德望冒充名号的现象。

【译文】

职官、选举，列入方志，都是表的体例。可是现在编纂方志的人，却说史书有《百官志》和《选举志》，于是仿效古人作为惯例，确定大名，都编成志，这就迂阔疏失而且不恰当了。史书中志的文字，《职官志》详尽叙述职官制度，《选举志》明确记载选举法则，它们的文字有的仿照《周礼》经典，有的夹杂记传的体例，把这些内容编为志，不也很合适吗？至于方志所记载的内容，只是任官先后的年月，和科举的等第与年龄，用年月作经，用事件作纬，足以使眉目清楚明显，有需要考求的地方，按照表格查寻，对此事就足够了。现在编成像史书志一样的体例，却把知县、典史、教谕、训导等官，分类排列，于是使乾隆时代的知县，排在顺治时代典史的前面；康熙时代的训导，排在雍正时代教谕的后面。遇到时事的先后时间，需要凭借它查找，以及在一起做官共事的人，想要考察他们的年代；让人反复翻阅寻找，难以看出头绪，白白地占用篇幅，不知道如何剪裁。不理解他们为什么喜欢这样自找麻烦！人物编成列传，是史书的宏大体裁，方志的编写，没听说对此有所效法；至于方志的《职官志》与《选举志》，和史书内涵不同而名称相同，却想要取巧比附，这就是永州铁炉步的名称引起年代久远的后人感慨的原因。

《周官》御史掌赞书，数从政，郑氏注谓"数其现在之官位"①，则官职姓名，于古盖有其书矣。三百六十之官属，而以从政记数之登书，窃意亦必有法焉。周谱经纬之凡例，恐不尽为星历一家之用也。刘向以谱与历合为一家，归于术数②。而司马迁之称周谱，则非术数之书也③。疑古人于累计之法，多用谱体。班固《百官公卿表》，叙例全为志体，而不以志名者，知历官之须乎谱法也。以《周官》之体为经，而以汉表之法为纬，古人之立法，博大而不疏，概可见矣。

【注释】

①郑氏注谓"数其现在之官位"：据《周礼·春官》记载："御史……掌赞书，凡数从政者。"郑玄《注》曰："自公卿以下至胥徒，凡数及其见在空缺者。"章学诚此处所引郑玄注有误。

②刘向以谱与历合为一家，归于术数：据班固《汉书》卷三十《艺文志·术数略》历谱类著录："《帝王诸侯世谱》二十卷，《古来帝王年谱》五卷。"班固《汉书》的《艺文志》依据刘向、刘歆《七略》而成，故归之刘向。

③司马迁之称周谱，则非术数之书也：据《梁书》卷五十《刘杳传》引桓谭《新论》曰："太史《三代世表》，旁行邪上，并效周谱。"可知司马迁以周谱为世系之书，修史多次提及周谱。例如《史记》卷十三《三代世表》曰："余读谍记，黄帝以来皆有年数，稽其历谱谍。"《史记》卷十四《十二诸侯年表》曰："太史公读春秋历谱牒。"

【译文】

《周礼》说御史掌管协助天子作文辞，统计官员数目，郑玄注释说"统计现任官员的职位"，那么官职姓名，古代大概已有这类书了。《周礼》记载三百六十个官职，而把官员统计数目记载在书中，我认为那也一定有方法。周代的谱经纬配合的凡例，恐怕不是完全被天文历法一家所使用。刘向把谱和历合为一家，归于术数一类。然而司马迁所说的周代的谱，就不是术数的书。怀疑古人对多重计算的方法，大多使用谱的体例。班固《汉书》的《百官公卿表》，叙例完全是志的体例，而不用志作名称的原因，是懂得记载先后历任官员需要使用谱牒的方法。用《周礼》的体例作为经，用《百官公卿表》的方法作为纬，古人制定的方法，博大而不疏漏，大约可以看出来了。

　　东京以还，仅有《职官志》，而《唐》、《宋》之史，乃有《宰辅表》①，亦谓百职卿尹之不可胜收也。至于专门之书，官仪簿状，自两汉以还，代有其编，而列表编年，宋世始多其籍；司马光《百官公卿表》百五十卷之类②。亦见历官纪数之书，每以无文而易亡也。至于方州记载，唐、宋厅壁题名，与时湮没，其图经古制，不复类聚官人，非缺典欤？元、明以来，州县志书，往往存其历任，而又以记载无法，致易混淆，此则不可不为厘正者也。或谓职官列表，仅可施于三公宰辅，与州县方志；一则体尊而例严，一则官少而易约也。若夫部府之志，官职繁多，而尺幅难竟，如皆表之，恐其易经而难纬也。上方年月为经，首行官阶为纬，官多布格无容处也。夫立例不精，而徒争于纪载之难约，此马、班以后，所以书繁而事缺也。班史《百官》之表，卷帙无多，而所载详及九卿；唐、宋《宰辅》之表，卷帙倍增，而所载止画于丞弼③。非为古书事简，而后史例繁也，盖以班分类附之法，不行于年经事纬之中，宜其进退失据，难于执简而驭繁也。按班史，表列三十四官④，格止一十四级，或以沿革，并注首篇，相国、丞相、奉常、太常之类。

或以官联⑤,共居一格;大行令、大鸿胪同格,左冯翊、京兆尹同格之类。篇幅简而易省,事类从而易明,故能使流览者按简而无复遗逸也。苟为统部列表,则督、抚、提、镇之属⑥,共为一格。布、按、巡、守之属⑦,共为一格。其余以府州画格,府属官吏,同编一格之中,固无害也。及撰府州之志,即以州县各占一格,亦可不致缺遗。是则历官著表,断无穷于无例可通,况县志之固可一官自为一格欤?

【注释】

①《唐》、《宋》之史,乃有《宰辅表》:欧阳修所撰《新唐书》有《宰相表》,脱脱等所修《宋史》有《宰辅表》。宰辅,辅政大臣。多指宰相。

②司马光《百官公卿表》百五十卷:据晁公武《郡斋读书志》卷七职官类著录司马光等撰《百官公卿表》一百四十二卷,仿班固《汉书》卷十九《百官公卿表》的做法,记载宋初至熙宁年间百官的除拜任免。陈振孙《直斋书录解题》卷四编年类、《宋史》卷二百零三《艺文志》职官类著录,皆作十五卷。南宋李焘有《续百官公卿表》一百四十二卷,根据司马光之表重编,又续编至宣和年间。由此可知司马光《百官公卿表》原编为十五卷,李焘续编为一百四十二卷。

③丞弼:宰辅。宰相辅弼皇帝,故曰丞弼。

④班史,表列三十四官:班固《汉书》卷十九《百官公卿表》实际列出三十五种职官。

⑤官联:通官联事之意。

⑥督、抚、提、镇:语出《世宗宪皇帝上谕内阁》卷九十三:"各省兵制,有督标、抚标、提标、镇标、协标各名目。"督标指总督,抚标指巡抚,

提标指提督,镇标指总兵。凡副将所统之绿营兵称为协标。清代的绿营兵武官,一般以提督作为一省的最高级别统兵官,但仍然受总督或巡抚节制。总兵低于提督一级。提督直接统辖的绿营兵称提标。总兵统辖的绿营兵称镇标。

⑦布、按、巡、守:明代在布政使司、按察使司之下,设官分理各道事务,布政使司的下属称分守道,按察使司的下属称分巡道,长官称道员。清沿用明制,后正式设分守道和分巡道,管辖府州,成为省以下、府州以上的高级行政长官。

【译文】

东汉以来,史书只有《职官志》,而《新唐书》、《宋史》才有《宰辅表》,也说大小官员多得不能全部收入。至于专门的书,官府礼仪的簿册,从两汉以来,历代都有这样的书;而采用列表编年的格式,到宋代这样的书才多起来;司马光《百官公卿表》一百五十卷之类。也可见前后任官统计数目的书,常常因为没有文采而容易散佚。至于州郡的记载,唐、宋时期官厅墙壁的题名,随着时间久远而埋没,而编撰图经的旧制度,不再按类集中记载官员,这不是典制的缺失吗?元、明以来,州县的方志之书,往往保存历任官员姓名,却又因为记载没有章法,导致容易混淆,这就是不能不对它们加以改正的原因。有人说官员列表,只能实行于三公、宰相,以及州县的方志,一是职位尊贵而体例严格,一是官员较少而容易做到简明。至于通志与府志,官职繁复众多,而在有限的篇幅里难以尽收,如果全部列入表,恐怕容易纵贯而难以横通。上边用年月作经,第一行用官员等级作纬,官职众多分布格子就没有地方放。建立凡例不周密,却只是争论记载难以简明,这是司马迁、班固以后,史书文字繁多而事件缺少的原因。班固《汉书·百官公卿表》,篇幅不多,而记载详细到包括九卿;《新唐书》、《宋史》的《宰辅表》,篇幅成倍增加,而记载的官员只以辅政大臣为限。不是因为古书记事简要,后世史书凡例众多,大概因为按等级划分和按类归属的方法,不能应用在以年为经以事为纬的表中，难怪他们进退两难而无可依凭，难以把握简要之处而操控繁多的事项。考察班固的史书，《百官公卿表》开列三十四种官职，分格只有十四级，有的因为沿袭而有所变革，都在开端注明，相国、丞相，奉常、太常之类。有的因为联合办公，共同放置在一格里，大行令、大鸿胪同在一格，左冯翊、京兆尹同在一格之类。篇幅简短明了而容易查阅，事项按类相随而容易明白，所以能让阅览的人，查看书册而不会再有遗漏。如果为通志列表，总督、巡抚、提督、总兵等人，共同编在一格。布政使、按察使、巡守道员等人，共同编在一格。其余按照府州画格，府下所属的官吏，共同编在一格里面，本来就没有妨碍。等到编纂府州的方志，就用州县各占一格，也可以不造成遗漏。这样把历任官员编列成表，绝对不会面临没有规矩可循的困境，何况县志本来就可以一个官职自身作一格呢？

　　姓名之下，注其乡贯科甲，盖其人不尽收于《政略》，注其首趾①，亦所以省传文也。无者缺之。至于金石纪载②，他有所征，而补收于志，即以金石年月冠之，不复更详其初仕何年，去官何月，是亦势之无可如何者耳。至于不可稽年月而但有其姓名者，则于经纬列表之终，横列以存其目，亦缺疑俟后意云尔。

【注释】

①首趾：头颅和脚趾。引申为人物的生卒始末。

②金石纪载：钟鼎、碑碣中记载的地方官员和士人。

【译文】

　　姓名的下面，注明此人的乡里籍贯和科举等第，大概这些人不能全部收录在《政略》里，注明他们的始末，也是用来节省传的文字。没有材料的人名下面就空缺内容。至于金石上记载的人物,别处有可验证的材料,补收进志里,就把金石上的年月放在前面,不再进一步详细说明此人哪一年开始做官,哪一月离任,这也是情势无可奈何而已。至于不能考察出年月而只有姓名的官员,就在按经纬列表的最后,横行排列来保存这个条目,也是存疑不作判断而等待后人解决的意思罢了。

永清县志选举表序例

【题解】

本篇论述历代选拔举用人才制度的渊源流变以及方志之中编纂《选举表》的做法，内容与《和州志选举表序例》一致而论述更加详细。章学诚首先追溯史书记载选举制度之源，认为来源于《周礼》所说的荐举贤能的文书的遗留，到隋、唐科举制度确立以后，选举之书逐渐繁多，史书也专门设立了《选举志》。他接着指出方志中不宜仿正史之体为选举作志，理由和上篇论述不宜为职官作志相同，所以应当编撰《选举表》。然而前人编撰《选举表》存在两大不当之处：一是不能运用以年为经以事为纬的方法，常常使同一个人的事迹先后倒置；一是表格中杂入传体，人名之下附录事迹，使头绪混乱。章学诚在文章最后提出借鉴古人之法而加以变通的方法，成为纂修方志因时制宜的主张。

选举之表，即古人贤书之遗也。古者取士，不立专科，兴贤出长，兴能出治①；举才即见于用，用人即见于事。两汉贤良、孝、秀②，与夫州郡辟署，事亦见于纪传，不必更求选举之书也。隋、唐以来，选举既专，资格愈重。科条繁委，故事相传，选举之书，累然充栋③。则举而不必尽用，用而不必尽见于事。旧章故典，不可求之纪传之中，而选举之文，乃为史志之专篇矣④。

【注释】

①兴贤出长，兴能出治：语出《周礼·地官》："乡大夫……使民兴贤，出使长之；使民兴能，入使治之。"

②孝、秀：孝廉和秀才。

③选举之书，累然充栋：据《隋书》卷三十三《经籍志》职官类著录："《梁选簿》三卷，徐勉撰《梁勋选格》一卷……《吏部用人格》一卷。"又据《新唐书》卷五十八《艺文志》职官类著录："裴行俭《选谱》十卷。《唐循资格》一卷，天宝中定。沈既济《选举志》十卷。"

④乃为史志之专篇矣：《章氏遗书》外编卷七《永清县志选举表序例》此下尚有独立一节文字，补录于此：

　　晁迥《进士编敕》，陆深《科场条贯》，律例功令之书也；王定保《唐摭言》，钱明逸《宋衣冠盛事》，稗野杂记之属也。律令可采于书志，杂记有资于列传，史部之所仰给也。至于题名历年之书，浩博难罄，而取材实鲜，故姚康《科第录》，洪适《登科记》，仅为专门之书，而问津者寡矣。若夫搜辑方隅，画分疆界，则掌故不备，而取材愈鲜，如乐史《江南登科记》，陈汝元《浙士登科考》，缙绅先生往往至于不能忆其目焉。夫历科先后，姓氏隐显，乃考古者所必资，而徒以书无文采，简帙浩繁，遂使其书不可踪迹，则方志之表选举，所系岂鲜浅欤！

【译文】

选举作表，就是古人荐举贤能的文书的遗留。古代选用士人，不设立专门科目，荐举有德行的人出任长官，荐举有才能的人出位治事；人才受到举荐就被使用，人才得到使用就被委任事务。两汉的贤良、孝廉、秀才，以及州郡征召任官，事情也在史书的纪传里有记载，不必再寻找选拔荐举人才的文书。隋、唐以来，选拔荐举的制度已经专门，任官资历越来越重要。选举条令繁多细碎，按照贯例相互传承，选拔荐举的书籍，重重堆积装满房屋。于是荐举而不一定完全被使用，使用而不一定全部被委任事务。前代的典章制度，不能在纪传之中寻求，有关选拔荐举的文字，就成为史书里志的专篇了。

　　志家之载选举，不解年经事纬之法，率以进士、举人、贡生、武选①，各分门类，又以进士冠首，而举、贡以次编于后。于是一人之由贡获举而成进士者，先见进士科年，再搜乡举时代，终篇而始明其入贡年甲焉。于事为倒置，而文岂非复沓乎？间有经纬而作表者，又于旁行斜上之中，注其事实。以列传之体而作年表，乃元人撰《辽》、《金史》之弊法②，虚占行幅，而又混眉目，不识何所取乎此也。

【注释】

　①进士、举人、贡生、武选：明、清时期在各省乡试中式者为举人，赴京城参加会试和殿试，登第者为进士。科举制度中选拔武官的科目称为武选。清代沿袭明制，以弓、箭、刀、石为外场，以默写武经为内场。其乡试、会试、殿试，以及童生、生员、举人、进士、状元等名目，皆与文举相同，惟加武字作区别。

　②以列传之体而作年表，乃元人撰《辽》、《金史》之弊法：《辽史》一百一十六卷，元代脱脱等撰。凡本纪三十卷，志三十一卷，表八卷，列传四十六卷，国语解一卷。《金史》一百三十五卷，元代脱脱等撰。凡本纪十九卷，志三十九卷，表四卷，列传七十三卷。《辽史》卷六十四《皇子表》分格标目为帝系、名字、第行、封爵、官职、功罪、薨寿、子孙；《辽史》卷六十五《公主表》分格标目为属、

母、名、封、下嫁、事、罪、薨、子，此即以列传之体而作年表。《金史》表无此类作法，不在此弊之列。

【译文】

编纂方志的人记载选拔荐举，不懂得以年为经以事为纬的方法，随意把进士、举人、贡生、武选，各自分成门类，又把进士放在最前面，而举人、贡生按照次序编在后面。于是一个人由贡生成为举人再成为进士，先看见他中进士的年份，再查找他乡试中举的时代，等到篇末才看清那个人成为贡生的年代和等第。从事情上来说是弄颠倒了，而文字难道不重复累赘吗？间或有经纬配合作表的志书，又在横排斜线的表格当中，注明人物的行为事迹。用列传的体例来作年表，乃是元代史家编撰《辽史》、《金史》的错误方法，白白地占用行格篇幅，又使得头绪混杂，不理解他们为什么采用这种办法。

史之有表，乃列传之叙目。名列于表，而传无其人者，乃无德可称，而书事从略者也①。其有立传而不出于表者，事有可纪，而用特书之例也。今撰志者，《选举》、《职官》之下，往往杂书一二事实；至其人之生平大节，又用总括大略，编于《人物》、《名宦》条中②；然后更取传志全篇，载于《艺文》之内；此云详见某项，彼云已列某条，一人之事，复见叠出。而能作表者，亦不免于表名之下，更注有传之文，何其扰而不精之甚欤？

【注释】

①名列于表，而传无其人者，乃无德可称，而书事从略者也：据清代朱鹤龄《愚庵小集》卷十三《读后汉书》曰："盖表所由立，昉于周之谱牒，与纪传相为出入。凡列侯、将相、三公、九卿，其功名表

著者,既系之以传;此外大臣,无积劳亦无显过,传之不可胜书,
而姓名、爵里、存没、盛衰之迹,要不容以遽泯,则于表乎载之。
又功罪事实,列传中有未及悉备者,亦已于表乎载之。年经月纬,
一览了如,作史体裁,莫大于是。"

②名宦:有名望政声的地方官员。

【译文】

史书有表,是列传的叙文和目录。人名列在表中,而列传里没有这
个人,乃是没有德行值得称赞,而记载事迹采用简略的方式。那些设立
了传而表中没有出现的人,是因为有值得记载的事情,而采用特别记载
的方法。现在编纂方志的人,在《选举表》、《职官表》部分,往往夹杂撰
写一些事迹;至于一个人生平品行的主要方面,又用总括大要的方式,
编在《人物》、《名宦》部分里;然后又采取列传、墓志的全篇文字,登在
《艺文》部分里;此处说详细参见某项,彼处说已经列入某条,一个人的
事情,重复出现。而能够作表的人,也不免在表的名称下面,另外注明
"有传"的文字,为什么纷扰而不严密到这么严重的程度呢?

表有有经纬者,亦有不可以经纬者。如永清岁贡①,嘉
靖以前,不可稽年甲者七十七人,载之无格可归,删之于理
未惬,则列叙其名于嘉靖选举之前,殿于正德选举之末②,是
《春秋》归余于终③,而《易》卦终于《未济》之义也④。史迁《三
代世表》,于夏泄而下,无可经纬,则列叙而不复纵横其体⑤,
是亦古法之可通者矣。

【注释】

①岁贡:明、清两代,一般每年或者两三年从府、州、县学中选送生
员升入京师国子监读书,称作岁贡。

②正德：明武宗朱厚照年号，公元 1506—1521 年。

③《春秋》归余于终：据《左传·文公元年》记载："先王之正时也，履端于始，举正于中，归余于终。"杜预《注》曰："步历之始，以为术之端首。期之日，三百六十有六日，日月之行又有迟速，而必分为十二月，举中气以正。月有余日，则归之于终，积而为闰，故言归余于终。"

④《易》卦终于《未济》：语出《周易·序卦》："物不可穷也，故受之以《未济》终焉。"《周易》六十四卦，最后一卦是《未济》，未济有未成之意。

⑤史迁《三代世表》，于夏泄而下，无可经纬，则列叙而不复纵横其体：司马迁《史记》卷十三《三代世表》，夏代自帝泄开始依次列名，不再使用表的形式。泄，帝芒之子，在位二十年左右。

【译文】

表有能用经纬配合的方式，也有不能用经纬配合的方式。例如永清县的岁贡生员，明世宗嘉靖以前，不能查考出年代和等第的有七十七人，记载他们就没有表格可以归入，删掉从事理来说又不恰当，于是把他们的名字排列在明世宗嘉靖年间选拔荐举的人物前面，明武宗正德年间选拔荐举的人物后面，这是《春秋》把剩余的日子当闰月总归在一年末尾，和《周易》之卦以《未济》结束的宗旨。司马迁《史记》的《三代世表》，从夏帝泄以下，没有内容可用经纬方法组织，就依次排列而不再使用纵线与横线相交的体例，这也是古代史法可以在当今实行的例子了。

永清县志士族表序例

【题解】

本篇与《和州志氏族表序例》相比，在许多方面的阐述都互有详略。尤其是辨明重视士族与魏、晋、南北朝时期重视门第截然不同，这是《和州志》未曾论及的新内容，表明章学诚的认识不断深入和提高。他首先说明方志作《士族表》久有渊源，出于古法，并非自己标新立异。同时借鉴历代史书得失，阐述作《士族表》的意义和必要性。章学诚认识到正史不为士族立表之，缺失较多。《新唐书》尽管设立《世系表》，但也只以宰相为限，而那些未出宰相的有声望与地位的士族，没有立表。他指出，方志应当遵循国史立表的基本原则，自大至小而详细，并视各地的不同情况而决定具体记载范围。因为地方的士族比普通民众地位重要，士族可统领民众，称为联系官民之间的纽带，使治理教化逐级施行到各级行政区划，达到稳固地方统治的效果。地方志设立《士族表》，可以有效地把私家谱牒集中到官府掌管，纠正家谱的虚浮不实、浅陋芜杂等流弊。方志重视谱牒，还有助于激励士家大族培养人才，扩大封建国家统治的社会基础。

方志之表士族[①]，盖出古法，非创例也。《周官》小史："奠系世，辨昭穆。"杜子春注："系世若诸侯卿大夫系本之属"是也。《书》曰："平章百姓。"郑康成曰："百姓,谓群臣之父子兄弟。"平章乃辨别而章明之也。先王锡土分姓,所以尊人治而明伦叙者,莫不由此。故欲协和万邦②,必先平章百姓,典綦重矣。

【注释】

①士族:东汉以后逐渐形成的在政治、经济方面享有特权的士家大族。章学诚用来指代清代地方的有实力的家族,意义和"氏族"相同。

②协和万邦:语出《尚书·尧典》,接在"平章百姓"之后。

【译文】

方志为士族作表,大概语出古代的方法,不是新创的体例。《周礼》小史:"确定王室的系世,辨明昭穆关系。"杜子春注曰:"系世比如诸侯卿大夫世系谱牒之类"就是这一类书。《尚书》记载:"平章百姓。"郑康成《注》说:"百姓指群臣的父子兄弟。"平章就是辨别而彰显他们。上古君王赐予土地分配姓氏,用来推崇人治而明确人际顺序的方法,无不从这里而来。所以想要协调和睦各诸侯国,必须首先辨别和彰显百官的姓氏,这项制度就非常重要了。

士亦民也,详士族而略民姓,亦犹行古之道也。《周官》乡大夫"以岁时登夫家之众寡",三年以大比兴一乡之贤能。夫民贱而士贵,故夫家众寡,仅登其数;而贤能为卿大夫者,乃详世系之牒①,是世系之牒,重于户口之书②,其明征也。近代方志,无不详书户口,而世系之载,阒尔无闻③,亦失所以重轻之义矣。

【注释】

①世系之牒:《周礼》小史奠系世,故贤能之为卿大夫者,详登其世
　　系之牒也。牒,谱牒。

②户口之书:《周礼》乡大夫每年定时登记男女众寡之数,以进于王
　　室,即所谓户口之书。

③阒(qù):寂静。

【译文】

　　士也是民众,详细记载士族谱系而简略记载民众姓氏,也还是遵循
古代的准则行事。《周礼》乡大夫"按时核定男女人数的多少",每三年
根据大比荐举一乡有德行有才能的人。民众地位低微而士族地位尊
贵,所以男女人数的多少,只核定他们的数目;而有德行有才能做卿大
夫的人,就详细记载世系的谱牒;所以世系的谱牒,比户口的簿册重要,
这是明显的证据。近代的方志,无不详细记载户口,而世系的记载,却
寂寥无闻,这也就丧失用来显示重视与轻视的宗旨了。

　　夫合人而为家,合家而为国,合国而为天下。天下之
大,由合人为家始也。家不可以悉数,是以贵世族焉①。夫
以世族率齐民,以州县领世族,以司府领州县,以部院领司
府②,则执简驭繁,天下可以运于掌也。孟子曰:"所谓故国
者,非谓有乔木也,有世臣之谓也。"州县之书,苟能部次世
族,因以达于司府部院,则伦叙有所联,而治化有所属矣。
今修志者,往往留连故迹,附会桑梓,而谱牒之辑缺然,是则
所谓重乔木而轻世家矣。

【注释】

①世族:语出《左传·隐公八年》:"官有世功,则有官族。"犹言世家

也。即世代为官的家族,也作士族。

②部院领司府:部院指巡抚,章学诚用来代称省级行政区划。司指
　布政使司。

【译文】

聚合人而成为家,聚合家而成为国,聚合国而成为天下。天下的广
大,从聚合人成为家开始。家不能一一记载,所以尊重世家大族。用世
家大族率领编户齐民,用州县统领世家大族,用布政使司、府统领州县,
用部院统领布政使司、府,就把握住简要之处而能够掌控繁多的事务,
把天下运转在手掌当中了。孟子说:"人们所说的故国,不是说具有高
大树木的意思,而是有累代立功的旧臣的意思。"州县的方志,如果能编
排世家大族的世系,借此上达布政使司、府、部院,那么人际顺序有所连
接,治理教化有所归属。现在编修方志的人,往往留恋人物遗迹,附会
乡里籍贯,而谱牒的编集欠缺不顾,这就是所说的重视高大的树木而轻
视世家大族了。

谱牒掌之于官,则事有统会,人有著籍,而天下大势可
以均平也。今大江以南,人文称盛,习尚或近浮华。私门谱
牒,往往附会名贤,侈陈德业,其失则诬。大河以北,风俗简
朴,其人率多椎鲁无文①。谱牒之学,缺焉不备,往往子孙不
志高曾名字②,间有所录,荒略难稽,其失则陋。夫何地无
人,何人无祖,而偏诬偏陋,流弊至于如是之甚者,谱牒不掌
于官,而史权无统之故也。

【注释】

①椎(chuí)鲁无文:语出司马迁《史记》卷五十七《周勃世家》:"勃不
　好文学,每召诸生说士,东向坐而责之:'趣为我语。'其椎少文如

此。"椎,朴实。鲁,愚钝。

②子孙不志高曾名字:据《晋书》卷五十一《挚虞传》记载:"汉末丧
　　乱,谱传多亡,虽其子孙,不能言其先祖。"志,识记。高曾,高祖
　　和曾祖。

【译文】

　　谱牒归官府掌管,于是事有统辖交汇,人有固定户籍,而天下大势
可以均衡。现在长江以南,人事文化兴盛,有些地方风尚接近浮华。私
家的谱牒,往往依附名人,夸耀陈述德行功业,这种过失在于虚浮。黄
河以北,风俗简易质朴,那里的人大多愚钝没有文采。谱牒的学问,欠
缺而不完备,往往子孙不记得高祖、曾祖名字,间或有记录的书籍,粗疏
难以考察,这种过失在于浅陋。哪个地方没有人,哪个人没有祖先,而
偏于虚浮和偏于浅陋,积弊相沿到这样严重的程度,是因为谱牒不归官
府掌管,而作史的职责没有统辖的缘故。

　　或谓古人重世家,而其后流弊,至于争门第。魏、晋而
后,王、谢、崔、卢动以流品相倾轧①;而门户风声,贤者亦不
免于存轩轾②,何可为训耶? 此非然也。吏部选格,州郡中
正③,不当执门阀而定铨衡④,斯为得矣。若其谱牒,掌于曹
郎令史⑤,则固所以防散佚而杜伪托,初非有弊也。且郎吏
掌其谱系,而吏部登其俊良,则清门巨族,无贤可以出长,无
能可以出治者,将激劝而争于自见矣。是亦鼓舞贤才之一
道也。

【注释】

①王、谢、崔、卢:据《新唐书》卷一百九十九《柳冲传》记载:"过江则
　　为侨姓,王、谢、袁、萧为大。东南则为吴姓,朱、张、顾、陆为大。

山东则为郡姓,王、崔、卢、李、郑为大。"南北朝时期,南朝以王、谢、袁、萧为大族,北朝河北、山东一带以王、崔、卢、李、郑为大族。

②轩轾(xuān zhì):语出范晔《后汉书》卷五十四《马援传》:"夫居前不能令人轾,居后不能令人轩。"李贤《注》曰:"言为人无所轻重也。"车子前高后低为轩,前低后高为轾。引申为轻重、高低。

③州郡中正:魏文帝曹丕即位之初,设立九品官人法,推选州郡有声望的人出任中正,将当地士人评定为九品,按品选用。曹魏末期,司马氏当政,在各州设大中正,由世家大族担任,选拔原则以家世为重,逐渐形成"上品无寒门,下品无势族"的门阀政治。九品中正制度延续三百余年,到隋朝废除,实行科举制。

④铨衡:原意为衡量轻重的器具。后来指铨选之事,也指执掌铨选的职位。

⑤曹郎:尚书郎。曹为分科办事的官署。尚书省各部均设曹,由郎官任职。

【译文】

有人认为古人重视世家,而以后积弊相沿,以至于互争门第。魏、晋以后,王、谢、崔、卢动不动以家族等级高下互相排挤攻击;而讲究门户的风气,使贤人也不免有高低轻重的看法,怎么能当做准则呢?这种认识不对。吏部选拔官员的标准,州郡的中正官,不应该根据门第而确定官员的选拔,这就做到适当了。至于家族的谱牒,归于曹郎、令史掌管,本来就是用来防止失散遗佚和杜绝伪造假托,起初并没有弊病。况且郎官胥吏掌管世家的谱系,吏部进用世家的优秀人才,于是清要门第和世家大族,没有有德行的人可以做长官,没有有才能的人可以治理民事,将会受到激发劝勉而争着显现自身了。这也是鼓舞和激励人才的一种办法。

　　史迁世表①，但纪三五之渊源；而《春秋》氏族，仅存杜预之世谱②，于是史家不知氏族矣。欧阳《宰相世系》，似有得于知几之寓言③；《史通·书志》篇，欲立《氏族志》，然意存商榷，非刘本旨。第邓州韩氏④，不为宰相，以退之之故，而著于篇，是亦创例而不纯者也。魏收《官氏》与郑樵《氏族》⑤，则但纪姓氏源流，不为条列支系。是史家之表系世，仅见于欧阳，而后人又不为宗法，毋亦有鉴于欧阳之为例不纯乎？窃惟网罗一代，典籍浩繁，所贵持大体，而明断足以决去取，乃为不刊之典尔⑥。世系不必尽律以宰相，而一朝右族⑦，声望与国相终始者，纂次为表，篇帙亦自无多也。标题但署为世族，又何至于为例不纯欤？刘歆曰："与其过而废也，毋宁过而存之。"其是之谓矣。

【注释】

①史迁世表：司马迁《史记》卷十三《三代世表》。

②杜预之世谱：杜预《春秋氏族谱》。

③知几之寓言：据刘知几《史通》卷三《书志》曰："盖可以为志者，其道有三焉。一曰都邑志，二曰氏族志，三曰方物志。"清代浦起龙《史通通释》曰："三说乃是商语。"故章学诚称之为寓言。

④邓州韩氏：唐代韩愈家族。邓州，治所在今河南邓州。

⑤魏收《官氏》：魏收《魏书》卷一百一十三《官氏志》，兼及记载氏族。

⑥不刊：语出杜预《春秋左传序》："左丘明受经于仲尼，以为经者，不刊之书也。"孔颖达《疏》曰："丘明以为经者，圣人之所制，是不可刊削之书也。"古代文书刻于竹简，刻错即削掉，叫做刊。不刊，意为无须修改，不可磨灭。

⑦右族：古代以右为尊，故称强宗大族为右族。

【译文】

司马迁《史记》的《三代世表》，只记载三皇五帝的渊源；《春秋》里的氏族，仅留下杜预的《世族谱》，于是史家就不了解氏族了。欧阳修《新唐书》有《宰相世系表》，似乎对刘知几寄托的言论有所领悟；《史通·书志》篇，提出要立《氏族志》，然而意思里有商讨的成分，不是刘知几的本意。只是邓州韩氏家族，没有人做宰相，因为韩退之的缘故，而收入表里，这也是新创体例而不能纯粹。魏收《魏书》的《官氏志》和郑樵《通志》的《氏族略》，却只是记载姓氏源流，不为氏族分条列举支派。所以史家为世系作表的人，只看到欧阳修，而后人又不去效法，不也是对欧阳修制定体例不纯粹而有所鉴察吗？我认为包罗一个朝代，典籍浩大繁多，所重视的是把握大要，而判断明确得足够决定取舍，才能成为不能删改的典籍。世系不一定完全限制在宰相的范围，而一个朝代的强宗大族，声望自始至终和国家一同存在，编排成表，篇幅也不会多。标题只署名世族，又何至于制定体例不纯粹划一呢？刘歆说："与其过分而废止，不如过分而保存。"指的就是这种情况了。

　　正史既存大体，而部、府、州、县之志，以渐加详焉。所谓行远自迩，登高自卑①，州县博收，乃所以备正史之约取也。或曰：州县有大小，而陋邑未必尽可备谱系。则一县之内，固已有士有民矣。民可计户口，而士自不虞无系也。或又曰：生员以上，皆曰士矣。文献大邦，惧其不可胜收也。是则量其地之盛衰，而加宽严焉。或以举贡为律，或以进士为律，至于部府之志，则或以官至五品或至三品者为律，亦自不患其芜也。夫志之载事，如鉴之示影也②。径寸之鉴，体具而微，盈尺以上，形之舒展亦称是矣。未有至于穷而无所置其影者也。

【注释】

①行远自迩，登高自卑：语出《礼记·中庸》："君子之道，辟如行远，必自迩；辟如登高，必自卑。"

②鉴之示影：镜子反映出影象。鉴，镜子。

【译文】

正史已经保存了纲要，而省、府、州、县的方志，逐渐一级比一级详细。人们所说的走远路从近处开始，登高山从低处开始，州县广泛收集，正是用来准备正史择要选取。有人说：州县有大有小，狭小的县不一定都可以具备谱系。那么一个县里本来就有士族有民众了，民众可以统计户口，士族自然不担心没有谱系。有人又说：生员以上，都称作士了。文化繁荣的大州郡，恐怕多得收集不过来。那么就考虑各个地方的兴盛程度，而加以或宽或严的限制，有的用举人和贡生作为限制的范围，有的用进士作为限制的范围。至于通志与府志，那就或者用官至五品或者用官至三品作为限制的范围，也自然不用担心会杂乱无章。方志的记事，就像镜子显示物体的影像。直径一寸的镜子，照出的物像整体具备而规模较小，直径超过一尺的镜子，照出的形体扩大开来而形状也是一样了。不会有到了镜框尽头而没有地方安放物体影像的情况。

州县之志，尽勒谱牒矣，官人取士之祖贯可稽检也①，争为人后之狱讼可平反也，私门不经之纪载可勘正也，官府谱牒之讹误谱牒之在官者。可借雠也。借私家之谱较官谱，借他县之谱较本县，皆可也。清浊流品可分也，姻睦孝友可劝也②；凡所以助化理而惠士民者，于此可得其要略焉。

【注释】

①官人：选拔人才做官。官，名词动用，为官之意。

②姻睦孝友：语出《周礼·地官》，大司徒教民六行：孝、友、睦、姻、任、恤。

【译文】

州和县的方志，如果都写进谱牒了，那么被授官选拔之人的祖籍可以查找，争夺出继某人后代的官司可以平反，私家无根不实的记载可以校正，官府谱牒的讹误谱牒保存在官府的家族。可以借用校对。借用私家的谱牒校雠官府保存的谱牒，借用他县的谱牒校雠本县的谱牒，都可以。门第品类的高低可以区分，亲姻、睦族、孝顺、友悌的品行可以劝勉；凡是可以用来帮助教化治理而有益于士人与民众的方法，在这里可以得到大略概况。

先王赐土分姓，以地著人，何尝以人著地哉？封建罢，而人不土著矣。然六朝郡望，问谢而知为阳夏①，问崔而知为清河②，是则人户以籍为定，而坊表都里，不为虚设也。至于梅里、郑乡③，则又人伦之望，而乡里以人为隐显者也。是以氏族之表，一以所居之乡里为次焉。

【注释】

①问谢而知为阳夏(jiǎ)：语出陈彭年等《重修广韵》卷四："谢，姓，出陈郡、会稽二望。"阳夏为秦朝古县，自东汉末至两晋属陈郡。隋朝废除陈郡，改阳夏县为太康县，治所在今河南太康。

②问崔而知为清河：语出陈彭年等《重修广韵》卷一："崔，姓也……出清河、博陵二望。"清河郡，西汉初年设置，辖境在今河北清河及山东临清一带。

③梅里、郑乡：梅里在今江苏无锡市东南，又名泰伯城。相传周太
王之子泰伯南来，居于此地，号句吴。二十世孙诸樊向南迁往吴
（今江苏苏州），建立吴国。郑乡即郑公乡。东汉末年，北海高密
（今属山东）人郑玄晚年归里乡居，北海国相孔融命高密县为郑
玄立郑公乡。

【译文】

　　上古君王赐予土地分配姓氏，按照地域登载人口，何尝按照人登载
地域呢？封邦建国的制度废除后，而人不按照地域登载定居了。然而
六朝的郡望，问到谢姓就知道是阳夏，问到崔姓就知道是清河，那么人
户按照祖籍确定，而街巷乡里，不是徒有虚名地设立。至于梅里、郑乡，
那么又是人伦道德的声望，而乡里因为名人得到彰显。所以氏族的表，
一概用所居住的乡里排列顺序。

　　先城中，一县所主之地也。次东，次南，而后西乡焉①，
北则无而缺之，记其实也。城内先北街而后南街，方位北上
而南下，城中方位有定者也。四乡先东、南而后西、北，《禹
贡》先青、兖，次扬、荆，而殿梁、雍之指也②。然亦不为定例，
就一县之形势，无不可也。

【注释】

①西乡（xiàng）：西方。乡，通"向"，方向。
②《禹贡》先青、兖，次扬、荆，而殿梁、雍之指也：《尚书·禹贡》划分
　九州的次序为冀、兖、青、徐、扬、荆、豫、梁、雍。青州大致相当于
　今山东东部，兖州大致相当于今河南东北部、河北南部与山东北
　部，扬州大致相当于今淮河以南直到长江下游以南地区，荆州大
　致相当于今湖北和湖南地区，梁州大致相当于今四川和陕西南

部,雍州大致相当于今陕西和甘肃大部。

【译文】

排列顺序首先是县城中央,这是一县主管所在的地方。其次东城,再次南城,然后是西城,北城没有就空缺,记载城中实际情况。城里先北街然后南街,方位是北在上而南在下,城里方位有固定的顺序。四乡先东、南然后西、北,是《禹贡》先青州、兖州,其次扬州、荆州,而梁州、雍州排在最后的意思。然而也不当做固定的格式,随着一县的地理形势而制定凡例,没有什么不可以。

　　凡为士者,皆得立表,而无谱系者缺之。子孙无为士者不入,而昆弟则非士亦书,所以定其行次也①。为人后者②,录于所后之下,不复详其所生;志文从略,家谱自可详也。寥寥数人,亦与入谱;先世失考,亦著于篇;盖私书易失,官谱易存,急为录之,庶后来可以详定,兹所谓先示之例焉耳。

【注释】

①行(háng)次:班辈与排行的次序。

②为人后者:出继给无子的同宗长辈。

【译文】

凡是成为士的人,都可以列表,而没有谱系的士人就空缺。子孙没有成为士的人不列入,而兄弟不是士也写上,用来确定排行次序。出继给别人做后代继承人,记在他所继承的那个人的下面,不再详细说明他语出什么人所生;方志的文字简略记载,家谱自然可详细说明。一族寥寥数人,也把他们列入表内;先世不能查考的士人,也记载在表里。大概私家的书容易散失,官府的谱容易保存,赶紧记载下来,希望以后可以审查确定,这就是所说的先把凡例给人看而已。

私谱自叙官、阶、封、赠，讹谬甚多。如同知、通判称分府①，守备称守府②，犹徇流俗所称也。锦衣、千户③，则称冠带将军，或御前将军，或称金吾④，则鄙倍已甚，使人不解果为何官也。今并与较明更正。又谱中多称省祭官者，不解是何名号，今仍之，而不入总计官数云。

【注释】

①同知、通判：明、清时期知府、知州的佐官，分掌巡捕、钱粮、水利、屯田、牧马等各类事务。

②守备：武官。明代在总兵之下设守备。清代绿营兵千总之上设守备，称营守备。

③锦衣：锦衣卫。明初设置，掌管侍卫、刑狱、缉捕等事宜，最高长官为指挥使，常由功臣、外戚充任。明中叶以后，与宦官的东、西厂组织合称厂卫。千户：明代卫所兵制中千户所长官，设置正、副千户各一人，管辖十个百户所。

④金吾：原意为仪仗金棒。汉武帝时期，改中尉为执金吾，负责京城治安。晋以后废。唐代禁军设置十六卫，其中包括左右金吾卫。宋代以后成为环卫官称，授予宗室，或者作为武臣赠官。明代侍卫亲军二十六司中有金吾前卫、金吾后卫、金吾左卫、金吾右卫等官。

【译文】

私人家谱自己叙述官位、勋阶、封号、赠官，舛讹谬误很多。例如同知、通判称作分府，守备称作守府，这还是随从流俗的称呼。锦衣、千户，却称作冠带将军，有的称作御前将军，有的称作金吾，那就粗俗背理太严重了，让人不明白究竟是什么官。现在一并搞清楚加以更正。另外，家谱里有很多地方称省祭官，不明白是什么名号，现在沿用此称，而不列入总计的官职数目。

永清县志舆地图序例

【题解】

　　本篇内容论述纂修方志设立《舆地图》的重要性，同时针砭前代方志作图存在的弊病，阐述正确的方法。章学诚指出，司马迁《史记》不立图体，造成后代名物象数失传难稽。此后班固《汉书·地理志》无图之弊，郑樵《通志·图谱略》有目无图，沿而不改。章学诚认为史书不收图，使图不能流后世，危害相当严重。因为史书以本纪为经，以诸体为纬，各种体例之中，有文辞的是书、传，没有文辞的是表、图，相辅相成，详略互见。再就图、表而言，图的重要性又胜过表，因为史书不立表，而世次年月，还可以通过补缀；可是图的内容是不能用文字表达清楚，若没有图，有些内容后世将永远无法知道。章学诚尤其强调图的作用，认为近代的方志虽然往往有图，却只是为了悦人耳目，不能成为典则。他提出使用经纬之法作《舆地图》的主张，以开方计里为经，以县乡村落为纬，使后人容易阅览，从而发挥图经的经世作用，彻底抛弃前代作图注重丹青绘事的陋习，而达于史部之通裁。

　　史部要义，本纪为经，而诸体为纬。有文辞者，曰书，曰传；无文辞者，曰表，曰图；虚实相资，详略互见，庶几可以无遗憾矣。昔司马氏创定百三十篇，但知本周谱而作表，不知溯夏鼎而为图①；遂使古人之世次年月，可以推求，而前世之形势名象②，无能踪迹③；此则学《春秋》而得其谱历之义，未知溯《易》象而得其图书之通也。夫列传之需表而整齐，犹书志之待图而明显也。先儒尝谓表缺而列传不得不繁，殊不知其图缺而书志不得不冗也。呜呼！马、班以来，二千年矣，曾无创其例者，此则穷源竟委④，深为百三十篇惜矣。

【注释】

①夏鼎：据《左传·宣公三年》记载："昔夏之方有德也，远方图物，贡金九牧，铸鼎象物，百物而为之备，使民知神奸。"相传夏朝曾经铸九鼎。

②形势：地理形势。名象：称谓、法制、器物。名，指称。象，法象。

③踪迹：按照行踪影迹跟踪追查。

④穷源竟委：彻底探究事物的始末。委，水流的末尾。

【译文】

史书的要旨，本纪作经，其他各种体例作纬。有文辞的部分，叫做书，叫做传；没有文辞的部分，叫做表，叫做图；虚和实互相凭借，详和略互相参见，差不多可以没有遗憾了。从前司马迁创立《史记》一百三十篇的规模，只知道根据周代的谱而作表，不知道追溯夏代的鼎而绘图；致使古人的世系年月，可以寻求，然而前世的地理形势和器物形状，却无法追踪查找；这就是学《春秋》而得到它谱历的宗旨，不知道追溯《周易》的形象而得到图和文字的会通。列传需要表才有条理，就像书志需要图才能明显。前代儒生曾经说表缺少而列传不得不多，却不知道图缺少而书志不得不繁杂。唉！司马迁、班固以来，已经二千年了，竟然没有创立这种体例的人，这就值得彻底探究始末，深深地为《史记》一百三十篇惋惜了。

　　郑樵《图谱》之略①，自谓独得之学；此特为著录书目，表章部次之法尔。其实史部鸿裁，兼收博采，并存家学，以备遗忘，樵亦未能见及此也。且如《通志》，纪传悉仍古人；反表为谱，改志称略，体亦可为备矣。如何但知收录图谱之目，而不知自创图体，以补前史之所无；以此而傲汉、唐诸儒所不得闻，宁不愧欤？又樵录图谱，自谓部次，专则易存，分则易失②，其说似矣。然今按以樵之部目，依检前代之图，其流亡散失，正复与前不甚相远。然则专家之学，不可不入史氏鸿编，非仅区区著于部录，便能保使无失也。司马迁有表，而周谱遗法，至今犹存；任宏录图，郑樵云：任宏校兵书，有书有图③，其法可谓善矣。而汉家仪制，魏、晋已不可考④；则争于著录之功小，创定史体之功大，其理易明也。

【注释】

①郑樵《图谱》之略：郑樵《通志》卷七十二《图谱略》。

②樵录图谱，自谓部次，专则易存，分则易失：语出郑樵《通志》卷七十二《图谱略·索象》："盖积书犹调兵也，聚则易固，散则易亡。积书犹赋粟也，聚则易赢，散则易乏。"

③任宏校兵书，有书有图：语出郑樵《通志》卷七十二《图谱略·索象》："惟任宏校兵书一类，分为四种，有书五十三家，有图四十三卷，载在《七略》。"

④汉家仪制，魏、晋已不可考：据《隋书》卷三十三《经籍志》记载："汉兴，叔孙通定朝仪。武帝时，始祀汾阴后土。成帝时，初定南北之郊，节文渐具。后汉又使曹褒定汉仪。是后相承，世有制作……而后世多故……遗文余事亦多散亡。"

【译文】

郑樵《通志》的《图谱略》,自认为是独到的学问;这不过是著录书目,宣传图书分类的方法而已。实际上史部书籍有宏大体制,广泛搜罗选取,一并保存各家学术,用来防备遗忘,郑樵也没有认识到这一点。就拿《通志》来说,纪传都沿袭古人;把表改称谱,把志改称略,体裁也可以说完备了。怎么只知道收录图谱的书目,却不知道自己创立图的体例,用来弥补前人史书所没有的内容;凭这一点来轻视汉、唐儒者们没有听说过,难道不惭愧吗? 另外郑樵收录图谱,自己认为图书分类,专门就容易保存,分散就容易散失,这说法似乎不错了。然而现在考察郑樵的目录,据此查看前代的图,它们的消亡散失,正和郑樵以前相差不了多少。那么自成一家的学术,不可以不编入史学家的宏大著作,而不是仅仅稍微编录在目录书里,就能保证使它们不会散失。司马迁《史记》有表,周代谱系遗留的方法,到如今还存在;任宏收录图,郑樵说:任宏校兵书,有书有图,他的方法可以说很好了。而汉代的礼仪制度,到魏、晋时期已经不能考知;那么争相著录书目的功绩小,创立史书体例的功绩大,这个道理容易明白。

史不立表,而世次年月,犹可补缀于文辞;史不立图,而形状名象,必不可旁求于文字。此耳治目治之所以不同①,而图之要义,所以更甚于表也。古人口耳之学,有非文字所能著者,贵其心领而神会也。至于图象之学,又非口耳之所能授者,贵其目击而道存也②。以郑康成之学,而凭文字以求,则娑尊诂为凤舞;至于凿背之牺既出,而王肃之义长矣。以孔颖达之学,而就文义以解,江源出自岷山;至金沙之道既通,而《缅志》之流远矣。此无他,一则困于三代图亡,一则困于班固《地理》无图学也。《地理志》自班固始,故专责之。

虽有好学深思之士,读史而不见其图,未免冥行而擿埴矣。

【注释】

①耳治目治:语出《榖梁传·僖公十六年》:"陨石于宋,五。先陨而后石,何也?陨而后石也。于宋,四竟之内曰宋。后数,散辞也,耳治也……六鹢退飞,过宋都。先数,聚辞也,目治也。"原意为耳闻目见,此处耳治指可用耳得知的文字,目治指须用眼看到的图像。

②目击而道存:语出《庄子·田子方》:"仲尼曰:'若夫人者,目击而道存矣。'"

【译文】

　　史书不设立表体,而世系年月,还可以用文辞补充;史书不设立图体,而形状物像,一定不可能从文字中旁证。这是用耳听和用眼看之间的不同,而图的重要意义,更胜过表的原因。古人口耳相传的学问,有的并不是文字所能写出来,贵在传习的人心领神会。至于图像的学问,不是口耳所能相互传授,贵在亲眼所见而存道的方法。以郑康成的学问,而根据文字来探求,就把娑尊解释成有凤凰飞舞装饰的尊像;等到凿开背部的牛形铜尊发现以后,才知道是王肃的释义有长处了。以孔颖达的学问,而根据字义来解释,认为长江源头出自岷山;等金沙江的水道打通以后,才知道是《缅甸志》记载的长江源头更长远了。这没有别的原因,一是受到夏商周三代图像散佚的限制,一是受到班固《汉书·地理志》没有图学的限制。史书的《地理志》从班固开始,故而专门责备他。虽然有努力学习深入思考的人,读史书却看不到图,也不免像盲人行走而用手杖探地一样了。

　　唐、宋州郡之书,多以图经为号,而地理统图,起于萧何之收图籍①。是图之存于古者,代有其书,而特以史部不收,则其力不能孤行于千古也。且其为体也，无文辞可以诵习，非纂辑可以约收；事存专家之学，业非文士所能；史部不与编摩，则再传而失其本矣。且如《三辅黄图》、《元和图志》②，今俱存书亡图，是岂一朝一夕故耶？盖古无镌木印书③，图学难以摩画；而竹帛之体繁重，则又难家有其编。马、班专门之学，不为裁定其体，而后人溯流忘源，宜其相率而不为也。解经多舛，而读史如迷，凡以此也。

【注释】

①萧何之收图籍：语出司马迁《史记》卷五十三《萧相国世家》："沛公至咸阳，诸将皆争走金帛财物之府，分之。何独先入收秦丞相御史律令图书，藏之……汉王所以具知天下厄塞户口多少强弱之处，民所疾苦者，以何具得秦图书也。"萧何（？—193），秦、汉之际沛县（今属江苏）人。曾任秦朝沛县吏。秦末辅佐刘邦参加反秦起义。刘邦攻占咸阳，萧何收取秦朝律令图书，从而掌握了全国的山川险要、郡县户口等情况。楚汉战争中，荐韩信为大将，以相国身份留守关中，输送士卒粮饷，支援作战，对刘邦战胜项羽起了重要作用。后封酂侯，论功居首。西汉建立后，负责制定律令制度。

②《元和图志》：《元和郡县图志》，唐李吉甫撰。唐宪宗元和八年（813）成书，按当时四十七节镇分镇记载，详尽有据。据《新唐书》卷五十八《艺文志》地理类著录："李吉甫《元和郡县图志》五十四卷。"至南宋陈振孙撰《直斋书录解题》卷八则著录为四十卷，当有部分志文散佚，图则全部散佚。是现存最早的地理总志。

③镌（juān）木：雕刻木板。镌，破木之器。

【译文】

唐、宋时期州郡的志书，大多用图经作为名称，而地理书包括地图，从萧何收集地图和户口簿开始。可知古代保存图，每个朝代都有这类书，只是因为史部书籍不收图，那么凭借图本身的力量不能独自流传千年。况且图的体例，没有文辞可以诵读，不是纂辑一类的书能够简略收录；图事属于专家的学问，不是文人所能做到；史部书籍不把它们编集起来，那么两传之后就失去它们的原本了。况且像《三辅黄图》、《元和郡县图志》，现在都是书保存下来而图亡佚了，这难道是一朝一夕的缘故吗？大概古代没有刻板印书，图难以描摹绘画；而用来书写的竹帛物体繁重，却又难以家家有书。司马迁、班固专门的学术，不为图确立体例，后人沿流而忘记源头，难怪他们互相仿效而不做这件事。解释经书出现很多错误，而阅读史书如入迷雾，都是因为这个缘故。

近代方志，往往有图，而不闻可以为典则者，其弊有二：一则逐于景物，而山水摩画，工其绘事，则无当于史裁也。一则厕于序目凡例，而视同弁髦①，不为系说命名，厘定篇次，则不可以立体也。夫表有经纬而无辞说，图有形象而无经纬，皆为书志、列传之要删；而流俗相沿，苟为悦人耳目之具矣。则传之既久，欲望如《三辅黄图》、《元和图志》之犹存文字，且不可得，而况能补马、班之不逮，成史部之大观也哉②！

【注释】

①弁髦：髦弁。
②大观：景物的盛大壮观。

【译文】

近代的方志,往往附有图,而没有听说可以当做准则的原因,其中的弊病有两个:一个是追求景物,而山水的描画,在绘画技术上很精巧,就不适合史书的体例了。另一个是和序目、凡例放在一起,把图看做不需要戴的帽子一样,不给图添加文字定取名称,整理排定篇序,这就不能确立体例。表有经纬而没有文辞,图有形象而没有经纬,都是书志、列传的撮要删定;而流俗互相沿袭,随便当做悦人耳目的东西了。那么流传长久以后,期望像《三辅黄图》、《元和郡县图志》那样仍然保存文字,尚且不能做到,何况能补充司马迁、班固所没有做到的事情,构成史书的宏大规模呢?

图体无经纬,而地理之图则亦略存经纬焉。孟子曰:"行仁政,必自经界始。"《释名》曰①:"南北为经,东西为纬。"②地理之求经纬尚已。今之州县舆图,往往即楮幅之广狭③,为图体之舒缩;此则丹青绘事之故习,而不可入于史部之通裁也。今以开方计里为经,而以县乡村落为纬;使后之阅者,按格而稽,不爽铢黍④,此图经之义也。

【注释】

①《释名》:东汉刘熙撰。八卷,二十七篇。以音同、音近的字解释意义,推究事物命名的由来,是我国古代一部重要的训诂书。刘熙,字成国,东汉北海人。汉献帝建安年间,曾在交州任太守。吴人程秉、薛综,蜀人许慈,均师从问学。

②南北为经,东西为纬:刘熙《释名》释经纬,无此文字。语出《周礼·天官》"体国经野"孔颖达《疏》:"南北之道谓之经,东西之道谓之纬。"又《晋书》卷十四《地理志》曰:"南北为经,东西为纬。"

③楮(chǔ)幅：书页纸张的宽度。

④铢黍：古代重量单位。一百颗黍粒为一铢，二十四铢为一两。比喻数量极少。

【译文】

图的体例没有经纬，而绘制地理的图，那么也大致存在经纬。孟子说："实行仁政，必须从经界开始。"《释名》说："南北一线叫做经，东西一线叫做纬。"地理学寻求经纬，来源很久远了。现在的州县地图，往往依照纸张的大小，作为图体的伸缩，这就是描摹绘画的古老习惯，而不可列入史书的会通裁制。现在用计算面积里程作为经，用县乡村落作为纬，让后世阅览方志的人按照格子而检查，不会相差丝毫，这就是图经的意义。

永清县志建置图序例

【题解】

　　本篇阐述方志设立《建置图》的意义,并对具体作法提出改革主张。章学诚认为,官署等建置是施行典章制度的处所,可以从中窥见一代典制的内容。由图可知当时建置情况,进而有助于了解当时的典章制度。自《史记》《汉书》以下,史书不立《建置图》,致使后世对历代礼仪典制只闻其名而不见其形,异说纷起,莫衷一是。章学诚鉴于前代方志虽有图而体例乖舛的现象,深入辨析体例,指出其内容应当根据建置与制度相关联的原则确定,包括城垣、县署、文庙、学署、祠庙、义仓等。至于图的方位,应当北在上而南在下,比较符合情理。对于旧方志中的八景及题咏之作,以及州县古迹、寺观与风景,章学诚更是大力抨击,一律排除在《建置图》之外。

　　《周官》象魏之法,不可考矣。后世《三辅黄图》及《洛阳宫殿》之图,则都邑、宫室之所由仿也。建章宫千门万户[1],张华遂能历举其名[2];郑樵以为观图之效,而非读书之效[3],是则建制之图,所系岂不重欤?朱子尝著《仪礼释宫》[4],以为不得其制,则仪节度数,无所附著。盖古今宫室异宜,学者求于文辞，而不得其解，则图缺而书亦从而废置矣。后之视今，亦犹今之视古。城邑衙廨⑤，坛壝祠庙⑥，典章制度，社稷民人所由重也⑦。不为慎著其图，则后人观志，亦不知所向往矣。迁、固以还，史无建置之图；是则元、成而后，明堂太庙⑧，所以纷纷多异说也。

【注释】

①建章宫千门万户：据《三辅黄图》卷二记载："武帝太初元年，柏梁殿灾。粤巫勇之曰：'粤俗，有火灾即复起大屋以压胜之。'帝于是作建章宫，度为千门万户。宫在未央宫西，长安城外。"建章宫故址，在今陕西长安县西。

②张华遂能历举其名：据《晋书》卷三十六《张华传》记载："[晋]武帝尝问汉宫室制度，及建章千门万户。华应对如流，听者忘倦，画地成图，左右属目。帝甚异之。"张华（232—300），字茂先，西晋范阳方城（今河北固安南）人。晋初任中书令、散骑常侍，力劝武帝定灭吴之计。惠帝时，历任侍中、中书监、司空。后为赵王伦和孙秀所杀。博览群书，强记多识，尤其熟悉典章制度。著有《博物志》。有集已佚，后人辑为《张司空集》。

③郑樵以为观图之效，而非读书之效：语出郑樵《通志》卷七十二《图谱略·原学》："张华，晋人也。汉之宫室，千门万户，其应如响，时人服其博物。张华固博物矣，此非博物之效也，见汉宫室图焉……使华不见图，虽读尽汉人之书，亦莫知前代宫室之出处。"

④《仪礼释宫》：南宋李如圭撰，考证古人宫室制度。朱熹文集中亦载此文。清代《四库全书总目》卷二十《仪礼释宫提要》以为朱熹曾经校定馆阁礼书，摘录此文备用，而编朱熹文集的人误认为朱

　　熹所撰,收入集中。据《章氏遗书》外编卷三《丙辰札记》亦曰:
　　"朱子《仪礼释官》,乃李兆珪之书,朱子尝录之耳。"兆珪当为如
　　圭之误。

⑤衙廨(xiè):衙门,官署。

⑥坛壝(wéi):坛是祭祀场地。壝是围绕坛的矮墙。也作为坛和墠
　　的统称。墠(shàn),祭祀场地。

⑦社稷:语出《周礼·春官·大宗伯》:"以血祭祭社稷、五祀、五
　　岳。"郑玄《注》曰:"社稷,土、谷诸神,有德者配食焉。"社,土地之
　　神。稷,五谷之神。

⑧明堂:语出《礼记·明堂位》:"明堂也者,明诸侯之尊卑也。"古代
　　帝王宣布政教的地方。举凡朝会、祭祀、庆典、选士、养老、教学
　　等大典,均在其中举行。

【译文】

　　《周礼》关于宫阙的制度,已经无法考知了。后世的《三辅黄图》和
《洛阳宫殿图》,就是记载都邑、宫室的开端。汉代建章宫千门万户,张
华竟然能一一说出它们的名称;郑樵认为是看图的效果,而不是读书的
效果,所以关于建置的图,所关系的事情难道不重要吗?朱子曾经著
《仪礼释官》,认为不了解宫室的制度,那么礼仪形式和规章制度,就没
有地方依附。大概古今宫室的制度不同,学者从文辞中探求,得不到解
释,于是图缺少而册也就跟着废弃了。后世看待今天,也就像今天看待
古代。城邑和官署,祭坛和祠庙,是典章制度,国家人民之所以重要的
依据。不为这些内容慎重地作图,那么后人看方志,也就不知道所向往
的东西了。司马迁、班固以来,史书没有建置方面的图,这就是汉元帝、
汉成帝以后,关于明堂和太庙众说纷纭的原因。

　　邵子曰:"天道见乎南,而潜乎北;是以人知其前,而昧
其后也。"①夫万物之情,多背北而向南。故绘图者,必南下

而北上焉。山川之向背，地理之广袤②，列之于图，犹可北下而南上，然而已失向背之宜矣。庙祠衙廨之建置，若取北下而南上，则檐额门扉③，不复有所安处矣。华亭黄氏之隽④，执八卦之图，乾南居上，坤北居下⑤，因谓凡图俱宜南上者，是不知《河》、《洛》、《先、后天图》⑥，至宋始著，误认为古物也。且理数之本质，从无形而立象体，当适如其本位也。山川宫室，以及一切有形之物，皆从有象而入图，必当作对面观而始肖也。且如绘人观八卦图，其人南面而坐，观者当北面矣。是八卦图，则必南下北上，此则物情之极致也。无形之理，如日临檐，分寸不可逾也。有形之物，如鉴照影，对面则互易也，是图绘必然之势也。彼好言尚古，而不知情理之安，则亦不可以论著述矣。

【注释】

①邵子曰："天道见乎南，而潜乎北；是以人知其前，而昧其后也"：语出邵雍《皇极经世书》卷十三《观物外篇》："天见乎南，而潜乎北，极于六，而余于七，是以人知其前昧其后，而略其左右也。"邵子，邵雍（1011—1077），字尧夫，号安乐先生，北宋范阳（今河北涿州）人。幼年随父迁居卫州共城（今河南辉县），遂为河南人。屡次辞官不赴。曾从学李之才，根据《易传》关于八卦形成的解释，掺杂道教思想，形成先天象数之学。晚年迁居洛阳，与司马光、吕公著等过从甚密。卒谥康节。著作有《皇极经世》、《伊川击壤集》等书。

②广袤（mào）：广为宽度，东西的距离。袤为长度，南北的距离。

③檐：房屋的屋檐。额：悬挂在门屏之上的牌匾。扉：门扇。

④黄氏之隽：黄之隽（1668—1748），字石牧，号堂（wù）堂，清代江苏

华亭(今上海松江)人。清圣祖康熙六十年(1721)进士,改庶吉士。世宗雍正元年(1723),授编修,充日讲起居注官。五年(1727),因赃革职。曾纂修《江南通志》。著作有《瘄堂集》六十卷,《香屑集》十八卷。

⑤八卦之图,乾南居上,坤北居下:据朱熹《周易本义》所附《伏羲八卦方位图》记载,"乾一"居上,"坤八"居下。此即章学诚所谓"乾南居上,坤北居下",乃宋人所作之图,非宋以前之古物,不当据此定南上北下。

⑥《先、后天图》:宋初儒家学者认为伏羲八卦是先天之学,文王八卦是后天之学。邵雍继承陈抟至李之才的传授系统,根据《周易·说卦》中关于八卦方位的两种不同的说法,认为分别是先天卦位图与后天卦位图,制定出《先天图》、《后天图》等多种图式。《先天图》尤为著名,代表宇宙的构造,用来推测自然界和人事的变化。

【译文】

邵子说:"天道在南方显示出来,而在北方隐蔽;所以人们知道自己面前的物体,而不清楚自己后面的物体。"万物的情状,大多背朝北方而面向南方。所以绘图的人,一定让南方在下面而北方在上面。山川的朝向和背向,地域的宽度和长度,列在图上,还可以北方在下面而南方在上面,但是已经失去朝向和背向的适宜方法了。祠庙和官署的建置图,如果采取北方在下面而南方在上面的办法,那么屋檐、门匾和门扇,就不再有安置的地方了。华亭人黄之隽,依据八卦图,主张乾在南而位置在上面,坤在北而位置在下面,因而认为一切图都应该南方在上面,这是不知道《河图》、《洛书》、《先天图》、《后天图》,到宋代才显著,误认为是古代的遗物。况且义理和象数的本质,是从没有形状到树立形体,应当恰好符合它的本来位置。山川宫室,以及一切有形状的物体,都是从有形状而入图,一定要从对面观看才能相似。例如画人看八卦图,画像的人面朝南坐,看八卦图的人就应当面朝北坐了。所以八卦图,就一定南方在下面而北方在上面,这就是事理情状的最高境界。没有形状的道理,如同太阳对着屋檐,不能超越分寸;有形状的物体,如同镜子照出影子,对面就互相变换位置,这是图画必然的形势。那些喜爱谈论崇尚古代,却不知道情理是否妥当的人,那么也就不可以谈论著述了。

建置所以志法度也,制度所不在,则不入于建置矣。近代方志,或入古迹,则古迹本非建而置之也。或入寺观,则寺观不足为建置也。旧志之图,不详经制,而绘八景之图,其目有曰:南桥秋水,三塔春虹,韩城留角,汉庙西风①,西山叠翠,通镇鸣钟,灵泉鼓韵,雁口声嗈②。命名庸陋,构意勉强,无所取材;故志中一切削去,不留题咏,所以严史体也。且如风、月天所自有,春、秋时之必然,而强叶景物③,附会支离,何所不至。即如一室之内,晓霞夕照,旭日清风,东西南北,触类可名,亦复何取? 而今之好为题咏,喜竞时名,日异月新,逐狂罔觉,亦可已矣。

【注释】

①韩城留角,汉庙西风:据《章氏遗书》外编卷八《永清县志·舆地图·西乡古迹》记载:"韩淮阴城在县西八里。韩信平燕,筑城于此,遗址未湮。人称韩城留角,汉庙西风,旧志为八景之一,又称韩侯乡。八景之说无稽,今并删去。说见《建置叙例》。"

②嗈(yōng):鸟相互鸣和之声。

③叶(xié):通"协",协同,和谐。

【译文】

建置用来标记法令制度,制度不存在的地方,就不列入建置范畴了。近代的方志,有的收入古迹,然而古迹本来不是建造而设置;有的收入佛寺与道观,然而佛寺与道观不能当作建置。旧县志里的图,不详细表明制度,却绘画出八幅景物图,它们的名称叫做:南桥秋水,三塔春虹,韩城留角,汉庙西风,西山叠翠,通镇鸣钟,灵泉鼓韵,雁口声嗁。选取的名称平庸浅薄,构思命意附会勉强,没有可采用的地方;所以在新志中一概削除,不留题咏文字,用来严格史体。况且风月是自然界本来就有,春秋是时令的必然,而牵强拿来勉强配合景物,附会又散乱残缺,还有什么做不到的事情呢? 就拿一间屋子里面来说,朝霞夕照,旭日清风,东西南北,接触到的事都可以命名,又有什么可取用呢? 而现在那些爱好题咏,喜欢争竞一时的名声,时常喜好新鲜奇异,追随狂态而不觉察的人,也可以停止了。

永清县志水道图序例

【题解】

本篇序例主要说明方志中《水道图》命名的理由以及作《水道图》的必要性。所谓《水道图》,章学诚在《和州志》中名为《水利图》,可惜已经失传,没有留下序例文字。他从司马迁《史记》把记载水道的书命名为《河渠书》、班固《汉书》却命名为《沟洫志》而言,认为"河渠"之名胜于"沟洫"之称。因为"河渠"可以概括水道分布与水利设施,而"沟洫"本属于井田制度,《汉书》命名失当。所以后世史书沿用"河渠"之名,而不取班固"沟洫"之说。章学诚进一步指出,"河渠"之名也不能达到完美无瑕。因为《史记·河渠书》所说的"河"专指黄河而言,并不是泛指川流河道。后代史书沿用"河渠"之名泛称水系,是名不副实,故而应当命名为《水道图》。在今天看来,章学诚的认识也不无可议之处。司马迁所说的"河"虽为黄河专名,然而后世已经成为共名通称;班固的"沟洫"为井田之法,乃东汉应劭一家之说,而《论语·泰伯》赞誉大禹治水"尽力乎沟洫",明指水利而言。这些地方,章学诚不免有泥古之嫌。

史迁为《河渠书》,班固为《沟洫志》①,盖以地理为经,而水道为纬。地理有定,而水则迁徙无常,此班氏之所以别《沟洫》于《地理》也②。顾河自天设,而渠则人为,迁以《河渠》定名,固兼天险人工之义;而固之命名《沟洫》,则《考工》水地之法,井田浍畎所为,专隶于匠人也③。不识四尺为洫,倍洫为沟④,果有当于瓠子决河、碣石入海之义否乎⑤? 然则诸史标题,仍马而不依班,非无故矣。

【注释】

①史迁为《河渠书》,班固为《沟洫志》:据刘知几《史通·书志》曰:"司马迁曰书,班固曰志⋯⋯其义一也⋯⋯古号《河渠》,今称《沟洫》。"《史记》名为《河渠书》,《汉书》名为《沟洫志》。

②班氏之所以别《沟洫》于《地理》:班固《汉书》分别作《沟洫志》和《地理志》。

③《考工》水地之法,井田浍畎(kuài quǎn)所为,专隶于匠人也:语出《周礼·考工记》:"匠人为沟洫。耜广五寸,二耜为耦,一耦之伐,广尺深尺,谓之畎。田首倍之,广二尺深二尺,谓之遂。九夫为井,井间广四尺深四尺,谓之沟。方十里为成,成间广八尺深八尺,谓之洫。方百里为同,同间广二寻深二仞,谓之浍。"匠人,据《考工记》记载,主管营造宫室、城郭、沟洫。畎,田间的水沟。遂,小沟。洫,田间水道。浍,田间排水之渠。寻,长八尺为寻。仞,高或深八尺为仞。

④四尺为洫,倍洫为沟:据上引《考工记》记载,四尺为沟,八尺为洫。班固《汉书》卷二十九《沟洫志》颜师古《注》引应劭曰:"沟广四尺,深四尺。洫广、深倍于沟。"则此处章学诚引反,当曰四尺为沟,倍沟为洫。

⑤瓠子决河、碣石入海:据班固《汉书》卷二十九《沟洫志》记载,汉武帝元光三年(前132),黄河决入瓠子河,河水注入古巨野泽,通于淮河、泗水,下游广大地区泛滥成灾。元封二年(前109),武帝亲临治河,命汲黯、郑当时发数万人工堵塞。然而时堵时坏,瓠

子河遂无水。瓠子河，古水名，自今河南濮阳南分黄河水东出，在山东注入济水。又据《尚书·禹贡》记载："太行、恒山，至于碣石，入于海。"碣石山，其地说法不一致，一般认为在河北昌黎。

【译文】

司马迁作《史记·河渠书》，班固作《汉书·沟洫志》，大概用地理作经，而用水道作纬。地理有稳定性，而水却迁移不定，这就是班氏把《沟洫志》同《地理志》区别开来的原因。只是河天然形成，而渠却为人造，司马迁用《河渠》确定名称，本来兼有天险和人工的意思；而班固用《沟洫》的名称，那么按照《周礼·考工记》水道和田地的制度，井田之中浍、畎的开凿，专门属于匠人。不知道四尺作洫，八尺作沟，果真适合瓠子河段黄河决口、河水从碣石山流入海的意思吗？那么各代史书关于水道的标题，沿用司马迁的定名而不依照班固的定名，不是没有缘故了。

河为一渎之名①，与江、汉、淮、济等耳。迁书之目《河渠》，盖汉代治河之法，与郑、白诸渠缀合而名②，未尝及于江、淮、汶、泗之水③，故为独蒙以河号也。《宋》、《元》诸史，概举天下水利，如汴、洛、漳、蔡、江、淮圩闸④，皆存其制，而其目亦为《河渠》，且取北条诸水，而悉命为河，不曰汴而曰汴河，不曰洛而曰洛河之类，不一而足。则几于饮水而忘其源矣。《水经》称诸水，无以河字作统名者。夫以一渎之水，概名天下穿渠之制，包罗陂闸⑤，虽曰命名从古，未免失所变通矣。孟子曰："禹之治水，水之道也。"⑥倘以水为统名，而道存制度，标题入志，称为水道，不差愈乎？永定河名，圣祖所锡⑦；浑河、芦沟⑧，古已云然；题为河渠，是固宜矣；然减水、哑吧诸水⑨，未尝悉入一河，则标以《水道》，而全县之水，皆可概其中矣。

【注释】

①河为一渎之名：语出《尔雅·释水》："江、河、淮、济为四渎。"我国古代以长江、黄河、淮河、济水为四渎。渎，大川。

②郑、白诸渠：郑指郑国渠。白指白渠。先秦时期，秦王嬴政采纳韩国水利专家郑国的建议，开渠引泾水东流，进入渭水支流，名为郑国渠。渠长三百多里，灌溉田地四万余顷（约合今二百八十万亩），使关中平原成为沃野。西汉武帝时期，采用赵国中大夫白公的建议，引泾水东南流，进入渭水，名为白渠。全长约二百里，灌溉土地一千五百余顷（约合今二十八万亩），民得其利。

③未尝及于江、淮、汶、泗之水：章学诚此说不确，司马迁《史记》卷二十九《河渠书》亦言"褒水通沔，斜水通渭"。褒水、沔水、斜水皆称水而不称河，司马迁并非仅论治河而不及渠。汶水源出山东莱芜市北原山，向西南流。古汶水至梁山东南流入济水。今名大汶水或大汶河，主流注入东平湖，北入黄河。泗水源出山东泗水县东的蒙山。古泗水流至今江苏清江市西南注入淮河，长一千余里。金、元以后，中下游或为黄河所夺，或成为大运河一部分，仅余济宁鲁桥以上河段称泗水。

④汴、洛、漳、蔡：汴水又称汴渠，源出今河南荥阳西南，向东流经开封，通向江苏徐州，注入淮河。魏、晋时期为中原通向东南的水运干道。隋开通济渠，自荥阳至开封一段即汴水。唐、宋时期，把荥阳至入淮一段统称汴水。金、元以后，全部为黄河所夺。洛水源出陕西华山，向东流经河南西部，在偃师纳伊水，至巩义洛口汇入黄河，全长八百多里。漳水，漳河。蔡河本古沙水，为古鸿沟，从河南开封流至今安徽怀远南汇入淮河。隋、唐以后下游由今淮阳东南流入颍水。五代后周显德中自开封城东导汴水入蔡。北宋太祖建隆初年又自开封西南导闵水合蔡。自后蔡河即以闵水为源，闵、蔡连为一体。太祖开宝中改闵水为惠民河，亦

通称蔡河为惠民河。元、明时期屡为黄河所夺,故道淤塞,仅存
淮阳以下入颍一段。

⑤陂(bēi):池塘,圩岸。

⑥禹之治水,水之道也:语出《孟子·告子下》。

⑦永定河名,圣祖所锡:永定河即桑干河,古称㶟水,源出山西北部
管涔山,流经河北怀来进入北京,至天津汇入海河。由于含沙量
大,河水浑浊,又称浑河。下游经常淤塞,河道迁移不定,有无定
河之称。清圣祖康熙三十七年(1698)疏浚筑堤,定名永定河。
圣祖,爱新觉罗·玄烨。年号康熙。锡,赐予。

⑧浑河、芦沟:据《章氏遗书》外编卷八《永清县志·水道图》记载:
"永定河即桑干河,古㶟水也。以其水浊,故曰浑河。以其色黑,
故曰卢沟河。"

⑨减水、哑吧诸水:减水即减河,为分泄永定河洪水而人工开挖的
河道,以减杀水势,故名。据《永清县志·水道图》记载,永定河
北岸减河,本为古河,清高宗乾隆四年(1739),北岸建筑草坝,疏
古河为草坝减河。另据《永清县志·水道图》记载,哑吧水即永
定河北岸哑吧河,上无来源,自固安县境经东安县境,入永清县
境,复归东安县境,汇入干沟河。

【译文】

黄河是一条大水道的名称,和长江、汉水、淮水、济水相等而已。司
马迁《史记》题作《河渠书》,大概把汉代治理黄河的方法,和郑国渠、白
渠等渠连缀在一起称呼,未尝提到长江、淮水、汶水、泗水等河流,所以
单独加上"河"的名称。《宋史》、《元史》等史书,概括举出全国的水利,
例如汴水、洛水、漳水、蔡水、长江、淮水的圩岸、水闸,都存留下它们的
制度,标题也叫做《河渠志》,而且把北方水系的各条水道,全部命名为
"河",不叫汴水而叫汴河,不叫洛水而叫洛河之类,不一而足。这就近于饮
水而忘记水的源头了。《水经》称呼各条水道,没有用"河"字作统称的情

况。用一条水道的名称,通称天下凿渠的制度,包括堤岸、水闸,虽说是随着古代的先例起名称,未免不能变通了。孟子说:"大禹治水,是顺着水的本性疏导而行。"假如用"水"作为统称,而用"道"保存制度,标明题目写进志里,称作"水道",不是比原来的名称更好吗? 永定河的名称,是圣祖皇帝赐予的称呼;浑河、芦沟河,古代已经这样称呼;题名为"河渠",这本来是适当的做法。然而减水、哑吧水等水流,未尝都流入一条河,那么,用《水道图》作标题,而全县的水流,都可以包括在这当中了。

地理之书,略有三例,沿革、形势、水利是也。沿革宜表,而形势、水利之体宜图,俱不可以求之文辞者也。迁、固以来,但为书志,而不绘其图,是使读者记诵,以备发策决科之用尔。天下大势,读者了然于目,乃可豁然于心。今使论事甚明,而行之不可以步,岂非徇文辞而不求实用之过欤?

【译文】

记载地理的书,大致有三种体例,就是沿革、形势、水利。沿革适宜作表,而形势、水利的性质适宜作图,都不可以求助于文辞。司马迁、班固以来,史书仅仅作书志,却不绘图,这是让读者记诵文字,用来准备科举考试使用而已。天下的山川地貌,读者清楚地看在眼里,才能够在心里通晓。现在让谈论事情很明白,而实行起来不能举步,难道不是屈从文辞而不求实用的过失吗?

地名之沿革,可以表治,而水利之沿革,则不可以表治也。盖表所以齐名目,而不可以齐形象也。图可得形象,而形象之有沿革,则非图之所得概焉。是以随其形象之沿革,而各为之图,所以使览之者可一望而周知也。《禹贡》之纪地理,以山川为表,而九州疆界,因是以定所至①。后儒遂谓山川有定,而疆界不常②,此则举其大体而言之也。永定河形屡徙,往往不三数年,而形势即改旧观,以此定界,不可明也。今以村落为经,而开方计里,著为定法,河形之变易,即于村落方里表其所经,此则古人互证之义也。

【注释】

①《禹贡》之纪地理,以山川为表,而九州疆界,因是以定所至:语出《尚书·禹贡》:"济、河惟兖州……海、岱惟青州……海、岱及淮惟徐州……淮、海惟扬州……荆及衡阳惟荆州……荆、河惟豫州……华阳、黑水惟梁州……黑水、西河惟雍州。"皆举山川为表,以定九州所至。

②疆界:语出《诗经·周颂·思文》:"无此疆尔界,陈常于夏时。"意为国界,地界。这里指行政区划的边界。

【译文】

地名的沿革,可以用表处理,而水利的沿革,就不能用表处理。大概表是用来整齐各种名目,却不能用来使形象整齐。图可以保留形象,而形象若有沿革,就不是图所能包括了。所以随着水道形象的沿革,而各作一图,用来使看图的人能一眼看过而遍知。《禹贡》记载地理的方法,用山川作为标志,而九州的疆界,根据山川位置来确定地界所到达的方位。后世儒家学者于是说山川固定,然而政区边界变化不常,这是列举主要方面而说的情况。永定河形状多次变动,往往没过几年,形势就改变了原来的样子,如果根据这条河确定政区边界,就不能弄清楚。现在用村庄作经,而把计算面积里程,规定为固定的方法,河流形状的改变,就在村庄和面积里程中表示它所经过的地方,这就是古人互相证明的宗旨。

志为一县而作,水之不隶于永清者①,亦总于图,此何义耶?所以明水之源委,而见治水者之施功有次第也。班史止记西京之事,而《地理》之志,上溯《禹贡》、《周官》②,亦见源委之有所自耳。然而开方计里之法,沿革变迁之故,止详于永清,而不复及于全河之形势,是主宾轻重之义。滨河州县,皆仿是而为之,则修永定河道之掌故,盖秩如焉。

【注释】

①水之不隶于永清者:流经永清县境内的河流,有的发源于本县随即出境,有的从境外而来随即消失,皆不隶属永清县。

②《地理》之志,上溯《禹贡》、《周官》:语出班固《汉书》卷二十八上《地理志上》:"先王之迹既远,地名又数改易,是以采获旧闻,考迹《诗》、《书》,推表山川,以缀《禹贡》、《周官》、《春秋》,下及战国、秦、汉焉。"

【译文】

县志是为一个县而作,河流不属于永清县境的部分,也包括在图中,这是什么意思呢?是要用来表明河流的源头和尾流,而看出治水的人施行工程有顺序。班固《汉书》只记载西汉的事,而《地理志》上溯到《禹贡》、《周礼》,也表现出叙事的始末首尾有由来。然而计算面积里程的方法,沿革变迁的缘故,只详细记载永清县境内的内容,而不再涉及整条河道的形势,这是主与宾有轻有重的意思。沿河的州县,都仿照这样做,那么编撰治理永定河河道的章程和旧事,大概就有条理了。

永清县志六书例议

【题解】

  本篇篇题的命名,与《章氏遗书》外编卷九《永清县志》命名不同。后者将本篇内容作为《吏书》第一序例,以下尚有《户书》第二、《礼书》第三、《兵书》第四、《刑书》第五、《工书》第六等五篇序例,本书则未收录。综观文意,这篇内容实为针对六书整体而言,所以本书的篇题命名也有道理。章学诚认为,正史的书志,应当以一代典章制度为纲领。他批驳了唐代刘知几《史通·书志》所谓出于三《礼》和宋代郑樵《通志·总序》所谓起于《尔雅》的观点。指出史家书志一体,源于古代《官礼》之遗。章学诚在《丙辰札记》中曾经明确指出:"刘氏《史通》知书志为三《礼》之遗,不知《史记》之《天官》、《平准》名篇,乃是官名。班固改《天官》为《天文》,改《平准》为《食货》,全失《官礼》之意矣。尝议书志一体,实《官礼》之遗,非三《礼》之遗也。"他还详细解释书志记载典章制度与保存掌故的《会要》、《会典》之间的关系,指出书志以记载典章制度作为纲纪,对掌故取其要纲,而具体内容和制度原委则载于《会要》、《会典》,相辅而行。对于方志编纂,章学诚认为必须与正史对应,也应当因地制宜,以记载地方官制为纲领,并撰六书序例加以阐述。

  史家书志一体,古人《官礼》之遗也。周礼在鲁,而《左氏春秋》，典章灿著，不能复备全官，则以依经编年，随时错见，势使然也。自司马八书[1]，孟坚十志[2]，师心自用[3]，不知六典之文，遂使一朝大典，难以纲纪。后史因之，而详略弃取，无所折衷，则弊之由来，盖已久矣。

【注释】

①司马八书：司马迁《史记》八书，分别为《礼书》、《乐书》、《律书》、《历书》、《天官书》、《封禅书》、《河渠书》、《平准书》。

②孟坚十志：班固《汉书》十志，分别为《律历志》、《礼乐志》、《刑法志》、《食货志》、《郊祀志》、《天文志》、《五行志》、《地理志》、《沟洫志》、《艺文志》。

③师心自用：以己意为师，不拘守成法。

【译文】

　　史学家书志这一体例，是古代《周礼》制度的遗留。周代礼制保存在鲁国，而《春秋左氏传》，对于显著的典章制度，不能完备记载全部官制，就是因为依据《春秋》经编年的方法，使它们随着时事交错出现，这是事势造成这样的局面。自从司马迁的八书，班固的十志，放纵心意自创义例，不通晓周代六典的内容，于是使两汉一个朝代的典章制度，难以掌握要领。后世的史书沿袭不改，而详细和简略、舍弃和采取，没有判断的准则，那么弊病的由来，大概已经很久了。

　　郑樵尝谓书志之原，出于《尔雅》[1]。彼固特著《六书》、《七音》、《昆虫草木》之属，欲使经史相为经纬，此则自成一家之言可也。若论制作，备乎《官礼》，则其所谓六书、七音，名物训诂，皆本司徒之属，所谓师氏、保氏之官，是其职矣[2]。而大经大法，所以纲纪天人而敷张王道者，《尔雅》之义，何

足以尽之？《官礼》之义大，则书志不得系之《尔雅》，其理易
见者也。

【注释】

①郑樵尝谓书志之原，出于《尔雅》：语出郑樵《通志·总序》："志之
　大原，起于《尔雅》。司马迁曰书，班固曰志，蔡邕曰意，华峤曰
　典，张勃曰录，何法盛曰说，余史并承班固谓之志，皆详于浮言，
　略于事实，不足以尽《尔雅》之义。"

②师氏、保氏之官，是其职矣：据《周礼·地官》记载，师氏和保氏掌
　管国子教育，其内容为礼、乐、射、御、书、数六艺，包括六书、
　七音。

【译文】

郑樵曾经说书志的根源，语出《尔雅》。他于是特地撰写《六书
略》、《七音略》、《昆虫草木略》等篇，想要让经和史互相经纬，这作为自
己的一家之言当然可以。至于说到制度，完备保存在《周礼》，那么郑
樵所说的六书、七音，是名物度数的解释，都来自司徒的下属，就是所
说的师氏、保氏的官员，这是他们的职责了。而根本的制度法规，是用
来管理自然和人事而传布宣扬王道政治，《尔雅》的宗旨，怎么能够包
括它呢？《周礼》的宗旨宏大，那么书志不能归属于《尔雅》，这个道理
显而易见。

宇文仿《周官》①，唐人作《六典》②，虽不尽合乎古，亦一
代之章程也。而牛宏、刘昫之徒③，不知挈其纲领，以序一代
之典章，遂使《会要》、《会典》之书④，不能与史家之书志合而
为一，此则不可不深长思者也。

【注释】

①宇文仿《周官》：西魏宇文泰辅政，令苏绰、卢辩依《周礼》改定官制，设六卿之官。恭帝三年（556）正月，实行新官制。当年宇文泰之子宇文觉取代西魏，建立北周。

②唐人作《六典》：旧题唐玄宗撰、李林甫等奉敕注《唐六典》。

③牛宏、刘昫：牛弘（545—601），字里仁，安定鹑觚（今甘肃灵台北）人。北周时期，曾掌文翰。隋文帝开皇年间，历任秘书监、礼部尚书等职。受命修撰《五礼》、《大业律》。另撰《周纪》十八卷，后世不传。刘昫（888—947），字耀远，五代涿州归义（今河北雄县西北）人。后唐庄宗即位，拜太常博士，官翰林学士。明宗时期，任宰相。后晋时期，继任宰相，监修国史。后晋开运二年（945），史官赵莹、张昭远等奉诏修撰《唐书》，书成，由刘昫领衔进呈。

④《会要》、《会典》：专门记载一代典制之书，唐、宋时期称为《会要》，明、清时期称为《会典》。

【译文】

北周宇文氏仿照《周礼》，唐代人编纂《六典》，虽然不完全符合古代制度，也是一个朝代的典章程式。然而牛弘、刘昫等人，不知道提纲挈领，来编排一代的典章制度，于是使《会要》、《会典》一类的书，不能和史书的书志合为一体，这就不能不深远地思考了。

古今载籍，合则易存，分则难恃。如谓掌故备于《会要》、《会典》，而史中书志，不妨意存所重焉，则《汉志》不用汉官为纲领，而应劭之《仪》①，残缺不备；《晋志》不取晋官为纲领，而徐宣瑜之《品》，徐氏有《晋官品》②，亡逸无存，其中大经大法，因是而不可窥其全体者，亦不少矣。且意存所重，一家私言，难为典则。若文章本乎制作，制作存乎官守③；推而至于其极，则立官建制，圣人且不以天下为己私也；而载笔之士，又安可以己之意见为详略耶？

【注释】

①应劭之《仪》：应劭所撰《汉官仪》。

②徐氏之《晋官品》：据《隋书》卷三十三《经籍志》职官类著录："梁有徐宣瑜《晋官品》一卷……亡。"

③制作存乎官守：底本原脱"制作"二字，叶瑛《文史通义校注》据《章氏遗书》外编卷九《永清县志吏书序例》校补。

【译文】

从古到今的书籍，合在一起就容易保存，分散开来就难以倚仗。如果认为掌故保存在《会要》、《会典》里，而史书中的书志，不妨凭心意保存所重视的内容，那么《汉书》的志不用汉代官制作纲领，而应劭的《汉官仪》残缺不完备；《晋书》的志不取晋代官制作纲领，而徐宣瑜的《晋官品》，徐氏著有《晋官品》，亡逸没有保存下来。其中根本的制度法规，由于这个原因而不能够观察到它们的整体情况，也不少了。况且凭心意保存所重视的内容，是一家的个人言论，难以当作法则。如果文章根据制度，制度保存在官府，推广而达到极致，那么设置官职建立制度，圣人尚且不把天下当做自己的私有之物，而笔削记载的人，又怎么可以凭自己的意见决定详细或简略呢？

　　书志之体宜画一，而史家以参差失之；列传之体本参差，而史家以画一失之。典章制度，一本《官礼》，体例本截然也，然或有《天官》而无《地理》①，或分《礼》、《乐》而合《兵》、《刑》②，不知以当代人官为纲纪，其失则散。列传本乎《春秋》，原无定式，裁于司马，略示区分。抑扬咏叹，予夺分合,其中有《春秋》之直笔,亦兼诗人之微婉,难以一概绳也。后史分别门类,整齐先后,执泥官阀③,锱铢尺寸,不敢稍越,其失则拘。散也,拘也,非著作之通裁也。

【注释】

①或有《天官》而无《地理》:司马迁《史记》八书有《天官书》无《地理书》。

②或分《礼》、《乐》而合《兵》、《刑》:司马迁《史记》分别有《礼书》、《乐书》,班固《汉书》则合为《礼乐志》,又有《刑法志》,兼叙兵制。

③官阀:语出范晔《后汉书》卷六十五《郑玄传》:"[应劭]因自赞曰:'故太山太守应仲远北面称弟子如何?'玄笑曰:'仲尼之门,考以四科,回、赐之徒不称官阀。'"意为官阶门第。

【译文】

书志的体例应当整齐一致,而史学家以参差不齐造成失误;列传的体例本来参差不齐,而史学家以整齐一致造成失误。典章制度,完全根据《周礼》,体例本来截然分明,然而有的史书有《天官书》而没有《地理书》,有的史书分设《礼书》、《乐书》而合兵制于《刑法志》,不知道用当代的官制作为纲要统纪,他们的过失就是散乱。列传来源于《春秋》,本来没有固定的格式,经过司马迁裁定,大致表示区别;抒发情调有抑扬有感叹,记载人物或褒贬或分合,其中有《春秋》的据事直书,又兼有《诗经》诗人的含蓄婉转,很难用一个标准衡量。后世的史书分别门类,使前后整齐划一,拘泥于官职门第,极其微小的事情,不敢稍微越过界限,他们的过失就是拘泥。散乱,拘泥,不是著作的会通体裁。

州县修志,古者侯封一国之书也①。吏、户、兵、刑之事,具体而微焉②。今无其官而有吏,是亦职守之所在,掌故莫备于是，治法莫备于是矣。且府史之属，《周官》具书其数，《会典》亦存其制③，而所职一县之典章，实兼该而可以为纲领；惟其人微而缙绅所不道，故志家不以取裁焉。然有入境而问故④，舍是莫由知其要，是以书吏为令史，首领之官曰典史。知令史、典史之史，即纲纪掌故之史也，可以得修志之要义矣。

【注释】

①侯封一国：古代封国之君分为五等爵位，依次为公、侯、伯、子、男。此处泛指诸侯的封国。

②吏、户、兵、刑之事，具体而微焉：古代吏、户、礼、兵、刑、工，在朝廷曰六部，在州县曰六房，仅仅是规模大小的差异，性质完全相同。

③《会典》亦存其制：明、清《会典》记载，吏部辖吏员，州吏首领为吏目，县吏首领为典史。

④入境而问故：语出《礼记·曲礼上》："入竟而问禁，入国而问俗。"竟，通"境"。故，掌故。

【译文】

州县编修方志，相当于古代一个诸侯国的史书。吏、户、兵、刑的事务，整体具备而规模稍小。现在州县没有吏、户、兵、刑官而只有吏，这也是州县职守的所在，掌故没有地方比这里完备，治理方法也没有地方比这里完备了。况且府史之类，《周礼》全部记载他们的数目，《会典》也保存着这一制度，而所主管一个县的典章，实际上全面具备而且能够当做纲领；只是这些人地位低微不被官僚绅士提起，所以纂修方志的人不用这些内容来取裁。然而有入境询问掌故的人，离开这些内容就没有途径知道大要梗概，所以书吏称作令史，他们的首领之官叫做典史。知道令史、典史的史，就是管理掌故的史，就可以把握编修方志的主要宗旨了。

　　今之州县，繁简异势，而掌故令史，因事定制，不尽皆吏、户、兵、刑之六曹也①。然就一县而志其事，即以一县之制定其书，且举其凡目，而愈可以见一县之事势矣。案牍簿籍无文章，而一县之文章，则必考端于此，常人日用而不知耳。今为挈其纲领，修明其书，使之因书而守其法度，因法而明其职掌，于是修其业而传授得其人焉，古人所谓书契易而百官治②，胥是道也。

【注释】

①六曹：隋朝称吏、户、礼、兵、刑、工六部为六曹。唐代府、州、县佐史亦分六曹，分别称为功曹、仓曹、户曹、兵曹、法曹、士曹。明、清时期六曹也称吏、户、礼、兵、刑、工，与中央六部之名相对应。

②书契易而百官治：语出《周易·系辞下》："上古结绳而治，后世圣人易之以书契，百官以治，万民以察。"

【译文】

　　现在的州县，事情的繁简情况不同，而掌故、令史，根据事情确定制度，不完全都是吏、户、兵、刑等六曹。不过按照一县记载县里的事，就用一县的制度确定方志的体例，并且举出一县大纲细目，那就更加可以看出一县的情况了。文书簿册没有文采可言，而一县的文采，就一定要从这里考察开端，平常人天天运用却不知道罢了。现在为他们提纲挈领，纂修方志之书，使他们依据志书遵守法度，依据法度明确职守，于是整饬他们的职业传授给适当的人，古人所说的文字代替结绳，百官用它们治理政事，全是这个道理。

　　或谓掌故之书，各守专官，连床架屋①，书志之体所不能该，是以存之《会典》、《会要》，而史志别具心裁焉。此亦不可谓之知言也。《周官》挈一代之大纲，而《仪礼》三千②，不闻全入《春官》；《司马法》六篇，不闻全入《夏官》；然存宗伯、司马之职掌，而礼、兵要义，可以指掌而谈也。且如马作《天官》③，而太初历象，不尽见于篇籍也。班著《艺文》④，而刘歆《七略》，不尽存其论说也。史家约取掌故，以为学者之要删，其与专门成书，不可一律求详，亦其势也。既不求详，而又无纲纪以统摄之，则是散漫而无法也。以散漫无法之文，而欲部次一代之典章，宜乎难矣！

【注释】

①连床架屋：语出颜之推《颜氏家训》卷上《序致》："魏、晋以来，所著诸子，理重事复，递相模敩，犹屋下架屋，床上施床耳。"比喻内容重复累赘。

②《仪礼》三千：据班固《汉书》卷三十《艺文志》礼类记载："礼经三百，威仪三千。"颜师古《注》曰："威仪三千，乃谓冠、婚、吉、凶，盖《仪礼》是也。"

③马作《天官》：司马迁《史记》卷二十七《天官书》。

④班著《艺文》：班固《汉书》卷三十《艺文志》。

【译文】

　　有人说掌故的书，是各自守住专门官职，多得像床上施床和屋上架屋，正史书志的体例所不能包括，所以把它保存在《会典》、《会要》里，而史书的志另外又匠心独运。这也不能叫做有见识的言论。《周礼》提举一代制度的大纲，而《仪礼》三千条，没听说全部收入《春官》；《司马法》六篇，没听说全部收入《夏官》；然而《周礼》保存了春官宗伯、夏官司马的职掌,而礼、兵方面的主要宗旨,可以凭借《周礼》拍着手掌谈论。况且像司马迁作《天官书》,而汉武帝太初时期的历法,不能完全在篇中见到。班固著《艺文志》,而对刘歆的《七略》,不能完全保存他的论说。史学家对掌故选取要点,当做学者的撮要删定,这和按照专一门类撰成的书相比,不能同样追求详细,这也是它自身的趋势。既不能追求详细,而又没有纲领来统摄它,就是散乱而没有法则。用散乱没有法则的文字,却分类编排一个朝代的典章,怪不得困难了!

　　或谓求掌故于令史,而以吏、户、兵、刑为纲领,则纪、表、图、书之体,不可复分也。如选举之表当入《吏书》,河道之图当入《工书》,充类之尽,则一志但存六书而已矣①,何以复分诸体也?此亦不可谓之知言也。古人著书,各有义类;义类既分,不可强合也。司马氏本周谱而作表,然谱历之书,掌之太史,而旁行斜上之体,不闻杂入六典之中。盖图谱各有专书,而书志一体,专重典章与制度,自宜一代人官为统纪耳。非谓专门别为体例之作,皆杂其中,乃称隐括也。且如六艺皆周官所掌,而《易》不载于太卜,《诗》不载于太师,然三《易》之名,未尝不见于太卜;而四《诗》之目②,则又未尝不著于太师也,是其义矣。

【注释】

①六书:据《章氏遗书》外编卷九《永清县志》六书,一曰吏书,二曰户书,三曰礼书,四曰兵书,五曰刑书,六曰工书。

②四《诗》之目:据《周礼·春官》记载,太师"教六诗,曰风,曰赋,曰比,曰兴,曰雅,曰颂"。故"四《诗》"当作"六《诗》"。

【译文】

有人说从令史那里寻求掌故，而用吏、户、兵、刑等作纲领，那么纪、表、图、书的体例，不能再区分了。例如《选举表》应当归入《吏书》，《河道图》应当归入《工书》，以此类推到极致，那么一部方志只保留六书就行了，为什么又分成各种体例呢？这种观点也不能叫做有见识的言论。古人著书，各有类别；类别已经分开，不能勉强合并。司马迁依据周人的谱牒作表，但谱牒一类书由太史掌管，而横排斜线的表体，没听说混杂进六典里面。大概图和谱各有专门的书，而书志这种体例，专门重视典章和制度，自然应该以一代的官职作为纲要统纪。不是说专一门类而另外制定体例的著作，都混杂在里面，才被称作剪裁编撰。况且像六经都是周代官员所掌管的书籍，而《周易》的内容不记载在太卜之官，《诗经》的内容不记载在太师之官，然而三《易》的名称，未尝不出现在太卜名下；四《诗》的名称，又未尝不出现在太师名下，这就是著述的宗旨了。

六卿联事，交互见功，前人所以有《冬官》散在五典之疑也[1]。州县因地制宜，尤无一成之法，如丁口为户房所领[2]，而编户烟册[3]，乃属刑房；以烟册非赋丁，而立意在诘奸也[4]。武生武举隶兵部，而承办乃在礼房；以生员不分文武，皆在学校，而学校通于贡举也。分合详略之间，求其所以然者而考之，何莫非学问耶？

【注释】

①《冬官》散在五典之疑：《周礼》原失《冬官》，汉人以《考工记》补入。宋代俞庭椿撰《周礼复古编》，认为《冬官》并未亡佚，而是分散在《天官》等五官之中。

②丁口为户房所领：中国古代规定承担赋役的成年男子称丁，女子称口。明、清时期，府、州、县设有吏、户、礼、兵、刑、工六房，又称六曹，分别负责地方行政事务的管理，并与朝廷六部相对应。

③编户：编入户籍的平民。烟册：烟户册，即户籍簿。烟户为户籍总称，清代烟户有民户、军户、匠户、灶户、流户、回户、番户、羌户、苗户、猺户、黎户、夷户十二类。

④诘奸：语出《左传·昭公十四年》："赦罪戾，诘奸慝。"诘，责问，审查。奸慝，犯奸作科的不究行为。

【译文】

　　六卿联合办事，相互表现功效，前人因此有《冬官》分散在《周礼》其他五官里面的怀疑。州县根据当地的情况制定适宜规定，尤其没有固定不变的方法，例如人丁户口由户房统管，而编民户籍的烟册，却归属刑房，因为烟册不是向人丁征收赋税，而用意在于审查邪恶犯罪。武生武举隶属兵部，而承办却在礼房；因为生员不分文武，都在学校，而学校和贡举相通。分离与合并、详细和简略之间，探求它们之所以这样的原并加以考察，哪里没有学问呢？

永清县志政略序例

【题解】

　　本篇所论述的《政略》,大体相当于通行方志的名宦部分,按时代先后概述地方官的治绩。章学诚对方志性质的认识明显不同于他人,主张方志是国史的基础,所以应当记载一方之政要,不能仅仅以风流文采为文章儒雅之能事。他指出通行方志对名宦的编排存在失误,一是人物不应分类编纂,名宦不应该与乡贤同在列传,应别出一类;二是通行方志的职官部分详尽记载政绩,而名宦部分仅记姓名,应当以职官作为名宦的纲目。章学诚之所以把《政略》置于列传之前,是因为地方官以治绩为重,可以临莅邦人,冠冕列传。他强调《政略》之体应当直而简,义取谨严,意存补救,同时还列举《政略》记事有七难,惟知其难而更应慎重,并且在修志实践中最大限度弥补旧有方志的缺陷,取得了显著效果。

　　近代志家,以人物为纲,而名宦、乡贤、流寓诸条,标分为目,其例盖创于元、明之《一统志》①。而部、府、州、县之国别为书,亦用《统志》类纂之法,可谓失其体矣。夫人物之不当类纂,义例详于列传首篇;名宦之不当收于人物,则未达乎著述体裁,而因昧于权衡义理者也。古者侯封世治,列国自具《春秋》，羊舌肸《晋春秋》②，《墨子》所引《燕春秋》③。则君临封内，元年但奉王正而已。至封建罢而郡县，守令承奉诏条，万里之外，亦如畿内守土之官，《甘棠》之咏召公④，郑人之歌子产⑤，马、班《循吏》之传，所以与时为升降也。若夫正史而外，州部专书，古有作者，义例非无可绎。梁元帝有《丹阳尹传》，《隋志》凡十卷。贺氏有《会稽太守赞》⑥，《唐志》凡二卷。唐人有《成都幕府记》⑦，《唐志》凡二卷，起贞元，讫咸通。皆取莅是邦者，注其名迹。其书别出，初不与《广陵烈士传》、华隔撰，见《隋志》。《会稽先贤传》、谢承撰，见《隋志》。《益部耆旧传》⑧，陈寿撰，见《隋志》。猥杂登书。是则棠阴长吏，与夫梓里名流，初非类附云龙，固亦事同风马者也。叙次名宦，不可与乡贤同为列传，非第客主异形，抑亦详略殊体也。长吏官于斯土，取其有以作此一方，兴利除弊，遗德在民，即当尸而祝之。否则学类颜、曾⑨，行同连、惠⑩，于县无补，志笔不能越境而书，亦其理也。如其未仕之前，乡评未允，去官之后，晚节不终，苟为一时循良，便纪一方善政。吴起杀妻，而效奏西河⑪，于志不当追既往也。黄霸为相，而誉减颍川⑫，于志不逆其将来也。以政为重，而他事皆在所轻；岂与斯土之人，原始要终，而编为列传者，可同其体制欤？

【注释】

①元、明之《一统志》：《大元大一统志》和《大明一统志》。《大元大一统志》一千三百卷，孛兰肸(xī)、岳铉等主持修撰，元成宗大德七年(1303)成书。《大明一统志》九十卷，李贤等修撰，体例仿照《大元大一统志》，明英宗天顺五年(1461)成书。

②羊舌肸《晋春秋》：语出《国语·晋语七》："[司马侯]曰：'羊舌肸
习于《春秋》。'"羊舌肸，叔向。春秋时晋国大夫，平公时为太子
彪太傅。

③《墨子》所引《燕春秋》：语出《墨子·明鬼下》："著在燕之《春
秋》。"

④《甘棠》之咏召(shào)公：《甘棠》即《诗经·召南·甘棠》。召公，
又称召伯，名奭。采邑在召(今陕西岐山西南)。辅佐周武王灭
商，被封于燕，为燕国的始祖。成王时与周公旦共同辅政，分陕
而治。

⑤郑人之歌子产：据《左传·襄公三十年》记载，子产治理郑国，三
年大治，民众歌颂说："我有子弟，子产诲之；我有田畴，子产殖
之；子产而死，谁其嗣之！"子产(？—前522)，公孙侨，字子产。
春秋时郑国政治家。执政时期实行对内改革，对外注重外交，使
郑国繁荣稳定，能够立于诸侯之林。

⑥贺氏有《会稽太守赞》：据《新唐书》卷五十八《艺文志》杂传记类
著录："贺氏《会稽太守像赞》二卷。"

⑦《成都幕府记》：据郑樵《通志》卷六十五《艺文略》传记类著录：
"《成都幕府石幢记》二卷，记宾佐姓名，起贞元，迄咸通。"按此
《记》欧阳修在《新唐书》的《艺文志》里未著录，章学诚注文有误。

⑧《广陵烈士传》：据《新唐书》卷五十八《艺文志》杂传记类著录：
"华隔《广陵烈士传》一卷。"按此书《隋书》的《经籍志》里未著录，
章学诚注文有误。

⑨颜、曾：颜回和曾参。

⑩连、惠：鲁仲连和柳下惠。

⑪吴起杀妻，而效奏西河：据司马迁《史记》卷六十五《吴起列传》记
载，齐国攻打鲁国，鲁国想用吴起为将，而吴起之妻是齐国人，引
起鲁国人猜疑，吴起于是杀妻以表示决心。鲁国任用吴起为将，

大败齐国。鲁国有人说吴起为人残忍,鲁君因而辞退吴起。吴
起投奔魏国,魏文侯任命他为西河郡(辖境在今陕西东部黄河西
岸地区)守,功绩显著。

⑫黄霸为相,而誉减颍川:据班固《汉书》卷八十九《循吏传》记载,
汉宣帝时期,黄霸治理颍川郡(治所在今河南禹州),前后八年,
郡中大治,百姓称颂。后入朝为丞相,政绩平平,声名比治颍川
时期大为逊色。黄霸(?—前51),字次公,西汉淮阳郡阳夏(今
河南太康)人。曾任颍川郡太守、丞相之职。

【译文】

近代编修方志的人,用人物作为纲,而名宦、乡贤、流寓等条,标志
区分作为目,这种体例大概从元、明的《一统志》开创,而省、府、州、县按
地区划分作书,也采用《一统志》按类编纂的方法,可以说是不符合体例
了。人物不应当按类编纂,体例在列传首篇已经详细说明;名宦不应当
收在人物部分,那是没有弄明白著述体裁,而因为在权衡宗旨和事理上
糊涂。古代的诸侯封国世代统治,各国自己具有《春秋》,羊舌肸《晋春
秋》,《墨子》所引《燕春秋》。就是主宰国境之内,而纪元只尊奉周王的正
朔而已。到封邦建国的制度废除而实行郡县制度,太守和县令受命奉
行诏令,万里之外,也好像京城一带管理地方的长官,《甘棠》歌咏召公,
郑国人歌颂子产,司马迁、班固的《循吏传》,都是用来根据时势决定取
舍。至于正史以外,州郡专门志书,古代有撰作的事例,宗旨和体例不
是不能理出头绪。梁元帝有《丹阳尹传》,《隋书·经籍志》著录共十卷。
贺氏有《会稽太守赞》,《新唐书·艺文志》著录共二卷。唐人有《成都幕府
记》,《新唐书·艺文志》著录共二卷,起自贞元年间,截止咸通年间。都选
取管理那些地方的官员,注明他们的名声和功绩。这些书另外流传,本
来不和《广陵烈士传》、华隔撰,见《隋书·经籍志》。《会稽先贤传》、谢承
撰,见《隋书·经籍志》。《益部耆旧传》,陈寿撰,见《隋书·经籍志》。混杂
在一起记载。那么有善政的地方长官,和乡里的名流,起初并不像云跟

随龙那样归于一类,本来也是风马牛不相及的事情。按顺序排列名宦,不可以和乡贤共同作列传,不仅是客官与地主形势不同,也是详细和简略体制悬殊。长官管理这个地区,选取他有办法使这一方土地兴盛,兴利除弊,遗留的恩德流播民众之中,就应当崇敬而且祝祷他。否则学问类似颜回、曾参,行为如同鲁仲连、柳下惠,对本县没有裨益,编写方志的人不能超越县境而记载,也是有道理的事情。假使这位官员没做官以前,乡里的评论不赞许,离开任官的州县以后,晚节不保,如果是在任期间守法有治绩的人,就记载他在这一地方的善政。吴起杀妻,而在西河立功,在方志中不应当追究已经过去的事情;黄霸作丞相,而声誉比在颍川时期降低,在方志中也不预先记载他将来的事情。把政事当最重要,而其他事情都看轻;难道能和生存在这片土地,应当探究始末而编为列传的人,使用相同的体制吗?

　　旧志于职官条下,备书政迹,而名宦仅占虚篇,惟于姓名之下,注云事已详前而已。是不但宾主倒置,抑亦未辨于褒贬去取,全失《春秋》之据事直书也[①]。夫选举为人物之纲目,犹职官为名宦之纲目也。选举、职官之不计贤否[②],犹名宦、人物之不计崇卑,例不相侔而义实相资也。选举有表而列传无名,与职官有表而政略无志,观者依检先后,责实循名,语无褒贬而意具抑扬,岂不可为后起者劝耶?

【注释】

①褒贬去取,全失《春秋》之据事直书也:据清人钱大昕《潜研堂文集》卷二《春秋论》曰:"《春秋》褒善贬恶之书也。其褒贬奈何?直书其事,使人之善恶无所隐而已……纪其实于《春秋》,俾其恶不没于后世,是之谓褒贬之正也。"

②贤否(pǐ)：贤良和不善。否,坏,恶。

【译文】

旧县志的职官部分,完备地记载行政事迹,而名宦部分只是空占篇幅,仅在姓名的下面,注释说事情在前面已经详细记载而已。这不仅宾主倒置,而且也不能对赞扬与贬低、舍弃与取用加以区别,完全失去《春秋》根据事情如实记载的精神。选举是人物的纲目,如同职官是名宦的纲目。选举、职官记人不计较为人善恶,如同名宦、人物记人不计较地位高低,事类不相等而意义实际上互相凭借。《选举表》上有名字而列传里没有名字,和《职官表》上有名字而政略里没有记载,阅览的人查看前后次序,依照实际而寻求名称,语言没有赞扬或贬斥而意思具有贬低或颂扬,难道不可以作为后来人的劝勉吗?

列传之体缛而文①,政略之体直而简,非载笔有殊致,盖事理有宜然也。列传包罗巨细,品藻人物,有类从如族,有分部如井;变化不拘,《易》之象也;敷道陈谟,《书》之质也;抑扬咏叹,《诗》之旨也;繁曲委折,《礼》之伦也;比事属辞,《春秋》之本义也。具人伦之鉴,尽事物之理,怀千古之志,撷经传之腴②,发为文章,不可方物。故马、班之才,不尽于本纪、表、志,而尽于列传也。至于政略之体,义取谨严,意存补救,时世拘于先后,纪述要于经纶。盖将峻洁其体,可以临莅邦人,冠冕列传,经纬错综,主在枢纽,是固难为文士言也。

【注释】

①缛(rù)：细密,繁琐。

②撷(xié)经传之腴(yú)：采集经传精华。撷,摘取。腴,原意为腹

下的肥肉。引申指美好的事物。

【译文】

列传的体例繁密而有文采，政略的体裁直截而简要，不是记载有不同的情趣，大概事理有应当如此的地方。列传包罗大小，评论人物，有的分类归属如同家族的构成，有的划分区域如同井田的制度；变化没有拘束，有《易经》的形象；铺叙治理陈述谋划，有《尚书》的本质；情调起伏长声吟咏，有《诗经》的旨意；繁密周全，有《周礼》的条理；排比事情连结文辞，有《春秋》的本义。具备人际关系的借鉴，穷尽事物的道理，怀抱千古的志向，摘取经传的美辞，表现出来成为文章，不可以想象比拟。所以司马迁与班固的才能，不全部用在本纪、表、志里，而全部用在列传里。至于政略的体例，宗旨要求谨严，用意是要补救不足，时世有先后的限制，记述关键在于纲领。大概想要使体例简练，可以用它治理地方民众，编排在列传的前面，经纬纵横交叉，作为枢纽根本，这本来就很难对文人谈论。

古人有经无纬之书，大抵名之以略。裴子野取沈约《宋书》，而编年称略①，亦其例也。而刘知几讥裴氏之书名略，而文不免繁②，斯亦未达于古人之旨。《黄石》、《淮南》，《黄石公三略》、《淮南子·要略》。诸子之篇也。张温、鱼豢，张温《三史略》、鱼豢《典略》。史册之文也。其中亦有谟略之意，何尝尽取节文为义欤？

【注释】

①裴子野取沈约《宋书》，而编年称略：裴子野删润沈约《宋书》而撰成《宋略》。

②刘知几讥裴氏之书名略，而文不免繁：据刘知几《史通》卷十七

《杂说中》记载:"裴几原删略宋史,定为二十篇,芟繁撮要,实有
其力,而所录文章,颇伤芜秽。"

【译文】

古人有经没有纬的书,大多使用"略"作为名称。裴子野节取沈约
的《宋书》,而使用编年体称作《宋略》,也属于这一类。然而刘知几指责
裴氏的书称作"略",而文字不免繁芜,这也是没有通晓古人的旨意。
《黄石公》、《淮南子》,《黄石公三略》、《淮南子·要略》。是诸子的篇章;张
温、鱼豢的书,张温《三史略》、鱼豢《典略》。是史册的文字。其中也有谋
略的意思,何尝完全采取删减文字的意思呢?

循吏之迹,难于志乡贤也。治有赏罚,赏罚出而恩怨
生,人言之不齐,其难一也。事有废兴,废兴异而难易殊,今
昔之互视①,其难二也。官有去留,非若乡人之子姓具在,则
迹远者易湮,其难三也。循吏悃愊无华②,巧宦善于缘饰,去
思之碑③,半是愧辞,颂祝之言,难征实迹,其难四也。擢当
要路,载笔不敢直道,移治邻封,瞻顾岂遂无情④?其难五
也。世法本多顾忌,人情成败论才,偶遭望误弹章⑤,便谓其
人不善,其难六也。旧志纪载无法,风尘金石易湮⑥,纵能粗
举大凡,岁月首趾莫考,其难七也。知其难,而不敢不即闻
见以存其涯略⑦,所以穷于无可如何,而益致其慎尔。

【注释】

①今昔之互视:语出东汉荀悦《汉纪》卷二十三,汉元帝建昭二年十
一月:"后之视今,犹今之视昔也。"

②循吏悃愊(kǔn bì)无华:语出范晔《后汉书》卷三《章帝纪》:"安静
之吏,悃愊无华,日计不足,月计有余。"李贤《注》曰:"《说文》曰:

恫惆,至诚也。"

③去思之碑:语出班固《汉书》卷八十九《循吏传》:"王成、黄霸、朱邑、龚遂、郑弘、召信臣等,所居见富,所去民思。"古代做出政绩的地方长官离任,当地士人立碑纪念,表示对离任官员的怀念。欧阳修《集古录》卷八《虞城李令去思颂》碑,唐代李白撰文,王通篆书,即古代去思碑。

④瞻顾:"瞻前顾后"的省略语,意为兼顾前后,比喻做事谨慎,考虑周全,也指顾虑较多,行事犹豫不决。

⑤詿(guà)误弹章:詿误,本作"诖误",语出班固《汉书》卷九十九上《王莽传上》:"臣莽当被诖上误朝之罪。"指官吏因过失或牵连而受到处分。弹章,弹劾官吏的奏章。

⑥风尘:语出班固《汉书》卷六十四下《终军传》:"边境时有风尘之警,臣宜被坚执锐,当矢石,启前行。"比喻烽火战乱。

⑦涯略:边际,梗概。

【译文】

记载循吏的事迹,比记载乡贤困难。治理有赏有罚,实行赏罚而恩怨产生,人们的言论不一致,这是第一个难处。事情有衰败和兴盛,衰败兴盛不同而难易程度悬殊,现在看过去犹如后世看现在,这是第二个难处。官员有在任和离任的时候,不像当地人子孙都在此地,那么相隔遥远的事情容易湮没,这是第三个难处。循吏诚实而不浮华,喜好钻营的官吏善于文饰过错,离任怀思立碑,有一半是不真实的言辞,歌颂祝福的话,难以验证实事,这是第四个难处。升任显要官职,记事的人不敢如实记载;移任治理相邻的地方,瞻前顾后地考虑难道就没有私情?这是第五个难处。世间人际交往本来就多顾忌,人情好用成败议论才干,偶然因为过失受到弹劾,就说这个人不好,这是第六个难处。旧的县志记载没有方法,兵燹战乱金石文字容易湮没,即使能粗略地列举出大概,时间和事情首尾也考查不出来,这是第七个难处。知道这些困难,而不敢不根据所闻所见来保存一县的梗概,用来在无可奈何的困境中,而更加采取慎重的态度罢了。

　　列传首标姓名,次叙官阀,史文一定之例也。政略以官标首,非惟宾主之理宜然,抑亦顾名思义之旨,不可忽尔。旧志以知县、县丞之属,分类编次,不以历官先后为序,非政略之意,故无足责也。

【译文】

　　列传首先标明姓名,接着叙述官阶门第,这是史书确定的体例。《政略》把官职记载在最前面,不只宾主关系的道理应当如此,而且也是顾名思义的旨意,不可以忽视。旧的县志按知县、县丞等官分类编排,不按历任先后为次序,不是政略的含意,因而不值得责怪。

永清县志列传序例

【题解】

　　本篇主旨在于阐述传体源流,指陈方志列传纂修中存在的问题。章学诚指出,传由经所派生,《春秋》经有《左传》,司马迁继承《春秋》之学,创为记载人物的列传。唐、宋以来,文人在自己文集中纷纷撰写记载人物的传体,则背离了经的本原。至于方志之中编纂的人物传,失误更为严重,根本原因就在于编修者不懂得方志属于历史体裁的道理。他概括出方志中人物传的三大缺陷,要求后世修志者深长思之。其一,方志人物分类编排,各加标目,却不知道《汉书》等史书确立《儒林》、《循吏》等传目,是因为事重于人,而不在品评人物。其二,方志采用史传本文,却不知道兼采原书中他传互见的文字,因而非常不全面。其三,方志删节史传文字,不懂得没有证据不宜凭胸臆删节,结果导致不少错误。章学诚提出为方志撰写列传要善于融通变化,从而体现出纂修者的别具心裁。

　　传者对经之称,所以转授训诂,演绎义蕴,不得已而笔之于书者也。左氏汇萃宝书,详具《春秋》终始,而司马氏以人别为篇,标传称列,所由名矣。经旨简严,而传文华美,于是文人沿流忘源,相率而撰无经之传,则唐、宋文集之中,所以纷纷多传体也。近人有谓文人不作史官,于分不得撰传。夫以绎经之题,逐末遗本,折以法度,彼实无辞。而乃称说史官,罪其越俎①,使彼反唇相讥②,以谓公、穀非鲁太史,何以亦有传文? 则其人当无说以自解也。且使身为史官,未有本纪,岂遽可以为列传耶? 此传例之不可不明者也。

【注释】

①越俎:语出《庄子·逍遥游》:"庖人虽不治庖,尸祝不越樽俎而代之矣。"俎,祭祀时盛祭品的器具。意为超越自己的职责范围去做别人所管的事情。

②反唇相讥:语出班固《汉书》卷四十八《贾谊传》:"妇姑不相说,则反唇而相稽。"反唇,翻唇,表示不服气或鄙视。说,通"悦"。稽,计较。

【译文】

传是对经而定的名称,用来转授对经的解释,推演经的含义,不得已而写成书。左丘明荟萃各国的史书,详细叙述《春秋》记言记事的始终,而司马迁把人区分开来分成篇,把他们标明称为列传,从此而得名了。经的意旨简要严谨,而传的文辞华丽艳美,于是文人顺着水流而忘记源头,互相效仿撰写没有经的传,唐、宋人的文集里面,因而纷纷多包括传的文体。近代有人说文人不作史官,在职责上不能给别人作传。用推演经义的题目,追求细节而舍弃根本,如果用法度批驳,那些文人确实没有言辞回答。然而却提到史官,责备文人超越职责,假使文人反唇相讥,说公羊、穀梁都不是鲁国史官,为什么也作传文呢? 那么这些人将会没有言辞来自我辩解。而且假如身为史官,没有本纪,难道就可以作列传吗? 这就是传的体例不能不辨析明白的原因。

　　无经之传,文人之集也。无传之经,方州之志也。文集失之艳而诬,方志失之短而俗矣。自获麟绝笔以来,史官不知百国宝书之义。州郡掌故,名曰图经[①];历世既久,图亡而经孤,传体不详,其书遂成瓠落矣[②]。乐史《寰宇记》,袭用《元和志》体,而名胜故迹,略存于点缀。其后元、明《一统志》,遂以人物、列女、名宦、流寓诸目,与山川、祠墓,分类相次焉。此则地理专门,略具类纂之意,以供词章家之应时取给尔,初不以是为重轻者也。阎若璩欲去《一统志》之人物门[③],此说似是。其实此等亦自无伤,古人亦不尽废也。盖此等处,原不关正史体裁也。州县之志,本具一国之史裁,而撰述者转用一统类纂之标目,岂曰博收以备国史之约取乎?

【注释】

①州郡掌故,名曰图经:据《章氏遗书》卷十四《姑孰备考书后》曰:"晋、唐人作《左传》注疏,及唐人作《正义》,所称图经,乃当代见行州郡图经也。"

②瓠落:语出《庄子·逍遥游》:"剖之以为瓢,则瓠落而无所容。"意为廓落,空旷。

③阎若璩欲去《一统志》之人物门:据王应麟《困学纪闻》卷十《地理》翁元圻《注》引阎若璩曰:"万斯同季野尝谓余云:'撰《一统志》,奚必及人物?人物自有史传诸书。'予甚骇其说,及近览《元和郡县图志》、《太平寰宇记》,意果不足重在此,一州内或人物无,或仅姓名贯址,即间举生平,亦寥寥数语,不似《明一统志》夸多浮滥,令人厌观。乃悟著书自有体要,苟其人其事无关地理,不容阑入。"可见阎若璩主张《一统志》人物门不宜阑入无关地理之人,并非主张删除人物一门,章学诚此言不确。

【译文】

没有经的传,在文人的文集里;没有传的经,是州郡的方志。文集的过失是华丽而不真实,方志的过失就是短浅而平庸了。自从孔子因麒麟被捕获而停止《春秋》的修订以来,史官不懂得各国史书的意义,把州郡掌故的书籍,称作图经;经过的年代已经长久,图散佚而经孤立存在,传的体例不清晰,图经之书就变得廓落空泛了。乐史撰《太平寰宇记》,沿袭《元和郡县志》的体例,而名胜、古迹,大略收入作为点缀。此后元、明的《一统志》,就把人物、列女、名宦、流寓等名目,和山川、祠墓,放在一起分类排列。这乃是地理专门书,大致具备分类编纂的意图,用来供应诗文作家随时取用罢了,本来没有把这些当做重要的内容。阎若璩想要去掉《一统志》的人物一门,这种说法似乎正确。实际上有这些名目本来也没有损害,古人也不都废弃。大概这些地方,原本不涉及正史的体裁。州县的方志,本来具备一国史书的规模,而撰述的人反过来用《一统志》分类编纂的标题,难道能说是广泛搜罗用来预备国史摘取要领吗?

　　列传之有题目,盖事重于人,如《儒林》、《循吏》之篇,初不为施、孟、梁邱、龚、黄、卓、鲁诸人而设也①。其余人类之不同,奚翅什百倍徙而千万?必欲尽以二字为标题,夫子亦云,方人我则不暇矣②。欧阳《五代》一史,尽人皆署其品目③,岂所语于《春秋》经世,圣人所以议而不断哉?方州之志,删取事略,区类以编,观者索然,如窥点鬼之簿④。至于名贤、列女,别有状、志、传、铭,又为分裂篇章,别著《艺文》之下。于是无可奈何,但增子注,此云详见某卷,彼云已列某条,复见叠出,使人披阅为劳,不识何故而好为自扰也!此又志家列传之不可不深长思者也。

【注释】

①《儒林》、《循吏》之篇,初不为施、孟、梁邱、龚、黄、卓、鲁诸人而设也:班固《汉书》卷八十八《儒林传》记载施雠、孟喜、梁邱贺;卷八十九《循吏传》记载龚遂、黄霸。卓茂、鲁恭,范晔《后汉书》各为立传,未入《循吏传》。

②夫子亦云方人,我则不暇矣:语出《论语·宪问》:"子贡方人。子曰:'赐也贤乎哉?夫我则不暇。'"方,讥评,品评。

③欧阳《五代》一史,尽人皆署其品目:欧阳修撰《新五代史》,欲效《春秋》因乱世而立法,把五代时期的人物区分品类,只事一代者称某臣传,更事历代者称杂传,其余还设立死节、死事、一行、唐六臣、义儿、伶官等传目,寓含褒贬之意。

④点鬼之簿:据宋代曾慥《类说》卷二十五《点鬼簿算博士》记载:"王、杨、卢、骆有文名,人议其疵曰:杨好用古人姓名,谓之点鬼簿;骆好用数对,谓之算博士。"四人指唐初王勃、杨炯、卢照邻、骆宾王。唐代张鷟《朝野佥载》卷六记载:"杨之为文,好以古人姓名连用,如'张平子之略谈,陆士衡之所记';'潘安仁宜其陋矣,仲长统何足知之',号为点鬼簿。骆宾王好以数对,如'秦地重关一百二,汉家离宫三十六',时人号为算博士。"张平子即张衡,陆士衡即陆机,潘安仁即潘岳。

【译文】

　　列传设有题目,大概是因为事比人重要,例如《儒林》、《循吏》等篇章,本来不是为施雠、孟喜、梁邱贺、龚遂、黄霸、卓茂、鲁恭等人设立。其他人的类别不同,何止一倍、五倍、十倍、百倍甚至千倍、万倍?一定要全部用两个字作为标题,孔夫子也说过,讥评人我就没有闲工夫了。欧阳修《五代史》一书,每个人都题署名目,这难道能谈论《春秋》经世致用,圣人用来评议而不判断吗? 州郡的方志,节取人物生平事迹的大概,区分类别加以编纂,阅览的人毫无兴趣,好像观看记录死人姓名的点鬼簿。至于名贤、列女，另外有行状、墓志、传记、碑铭，又把它们分裂篇章，另外记载在《艺文》部分。于是弄得无可奈何，只好增加小注，这里说详细参见某卷，那里说已经列入某条，反复重叠出现，使人翻阅起来费力劳神，不知道他们为什么喜欢给自己找麻烦！这又是纂修方志的人编纂列传不能不深远思考的内容。

　　近代之人，据所见闻，编次列传，固其宜也。伊古有人，已详前史，录其史传正文，无所更易，抑亦马、班递相删述，而不肯擅作聪明之旨也。虽然，列史作传，一书之中，互为详略，观者可以周览而知也。是以《陈余传》中，并详张耳之迹①，管、晏政事，备于太公之篇②，其明验也。今既裁史以入志，犹仍列传原文，而不采史文之互见，是何以异于锲彼舟痕，而求我故剑也③？

【注释】

①是以《陈余传》中，并详张耳之迹：张耳、陈余，《史记》《汉书》两人均为合传，此处说法不准确。

②管、晏政事，并详太公之篇：司马迁把管仲、晏婴二人的政绩功勋，详载于《史记》卷三十二《齐太公世家》。

③锲彼舟痕，而求我故剑也：语出《吕氏春秋·察今》："楚人有涉江者，其剑自舟中坠于水，遽契其舟曰：'是吾剑之所从坠。'舟止，从其所契者入水求之。舟已行矣，而剑不行，求剑若此，不亦惑乎？"

【译文】

近代的人，根据所见所闻，编纂列传，本来是恰当的事情。古代的人，已经详细记载在以前的史书里，抄录他们在史书传记的正文，没有改动的地方,恐怕也是司马迁、班固交替删节和传述旧文,而不肯自作聪明的意图。虽然如此,历代史书作传,一部书当中,互有详细和简略相配合,阅览的人可以通读全书知道。所以《陈余传》里,一并详细记载张耳的事迹,管仲、晏婴的政事,完备记载在《齐太公世家》里,就是明显的证据。现在已经裁剪史书文字写入方志,仍然沿用列传原文,却不采用史书中互见的文字,这和在船上刻出痕迹,而寻找自己落水的宝剑有什么区别呢?

　　史文有讹谬,而志家订正之,则必证明其故,而见我之改易,初非出于得已也。是亦时势使然。故司马氏《通鉴考异》,不得同马、班之自我作古也①。至于史文有褒贬,《春秋》以来,未有易焉者也。乃撰志者,往往采其长而讳所短,则不如勿用其文,犹得相忘于不觉也。志家选史传以入《艺文》,题曰某史某人列传矣。按传文而非其史意也,求其所删所节之故,而又无所证也,是则欲讳所短,而不知适以暴之矣②。

【注释】

①自我作古:语出宋敏求《唐大诏令集》卷七十三《亲享明堂制》:
　　"时既沿革,莫或相遵;自我作古,用适于时。"也作"自我作故"。
　　意为不拘泥前人之例,由我创始。

②暴(pù):显著,暴露。

【译文】

　　史书文字有讹误,编纂方志的人订正它们,那么一定要证明修改的缘故,以便显示语出己的改动,本来是出于不得已。这也是时势造成这样。所以司马光的《资治通鉴考异》,不能像司马迁、班固那样由我创始。至于史书文字有褒贬，从《春秋》以来，就没有改变的先例。然而编纂方志的人，往往采用史书的长处而避讳短处，那就不如不要用史书的文字，还可以在没有察觉之中忘掉两者的关系。编纂方志的人选取史书的传文收进《艺文》部分，却题作某史某人列传了。考察传文却不是原来史书的意思，考察他们对史书采录和省略的原因，而又不能证明，这就导致想要避讳短处，而不知道恰巧显露出短处了。

　　史传之先后，约略以代次；否则《屈贾》、《老庄》之别有命意也①。比事属辞，《春秋》之教也，比兴于是存焉尔②；疏通知远，《尚书》之教也，象变亦有会焉尔③。为列传而不知神明存乎人④，是则为人作自陈年甲状而已矣。

【注释】

①《屈贾》、《老庄》之别有命意也：此言方志列传，当以时代先后为序，倘若别有命意所在，也可以像司马迁《史记》把屈原和贾谊置于一传，老子、庄子和申不害、韩非置于一传，有所变通。

②比兴于是存焉尔：据章学诚《文史通义》内篇三《史德》曰："吾则以谓通六义比兴之旨，而后可以讲春王正月之书。"此言比兴存于比事属辞之教。

③象变亦有会焉尔：章学诚《文史通义》内篇一《书教下》曰："此《尚书》之所以神明变化，不可方物。"此言象变通于疏通知远之教。

④神明存乎人：语出《周易·系辞上》："神而明之，存乎其人。"

【译文】

　　史书列传的先后，大致按时代排列，否则可以像《史记》把屈原和贾谊合传、老子和庄子合传那样另外富有含意。排比事情连缀文辞，是《春秋》的教义，而《诗经》的比兴在这里同时存在。通达博古，是《尚书》的教义，而《周易》的形象变化也在这里交汇。作列传而不懂得表明神妙变化在于各人，这就像替别人作自述逐年经历的行状而已了。

永清县志列女列传序例

【题解】

本篇序例的内容,在于追溯妇女立传的渊源,论述传文体例,阐明方志的作用。《列女传》自西汉刘向创始,自范晔《后汉书》列入正史。史家编撰《列女传》,历来都以封建纲常和伦理道德为准则,以表彰妇德为主要内容。然而随着理学的兴起,妇女被表彰的内涵逐渐局限在忠孝节烈的范围,无法反应妇女丰富多彩的社会生活。章学诚一方面在县志中正名,指出为"列女"而非"烈女"立传,不能仅仅记载忠孝节烈;另一方面又指出表彰贞女节妇对于维护纲常大义与人伦道德意义重大,不可不载。他鉴于很多乡村妇女默默遵守节义而多不幸失载的现象,用了很多精力搜访永清县境内的妇女加以表彰。他在《章氏遗书》卷十八《周筤谷别传》里讲述了搜集永清境内贞节孝烈妇女的经过,访求那些现存者,公车迎到馆驿之中,让她们自述生平;对于不愿意赴馆驿的人,就到她们家中采访,以礼相见,访谈生平始末,尽得悲欢情乐之状。章学诚前后接见五十余人,全部详细给她们立传,根据各人不同情况,诸传内容各具特色,避免了以往县志千篇一律的官话和套话语言。这种重视实际调查的做法,大大拓宽了方志取材范围,值得重视和借鉴。篇末叙述《列女传》的体例与作法,对传体分合、标目论赞、排列顺序、系年叙事等史法问题,一一加以说明,表现出章学诚重视县志在宣扬封建伦理道德教化功能方面的作用。

　　列女之传，传其幸也。史家标题署目之传，儒林、文苑、忠义、循良，及于列女之篇，莫不以类相次，盖自蔚宗、伯起以还①，率由无改者也。第儒林、文苑，自有传家，忠义、循良，勒名金石，且其人世不数见，见非一端，太史搜罗，易为识也。贞女节妇，人微迹隐，而纲维大义，冠冕人伦；地不乏人，人不乏事，辐轩远而难采，舆论习而为常②。不幸不值其时，或值其时而托之非人，虽有高行奇节，归于草木同萎，岂不惜哉！永清旧志，列女姓氏寥寥；覆按其文，事实莫考，则托非其人之效也。旧志留青而后，新编未辑以前，中数十年，略无可纪，则值非其时之效也。今兹博采广询，备详行实，其得与于列传，兹非其幸欤？幸其遇，所以深悲夫不遇者也！

【注释】

①蔚宗、伯起：范晔和魏收。范晔《后汉书》和魏收《魏书》均有《列女传》。

②舆论：语出陈寿《三国志》卷十三《王朗传》："设其傲狠，殊无入志，惧彼舆论之未畅者，并怀伊邑。"意为公众的言论。舆，众。

【译文】

　　列女的传，记载她们的幸运。史学家标明题目的传，儒林、文苑、忠义、循良，以及列女等篇，全部都是按类编排，大概从范蔚宗、魏伯起以后，都遵循而不加改变。只是儒林、文苑，自然有写传的人，忠义、循良，名字刻于金石；况且这样的人世间不常见，表现也不在一个方面，史官搜罗，容易记载。贞女和节妇，地位低微而事迹不显，却能维护纲常大义,作为人伦道德之表;各地不缺少这类人,各人不缺少这类事,朝廷使者相距遥远而难以采集,当地舆论熟习以为平常事。不幸没有遇到时机,或者遇到时机而委托给不恰当的人,虽然有高尚的品行与奇特的节操,结局却是和草木一同枯萎,难道不可惜吗!永清县的旧方志,列女人数寥寥无几,审查记载的文字,事实无从考证,就是委托给不恰当之人的结果。旧方志定稿以后,新方志没有编集以前,中间几十年,没有被记载下来,就是没有遇到时机的结果。今天在此广泛采择询问,完备详细记载她们的生平事迹,她们能够进入列传,这不是她们的幸运吗?庆幸她们遇到时机,是因为对那些没有遇到时机的人深感悲伤。

　　列女之名,仿于刘向,非烈女也。曹昭重其学,使为丈夫,则儒林之选也。蔡琰著其才,使为丈夫,则文苑之材也。刘知几讥范史之传蔡琰①,其说甚谬;而后史奉为科律,专书节烈一门。然则充其义例,史书男子,但具忠臣一传足矣;是之谓不知类也。永清列女,固无文苑、儒林之选,然而夫死在三十内,行年历五十外②,中间嫠处③,亦必满三十年;不幸夭亡,亦须十五年后,与夫四十岁外,律令不得不如是尔。妇德之贤否,不可以年律也。穆伯之死④,未必在敬姜三十岁前⑤;杞梁妻亡⑥,未必去战莒十五年后也⑦。以此推求,但核真伪,不复拘岁年也。州县之书,密迩而易于征实,非若律令之所包者多,不得不存限制者也。

【注释】

　　①刘知几讥范史之传蔡琰(yǎn):语出刘知几《史通》卷八《人物》:"观东汉一代,贤明妇人,如秦嘉妻徐氏,动合礼仪,言成规矩,毁形不嫁,哀恸伤生,此则才德兼美者也。董祀妻蔡氏,载诞胡子,

受辱虏廷，文词有余，节概不足，此则言行相乖者也。至蔚宗《后汉》，传标《列女》，徐淑不齿，而蔡琰见书，欲使彤管所载，将安准的？"

②夫死在三十内，行年历五十外：据《清会典则例》卷七十一《礼部》记载："兵、民节烈，原宜一例旌表……有三十岁以内守节，至五十岁以后；及守节十五载以上，年逾四十身故者……由部汇请旌表，永为定例。"守节，寡妇守寡不改嫁。身故，死亡。

③嫠(lí)处：寡居。嫠，寡妇。

④穆伯：公父穆伯，春秋时期鲁国大夫，公父文伯之父。

⑤敬姜：春秋时期鲁大夫公父穆伯之妻，公父文伯之母。《国语·鲁语下》记载其言行数则，贤明知礼，教子有方。

⑥杞梁妻亡：据刘向《列女传》卷四记载："齐杞梁妻，齐杞梁殖之妻也。庄公袭莒，殖战而死……杞梁之妻无子，内外皆无五属之亲……既葬……遂赴淄水而死。"

⑦莒：西周初年分封的诸侯国。己姓，一说曹姓。建都计斤，一作介根（今山东胶州西南）。春秋初年，迁都于莒（今山东莒县）。公元前431年，为楚国所灭。

【译文】

列女的名称，始于刘向的《列女传》，并非烈女。班昭看重的是学问，假如是男子，就是儒林中的人选。蔡琰显示的是文才，假如是男子，就是文苑中的人才。刘知几指责范晔《后汉书》为蔡琰立传，他的说法很荒谬；以后的史书把他的话当做金科玉律，仅仅记载节烈一门。那么推衍这种体例，史书记载男子，仅仅具备忠臣一传就足够了；这就叫做不知道类例。永清县的列女，固然没有文苑、儒林的人选，然而丈夫死的时候寡妻年龄在三十以内，年龄超过五十以上，这段时间寡居，也一定要满三十年；寡妇不幸早死，也一定要寡居十五年以上，以及年龄超过四十以外，律令不得不这样规定。妇女品德的好坏，不能用年岁作为标准。穆伯死亡，不一定在敬姜三十岁以前；杞梁妻死亡，不一定距离攻打莒国十五年以后。根据这些来推究，只核实真假，不再用年龄和年数加以限制。州县的方志，距离接近而容易求得实际情况，不像法令规定所包括的人物多，不得不有所限制。

　　迁、固之书不著列女，非不著也；巴清叙于《货殖》^①，文君附著《相如》^②，唐山之入《艺文》^③，缇萦之见《刑志》^④，或节或孝，或学或文，磊落相望；不特杨敞之有智妻^⑤，买臣之有愚妇也^⑥。盖马、班法简，尚存《左》、《国》余风，不屑屑为区分类别；亦犹四皓、君平之不标隐逸^⑦，邹、枚、严、乐之不署文苑也^⑧。李延寿《南》、《北》二史，同出一家；《北史》仍魏、隋之题，特著《列女》；《南史》因无列女原题，乃以萧矫妻羊以下，杂次《孝义》之篇^⑨；遂使一卷之中，男女无所区别，又非别有取义，是直谓之缪乱而已，不得妄托于马、班之例也。至于类族之篇，亦是世家遗意，若王、谢、崔、卢孙曾支属，越代同篇；王、谢、崔、卢，本史各分朝代，而李氏合为一处也。又李氏之寸有所长，不可以一疵而掩他善也。今以《列女》之篇，自立义例。其牵连而及者，或威姑年迈而有懿德^⑩，或子妇齿稚而著芳型，并援刘向之例，刘向之例，列女乃罗列女行，不拘拘为节烈也。姑妇相附，又世家遗意也。一并联编，所谓人弃而我取者也。其或事系三从，行详一族，虽是贞节正文，亦为别出门类；如刘氏守节，而归《义门列传》之类。庶几事有统贯，义无枝离，不拘拘以标题为绳，犹得《春秋》家法，是又所谓人合而我分者也。

【注释】

①巴清叙于《货殖》:据司马迁《史记》卷一百二十九《货殖列传》记载,巴蜀寡妇清,先世有丹砂矿穴,占有其利,家业巨富。清能守家业,用财自卫,不被侵犯。秦始皇认为是贞妇,特意为她修筑女怀清台。

②文君附著《相如》:据司马迁《史记》一百一十七《司马相如列传》记载,卓文君与司马相如相爱,奔蜀经营酒业。

③唐山之入《艺文》:据班固《汉书》卷二十二《礼乐志》记载,汉高祖唐山夫人曾经作《房中祠乐》。章学诚曰《艺文志》,有误。

④缇(tí)萦之见《刑志》:据班固《汉书》卷二十三《刑法志》记载,汉文帝时期,齐国太仓令淳于意有罪判刑,捕往长安,淳于意无男,五女之中缇萦最小,随父至长安,上书愿为官婢以赎父罪。文帝怜之,赦免淳于意,并下令废除肉刑。

⑤杨敞之有智妻:司马迁之女,杨恽之母。杨敞,西汉华阴(今属陕西)人。为大将军霍光司马,甚得爱重,后官至大司农、御史大夫,任丞相,封安平侯。汉昭帝卒,昌邑王即位,荒淫无道。霍光和车骑将军张安世谋废昌邑王,使大司农田延年告杨敞。杨敞闻言惊惧,不知所对。杨敞夫人劝其不可犹豫,否则有灭门之祸,于是三人共语许诺,汉宣帝始立。

⑥买臣之有愚妇:据班固《汉书》卷六十四上《朱买臣传》记载,朱买臣为官前家贫,喜好读书,砍柴谋生,常担柴诵书,其妻随后跟随。妻以为羞,劝他不要路上诵歌,屡劝不止,于是离婚另嫁。后来朱买臣做了会稽太守,遇其故妻与后夫,迎至太守官舍。一月之后,妻悔恨自尽。朱买臣(? —前115),字翁子,西汉吴县(今属江苏)人。汉武帝时期,朱买臣年近五十,得荐召见,说《春秋》与《楚辞》,拜为中大夫。东越不臣服,任为会稽太守,与横海将军韩说等击破东越,官主爵都尉。后为丞相长史,与御史大夫

张汤有怨,告张汤阴事,张汤自杀,朱买臣也被诛。

⑦四皓、君平之不标隐逸:班固《汉书》卷七十二《王贡两龚鲍传》传首记载四皓园公、绮里季、夏黄公、甪(lù)里先生和严君平事迹,而不为诸人设立《隐逸传》。严君平,名遵,西汉蜀郡(今属四川)人。汉成帝时,在成都卜筮,日得百钱能够维持温饱,即歇业闭门读书。阐释老子、庄子学说,著书十余万言。

⑧邹、枚、严、乐之不署文苑:班固《汉书》各为邹阳、枚乘、严安、徐乐立传,表彰他们的文才,而不为诸人设立《文苑传》。

⑨萧矫妻羊以下,杂次《孝义》之篇:据李延寿《南史》卷七十三《孝义传上》记载,萧矫之妻羊氏,字淑祎,性情至孝。该传传末还附有萧睿明之姊萧文英等人。

⑩威姑:语出许慎《说文解字·女部》引《《汉律》曰妇告威姑》。即君姑,汉代妇人称呼丈夫的母亲。"威"与"君",古声相近,字义相通。

【译文】

司马迁、班固的书不设《列女传》,并不是不撰写列女;巴寡妇清在《货殖列传》里叙述,卓文君附在《司马相如传》里,唐山夫人写进《艺文志》,缇萦在《刑法志》里出现,有的人有节操而有的人有孝义,有的人有学问而有的人有文才,人物众多接连不断;不只是杨敞有聪明的爱妻,朱买臣有愚昧的妇人。大概司马迁、班固法则简要,还保存着《左传》、《国语》的余风,不是琐屑地对人物加以分类;也就像商山四皓、严君平等人不用"隐逸"作标题,邹阳、枚乘、严安、徐乐等人不用"文苑"作名目。李延寿的《南史》、《北史》,同出一人;《北史》沿用《魏书》、《隋书》的标题,特地作《列女传》;《南史》因为所据各书没有"列女"的标题,就把萧矫妻羊氏以下诸人混杂排编在《孝义传》里;于是使一卷里面,男女没有区别,又不是另外有含义,这直接说它错乱罢了,不可以妄自依附司马迁、班固例子。至于家族的列传,也是世家遗传的意图。像王、谢、崔、卢的子孙、曾孙以及宗支属系，跨越不同朝代而编在同一篇里，王、谢、崔、卢，原来的史书各分朝代，而李氏合在一处。另外李氏的不足之外也有长处，不能用个别缺点掩盖其他的优点。现在把《列女》一篇，单独确定凡例。那些有关联而涉及的人，有的是姑婆年老而具有美德，有的是儿媳年少而成为典型，都援引刘向的体例，刘向的体例，列女是罗列女子操行，不局限在在节烈方面。婆媳互相依附，又是世家遗传的意图。一起合编，这就是人们所说的别人舍弃而我取来的意思。有的事情属于三从方面，行为举族遍知，虽然是贞节的内容，也另外分出门类，例如刘氏守节，而归入《义门列传》之类。期望事情有系统，宗旨不分散，不拘泥于用标题作准则，还能得到《春秋》家法的传统，这又是人们所说的别人合并而我分开的意思。

范史列传之体，人自为篇，篇各为论，全失马、班合传，师法《春秋》之比事属辞也。马、班分合篇次，具有深意，非如范史之取足成卷而已。故前《汉书》于简帙繁重之处，宁分上中下而仍为一篇，不肯分其篇为一二三也。至于《列女》一篇，叙例明云不专一操矣。《自叙》云："录其高秀，不专一操而已。"[①]乃杂次为编，不为分别置论，他传往往一人事毕，便立论断，破坏体裁。此处当分，反无论断。抑何相反而各成其误耶？今志中列传，不敢妄意分合，破体而作论赞。惟兹《列女》一篇，参用刘向遗意，列传不拘一操，每人各为之赞。各为论列，抑亦诗人咏叹之义云尔。其事属平恒，义无特著，则不复缀述焉。太史标题，不拘绳尺，传首直称张廷尉、李将军之类[②]。盖春秋诸子以意命篇之遗旨也。至班氏列传，而名称无假借矣。范史列传，皆用班传书法；而《列女》一篇，章首皆用郡望夫名，既非地理之志，何以地名冠首？又非男子之文，何必先出夫名？

是已有失列女命篇之义矣。当云某氏，某郡某人之妻，不当云某郡某人妻某也。至于曹娥、叔先雄二女③，又以孝女之称，揭于其上，何蔚宗之不惮烦也？篇首既标列女，曹昭不闻署贤母也，蔡琰不闻署才女也，皇甫不闻称烈妇也④，庞氏不闻称孝妇也⑤，是则娥、雄之加藻饰，又岂《春秋》据事直书、善恶自见之旨乎？末世行文，至有叙次列女之行事，不书姓氏，而直以贞女节妇二字代姓名者，何以异于科举制义破题，人不称名⑥，而称圣人、大贤、贤者、时人之例乎？是则蔚宗实阶之厉也⑦。今以女氏冠章，而用夫名父族次于其下，且详书其村落，以为后此分乡析县之考征。其贞烈节孝之事，观文自悉，不复强裂题目，俾览者得以详焉。妇人称姓，曰张曰李可也。今人不称节妇贞女，即称之曰氏，古人无此例也。称其节妇贞女，是破题也。称之谓氏，是呈状式也。

【注释】

①录其高秀，不专一操而已：语出范晔《后汉书》卷一百一十四《列女传》："搜次才行尤高秀者，不必专在一操而已。"

②传首直称张廷尉、李将军之类：司马迁《史记》卷一百零二《张释之列传》传首称"张廷尉释之"，同书卷一百零九《李将军列传》传首称"李将军广"，等等。

③曹娥、叔先雄：二人均载范晔《后汉书》卷一百一十四《列女传》。曹娥，东汉会稽郡上虞（今属浙江）女子。其父为巫祝，祭江迎神时溺死，尸体无法找到。曹娥时年十四岁，沿江恸哭不绝，十七天后投江而死。汉桓帝元嘉元年（151），会稽县长度尚为她改葬立碑，世称曹娥碑。叔先雄，东汉犍为郡（治所在今四川彭山东）女子。汉顺帝时期，其父为县功曹，外出公干，乘船淹死，不见尸

体。叔先雄昼夜哭泣,欲投水自尽,多次与幼儿幼女作诀别之
语。后家人防备松懈,乘小船在父亲落水处投水自尽。数天以
后,尸体与父尸一起浮出水面。郡县为之立碑,并且图画影像。

④皇甫:东汉安定郡(治所在今甘肃镇原东南)皇甫规妻,姓氏不
详。貌美有文才,擅长草书。皇甫规先亡,妻犹年少。后董卓为
相国,闻名聘娶。她至董卓之门,陈辞谢绝。董卓威逼,她痛骂
不从,被鞭打而死。后人为之画像,号为礼宗。

⑤庞氏:庞淯(yù)之母赵娥。

⑥破题:唐、宋时期,参加科举考试所作的诗赋和经义,起首数句必
须说破题目要义,称为破题。明、清时期,科举考试所作八股文
的开头两句,俗称破题,成为固定格式。

⑦阶之厉:语出《诗经·大雅·瞻卬》:"妇有长舌,维厉之阶。"厉,
恶。阶,阶梯,台阶。

【译文】

范晔《后汉书》列传的体例,每人各自成篇,每篇各自撰论,完全失
掉司马迁、班固合传效法《春秋》的排比史事连缀文辞。司马迁、班固对
各篇的区分与合并,具有深刻的含义,不像范晔《后汉书》只求能够成卷而
已。所以前《汉书》在篇幅繁多的地方,宁肯分上、中、下卷而仍然当做一篇,
也不肯把一篇分作一、二、三卷。至于《列女传》一篇,叙例中明明说不专
门记载一种操行,《自叙》说:"记录那些高尚优秀的妇女,不专门记载一种
操行而已。"却混杂编排,不对各人分别撰论,其他的传往往一个人的事情
叙述完以后,就作出论断,割裂体裁。这里应当分开,反而没有论断。为什
么做法相反而各自出现错误呢? 现在方志中的列传,不敢随意区分与
合并,割裂体裁而撰论赞,只有这篇《列女传》,参用刘向遗留的旨意,刘
向《列女传》不拘泥于一种操行,每人各为作赞。各自撰写评论,也是《诗
经》作者歌咏赞叹的意思吧。那些事迹属于平常,意义不是特别显著的
妇女,就不再叙述了。太史公标明题目,不受规矩限制,传文开端径直称

张廷尉、李将军之类。大概是春秋时期诸子根据用意命名篇题的遗留旨意。到班固的列传，名称就很谨严了。范晔《后汉书》列传，完全采用班固列传的史法；然而《列女传》一篇，每章开端都使用郡望和丈夫姓名，既不是地理志书，为什么把地名放在开头？又不是记载男子的文字，何必先写出丈夫姓名？这已经违背用"列女"称呼篇名的宗旨了。应当说某氏，某郡某人之妻，不应当说某郡某人之妻某。至于曹娥、叔先雄两名女子，又用"孝女"的称呼，标著在她们姓名前面，为什么范蔚宗这样不怕麻烦呢？篇首既然标署"列女"，班昭没听说题作"贤母"，蔡琰没听说题作"才女"，皇甫氏妻没听说称作"烈妇"，庞氏妻没听说称作"孝妇"，那么曹娥、叔先雄前面加上修饰文字，又难道是《春秋》按照事情如实记载、善恶之迹自然显现的旨意吗？世风日下的时代撰写文章，甚至有叙述列女的行为事迹，不记载姓氏，而径直用"贞女"、"节妇"二字代替姓名，这和科举八股文破题，对人不称姓名，而称圣人、大贤、贤者、时人的事例有什么两样呢？那样说来范蔚宗实际上是祸根。现在把女子姓氏列在每章开端，而把丈夫姓名与父族排在下面，并且详细写明她们的村庄，把这作为以后析出乡县的考求证据。关于贞烈节孝的事迹，观看文章自然清楚，不再勉强分割题目，让阅览的人能够详细了解。妇人称呼姓氏，叫张叫李都可以。现在的人不是称呼"节妇"、"贞女"，就是把他们称作"氏"，古人没有这样的例子。称她们为"节妇"、"贞女"，是破题。称她们为"氏"，是诉状的格式。

先后略以时代为次。其出于一族者，合为一处；时代不可详者，亦约略而附焉。

【译文】

先后顺序大致按时代编排。那些语出一个家族的妇女，合编在一处；时代无法搞清楚的人，也大致附在里面。

无事可叙,亦必详其婚姻岁月,及其见存之年岁者,其所以不与人人同面目,惟此区区焉耳。噫!人且以是为不惮烦也。其有不载年岁者,询之而不得耳。

【译文】

没有事迹可以叙述,也一定详细说明这个人的婚姻岁月,以及现在活着的人的年龄,这个人和别人面目不相同的原因,只在这小小的地方而已。唉!有人还把这个事情看作不怕麻烦呢。其中有不记载年龄的人,询访而没有得到答案。

永清县志缺访列传序例

【题解】

　　本篇主旨在于阐明史学多闻缺疑的重要性,对已知姓名而事迹不详或者众说难断的人物搜访和保留材料,以待后人考察。这是章学诚在方志中设立《缺访列传》的主要目的。他认为,方志中设立《缺访列传》是采取《春秋》缺疑的意旨,司马迁、班固虽然了解缺疑之法,却没有很好地运用;陈寿《三国志》在《杨戏传》末尾录其《季汉辅臣赞》,常璩《华阳国志·序志》列举人物姓名,尚对此法有所领悟。此后史家不得其传,遇到疑者删削灭裂而已。如果把这篇文章与章学诚数年前撰写的《和州志缺访列传序例》比较,可以看出他在这方面的观点有所变化和发展。此篇归纳出缺疑之例三条,史书无缺访专篇之弊十条,这都是《和州志缺访列传序例》所不曾涉及的新内容。至于例举《春秋》的"夏五"、"郭公"作为孔子缺疑之意,恐怕未必恰当。这类残缺大多属于后世书籍流传过程中造成的脱漏,在章学诚之前的顾炎武等人就曾经明确指出过,可以作为定论。

　　史家缺文之义,备于《春秋》。两汉以还,伏、郑传经,马、班著史;经守师说①,而史取心裁,于是六艺有缺简之文,而三传无互存之例矣。《公》、《穀》异闻,不著于《左氏》;《左氏》别见,不存于《公》、《穀》。夫经尊而传别其文,故入主出奴,体不妨于并载;史直而语统于一,则因削明笔,例不可以兼存,固其势也。司马氏肇法《春秋》,创为纪传,其于传闻异辞,折衷去取,可谓慎矣。顾石室金匮,方策留遗,名山大川,见闻增益。其叙例所谓疑者缺之②,与夫古文乖异③,以及书缺有间,其轶时时见于他说云云者,但著所取,而不明取之之由;自以为缺,而不存缺之之说;是则厕足而致之黄泉,容足之外,皆弃物矣④。夫子曰:"多闻缺疑,慎言其余。"闻欲多而疑存其缺,慎之至也。马、班而下,存其信而不著所疑以待访,是直所谓疑者削之而已矣,又复何缺之有哉?

【注释】

①经守师说:据范晔《后汉书》卷一百零九上《儒林传上》记载:"若师资所承,宜标名为证者,乃著之云。"汉儒传经,各有师说,家法传承,守而不失,彼此之间不容混淆。

②疑者缺之:语出司马迁《史记》卷十八《高祖功臣侯者年表》:"著其明,疑者缺之。"

③古文乖异:语出司马迁《史记》卷十三《三代世表》:"古文咸不同,乖异。"

④厕足而致之黄泉,容足之外,皆弃物矣:语出《庄子·外物》:"夫地非不广且大也,人之所用容足耳。然则厕足而垫之致黄泉,人尚有用乎?"

【译文】

　　史学家空缺文字的宗旨,《春秋》已经具备。两汉以来,伏生、郑玄传授六经,司马迁、班固修撰史书;传授经旨遵守经师的学说,修撰史书要求匠心的裁断,于是六经有空缺竹简的文字,而《春秋》三传没有互相别存的义例了。《公羊传》、《穀梁传》别有所闻,没有载入《左传》里,《左传》别有所见,也没有收在《公羊传》、《穀梁传》里。经旨尊严而传疏各有自己的文字,所以彼此之间有出入,根据体例不妨一同记录;史书如实记载而言辞归于一致,于是根据对前人记载的删削阐明自己的文笔,在体例上不能同时存在,本来就是这种趋势。司马迁开始效法《春秋》,创立纪传体裁,他对于传闻的不同说法,加以调和取舍,可以说很慎重了。只是馆阁具有藏书,方策保存典籍,游历名山大川,见闻不断增加。《史记》叙例所说"有疑问的地方空缺",和"古文经书内容互相背离",以及"古书残缺有间断,它们的遗文常常在其他书里见到"等等,仅仅标明所采取的内容,而不说明采用它们的原因;自己认为是空缺,而不留下空缺它们的说法;这就成了立脚到深渊边缘,除了站脚的地方以外,其他地方都是没用的东西了。孔夫子说:"多听,有疑问的地方空缺不论,谨慎地谈论其部分。"听得需要多而有疑问要保留空缺不知的内容,这是非常谨慎了。司马迁、班固以下,保存他们认为可信的记载而不记载有所疑问的内容等待寻访,这不过是人们所说的有怀疑之处删掉而已了,又有什么空缺待访之意呢?

　　缺疑之例有三:有一事两传而难为衷一者,《春秋》书陈侯鲍卒,并存"甲戌"、"己丑"之文是也①。有旧著其文而今亡其说者,《春秋》书"夏五"、"郭公"之法是也。有慎书闻见而不自为解者,《春秋》书恒星不见,而不言恒星之陨是也②。韩非《储说》,比次春秋时事,凡有异同,必加或曰云云,而著本文之下,则"甲戌"、"己丑"之例也。孟子言献子五友,而仅著二人③,则"郭公"、"夏五"之例也。《檀弓》书马惊败绩,而不书马中流矢④,是恒星不见之例也。马、班以还,书闻见而示意者,盖有之矣;一事两书,以及空存事目者,绝无闻焉。如谓经文得传而明,史笔不便于自著而自释,则别存篇目,而明著缺疑以俟访,未见体裁之有害也。

【注释】

①《春秋》书陈侯鲍卒,并存"甲戌"、"己丑"之文:据《春秋·桓公五年》记载:"春正月甲戌己丑,陈侯鲍卒。"杜预《注》曰:"甲戌,前年十二月二十一日。己丑,此年正月六日。"《穀梁传》曰:"《春秋》之义,信以传信,疑以传疑。陈侯以甲戌之日出,己丑之日得,不知死之日,故举二日以包也。"

②《春秋》书恒星不见,而不言恒星之陨:据《春秋·庄公七年》记载:"夏四月辛卯,夜,恒星不见。夜中,星陨如雨。"

③孟子言献子五友,而仅著二人:据《孟子·万章下》记载:"孟献子,百乘之家也,有友五人焉,乐正裘、牧仲,其三人则予忘之矣。"孟献子,又称仲孙蔑,鲁国的贤大夫。

④《檀弓》书马惊败绩,而不书马中流矢:据《礼记·檀弓上》记载,鲁庄公与宋国交战,驾车的马受惊导致败退,庄公坠地。驾驭马车的人觉得耻辱,奋力战死。后来发现是马中流矢而受惊,并非驾车人之罪,鲁庄公为他作诔文纪念。

【译文】

有疑问缺而不论的凡例有三条:有的是一件事两种传说而难于统一,《春秋》记载陈侯鲍死亡的日期,同时保存"甲戌"、"己丑"的文字就是如此。有的是以前文献有记载而现在说法失传,《春秋》记载"夏五"、"郭公"的方法就是如此。有的是慎重记载所闻所见而自己不加解释,《春秋》记载恒星不出现,而不说恒星陨落就是如此。韩非的《外储说》,编纂春秋时期的事件,凡是有不同的地方,一定加上"某人说如何如何",记载在本文的下面,就是"甲戌"、"己丑"一类的体例。孟子说孟献子有五位友人,而只记住两人的姓名,就是"郭公"、"夏五"一类的体例。

《檀弓》记载马受惊败退，而不记载马中流矢，是"恒星不出现"一类的体例。司马迁、班固以来，记载所闻所见而表示意图的事例，大概已经有了；一件事保存两种记载，以及空留下事件的标目，绝对没有听说过。如果认为经文有了传而意思明显，修史的笔法不便于自己撰作而自己解释，那就另外留下篇目，而明确写出有疑问缺而不论来等待寻访，看不出这种体裁有什么害处。

　　史无缺访之篇，其弊有十。一己之见，折衷群说，稍有失中，后人无由辨正，其弊一也。才士意在好奇，文人义难割爱，猥杂登书，有妨史体，削而不录，又缺情文，其弊二也。传闻必有异同，势难尽灭其迹，不为叙列大凡，则稗说丛言，起而淆乱，其弊三也。初因事实未详，暂置不录，后遂缺其事目，等于入海泥牛，其弊四也。载籍易散难聚，不为存证崖略[①]，则一时之书，遂与篇目俱亡，后人虽欲考求，渊源无自，其弊五也。一时就所见闻，易为存录，后代蜿蜒补缀[②]，辞费心劳，且又难以得实，其弊六也。《春秋》有口耳之受，马、班有专家之学，史宗久失，难以期之马氏外孙、班门女弟[③]，不存缺访，遂致心事难明，其弊七也。史传之立意命篇，如《老庄》、《屈贾》是也；标题类叙，如《循吏》、《儒林》是也；是于史法，皆有一定之位置，断无可缀之旁文。凡有略而不详，疑而难决之事，不存缺访之篇，不得不附著于正文之内，类例不清，文辞难称粹洁，其弊八也。开局修书，是非哄起，子孙欲表扬其祖父，朋党各自逞其所私；苟使金石无征，传闻难信，不立缺访，以杜请谒，如云事实尚缺，而所言既有如此，谨存其略，而容后此之参访，则虽有偏心之人，亦无从起争端也。无以谢绝一偏之言，其弊九也。史无别识心裁，便如文案孔目；苟具别识心裁，不以缺访存其补救，则才非素王④，笔削必多失平，其弊十也。

【注释】

①崖略：语出《庄子·知北游》："夫道，窅然难言哉！将为汝言其崖略。"意为大要，梗概。

②蜷蜷(quán)：也作"连卷"，意为屈曲不伸的样子。

③马氏外孙：司马迁的外孙杨恽。班门女弟：班固的妹妹班昭。

④素王：语出《庄子·天道》："以此处下，玄圣素王之道也。"古代道家称有王者道德但不居王位的人。后世儒家特指孔子。

【译文】

史书没有缺文待访的篇章，这一弊病有十处。采用个人的意见，调和各种说法，稍微有不恰当的地方，后人没有途径辨析更正，这是第一处弊病。才士心意追求好奇，文人道义难于割爱，把他们的作品杂乱记载，对史书体例会有妨碍，删掉而不予记载，又缺少情思和文才，这是第二处弊病。传闻一定有不一致的地方，势必难以完全消除歧互痕迹，不为它们叙述大要，那么各种传说和言论，就纷起而造成混乱，这是第三处弊病。起初因为事实不清楚，暂时放置不加记录，以后缺少了那件事的名目，犹如泥牛入海消失得无影无踪，这是第四处弊病。书籍容易散失而难以聚集，不为书籍存留概要，那么一个时期的书籍，于是和篇目一同亡佚，后人即使想要考查寻求，也没有途径找到渊源，这是第五处弊病。一个时期根据所见所闻，容易记录，后代曲折地补缀编辑，言辞烦琐而且精神疲惫，又难以得到真实情况，这是第六处弊病。《春秋》有口耳相传的家学，司马迁、班固有一家的学术，史学的家法久已丧失，难以期望有司马迁的外孙、班固的妹妹那样的人出现，不设立缺文待访的篇章，就造成别识心裁难于说明，这是第七处弊病。史书列传根据用意设置篇名,例如《老庄》、《屈贾》就是如此;有的标明类传题目,例如《循吏》、《儒林》就是如此;这些在修史法则里,都有固定的安置,绝对没有可以连缀上去的附加文字。凡是有简略而不详细,或有疑问而难决定的事,没有缺文待访的篇章,就不得不附记在正文里面,体例不清晰,文辞难以做到纯粹简洁,这是第八处弊病。设立史馆修书,是是非非的议论哄然而起,子孙想要表彰自己的祖辈父辈,朋党各自追逐自己的私利欲望;假如金石文字没有验证,传闻难以相信,不设立缺文待访的篇章,来堵塞请托干谒,例如说事实还有空缺,而所说的既然有这样的事情,那就谨存其大要,而等待以后的访查,那么即使有心胸狭隘的人,也没有理由挑起争端。就没有办法谢绝片面的言辞,这是第九处弊病。史书没有独特见识和匠心裁断,就像掌管公文案卷的胥吏;如果具有独特见识和匠心裁断,不用缺文待访的篇章存留补救的地步,那么才能达不到孔子的水平,修撰史书一定多有不恰当的地方,这是第十处弊病。

　　或谓史至马、班极矣,未闻有如是之詹詹也。今必远例《春秋》,而近祧《史》、《汉》,后代史家亦有见及于此者乎?答曰:后史皆宗《史》、《汉》。《史》、《汉》未具之法,后人以意创之,大率近于类聚之书,皆马、班之吐弃而不取者也。夫以步趋马、班,犹恐不及,况能创意以救马、班之失乎? 然有窥见一二,而微存其意者,功亦不可尽诬也。陈寿《蜀志》,以诸葛不立史官,蜀事穷于搜访,因于十五列传之末[①],独取杨戏《季汉辅臣赞》,与《益部耆旧杂记》以补之[②]。常璩《华阳国志》,以汉中士女有名贤贞节[③],历久相传,而遗言轶事,无所考见者,《序志》之篇,皆列其名,而无所笔削。此则似有会于多闻缺疑之旨者。惜其未能发凡起例,特著专篇;后人不暇搜其义蕴,遂使独断之学,与比类之书,接踵于世[④],

而《春秋》之旨微矣。

【注释】

①十五列传:陈寿《三国志》卷三十一至四十五《蜀书》所设立的《刘二牧传》、《先主传》、《后主传》、《二主妃子传》、《诸葛亮传》、《关张马黄赵传》、《庞统法正传》、《许麋孙简伊秦传》、《董刘马陈董吕传》、《刘彭廖李刘魏杨传》、《霍王向张扬费传》、《杜周杜许孟来尹李谯郤传》、《黄李吕马王张传》、《蒋琬费祎姜维传》、《邓张宗杨传》。

②《益部耆旧杂记》以补之:语出陈寿《三国志》卷四十五《杨戏传》:"《益部耆旧杂记》载王嗣、常播、卫继三人,皆刘氏王蜀时人,故录于篇。"下面分载三人小传。章学诚认为这是陈寿取《益部耆旧杂记》以补足蜀事,乃因历来《三国志》刻本多将《杨戏传》中此段文字刻作陈寿正文之误,其实是裴松之注所引。中华书局1959年点校本《三国志》已经校正。

③汉中:战国时期秦国设置汉中郡,治所在南郑(今陕西汉中东)。西汉移治西城(今陕西安康西北),东汉复还旧治。汉献帝建安以后辖境多次减缩。西晋至隋、唐时期,改称梁州。

④接踵(zhǒng):语出《战国策·秦策四》:"王既无重世之德于韩、魏,而有累世之怨矣,韩、魏父子兄弟,接踵而死于秦者百世矣。"踵,脚跟。意为足跟相接。形容人多,连续不断。

【译文】

有人说史书到司马迁、班固达到极致了,没听过有像你这样喋喋不休地议论。现在一定要仿效遥远的《春秋》,而不尊奉年代近的《史记》、《汉书》,后世的史学家也还有理解这个问题的人吗?回答说:后世的史学家都尊奉《史记》、《汉书》。《史记》、《汉书》没有完备的方法,后人凭借心意创造,大都接近分门汇聚编集的类书,都是司马迁、班固唾弃而不采用的东西。让他们或走或跑地跟在司马迁、班固后面，还恐怕赶不上，何况能创立新意来补救司马迁、班固的过失呢？然而有少许了解一些，而略微存有新意的内容，功绩也不可以完全抹杀。陈寿撰《蜀志》，认为诸葛亮不设立史官，使蜀国的史事没有办法寻访，于是在十五篇列传的后面，唯独采用杨戏所作的《季汉辅臣赞》，和《益部耆旧杂记》来补充蜀事。常璩撰《华阳国志》，认为汉中士女有名贤和贞节，经历长时间相传，而他们的遗言逸事，没有地方能够查考，在《序志》一篇里，都列出他们的姓名，而不作删削。这就好像有领会到多听而有疑问之处空缺不论的旨意之处。可惜他们没能揭示宗旨和体例，特意写成专篇；后人没有时间寻访他们的深刻含义，于是使得显示独自裁断的学问，和排列材料的类书，在世间接连不断地出现，而《春秋》的旨意衰微了。

　　近代府县志书，例编《人物》一门，厕于《山川》、《祠墓》、《方物》、《土产》之间，而前史列传之体，不复致思焉。其有丰功伟绩，与夫潜德幽光，皆约束于盈寸之节略，排纂比次，略如类书；其体既亵，所收亦猥滥而无度矣。旧志所载，人物寥寥，而称许之间，漫无区别，学皆伏、郑，才尽班、扬，吏必龚、黄①，行惟曾、史②。且其文字之体，尤不可通，或如应酬肤语，或如案牍文移，泛填排偶之辞，间杂帖括之句，循名按实③，开卷茫然。凡若此者，或是乡人庸行，请托滥收；或是当日名流，失传事实；削之则九原负屈，编之则传例难归。又如一事两说，参差异同，偏主则褒贬悬殊，并载则抑扬无主，欲求名实无憾，位置良难。至于近代之人，开送事迹，俱为详询端末，纤悉无遗，具编列传之中，曾无时世之限；其间亦有姓氏可闻，实行莫著，滥收比类之册，或可奄藏，入诸史氏体裁，难相假借。今为别裁缺访，同占列传之篇，各为标目，可与正载诸传，互相发明。是用叙其义例，以待后来者之知所审定云尔。

【注释】

①龚、黄：龚遂与黄霸。龚遂（？—前62），字少卿，西汉山阳南平阳（今山东邹城）人。初仕昌邑王刘贺郎中令，勇于劝谏。昌邑王废，受牵连被髡为城旦。汉宣帝时期，起为渤海太守，采取鼓励农桑措施，使百姓富裕，境内大治。后来入朝，任水衡都尉。后人把他与黄霸作为循吏的代表，并称龚、黄。

②曾、史：底本原作"曾子"，据《章氏遗书》外编卷十二《永清县志缺仿列传序例》改。语出《庄子·骈拇》："枝于仁者，擢德塞性，以收名声，使天下簧鼓，以奉不急之法，非乎？而曾、史是已。"陆德明《经典释文》曰："曾、史，曾参、史鳅也。曾参行仁，史鳅行义。"史鳅，字子鱼，春秋时期卫国大夫。正直敢谏。临死遗言，劝卫灵公任用贤臣蘧伯玉，疏远佞臣弥子瑕，人称尸谏。

③循名按实：也作"循名责实"、"循名质实"、"循名督实"。意为就其名而求其实，据其言而观其行，考察名实是否相副。

【译文】

近代府与县的方志，照例编纂《人物》一门，夹杂在《山川》、《祠墓》、《方物》、《土产》各门之间，而对前代史书列传的体例，不再加以思考了。那些具有丰功伟绩，和美德与光辉隐藏不为人知的人，都限制在仅满一寸篇幅的概要里，编纂排列，大致像类书；这种体例既不严肃，所收录的内容也杂乱过多而没有节制。旧县志的记载，人物寥寥无几，而在称赞当中，完全没有区别，学问都像伏生、郑玄，才华都像班固、扬雄，吏治一定像龚遂、黄霸，品行只能是曾参、史鳅。而且文字的文体，尤其不可通晓，有的像应酬的肤泛言语，有的像官府案卷文书，空泛地填上排比词语,中间夹杂帖括的句子,依照名称探求实际,打开书卷茫然无序。凡是像这样的方志,有的是乡人行为平常,因受请托而不加限制地收入;有的是当时名流,事迹没有流下来;删掉姓名地下死者就受到委屈,编为列传那么体例难以归属。又比如一件事有两种说法,内容参差不一致,偏向主张一种就会褒贬悬殊,同时记载就评价高低没有主见,想要求得名称和实际相符而没有遗憾,安排起来确实困难。至于近代的人,开列报送事迹,都对他们详细询问始末,细微详尽而没有遗漏,全部编在列传里面,全然没有时代的限制;这里面也有姓名可以知道,而实际行事不显著的人,不加限制地收入按类编纂的书籍,也许可以包藏,放在史书的体裁里,难以宽容。现在为此另外辟出缺文待访的部分,共同占据列传的篇章,对它们各自标明题目,可以和正编的各传,互相阐发证明。所以叙述这篇列传的宗旨和体例,用来等待后来的人知道应该审察确定的地方,如此而已。

永清县志前志列传序例

【题解】

本篇序例中论述史学著作汇聚前人史著,是为辨别家学渊源,明确折中去取,所以纪传体史书应当为史官立传。而方志通于国史,重修新志也应为作旧志之人立传,以明了史学渊源和家法。章学诚在自己专修的方志中,他把这种专传称作《前志列传》。他认识到作史而不论述前代史书的是非得失,无法看到前人折中考定的来龙去脉,以便效法和借鉴,指出了历来后代史书不为前代史家设立专篇,致使史学著述的事业难以考查的弊端。章学诚充分考虑到撰作《前志列传》的难度,列举出五点困难,然而因为设立专篇可以明确家学渊源,看清诸家流别,藉以判定修志过程中各人功过,所以仍然勉为其难,尽力搜寻补苴成篇,作为后人参照的先例。他的这一设想和修志的史学实践,奠定了史学史的雏形,具有重要的史学理论价值。

史家著作成书,必取前人撰述,汇而列之;所以辨家学之渊源,明折衷之有自也。司马谈推论六家学术[①],犹是庄生之叙禽、墨[②],荀子之非十二家言而已。至司马迁《十二诸侯表叙》,则于《吕览》、虞卿、铎椒、左邱明诸家,所为《春秋》家言[③],反复推明著书之旨,此即百三十篇所由祖述者也。

史迁绍述《春秋》，即虞、吕、铎、左之意，人讥其僭妄，非也。班固作迁列传，范氏作固列传，家学具存。至沈约之传范氏，姚氏之传沈约④，不以史事专篇为重，于是史家不复有祖述渊源之法矣。今兹修志，而不为前志作传，是直攘人所有而没其姓名⑤，又甚于沈、姚之不存家学也。盖州县旧志之易亡，又不若范史、沈书之力能自寿也⑥。

【注释】

①司马谈推论六家学术：司马谈《论六家要旨》。司马谈论六家学术，仅仅指出各家分野，未及著述宗旨，仍是沿袭庄子、荀子论学旧法。

②庄生之叙禽、墨：语出《庄子·天下》："不靡于万物，不晖于度数，以绳墨自矫，而备世之急，古之道术有在于是者，墨翟、禽滑厘闻其风而说之。"说，通"悦"。

③铎椒：战国时期楚国人，曾任楚威王傅。根据《春秋》作《铎氏微》。

④姚氏：姚思廉（557—637），字简之，南朝陈吴兴（今浙江湖州）人。隋灭陈后，迁居关中，始为万年（今陕西西安）人。官为代王杨侑侍读。入唐，为秦王李世民文学馆学士。后官至散骑常侍。依据父亲姚察所撰旧稿，撰成《梁书》五十卷、《陈书》三十卷。

⑤攘：侵夺，掠取。

⑥寿：语出《诗经·小雅·天保》："如南山之寿，不骞不崩。"寿，长久，长远。骞，减损，塌陷。

【译文】

史学家撰著成书，一定要采取前人撰述，汇聚排列起来；用来辨别各家学术的渊源，表明裁定评断有来由。司马谈推究论述六家学术，还是沿袭庄子叙述禽滑厘、墨翟,荀子非议十二家学说罢了。到司马迁作《十二诸侯年表序》,就对吕不韦、虞卿、铎椒、左邱明各家所作的《春秋》学著作,反复阐明他们著书的旨意,这就是一百三十篇的《史记》所继承的由来。司马迁继承《春秋》,就是虞卿、吕不韦、铎椒、左丘明的旨意,有人指责他超越本分且狂妄,并非如此。班固为司马迁作传,范晔为班固作传,都完备保存一家的学术。到沈约为范晔作传,姚思廉为沈约作传,不注重把修史事业设立专篇,于是史学家不再有遵循家学渊源的方法了。现在此处修志,而不为先前的旧志作传,这就是掠夺别人的东西而埋没他们的姓名,又比沈约、姚思廉不知保存一家学术更严重。大概州县的旧志容易散失,又不如范晔《后汉书》、沈约《宋书》那样可以凭借自身能力长久流传。

　　纪述之重史官,犹《儒林》之重经师,《文苑》之重作者也。《儒林列传》当明大道散著,师授渊源;《文苑列传》当明风会变迁,文人流别;此则所谓史家之书,非徒纪事,亦以明道也[①]。如使《儒林》、《文苑》不能发明道要,但叙学人才士一二行事,已失古人命篇之义矣。况史学之重,远绍《春秋》[②],而后史不立专篇,乃令专门著述之业,湮而莫考,岂非史家弗思之甚耶? 夫列史具存,而不立专传,弊已如是,况州县之书,迹微易隐,而可无专录乎?

【注释】

　　①史家之书,非徒纪事,亦以明道也:章学诚通过分析唐代古文家"因文见道"、宋代理学家"义理明道"和清代朴学家"训诂明道"的利弊得失,明确提出"史学明道"观念。

　　②史学之重,远绍《春秋》:章学诚认为史学贵在寓理于事,通古今

之变，成一家之言，这是继承孔子《春秋》"义则窃取"宗旨而来。

【译文】

　　记述史事重视史官，就如同《儒林传》里重视经师，《文苑传》里重视作者。《儒林列传》应当说明大道的消亡和显著，经师传授渊源；《文苑列传》应当说明风气变化和迁转，文人流派；这就是人们所说的史家的书，不仅仅在于记事，也要用来阐明大道。假使《儒林传》、《文苑传》不能阐明道体大要，只是叙述学人才士的少许事迹，已经丧失古人设立专篇的意思了。何况史学的重要，远溯承继《春秋》，而后世的史书不设立专篇，于是使专门著述的事业，埋没而无法考察，难道不是史学家不加思考的严重过错吗？历代史书都存在，而不设立专传，弊病已经像这样严重，何况州县的方志，事情微小容易埋没，而可以没有专门的记录吗？

　　书之未成，必有所取裁，如迁史之资于《世本》、《国策》，固书之资于冯商、刘歆是也。书之既成，必有其传述，如杨恽之布迁书，马融之受汉史是也①。书既成家，必有其攻习，如徐广、崔骃之注马②，服虔、应劭之释班是也。此家学渊源之必待专篇列传而明者也。

【注释】

①汉史：班固所撰《汉书》。

②崔骃：当为裴骃之误。《章氏遗书》外编卷十二《永清县志前志列传序例》误同。

【译文】

　　史书尚未撰成的时候，一定有所取材，例如司马迁《史记》凭借《世本》、《战国策》，班固《汉书》凭借冯商、刘歆的书就是这样。史书已经撰成之后，一定有传述的人，例如杨恽传布《史记》，马融接受《汉书》就是

这样。史书既然自成一家，一定有攻索研习的人，例如徐广、崔骃注解
《史记》，服虔、应劭疏释《汉书》就是这样。这就是自成一家的学术渊源
一定需要专篇列传才能彰显。

马、班而后，家学渐衰，世传之家学也。而豪杰之士，特立
名家之学起，如《后汉书》之有司马彪、华峤、谢承、范蔚宗诸
家，而《晋书》之有何法盛等一十八家是也。同纪一朝之迹，
而史臣不领专官，则人自为编，家各为说；不为叙述讨论，萃
合一篇之内，何以得其折衷？此诸家流别之必待专篇列传
而明者也。

【译文】

　　司马迁、班固以后，家传学术逐渐衰落，是世代相传的家传学术啊。
而才华出众的人，独立自成一家的学术兴起，例如编撰《后汉书》的人有
司马彪、华峤、谢承、范蔚宗各家，而编撰《晋书》的人有何法盛等十八家
就是如此。同是记述一个朝代的事迹，而史臣没有专门职官管理，于是
每人各自著书，各家自为一说；不对这些记载叙述讨论，汇集在一篇里
面，怎么能够求得适当的评判准则呢？这就是各家学术流派一定要依
靠专篇列传才能彰显。

六代以还，名家复歇，父子世传为家学，一人特撰为名家。
而集众修书之法行，如唐人之修《晋书》，元人之修《宋》、
《辽》、《金》三史是也。监修大臣，著名简端，而编纂校勘之
官，则隐显不一。即或偶著其人与修史事，而某纪某表编之
谁氏，某志某传辑自何人，孰为草创规条，孰为润色文采，不

为整齐缀合,各溯所由,未免一书之中,优劣互见,而功过难知。此一书功力之必待专篇列传而明者也。

【译文】

六朝以后,自成一家的学术又消亡,父子世代相传是家传学术,一人独立撰述是自成一家。而聚集众人编撰史书的方法盛行,例如唐人编撰的《晋书》,元人编撰的《宋》、《辽》、《金》三史就是这样。负责监修的大臣,姓名列在书前,而编纂校勘的官员,却是埋没和彰显各不相同。即使有的书里偶尔标明哪些人参加编撰史书,然而某篇纪或者某篇表由谁编写,某篇志或者某篇传是谁辑录,什么人起草规章条文,什么人润色文采辞章,不把这些内容整理汇合,各为追溯来源,不免一部史书当中,优劣交替出现,而各自的功绩和过错难以考察。这就是一部书的功力厚薄一定要依靠专篇列传才能彰显。

若夫日历、起居之法①,延阁、广内之藏②,投牒议谥之制③,稗官野史之征,或于传首叙例,详明其制;或于传终论述,推说其由,无施不可。亦犹《儒林传叙》,申明学制,表立学官之遗意也④。诚得此意而通于著作,犹患史学不举,史道不明,未之闻也。

【注释】

①日历、起居:唐、宋时期史官对朝政事务按日记载,纂修成编年体记事长编,称作日历。起居,起居注。

②延阁、广内:据《太平御览》卷二百三十三《职官部》引刘歆《七略》曰:"武帝广献书之路,百年之间,书积如丘山,故外有太常、太史、博士之藏,内则延阁、广内、秘室之府。"两者皆为汉代宫廷藏

书处所。

③投牒议谥：语出《礼记·檀弓上》："死谥，周道也。"古代品官去
世，其家将牒状送于礼部，根据其生前行事议定谥号。

④亦犹《儒林传叙》：《史记》、《汉书》的《儒林传叙》，详细叙述汉帝
时期公孙弘上表，建议立《五经》博士，并为博士官置弟子员，地
方荐举人才入京师随太常受业，通经者为官。申明学制，表立学
官，汉武帝采纳实行。

【译文】

至于日历、起居注的方法，宫廷藏书处所的收藏，呈上牒状讨论谥
号的制度，小说与野史的征集，有的在传文开头的叙例，详细记载这些
制度，有的在传文末尾的论述，推究述说制度的缘由，无论怎样实行都
适当。这也如同《儒林传叙》，说明学习制度，上表设置学官的遗意。果
真达到这样的意图而贯通到著作之中，还担心史学事业不兴盛，史家之
道不显著，没听说有这样的事。

志乘为一县之书，即古者一国之史也，而世人忽之；则
以家学不立，师法失传，文不雅驯，难垂典则故也。新编告
成，而旧书覆瓮①，未必新书皆优，而旧志尽劣也。旧志所
有，新志重复载之，其笔削之善否，初未暇辨；而旧志所未及
载，新志必有增益，则旧志之易为厌弃者一矣。纂述之家，
喜炫己长，后起之书，易于攻摘②。每见修志诸家，创定凡
例，不曰旧书荒陋，则云前人无稽，后复攻前，效尤无已。其
实狙公颠倒三四，本无大相径庭；但前人已往，质证无由，则
旧志之易为厌弃者二矣。州县之书，率多荒陋，文人学士，
束而不观。其有特事搜罗，旁资稽索，不过因此证彼，初非
耽悦本书。新旧二本，杂陈于前，其翻阅者，犹如科举之士，

购求程墨③,阴阳之家,检视宪书④,取新弃旧,理势固然,本非有所特择,则旧志之易为厌弃者三矣。夫索绥《春秋》,_{索绥撰《前凉春秋》。}端资边浏⑤;_{浏承张骏之命⑥,集凉内外事。}常璩《国志》,_{《华阳国志》也。}半袭谯周。_{《华阳国志》载李氏始末⑦。其刘氏二志⑧,大率取裁谯周《蜀本纪》⑨。}是则一方之书,不能无藉于一方之纪载,而志家不列前人之传,岂非得鱼忘筌,习而不察? 又何怪于方志之书,放失难考耶?

【注释】

①覆瓿:也作"覆瓿"。比喻著作没有价值。

②攻摘:攻呵指摘。

③程墨:科举时代的应试文字。因为有固定的程式,故曰程墨。

④宪书:历书。以避清高宗弘历之讳而改。

⑤索绥《春秋》,端资边浏:据刘知几《史通》卷十二《古今正史》记载:"命其西曹边浏集内外事,以付秀才索绥,作《凉国春秋》五十卷。"索绥,字士艾,十六国时期前凉敦煌(今属甘肃)人。官拜儒林祭酒。著有《凉春秋》,为前凉安定张氏之史。

⑥张骏(307—346):十六国时期前凉国王,公元324—346年在位,统治二十二年。

⑦李氏始末:据刘知几《史通》卷十二《古今正史》记载:"蜀初号曰成,后改称汉。李势散骑常侍常璩撰《汉书》十卷,后入晋秘阁,改为《蜀李书》。璩又撰《华阳国志》,具载李氏兴灭。"李氏即十六国时期成汉统治者李特家族及其政权。

⑧刘氏二志:常璩《华阳国志》中有蜀国《刘先主志》、《刘后主志》。

⑨《蜀本纪》:三国蜀人谯周撰。记载自上古至三国时期在蜀地建立政权的帝王事迹,久佚。

【译文】

方志是一县的书籍,也就是古代一国的史书,然而世人轻视它,就是因为家传学术不复存在,师法失去传承,文辞不典雅纯正,难以传世作为法则。新志宣告完成,而旧志被盖酱瓮,不一定新志都好,而旧志都差。旧志已有的内容,新志重复记载,其间删削修改的好坏,本来没有时间辨析;而旧志所没有记载的内容,新志一定会有增添,这就是旧志容易被厌弃的第一个原因了。编纂方志的人,喜欢炫耀自己的长处,后来纂修的志书,容易对前志攻击指责。常常见到编修方志的各家,制定凡例的时候,不是说旧志浅陋,就是说前人没有根据;后面的人又指责前面的人,相互效仿而没有停止的时候。实际上是豢养猕猴的老翁颠倒三个和四个的数目,本来没有多大差别;只是前人已经过世,没有办法核实验证,这就是旧志容易被厌弃的二个原因了。州县的志书,大多浅陋,文人学士,搁置不看。那些特意加以搜罗,广泛征询考索的方志,不过是据此来证实其他的书,本来不是钟爱方志。新旧两种志书,交互陈列在前面,那些翻看的人,如同科举之人,购求范文,阴阳学家,查看历书,采用新书舍弃旧书,道理和趋势就是这样,本来不是有什么特意选择,这就是旧志容易被厌弃的第三个原因了。索绥《春秋》,索绥撰《前凉春秋》。实际上是依据边浏的书;边浏接受张骏的命令,集录前凉朝廷内外的事。常璩《国志》,就是《华阳国志》。一半沿袭谯周的书。《华阳国志》记载李氏立国始末。书中关于刘氏的二志,大多采用谯周的《蜀本纪》。那么一个地方的志书,不能不凭借这个地方的记载,而编修方志的人不给前代修志的人作传,难道不是捕到鱼就忘记渔具,形成习惯而没有觉察吗?又怎么能怪方志散佚而难以考察呢?

主修之官,与载笔之士,撰著文辞,不分名实;前志之难传,一也。序跋虚设,于书无所发明;前志之难传,二也。如有发明,则如马、班之录《自序》,可以作传矣。作志之人,行业不详;前志之难传,三也。书之取裁,不标所自;前志之难传,四也。志当递续,非万不得已,不当迭改;迭改之书,而欲并存,繁重难胜;前志之难传,五也。于难传之中,而为之作传,盖不得已而存之,推明其故,以为后人例也。

【译文】

　　主持编修的官员,和握笔记载的人士,撰写的文辞,分不清徒挂虚名和实际执笔;对前志难以作传,这是第一个原因。序文和跋语形同虚设,对方志本身没有什么阐明;对前志难以作传,这是第二个原因。如果有所阐明,就像司马迁和班固在书中收录《自序》,就可以作传了。前代修志的人,操行学业不清楚;对前志难以作传,这是第三个原因。旧志选取材料,不标明来源;对前志难以作传,这是第四个原因。方志应当接续编纂,不到万不得已,不应当交替改撰;交替改撰的志书,想要一同保存,繁重得无法承受;对前志难以作传,这是第五个原因。在难以作传的情况下,而为前志作传,大概是不得已而保存这些内容,阐明缘故,用来给后人作先例。

永清县志文征序例

【题解】

本篇序例说明方志设立《文征》篇的目的，论述文征选文分类，阐明新方志学理论。在方志中设立《文征》，是章学诚方志理论的一个重要组成部分。他认为设立《文征》选文，最根本的目的是以文证史，有裨于史事。章学诚在总叙里指出，史书与诗辞歌赋相辅而行，自古已然，例如《国风》、《国语》与《春秋》的关系，彼此互相发明。后世选文逐渐背离实用宗旨，只取文辞华美，而不说明文辞撰作始末，无助于了解历史。以下分别为奏议、征实、论说、诗赋四部分作叙录，分别探讨各部类发展源流及其与史书的关系。奏议为文章之重，能够保存一代典制沿革损益和利弊得失的信息，可补书志之缺。征实之文包括记事、数典两类，内容涉及一代事实和朝章典故，是史书传记的支流，当隶史部。论说之文源出先秦诸子，旨在阐明一家学术，立论有根据，此乃论说文章本体，自诸子一变而为后世文集中的论说，再变而为读书札记，源流渐失。诗赋虽重在辞藻，但有助于教化，原本与政事相通，故选录诗赋不能仅仅注重文辞的华美，丧失《国风》选辑诗赋考辞证事的遗意。《章氏遗书》外编卷十五《永清文征三》还有《金石叙录》，言金石文字可补史书记载之缺略，并把金石学区分为三门，内容更加丰富。

　　《永清县志》告成，区分纪、表、图、书、政略、列传六体，定著二十五篇，篇各有例。又取一时征集故事文章，择其有关永清而不能并收入本志者，又自以类相从，别为奏议、征实、论说、诗赋，各为一卷，总四卷①。卷为叙录如左，而总叙大指②，以冠其编。

【注释】

①别为奏议、征实、论说、诗赋，各为一卷，总四卷：《章氏遗书》外编卷十三《永清文征叙例》此句作"别为奏议、征实、论说、诗赋、金石，各为一卷，总五卷"。

②大指：大旨。意为旨意、目的、意向。指，通"恉"，常作"旨"。

【译文】

　　《永清县志》宣告纂成，划分为纪、表、图、书、政略、列传六种体例，编成定稿二十五篇，每篇各有序例。又把这个时期征集的旧事和文章，选择那些和永清县有关系而不能一同收入方志的内容，另外各自按类编排，分成奏议、征实、论说、诗赋，各自编为一卷，总共四卷，每卷撰作叙录如下，而总叙大纲要旨，放在这一编的最前面。

　　叙曰：古人有专守之官，即有专掌之故；有专门之学，即有专家之言；未有博采诸家，汇辑众体，如后世文选之所为也。官失学废，文采愈繁。以意所尚，采掇名隽，若萧氏《文选》，姚氏《文粹》是也。循流溯源，推而达于治道，《宋文之鉴》是也①。相质披文②，进而欲为史翼，《元文之类》是也③。是数子之用心，可谓至矣。然而古者十五《国风》、八国《国语》，以及晋《乘》、楚《梼杌》、与夫各国《春秋》之旨，绎之则列国史书,与其文诰声诗,相辅而行,在昔非无其例也。唐刘知几尝患史体载言繁琐,欲取诏诰章疏之属,以类相从,别为一体,入于纪传之史,是未察古人各有成书,相辅益章之义矣。第窥古人之书,《国语》载言,必叙事之终始,《春秋》义授左氏,《诗》有国史之叙,故事去千载,读者洞然无疑④。后代选文诸家,掇取文辞,不复具其始末,如奏议可观,而不载报可;寄言有托,而不述时世;诗歌寓意,而不缀事由,则读者无从委决⑤,于史事复奚裨乎?《文选》、《文粹》,固无足责;《文鉴》、《文类》,见不及斯,岂非尺有所短者哉? 近人修志,艺文不载书目,滥入诗文杂体,其失固不待言;亦缘撰志之时,先已不辨为一国史裁,其猥陋杂书,无所不有,亦何足怪? 今兹稍为厘正,别具《文征》,仍于诗文篇后,略具始末,便人观览,疑者缺之。聊于叙例,申明其旨云尔。

【注释】

①《宋文之鉴》:宋人吕祖谦所编《宋文鉴》。

②相(xiàng)质披文:章学诚《文史通义》外篇卷一《州县请立志科议》作"披文相质"。

③《元文之类》:元人苏天爵所编《元文类》。

④洞然:敞开、透明的样子。

⑤委决:曲折辗转作出判断决定。委,原委,曲折。

【译文】

　　叙例说:古人有专门指掌的官员,就有专门掌管的故事;有专门成家的学术,就有专家授受的言论;没有广泛采录各家,汇集各种文体,像后代文章选辑那样的做法。官职失守而学术衰败，文章辞采越来越兴盛。人们根据心意所喜好，搜集俊秀出众的文章，像萧统《文选》、姚铉《文粹》就是这样。沿着水流追溯源头，推衍而贯通治理国家的措施，《宋文鉴》就是这样。观察内容以阅览文辞，进一步而想要成为史书的羽翼，《元文类》就是这样。上述几个人的用心，可以说达到了极致。然而古代十五国《国风》、八国《国语》，以及晋国的《乘》、楚国的《梼杌》，和各国《春秋》的旨意，理出头绪就可以看到各国的史书，和它们的文语与乐诗互相辅助而并行，在过去不是没有这样的先例。唐代刘知几曾经担心史书记载言论烦琐，想要摘取诏诰章疏之类，按类编排在一起，另外专作一种体例，放在纪传体史书里，这是没有察觉古人各有既定的书籍，互相辅助而更加明显的宗旨了。不过观看古人的书，《国语》记载言论，一定叙述事情的始末，《春秋》的宗旨传授给左氏，《诗经》有史官的叙文，所以事情相隔千年，读书的人清楚而没有疑惑。后代选文的各家，选取作品文章，不再叙述撰文始末。就像奏议很值得看，却不记载允准的文字；言论虽有寄托，却不叙述时世背景；诗歌富有含意，却不标明事由，那么读者无法细致分析并判断决定，对史事又有什么补益呢？《文选》、《文粹》，固然不值得责备，《文鉴》、《文类》，见识没有达到这个程度，难道不是长处里面存在短处吗？近代编修方志的人，艺文部分不记载书目，不加限制地收入诗文杂体，他们的过失本来用不着说；也由于编修方志的时候，首先就已经不能辨别方志是一国史书的体例，其间浅陋地杂乱记载，什么东西都有，又怎么值得奇怪呢？现在稍微对它们加以整理，另外保存在《文征》里，并且在诗文篇后大致陈述始末，方便人们阅览，有疑问之处空缺。姑且在叙例之中，说明旨意而已。

奏议叙录

奏议之文，所以经事综物，敷陈治道；文章之用，莫重于斯。而萧统选文，用赋冠首；后代撰辑诸家，奉为一定科律，亦失所以重轻之义矣。如谓彼固辞章家言，本无当于史例，则赋乃六义附庸，而列于诗前；骚为赋之鼻祖①，而别居诗后，其任情颠倒，亦复难以自解。而《文苑》、《文鉴》②，从而宗之，又何说也？今以奏议冠首，以为辑文通例，窃比列史之首冠本纪云尔。

【注释】

①鼻祖：语出扬雄《方言》卷十三："鼻，始也。兽之初生谓之鼻，人之初生谓之首。梁、益之间，谓鼻为初，或谓之祖。"郭璞《注》曰："鼻、祖，皆始之别名也。"意为初祖，始祖。

②《文苑》、《文鉴》：北宋李昉等人所编《文苑英华》和南宋吕祖谦所编《宋文鉴》。

【译文】

奏议一类文章，用来管理统筹各种事务，铺陈治国方针措施。文章的用途，没有什么比这个更重要。可是萧统选录文章，把赋排在最前面；后代编选文章的各家，尊奉为固定的金科玉律，也就失去用来评定权衡的意义了。如果说《文选》原本代表文学家的主张，本来就不适合史书的体例，那么赋是六义的附属，却排列在诗的前面，骚是赋的始祖，却另外编在诗的后面，任凭心意颠倒次序，也就难以自我解释。而《文苑》、《文鉴》追随尊奉《文选》，又有什么说法呢？现在把奏议放在最前面，作为编集文章的通例，自认为和历代史书的前面排列本纪相比而已。

史家之取奏议，如《尚书》之载训诰，其有关一时之制度者，裁入书志之篇；其关于一人之树立者，编诸列传之内。然而纪传篇幅，各有限断，一代奏牍，文字繁多，广收则史体不类,割爱则文有缺遗。按班氏《汉书》,备详书奏,然复检《艺文志》内,石渠奏议之属[①],《高祖》、《孝文》论述册诏之传,未尝不于正史之外,别有专书[②]。然则奏议之编,固与实录、起居注相为表里者也。前人编《汉魏尚书》[③],近代编《名臣章奏》[④],皆体严用巨,不若文士选文之例,而不知者,往往忽而不察,良可惜也。

【注释】

①石渠奏议:语出班固《汉书》卷八《宣帝纪》:"诏诸儒讲《五经》同异,太子太傅萧望之等平奏其议,上亲称制临决焉。"石渠阁,汉代宫中藏书之所。西汉高祖时期创建,在未央宫内。汉宣帝时期,在阁中召集当时著名学者论定《五经》文字和章句。《汉书》卷三十《艺文志》六艺类著录诸儒议奏,《尚书》四十二篇、《三礼》三十八篇、《春秋》三十九篇、《论语》十八篇、《五经杂议》十八篇,共计一百六十五篇。唯独失载《周易》、《诗经》奏议。

②正史之外,别有专书:《高祖传》、《孝文传》单独成书,而与班固《汉书》中的《高祖纪》、《文帝纪》同时存在。

③《汉魏尚书》:孔衍所撰《汉尚书》、《后汉尚书》和《魏尚书》。

④《名臣章奏》:明成祖永乐十四年(1416)黄淮、杨士奇等奉敕编《历代名臣奏议》,三百五十卷。

【译文】

史学家对奏议的选用,如同《尚书》对训诰的记载,那些有关一个时代制度的内容,撰写进书志篇里面;那些关于一个人建功立业的内容,编进列传之中。然而本纪和列传的篇幅,各自都有起讫限制,一个朝代的奏议文字繁多,广泛收录就不像史书的体裁,割爱舍弃就使文章有欠缺遗漏。考察班氏《汉书》,记载书奏周备详尽,然而检查《艺文志》里,石渠阁奏议之类,《高祖》、《孝文》论述及诏策的传,未尝不是在正史之外,另外还有专书。那么奏议一类的书,本来就是和实录、起居注互相补充。前人编《汉尚书》和《魏尚书》,近代编《名臣章奏》,都是体制严密用途巨大,不像文士选文的体例,而不懂选文宗旨的人,往往忽视不觉察,非常可惜。

　　杜佑撰《通典》,于累朝制度之外,别为礼议二十余卷[①],不必其言之见用与否,而谈言有中,存其名理。此则著书之独断,编次之通裁,其旨可以意会,而其说不可得而迹泥者也。然而专门之书,自为裁制,或删或节,固无不可。史志之体,各有识职,征文以补书志之缺,则录而不叙,自由旧章。今采得奏议四篇,咨、详、禀帖三篇[②],亦附录之,为其官府文书,近于奏议,故类入焉。其先后一以年月为次,所以备事之本末云尔。

【注释】

①礼议二十余卷:章学诚《文史通义》内篇一《书教中》论杜佑《通典》曰:"然叙典章制度,不异诸史之文,而礼文疑似,或事变参差,博士经生,折中详议,或取裁而径行,或中格而未用,入于正文,则繁复难胜,削而去之,则事理未备;杜氏并为采辑其文,附著礼门之后,凡二十余卷。"即历代学者研究《三礼》以及各朝礼仪沿革损益的章奏、驳难、议论文章。

②奏议四篇,咨、详、禀帖三篇:《章氏遗书》外编卷十三《永清文征一》收录赵之符《敬陈民困疏》、《福建司井田科奏案》、《敬陈屯庄事宜奏疏》、《租种空分官地咨文》、《回赎旗地奏议》、《河滩租息归入养局经费详文》、《双营养局经费禀帖》七篇。咨,即咨文。

古代公文的一种。多用于同级官署之间。详，即详文。明、清时期州县地方官吏向上级官署陈报请示的文书。禀帖，明、清时期州县官吏对上司有所报告请示，有时不便或者不必见于详文，呈报上级官府的文书。

【译文】

杜佑撰写《通典》，在记述历代制度以外，另外编入礼议二十多卷，不管这些言论是否被采用，而言语有切中事理的内容，保存了议论的道理。这就是著书的独自裁断，编纂的贯通安排，其中的旨意可以凭心意领会，而那些说法不能按照形迹而拘泥地理解。然而专门的著书，独自作出规划安排，或是删削或是省略，本来没有什么不可以。史书书志的体裁，各有适合自身的地方，征集文章来弥补书志的欠缺，那就抄录而不记述，自应遵循前人的章程。现在收集到奏议四篇，咨文、详文、禀帖三篇，也附录在里面，因为它们属于官府文书，性质接近奏议，所以按类归入里面。它们的先后顺序一概按照年月编排，用来具备事情的本末而已。

征实叙录

征实之文，史部传记支流。古者史法谨严，记述之体，各有专家。是以魏、晋以还，文人率有别集。然而诸史列传，载其生平著述，止云诗、赋、箴、铭、颂、谏之属，共若干篇而已。未闻载其记若干首，传若干章，志若干条，述若干种者也。由是观之，则记、传、志、述之体，古人各为专门之书，初无散著文集之内，概可知矣。唐、宋以还，文集之风日炽，而专门之学杳然①。于是一集之中，诗赋与经解并存，论说与记述同载，而裒然成集之书，始难定其家学之所在矣。若夫选辑之书，则萧统《文选》不载传记②，《文苑》、《文鉴》始渐加详,盖其时势然也。文人之集,可征史裁,由于学不专家,事多旁出,岂不洵欤?

【注释】

①杳(yǎo)然:昏暗、深远的样子,引申为不见踪影。

②萧统《文选》不载传记:据萧统《昭明太子集》卷五《文选序》曰:
"至于记事之史,系年之书,所以褒贬是非,纪别同异,方之篇翰,亦已不同。"

【译文】

征实一类文章,是史部传记的支流。古代作史方法谨严,记述的体裁各有专门家学。所以魏、晋以来,文人大多有别集,然而各部史书的列传,记载文人的生平著述,只是说诗、赋、箴、铭、颂、诔之类共计若干篇而已。没有听说记载一个人撰写记若干篇,传若干章,志若干条,述若干种的事例。由此看来,记、传、志、述的文体,古人各自撰作专门的书,开始并没有分散在文集里面,大概可以知道了。唐、宋以来,编辑文集的风气越来越盛行,而专门成家的学术杳无踪影。于是一部文集里面,诗赋和经解同时存在,论说和记述一齐收录,而聚汇成集的书籍,开始变得难以判定它们一家学术所在的地方了。至于选编的书籍,那么萧统《文选》不收录传记,《文苑》、《文鉴》才开始逐渐完备,大概是时势造成这样的结果。文人的集子,可以从中考求历史体裁,这是因为学问不能专主一家,学术大多由别的途径表现,难道不是确实如此吗?

征实之体,自记事而外,又有数典之文①,考据之家,所以别于叙述之文也。以史法例之,记事乃纪传之余,数典为书志之裔,所谓同源而异流者也。记事之源,出于《春秋》,而数典之源,本乎《官礼》,其大端矣。数典之文,古来亦具专家,《戴记》而后②,若班氏《白虎通议》,应氏《风俗通议》,蔡氏《独断》之类,不可胜数。而文人入集,则自隋、唐以前,此体尤所未见者也。至于专门学衰,而文士偶据所得,笔为考辨,著为述议,成书则不足,削弃又可惜,于是无可如何,编入文集之中,与诗、赋、书、表之属,分占一体,此后世选文之不得不收者也。

【注释】

①数(shǔ)典之文:语出《左传·昭公十五年》:"王曰:'籍父其无后乎! 数典而忘其祖。'"春秋时期晋国大夫籍谈不熟悉本国典故,被时人讥讽为"数典忘祖"。数典之文指记载典故琐闻之类历史事实的文章。

②《戴记》:戴德的《大戴礼记》和戴圣的《小戴礼记》。

【译文】

征实的文体,自从记事文章之外,又有历举典故的文章,考求证据的流派,用来和叙述史事的文体相互区别。用修史的方法做比照,记事是纪传的余波,历举典故是书志的后续,这就是人们所说的起源相同而流别不同。记事文体的源头,出于《春秋》,而历举典故文体的源头,根据《周礼》,这大概是主要方面了。历举典故的文章,自古以来也有专家,大小二戴《礼记》以后,像班固《白虎通义》、应劭《风俗通义》、蔡邕《独断》之类,多得数不过来。而文人把这类文章编入文集里,却是在隋、唐以前,尤其没有见过这种体例。到了专门的学术衰败,而文人偶然根据心得,写成考辨之文,著为述议之篇,形成一部书分量不够,删除又感觉可惜,于是无可奈何,编到文集里面,和诗、赋、书、表之类文章,分别占居一种体例,这是后代选文之家不得不收入这类文章的原因。

征实之文，与本书纪事①，尤相表里，故采录校别体为多。其传状之文，有与本志列传相仿佛者，正以详略互存，且以见列传采摭之所自，而笔削之善否工拙，可以听后人之别择审定焉，不敢自据为私也。碑刻之文，有时不入《金石》者②，录其全文，其重在征事得实也。仍于篇后著石刻之款识，所以与《金石》相互见也。

【注释】

①本书：章学诚所纂《永清县志》正文。

②《金石》：《章氏遗书》外编卷十五《永清文征三·金石》所收录的永清县境内存留的金石碑刻之文及其立碑原委始末情况。

【译文】

征实一类文章，和县志书中的记事，尤其能够互相补充，所以采录的文章比其他文体多。其中的传状文章，有的内容和本县志的列传类似，正好详细和简略相互并存，而且可以借此看出列传选取材料的来源，而删削剪裁的好坏与巧拙，可以借此任凭后人鉴别选择和审查评判，不敢自己据为私有。碑刻文章，有时不放在《金石》一类，收录它们的全文，重在征验事实获得实情，仍然在篇后注明石刻的款识，用来和《金石》一类文章互相参见。

论说叙录

论说之文，其原出于《论语》。郑氏《易》云："云雷屯，君子以经论。言论撰《书》、《礼》、《乐》，施政事。"①盖当其用，则为典、谟、训、诰；当其未用，则为论、撰、说、议；圣人制作，其用虽异，而其本出于一也。周、秦诸子，各守专家，虽其学有醇驳，语有平陂②；然推其本意，则皆取其所欲行而不得行者，笔之于书，而非有意为文章华美之观；是论说之本体也。自学不专门，而文求绮丽，于是文人撰集，说议繁多。其中一得之见，与夫偶合之言，往往亦有合于古人；而根本不深，旨趣未卓，或诸体杂出，自致参差；或先后汇观，竟成复沓；此文集中之论说，所以异于诸子一家之言也。唐马总撰《意林》③，裁节诸子，标其名隽，此亦弃短取长之意也。今兹选文，存其论之合者，亦撰述之通义也。

【注释】

①云雷屯，君子以经纶。言论撰《书》、《礼》、《乐》，施政事：语出《周易·屯卦》象辞及郑玄《注》。大梁本"撰"讹作"选"，叶瑛《文史通义校注》据《章氏遗书》外编卷十五《永清文征三·论说叙录》校正。

②平陂（bì）：语出《周易·泰卦》："无平不陂，无往不复。"陂，倾，斜。引申为偏私。

③马总《意林》：据《新唐书》卷五十九《艺文志》杂家类著录："马总《意林》一卷。"马总（一作揔？—823），字会元，唐代扶风（今陕西凤翔）人。唐德宗贞元时期，入滑州姚南仲幕府。唐宪宗时期，自虔州刺史迁安南都护，擢淮西节度使，入朝任户部尚书。著有《意林》等百余卷。《意林》，今通行本五卷。南朝梁庾仲容选取周、秦以来诸家杂记一百零七家，摘录要语，成书三十卷，名为《子抄》。马总据此增损改动，保存七十一家。今本已不全。

【译文】

论说一类文章，根源语出《论语》。郑玄注《周易》说："云和雷构成'屯'，君子以此作为治理法则。说的是讨论著作《书》、《礼》、《乐》，施行政事。"大概君子在受到任用的时候，就撰作典、谟、训、语一类文章；在不受任用的时候,就撰作论、撰、说、议一类文章;圣人的创作,它们的功用虽然不同,而它们的本原出于同一个。周秦时期的诸子,各自遵守专门家学,虽然他们学术有纯正有驳杂,言论有平稳有偏颇;然而推究他们的本意,那么都是选取他们想要实行而不能实行的思想,撰写成书,而不是有意修饰文章华丽的外观;这是论说文的本来文体。自从学术不再专门成家,而文章追求华丽辞采,于是文人编辑文集,说理议论文章众多。其中有所收获的见解,和偶尔说对的言论,往往也有和古人一致的地方;然而根底不深厚,宗旨不高超,有的各种体裁混杂出现,自己造成参差不齐;有的把前后合起来观看,竟然变成重叠堆积;这是文集里的论说文章,和诸子专家言论不同的原因。唐马总撰《意林》,削减诸子篇幅,标明他的出众言论,这也是舍弃短处而采用长处的意思。现在选录文章,保留那些论说和古人一致的地方,也是撰述普遍适用的原则。

　　《文选》诸论,若《过秦》、《辨亡》诸篇[1],义取抑扬咏叹,旨非抉摘发挥;是乃史家论赞之属,其源略近诗人比兴一流[2],与唐、宋诸论,名同实异。然《养生》、《博弈》诸篇[3],则已自有命意;斯固文集盛行、诸子风衰之会也。萧氏不察,同编一类,非其质矣。

【注释】

①《过秦》、《辨亡》:西汉贾谊所作《过秦论》和西晋陆机所作《辨亡论》,两文分别分析秦朝和东吴兴亡原因。

②史家论赞之属,其源略近诗人比兴一流:章学诚《章氏遗书》卷九《与乔迁安明府论初学课业三简》曰:"史家论赞,本于《诗》教,与《纲目发明》、《书法》、《通鉴辑评》之类有异。后乃源于《春秋》之

教，与纪传史家，本属并行不背……若马、班诸人论赞，虽为《春秋》之学，然本《左氏》假说君子推论之遗，其言似近实远，似正实反，情激而语转平，意严而说更缓，尺幅无多，而抑扬咏叹，往复流连，使人寻味行中，会心言外，温柔敦厚，《诗》教为深。"

③《养生》、《博弈》：曹魏嵇康所作《养生论》和东吴韦耀所作《博弈论》，两文分别论述善养长寿和博弈无益。

【译文】

《文选》里的各篇论，像《过秦论》、《辨亡论》等篇，宗旨追求情节起伏和声调吟咏，意图不在于揭示发挥；这是史学家论赞之流，它的起源大体接近《诗经》比兴一类，和唐、宋时期的各篇论，名称相同而实质不同。然而《养生论》、《博弈论》等篇，就已经各有命篇立意；这本来是文集盛行、诸子风气衰落的际会。萧氏不加考察，共同编在一类，就不是它们的本质了。

诸子一变而为文集之论议，再变而为说部之札记①，则宋人有志于学，而为返朴还淳之会也。然嗜好多端，既不能屏除文士习气，而为之太易，又不能得其深造逢源②。遍阅作者，求其始末，大抵是收拾文集之余，取其偶然所得，一时未能结撰者，札而记之，积少致多，裒成其帙耳。故义理率多可观，而宗旨终难究索也。

【注释】

①札记：古人多写作"劄记"，为文体之一种。古代称竹木小简为札，把读书时摘记的要点、心得，或者随笔摘录、校勘、考证等文字，条记于札上，故称札记。

②深造逢源：语出《孟子·离娄下》："孟子曰：君子深造之以道，欲

其自得之也。自得之,则居之安;居之安,则资之深;资之深,则取之左右逢其原,故君子欲其自得之也。"意为自得学问造诣深厚,议论才能左右逢源。

【译文】

诸子文风第一次改变成为文集中的论议,第二次改变成为说部中的札记,这是宋人有志于学术,而返归淳朴学风的际会。然而他们嗜好方面很多,既不能排除文士议论习气;而且做得太轻易,又不能达到自身造诣高深而左右逢源的境地。全部考察这些作者,探求他们的始末,大多是收取拾用文集的剩余,摘取自己偶然有所心得,而一时不能组织成篇的内容,写成札记,积少成多,聚集成书罢了。所以辨析说理大都值得观看,而宗旨终究难以探究考察。

永清文献荒芜①,论说之文,无可采择,约存一首②,聊以备体,非敢谓有合于古人也③。

【注释】

①荒芜:语出《国语·周语下》:"田畴荒芜,资用乏匮。"韦昭《注》曰:"荒,虚也。芜,秽也。"原意为田地不治,杂草丛生。引申为荒废、弃置。

②约存一首:大梁本"一"讹作"二",叶瑛《文史通义校注》据《章氏遗书》外编卷十五《永清文征三·论说叙录》"仅存一首"校正。

③非敢谓有合于古人也:《章氏遗书》外编卷十五《永清文征三·论说叙录》作"云尔"。

【译文】

永清文献荒废,论说文章,没有什么可以选择,只保留一篇,暂且用来当做一种文体,不敢自认为有和古人一致的地方。

诗赋叙录

诗赋者,六籍之鼓吹,文章之宣节也①。古者声诗立教,铿锵肆于司乐②,篇什叙于太史③;事领专官,业传学者;欲通声音之道,或求风教所施,询诸掌故,本末犁然④,其具存矣。自诗乐分源,俗工惟习工尺⑤,文士仅攻月露⑥;于是声诗之道,不与政事相通;而业之守在专官,存诸掌故者,盖茫然而不可复追矣。然汉、魏而还,歌行乐府⑦,指事类情;就其至者,亦可考其文辞,证其时事。唐、宋以后,虽云文士所业,而作者继起,发挥微隐,敷陈政教;采其尤者,亦可不愧古人。故选文至于诗赋,能不坠于文人绮语之习,斯庶几矣。

【注释】

①宣节:也作"节宣"。语出《左传·昭公元年》:"君子有四时,朝以听政,昼以访问,夕以修令,夜以安身,于是乎节宣其气,勿使有所壅闭湫底,以露其体。"原意指养生之道,对气或散发或节制,劳逸适度。此处指声诗音节最密,故谓为文章之宣节。

②铿锵肆于司乐:据班固《汉书》卷二十二《礼乐志》记载:"但能纪其铿枪鼓舞。"颜师古《注》曰:"铿枪,金石之声也。"又据《周礼·春官》记载,宗伯属官有大司乐,为教导贵族子弟的乐官。

③篇什叙于太史:据《礼记·王制》记载:"命太师陈诗,以观民风。"此处作"太史"误。

④犁然:语出《庄子·山木》:"木声与人声,犁然有当于人之心。"王先谦《注》引宣颖曰:"犁然,犹释然,如犁田者,其土释然也。"意为分解清楚的样子。

⑤工尺(chě):古代记乐谱,使用"五"、"凡"、"工"、"尺"、"上"、"一"、

"四"、"六"、"勾"、"合"等字,称为工尺谱。

⑥月露:据《隋书》卷六十六《李谔传》记载,隋文帝开皇年间,李谔上书朝廷,请求端正文风,极言南朝风气之弊说:"连篇累牍,不出月露之形;积案盈箱,唯是风云之状。"

⑦歌行:古代诗歌的一种文体。汉、魏以来的乐府诗,题名为"歌"或"行"颇多,没有严格的区别。后来形成"歌行"一体,形式自由不拘。如汉乐府有《长歌行》,曹操有《短歌行》等。

【译文】

诗赋,是六经的宣传品,文章的调节物。古代用乐诗进行教育,从司乐那里学习音乐节奏,由太史之官叙说诗篇,学习的事务有专官掌管,把诗赋学业传授给学生;想要通晓音乐的道理,或者考察风化教育的施行,询问掌管故实的官员,本末清清楚楚,大概保存完整了。自从诗和音乐分离,一般的乐工熟悉乐谱,文士只专注景物描摹;于是配乐诗歌的道理,不再和政事相通;而由专官主管,由掌管故实的官员保存的学业,大概模糊不清而无法再追溯了。然而汉、魏以来,歌行与乐府,说明事物表达感情;根据它们之中达到极致的作品,也可以考察它们的文辞,证实它们的时事。唐、宋以后,虽然说诗赋是文人所从事的职业,而作者接连出现,阐发精微隐秘的道理,铺陈政治教化;选取其中特别突出的作品,也可以无愧于古人。所以选文涉及诗赋,能不陷入文人华丽辞采的习气里,这就差不多可以了。

刘氏《七略》,以封禅仪记入《礼经》①,秦官奏议、《太史公书》入《春秋》②,而《诗赋》自为一略,不隶《诗经》;则以部帙繁多,不能不别为部次也。惜其叙例,不能申明原委,致开后世诗赋文集混一而不能犁晰之端耳。至于赋乃六义之一,其体诵而不歌。而刘《略》所收,篇第倍蓰于诗,于是以赋冠前,而诗歌杂体,反附于后③,以致萧《选》以下,奉为一定章程,可谓失所轻重者矣。又其诗赋区为五种④,若杂赋一门,皆无专主名氏,体如后世总集之异于别集。诗歌一门,自为一类,虽无叙例,观者犹可以意辨之,知所类别。至屈原以下二十家,陆贾以下二十一家,孙卿以下二十五家⑤,门类既分为三,当日必有其说;而叙例缺如,如诸子之目后叙明某家者流,其原出于古者某官云云是也。不与诸子之书,同申原委;此《诗赋》一略,后人所为欲究遗文,而莫知宗旨者也。

【注释】

①刘氏《七略》,以封禅仪记入《礼经》:据班固《汉书》卷三十《艺文志·六艺略》礼类著录:"《古封禅群祀》二十二篇,《封禅议对》十九篇,《汉封禅群祀》三十六篇。"

②秦官奏议、《太史公书》入《春秋》:据班固《汉书》卷三十《艺文志·六艺略》春秋类著录:"《奏事》二十篇(自注:秦时大臣奏事,及刻石名山文也)……《太史公》百三十篇。"

③刘《略》所收,篇第倍蓰于诗,于是以赋冠前,而诗歌杂体,反附于后:据班固《汉书》卷三十《艺文志·诗赋略》著录屈原赋二十家,三百六十一篇;陆贾赋二十一家,二百七十四篇;孙卿赋二十五家,一百三十六篇;杂赋十二家,二百三十三篇。歌诗二十八家,三百一十四篇。总计赋的篇数,约为歌诗篇幅的三倍。

④诗赋区为五种:据班固《汉书》卷三十《艺文志·诗赋略》著录,歌诗一门,屈原赋一门,陆贾赋一门,孙卿赋一门,共分五门。

⑤孙卿:荀卿。或谓汉人避汉宣帝刘询之讳,改"荀"为"孙";或谓汉人不讳嫌名,乃是"荀"、"孙"同音通转之故。

【译文】

　　刘氏的《七略》，把封禅仪记著录在《礼经》门类，把秦朝官员奏议、《太史公书》著录在《春秋》门类；而《诗赋》独自作为一略，不隶属《诗经》；就是因为篇幅繁重，不能不另外作为一类编排。可惜它们的叙例，不能说明缘故本末，以致开启后世把诗赋、文集混编在一起而不能清晰划分的先例。至于赋乃是《诗经》六义之一，它的文体是朗诵而不歌唱，而刘氏《七略》所收的赋，篇数是诗歌的数倍，于是把赋排在前面，诗歌杂体反而附在后面；以致萧统《文选》以后，尊奉为固定的程式，可以说是失去评判标准了。另外《七略》把诗赋分成五种，至于杂赋一门，都没有作者的姓名，体例如同后世总集和别集的不同。诗歌一门，独自作为一类，虽然没有叙例，观览的人还可以依据意思辨明，知道分类的原因。到屈原以下二十家，陆贾以下二十一家，孙卿以下二十五家，门类既然分成三个，当时一定有这样分类的说法，而叙例空缺，例如诸子的目录后面说明某家的源流，他们的根源语出古代某个官守等等就是。不和诸子的书，同样说明本末；这是对于《诗赋》一略，后人所说的想要探究遗文，却不知道宗旨的原因。

　　州县文征，选辑诗赋，古者《国风》之遗意也。旧志八景诸诗，颇染文士习气，故悉删之，所以严史例也。文丞相词①，与《祭漯河文》②，非诗赋而并录之者，有韵之文，如铭、箴、颂、诔，皆古诗之遗也③。

【注释】

①文丞相词：据章学诚《章氏遗书》外编卷八《永清县志·舆地图》古迹类记载："旧志，信安镇有文丞相馆次。宋右相天祥北上，次信安。馆人供帐甚盛，天祥达旦不寐，题《旅恨》词于壁。"文丞相

即文天祥（1236—1283），字履善，一字宋瑞，号文山，吉州庐陵（今江西吉安）人。宋理宗宝祐四年（1256）进士第一名。历任刑部郎官，知瑞、赣等州。闻元兵东下，在赣州组织义军，入卫临安。擢任右丞相，被派往元军营中谈判，遭到扣留。后于镇江脱险，辗转至福建，与世杰、陆秀夫等坚持抗元。后在广东兵败被俘，送至大都（今北京），元人百般劝降，始终不屈，于至元十九年十二月（1283 年 1 月）被害。在狱中作《正气歌》，传诵于世。著有《文山先生全集》。文天祥被押送北上时，路经永清信安镇，于馆舍题《唐多令》（"雨过水明霞"）词一首。

②《祭漯河文》：明代顺天巡抚王一鹗撰。漯河，桑干河。

③皆古诗之遗也：《章氏遗书》外编卷十五《永清文征三》此下尚有《金石叙录》一篇文字，补录于此：

　　金石之文，古人所以垂示久远。三代以上，铭钟图鼎，著于载籍。三代而下，庸器渐少，石刻遂多。然以著录所存，推求遗迹，则或亡或缺，十无二三。是金石虽坚，有时湮泐，而著录编次，竹帛代兴，其功为不鲜矣。然陵谷变迁，桑沧迭改，千百年后，人迹所至，其有残碑古鼎，偶获于山椒水涘之间，覆按前代纪载，校其缺遗，洞如发覆，则古人作为文字，托之器物，以自寿于天地之间，其旨良深远矣。然留著既多，取用亦异，约而榷之，略有三门：其定著文字，垂示法式，若三字石经、一字石经之属，经学之准绳也。考核姓名官阀，辨别年月干支，若欧、赵诸录，洪、晁诸家之所辨订，史部之羽翼也。至于书家之评法帖，赏鉴家之论古今，《宣和博古》之图，《清河书画》之舫，则又韵人墨客所为，均之不为无补者也。兹于志乘之余，裁取文征，既已与志相表里矣。搜罗金石，非取参古横今，勒成家学，惟以年月、姓名、官阶、科第，足以补志文之所未备者，详慎志之，以备后人之采录焉，初非计其文之善否、字之工劣也。其全文有可采者，存于征实，则

不在此例焉。郑樵尝以历代艺文，著录多缺，发愤而为《图谱》、
《金石》二略，以备前史之缺遗，是不知申明艺文类例，而别为篇
帙之咎也。然郑氏所争，其功要自不可没矣。金石不录其文，而
仅著其目，自当隶入《艺文》之篇，为著录之附庸可耳，何为编次
《文征》之内耶？盖以永清无艺文，而推太史叙《诗》之意，窃比
《华黍》、《由庚》之存其义尔，初不以是为一成之法也。

【译文】

　　州县的文征，选取编辑诗赋，是古代《国风》的遗留旨意。旧县志记
载的八景各诗，颇多沾染文士习气，所以全部删去，用来严肃史书体例。
文丞相的词，和《祭潶河文》，虽然不是诗赋却一起收录，这是因为有韵
的文章，例如铭、箴、颂、诔，都是古诗的遗留。

亳州志人物表例议上

【题解】

《亳州志人物表例议》上中下三篇,论述史书为人物立表的必要性及其在史学发展中的作用。清高宗乾隆五十四年(1789)秋冬之际至次年二月,章学诚为亳州知州裴振作《亳州志》,吸收了《和州志》与《永清县志》的经验教训,后来居上,成为撰述成就较高的一部方志。他对《亳州志》相当满意,也颇为自负。据《章氏遗书》卷九《又与永清论文》记载,章学诚曾经对周振荣说道:"近日撰《亳州志》,颇有新得,视和州、永清之志,一半为土苴矣……此志拟之于史,当与陈、范抗行,义例之精,则又《文史通义》中之最上乘也。世人忽近贵远,自不察耳。后世是非,终有定评,如有良史才出,读《亳志》而心知其意,不特方志奉为开山之祖,即史家得其一二精义,亦当尊为不祧之宗。此中自信颇真,言大实非夸也。"遗憾的是此书因裴振去任而未能刊刻,大部分散佚,仅存留《人物表例议》和《掌故例议》两部分。《章氏遗书》补遗《又与史余村》一文谈及《亳州志》,也高度评价说:"近撰《亳州志》,更有进境。《新唐书》以至《宋》、《元》诸史,书志之体不免繁芜,而汰之又似不可,则不解掌故别有专书,不当事事求备也;列传猥滥,固由文笔不任,然亦不解表例,不特如顾宁人所指班、马诸年表已也……今州县创立其例,便觉旧撰诸志列传,不免玉石杂而不分,正坐不立人表故耳。"章学诚认为人表远比年表重要，然而历来对班固《汉书·古今人表》横加指责，以致后世史家撰史不立人表，列传越来越繁芜。他称赞班固立人表乃千古之良法，后世应该借鉴和继承。《人物表例议》上篇论通史立人物表的必要性，因为通史的人表与列传有紧密关系，人表不立则列传不得不繁。中篇论述断代史也不可不立人物表，原因在于列传所收人物有限制，即使加上年表与世表，也不能包括各方面的人物。章学诚根据史书的编撰特点，把断代史大致分为三类，上者是成一家之言的专门名家之史，中间是汇集各方面专长人才而修成的集众所长之史，下者是纠集文人而修成的强分抑配之史，而三者如果没有人表，就难以做到知人论世。下篇论述方志为人物立表可以救方志之弊，具有三方面优点。一是前代帝王后妃收入人物传不妥当，历代为此争论不休，列入《人物表》比较适宜；二是人物列传所收人物有限，那么有些无法撰传之人可以列入《人物表》，弥补历史记载的疏漏；三是有些乡里之人品行优秀但地位不突出，方志尤其应该列入，通过《人物表》起到彰善瘅恶的作用。

　　班固《古今人表》，为世诟詈久矣[①]。由今观之，断代之书，或可无需人表；通古之史，不可无人表也。固以断代为书，承迁有作，凡迁史所缺门类，固则补之；非如纪传所列君臣事迹，但画西京为界也。是以《地理》及于《禹贡》、《周官》，《五行》罗列春秋、战国；《人表》之例，可类推矣。《人表》之失，不当以九格定人[②]，强分位置，而圣、仁、智、愚，妄加品藻，不得《春秋》谨严之旨。又刘知几摘其有古无今，名与实舛，说亦良允。其余纷纷议其不当作者，皆不足为班氏病也。向令去其九等高下，与夫仁、圣、愚、智之名，而以贵贱尊卑区分品地，或以都分国别异其标题，横列为经，而以年代先后标著上方，以为之纬；且明著其说曰，取补迁书，作列传之稽检。则其立例，当为后代著通史者一定科律，而岂至反为人诟詈哉？甚矣，千古良法，沉溺于众毁之余③，而无有精史裁者，为之救其弊而善所用也。近代马氏《绎史》，盖尝用其例矣。然马氏之书，本属纂类，不为著作。推其用意，不过三代去今日久，事文杂出，茫无端绪，列为人表，则一经传姓名考耳。且犹贬置班表，不解可为迁书补隙；又不解扩其义类，可为史氏通裁；顾曰《人表》，若为《绎史》而作④，则亦未为知类者也。

【注释】

①班固《古今人表》，为世诟詈久矣：据刘知几《史通》卷三《表历》曰："异哉，班氏之《人表》也！区别九品，网罗千载，论世则异时，语姓则他族，自可方以类聚，物以群分，使善恶相从，先后为次，何藉而为表乎？且其书上自庖牺，下穷嬴氏，不言汉事，而编入《汉书》，鸠居雀巢，茑施松上，附生疣赘，不知剪裁，何断而为限乎？"

②九格定人：班固《汉书》卷二十《古今人表》把历史人物分成九等：上上为圣人，上中为仁人，上下为智人，中上、中中、中下、下上、下中为中人，下下为愚人。

③千古良法，沉溺于众毁之余：据《章氏遗书》外编卷一《信摭》曰："《华阳国志》有三州士女目录，《江表志》有诸王大臣标名，而无事实，此皆《古今人表》之遗轨也。史家失其传，而方隅别史时见其意。惜乎作者亦不知为正史遗风，而览者更昧所自矣。礼失求野，亦在有心人哉！"又据《章氏遗书》补遗《又与史余村》曰："班氏《古今人表》，史家诟詈，几如众射之的……此例一复，则列传自可清其芜累，惜为丛毁所集，无人进而原其心尔。"

④顾曰《人表》，若为《绎史》而作：马骕《绎史》卷一百六十附录班固《古今人表》，并为之作跋曰："班氏《古今人表》，后人讥其妄作，一曰甲乙纷错，二曰纪载不悉，三曰前代人物无关汉事也。余独取为《绎史》终篇何？曰：上自宓羲，下逮秦亡，所纪之世，《绎史》之世也，所录之人，《绎史》之人也，故《人表》若为《绎史》作也。"

【译文】

　　班固《汉书》的《古今人表》，被世人诟骂很久了。在今天看来，断代的史书，也许可以不需要人表；贯通古今的史书，不能没有人表。班固用断代的体例作史书，继承司马迁进一步创作，凡是司马迁《史记》所缺少的门类，班固就补充它们，不像纪传部分所记载的君臣事迹，仅仅依据西汉一代划分界限。所以《地理志》上溯《禹贡》、《周礼》，《五行志》罗列春秋、战国的史事；《古今人表》的例子，可以类推了。《古今人表》的失误，在于不应该用九种定格评定人物，勉强区别位置，而用圣、仁、智、愚等名称，胡乱加以品评，没有得到《春秋》谨严的宗旨。另外刘知几指出《古今人表》只有古代的人而没有当代的人，名称和实际相互违背，说法也很恰当。其他纷纷议论《古今人表》不应该做的责难，都不能够成为班氏的缺点。假使去掉九等高下的区分，和仁、圣、愚、智的名称，而根据贵贱尊卑区分品格，或者按照城邑国家的区别改变那些标题，横行排列当做经线，而按照年代先后标记在上端，当做纬线；并且明确标著自己的说法，用来补充司马迁的书，作为考核检查列传的依据。那么他设立的体例，应当成为后世撰写通史的既定程式，怎么至于反倒被人诟骂呢？太过分了，本来可以流传千年的好办法，埋没在众人的诽谤之中，却没有精通史事裁断的人，替它补救弊病而好好加以利用。近代马骕撰《绎史》，曾经使用这一体例。然而马氏的书本来属于分类纂集，不是著作。推究他的用意，不过是三代距离现在年代久远，事情和文字记载纷乱出现，茫然没有头绪，排列成人表，就是一篇经传中的人物姓名考罢了。马氏尚且贬低班固的表，不知道它可以为司马迁的书弥补缺陷；又不知道扩充它的义例准则，可以作为史家的贯通裁断；只是说《古今人表》，就像是为《绎史》而作，那么也不算是懂得类推的人。

　　夫通古之史，所书事迹，多取简编故实；非如当代纪载，得于耳闻目见，虚实可以互参。而既为著作，自命专家，则列传去取，必有别识心裁，成其家言；而不能尽类以收，同于排纂，亦其势也。即如《左传》中事，收入《史记》。而子产、叔向诸人，不能皆编列传。《人表》安可不立？至前人行事，杂见传记，姓名隐显，不无详略异同。列传裁断所余，不以人表收其梗概，则略者致讥挂漏①，详者被谤偏徇，即后人读我之书，亦觉缺然少绳检矣。故班氏之《人表》，于古盖有所受②，不可以轻议也。

【注释】

①挂漏：犹遗漏。意为顾此失彼，所举甚少，而遗漏甚多。也作"挂一漏万"。

②班氏之《人表》，于古盖有所受：据《章氏遗书》补遗《又与史余村》曰："班氏《古今人表》，史家诟詈，几如众射之的。仆细审之，岂惟不可轻訾，乃大有关系之作，史家必当奉为不桃之宗。颇疑班氏未必出于创造，于古必有所受；或西京诸儒治《春秋》者所传，班氏删改入《汉书》耳。"

【译文】

贯通古代的史书，所记载的事迹，大多取用典籍上的旧事；不像当代的记载，是根据耳闻目睹获得，虚实可以互相参验。然而既然是著作，自己认为是专门一家，那么列传对材料的舍弃和选取，一定会有独特见识和匠心裁断，成为一家之言，而不能尽数收入各类人物，形同按类编排，也是著述情势如此。就像《左传》中的事迹，收进《史记》。然而子产、叔向等人，不能都编入列传。《古今人表》怎么可以不作呢？至于前人的事迹，纷乱地出现在传记里，姓名的隐没和显著，不能没有或详细或简略的不同。列传裁断后所剩余的人物，不用列表收录他们的大概情况，那么记载简略的史书招来过多遗漏的非议，记载详细的史书被指责偏私徇情，即使后人阅读我编撰的史书，也会感觉缺少法度检核了。所以班氏的《古今人表》，对于古代的史法大概有所承受，不能够轻率非议。

亳州志人物表例议中

或曰：通史之需人表，信矣。断代之史，子言或可无需人表，或之云者，未定辞也。断代无需征古，何当有人表欤？曰：断代书不一类，约计盖有三门，然皆不可无人表也。较于通史，自稍缓耳；有之，斯为美矣。史之有列传也，犹《春秋》之有《左氏》也。《左氏》依经而次年月，列传分人而著标题，其体稍异；而其为用，则皆取足以备经《春秋》。纪本纪。之本末而已矣。治《左氏》者，尝有列国《公子谱》矣①。治断代纪传之文者，仅有班书《人表》，甫著录而已为丛诟所加②，孰敢再议人物之条贯欤？夫《春秋》《公子》、《谥族》诸谱③，杜预等。《名字异同》诸录④，冯继先等。治编年者，如彼其详。而纪传之史，仅一列传目录，而列传数有限制；即年表世表，亦仅著王侯将相，势自不能兼该人物，类别区分。是以学者论世知人，与夫检寻史传去取义例，大抵渺然难知；则人表之不可缺也，信矣。

【注释】

①治《左氏》者，尝有列国《公子谱》矣：据郑樵《通志》卷六十三《艺

　　　文略》春秋类著录："《小公子谱》六卷，杜预撰。《春秋公子谱》一
　　　卷，吴杨蕴撰。"

②甫：方才，刚刚。

③《春秋》《公子》、《谥族》诸谱：据郑樵《通志》卷六十三《艺文略》春
　　秋类著录："《春秋宗族名谥谱》五卷。《春秋谥族谱》一卷。"而
　　《宋史》卷二百零四《艺文志》谱牒类著录："《春秋氏族谱》一卷。
　　《春秋宗族名谥谱》一卷。"

④《名字异同》诸录：据郑樵《通志》卷六十三《艺文略》春秋类著录：
　　"《春秋名字异同录》五卷，冯继先撰。"

【译文】

　　有人说：通史需要人表，可以确信了。断代的史书，您说或许可以
不需要人表，或许这种话，是不确定的用语。断代史不需要考证古代，
为什么应该有人表呢？回答说：断代的史书不只一类，大约统计有三
门，然而都不能没有人表。和通史比较而言，程度自然略缓而已；如果
有人表，这就完美了。史书有列传，如同《春秋》有《左传》。《左传》按照
《春秋》经而排列年月，列传区别人物而注明标题，它们的体例略微不
同；然而它们的用处，就是都用来充分完备经《春秋》。和纪本纪。的本
末罢了。研究《左传》的人，曾经编有列国《公子谱》了。研究断代纪传
体史书的人，只有班固《汉书》的《古今人表》，刚刚写成就已经被施加众
多诟骂，谁还敢再议论人物的条理统贯呢？《春秋》有《公子》、《谥族》等
谱，杜预等。《名字异同》等录，冯继先等。研究编年体的书，像这样详
细。然而纪传体史书，只有一篇列传目录，而列传篇数有限制；即使有
年表、世表，也只记载王侯将相，情势自然不能包括各方面的人物，按类
分别记载。所以学者评论时代了解人物，和查找史书列传对人物的舍
弃或选取的宗旨和体例，大都茫然不清楚；那么人表不能缺少，确信无
疑了。

顾氏炎武曰："史无年表，则列传不得不多；列传既多，则文繁而事反遗漏。"因谓其失始于陈寿，而范、沈、姚、李诸家，咸短于此①。顾氏之说，可谓知一而不知二矣。年表自不可废；然王公将相，范、沈、姚、李诸史②，所占篇幅几何？《唐》、《宋》之史，复立年表③，而列传之繁，乃数倍于范、沈诸书，年表何救于列传之多软？夫不立人表，则列传不得不多，年表犹其次焉者耳。而人表方为史家怪笑，不敢复犯，宜其纷纷著传，如填户版，而难为决断，定去取矣。

【注释】

①因谓其失始于陈寿，而范、沈、姚、李诸家，咸短于此：据顾炎武《日知录》卷二十六《作史不立表志》曰："其失始于陈寿《三国志》，而范晔踵之。其后作者，又援范书为例，年表皆在所略（原注：姚思廉《梁》、《陈》二书，李百药《北齐书》，令狐德棻《周书》，李延寿《南北史》，皆无表、志）。不知作史无表，则立传不得不多；传愈多，文愈繁，而事迹或反遗漏而不举。"

②范、沈、姚、李诸史：范晔《后汉书》，沈约《宋书》，姚思廉《梁书》和《陈书》，李延寿《南史》和《北史》。

③《唐》、《宋》之史，复立年表：《新唐书》撰有《宰相表》、《方镇表》、《宗室世系表》、《宰相世系表》。脱脱监修《宋史》撰有《宰辅表》、《宗室世系表》。

【译文】

顾炎武说："史书没有年表，那么列传就不得不多；列传既然众多，那么就会文字繁多而事情反有遗漏。"于是说这个失误从陈寿开始，而范晔、沈约、姚思廉、李百药各家，都在这方面具有短处。顾氏的说法，可以说是只知其一而不知其二了。年表自然不可以废除；然而王公将相，在范晔、沈约、姚思廉、李百药各家史书里，所占的篇幅有多少呢？《唐书》与《宋史》，又设立了年表，而列传数量的众多，却是范晔和沈约等史书的数倍，年表对列传的繁芜有什么补救呢？不设立人表，于是列传不得不多，年表还是处于次要的地位。然而人表正被史学家责怪和嗤笑，不敢继续冒犯编撰，怪不得他们纷纷作传，就像填充户籍版图，而难以作出决断，决定舍弃和选取了。

　　夫通古之史，所取于古纪载，简册具存；不立人表，或可如迁史之待补于固，未为晚也。断代之史，或取裁于簿书记注，或得之于耳目见闻，势必不能尽类而书，而又不能必其事之无有，牵联而及；则纵揽人名，区类为表，亦足以自见凡例，且严列传通裁，岂可更待后之人乎？夫断代之史，上者如班、陈之专门名家①，次者如《晋》、《唐》之集众所长②，下者如《宋》、《元》之强分抑配③。专门名家之史，非人表不足以明其独断别裁；集众所长之史，非人表不足以杜其参差同异；强分抑配之史，非人表不足以制其芜滥猥弊。故曰：断代之史，约计三门，皆不可无人表也。

【注释】

①班、陈之专门名家：班固《汉书》，承继班彪家学；陈寿《三国志》，叙事简严有法，有良史之称，此所谓专门名家之史。

②《晋》、《唐》之集众所长：二十四史中的《晋书》、《旧唐书》和《新唐书》，都是官修史书。唐初修《晋书》，以臧荣绪《晋书》为主要依据，宰相房玄龄、褚遂良、许敬宗监修，先后有令狐德棻、敬播、李淳风等十八人分工编撰。五代后晋时期修《旧唐书》，以唐代国史、实录等为基本材料，先后由宰相赵莹、桑维翰、刘昫监修，史

官张昭远、贾纬、赵熙等人分工编撰写。北宋中期修《新唐书》，由欧阳修、宋祁主修，欧阳修负责纪、表、志部分，宋祁负责列传部分，史官范镇、王畴、宋敏求、吕夏卿、刘羲叟等人参与编撰。以上分撰诸人，各有学术专长，能够保证自己编撰部分质量可靠，此所谓集众所长之史。

③《宋》、《元》之强分抑配：元代后期脱脱主持撰修《宋史》，仅用两年半时间仓促成书。明初修《元史》，以宋濂、王袆为总裁，实际只用一年时间成书。两书卷帙浩繁，仅仅照抄旧史料成书，因时间仓促而无法删削订正，史官被分派任务督促完成，彼此互不照应，以致矛盾百出，错误比比皆是，此所谓强分抑配之史。

【译文】

贯通古代的史书，从古代记载里取材，那些书籍都存在；不设立人表，也许可以像司马迁《史记》等候班固来补充一样，不算太晚。断代的史书，有的是从官府文书和史料记录中取材，有的是根据耳闻目见来取材，势必不能穷尽各类人而全部记载，而且又不能断定那些未被记载的人一定没有事情可供记载，可以附带涉及；那么广泛采取人名，分类作表，也就足够表现凡例，而且严格列传的贯通裁断，难道能再等待后世的人吗？断代的史书，上等的像班固和陈寿专门自成一家，中等的像《晋书》和《唐书》集合众人的长处，下等的像《宋史》和《元史》强行摊派仓促而成。专门自成一家的史书，没有人表就不能够显示作者的独自决定与特别裁断；集合众人长处的史书，没有人表就不能够杜绝那些参差不齐的差误与彼此矛盾；强行摊派仓促而成的史书，没有人表就不能够节制繁杂无度与琐碎纷乱。所以说：断代的史书，大约统计有三门，都不可以没有人表。

亳州志人物表例议下

方志之表人物,何所仿乎?曰:将以救方志之弊也,非谓必欲仿乎史也,而史裁亦于是具焉而已。今之修方志者,其志人物,使人无可表也。且其所志人物,反类人物表焉,而更无所谓人物志焉,而表又非其表也。盖方志之弊也久矣! 史自司马以来,列传之体,未有易焉者也。方志为国史所取裁,则列人物而为传,宜较国史加详。而今之志人物者,删略事实,总撷大意,约略方幅①,区分门类。其文非叙非论,似散似骈;尺牍寒温之辞,簿书结勘之语,滥收猥入,无复翦裁。至于品皆曾、史,治尽龚、黄,学必汉儒,贞皆姜女,面目如一,情性难求;斯固等于自郐无讥②,存而不论可矣。即有一二矫矫,雅尚别裁,则又简略其辞,谬托高古;或仿竹书记注,或摩石刻题名,虽无庸恶肤言,实昧通裁达识;所谓似表非表,似注非注,其为痼弊久矣③。是以国史宁取家乘,不收方志,凡以此也。

【注释】

①方幅:语出《新唐书》卷四十八《百官志》:"凡有弹劾,御史以白大

夫,大事以方幅,小事署名而已。"古人书写典诰、诏命、章表等使用方形笺册,故借指此类重要文书。有时也泛指篇章。

②自郐(kuài)无讥:语出《左传·襄公二十九年》:"吴公子札来聘……请观于周乐……自郐以下,无讥焉。"春秋时期吴国季札出使鲁国,对各国乐歌一一作出评论,截止到郐国,以后的国家不再加以评论。后用"自郐无讥"表示不值得评论。郐,西周初年分封的诸侯国,妘姓,相传为祝融之后。封地在今河南密县东南。东周初年为郑国所灭。

③痼(gù)弊:积重难治的弊病。

【译文】

方志为人物作表,是仿效什么呢? 回答说:将要用它挽救方志的弊病,不是说一定想要仿效正史,但作史的裁断也在这里具备罢了。现在纂修方志的人,他们收录记载人物,让人没有办法作表。而且他们所收录记载的人物,反而类似人物表,根本谈不上什么人物志,而表又不是表的样子。大概方志的弊病已经太久了! 史书从司马迁以来,列传的体例,没有人改变它。方志被国史所选用,那么排列人物作传,应该比国史更加详细。而现在收录记载人物的方志,删减省略事实,总结摘取大意,概括文章内容,区别分开门类。列传文字不像叙述又不像论说,好像散文又好像骈文;私人书信嘘寒问暖的言辞,官府文书审狱结案的话语,不加限制地杂乱收入,不再修饰剪裁。至于人品都像曾参和史鰌,治绩都像龚遂和黄霸,学问一定像汉儒,贞节都像共姜,人人面目一致,情性难以寻求;这本来相当于自《郐风》以下不值得评论,保存而不评论就可以了。即使有少数卓越出众的方志,崇尚别裁独创,却又简略志书辞语,荒谬地假托高雅古朴;或者仿照《竹书纪年》,或者模仿石刻题名,虽然没有平庸恶劣的肤浅言语,实际上不清楚什么是贯通裁断和通达识见;就是所说的像表又不像表,像注又不像注,成为难治的弊病已经很久了。所以国史宁可采用家史,也不收载方志,都是因为这个缘故。

夫志者，志也。人物列传，必取别识心裁，法《春秋》之谨严，含诗人之比兴。离合取舍，将以成其家言；虽曰一方之志，亦国史之具体而微矣。今为人物列表，其善盖有三焉。前代帝王后妃，今存故里，志家收于人物，于义未安；削而不载，又似缺典。是以方志遇此，聚讼纷然①，而私智穿凿之流②，往往节录本纪，巧更名目，辗转位置，终无确当。今于传删人物，而于表列帝王，则去取皆宜，永为成法。其善一也。史传人物本详，志家反节其略，此本类书摘比，实非史氏通裁。然既举事文，归于其义，则简册具有名姓，亦必不能一概而收，如类纂也。兹于古人见史策者，传例苟无可登，列名人物之表，庶几密而不猥，疏而不漏。其善二也。史家事迹，目详于耳，宽今严古，势有使然。至于乡党自好③，家庭小善，义行但存标题，节操止开年例；史法不收，志家宜具。传无可著之实，则文不繁猥；表有特著之名，则义无屈抑。其善三也。凡此三者，皆近志之通病，而作家之所难言。故曰：方志之表人物，将以救方志之弊也。

【注释】

①聚讼：语出范晔《后汉书》卷六十五《曹褒传》："谚言作舍道旁，三年不成，会礼之家，名为聚讼，互生疑异，笔不得下。"意为众人争论不休。

②私智穿凿：语出《孟子·离娄下》："所恶于智者，为其凿也。如智者若禹之行水也，则无恶于智矣。禹之行水也，行其所无事也。如智者亦行其所无事，则智亦大矣。"意为自作聪明而穿凿附会。

③乡党自好：语出《孟子·万章上》："百里奚，虞人也……相秦而显

其君于天下,可传于后世,不贤而能之乎? 自鬻以成其君,乡党自
好者不为,而谓贤者为之乎?"指乡里洁身自好而注重名誉之人。

【译文】

方志,就是一方的记载。人物列传,一定要有独特见识和匠心裁
断,效法《春秋》的谨严,包含《诗经》的比兴,对人物分开或者合并与选
取或者舍弃,将要借此成为自己的一家之言,虽然说是一个地方的志
书,相对于国史也是具备整体而规模稍小了。现在为人物列表,它的优
点大概有三方面。前代的帝王后妃,故乡至今存在,编纂方志的人把他
们收在人物部分,从道理上说并不妥当;如果删除而不记载,又好像是
典故有欠缺。所以方志遇到这种情况,众说纷纭而争论不休,那些凭借
个人聪明牵强附会的一类人,往往节录本纪,取巧而改换名目,颠来倒
去安排次序,终究无法确切适当。现在在传里删掉此类人物,而在表里
排列帝王,那就舍弃和取用全部适宜,永久作为固定的方法。这是第一
方面优点。史书列传的人物本来记载详细,方志反而节取它们的梗概,
这原本是类书的摘录排比,确实不是史学家的贯通裁断。然而既已标
举出事情和文辞,归宿到它的思想,那么史书具有名姓的人物,也一定
不能一概收入,就像分类编纂文献一样。这里对古人姓名出现在史书
里的事例,按照列传的体例如果没有内容可以记载,就把姓名列在人物
表里,差不多可以细密而不杂乱,疏阔而不遗漏。这是第二方面优点。
史学家记载事迹,见到的内容比听说的内容详细,对当今要求宽而对古
代要求严,这是情势造成这样。至于乡里中洁身自好的人,家庭里细小
的好行为,对仗义行为仅仅保存标题,对贞节操履只开列年代;按照作
史的原则不收这些内容,编纂方志应当具备。列传没有可以记载的实
事,文字就不会繁冗;人表有特地记载的名称,道义就不会受到委屈压
抑。这是第三方面优点。所有这三个方面,都是近代方志的通病,是编
纂方志的人所难以谈论的义例。所以说:方志为人物作表,将要用来挽
救方志的弊病。

亳州志掌故例议上

【题解】

《亳州志掌故例议》上中下三篇，阐述纂修方志重视掌故，保存一方制度和旧例的重要性。章学诚撰《和州志》与《永清县志》，均未曾专门为两地掌故设置篇幅，《亳州志》确立掌故一类，可以看出他的方志纂修体例得以完备。正是在此基础上，后来章学诚作《方志立三书议》，从理论上加以概括，把掌故和文征放在与方志正文同等重要的地位，三足鼎立，缺一不可。上篇指出掌故无论在正史还是方志中，都具有重大作用，所以应当予以记载。然而宋、元以来的史家背离司马迁、班固创作书志对官府礼制采取要领而保存一代制度大略的修史传统，不懂得掌故别有专书，专门记载名物器数，以致书志部分越来越繁冗，混淆了书志和掌故的不同作用。中篇分析欧阳修《新唐书》以下史书的利弊得失，指出他们想要用史志保存制度细则，造成篇幅繁冗，殊不知制度细则容易导致文字繁重，其后果将是连同史书文字一起亡失。章学诚认为唐、宋时期的人已经发现典章制度不可求全于史志的问题，所以刘秩《政典》、杜佑《通典》、王溥《唐会要》与《五代会要》、徐天麟《两汉会要》，都是聚汇考核典章制度，和史志相互区别，专门成书。他从这种史义受到启发，主张史书的纪、表、志、传仍然沿用旧的撰修，此外另设掌故，与史书相辅而不相侵，从而挽救书志冗滥的痼疾。下篇论述方志与掌故不可混淆的原因,并且立论祛方志不得分志与掌故之疑。章学诚认为州县掌故都来源于朝廷制度,方志记载大要总纲,掌故记载委曲细故,各有攸当,所以志和掌故不能混在一处。他指出通行的方志的弊病是似志非志,似掌故非掌故。鉴于这个问题,他对于志与掌故的繁简以及两者之间的关系作出详细说明,强调志文要简明,但事情不能不完备,不能只求简略而造成遗漏;掌故要整齐有条理,但要点不能不突出,不能只求详细造成繁芜。最后,章学诚进一步强调,记载掌故的原则应当是在事情和文辞之外,更重要的任务还要凸显史义。

　　先王制作,存乎六艺,明其条贯,天下示诸掌乎①?夫《书》道政事②,典、谟、贡、范,可以为经要矣。而《周官》器数,不入四代之书③。夏礼殷礼,夫子能言,而今已不存其籍。盖政教典训之大,自为专书;而人官物曲之细,别存其籍,其义各有攸当。故以周、孔经纶,不能合为一也。司马迁氏绍法《春秋》,著为十二本纪,其年表列传,次第为篇,足以备其事之本末;而于典章制度,所以经纬人伦,纲维世宙之具,别为八书,以讨论之。班氏广为十志,后史因之,互有损益,遂为史家一定法矣。昔韩宣子见《易》象、《春秋》,以谓周礼在鲁。左氏综纪《春秋》,多称礼经④。书志之原,盖出《官礼》。《天官》未改《天文》,《平准》未改《食货》⑤,犹存《汉书》一二名义,可想见也。郑樵乃云:“志之大原,出于《尔雅》。”非其质矣。然迁、固书志,采其纲领,讨论大凡,使诵习者可以推验一朝梗概,得与纪传互相发明,足矣。至于名物器数,以谓别有专书,不求全备,犹左氏之数典征文⑥,不必具《周官》之纤悉也。司马《礼书》末云:“俎豆之事,则有司存。"⑦其他抑可知矣。

【注释】

①天下示诸掌乎:语出《论语·八佾》:"或问禘之说。子曰:'不知也;知其说者之于天下也,其如示诸斯乎!'指其掌。"形容事理浅近而易明。

②《书》道政事:语出《庄子·天下》:"《书》以道事。"道,通"导"。又据司马迁《史记》卷一百三十《太史公自序》曰:"《书》记先王之事,故长于政。"

③四代之书:《尚书》里的《虞书》、《夏书》、《商书》、《周书》。

④左氏综纪《春秋》,多称礼经:据《左传·隐公七年》记载:"春,滕侯卒,不书名,未同盟也。凡诸侯同盟,于是称名,故薨则赴以名,告终称嗣也,以继好息民,谓之礼经。"杜预《注》曰:"此言凡例,乃周公所制礼经也。"

⑤《天官》未改《天文》,《平准》未改《食货》:据章学诚《章氏遗书》外编卷三《丙辰札记》曰:"《史记》之《天官》、《平准》名篇,乃是官名。班固改《天官》为《天文》,改《平准》为《食货》,全失《官礼》之意矣。"

⑥左氏之数典征文:据《左传》记载,鲁桓公二年,臧孙达谏取宋诰鼎,陈先王昭明令德之典;鲁僖公二十四年,富辰谏以狄伐郑,陈宗周亲亲相爱之典;鲁文公十八年,季文子逐莒仆,引周公制礼誓命之文;鲁昭公十二年,子革谏周灵王,引祭公谋父《祈招》之诗;等等。

⑦司马《礼书》末云:"俎豆之事,则有司存。"语出司马迁《史记》卷二十八《封禅书》:"于是退而论次自古以来用事于鬼神者,具见其表里,后有君子,得以览焉。若至俎豆珪币之详,献酬之礼,则有司存。"此处言出于《礼书》,不确。

【译文】

上古君王创立制度,保存在六经里,明了它们的条理统贯,治理天下就像掌握在手心一样容易吧?《尚书》叙述政事,典、谟、贡、范等篇,可以作为重要法则了。然而《周礼》中关于礼器与仪制的记载,没有收入《尚书》。夏代礼制和殷代礼制,孔夫子能够谈论,可是现在那些典籍已经不复存在。大概政治教化和经典训诂的性质重大,单独成为专书;而人世管理和万物效用的性质细密,另存在其他书籍,两者内容各有适当之处。所以周公、孔子经营治理,也不能把它们合成一体。司马迁效法《春秋》,写成十二篇本纪,书中的年表和列传,依次编纂成篇,足够具备所载事情的本末;而对于典章制度,即用来规定人际关系,维系世间秩序的器物,另外撰作八篇书,来探讨评论它们。班固扩充为十篇志,后世的史书沿袭他们,历代各有增减,于是成为史学家固定的法则了。从前韩宣子看见《易》的卦象与《春秋》,认为周代的礼制保存在鲁国。左氏研治《春秋》,多次称说礼经。书志的根源,大概语出《周礼》。《史记》的《天官书》没有改称《天文志》,《平准书》没有改称《食货志》,还在《汉书》里保存着少许名称,可以见到。郑樵却说:"志的根源,语出《尔雅》。"这就不是它的本质了。然而司马迁、班固的书志,摘取官府礼制的纲领,探讨研究大要宏旨,让诵读学习的人可以凭借它们推究验证一个朝代制度的梗概,能够和列传互相证明,就足够了。至于事物的名称,礼器与仪制的规定,认为另外有专书,不追求全面完备,就像左氏历举典故和引证成文,不一定具备《周礼》那样细微详尽的记载。司马迁在《礼书》末尾说:"俎豆等礼器一类小事,有主管官员掌管和保存。"其他也就可想而知了。

自沈、范以降,讨论之旨渐微,器数之加渐广。至欧阳《新唐》之志,以十三名目,成书至五十卷①,官府簿书,泉货注记②,分门别类,惟恐不详。《宋》、《金》、《元史》繁猥愈甚,盈床叠几，难窥统要。是殆欲以《周官》职事，经礼容仪，尽入《春秋》，始称全体。则夫子删述《礼》、《乐》、《诗》、《书》，不必分经为六矣。夫马、班书志，当其创始，略存诸子之遗。《管子》、《吕览》、《鸿烈》诸家，所述《天文》、《地圆》、《官图》、《乐制》之篇③，采掇制数，运以心裁，勒成一家之言，其所仿也。马、班岂不知名数器物，不容忽略，盖谓各有成书，不容于一家之言，曲折求备耳。如欲曲折求备，则文必繁芜，例必庞杂，而事或反晦而不显矣。惟夫经生策括，类家纂要，本非著作，但欲事物兼该，便于寻检，此则猥陋无足责耳。史家纲纪群言，将勒不朽，而惟沾沾器数，拾给不暇，是不知《春秋》、《官礼》，意可互求，而例则不可混合者也。

【注释】

①欧阳《新唐》之志，以十三名目，成书至五十卷：欧阳修《新唐书》有《礼乐志》、《仪卫志》、《车服志》、《历志》、《天文志》、《五行志》、《地理志》、《选举志》、《百官志》、《兵志》、《食货志》、《刑法志》、《艺文志》，共十三志，五十卷。

②泉货：语出班固《汉书》卷二十四下《食货志下》："故货，宝于金，利于刀，流于泉。"颜师古《注》引如淳曰："流行如泉也。"古代称钱币为"泉"或"泉布"。

③《管子》、《吕览》、《鸿烈》诸家，所述《天文》、《地圆》、《官图》、《乐制》之篇：《淮南子》有《天文》篇、《地形》篇，《管子》有《地圆》篇、《幼官图》篇，《吕氏春秋》仲夏纪有《大乐》、《侈乐》、《适音》、《古乐》等篇，季夏纪有《音律》、《音初》、《制乐》等篇。

【译文】

自从沈约和范晔以后，探讨议论的宗旨逐渐衰微，礼器和仪制的记载增加逐渐扩展。到欧阳修《新唐书》的志,利用十三个名目,成书多到五十卷,官府的文书,货币的记载,分门别类编入,惟恐不详细完备。《宋史》、《金史》、《元史》更加繁冗,堆满书架几案,很难考察要领。这恐怕是想要把《周礼》的职事,礼制和仪容,全写进《春秋》,才称得上全面。那么孔夫子删定和传述《周礼》、《诗经》、《尚书》,就不需要把经分成六部了。司马迁与班固的书志,当他们创始的时候,大致保存了诸子所遗留的传统。《管子》、《吕览》、《淮南鸿烈》各家,所记述的《天文》、《地圆》、《官图》、《乐制》等篇章,掇拾制度名数,运用匠心裁断,撰成一家之言,就是马班所仿效的先例。司马迁和班固怎么能不知道名物度数和礼器之物,不容忽略,大概认为各自已有撰成的专书,不允许在一家之言中,详细记载追求完备罢了。如果想要详细记载追求完备,那么文字一定繁芜杂乱,体例一定庞杂不纯,而事情也许反倒隐晦而不明显了。只有那些经生准备策试的资料,类书之家汇集的摘要,本来就不是著作,只是想要事物兼备,便于检查寻找,这些就浅陋不值得责备了。史学家笔削众人言论,将要勒成不朽的史书,而只是对礼器和仪制斤斤求备,收集忙得不可开交,这是不明白《春秋》和《周礼》,用意可以互相求证,而体例却不可以混合在一起。

亳州志掌故例议中

　　簿书纤悉，既不可溷史志，而古人甲乙张本①，后世又无由而知，则欲考古制而得其详，其道何从？曰：叔孙章程，韩信军法，萧何律令②，皆汉初经要之书，犹《周官》之六典也。《汉志》礼、乐、刑、法，不能赅而存之，亦以其书自隶官府，人可咨于有司而得之也。官失书亡，则以其体繁重，势自不能行远，自古如是，不独汉为然矣。欧、宋诸家③，不达其故，乃欲藉史力以传之。夫文章易传，而度数难久，故《礼》亡过半，而《乐经》全逸④。六艺且然，况史文乎？且《唐书》倍《汉》，而《宋史》倍《唐》，已若不可胜矣。万物之情，各有所极。倘后人再倍《唐》、《宋》而成书，则连床架屋，毋论人生耳目之力必不能周，抑且迟之又久，终亦必亡。是则因度数繁重，反并史文而亡之矣，又何史力尚能存度数哉？

【注释】

　①张本：语出《左传·庄公二十六年》：“秋，虢人侵晋。冬，虢人又侵晋。”杜预《注》曰：“为《传》明年晋将伐虢张本。”意为预留后来之地。也指写文章预设伏笔。

②叔孙章程，韩信军法，萧何律令：据司马迁《史记》卷一百三十《太史公自序》记载："汉兴，萧何次律令，韩信申军法，张苍为章程，叔孙通定礼仪。"裴骃《集解》引如淳曰："章，历数之章术也。程者，权衡丈尺斛斗之平法也。"即历数和度量衡的推算法式。章学诚此处言"叔孙章程"，有误。

③欧、宋诸家：欧阳修、宋祁撰修《新唐书》，开志文繁琐收录章程器数之例。后世正史沿用，造成卷帙越来越繁重。

④《礼》亡过半，而《乐经》全逸：据班固《汉书》卷三十《艺文志》记载："帝王质文，世有损益。至周，曲为之防，事为之制。故曰：礼经三百，威仪三千。及周之衰，诸侯将逾法度，恶其害己，皆灭去其籍。自孔子时而不具。至秦大坏。"《隋书》卷三十三《经籍志》著录："今《周官》六篇，《古经》十七篇，《小戴记》四十九篇，凡三种。"可见《礼》亡过半。《乐经》为六经之一。后人或者认为《乐》本有经，因秦焚书而亡佚；或者认为"乐"本无经，与《诗》、《礼》结合而称经。

【译文】

官府文书细微详尽，既然不可以混杂在正史的书志里，而古人排列顺序以待来者的用心，后世又没有途径了解，那么想要考察古代制度而获得它们的详细情况，这样的方法从哪里来呢？回答说：叔孙通指定的章程，韩信制定的军法，萧何制定的律令，都是汉初经营治理国家的书籍，就像《周礼》的六典一样。《汉书》记载礼乐与刑法制度，不能全部保存在书中，也是因为这些书各自隶属于官府，人们可以向官吏询问而获得它们的情况。官职丧失，书籍散亡，就因为书籍的规模繁重，自然不能流传久远，自古一来就是如此，并不仅汉代是这样了。欧阳修和宋祁等人，不通晓这个缘故，竟然想要凭借史书的力量来传播章程掌故。文章容易流传，而名物度数难以长久流传，所以《周礼》亡佚过半，而《乐经》全部散逸。六经尚且这样，何况史书的文字呢？况且《唐书》的篇幅超过《汉书》一倍，而《宋史》的篇幅又超过《唐书》一倍，多得好像承受不住了。万事万物的情况，各自都有极限。倘若后人再用《唐书》、《宋史》的成倍篇幅而成书，那就多得床上施床而屋上架屋，不要说人生耳目的能力一定不能周遍，而且还会随着时间推迟长久，最终也一定会亡佚。这就是因为章程制度繁重，反而连同史书文字一起消亡了，又有什么史书的力量还能保存章程制度呢？

　　然则前代章程故事，将遂听其亡欤？曰：史学亡于唐，而史法亦莫具于唐。欧阳《唐志》未出，而唐人已有窥于典章制度不可求全于史志也。刘氏有《政典》，杜氏有《通典》，并仿《周官》六典，包罗典章，巨细兼收，书盈百帙。未尝不曰君臣事迹，纪传可详，制度名数，书志难于赅备，故修之至汲汲也。至于宋初，王氏有《唐会要》、《五代会要》①，其后徐氏更为《两汉会要》②，则补苴前古，括代为书。虽与刘、杜之典同源异流，要皆综核典章，别于史志，义例昭然，不可易矣。夫唐、宋所为典要，既已如彼；后人修唐、宋书，即以其法，纪纲唐、宋制度，使与纪传之史，相辅而行；则《春秋》、《周礼》，并接源流。弈世遵行，不亦善乎？何欧阳述《唐》，元人纂《宋》，反取前史未收之器数，而猥加罗列，则亦不善度乎时矣。或谓《通典》、《会要》之书，较马、班书志之体为加详耳。其于器物名数，亦复不能甄综赅备③，故考古者不能不参质他书，此又非知言也。古物苟存于今，虽户版之籍，市井泉货之簿，未始不可备考证也。如欲皆存而无裁制，则岱岳不足供藏书，沧海不足为墨沸也④。故为史学计其长策，纪、表、志、传，率由旧章；再推周典遗意，就其官司簿籍，删取名物器数,略有条贯,以存一时掌故,与史相辅而不相侵,虽为百世不易之规,可也。

【注释】

①《五代会要》:三十卷,二百七十九目,北宋王溥撰。根据五代历朝的实录,分类记述五十余年的制度典章,于宋太祖建隆二年(961)成书。

②徐氏更为《两汉会要》:徐氏即徐天麟,字仲祥,南宋临江(今江西清江)人。宋宁宗开禧年间进士,先后任抚州、临安府教授及武学博士,通判惠、潭二州,权知英德府。父亲徐得之,伯父徐梦莘,皆通史学,徐天麟继承家学,亦好史学,著有《西汉会要》、《东汉会要》等书。《两汉会要》,即《西汉会要》与《东汉会要》的合称。《西汉会要》七十卷,仿照《唐会要》体例,辑取《史记》、《汉书》中分散记载的西汉典章制度,分类编纂,共计十五门,三百六十七事。于宋宁宗嘉定四年(1211)奏进于朝。《东汉会要》四十卷,体例与《西汉会要》略同,专记东汉一代典章制度,所据资料以范晔《后汉书》为本,旁采《东观汉记》等书。分十五门,三百八十四事。于宋理宗宝庆二年(1226)奏进于朝。《西汉会要》不加论断,《东汉会要》间有论断,二者稍有不同。

③甄综:语出陈寿《三国志》卷三十七《庞统传》裴松之《注》曰:"[顾]劭就[庞]统宿,语,因问:'卿名知人,吾与卿孰愈?'统曰:'陶冶世俗,甄综人物,吾不及卿。论帝王之秘策,揽倚伏之要最,吾似有一日之长。'"意为综合分析,鉴别品评。

④墨沈(shěn):语出南宋陆游《老学庵笔记》卷八:"晁以道藏砚,必取玉斗样,喜其受墨沈多也。"意为墨水,墨汁。

【译文】

那么前代的制度和旧例,难道就任凭它们亡佚吗? 回答说:史学在唐代消亡,而撰史方法也以唐代最为完备。欧阳修《唐书》各志产生以前,唐人已经觉察到典章制度不能在史书的志里追求全面。刘秩有《政典》,杜佑有《通典》,都是仿效《周礼》六典,包罗典制和章程,大小轻重一起收入,书篇充满百卷。未尝不认为君臣的事迹,列传可以详细记载,制度的名物度数,书志难以全面完备,所以急切地修撰。到了宋初,王溥有《唐会要》与《五代会要》,此后徐天麟又作《两汉会要》,就是补缀古代事实,总括一代撰写成书。虽然和刘秩、杜佑的典制之书源头相同而分流各异,总之都是对典章制度聚汇和考核,与书志相区别,宗旨和体例显著,不能改变了。唐、宋时期的人所作的典制纲要,既然已经这样;后人撰修唐、宋时代的史书,就使用他们的方法,整理关于唐、宋制度的记载,使它们和纪传体史书互相辅助流行,于是《春秋》和《周礼》,共同接续源流,一代接一代遵循实行,不是也很好吗?为什么欧阳修撰修《唐书》,元人撰编《宋史》,反而取前代史书没有收入的礼器和仪制的名物度数,而猥滥地加以罗列,那也是不善于审度时势了。有人认为《通典》、《会要》等书,比起司马迁和班固书志的体例是更加详细而已;它们对于器物的名称度数,也不能综合鉴别而全面完备,所以考察古代制度的人不能不参考质证其他的书籍,这又不是有见识的言论。古代器物假如保存到现在,即使是登载户口的簿记,城坊贸易的账本,未尝不可以预备考证。如果想要全部保存下来而不加以剪裁,那么泰山不够供藏书,大海不够当墨汁。所以为史学谋划长久的办法,纪、表、志、传,遵循旧的规则;再推究《周礼》六典的遗意,根据官府的文书,对事物的名称以及礼器仪制的规定加以删削,大致具有条理统贯,用来保存一个时代的掌故,和史书互相辅助而不互相侵犯,即使当做百代不变的准则也可以。

亳州志掌故例议下

掌故之原,始于《官礼》。百官具于朝廷,则惟国史书志,得而撷其要,国家《会典》《会要》之书,得而备其物与数矣^①。撰方志者,何得分志与掌故乎?曰:部、寺、卿、监之志^②,即掌故也;拟于《周官》,犹夏官之有《司马法》,冬官之有《考工记》也。部、府、州、县之志,乃国史之分体,拟于周制,犹晋《乘》、楚《梼杌》与鲁《春秋》也。郡县异于封建,则掌故皆出朝廷之制度耳。六曹职掌,在上颁而行之,在下承而奉之,较之国史,具体而微。志与掌故,各有其不可易,不容溷也。

【注释】

①而备其物与数:底本"而备其"与下文"志即掌"串行,据《章氏遗书》卷十五《亳州志掌故例议下》乙正。物与数,典章制度的名物和度数。

②部、寺、卿、监:隋朝设置吏、民、礼、兵、刑、工六部。唐代避太宗李世民之讳,改"民部"为"户部",此后历代沿袭,名称不改。秦、汉时期以奉常(太常)、郎中令(光禄勋)、卫尉、太仆、廷尉、典客(大鸿胪)、宗正、治粟内史(大司农)、少府为九卿。北魏以后,沿用汉代名称,官署称为九寺。明、清以大理寺、太常寺、光禄寺、

太仆寺、鸿胪寺为五寺,长官称卿。唐代以国子监、少府监、将作监、军器监、都水监为五监。明、清有国子监、钦天监。

【译文】

掌故的来源,从《周礼》开始。百官备列朝廷,那么只有国史的书志,能够摘取职官梗概;而国家的《会典》、《会要》一类书,能够具备职官制度的名物与度数了。编纂方志的人,为什么要区别志和掌故呢? 回答说:部、寺、卿、监的志书,就是掌故;比拟《周礼》,犹如夏官有《司马法》,冬官有《考工记》。省、府、州、县的方志,是国史体例的分支;比拟周代制度,犹如晋《乘》、楚《梼杌》和鲁《春秋》。郡县制度和分封制度不同,就是掌故都是语出朝廷的制度罢了。六曹的职责,在上面的官署公布而推行,在下面的官署接受而尊奉,和国史比较,具备整体而规模微小。志和掌故,各自有不可改换的内容,不容许混淆界限。

今之方志,猥琐庸陋,求于史家义例,似志非志,似掌故而又非掌故,盖无以讥为也。然簿书案牍,颁于功令,守于吏典[①],自有一定科律;虽有奇才,不能为加;虽有愚拙,不能为损;名胜大邦,与荒僻陋邑,无以异也。故求于今日之志,不可得而见古人之史裁;求于今日之案牍,实可因而见古人之章程制度。故曰:礼失求诸野也。夫治国史者,因推国史以及掌故,盖史法未亡,而掌故之义不明,故病史也。治方志者,转从掌故而正方志;盖志义久亡,而掌故之守未坠;修其掌故,则志义转可明矣。《易》曰:"穷则变,变则通,通则久。"志义欲其简而明也,然而事不可不备也。掌故欲其整以理也,然而要不容不挈也。徒以简略为志,此《朝邑》、《武功》之陋识也[②]。但知详备为掌故,则胥史优为之,而不知其不可行矣。夫志者,志也。其事其文之外,盖有义焉。所谓操约之道者此也。而或误以并省事迹，删削文字，谓之简也③；其去古人，不亦远乎？夫名家撰述，意之所在，必有别裁，或详人之所略，或弃人之所取，初无一成之法。要读之者，美爱传久④，而恍然见义于事文间，斯乃有关于名教也。然不整齐掌故，别为专书，则志亦不能自见其意矣。

【注释】

①吏典：元、明、清时期府县的吏员，掌管吏治文书。

②《朝邑》、《武功》：《朝邑县志》二卷，明代韩邦靖编纂。《武功县》三卷，明代康海编纂。二志刻意求简，造成记事内容疏漏。章学诚曾撰《书朝邑志后》与《书武功志后》两文，予以辨析。

③而或误以并省事迹，删削文字，谓之简也：语出欧阳修《欧阳文忠公集》卷九十一《进新修唐书表》："其事则增于前，其文则省于旧。"

④美爱传久：语出北宋周敦颐《通书》："文辞，艺也。道德，实也。笃其实而艺者书之，美则爱，爱则传焉。"

【译文】

现在的方志，繁琐浅陋，按照史学家的体例探求，像方志而不是方志，像掌故而又不是掌故，大概不值得指责。然而官府的簿籍文书，通过法令颁布，由胥吏管理保存，自身具有固定的格式；虽然有奇特卓越的人才，不能对它有所增益；虽然有愚昧笨拙的庸人，不能对它有所减损；著名繁华的大城，和荒凉偏僻的小县，没有什么不同。所以探求现在的方志，不可能看出古人的史学剪裁；探求现在的官府文书，确实可以根据它看出古人的典章制度。所以说：朝廷礼制散失而向边鄙寻求。研治国史的人，由于推究国史而涉及掌故；大概撰史方法没有亡失，而掌故的意义不明显，所以损害史学。研治方志的人，反过来通过掌故而纠正方志;大概方志的要义长久亡失,而掌故的管理没有失传;整理掌故,那么方志的要义反而可以明显了。《周易》说:"事物穷尽就发生变化,变化就能顺畅通达,通达就能长久发展。"方志的要义是要让自身简洁明白,然而事情不能够不完备。掌故的要义是要自身整齐有条理,然而要点不容许不把握。仅仅使用简略的方式作志,这是《朝邑县志》、《武功县志》的浅陋见识。仅仅知道使用详细完备的方式作掌故,那么办理文书的胥吏做起来更得心应手,却不知道这样就不能实行了。方志,就是一方记载。它的事情和它的文辞以外,大概其中寓含宗旨。人们所说的把握简要的方法就是这个意思。而有人误认为合并省略事迹,删减文字,就叫做简约;这种认识距离古人,不也相距太远了吗? 专门成家的撰述,用意所在之处,一定有独特裁断,或是详细记载别人所简省的内容,或是舍弃别人所采用的事迹,本来没有固定的方法。总之是使读书的人,赞美喜爱传述久远,而在事情和文辞当中忽然领悟看出意义,这样才能发挥礼教的作用。然而不整理掌故,另外纂成专书,那么方志也就不能表现语出身的意义了。

答甄秀才论修志第一书

【题解】

章学诚在国子监肄业期间,结识同学甄松年,两人相交甚好。章学诚曾为其父甄崇德作《甄鸿斋公传》和《甄鸿斋先生家传》二文,据《章氏遗书》卷十七《甄鸿斋先生家传》记载:"乾隆二十八年癸未,学诚肄业国子监,新宁甄松年亦在监中,与学诚志义相得。"当甄松年六十岁的时候,章学诚又作《甄青圃六十寿序》,详细叙述两人交往。据《章氏遗书》卷二十三《甄青圃六十寿序》记载:"始余识青圃于太学,六馆内外诸生三百余人,莫不爱青圃而土苴视余。祭酒月较诸生文艺,青圃必首擢,而余卷涂抹若将不胜。榜未揭,其他未可知,余与青圃名,虽书吏皂隶可先知殿最也。然青圃乃与余交。青圃先余十二年举于乡,后余十一年成进士,中历离合穷通,出处小异,而踪迹不甚相远。"甄松年史学素养较高,在清高宗乾隆二十八九年(1763—1764)前后,曾经受聘纂修《文安县志》,致书章学诚意见,章学诚先后撰写两文答复。本篇提出纂修方志的六条观点,分别就体例、艺文、前志、志科、史德、风教六个方面的问题发表看法。这些意见虽然在后来修志实践中有所变化,但基本上奠定了章学诚方志学理论的雏形。尤其是文中最早提出"志乃史体"的创见,把方志学作为史学分支,意义极为重要。

文安宰币聘修志①，兄于史事久负②，不得小试③，此行宜踊跃④。仆有何知⑤，乃承辱询⑥。抑盛意不可不复，敢于平日所留意者，约举数条，希高明裁择⑦！有不然处，还相告也。

【注释】

①文安：西汉置县，治所在今河北文安东北大柳河。唐太宗贞观元年(627)移治文安县城。五代后周隶属霸州，至清不改。今属河北省。宰：邑宰，先秦时期卿大夫采邑的长官。秦、汉以后用作知县的俗称。币聘：用礼物聘请贤人。

②兄：用于同辈相称，此处指甄秀才，即甄松年(1733—?)，字青圃，广东新宁人。清高宗乾隆三十年(1765)举人。官内阁中书舍人二十年。乾隆五十四年(1789)进士。

③小试：语出司马迁《史记》卷六十五《孙子列传》："阖庐曰：'子之十三篇，吾尽观之矣，可以小试勒兵乎?'"意为稍试技艺。

④踊跃：语出《诗经·邶风·击鼓》："击鼓其镗，踊跃用兵。"形容欢欣奋起。

⑤仆：古人对自己的谦称。

⑥承：接受，担任。辱：古人对别人使用的谦词，意思是自己让对方受到屈辱。

⑦高明：敬辞。崇高而有智慧的人。

【译文】

文安知县聘人纂修方志，仁兄在史学上久有抱负，没有机会稍微展示一下，这次去修志应当情绪高涨。我哪有什么见解，竟然承蒙你不顾屈辱而询问，不过盛情厚意不能不答复，斗胆对平常所留意的事情，大略举出几条，希望高明之士权衡选择。有不对的地方，再告诉我。

一、州郡均隶职方，自不得如封建之国别为史，然义例不可不明。如传之与志，本二体也。今之修志，既举人物典制而概称曰志，则名宦乡贤之属，不得别立传之色目。传既别分色目，则礼、乐、兵、刑之属，不得仍从志之公称矣①。窃思志为全书总名，皇恩庆典，当录为外纪②；官师铨除③，当画为年谱④；典籍法制，则为考以著之⑤；人物名宦，则为传以列之。变易名色，既无僭史之嫌；纲举目张，又无遗漏之患。其他率以类附。至事有不伦，则例以义起，别为创制可也。琐屑繁碎，无关惩创，则削而不存可也。详赡明备，整齐画一，乃可为国史取材；否则总极精采，不过一家小说耳，又何裨焉？

【注释】

①公称：共称，通称。

②外纪：国史称本纪，方志称外纪。

③官师铨除：官员的铨选和任命。

④年谱：年表。

⑤考：欧阳修撰《新五代史》，作《司天考》和《职方考》记载五代典制。章学诚后来撰《和州志》与《永清县志》则称为"书"。

【译文】

一、州郡都隶属朝廷，自然不能像封邦建国制度下按国别修史，然而宗旨和体例不能不明确。例如传和志，本来是两种体例。现在编修方志，既然把人物和典章制度一律称作志，那么名宦与乡贤之类，不能另外设立传的各类名目。传既然另外划分各类名目，那么礼、乐、兵、刑之类，不能仍然依从志的通称了。我想既然"志"是全书的总名，那么皇帝恩德和庆祝典礼，应当记载成外纪；各类官员的选拔任命，应当规划成年表；典籍和法制，就作为考来记载；人物名宦，就作为传来排列。改变名目，既没有僭越正史的名分；纲举目张，又没有遗漏的担忧。其他大抵按类归附。至于事情有无法归类的事例，那就根据宗旨制定体例，另外创立就可以了。琐屑繁碎的内容，和惩戒劝勉没有关系，那么删除不保存就可以了。详细充实和明确完备，整齐一致，才可以被国史选取；否则纵然极其精彩出色，不过是一家小说杂记罢了，又有什么裨益呢？

一、今世志艺文者，多取长吏及邑绅所为诗、赋、记、序杂文，依类相附；甚而风云月露之无关惩创，生祠碑颂之全无实征①，亦胥入焉。此姑无论是非，即使文俱典则，诗必雅驯，而铨次类录，诸体务臻②，此亦选文之例，非复志乘之体矣。夫既志艺文，当仿《三通》、《七略》之意③，取是邦学士著撰书籍，分其部汇，首标目录，次序颠末，删芜撷秀，掇取大旨，论其得失，比类成编，乃使后人得所考据，或可为馆阁雠校取材，斯不失为志乘体尔。至坛庙碑铭，城堤纪述，利弊论著，土物题咏，则附入《物产》、《田赋》、《风俗》、《地理》诸考，以见得失之由，沿革之故；如班史取延年、贾让诸疏入《河渠志》④，贾谊、晁错诸疏入《食货志》之例可也⑤。学士论著，有可见其生平抱负，则全录于本传；如班史录《天人三策》于《董仲舒传》⑥，录《治安》诸疏于《贾谊列传》之例可也⑦。至墓志传赞之属，核实无虚，已有定论，则即取为传文；如班史仍《史记·自序》而为《司马迁传》，仍扬雄《自序》而为《扬雄列传》之例可也。此一定之例，无可疑虑，而相沿不改，则甚矣史识之难也！

【注释】

① 生祠：为造福一方而活着的人立的祠庙。

② 臻(zhēn)：至于，到达。

③ 《三通》：杜佑所撰《通典》、郑樵所撰《通志》与马端临所撰《文献通考》。

④ 班史取延年、贾让诸疏入《河渠志》：据班固《汉书》卷二十九《沟洫志》记载，汉武帝时期，齐人延年上书，建议在黄河上游开凿山岭，让河道改向北流，再向东入海。汉哀帝时期，待诏贾让上奏，陈述治河上中下三策。章学诚此处言《河渠志》，有误。

⑤ 贾谊、晁错诸疏入《食货志》：据班固《汉书》卷二十四《食货志》记载，汉文帝时期，贾谊上《论积贮疏》，晁错上《论贵粟疏》。

⑥ 班史录《天人三策》于《董仲舒传》：据班固《汉书》卷五十六《董仲舒传》记载，汉武帝时期，董仲舒上《贤良对策》，又称《天人三策》。

⑦ 录《治安》诸疏于《贾谊列传》：据班固《汉书》卷四十八《贾谊传》记载，汉文帝时期，贾谊《治安策》，又称《陈政事疏》，以及《为梁王立后疏》和《谏封淮南四子疏》。

【译文】

一、当今编纂《艺文志》的人，大多选取长官和地方绅士所作的诗、赋、记、序各类杂文，按照类别归属在一起；甚至描绘风云月露而与奖惩劝诫没有关系的词句，写作生祠碑颂而根本没有确实验证的赞语，也都一齐收入。这些暂且不论是非如何，即使文章都是高雅而符合法度，诗句一定典雅而纯正无瑕，而编排次序分类收录，各种文体务求周备，这也是选文的体例，而不再是方志的体例了。既然要作《艺文志》，应当仿照《三通》和《七略》的意图，选取这个地方的文人撰著编纂的书籍，区别门类汇编，首先标出目录，其次叙述本末，删除繁芜而摘录俊秀，选择宏纲大旨，论述它们的得失，按类纂集成编，才能使后人得以进行考据，或者可以被馆阁校勘所采用,这样才不失为方志体例。至于建造坛庙的碑铭,修城河堤的记述,措施利弊的论著,土产方物的题咏,就归附在《物产》、《田赋》、《风俗》、《地理》等考,用来考察得失的原因,沿革的缘故;就像班固《汉书》把延年、贾让奏疏收入《河渠志》,把贾谊、晁错奏疏收入《食货志》的例子就可以。学士论著,那些可以看出作者生平抱负的文章,就全部收录在个人的传中;就像班固《汉书》把《天人三策》收录在《董仲舒传》,把《治安策》等奏疏收录在《贾谊列传》的例子就可以。至于墓志和传赞之类,核实证明不存在虚假,已经有定论,就用来作为传文;就像班固《汉书》因袭《史记·自序》而作《司马迁传》,因袭扬雄《自序》而作《扬雄列传》的例子就可以。这是固定的体例,没有什么可以疑虑,而世人互相沿袭不知改变,那么可见具有史识太难了!

一、凡捐资修志,开局延儒,实学未闻,凡例先广,务新耳目,顿易旧书;其实颠倒狙公,有何真见? 州郡立志,仿自前明。当时草创之初,虽义例不甚整齐,文辞尚贵真实,翦裁多自己出;非若近日之习套相沿[①],轻隽小生[②],史字未曾全识,皆可奋笔妄修,窃叨饩脯者[③]。然其书百无一存。此皆后凌前替,修新志者,袭旧志之纪载,而灭作者之姓名。充其义类,将班《书》既出,《史记》即付祖龙[④];欧、宋成书,《旧唐》遂可覆瓮与? 仆以谓修志者,当续前人之纪载,不当毁前人之成书。即前志义例不明,文辞乖舛,我别为创制,更改成书,亦当听其并行,新新相续,不得擅毁;彼此得失,观者自有公论。仍取前书卷帙目录,作者姓氏,录入新志《艺文考》中,以备遗亡;庶得大公无我之意,且吾亦不致见毁于后人矣。

【注释】

①习套：习指惯常，习惯；套指成规，俗套。

②轻隽(juàn)小生：年轻而有才华的青年。此处含有贬义，指少不更事而耍小聪明。

③窃叨(tāo)饩(xì)脯(fǔ)：虚占廪食。窃，占有。叨，通"饕"，贪。饩，泛指各类粮食。脯，肉干。也指薪俸。

④祖龙：语出司马迁《史记》卷六《秦始皇本纪》："有人持璧遮使者曰：'为吾遗滈池君。'因言曰：'今年祖龙死。'"裴骃《集解》引苏林曰："祖，始也。龙，人君象，谓始皇也。"按秦始皇焚书坑儒，所以后人用"付祖龙"一语指付之一炬。

【译文】

一、凡是捐献资财编纂方志，开局邀请儒者编修，没听说有切实的学问，首先扩展凡例，力求耳目一新，马上改换旧志；这实际上是养猴人颠倒三四的把戏，有什么真知灼见呢？州郡设立志书，是仿效前朝明代的做法。当时开创初期，虽然宗旨和体例不太完备，文辞还算注重真实，取舍排纂大多由修志的人自己决定；不像近来修志习惯旧套互相沿袭，轻率而耍聪明的小辈，史书文字还没来得及全部认识，都可以挥笔胡乱编纂，占有贪取薪俸。然而这样的书一百种里也保存不下一种。这些都是后来的新志把以前的旧志废弃，编纂新志的人，因袭旧志的记载，却埋没作者的姓名。如果把这类事情推广到极限，难道班固《汉书》撰成以后，就要把司马迁《史记》烧掉；欧阳修和宋祁《新唐书》撰成以后，刘昫的《旧唐书》就可以盖酱瓮吗？我认为编纂方志的人，应当接续前人的记载，不应当损毁前人已经撰成的方志。即使前志的宗旨和体例不明显，文辞舛驳错乱，我另外创修一部，更改旧志的不妥，那也应当听任它们一同流行，新志和旧志互相接续，不能轻易损毁；两者各自的得失，阅览的人自有公论。仍然要把前志的卷次目录，作者姓名，收录进新志的《艺文考》里，用来防备散佚；这样差不多就是大公无私的意思了,而且我也不至于受到后人指责了。

一、志之为体,当详于史,而今之志乘所载,百不及一。此无他,搜罗采辑,一时之耳目难周;掌故备藏,平日之专司无主也。尝拟当事者,欲使志无遗漏,平日当立一志乘科房,佥掾吏之稍通文墨者为之①。凡政教典故,堂行事实②,六曹案牍,一切皆令关会③,目录真迹,汇册存库。异日开局纂修,取裁甚富,虽不当比拟列国史官,亦庶得州间史胥之遗意④。今既无及,当建言为将来法也。

【注释】

①掾吏:古代官府中下属官吏的通称。

②堂:公堂,古代各级官府议论政事与审理案件的地方。

③关会:禀报和知会。关,关白,通告。会,知会,照会。

④州间史胥:据《周礼·地官》记载,二十五家为间,二千五百家为州。后世泛指乡里。另据《周礼》记载,六卿之属均设置史和胥,负责记事并且掌管文书。后世通称掌管文书的小吏为史胥。

【译文】

一、方志的体例,应当比史书详细,然而现在的方志所记载的事实,尚且不到百分之一的内容。这没有别的原因,搜罗采辑史实,一时之间耳闻目见难以周遍;掌故储备收藏,平时的专门管理没有主管。我曾经揣测应当做的事情,要想让方志没有遗漏,平时应当设立一个方志科房,委派下属胥吏中略微通晓文辞的人做这件事。凡属政治教化的典故,公堂施行的掌故旧事,六曹的文书案牍,全部都通知照会志科,把收到的真迹编辑目录,汇编成册存在库房。将来开局纂修方志,可以选取的材料非常丰富,虽然不应该比拟古代列国史官,也差不多得到古代地方胥吏掌管文书的遗意。现在既然来不及，应当提出建议作为将来的法则。

一、志乃史体，原属天下公物，非一家墓志寿文，可以漫为浮誉，悦人耳目者。闻近世纂修，往往贿赂公行，请托作传，全无征实。此虽不肖浮薄文人所为[1]，然善恶惩创，自不可废。今之志书，从无录及不善者，一则善善欲长之习见[2]，一则惧罹后患之虚心尔[3]。仆谓讥贬原不可为，志体据事直书善否，自见直宽隐彰之意，固不可专事浮文，以虚誉为事也[5]。

【注释】

①浮薄：语出唐代高适《高常侍集》卷七《淇上酬薛三据兼寄郭少府》诗："皇情念淳古，时俗何浮薄。"意为轻浮，不朴实。

②善善欲长：语出《公羊传·昭公二十年》："君子之善善也长，恶恶也短；恶恶止其身，善善及子孙。"

③惧罹后患：语出韩愈《韩昌黎外集》卷二《答刘秀才论史书》："夫为史者，不有人祸，则有天刑，岂可不畏惧，而轻为之哉？"

④仆谓讥贬原不可为，志体据事直书善否，自见直宽隐彰之意，固不可专事浮文，以虚誉为事也：固，大梁本误作"同"。叶瑛《文史通义校注》作"仆谓讥贬原不可为志体，据事直书，善否自见，直宽隐彰之意同；不可专事浮文，以虚誉为事也"，文字费解。此据《章氏遗书》卷十五《答甄秀才论修志第一书》改。

【译文】

一、方志乃是史书体裁，原本属于天下公用之物，不是一家的墓志碑铭和祝寿文词，可以漫无限制夸耀吹嘘，用来悦人耳目。听说近世纂修方志,公然收受贿赂,请托人情作传,完全不顾真实。这虽然是轻薄无行的文人所做的事,然而对善恶的劝惩和警戒,自然不能废弃。现在的方志,从来没有记载不善的事迹,一个是囿于褒奖善行想要家世长久的习惯见闻,再一个是害怕记人之恶遭遇后患的恐惧心理而已。我认为讥刺褒贬原本不可以行使,方志的体例是根据事情如实记载善恶行为,自然显现出史文直截、宽缓、隐晦、明显的意思,本来就不可以专门追求华而不实的虚辞,把吹嘘奉承当做史家之事。

一、史志之书,有裨风教者,原因传述忠孝节义,凛凛烈烈,有声有色,使百世而下,怯者勇生,贪者廉立①。《史记》好侠,多写刺客畸流②,犹足令人轻生增气;况天地间大节大义,纲常赖以扶持,世教赖以撑柱者乎? 每见文人修志,凡景物流连,可骋文笔,典故考订,可夸博雅之处,无不津津累牍。一至孝子忠臣,义夫节妇,则寥寥数笔;甚而空存姓氏,行述一字不详,使观者若阅县令署役卯簿,又何取焉? 窃谓邑志搜罗不过数十年,采访不过百十里,闻见自有真据,宜加意采辑,广为传述;使观者有所兴起,宿草秋原之下③,必有拜彤管而泣秋雨者矣④。尤当取穷乡僻壤,畸行奇节,子孙困于无力,或有格于成例,不得邀旌奖者,踪迹既实,务为立传,以备采风者观览⑤,庶乎善善欲长之意。

【注释】

①怯者勇生,贪者廉立:语出《孟子·万章下》:"故闻伯夷之风者,顽夫廉,懦夫有立志。"

②畸流:行为奇特脱俗的人。

③宿草:语出《礼记·檀弓上》:"朋友之墓,有宿草而不哭焉。"郑玄

《注》曰："宿草,谓陈根也。"意为隔年的草,比喻墓地。

④彤管:语出范晔《后汉书》卷十上《皇后纪上》:"女史彤管,记功书过。"李贤《注》曰:"彤管,赤管笔也。《诗》云:'贻我彤管。'注云:'古者,后夫人必有女史彤管之法也。'"原指古代女史记事使用的管笔,后来泛指史书记事。

⑤采风者:据班固《汉书》卷三十《艺文志》记载:"古有采诗之官,王者所以观风俗,知得失,自考正也。"

【译文】

一、史志的书,对风俗教化有裨益,本来是因为传播记述忠孝节义,大义凛凛烈烈,人物有声有色,促使百世以下,胆怯的人产生勇气,贪婪的人树立廉洁。《史记》喜好侠客,往往描写刺客奇人,还足以令人不吝惜生命而增长气概;何况人世间的大节大义,三纲五常依靠它来扶持,当代的教化依靠它来支撑呢? 常常见到文人编纂方志,凡是景物使人留恋,可以驰骋文笔的地方,或者对典故的考订,可以夸耀学识渊博的地方,没有人不津津乐道地连篇累牍撰写。一到记载孝子忠臣,义夫节妇,就只有寥寥数笔,甚至仅仅保存姓氏,平生事迹连一个字也不愿详细记载,让观览方志的人好像阅读县令使用衙役的名册,又怎么能从中取材呢? 我认为县志搜罗文献不超过数十年,采访范围不超过百十里,听到和看到的内容自然有真凭实据,应该特别注意采录搜辑,广泛传播叙述;使观览的人有所感激奋发,在生长隔年野草的秋天原野之下,一定有拜谢记事的管笔在秋雨中哭泣的灵魂了。尤其应该搜寻穷乡僻壤,有脱俗行为和奇特节操,子孙陷入没有力量的困境,或者由于以前惯例的阻碍,不能获得表彰奖赏的人,行事踪迹察实之后,务必为他们立传,用来预备采集风俗的人观看,差不多就是褒奖善行想要家世长久的意思。

已上六条,就仆所见,未敢自谓必然。而今世刻行诸志,诚有未见其可者。丈夫生不为史臣,亦当从名公巨卿,执笔充书记①,而因得论列当世,以文章见用于时。如纂修志乘,亦其中之一事也。今之所谓修志,令长徒务空名,作者又鲜学识;上不过图注勤事考成②,下不过苟资馆谷禄利③。甚而邑绅因之以启奔竞,文士得之以舞曲笔;主宾各挟成见,同局或起抵牾,则其于修志事,虽不为亦可也。乃如足下负抱史才④,常恨不得一当牛刀小试⑤。向与仆往复商论,窥兄底蕴,当非苟然为者。文安君又能虚心倾领,致币敦请,自必一破从前宿习;杀青未毕,而观者骇愕,以为创特,又岂一邑之书,而实天下之书矣。仆于此事,无能为役,辱存商榷,陈其固陋之衷,以庶几萤烛增辉之义⑥,兄其有以进我乎?

【注释】

①书记:在官府负责文案记录的人员。

②考成:在规定限期之内考核官吏的政绩。

③馆谷:塾师或幕僚的酬金。

④足下:敬辞。用于称呼对方。

⑤牛刀小试:语出《论语·阳货》:"子之武城,闻弦歌之声。夫子莞尔笑曰:'割鸡焉用牛刀?'"牛刀,宰牛之刀,比喻大器之材。意为有很大的本领,先在小事上显露一下身手。

⑥萤烛增辉:语出曹植《曹子建集》卷八《求自试表》:"萤烛末光,增辉日月。"

【译文】

以上六条,仅就我所理解而言,不敢自认为一定正确。而当代刊刻盛行的各种方志,确实存在看不到它们长处的问题。大丈夫生前不能作史官,也应当追随有声望的显赫人物,握笔充当书记,因而能够评论当代时事,凭借文章受到当世的重用。例如纂修方志,也是其中的一件事。现在所说的编纂方志,地方长官仅仅署挂空名,作者又缺少学识;上面的官员只不过谋求尽力职事的考核,下面的撰人只不过苟且获取酬金禄利。甚至州县的绅士由此而掀起奔走竞争风气,文人获得这个位置而舞弄歪曲事实的文笔;主人与宾客各自抱有成见,同在志局的人有时也产生矛盾,那么他们对于编纂方志的事,即使不做也可以。至于像您这样具有史学才能的人,经常遗憾不能得到小试牛刀的机会。以前和我反复商量讨论,我能看出仁兄内心蕴藏的智识,应该不是随随便便地做这件事情。文安知县又能虚心钦佩领教,奉送财物诚恳聘请,自然一定会破除从前长久的习惯,方志尚未编定,而阅览的人惊讶,认为是独特创造,又哪里是一个县的志书,而实际是天下的志书了。我对于这件事,没有机会参与,承蒙讨论商榷,陈述我浅陋的内心想法,用来期望像萤火虫和蜡烛能给日月增加微弱的光辉一样,仁兄有什么教诲能够促使我进步吗?

答甄秀才论修志第二书

【题解】

　　本篇接续前篇，继续回答撰修方志中应当注意的问题。章学诚提出关于修志的八条意见，进一步丰富了第一书中的论述。第一条是继续讨论方志体例，认为必须按照史裁部勒成书，前人方志中关于考和传的内容大多失之繁碎与混同，应当有所统摄。第二条讨论引文规范，提出使用现成文字应该标明作者。第三条讨论传体，指出方志供国史取材，所作人物传应当详细，又不能全部归入类传。第四条讨论论赞，认为不能任意褒贬立异，更不必勉强撰写充数。第五条讨论典章制度，强调应该比国史详细记载。第六条讨论自注，遇到必须详细考证的内容，可加自注，解释文义的内容，则不需要自注。第七条讨论设立"文选"，是仿效《国风》遗意，选取有关风流的诗文记序诸体，勒为专书，与方志相辅而行。第八条讨论列女之传，认为方志应传"列女"而不能仅限"烈女"，局限于节烈方面。这些内容，后来在章学诚修志实践中得到贯彻，并且进一步完善，例如把"文选"改作"文征"，并在《方志立三书议》中得到完备的论述，形成了丰富的方志学理论。

　　日前敬筹末议①，薄殖浅陋②，猥无定见③，非复冀有补高深，聊以塞责云耳。乃辱教答，借奖有加，高标远引，辞意

挚恳,读之真愧且畏也! 足下负良史才,博而能断,轩视前
古④,意志直欲驾范轶陈,区区郡邑志乘,不啻牛刀割彀⑤。
乃才大心虚,不耻往复下问⑥。鄙陋如仆,何以副若谷之怀
耶⑦? 前书粗陈梗概,过辱虚誉,且欲悉询其详。仆虽非其
人,辄因高情肫挚之深⑧,不敢无一辞以复,幸商择焉⑨。

【注释】

①末议:语出班固《汉书》卷六十二《司马迁传》:"仆亦尝侧下大夫
　之列,陪外廷末议。"后多用来谦称自己的议论。

②薄殖:轻微浅薄的学术根基。殖,树立,建树。

③猥:谦辞。用来表示自己的意见猥琐不足称道。

④轩视:犹言高瞻。轩,原意为一种曲辕有辐的车,也用作车的通
　称。引申为高起,高仰。

⑤彀(kòu):语出《庄子·齐物论》王先谦《注》:"司马曰:'彀,鸟子欲
　出者也。'"意为巢中待哺的雏鸟。

⑥下问:语出《论语·公冶长》:"不耻下问。"意为向比自己学问差
　的人请教。

⑦若谷之怀:虚怀若谷。意为谦虚的胸怀像山谷一样宽阔。

⑧肫(zhūn)挚:诚恳真挚。

⑨幸:敬辞。意为由于对方的做法自己感到庆幸。

【译文】

前些日子恭敬地策划微不足道的议论,根基浅薄鄙陋,琐碎而没有
明确的主张,并不奢望对您高深的见解有什么补益,姑且用来聊以塞责
罢了。反倒竟然承蒙教诲答复,极为奖励赞许,目标高而引导远,辞意
真诚恳切,读后实在惭愧而且敬畏。您负有优秀史学才能,博学而能够
裁断,视野高瞻千古,心意简直想要凌驾范晔而超越陈寿,小小的州县

方志，犹如使用宰牛刀割杀雏鸟，却又才大而且虚心，不把向学问差的人反复询问当做可耻的事情，像我这样浅陋的人，拿什么符合您山谷一样宽广的胸怀呢？上一封书信粗略地陈述梗概，承蒙您过分的赞誉，而且想要全面询问那些意见的详情。我虽然不是恰当的人选，就因为您高尚情怀和真诚心意的深厚，不敢没有一句话作答复，荣幸地请您酌情选择。

一、体裁宜得史法也。州县志乘，混杂无次，既非正体，编分纪表，亦涉僭妄。故前书折衷立法，以外纪、年谱、考、传四体为主，所以避僭史之嫌，而求纪载之实也。然虚名宜避国史，而实意当法古人。外纪年谱之属，今世志乘，百中仅见一二。若考之与传，今虽浑称志传，其实二者之实，未尝不载；特不能合于古史良法者，考体多失之繁碎，而传体多失之浑同也。考之为体，乃仿书志而作。子长八书，孟坚十志，综核典章，包函甚广。范史分三十志①，《唐书》广五十篇②，则已浸广。至元修《宋史》，志分百六十余③。议者讥为科吏档册。然亦仅失裁制，致成汗漫④；非若今之州县志书，多分题目，浩无统摄也。如星野、疆域、沿革、山川、物产⑤，俱《地理志》中事也；户口、赋役、征榷、市籴⑥，俱《食货考》中事也；灾祥、歌谣、变异、水旱，俱《五行志》中事也；朝贺、坛庙、祀典、乡饮、宾兴，俱《礼仪志》中事也。凡百大小，均可类推。篇首冠以总名，下乃缕分件悉，汇列成编；非惟总萃易观，亦且谨严得体。此等款目，直在一更置耳。而今志猥琐繁碎，不啻市井泉货注簿，米盐凌杂，又何观焉？或以长篇大章，如班固《食货》，马迁《平准》，大难结构。岂知文体既合史例，即使措辞如布算子，亦自条理可观，切实有用。文字正不必沾沾顾虑，好为繁琐也。

【注释】

①范史分三十志：司马彪所作《续汉书》除纪传外，有志八篇。后纪传散佚，刘昭将八志析为三十卷，以补范晔《后汉书》。

②《唐书》广五十篇：欧阳修等所撰《新唐书》有十三志，分为五十卷。

③元修《宋史》，志分百六十余：脱脱监修《宋史》有十五志，分为一百六十二卷。

④汗漫：语出《淮南子》卷十二《道应》：“吾与汗漫期于九垓之外，吾不可以久驻。”高诱《注》曰：“汗漫，不可知之也。”意为不着边际。

⑤星野：分野。古人以天上的星宿与地上的列国州郡相对应。

⑥征榷：国家征收商品税与官府垄断专卖制度。

【译文】

一、方志的体裁应当运用史学方法。州县方志，混乱而没有次序，既然不是正史体例，编排区分纪和表，也涉及超越名分而狂妄自大。所以上一封书信折中确立方法，以外纪、年谱、考、传四种体例为主，用来避开冒犯史书的嫌疑，而追求记载的真实。然而各种体例的名目应当避免和国史相同，而实际的意图应当效法古人。外纪、年谱之类，当今的方志，一百部里面只见到一二部有。至于考和传，现在尽管笼统地称作志传，其实这两种的实际内容，现在的方志未尝不记载；只是不能符合古代史书良好方法的地方，考体大多失误在琐碎，而传体大多失误在混同。考作为一种体例，是仿照书志而作。司马子长八书，班孟坚十志，对典章聚汇考核，包罗非常广泛。范晔《后汉书》分三十卷志，《新唐书》增广为五十卷，就已经渐渐扩展。到元代编修《宋史》，志分一百六十余卷。议论评价的人讥讽这是各科官吏掌管的簿册。然而不过仅仅有失剪裁，以致漫无边际；不像现在的州县方志，划分很多题目，浩繁而没有统辖。例如分野、疆域、沿革、山川、物产，都是《地理志》中的事件；户口、赋役、税收专卖、统购粮食，都是《食货考》中的事件；吉凶征兆、俗谚歌谣、反常现象、水旱灾害，都是《五行志》中的事件；朝觐拜贺、祠坛神庙、祭祀庆典、乡饮酒俗、宾朋礼仪，都是《礼仪志》中的事件。举凡大大小小的众事，都能以此类推。篇首加上总名，以下详细划分叙述，聚汇排列成编；不但总汇在一起容易观看，而且也谨严得当。这些项目，只是在于一番改换罢了。而现在的方志烦杂琐碎，不亚于商人货物帐册，米盐杂乱互陈，又能看到什么呢？有人认为宏大篇章，像班固的《食货志》、司马迁的《平准书》，很难结构。怎么晓得文体既然符合史书体例，即使措辞细密得像排列算子，也自然条理可观，切实可用。对于文字完全不必拘泥而心存顾虑，喜好弄得烦琐。

一、成文宜标作者也。班袭迁史，孝武以前，多用原文，不更别异；以《史》、《汉》同一纪载，而迁史久已通行，故无嫌也。他若诏、令、书、表之属，则因其本人本事而明叙之，故亦无嫌于抄录成文。至《史记》赞秦，全用贾生三论，则以"善哉贾生推言"一句引起①。《汉书·迁传》全用《史记·自序》，则以"迁之自序云尔"一句作收②。虽用成文，而宾主分明，不同袭善。志为史体，其中不无引用成文，若如俗下之艺文选集，则作者本名，自应标于目录之下。今若刊去所载文辞，分类载入考、传诸体，则作者本名易于刊去，须仍复如《史》、《汉》之例，标而出之。至文有蔓长，须加删节者，则以"其略曰"三字领起，如孟坚载贾谊诸疏之例可也③。援引旧文，自足以议论者，则如《伯夷列传》中，入"其传曰"云云一段文字之例可也④。至若前缀序引，后附论赞，今世纂家，多称野史氏曰,或称外史氏曰,揆之于理,均未允协;莫如直仿东汉之例,标出论曰、序曰之体为安⑤。至反复辨正,存疑附异,或加案曰亦可。否则直入本文,不加标目,随时斟酌,均在夫相体裁衣耳⑥。

【注释】

①至《史记》赞秦,全用贾生三论,则以"善哉贾生推言"一句引起:据司马迁《史记》卷六《秦始皇本纪》记载:"太史公曰:善哉乎贾生之推言也!"以下即录贾谊《过秦论》三篇。

②《汉书·迁传》全用《史记·自序》,则以"迁之自叙云尔"一句作收:据班固《汉书》卷六十二《司马迁传》记载:"迁之自叙云尔。"以上全用《史记》卷一百三十《太史公自序》原文,以下为班固自作。

③至文有蔓长,须加删节者,则以"其略曰"三字领起,如孟坚载贾谊诸疏之例可也:据班固《汉书》卷四十八《贾谊传》记载:"谊数上疏陈政事,多所欲匡建,其大略曰……"以下节录奏疏文字入传。

④援引旧文,自足以议论者,则如《伯夷列传》中,入"其传曰"云云一段文字之例可也:据司马迁《史记》卷六十一《伯夷列传》记载:"其传曰:伯夷、叔齐,孤竹君之二子也。"以下收录一段传记文字。

⑤莫如直仿东汉之例,标出论曰、序曰之体为安:语出刘知几《史通》卷四《论赞》:"既而班固曰赞,荀悦曰论,《东观》曰序。"

⑥相体裁衣:比喻根据实际情况处理问题。

【译文】

一、引用成文应当标明作者。班固沿用司马迁的史文,汉武帝以前的纪事,大多利用原文,不再另撰;因为《史记》、《汉书》记载相同的事情，而司马迁的书久已流传，所以没有嫌疑。其他像诏令与书表之类，就按照它们所牵涉的本人本事而明确地叙述，所以抄录现成文字也没有嫌疑。至于《史记》评论秦朝，完全用贾谊《过秦论》三篇，就用"贾生推断论说得多么好啊"一句作为引言。《汉书·司马迁传》全部使用《史记·太史公自序》，就用"司马迁的《自序》这样说"一句作为收尾。虽然使用现成文字，而宾主分明，和攘袭别人长处不同。方志属于史书体裁，其中不能不引用现成文字，假如像世俗的文章选集，那么作者本人名字，自然应该标在题目下面。现在如果删除所载的文辞，分类载入考、传等各种体例，那么作者本人名字容易被删掉，必须还像《史记》、《汉书》的例子，标示出来。至于那些文辞冗长，需要加以删节的文章，就用"其略曰"三字领起，像班孟坚记载贾谊诸疏的例子就可以。援引前人文字，自身足够表达议论的文章，像《伯夷列传》中，加入"其传曰"如何如何一段文字的例子就可以。至于前面连缀序言或引言，后面附上论赞，当代的编纂各家，大多称作野史氏曰，或者称作外史氏曰，用情理来衡量，都不恰当；不如直接仿照东汉史学家的例子，标出论曰、序曰的体例为妥当。至于反复辨析归正，保留疑问附录异文，或许加上案曰也可以。否则直接写进本文，不加标题，根据时势斟酌损益，都在于测量身体剪裁衣服。

一、传体宜归画一也。列传行述入《艺文志》，前书已辨其非。然国史取材邑志，人物尤属紧要。盖典章法令，国有《会典》，官有案牍，其事由上而下，故天下通同，即或偶有遗脱，不患无从考证。至于人物一流，自非位望通显，太常议谥，史臣立传，则姓名无由达乎京师。其幽独之士，贞淑之女，幸邀旌奖，按厥档册，直不啻花名卯册耳①。必待下诏纂修，开馆投牒，然后得核。故其事由下而上，邑志不详备，则日后何由而证也？夫传即史之列传体尔。《儒林》、《游侠》，迁《史》首标总目；《文苑》、《道学》，《宋史》又画三科②。先儒讥其标帜启争，然亦止标目不及审慎尔③。非若后世志乘传述碑版，统列艺文。及作人物列传，又必专标色目，若忠臣、孝子、名贤、文苑之类，挨次排纂，每人多不过八九行，少或一二三行，名曰传略。夫志曰辖轩实录，宜详于史，而乃以略体行之，此何说也？至于标目所不能该，义类兼有所附，非以董宣入《酷吏》④，则于《周臣》缺韩通耳⑤。按《史记》列传七十，惟《循吏》、《儒林》而下九篇，标出总目⑥。《汉书》自《外戚》、《佞幸》而上七篇，标出总目⑦。江都传列三策，不必列以《儒林》⑧；东方特好诙谐，不必列入《滑稽》⑨。传例既宽，便可载瑰特之行于法律之外⑩；行相似者，比而附之；文章多者，录而入之。但以庸滥徇情为戒，不以篇幅广狭为拘，乃属善之善耳。

【注释】

①花名：公文册籍登录的人名。因为参差不一，故曰花名。

②《儒林》、《游侠》，迁《史》首标总目；《文苑》、《道学》，《宋史》又画三科：司马迁《史记》创立《儒林传》、《游侠传》；范晔《后汉书》在《儒林传》之外又设立《文苑传》；元修《宋史》又增设《道学传》。故称《儒林》、《文苑》、《道学》为三科。

③先儒讥其标帜启争，然亦止标目不及审慎尔：据《章氏遗书》外编卷三《丙辰札记》曰："《道学》、《儒林》分为二传，前人多訾议之，以谓吾道一贯，德行、文学，何非夫子所许，而分门别户以起争端？此说非是。史家法度，自学《春秋》据事直书，枝指不可断，

而兀足不可伸,期于适如其事而已矣。儒术至宋而盛,儒学亦至宋而歧,《道学》诸传人物,实与《儒林》诸公迥然分别,自不得不如当日途辙分歧之实迹以载之。夫道学之名,前人本无,则如画马,自然不应有角;宋后忽有道学之名、之事、之宗风派别,则如画麟,安得但为鹿而角哉! 如云吾道一贯,不当分别门户,则德行、文学之外,岂无言语、政事? 然则《滑稽》、《循吏》,亦可合于《儒林传》乎!"又据《章氏遗书》外编卷四《知非日札》曰:"前人议元人修《宋史》不应分别《儒林》、《道学》,余既有论辨矣……道德宜出师氏,儒林宜出保氏,官守截然有分,古人辨之审矣。后世官、师分事,治、教分途,遂并古人之官守而忘之,转以吾道本一之说,讥史官之标别门户。夫吾道本一,则尧、舜、周、孔无二致也,则圣君、贤相皆可入《儒林传》矣,其说岂可通乎!"

④以董宣入《酷吏》:范晔《后汉书》将董宣载入《酷吏传》。董宣,字少平,东汉陈留圉(今河南杞县西南)人。累迁北海国相。后为洛阳令。公主奴仆仗势杀人,董宣将其捉拿格杀。公主诉于汉光武帝刘秀,光武帝命董宣向公主叩头谢罪,董宣不从,世人称谓"强项令"。严厉打击镇压豪强,京师号称"卧虎"。年七十四,卒于任官。

⑤《周臣》缺韩通:《新五代史》卷三十一《周臣传》不记载韩通,因其不拥戴赵匡胤称帝被杀之故。

⑥《史记》列传七十,《循吏》、《儒林》而下九篇,标出总目:司马迁《史记》自《循吏列传》、《儒林列传》以下,有《酷吏列传》、《游侠列传》、《佞幸列传》、《滑稽列传》、《日者列传》、《龟策列传》、《货殖列传》,共计九篇类传。

⑦《汉书》自《外戚》、《佞幸》而上七篇,标出总目:班固《汉书》在《佞幸传》、《外戚传》以上,有《儒林传》、《循吏传》、《酷吏传》、《货殖传》、《游侠传》,共计七篇类传。

⑧江都传列三策，不必列以《儒林》：江都指董仲舒，因其曾任江都国相。班固《汉书》为董仲舒单独立传，而不载入《儒林传》，传中收录董仲舒《天人三策》。

⑨东方特好诙谐，不必列入《滑稽》：褚少孙补司马迁《史记》，将东方朔补入《滑稽列传》。班固《汉书》为东方朔单独立传，而不立《滑稽传》。

⑩瑰特之行：语出《淮南子》卷十四《诠言》："圣人无屈奇之服，无瑰异之行。"指奇异特别的行为。

【译文】

一、传的体例应当整齐一致。列传与行状收入《艺文志》，上一封书信已经辨析这种做法不对。然而国史取材于县志，一方人物尤其重要。大概典章和法令，国家有《会典》记载，官府有文书案牍，这类史事从上而下具存，所以天下贯通相同，即使偶尔有遗漏，不用担心没有地方考证。至于人物一类，如果不是官位和名望显赫，太常议论谥号，史臣撰为专传，那么姓名就没有办法传到京城。那些幽寂独处的士人，贞洁贤淑的女子，有幸获得表彰奖赏，查看记录他们的簿录，简直就像花名册一样。一定要等到下诏书纂修史书，开馆后人们呈递文辞，然后才能得到核实。所以这类史事从下而上存在，县志不周详完备记载，那么以后怎么能够核实呢？方志的传就是史书的列传体例。《儒林列传》、《游侠列传》，是司马迁《史记》最先标出总目；《文苑传》、《道学传》，《宋史》又划分成三科。前代儒者抨击《宋史》独树旗帜引起争端，然而也仅仅是标明题目不够审慎罢了。不像后世纂修方志，传记、行状、碑文，全部列入《艺文志》。等到撰作人物列传，又一定专门标出名目，例如忠臣、孝子、名贤、文苑之类，依次编纂，每人传文最多不过八九行字，最少也许一二或二三行，称为传略。方志号称使臣采访的实录，应当比史书记载详细，却以简略的文体通行，这又怎么解释呢？至于标题所无法包括，类别之中兼有附录，不是把董宣放进《酷吏传》，就是在《周臣传》里缺少韩通。检核《史记》七十篇列传，只有《循吏列传》、《儒林列传》以下九篇，标出总目。《汉书》自《外戚传》、《佞幸传》以上七篇，标出总目。江都相《董仲舒传》里收入《天人三策》，不一定列在《儒林传》；东方朔特别喜爱诙谐，不一定列入《滑稽传》。传的体例做到宽泛，就可以在规矩之外记载奇特的行事。行为相似的人，排比类附；文章多的人，记载收入。只有把平庸浮泛和曲徇私情作为警戒，而不是把篇幅大小当做限制，才是最好的做法。

一、论断宜守谨严也。史迁序引断语，俱称太史公曰云云①，所以别于叙事之文，并非专标色目。自班固作赞，范史撰论，亦已少靡。南朝诸史，则于传志之末，散文作论，又用韵语，仿孟坚自叙体作赞②，以缀论文之后，屋下架屋，斯为多文。自后相沿，制体不一。至明祖纂修《元史》，谕宋濂等据事直书，勿加论赞③。虽寓谨严之意，亦非公是之道。仆则以为是非褒贬，第欲其平，论赞不妨附入；但不可作意轩轾，亦不得故恣吊诡④。其有是非显然、不待推论，及传文已极抑扬、更无不尽之情者，不必勉强结撰，充备其数。

【注释】

①史迁序引断语，俱称太史公曰云云：司马迁《史记》卷一《五帝本纪赞》、卷一百三十《太史公自序》末尾评论史事，皆言"太史公曰"。唐人张守节《正义》曰："太史公，司马迁自谓也……迁为太史公官，题赞首也。"

②孟坚自叙体作赞：班固《汉书》卷一百下《叙传下》用韵语论述各篇宗旨。例如末尾曰："凡《汉书》，叙帝皇，列官司，建侯王。准天地，统阴阳，阐元极，步三光。分州域，物土疆，穷人理，该万

方。纬六经，缀道纲，总百氏，赞篇章。函雅故，通古今，正文字，
惟学林。述《叙传》第七十。"

③至明祖纂修《元史》，谕宋濂等据事直书，勿加论赞：据《纂修元史
凡例》曰："历代史书，纪、志、表、传之末，各有论赞之辞。今修
《元史》，不作论赞，但据事直书，具文见意，使其善恶自见，准《春
秋》及钦奉圣旨事意。"谕，上级晓告下级的指示。也特指皇帝的
诏令。宋濂（1310—1381），字景濂，元、明之际浦江（今属浙江）
人。元末不仕，固辞征召。入明以后，官为翰林学士承旨、知制
诰，奉命主修《元史》。后因长孙宋慎受到胡惟庸案牵连，全家遣
戍四川茂州，中途病死在夔州境内。一生著述甚多，有《宋学士
文集》等传世。

④吊诡：语出《庄子·齐物论》："丘也与女皆梦也，予谓女梦，亦梦
也。是其言也，其名为吊诡。"意为奇异，怪异。后世称言行诡异
为吊诡。

【译文】

一、评论应当保持谨严。司马迁序言和引言的评论语言，都称"太
史公曰"如何如何，用来和叙事的文字相互区别，并不是专门标署名目。
自从班固撰写赞，范晔撰写论，就已经稍微偏颇了。南朝各部史书，于
是在传和志的末尾，用散文作论，又使用韵语，仿照班孟坚自叙的文体
作赞，用来接续论的文字后面，犹如屋下架屋，这是多余的文字。从此
以后互相沿袭，设置的体例各不相同。到明太祖编修《元史》，诏令宋濂
等人根据事情直接记载，不加论赞。虽然包含谨严的意思，也不是公论
是非的原则。我却认为是非褒贬，只希望评价公平，论赞不妨附入；然
而不可随意抬高或者贬低，也不能故意宣扬怪异论调。那些是非明显、
不需要推衍论断的文章，和传文已经极尽抑扬、再也没有未表达出情意
的文章，不一定勉强撰写，勉强凑足数量。

一、典章宜归详悉也。仆言典章自上而下，可较人物为略，然是极言传之宜更详耳。学校祭祀①，一切开载《会典》者，苟州县所常举行，岂可因而不载？《会典》简帙浩繁，购阅非易。使散在州县各志，则人人可观，岂非盛事？况州县举行之典，不过多费梨枣十余枚耳②。今志多删不载，未知所谓。

【注释】

①学校祭祀：中国古代从朝廷到地方州县逐级设立学校，定期举行祭祀先圣先师活动。

②梨枣：据明代徐𤊹《徐氏笔精》卷四《黄秋声》记载："元季词人辈出，而邵武有黄镇成，诗多奇警。《秋声集》十卷，佳句叠出……惜梨枣朽腐，鲜有睹其全篇者。"雕刻书版多用质地坚硬和纹理细密的梨木或枣木，因而作为书版的代称。

【译文】

一、典章应当趋向详尽完备。我所说的典章从上而下，可以比记载人物简略，只不过这是尽量说传应该更加详细罢了。学校和祭祀，所有逐一记载在《会典》的制度，如果是州县经常举行的内容，难道可以因为《会典》有而县志就不记载吗？《会典》篇幅浩繁，购买和阅读不是容易的事情。假使内容分散在州县各志里，那么人人都能看到，难道不是盛况空前的事情吗？何况州县实行的典章，不过多费几页梨枣木版而已。现在的方志大多删除不记载，不知道是什么意思。

一、自注宜加酌量也。班史自注，于十志尤多。以后史家文字，每用自注①。宋人刻伪《苏注杜诗》②，其不可强通者，则又妄加"公自注"三字③。后人觉其伪者，转矫之曰：古人文字，从无自注。然则如司马《潜虚》，自加象传，又何如耶？志体既取详赡，行文又贵简洁，以类纂之意，而行纪传之文，非加自注，何以明畅？但行文所载之事实，有须详考颠末，则可自注。如《潜虚》之自解文义，则非志体所宜尔。

【注释】

①史家文字，每用自注：据《章氏遗书》卷七《史篇别录例议》曰："史家自注之例，或谓始于班氏诸志，其实史迁诸表，已有子注矣。表志中有名数，不系属辞，故大书分注，其道易行。纪传自以纯体属辞，例无自注。故历史纪传，凡事涉互详，皆以旁注之义，同入正文，习久不察其非，无人敢于纠正……史以纪事者也，纪传之史，事同而人隔其篇，犹编年之史，事同而年异其卷也。《左氏》年次正文，忽入'详具某年'之句，人知无是理也。马、班纪传正文，遽曰'详具某人之传'，何以异乎？然杜氏之治《左》也，于事之先见者，注曰'为某年某事张本'；于事之后出者，注曰'事见某公某年'。乃知自注不入正文，则属辞既无扞格，而核事又易周详，斯无憾矣。马、班未见杜氏治《左》之例，而为是不得已，后人盖亦知所变通欤！"

②宋人刻伪《苏注杜诗》：据宋代洪迈《容斋随笔》卷一《浅妄书》记载："俗间所传浅妄之书，如所谓《云仙散录》、《老杜事实》、《开元天宝遗事》之属，皆绝可笑。然士大夫或信之，至以《老杜事实》为东坡所作者。今蜀本刻《杜集》，遂以入注。"

③其不可强通者，则又妄加"公自注"三字：南宋宁宗嘉泰年间，福建建宁人蔡梦弼刊刻《集千家注杜工部诗集》，卷一《龙门》曰："金银佛寺开。公自注：山有佛寺，金碧照耀，最为盛概。"又"《过宋员外之问旧庄》：公自注：员外季弟执金吾，见知于代，故有下句"。

【译文】

一、自注应该加以斟酌考量。班固《汉书》自注，在十篇志里特别多。以后史学家的文字，经常使用自注。宋人刻印伪托《苏注杜诗》，文中不能勉强解释通顺的文字，就又妄自添加"公自注"三个字。后人察觉到那是作伪，反转来矫正它们说：古人的文字，从来没有自注。然而像司马光的《潜虚》，自己加上象传，又是什么呢？方志的体例既然要求内容丰富，行文又贵在简洁，用分类编纂的意图，而作成纪传的文字，不加自注，怎么能明白晓畅？只要行文所记载的事实，有必须详细考证始末的，就可以自注。像《潜虚》篇自己解释文义，就不是方志的体例所适宜了。

　　一、文选宜相辅佐也。诗文杂体入《艺文志》，固非体裁，是以前书欲取各体归于传、考。然西京文字甚富，而班史所收之外，寥寥无觏者，以学士著撰，必合史例方收，而一切诗文赋颂，无昭明、李昉其人①，先出而采辑之也。史体纵看，志体横看，其为综核一也。然综核者，事详而因以及文。文有关于土风人事者，其类颇夥，史固不得而尽收之。以故昭明以来，括代为选，唐有《文苑》②，宋有《文鉴》，元有《文类》，明有《文选》③，广为铨次，巨细毕收，其可证史事之不逮者，不一而足。故左氏论次《国语》，未尝不引谚证谣④；而十五《国风》，亦未尝不别为一编，均隶太史⑤。此文选志乘，交相裨益之明验也。近楚抚于《湖广通志》之外⑥，又选《三楚文献录》。江苏宋抚军聘邵毗陵修《明文录》外⑦，更撰《三吴文献录》等集，亦佐《江南通志》之不及⑧。仆浅陋寡闻，未知他省皆如是否？然即此一端，亦可类及。何如略仿《国风》遗意，取其有关民风流俗，参伍质证，可资考校，分列诗、文、记、序诸体，勒为一邑之书，与志相辅，当亦不为无补。但此非足下之力所克为者，盍乘间为当事告焉？

【注释】

①昭明、李昉：昭明即萧统，谥为昭明。李昉（925—996），字明远，北宋深州饶阳（今属河北）人。五代后汉乾祐年间进士，后周时期任知制诰、翰林学士。入宋加官中书舍人，累官参知政事、中书侍郎、同中书门下平章事。宋太宗曾命其主编《太平御览》、《太平广记》、《文苑英华》等书。

②唐有《文苑》：李昉主持编纂《文苑英华》，收录唐代各种文章最多。后来姚铉选取汇编成《唐文粹》一书。

③明有《文选》：明神宗万历年间，孙矿编辑《今文选》十二卷。其中前七卷称作《今文选》，后五卷称作《续选》。选录标准尊奉李梦阳文章，收录明代罗玘至李维桢三十一人文章，各卷前缀录作者小传。

④左氏论次《国语》，未尝不引谚证谣：据《国语·周语中》记载，单襄公引谚曰："兽恶其网，民恶其上。"又《国语·周语下》州鸠对周景王引谚曰："众心成城，众口铄金。"卫彪傒引谚曰："从善如登，从恶如崩。"等等。

⑤十五《国风》，亦未尝不别为一编，均隶太史：据《诗大序》曰："国史明乎得失之迹，伤人伦之废，哀刑政之苛，吟咏性情，以风其上。"国史，包括《周礼》中太史、小史、外史等。

⑥《湖广通志》：一百二十卷，总计三十一门，附见十三门。清代湖广总督迈柱、湖北巡抚德龄、湖南巡抚赵宏恩等监修。成书于清世宗雍正十一年（1733），范围包括湖北、湖南两省。

⑦江苏宋抚军聘邵毗陵修《明文录》：宋抚军指宋荦（1634—1713），字牧仲，号漫堂，又号西陂，清代河南商丘人。官至江苏巡抚、吏

部尚书。著作有《绵津山人诗集》。抚军，对巡抚的俗称。因巡抚亦掌军事，故有此称。邵毗陵指邵长蘅（1637—1704），字子湘，号青门山人。清代江苏武进人。与宋荦为布衣之交，久客江苏巡抚幕府。选王士禛及宋荦诗，编为《二家诗抄》。著作有《青门稿》。毗陵，今江苏武进的古称。《明文录》，据薄音湖、王雄等编辑点校，内蒙古大学出版社 2006 年出版的《明代蒙古汉籍史料汇编》（第一辑）记载，清廷在文字狱时代曾经对有关蒙古和清入关前的各种记录做过系统的销毁和篡改。其中部分被销毁的史料名册中，"明"字头书目即包括《明文录》。

⑧《江南通志》：二百卷，共分十门。清代两江总督赵宏恩等监修，黄之隽主纂，范围包括江苏、安徽两省。清高宗乾隆元年（1736）成书。

【译文】

一、文选应该与方志互相辅佐。诗文杂体收入《艺文志》，本来不合体裁，所以上一封书信想要把各类文体归入传和考之中。可是西汉文章很丰富，而班固《汉书》所收之外，能见到的文章寥寥无几，是因为学士的著作，必须符合史书的体例才能收入，而全部诗文赋颂，没有昭明太子、李昉那样的人，率先出来收集它们。史体纵向看，志体横向看，它们聚汇与考核的作用相同。然而聚汇与考核的方法，事情详细而因此涉及文章。文章有关风俗人事的内容，它们的同类很多，史书本来就不能全部收入。所以昭明太子以来，总括一代编纂选集，唐代文章有《文苑英华》，宋代文章有《文鉴》，元代文章有《文类》，明代文章有《文选》，广泛选择而编录，长短文章全都收入，其中可以证实史书所没有涉及的记载，远不止个别事例。所以左氏编纂《国语》，未尝不引证谚语民谣；而《诗经》中十五《国风》，也未尝不另外作为一编，都归太史掌管。这是文选和方志，彼此互相裨益的明显验证。近代楚地督抚在《湖广通志》以外，又选编《三楚文献录》。江苏宋抚军聘请昆陵邵氏编辑《明文录》

以外，又编撰《三吴文献录》等集，也是辅助《江南通志》没有涉及之处。我浅陋缺少见闻，不知道其他各省是否都像这样。然而就是这一个方面，也可以类推。哪如大致仿效《国风》遗意，选取那些有关民风习俗的文章，错综排比而核实验证，可以凭借它们来考验比对，分别排列诗、文、记、序各类文体，纂集成一县之书，和县志互相辅助，应当不会没有益处。只是这不是您一个人的力量所能完成，为什么不趁修志的机会向主管此事的人汇报呢？

　　一、列女宜分传例也。列女名传，创于刘向，分汇七篇，义近乎子；缀《颂》述《雅》，学通乎《诗》；而比事属辞，实为史家之籍。班、马二史，均缺此传。自范蔚宗东《汉书》中，始载列女，后史因之，遂为定则。然后世史家所谓列女，则节烈之谓，而刘向所叙，乃罗列之谓也。节烈之烈为《列女传》，则贞节之与殉烈，已自有殊；若孝女义妇，更不相入，而闺秀才妇，道姑仙女，永无入传之例矣。夫妇道无成，节烈孝义之外，原可稍略；然班姬之盛德[①]，曹昭之史才，蔡琰之文学，岂转不及方技伶官之伦[②]，更无可传之道哉？刘向《传》中，节烈孝义之外，才如妾婧[③]，奇如鲁女[④]，无所不载；即下至施、旦[⑤]，亦胥附焉。列之为义，可为广矣。自东汉以后，诸史误以罗列之列，为殉烈之烈，于是法律之外，可载者少，而蔡文姬之入史，人亦议之。今当另立贞节之传，以载旌奖之名；其正载之外，苟有才情卓越，操守不同，或有文采可观，一长擅绝者，不妨入于《列女》，以附《方技》、《文苑》、《独行》诸传之例；庶妇德之不尽出于节烈，而苟有一长足录者，亦不致有湮没之叹云。

【注释】

①班姬:本书《妇学篇书后》一文中以才学见称的"班姬",指班昭。此处以德行见称的"班姬",则指汉成帝班婕妤。据班固《汉书》九十七下《外戚传下》记载:"孝成班婕妤⋯⋯居增城舍。成帝游于后庭,尝欲与婕妤同辇载。婕妤辞曰:'观古图画,圣贤之君,皆有名臣在侧。三代末主,乃有嬖女。今欲同辇,得无近似之乎!'上善其言而止。"

②伶官:语出《诗经·邶风·简兮》序:"卫之贤者,仕于伶官。"郑玄《笺》曰:"伶官,乐官也。伶氏世掌乐官而善焉,故后世多号乐官为伶官。"即掌管宫廷音乐的官员。

③妾婧(jìng):据刘向《列女传》卷六记载,婧为齐相管仲之妾。宁戚想要拜谒齐桓公,叩击牛角而作歌。桓公命管仲接待,宁戚说:"浩浩乎白水。"管仲不知其意,忧虑不上朝。妾婧对管仲解释说:"古有《白水》之诗,诗不云乎:'浩浩白水,倏倏之鱼。君来召我,我将安居? 国家未定,从我焉如。'表示宁戚欲出仕为官之意。"于是管仲报告给齐桓公,桓公重用宁戚为相,齐国大治。

④鲁女:据刘向《列女传》卷三记载,鲁国漆室邑有一女子,超过婚嫁年龄尚未嫁人。鲁穆公时期,君老而太子年幼,漆室女倚柱悲歌,担忧鲁国将有祸乱,殃及平民。三年后,鲁国果然受到齐、楚两国攻击,国家动乱。

⑤施、旦:语出汉代赵煜《吴越春秋》卷五:"越王⋯⋯乃使相者国中得苎萝山鬻薪之女曰西施、郑旦,饰以罗縠,教以容步,习于土城,临于都巷,三年学服而献于吴⋯⋯吴王大悦。"西施,春秋末年越国苎萝(今浙江诸暨南)美女。由越王勾践献给吴王夫差,深受宠爱。传说吴亡后,与越谋臣范蠡同隐五湖。郑旦,春秋末年越国人,貌美而鬻薪。与西施同时为越王勾践使范蠡献于吴王夫差。刘向《列女传》未载此二人。另据《国语·晋语一》记

载:"夏桀伐有施,有施人以妹喜女焉……殷辛伐有苏氏,有苏以妲己女焉。"叶瑛《文史通义校注》认为"施、旦"可能指有施氏妹喜和有苏氏妲己,即刘向《列女传》卷七中的末喜和妲己,可备一说。

【译文】

一、列女应当区分作传体例。用"列女"作为传的名称,由刘向创始。分类汇聚成七篇,宗旨接近子书;接续《颂》而陈述《雅》,学问贯通《诗经》;而排纂史事写成文辞,实际属于史学书籍。班固和司马迁的两部史书,都缺少这一类传。自从范蔚宗《后汉书》里,开始记载《列女传》,后世的史书沿袭《后汉书》,于是成为准则。然而后世史学家所说的列女,却说的是节烈的意思,而刘向所叙列的人物,却说的是罗列的意思。根据节烈的"烈"作《列女传》,那么贞节和殉烈,已经各自不同;至于孝女和义姑,更不符合标准,而闺秀才女,道姑仙女,永远没有入传的例子了。妇女道德没有修成,节烈与孝义之外,本来可以稍微忽略;然而班婕妤的美好品德,曹大家的史学才能,蔡琰的文学才能,难道反而不如杂技艺能和歌舞艺人之流,更没有可以流传的道理吗?刘向《列女传》中,节烈与孝义之外,有才能的人像妾婧,奇特的人像鲁国女子,没有什么不记载;即使下至西施和郑旦,也都附在里面。"列"的含义,可以说范围很广了。自从《后汉书》以后,历代史书误把罗列的"列",当作殉烈的"烈",于是朝廷旌表法律之外,可列入记载的人很少,而蔡文姬载入史书,人们也加以非议。如今应当另外给贞节之人立传,用来记载受到表彰奖赏的妇女姓名;这类正编之外,如果有才华卓越,操守不同常人,或者有文采可观,某一方面长处超众的人,不妨收入《列女传》中,而依附《方技》、《文苑》、《独行》等传的体例;期望妇女德行不完全由节烈显现出来,而假使有一个方面长处值得记载的人,也不至于有被埋没的叹息。

狂瞽之言①，幸惟择之！醉中草草②，勿罪。

【注释】

①狂瞽(gǔ)：语出范晔《后汉书》卷一百零九上《戴凭传》："臣无謇谔之节，而有狂瞽之言。"狂，背理。瞽，不明事理。意为狂妄无知，常用作自谦之词。

②草草：语出唐代杜甫《杜工部诗集》卷三《送长孙九侍御赴武威判官》："问君适万里，取别何草草。"意为匆忙，仓促，草率，苟简。

【译文】

狂妄无知的话，荣幸地请你采择。醉酒后草率书写，不要怪罪。

与甄秀才论文选义例书(二)

【题解】

本篇内容是章学诚与甄松年讨论萧统《文选》义例的两篇书信,应当和前面《与甄秀才论修志》两篇书信写作时间接近。大梁本目录只有第一封书信题目,没有出现第二封书信题目,故在第一封书信题目后面用(二)涵盖两者内容。刘刻《章氏遗书》卷十五《方志略例二》把这四封书信合刻一处,并在《与甄秀才论〈文选〉义例书》目录题下注曰:"此与下篇虽论《文选》义例,实以方志另立文征,是仿《文选》而作,申明前书之意,故类列于此。"前信中由《文选》而论及文学总集,认为一代文献,史书不可尽详,提出应当按照史书体例看待总集,与文章家评选文字性质不同。《文选》可以比照《史记》,断代总集可比照断代史,丰富史书所无法包含的内容,与史书相互补充。章学诚后信中针对甄秀才所谓文章包含广泛,史学仅仅是其中一类,史书记载已经很清楚,不需要文选配合,不同意用史例看待括代文选以及文选可补史书之所不及的观点,指出古人文字原本不分类,一切都可以作为史料看待。他认为自《诗经》以来,文选和史书一直互相配合,不能把文选排除在史学范围之外。这一分歧,实际上代表了对文选功能认识的两种视野,体现出文学和史学两个不同学科的分野。

辱示《文选》义例，大有意思，非熟知此道甘苦，何以得此？第有少意商复。夫踵事增华，后来易为力；括代总选，须以史例观之。昭明草创，与马迁略同。由六朝视两汉，略已，先秦略之略已。周则子夏《诗序》，屈子《离骚》而外，无他策焉①。亦犹天汉视先秦②，略已，周则略之略已。五帝三王，则本纪略载而外，不更详焉。昭明兼八代③，《史记》采三古，而又当创事，故例疏而文约。《文苑》、《文鉴》，皆包括一代；《汉书》、《唐书》，皆专纪一朝；而又藉前规，故条密而文详。《文苑》之补载陈、隋，则续昭明之未备④；《文鉴》之并收制科，则广昭明之未登⑤。亦犹班固《地志》之兼采《职方》、《禹贡》，《隋书》诸志之补述梁、陈、周、齐，例以义起，斟酌损益，固无不可耳。夫一代文献，史不尽详，全恃大部总选，得载诸部文字于律令之外，参互考校，可补二十一史之不逮。其事綦重，原与揣摩家评选文字不同⑥，工拙繁简，不可屑屑校量。读书者但当采掇大意，以为博古之功，斯有益耳。

【注释】

①周则子夏《诗序》，屈子《离骚》而外，无他策焉：萧统《文选》对先秦作品仅选屈原、宋玉辞赋数篇，以及卜子夏《毛诗序》。此处仅举《离骚》，以之涵盖楚辞全体。

②天汉：汉武帝年号，公元前100—前97年。

③昭明兼八代：语出萧统《昭明太子集》卷五《文选序》："远自周室，迄于圣代，都为三十卷，名曰《文选》云尔。"内容包括周、秦、汉、魏、晋、宋、齐、梁，故曰八代。

④《文苑》之补载陈、隋，则续昭明之未备：李昉等人编纂《文苑英

华》，接续萧统《文选》，包括梁末、陈、隋、唐代文章。故章学诚认
识是补续昭明太子之所不及，并且认为李昉意在编选有唐一代
之文，而把梁、陈、隋三代文章视为补录。

⑤《文鉴》之并收制科，则广昭明之未登：制科即制举，古代科举制
度中由皇帝临时设置并亲自殿试的考试科目，名目不一，增损无
定。这类文章始自隋代，故萧统《文选》不载，而吕祖谦编纂《宋
文鉴》则大量收录。

⑥揣摩家：反复揣度文章的结构、文辞、义例等内容而编录文选的
一类人。

【译文】

承蒙您归纳《文选》的宗旨和体例给我看，非常有意思，不是熟知这
项工作的甘苦，怎么能有这样的心得？只是还有少许意见商量。继承
前人事业并增添光彩，后来的人容易借力而行；汇总包括一个朝代的文
选，必须用史书的体例观看。昭明太子创始，和司马迁大致相同。《文
选》中从六朝看待两汉，已经很简略了，先秦就简略又简略了。周代除
子夏《诗序》、屈原《离骚》以外，没有其余作品。这也就像《史记》中从天
汉年间看待先秦，已经很简略了，周代就简略又简略了。五帝三王事
迹，除本纪简略记载以外，不再详细叙述。昭明《文选》兼括八代，《史
记》采掇上古、中古、近古，而又正值创始之初，所以体例疏阔而文辞简
略。《文苑英华》与《宋文鉴》，都是包罗涵括一个朝代；《汉书》和《唐
书》，都是专门记载一个朝代；而又凭借前人的规范，所以条例周密而文
章周详。《文苑英华》补充登载陈隋之文，就是接续昭明《文选》所没有
具备的内容；《宋文鉴》同时收录制科应试文章，就是扩大昭明《文选》所
没有登载的范围。这也就像班固《地理志》兼收并采《周礼·职方氏》、
《尚书·禹贡》，《隋书》各志补充记载梁、陈、周、齐的典章制度，体例根
据宗旨而设立，斟酌增减，本来没有什么不可以。一个朝代的文献，史
书不能详尽记载，完全依靠大部头的汇总选录，得以登载史家法度限制

以外的各类文字,相互考证核对,可以补充二十一史无法涉及的内容。这种事情非常重大,原本就和揣摩家评选文字不同,工整拙劣与繁富简当,不能够琐碎地计较。读书的人只应当采纳主要旨意,以此达到博古的功效,这样就有益处了。

驳文选义例书再答

来书云:"得兄所论《文选》义例,甚以为不然。文章一道,所该甚广,史特其中一类耳。选家之例,繁博不伦,四部九流,何所不有? 而兄概欲以史拟之。若马若班,若表若志,斤斤焉以萧唐诸选,削趾适履,求其一得符合。将毋陈大士初学时文,而家书悉裁为八股式否①? 东西两京文字,入选寥寥,而班、范两史排纂,遂为定本。惟李陵塞外一书,班史不载,便近齐、梁小儿②。果选裨史之不逮乎? 抑史裨选之不逮乎? 编年有《纲目》,纪传有廿一史,历朝事已昭如日星。而兄复思配以文选,连床架屋,岂为风云月露之辞,可以补柱下之藏耶? 选事仿于六朝,而史体亦坏于是,选之无裨于史明矣。考镜古今③,论列得失,在乎卓荦之士④,不循循株守章句⑤;孺歌妇叹,均可观采,岂皆与史等哉? 昔人称杜甫诗史,而杨万里驳之,以为《诗经》果可兼《尚书》否⑥? 兄观书素卓荦,而今言犹似牵于训诂然者,仆窃不喜。或有不然,速赐裁示!"

【注释】

　　①将毋陈大士初学时文,而家书悉裁为八股式否:陈大士即陈际泰(1567—1641),字大士,明代临川(今江西抚州)人。明毅宗崇祯

年间进士,与艾南英等以八股时文著名天下。八股式,据顾炎武《日知录》卷十六《试文格式》记载:"经义之文,流俗谓之八股,盖始于成化以后。股者,对偶之名也。天顺以前,经义之文,不过敷演传注,或对或散,初无定式,其单句题亦甚少。成化二十三年,会试《乐天者保天下》文,起讲先提三句,即讲'乐天'四股,中间过接四句,复讲'保天下'四股,复收四句,再作大结……每四股之中,一反一正,一虚一实,一浅一深,其两扇立格,则每扇之中,各有四股,其次第之法,亦复如之,故今人相传,谓之八股。"

② 惟李陵塞外一书,班史不载,便近齐、梁小儿:语出《苏轼文集》卷四十九《答刘沔都曹书》:"陵与武书,词句儇浅,正齐、梁间小儿所拟作,决非西汉文。"

③ 考镜:也作"镜考"。语出班固《汉书》卷八十五《谷永传》:"愿陛下追观夏、商、周、秦所以失之,以镜考己行。"颜师古《注》曰:"镜谓鉴照之。考,校也。"意为借鉴比照他事以自省。

④ 卓荦:语出萧统《文选》卷四十八《班孟坚·典引》:"卓荦乎方州,洋溢乎要荒。"意为卓绝出众,卓越不凡。

⑤ 循循株守:语出《韩非子·五蠹》:"宋人有耕者,田中有株。兔走触株,折颈而死,因释其耒而守株,冀复得兔。兔不可复得,而身为宋国笑。"循循,依顺有序的样子。株守,比喻拘泥守旧,不知变通。

⑥ 昔人称杜甫诗史,而杨万里驳之,以为《诗经》果可兼《尚书》否:据唐代孟棨《本事诗》曰:"杜逢禄山之乱,流离陇蜀,毕陈于诗,推见至隐,殆无遗事,故当时号为诗史。"诗史,指诗作能够反映一个历史时期的现实情况。杨万里(1127—1206):字廷秀,号诚斋,南宋吉水(今属江西)人。宋高宗绍兴二十四年(1154)进士。曾任秘书省秘书监。诗作构思新巧,语言通俗明畅,时人称为诚斋体。与尤袤、范成大、陆游齐名。著有《诚斋集》。甄秀才云杨

万里驳杜诗之言,有误。据杨慎《升庵集》卷六十《诗史》曰:"宋人以杜子美能以韵语纪时事,谓之诗史,鄙哉! 宋人之见,不足以论诗也。夫六经各有体,《易》以道阴阳,《书》以道政事,《诗》以道性情,《春秋》以道名分。后世之所谓史者,左记言,右纪事,古之《尚书》、《春秋》也。若《诗》者,其体其旨,与《易》、《书》、《春秋》判然矣。三百篇,皆约情合性而归之道德也。然未尝有道德性情句也……杜诗之含蓄蕴藉者,盖亦多矣,宋人不能学之。至于直陈时事,类于讪讦,乃其下乘,而宋人拾以为己宝。又撰出'诗史'二字,以误后人。如诗可兼史,则《尚书》、《春秋》可以并省。"

【译文】

来信说:"得到仁兄所论《文选》的宗旨和体例,我以为很不正确。文章的原则,包括的范围很广泛,史文只是其中一类罢了。选文之家的体例,繁多广泛而没有伦类,四部九流,哪个方面不包括呢? 而仁兄一概想要用史书比照,像司马迁像班固,像表像志,拘谨地把萧氏和唐文等选集,削足适履,寻求一定的符合。这不是陈大士初学八股文,而家信都写成八股式样吗? 东西两汉的文字,入选寥寥无几,而班固、范晔两部史书编纂的内容,就成为定本。只有李陵塞外的那封书信,班固《汉书》没有记载,就因为接近齐、梁儿童的文字。果真是文选补充史书的不足呢? 还是史书补充文选的不足呢? 编年体有《通鉴纲目》,纪传体有二十一史,历朝史事已经像太阳和星辰一样明显。而仁兄又想用文选配合,叠床架屋,难道认为风云月露一类描摹景物的文辞,可以用来补充朝廷的藏书吗? 选文的事情始于六朝,而史书体裁也从六朝败坏,文选对史书无益很明显了。考校借鉴古今,论述列举得失,在于卓越不凡的士人,不循规蹈矩死守文字注疏;儿童歌唱与妇女感叹,都可以欣赏选取,难道都和史书相等吗? 前人称赞杜甫的诗为诗史,而杨万里批驳这种说法,认为《诗经》果真可以兼包《尚书》的作用吗? 仁兄读书素来卓越不凡，而现在所说的话好像是被训诂所拘束的样子，我很不喜欢。也许有不对的地方，请尽快赐予定夺后的书信。

　　惠书甚华而能辨，所赐于仆，岂浅鲜哉？然意旨似犹不甚相悉，而盛意不可虚，故敢以书报。文章一道，体制初不相沿，而原本各有所自。古人文字，其初繁然杂出，惟用所适，岂斤斤焉立一色目，而规规以求其一似哉①？若云文事本博，而史特于中占其一类，则类将不胜其繁。《伯夷》、《屈原》诸传，夹叙夹议；而《庄周》、《列子》之书，又多假叙事以行文②。兄以选例不可一概，则此等文字，将何以画分乎？经、史、子、集，久列四库，其原始亦非远。试论六艺之初，则经目本无有也。大《易》非以圣人之书而尊之，一子书耳。《书》与《春秋》，两史籍耳。《诗》三百篇，文集耳。《仪礼》、《周官》，律令会典耳。自《易》藏太卜而外，其余四者，均隶柱下之籍，而后人取以考证古今得失之林，未闻沾沾取其若《纲目》纪传者，而专为史类，其他体近繁博，遂不得与于是选也。《诗》亡而后《春秋》作，《诗》类今之文选耳，而亦得与史相终始，何哉？土风殊异，人事兴衰，纪传所不及详，编年所不能录，而参互考验，其合于是中者，如《鸱鸮》之于《金縢》③，《乘舟》之于《左传》之类④；其出于是外者，如《七月》追述周先⑤，《商颂》兼及异代之类⑥；岂非文章史事，固相终始者与？两京文字，入选甚少，不敌班、范所收，使当年早有如选《文苑》其人，裁为大部盛典，则两汉事迹，吾知更赫赫如昨日矣。史体坏于六朝，自是风气日下，非关《文选》。昭明所收过略，乃可恨耳。所云不循循株守章句，不必列文于史中,顾斤斤画文于史外,其见尚可谓之卓荦否? 杨万里不通太史观风之意,故驳诗史之说⑦。以兄之卓见而惑之,何哉?

【注释】

①规规:语出《庄子·秋水》:"子乃规规然而求之以察,索之以辩,是直用管窥天、用锥指地也,不亦小乎!"也作"睍睍"。意为浅陋拘谨的样子。

②《庄周》、《列子》之书,又多假叙事以行文:语出《庄子·寓言》郭象《注》:"寄之他人,则十言而九见信。"此所谓假叙事以行文。

③《鸱鸮》之于《金縢》:《鸱鸮》为《诗经·豳风》中篇名,假托鸟的口气,诉说处境艰难。据《毛诗·豳风·鸱鸮序》曰:"《鸱鸮》,周公救乱也。成王未知周公之志,公乃为诗以遗王,名之曰《鸱鸮》焉。"《金縢》为《尚书》中篇名,记载周公在周武王病重时祷告,请以自身代替武王而死,并将祝词放在用金线捆扎的柜子里。周成王即位后,曾怀疑周公,后来见到祝词而大受感动。据《尚书·金縢》记载:"武王既丧,管叔及其群弟乃流言于国曰:'公将不利于孺子。'周公乃告二公曰:'我之弗辟,我无以告我先王。'周公居东二年,则罪人斯得。于后公乃为诗以贻王,名之曰《鸱鸮》。"

④《乘舟》之于《左传》:《乘舟》即《二子乘舟》,为《诗经·邶风》中篇名。《毛诗·邶风·二子乘舟序》曰:"《二子乘舟》,思伋、寿也。卫宣公之二子,争相为死,国人伤而思之,作是诗也。"据《左传·桓公十六年》记载:"初,卫宣公烝于夷姜,生急子,属诸右公子。为之娶于齐而美,公取之,生寿及朔,属寿于左公子。夷姜缢。宣姜与公子朔构急子。公使诸齐,使盗待诸莘,将杀之。寿子告之,使之行。不可,曰:'弃父之命,恶用子矣! 有无父之国,则可也。'及行,饮以酒,寿子载其旌以先,盗杀之。急子至,曰:'我之

求也,此何罪? 请杀我乎!'又杀之。"

⑤《七月》追述周先:《七月》为《诗经·豳风》中篇名。据《毛诗·豳风·七月序》曰:"《七月》,陈王业也。周公遭变,故陈后稷先公风化之所由,致王业之艰难也。"诗中叙述西周时期农夫们一年之间每个月从事的农业劳动和生活情况。

⑥《商颂》兼及异代:《诗经》中有《商颂》五篇,内容是对殷商代先公先王的赞颂,故曰兼及异代。据《毛诗·商颂·那序》曰:"《那》,祀成汤也。微子至于戴公,其间礼乐废坏,有正考甫者,得《商颂》十二篇于周之太师,以《那》为首。"郑玄《笺》曰:"自正考甫至孔子,又无其七篇矣。"认为是春秋初期宋国大夫正考父校定《商颂》。另据司马迁《史记》卷三十八《宋世家》记载:"襄公之时,修行仁义,欲为盟主。其大夫正考父美之,故追道契、汤、高宗,殷所以兴,作《商颂》。"认为《商颂》是正考父所作。近人多信从司马迁之说。例如王国维《观堂集林》卷二《说商颂》,即认为其诗作于《鲁颂》之后。

⑦杨万里不通太史观风之意,故驳诗史之说:据《礼记·王制》记载:"命大师陈诗以观民风。"章学诚言"太史观风",有误。又据刘咸炘《文史通义识语》曰:"驳诗史之说者乃杨升庵,非诚斋。"杨升庵即杨慎,诚斋即杨万里。

【译文】

惠予的书信非常华丽又能辩解,您所赐给我的东西,难道浅显微薄吗? 然而您的意思好像对我的话还不太理解,而盛情又不可虚空,所以冒昧写信回答。文章的原理,体制本来就不相互沿袭,而根源各有由来。古人的文字,起初纷繁地错杂出现,只趋向有用之处,难道拘谨地确立一个名目,而浅陋地追求一定相似吗? 如果说文章之事本来广泛,而史文仅仅在当中占据一类,那么分出的类别将会繁多得无法忍受。《史记》的《伯夷列传》、《屈原列传》各传,叙事而夹杂议论;而《庄子》、

《列子》等书，又往往借叙事来行文。仁兄认为选文的体例不可一概包容，那么这一类文字，将要怎么划分呢？经、史、子、集，早就分为四部，它们的起源在开始的时候也相距不远。尝试讨论六经的源头，那么本来是没有经的名目。《周易》如果不是因为圣人的书而受到尊奉，只不过一部子书而已。《尚书》和《春秋》，两部史书而已。《诗经》三百篇，文集而已。《仪礼》和《周礼》，法令典章的汇集而已。自《周易》由太卜之官掌管以外，其余四种典籍，都属于史官的藏书，而后人用来考证古今得失的众多问题。没听说拘泥地选取那些像《通鉴纲目》和纪传体史书，而专门作为史家一类，其余文体接近繁杂广博，断然不能包含在史部之中。《诗经》消亡之后《春秋》产生，《诗经》类似当今的文选，也可以和史书始终相互关联，是什么原因呢？风土人情各不相同，人文世事兴亡盛衰，纪传体史书所不及详载，编年体史书所不能记录，而互相考核检验，那些符合史书纪事的篇章，例如《鸱鸮》对于《金縢》，《二子乘舟》对于《左传》之类；那些出于史书之外的篇章，例如《七月》追述周代祖先，《商颂》同时涉及不同朝代之类；这难道不是文章和史事，本来就始终相互关联吗？两汉文字，入选的很少，比不上班固、范晔的史书收录多，假使当年早就有像编选《文苑英华》那样的人，剪裁编排成大部头的盛大典籍，那么两汉的事迹，我知道又像近在昨天一样显赫了。史书体裁在六朝败坏，自然是风气每况愈下，不关《文选》什么事。昭明太子所收的文章过于简略，才是令人抱恨的事情。仁兄说不循规蹈矩地死守文字注疏，不一定把文章列在史书当中，但却拘泥地把文章划在史书之外，这种见解还可以叫做卓越不凡吗？杨万里不通晓太史观察民情的旨意，所以批驳诗史的说法。以仁兄的卓越见识而受到迷惑，这是为什么呢？

修志十议呈天门胡明府

【题解】

　　清高宗乾隆二十九年(1764)冬天,章学诚之父章镳在安陆府天门县(今湖北天门市)主持书院讲席。知县胡翼商议纂修县志,章学诚代父撰文作答。本篇开端提出纂修方志有二便、三长、五难、八忌、四体、四要,纂修者应当做到"乘二便,尽三长,去五难,除八忌,而立四体,以归四要"。这篇纲领性文字,语出二十七岁的章学诚之手,其主张已开后来修志实践之先河,在其方志学理论中起着重要作用。接着依次讨论十条修志义例:一曰议执掌,即修志工作的职责;二曰议考证,即修志资料的搜集;三曰议征信,即审查呈送修志的行状内容;四曰议征文,即制定《艺文志》凡例;五曰议传例,即讨论立传体例;六曰议书法,即志文撰写体例与方法;七曰议援引,即引用文字方法;八曰议裁制,即改编旧传内容;九曰议标题,即废除琐碎分类;十曰议外编,即设立外编。章学诚尤其重视《艺文志》的编纂,指出过去的方志弊病,根源就在于《艺文志》不符合史书体例。他建议仿照《汉书·艺文志》,分别部类,撮要取材,说明原委,从而根除旧方志拘牵俗例的弊端,达到拔本塞源的效果。

　　修志有二便:地近则易核,时近则迹真。有三长:识足以断凡例,明足以决去取,公足以绝请托。有五难:清晰天度难①,考衷古界难,调剂众议难,广征藏书难,预杜是非难。有八忌:忌条理混杂,忌详略失体,忌偏尚文辞,忌妆点名胜,忌擅翻旧案,忌浮记功绩,忌泥古不变,忌贪载传奇。有四体:皇恩庆典宜作纪,官师科甲宜作谱,典籍法制宜作考,名宦人物宜作传。有四要:要简,要严,要核,要雅。今拟乘二便,尽三长,去五难,除八忌,而立四体,以归四要。请略议其所以然者为十条。先陈事宜,后定凡例,庶乎画宫于堵之意云②。

【注释】

①天度:环天度数。古代天文学家把周天区域划分为三百六十度,用来观测天象,制定历法。

②画宫于堵:语出柳宗元《柳河东全集》卷十七《梓人传》:"画宫于堵,盈尺而曲尽其制,计其毫厘而构大厦,无进退焉。"宫,宫室,屋宇。堵,墙壁。比喻事先设计的蓝图。

【译文】

纂修方志有两项便利:地域近就容易核查,时间近就事迹真实。有三项长处:见识足够断定凡例,明智足够决定弃取,公正足够杜绝请托。有五项困难:清楚明晰周天度数难,考查判定古代地界难,调和折中各种意见难,广泛征集各家藏书难,预先杜绝是非议论难。有八项忌讳:忌讳条理混杂,忌讳详略失当,忌讳偏爱文辞,忌讳装饰名胜,忌讳随意翻案,忌讳虚记功劳,忌讳泥古不化,忌讳贪图新奇。有四项体例:皇恩庆典应当作纪,职官、科举登第应当作谱,典籍制度应当作考,名宦人物应当作传。有四项要纲:简洁之要,严谨之要,精核之要,典雅之要。现在想要利用两项便利,实现三项长处,去掉五项困难,排除八项忌讳,而确立四项体例,达到四项要纲。请允许我大致说说这样划分的十条原因,先述说事宜,后确定凡例,差不多具有在墙壁上画出房屋结构的意思。

一、议职掌。提调专主决断是非①,总裁专主笔削文辞②,投牒者叙而不议,参阅者议而不断,庶各不相侵,事有专责。

【注释】

①提调:清代开馆编纂史书或方志,编纂机构设置一位主管官员,管理一切杂务。

②总裁:清代设置国史、方略各馆作为编纂机构,进呈领衔的主管官员,汇总裁决修书事务。

【译文】

一、评议职掌。提调专门主管判断和决定是非,总裁专门主管删改文辞,呈送文稿的人叙述而不议论,参加校阅的人议论而不裁断,以期各不侵扰,事情有专人负责任。

二、议考证。邑志虽小,体例无所不备。考核不厌精详,折衷务祈尽善。所有应用之书,自省府邻境诸志而外,如廿二史、《三楚文献录》、《一统志》、圣祖仁皇帝御纂《方舆路程图》、《大清会典》、《赋役全书》之属①,俱须加意采访。他若邑绅所撰野乘、私记、文编、稗史、家谱、图牒之类②,凡可资搜讨者,亦须出示征收,博观约取。其六曹案牍,律令文移,有关政教典故、风土利弊者,概令录出副本,一体送馆,以凭详慎铨次。庶能巨细无遗,永垂信史。

【注释】

①《三楚文献录》、圣祖仁皇帝御纂《方舆路程图》、《赋役全书》：《三楚文献录》乃是辑录两湖地区文献而成的书籍。明代末年高世泰任湖广提学佥事，曾经纂集《五朝三楚文献录》十六卷。清高宗时期纂修《四库全书》，列入禁毁书目。清世宗雍正年间，湖广总督迈柱、湖北巡抚德龄、湖南巡抚赵宏恩等监修《湖广通志》，也曾经纂集《三楚文献录》，后世未见传本。圣祖仁皇帝，即爱新觉罗·玄烨，庙号圣祖，年号康熙。《方舆路程图》，康熙四十六年至四十七年（1707—1708），由汪士铉（1658—1723）等奉敕编撰的一部官方地图集。然而似乎并未最终完成，刊印也不是完整的定本。今残存稿本三册，其第三册封面上原题《钦定方舆路程考略》，又用朱笔改为《钦定皇舆全览》。封面有签记曰："此三册系武英殿开馆纂修底稿，乃寿光李琪园故物也。"内容主要描绘了山西各县和地区的地形以及连接中国中、东、北部邻省河南、陕西的道路。《赋役全书》，又名《条鞭赋役册》。明、清两代记载各地赋役数额的册籍，是官府公布的征收赋税税则。明代首次纂修约在明神宗万历十一年（1583），以一省或一府、一州县为编制单位，开列地丁原额、逃亡人丁和抛荒田亩数、实征数、起运和存留数、开垦地亩和招来人丁数等。每一州县颁发两部，一部存官衙备查，一部存学官供士民查阅。清世祖顺治三年（1646），按照明代万历年间赋额修订刊行。顺治十一年（1654）再加修订，顺治十四年（1654）刊行。清圣祖康熙二十四年（1685）重修，但未刊行。清世宗雍正十年（1732）再修，将各项杂税一并列入。以后每十年纂修一次，但未按规定施行。

②稗史：记录遗闻琐事的笔记。因其有别于正史，故名稗史。

【译文】

二、评议考证。县志虽然规模小，体例却无不具备。考证与审核不嫌精密周详,调和诸说务必追求高度完善。所有应该使用的书籍,自通志、府志、邻县诸志以外,例如二十二史、《三楚文献录》、《一统志》、圣祖仁皇帝御纂《方舆路程图》、《大清会典》、《赋役全书》之类,都必须留意搜求寻访。其他像县里绅士所撰写的野史、私记、文编、稗史、家谱、图册之类,凡是有助于搜文讨献的记载,也必须出具告示征收,广泛阅览而选取精要。一县的六曹文书、法令公文,关系到政治教化故实、风俗利弊得失的资料,全部让人抄写出副本,一并送到县志馆,以便凭借它们详细谨慎地编定。期望能够大小都不遗漏,永远留下真实可信的历史记载。

　　三、议征信。邑志尤重人物,取舍贵辨真伪。凡旧志人物列传,例应有改无削。新志人物,一凭本家子孙列状投柜,核实无虚,送馆立传。此俱无可议者。但所送行状,务有可记之实,详悉开列,以备采择,方准收录。如开送名宦,必详曾任何职,实兴何利,实除何弊,实于何事有益国计民生,乃为合例。如但云清廉勤慎①,慈惠严明,全无实征,但作计荐考语体者,概不收受。又如卓行亦必开列行如何卓,文苑亦必开列著有何书,见推士林,儒林亦必核其有功何经,何等著作有关名教,孝友亦必开明于何事见其能孝能友。品虽毋论庸奇偏全,要有真迹,便易采访。否则行皆曾、史,学皆程、朱,文皆马、班,品皆夷、惠②,鱼鱼鹿鹿③,何以辨真伪哉? 至前志所收人物,果有遗漏,或生平大节,载不尽详,亦准其与新收人物,一例开送,核实增补。

【注释】

①清廉勤慎：语出陈寿《三国志》卷十八《李通传》裴松之《注》引王隐《晋书》曰："上曰：'为官长当清，当慎，当勤。修此三者，何患不治乎！'"意为居官清明廉洁，勤政慎行。

②夷、惠：伯夷和柳下惠。

③鱼鱼鹿鹿：鱼鱼，语出韩愈《韩昌黎全集》卷一《元和圣德诗》："天兵四罗，旗常婀娜。驾龙十二，鱼鱼雅雅。"雅，"鸦"的本字。意为鱼贯成行，鸦飞成阵。形容整齐之貌。鹿鹿，语出班固《汉书》卷三十九《萧何传赞》："萧何、曹参，皆起秦刀笔吏，当时录录未有奇节。"颜师古《注》曰："录录犹鹿鹿，言在凡庶之中也。"鹿鹿，今作"碌碌"，意为平庸。章学诚借用来讥讽前人修志千篇一律，平庸无奇。

【译文】

三、评议征实。县志尤其重视人物，采用或者舍弃贵在辨别真假。凡是旧县志的人物列传，按照贯例应当有改动而不删削。新修县志的人物，一概依凭各家子孙写出行状投入专柜，经过核实没有虚假，送到县志馆立传。这都是没有什么可以议论的事情。只是送来的行状，务必要有可供记载的事迹，详细完备地开列清楚，用来预备选用，方可准许收录。例如开列呈报名宦，一定要详细说明曾任什么官职，确实兴办过什么善事，确实清除了什么弊病，确实在什么事情上有益于国计民生，才是符合则例。如果只是说清白廉洁和勤勉谨慎，仁爱恩惠和严肃明察，完全没有实际验证，仅仅撰写成官员年终考核评语格式的行状，一概不予接受。又如卓行也一定要开列行为怎样卓著，文苑也一定要开列著有什么书籍，在文人群体中受到推崇，儒林也一定要核实传主对哪部经书有功绩，什么著作有关纲常礼教，孝友也一定要开列清楚在什么事情上看出传主对父母孝敬和对兄弟友爱。品行虽然不论平庸与奇特还是偏重与全面，总之需要具有真实的事迹，就容易搜讨寻访。否则行为都是曾参、史鳅,学问都是二程、朱熹,史文都是司马迁、班固,品德都是伯夷、柳下惠,千篇一律,用什么辨别真假呢?至于前人志修所收人物,如果确实有遗漏,或者生平大节,记载得不完备详尽,也准许把这些人和新收入的人物,一起按例开列呈送,核实以后增补缺遗。

　　四、议征文。人物之次,艺文为要。近世志艺文者,类辑诗、文、记、序,其体直如文选;而一邑著述目录,作者源流始末,俱无稽考,非志体也。今拟更定凡例,一仿班《志》刘《略》[①];标分部汇,删芜撷秀,跋其端委,自勒一考,可为他日馆阁校雠取材,斯则有裨文献耳。但艺文入志,例取盖棺论定[②];现存之人,虽有著作,例不入志。此系御纂《续考》馆成法[③],不同近日志乘,掇拾诗文,可取一时题咏,广登尺幅者也。凡本朝前代学士文人,果有卓然成家,可垂不朽之业,无论经、史、子、集,方技杂流,释门道藏,图画谱牒,帖括训诂,均得净录副本,投柜送馆,以凭核纂。然所送之书,须属共见共闻;即未刻行,亦必论定成集者,方准收录。倘系抄撮稿本,畸零篇页,及从无序跋论定之书,概不入编,庶乎循名责实之意。惟旧志原有目录,而藏书至今散逸者,仍准入志,而于目录之下,注一"亡"字以别之。

【注释】

　　①班《志》刘《略》:班固《汉书》的《艺文志》和刘歆的《七略》。

　　②盖棺论定:语出杜甫《杜工部诗集》卷十四《君不见简苏徯》:"丈夫盖棺事始定。"又据《明史》卷一百八十二《刘大夏传》曰:"人生盖棺论定,一日未死,即一日忧责未已。"意为人死之后才能评定

一生的是非功过。

③《续考》:《续文献通考》。清高宗乾隆十二年(1747)开始撰修,历时三十余年成书。体例与南宋马端临《文献通考》相同,内容接其下限,记载自宋宁宗嘉定年间至明末四百多年政治经济等各项制度的沿革。

【译文】

四、评议征集文献。人物的后面,艺文最为重要。近代记载艺文的人,按类收集诗、文、记、序,这种体例简直像文选,而一县著述的目录,作者的源流本末,都无法查考,不是方志的体制。现在准备另行修订凡例,完全仿照班固《汉书·艺文志》和刘歆《七略》,标示划分部类编汇,删除杂乱而摘取精华,作跋说明始末原委,单独写成一篇考,可以预备以后馆阁校勘采用,这就有益于保存文献了。不过艺文收入方志,按照惯例要求盖棺论定,现在存活的人,即使撰有著作,照例不收入方志。这是御纂《续文献通考》馆的既定方法,和近来的方志不同,补缀搜集诗文,可以采取某一时期的题咏,广泛登载于有限的篇幅。凡是进入本朝的前代学士文人,确实有卓越地成为一家,有可以流传不朽的业绩,无论经、史、子、集,方技杂流,佛书道藏,图画谱牒,举业注疏,都可以清楚地抄写副本,投入专柜送交方志馆,以便依靠核实编纂。然而所送的书籍,应当属于人们共同见到听到;即使尚未刻印流行,也一定要编排确定成集,方可准许收录。倘若是摘抄的稿本,零星的篇页,以及从来没有序跋编排确定的书籍,一概不允许编入,差不多就是依照名称要求实际的宗旨。只是旧志原来有目录,而藏书到今天已经散逸,仍然准许写入方志,而在目录下面,标注一个"亡"字加以区别。

五、议传例。史传之作,例取盖棺论定,不为生人立传。历考两汉以下,如《非有先生》、《李赤》诸传,皆以传为游戏①。《圬者》、《橐驼》之作,则借传为议论②。至《何蕃》、《方山》等传,则又作贻赠序文之用③。沿至宋人,遂多为生人作传,其实非史法也。邑志列传,全用史例,凡现存之人,例不入传。惟妇人守节,已邀旌典④;或虽未旌奖,而年例已符,操守粹白者,统得破格录入。盖妇人从一而终⑤,既无他志,其一生责任已毕,可无更俟没身。而此等单寒之家⑥,不必尽如文苑、卓行之出入缙绅;或在穷乡僻壤,子孙困于无力,以及偶格成例;今日不予表章,恐后此修志,不免遗漏,故搜求至汲汲也。至去任之官,苟一时政绩卓然可传,舆论交推,更无拟议者,虽未经没身论定,于法亦得立传。盖志为此县而作,为宰有功此县,则甘棠可留;虽或缘故被劾,及乡论未详,安得没其现施事迹? 且其人已去,即无谀颂之嫌,而隔越方州,亦无遥访其人存否之例。惟其人现居本县,或现升本省上官及有统辖者,仍不立传;所以远迎合之嫌,杜是非之议耳。其例得立传人物,投递行状,务取生平大节合史例者,详慎开载;纤琐钉饾⑦,凡属浮文,俱宜刊去。其有事涉怪诞,义非惩创;或托神鬼,或称奇梦者,虽有所凭,亦不收录,庶免凫履羊鸣之诮⑧。

【注释】

①《非有先生》、《李赤》诸传,皆以传为游戏:萧统《文选》卷五十一《东方曼倩·非有先生论》,假托非有先生其人,劝告君主纳谏。唐代柳宗元《柳河东全集》卷十七《李赤传》讽刺世人崇拜神仙利欲,是非颠倒而不悟。虽然属于游戏之文,而旨在警戒。

②《圬者》、《橐驼》之作,则借传为议论:唐代韩愈《韩昌黎全集》卷十二《圬者王承福传》,寓意讽刺居官而懈怠者,告诫他们必遭天

殃。圬者，泥瓦工匠。柳宗元《柳河东全集》卷十七《种树郭橐驼传》，寓意讽刺为政而扰民者，告诫他们应当顺从自然之性。两文均借传文而发议论。

③《何蕃》、《方山》等传，则又作贻赠序文之用：据《章氏遗书》补遗《又答吴胥石书》曰："韩退之述太学生何蕃，乃投赠之书，略如序记之类，对见存人言，理宜如是。故方崧卿本题为《太学生何蕃书》，盖本书事之体，如孙樵书何易于之类。或当时书以赠之，故李汉见其文属投赠，而标题为书，遂编次于书类耳。"韩愈《韩昌黎全集》卷十四《太学生何蕃传》，为何蕃下第而作。宋代苏轼《苏轼文集》卷十三《方山子传》，因遇故人陈慥而作。两传实为赠序的变体。

④旌典：中国古代朝廷提倡封建礼教，对贞妇烈女、孝子顺孙等人，由官府赐匾额，立牌坊，称为旌典或旌表。

⑤妇人从一而终：语出《周易·恒卦》："妇人贞吉，从一而终也。"指封建社会女子只事一夫，夫死不再改嫁。

⑥单寒：语出范晔《后汉书》卷八十下《高彪传》："高彪字义方，吴郡无锡人也。家本单寒。"意为家世寒微。

⑦饤饾(dìng dòu)：语出韩愈《韩昌黎全集》卷一《南山诗》："或如临食案，肴核纷饤饾。"《玉篇·食部》曰："饤饾，贮食。"意为食品叠放在器具里。比喻罗列和堆砌文辞。

⑧凫履羊鸣：刘知几《史通》卷五《采撰》曰："至范晔增损东汉一代，自谓无惭良直，而王乔凫履，出于《风俗通》，左慈羊鸣，传于《抱朴子》，朱紫不别，秽莫大焉。"据范晔《后汉书》卷一百一十二《方术传》记载，叶县县令王乔通神仙之术，每月朔望两次来京城朝见，而不见车马仪仗随从。皇帝密令侦查，发现他是随着一双野鸭而来。于是张网捕鸭，只得到一双鞋，原来是朝廷赐给王乔的鞋。又记载左慈有神术道法，曹操想要收捕诛杀，他嵌入墙壁不

知去向。后来又在阳城山相遇，曹操率人追杀，他躲进羊群，踪迹不见。曹操命人对着羊群说不再诛杀，只是试试他的法术。忽然一只老公羊像人一样站立起来，弯曲前腿作拜谢之状，出来答话。曹操手下的人纷纷去抓这只公羊，然而数百只群羊都变成公羊，用同样的姿势站立并说人话应答曹操。

【译文】

五、评议传的体例。史传的写作，按惯例要求盖棺定论，不给活着的人立传。——考察两汉以后，例如《非有先生传》、《李赤传》等文章，都把传当做游戏文章。《圬者王承福传》、《种树郭橐驼传》等作品，却是借传发表议论。至于《何蕃传》、《方山子传》等传文，那么又作为赠送序文的用途。沿袭到宋人，于是大多为活着的人作传，实际上不符合史家法度。县志的列传，完全使用史书体例，凡是现在活着的人，按惯例不能入传。只有妇人守节，已经获准旌表；或者虽然没有受到旌赏，而守节年岁规定已经符合，操守纯洁的人，统统可以破格收入。大概妇女从一而终，既然没有改嫁志向，她一生应该负的责任已经完成，可以不用再等她去世。而这一类寒微的人家，不一定完全像文范、卓行那样限定在士大夫范围；有的在穷乡僻壤，子孙陷在没有力量的困境，还有偶然受到已定旌表法令的阻碍；如果现在不给予表彰，恐怕以后修志，免不了出现遗漏，所以搜集显得非常急切。至于离任的官员，如果在任期间政绩卓越可以流传，舆论相互推许，再没有争议的人，虽然没有经过去世之后盖棺论定，在史法上也可以立传。大概方志是为这个县而作，作为县官对这个县有功，那么恩惠可以遗留；即使有人因犯事被弹劾，以及不了解乡里评论如何，怎么能埋没他当时实政的事迹呢？况且此人已经离任，就没有奉承赞美的嫌疑，而且远隔州郡，也没有路途遥遥去询问此人是否生存的例子。只有此人现在居住本县，或者现在升任本省上级官员以及有统辖关系，仍然不立传，用来远离迎合的嫌疑，杜绝是非的议论。那些按例可以立传的人物，投送行状，务必选取生平大节符合史书体例的人，详细缜密地开列记载；细微琐屑地罗列堆砌，凡是属于虚浮的文辞，都应当删除。那些有的事情涉及怪诞，宗旨不是劝诫；或是假托神鬼，或是称述奇梦的行状，即使有根据，也不收录，以免受到鞋变野鸭和羊说人话那样的讥诮。

六、议书法。典故作考，人物作传，二体去取，均须断制尽善，有体有要，乃属不刊之书，可为后人取法。如考体但重政教典礼、民风土俗，而浮夸形胜、附会景物者，在所当略。其有古迹胜概，确乎可凭，名人题咏，卓然可纪者，亦从小书分注之例，酌量附入正考之下；所以厘正史体，别于稗乘耳。盖志体譬之治室，厅堂甲第，谓之府宅可也。若依岩之构，跨水之亭，谓之别业可，谓之正寝则不可[①]。玉麈丝绦[②]，谓之仙服可，谓之绅笏则不可[③]。此乃郡县志乘，与《卧游》、《清福》诸编之分别也[④]。列传亦以名宦、乡贤、忠孝、节义、儒林、卓行为重。文苑、方技有长可见者，次之。如职官而无可纪之迹，科目而无可著之业，于法均不得立传。盖志属信史，非如宪纲册籍，一以爵秩衣冠为序者也。其不应立传者，官师另立历任年谱，邑绅另有科甲年谱，年经月纬之下，但注姓名，不得更有浮辞填入。即其中有应立传者，亦不必更于谱内，注明"有传"字样，以昭画一。若如近日通行之例，则纪官师者，既有《职官志》，以载受事年月，又有《名宦志》，以载历任政绩；而于他事有见于生祠碑颂、政绩序记者，又收入《艺文志》。记邑绅者，既有《科目志》，又有《人物志》，亦分及第年分与一生行业为两志；而其行业有见于志、铭、传、诔者，则又收入《艺文志》。一人之事，叠见三四门类,于是或于此处注传见某卷,于彼处注详见某志,字样纷错,事实倒乱,体裁烦碎,莫此为甚。今日修志,尤当首为厘定,一破俗例者也。

【注释】

①正寝:原意指路寝。语出《公羊传·庄公三十二年》:"八年癸亥,公薨于路寝。路寝者何? 正寝也。"即古代天子和诸侯常居治事之所。也泛指屋舍的正室。据《旧唐书》卷七十一《魏征传》记载:"征宅先无正寝。"即指正屋。

②玉麈(zhǔ):语出《世说新语》卷五《容止》:"王夷甫容貌整丽,妙于谈玄,恒捉白玉柄麈尾,与手都无分别。"麈,鹿类动物,尾毛可作拂尘。魏、晋人清谈,手中常持玉柄麈尾。

③绅笏(hù):绅指士大夫束在衣外的大带。笏指大臣朝见时用作记事的手板。

④《卧游》、《清福》诸编:据宋代陈振孙《直斋书录解题》卷七传记类著录:"《卧游录》一卷,吕祖谦撰。"意为欣赏山水画替代游览。另据章兆惠修、周铪纂[康熙]《南和县志》卷八记载:"《清福录》……[明]朱正色撰。"意为享受清闲之福。

【译文】

六、评议修志笔法。给典章与掌故作考,给人物作传,两种体例的舍弃和采用,都应该裁断达到完善,有主体有要纲,才属于不能删改的书,可以被后人效法。例如考体只注重政治教化和制度礼仪、民情风俗和风土人情,而浮夸些山川胜迹、附会景物的内容,都应该省略。那些存有古迹美景,确实可以依据,名人的题辞咏诗,卓越可以记载的内容,也遵从小字分注的惯例,酌情附入正考文字的下面,用来改正史书体裁,和稗史野乘区别开来。大概方志体裁犹如建造房屋,有厅堂的上等宅第,称作府宅完全可以。如果是依傍山岩的建筑,跨越水面的亭子,称作别墅可以，称作正屋就不可以。玉柄麈尾与丝带，称作仙服可以，称作官服就不可以。这就是州县的方志，和《卧游录》《清福录》等书的区别。列传也把名宦和乡贤、忠孝和节义、儒林和卓行作为重要方面。文苑和方技有专长处可见的人物，放在次要位置。如果官员没有可记载的事迹，举人与进士没有可记录的学业，根据史法都不能立传。大概方志属于真实可信的史书，不像官府名册，一律按照官爵品级和官服颜色排顺序。那些不应该立传的人物，官员另外设立历任年谱，县里绅士另外编有科举年谱，以年为经以月为纬的谱里只标注姓名，不可以再有浮泛文辞填入。即使其中有应该立传的人物，也不需要再在谱里，注明"有传"的字样，以此显示整齐一致。如果像近来通行的惯例，那么记载官员的篇幅，已经有《职官志》，记载任职年月，又有《名宦志》，记载历任的政绩；而对其他事在生祠碑颂、政绩序记中见到的文字，又收入《艺文志》。记载一县绅士的篇幅，已经有《科举志》，又有《人物志》，也划分及第年份和一生德行事业作两种志；而那些德行事业在墓志、碑铭、传记、哀诔中见到的人物，却又收入《艺文志》。一个人的事情，在三四个门类里重叠出现，于是或者在这里注"传见某卷"，或者在那里注"详见某志"，文字纷乱错杂，事实颠倒混乱，结构复杂琐碎，没有比这更严重了。今天纂修方志，尤其应当首先对此整治改定，完全破除世俗的惯例。

七、议援引。史志引用成文，期明事实，非尚文辞。苟于事实有关，即胥吏文移，亦所采录，况上此者乎？苟于事实无关，虽班、扬述作，亦所不取，况下此者乎？但旧志艺文所录文辞，今悉散隶本人本事之下，则篇次繁简不伦；收入考、传方幅之内，其势不无删润。如恐嫌似剿袭，则于本文之上，仍标作者姓名，以明其所自而已。而标题之法，一仿《史》《汉》之例。《史》《汉》引用周、秦诸子，凡寻常删改字句,更不识别,直标"其辞曰"三字领起。惟大有删改,不更仍其篇幅者,始用"其略曰"三字别之。若贾长沙诸疏是也①。今所援引,一皆仿此。然诸文体中,各有应得援引之处,独诗赋一体,应用之处甚少。惟《地理考》内,名胜条中,分注之下,可载少许,以证灵杰。他若抒写性灵,风云月露之作,果系佳构,自应别具行稿,或入专主选文之书,不应搀入史志之内,方为得体。且古来十五《国风》,十二《国语》,并行不悖,未闻可以合为一书。则志中盛选诗词,亦俗例之不可不亟改者。倘风俗篇中,有必须征引歌谣之处,又不在其列。是又即《左》、《国》引谚征谣之义也②。

【注释】

①贾长沙诸疏:贾长沙即贾谊,曾任西汉长沙国王太傅,故名。曾经向朝廷奏上《论政事疏》、《论积贮疏》等。

②《左》、《国》引谚征谣:例如《左传·隐公十一年》记载:"周谚有之,曰:'山有木,工则度之。宾有礼,主则择之。'"又《国语·周语中》记载,单襄公引谚曰:"兽恶其网,民恶其上。"

【译文】

七、评议援引。史书诸志引用已有文字,期望说明事实,并非崇尚文辞。如果对事实有关联,即使是胥吏的文书,也要采集记录,何况超过这一类的文献呢?如果对事实没有关联,即使是班固、扬雄的著述,也不能采用,何况不如这一类的文献呢?只是旧方志艺文部分所记录的文辞,现在如果全部分散归属本人本事的下面,那么篇章繁简就不对称;收入考和传有限的篇幅里,这种形势不能不删改润饰。如果恐怕有抄袭的嫌疑,那就在本文的上面,仍然标出作者姓名,用来表明文章来源而已。至于标明主题的方法,一律仿效《史记》、《汉书》的例子。《史记》、《汉书》引用周、秦诸子之文,凡是一般删改字句,不再另加标记区别,直接标出"其辞曰"三字领起开头。只有较大的删改,不再沿用原来篇幅的文字,才用"其略曰"三字区别。像贾长沙诸疏就是。如今援引文字,一律仿照这样。然而各种文体中,各有应当援引的地方,唯独诗赋这一文体,使用的地方很少。只是《地理考》里,名胜一条中,分注的下面,可以少量登载一些,用来证实景物的灵秀。其他像抒发性情,描摹风云月露一类景物的作品,如果是好文章,自然应该另外准备传布文稿,或者收入专门选编文学作品的书籍,不应该混杂在史志里,方才得体。况且古来十五国《国风》,十二国《国语》,同时流行而不冲突,没听说能够合成一部书籍。那么方志中大量选编诗词,也是世俗惯例中不可不亟待改变的事情。倘若风俗篇中,有必须征引歌谣的地方,又不属于这一惯例。这又是《左传》、《国语》征引谣谚的宗旨。

八、议裁制。取艺文应载一切文辞,各归本人本事,俱无可议。惟应载传、志、行状诸体,今俱删去,仍取其文裁入列传,则有难处者三焉。一则法所不应立传,与传所不应尽载者,当日碑、铭、传、述,或因文辞为重,不无滥收。二则志中列传,方幅无多,而原传或有洋洋大篇;全录原文,则繁简不伦;删去事迹,则召怨取讥。三则取用成文,缀入本考本传,原属文中援引之体,故可标作者姓名及"其辞曰"三字,以归征引之体。今若即取旧传,裁为新传,则一体连编,未便更著作者姓名。譬班史作《司马迁传》,全用《史记·自序》,则以"迁之自序云尔"一句,标清宾主[①]。盖史公《自序》,原非本传,故得以此句识别之耳。若孝武以前纪传,全用《史记》成文者,更不识别;则以纪即此纪,传即此传,赞即此赞[②],其体更不容标"司马迁曰"字样也。今若遵同此例,则近来少见此种体裁,必有剿袭雷同之谤。此三端者,决无他法可处,惟有大书分注之例,可以两全。盖取彼旧传,就今志义例,裁为新传,而于法所应删之事,未便遽删者,亦与作为双行小字,并作者姓氏,及删润之故,一体附注本文之下。庶几旧志征实之文,不尽刊落,而新志谨严之体,又不相妨矣。其原文不甚散漫,尚合谨严之例者,一仍其旧,以见本非好为更张也。

【注释】

①班史作《司马迁传》,全用《史记·自序》,则以"迁之自序云尔"一句,标清宾主:班固《汉书》卷六十二《司马迁传》,内容全用《史记》卷一百三十《太史公自序》原文,只有文尾"迁之自叙云尔"一句话为班固自作。宾,指代司马迁《太史公自序》。主,指代班固的话。

②纪即此纪,传即此传,赞即此赞:意思是说班固撰《汉书》,汉武帝以前的史实沿用司马迁《史记》文字,《汉书》的某纪就是《史记》的某纪,《汉书》的某传就是《史记》的某传,《汉书》的某赞就是《史记》的某赞,没有区别。

【译文】

八、评议剪裁。拿艺文部分应该登载的全部文辞,各自归属本人本事之内,都没有什么值得评议。只是应该登载的传记、墓志、行状等文体,如今全部删除,仍然把这类文章剪裁收入列传,就有三个方面难于处理。一是按史法不应该立传,和传不应全面记载的人物,当时碑文、墓铭、传记、行述,或许因为重视文辞,不是没有滥载的情况。二是方志里的列传,篇幅不多,而原来的传文有些是洋洋长篇,如果全部抄录原文,就会详略失当;删除事迹,就会招致怨恨并受到指责。三是采用已有文字,写进本考和本传,本来属于文中援引的体例,所以能够标明作者姓名以及"其辞曰"三个字,以便归属征引的体例。现在如果选取旧传,剪裁成新传,那么使用同一体例编撰,不便再标出作者姓名。譬如班固《汉书》作《司马迁传》,全部用《史记·自序》文字,就用"司马迁的《自序》这样说"一句,标明宾主关系。大概太史公的《自序》,原来就不是本传,所以能用这句话区别开来。像孝武帝以前的本纪和列传,全部利用《史记》已成文字的事例,再不另加标记区别,就是因为纪就是这篇纪,传就是这篇传,赞就是这篇赞,它们的体例再不容许标著"司马迁曰"的字样。现在如果马上采用这样的先例,那么近来很少见到这种体裁,一定会受到抄袭和雷同的谤议。这三个方面,绝对没有其他办法可以处理,只有正文大字下面加小注的体例,可以两方面都照顾到。大概是取用那些旧传,按照新志的体例,剪裁成新传,而按照史法所应当删除的事,不便立即删除的事例,也把它们变成双行小字,连同作者姓名,以及删改润色的原因,一同附注在本文的下面。这样差不多旧志征实的文字,不完全被删掉,而新志谨严的体例,又不互相妨碍了。那些原文不太零碎,还算符合谨严体例的文章,完全沿用它们的原貌,以显示本来不是喜欢任意改变。

九、议标题。近行志乘,去取失伦,芜陋不足观采者,不特文无体要,即其标题,先已不得史法也。如采典故而作考,则天文、地理、礼仪、食货数大端,本足以该一切细目。而今人每好分析,于是天文则分星野占候为两志[①],于地理又分疆域山川为数篇,连编累牍,动分几十门类。夫《史》、《汉》八书十志之例具在,曷常作如是之繁碎哉?如访人物而立传,则名宦、乡贤、儒林、卓行数端,本不足以该古今人类。而今人每好合并,于是得一逸才,不问其行业如何超卓,而先拟其有何色目可归;得一全才,不问其学行如何兼至,而先拟其归何门类为重;抵牾牵强,以类括之。夫历史合传、独传之文具在②,曷尝必首标其色目哉? 所以然者,良由典故证据诸文,不隶本考而隶《艺文志》,则事无原委,不得不散著焉,以藏其苟简之羞。行状碑版诸文,不隶本传而隶《艺文志》,则人无全传,不得不强合焉,以足其款目之数。故志体坏于标题不得史法,标题坏于艺文不合史例;而艺文不合史例之原,则又原于创修郡县志时,误仿名山图志之广载诗文也。夫志州县与志名山不同③。彼以形胜景物为主,描摹宛肖为工,崖颠之碑,壁阴之记,以及雷电鬼怪之迹,洞天符检之文④,与夫今古名流游览登眺之作⑤,收无孑遗⑥,即征奥博⑦,盖原无所用史法也。若夫州县志乘,即当时一国之书,民人社稷,政教典故,所用甚广,岂可与彼一例? 而有明以来,相沿不改,故州县志乘,虽有彼善于此,而卒鲜卓然独断、裁定史例、可垂法式者。今日尤当一破夙习⑧,以还正史体裁者也。

【注释】

①占候:语出范晔《后汉书》卷六十下《郎𫖮传》:"能望气,占候吉凶,常卖卜自奉。"意为根据天象变化预言人事吉凶或自然界的灾变。

②历史合传、独传:历史即历代史书之意,多指历代正史。合传,数人合为一传。独传,一人单独立传。

③志名山:为名山作志。据郑樵《通志》卷六十六《艺文略》著录:"《名山洞天记》一卷。《十大洞天记三十六小洞天记》一卷。《洞

天集》五卷,王正范撰。"天下各大名山,几乎全部有志。

④洞天符检:据宋代张君房《云笈七签》卷二十七《十大洞天》记载:
"十大洞天者,处天地名山之间,是上天遣群仙统治之所。"道教
认为神仙居住之地,有十大洞天,三十六小洞天,七十二福地,合
称洞天福地。符检指符箓,道教所传秘密文书的统称。

⑤登眺(tiào):登高远望。眺,远视。

⑥孑(jié)遗:语出《诗经·大雅·云汉》:"周余黎民,靡有孑遗。"残
余,剩余。原意指人,后来也泛指事物。

⑦奥博:语出颜之推《颜氏家训》卷上《治家》:"南阳有人,为生奥
博,性殊俭吝。"意为富裕。后来也指学问精深渊博。

⑧夙习:长期形成的习惯。夙,通"宿",旧有,平素。

【译文】

九、评议标题。近来流行的方志,弃置和取用材料没有条理,芜杂
鄙陋不值得观看和采择,不仅文字不得要领,就是它们的标题,先已没
有运用史学方法。例如采用典制和掌故作考,那么天文、地理、礼仪、食
货几个主要方面,本来足够包括所有细小项目。可是现在的人常常喜
欢把它们分开,于是天文就分成星野与占候两篇志,对地理又分成疆域
和山川等几篇,连篇累牍,动不动就分成几十个门类。《史记》八书和
《汉书》十志的例子都在,何尝作得这样繁复琐碎呢?例如寻访人物而
立传,那么名宦、乡贤、儒林、卓行几个方面,本来不足以包括古今人物
类别。而今天的人总喜欢把它们合并,于是求得一个出众的人才,不问
他德行事业怎样超凡卓越,却先考虑他可以归属什么名目;求得一个全
面人才,不问他学问德行如何兼备,却先考虑把他归属哪个门类重要;
矛盾牵强,用门类包容人物。历代史书中合传与独传的文字都在,何尝
一定首先标出他们的各色名目呢?所以这样,确实由于典章制度和事
实证据等文字,不隶属本考而隶属《艺文志》,那么事情没有本末始终,
不得不分散记载,用来掩藏自己草率简略的羞耻。行状与碑版等文字,

不隶属本传而隶属《艺文志》，那么人物没有全传，不得不勉强合在一起，用来凑足门目的数额。所以方志的体裁坏在标题没有运用史学方法，标题坏在《艺文志》不符合史书体例；而《艺文志》不符合史书体例的根源，却又源于创始编修州县方志的时候，错误地仿效名山图志大量登载诗文。为州县作志和为名山作志不同。名山的志以地理名胜和自然景物为主，描摹得相像作为精巧，山崖顶端的碑，石壁背面的记，以及雷电鬼怪的痕迹，洞天符篆的文字，和古今名人游览与登高远望的作品，收集得没有遗留，就证明深奥广博，大概本来用不上史学方法。至于州县方志，就是古代一国史书，民众生活与社稷之祀，政治教化与典章制度，用处很广泛，怎么能和名山的志一样呢？而明代以来，互相沿袭没有改变，所以州县方志，虽然有一些比这些好，而终究缺少卓越地独自裁断、根据史书体例斟酌定夺、可以流传后世作为法式的著作。今天尤其应当打破故有习惯，以便恢复到正史的体裁。

　　十、议外编。廿一史中，纪、表、志、传四体而外，《晋书》有载记[①]，《五代史》有附录[②]，《辽史》有《国语解》[③]，至本朝纂修《明史》，亦于年表之外，又有图式[④]；所用虽各不同，要皆例以义起，期于无遗无滥者也。邑志猥并错杂，使同稗野小说，固非正体；若遽以国史简严之例处之，又非广收以备约取之意。凡事属琐屑而不可或遗者，如一产三男，人寿百岁，神仙踪迹，科第盛事，一切新奇可喜之传，虽非史体所重，亦难遽议刊落；当于正传之后，用杂著体，零星纪录，或名外编，或名杂记，另成一体，使纤屑钉铛，先有门类可归，正以厘清正载之体裁也。谣歌谚语[⑤]，巷说街谈，苟有可观，皆用此律。

【注释】

①《晋书》有载记：唐修《晋书》，列传之后有载记三十卷，记十六国事。以两晋为正统皇朝，而十六国为闰位政权。

②《五代史》有附录：欧阳修撰《新五代史》，末尾有《四夷附录》三卷，记载十国以及周边各少数民族史事。以五代为正统皇朝，其余为闰位政权。

③《辽史》有《国语解》：元人修《辽史》，末尾有《国语解》一卷，对"史之所载官制、宫卫、部族、地理，率以国语为之称号，不有注释以辨之，则世何从而知，后何从而考哉？今即本史参互研究，撰次辽《国语解》，以附其后，庶几读者无龃龉之患云"。即用汉语对契丹语官制、宫帐、部族、地理名称作出解释。

④本朝纂修《明史》，亦于年表之外，又有图式：《明史》有《诸王世表》、《功臣世表》、《外戚恩泽侯表》、《宰辅年表》、《七卿年表》，共十三卷。《历志》增加图以说明历法。

⑤谣歌谚语：谣歌，语出《诗经·魏风·园有桃》："我歌且谣。"毛《传》曰："曲，合乐曰歌，徒歌曰谣。"韩《诗》曰："有章曲曰歌，无章曲曰谣。"谚语，语出《尚书·无逸》："乃逸乃谚。"宋代蔡沈《书经集传》曰："俚语曰谚。"

【译文】

十、评议外编。二十一史之中，纪、表、志、传四种体例以外，《晋书》有载记，《五代史》有附录，《辽史》有《国语解》，到本朝纂修《明史》，也在年表以外，又有图式；用途虽然各不相同，总归都是体例根据宗旨产生，期望纪事不遗漏也不泛滥。县志内容纷繁错杂，把它等同于轶闻小说，固然不是正体；如果用国史简要严谨的体例处理，又不是广泛收集以备采择要领的意思。凡是属于琐碎而不可遗弃的事情，例如一次生育三个男孩，人长寿活到百岁，神仙踪迹，科举盛事，所有新奇可喜的传说，虽然不是史书体例所应重视，也难以立即就把它们删掉；应当在正传的后面,用杂著的形式,零星记载下来,或者称为外编,或者称为杂记,另外作成一种体例;让细微而众多的零碎材料,先有门类可以归属,正好用它们清理正编的体例。歌谣谚语,街谈巷议,如果有可观赏的内容,都运用这个法则。

　　甲申冬杪^①,天门胡明府议修县志^②,因作此篇,以附商榷。其论笔削义例,大意与旧答甄秀才前后两书相出入。而此议前五条,则先事之事宜,有彼书所不及者。若彼书所条,此议亦不尽入,则此乃就事论事,而余意推广于纂修之外者,所未遑也。至论俗例拘牵之病,此较前书为畅;而艺文一志,反复论之特详。是又历考俗例受病之原,皆不出此,故欲为是拔本塞源之论,而断行新定义例,初非好为更张耳。阅者取二书而互考焉,从事编纂之中,庶几小有裨补云。自跋

【注释】

①甲申冬杪:清高宗乾隆二十九年,公元 1764 年。杪,末尾,末端。

②天门胡明府:天门,春秋时期属风国之地。清代置县,隶属湖北安陆府。据[嘉庆]《一统志》注曰:安陆府天门县“在府东南二百二十里”。胡明府,胡翼,曾任天门知县,在任期间聘请章镳纂修县志。明府,汉代对郡守的尊称。唐代以后多用来尊称县令。

【译文】

　　甲申年冬末,天门县胡明府商议编修县志,因而撰写这篇议论,以便附上商榷意见。文章评论作史的宗旨和体例,大意和以前答复甄秀才前后两篇书信互有详略。而这篇评议的前五条,却是修史之前的事情,有那两篇书信所没有涉及的内容。至于那两篇书信所分条陈述的

事情，这篇评议也没有完全写进来，这是因为这篇乃是就事论事，而推广到纂修以外的其他意思，没有闲暇谈论。至于谈论世俗体例拘泥牵扯的弊病，这篇比前两篇信畅达；而对于《艺文志》，反复议论得特别详细。这是又一一考察世俗体例产生弊病的根源，都不超出这些方面，所以想要发表这通拔去根本堵塞源头的议论，而断然实行新定的宗旨和体例，原本不是喜欢任意改变。读者取那两篇书信与本篇互相对比考察，从事编纂的时候，或许可以得到一些小小的好处。自跋

天门县志艺文考序艺文论附

【题解】

《天门县志》为章学诚之父章镳所修,其中各序当是章学诚代笔,大约在乾隆二十九年至三十三年(1764—1768)之间撰写。据《章氏遗书》卷二十二《与族孙汝楠论学书》曰:"《天门志》呈览,中为俗人所改,所存才十之六七。"最后流传下来只有《艺文考序》、《五行考序》、《学校考序》三篇,其余散佚不存。本篇针对方志纂修中艺文部分不记载书目而汇聚诗文的做法展开评论,认为这样会造成文字繁多,志书猥滥。章学诚指出,汇聚诗文本来可以有助于佐证实事,历代文选就起了辅翼正史的作用。他提出纂修方志应当汇聚诗文另成一书,和方志互相辅助并行。这是对《答甄秀才论修志第二书》中"文选宜相辅佐"观点的初步实践,也开了后来提出方志确立"文征"的先河。

呜呼!艺文一考,非第志文之盛,且以慨其衰也。有志之士,负其胸中之奇,至于抵牾掎摭①,不得已而见之于文,伤已!乃其所谓文者,往往竭数十年萤灯雪案②,苦雨凄风③,所与刻肝肾,耗心血,而郑重以出者。曾不数世,而一舥拓落④,存没人间,冷露飘风,同归于尽,可胜慨哉!幸而辒轩载笔,得以传示来兹⑤。然汉史所录,《隋志》缺亡者若而人;《隋志》所录,《唐书》残逸者若干家;《崇文总目》、《中兴书目》、《文渊阁目》⑥,上下千年,大率称是。岂造物忌才,精华欲秘欤?抑所撰述,精采不称,不足传久远欤?而两汉以下,百家丛脞⑦,雅俗杂揉,猥鄙琐屑之谈,亦具有存者,则其中亦自有幸不幸焉。《景陵旧志》⑧,艺文不载书目,故前人著作,未尽搜罗;而本传附录生平著书,今亦不少概见。然则斯考所采,更阅三数十年,其散逸遗亡,视今又何如耶?此余之所以重为诸家惜也。今采摭诸家,勒为一考,厥类有四:曰经,曰史,曰子,曰集。其别有三:曰传世,曰藏家,俱分隶四部;曰亡逸,别自为类,附篇末。

【注释】

①掎撅(jǐ jué):牵制,拔起。

②萤灯雪案:晋代车胤以囊盛萤,孙康冬夜映雪,取萤、雪之光读书。后来比喻贫寒之士发奋苦读。

③苦雨凄风:语出《左传·昭公四年》:"春无凄风,秋无苦雨。"形容读书环境艰难困苦。

④一觚(gū)拓落:觚指古代书写用的木板,比喻著述。拓落,也作"落拓"。意为失意,不得志。

⑤来兹:语出《吕氏春秋·任地》:"今兹美禾,来兹美麦。"高诱《注》曰:"兹,年也。"意为后世。

⑥《中兴书目》:南宋陈骙等撰《中兴馆阁书目》,宋孝宗淳熙五年(1179)成书,七十卷,著录南宋宫廷藏书四万四千多卷。后来散佚。

⑦丛脞(cuǒ):语出《尚书·益稷》:"元首丛脞哉!"唐代陆龟蒙《甫里

集》卷十六《丛书序》曰："丛书者，丛脞之书也。丛脞，犹细碎也。"意为烦琐，细碎。

⑧《景陵旧志》：据《宋史》卷二百零四《艺文志》地理类著录："林英发《景陵志》十四卷。"秦置竟陵县，南齐置竟陵郡，梁末一度废弃，北周复置。五代后晋改竟陵县为景陵县，清代改为天门县，即今湖北天门市。

【译文】

唉！一篇《艺文考》，不仅记录著作的兴盛，而且用来慨叹著作的衰落。胸有大志的人士，抱负着胸中的优异才能，落到遭遇抵触牵制的境地，不得已而在文章中表现出来，悲伤啊！至于这里所说的文章，往往是竭尽几十年的萤雪为光，苦雨寒风，损伤肝肾，耗费心血，郑重撰写出来的著作。竟然没有经过几代，书就受到冷遇，在人世间若存若湮，经受寒露疾风，一同消失，难道感慨得过来吗！有幸得到朝廷使臣载录，借此可以留传来世。然而《汉书》所记录的著作，到《隋书·经籍志》缺失的有若干人；《隋书·经籍志》所记录的著作，到《唐书》残缺散逸的有若干家。《崇文总目》、《中兴书目》、《文渊阁书目》，上下千年时间，大概都是这样。难道是造物之神忌妒才能，想要隐藏精华吗？还是所撰写的文章，精华文采不相称，不能够流传久远呢？而两汉以来，百家学说烦琐细碎，雅俗相互混杂，粗鄙琐屑的言谈，也都有保存下来的事例，那么这当中也就各有幸运和不幸运了。以前的《景陵志》，艺文部分不记载书目，所以前人的著作，没有全面搜罗，而人物本传附录的生平著述，现在也无法略微见到梗概。那么《艺文考》所采集的著作，再经过三五十年，它们的散逸遗失，比起现在又怎么样呢？这就是我很为诸家惋惜的原因。现在选取各家著作，编撰成一篇考，它的部类有四种：称作经，称作史，称作子，称作集。它的分类有三项：称作传世，称作藏家，都各自归属四部；称作亡逸，另外单作一类，附在篇末。

论曰:近志艺文,一变古法,类萃诗文,而不载书目,非无意也。文章汇次甲乙成编,其有裨于史事者,事以旁证而易详,文以兼收而大备。故昭明以后,唐有《文苑》,宋有《文鉴》,元有《文类》,括代总选,雅俗互陈,凡以辅正史,广见闻,昭文章也。第十五《国风》,十二《国语》,固宜各有成书,理无可杂。近世多仿《国语》而修邑志,不闻仿《国风》而汇辑一邑诗文,以为专集;此其所以爱不忍删,牵率抵牾,一变艺文成法欤!夫史体尚谨严,选事贵博采。以此诗文拦入志乘,已觉繁多,而以选例推之,则又方嫌其少。然则二者自宜各为成书,交相裨佐明矣。至著作部目,所关至巨,未宜轻议刊置。故今一用古法,以归史裁。其文之尤不忍删者,暂隶附录。苟踵事增华,更汇成书,以裨志之不逮。呜呼!庶有闻风而嗣辑者欤?

【译文】

评论说:近来方志的艺文部分,一变古代的方法,按类汇聚诗文,而不记载书目,并非没有旨意。文章汇聚排比按照甲乙顺序成编,那些对史事有补益的内容,史事得到侧面证明而容易清晰,文章因为广泛收集而非常完备。所以从昭明太子以后,唐代文章有《文苑英华》,宋代文章有《宋文鉴》,元代文章有《元文类》,包括一个朝代的总集,雅俗并列,都用来辅翼正史,扩充见闻,彰显文章。只是十五国《国风》,十二国《国语》,本来就应当各自具有完整的书籍,按道理不能混杂。近世大多仿效《国语》而编修县志,没听说仿效《国风》而汇编一县诗文,作为专集;这大概是对诗文喜爱得不忍删弃,牵强矛盾,一变《艺文志》既定方法的原因吧!史书的体裁崇尚书法谨严,选文的事情贵在广泛采集。把这些诗文掺杂进方志,已经觉得繁多,而用选文的体例推究,却又正嫌它们太少。那么二者自然应该各自编为完整的书籍，互相辅助就很明显了。至于著作名目，所关系的事情很重要，不宜随便谈论刊除弃置。所以现在完全使用古代方法，以便归属史书体裁。那些尤其不忍心删除的文章，暂且隶属在附录里。倘若有人继续以前的事业而增添光采，进一步汇集成完整的书籍，以便增补方志所不及的范围。唉！或许有听到音讯而随后汇集的人吧？

天门县志五行考序

【题解】

本篇序文阐明《五行考》的做法,一改正史《五行志》将自然现象的变化和人事相互联系,充满神秘色彩而牵强附会解释的积弊。章学诚认为孔子对天道和人事关系的论述态度谨慎,不语怪力乱神,《春秋》记载天变和灾异,意在警戒统治者注重人事。然而汉代以后,天人感应和谶纬神学甚嚣尘上,愈演愈烈。史书受其影响,失去纪事谨严的宗旨,大多附会灾异,削弱了史学惩恶劝善的作用。章学诚主张对灾异据事直书,不分门类,不载应验,从而避免了以灾异附会人事的做法,具有明显的积极意义。

尧水汤旱①,圣世不能无灾。回星反火②,外物岂能为异?然而石鹢必书③,螟蝗谨志者④,将以修人事,答天变也。自《援神》、《钩命》⑤,符谶荒唐⑥,遂失谨严。而班、范所录,一准刘向《洪范》之传⑦,连类比附,证合人事,虽存警戒,未始无附会矣。夫天人之际,圣人谨焉。春秋二百四十二年,五行灾祥,杂出不一;圣人第谨书之,而不与斤斤规合⑧,若者应何事,若者应何人。非不能也,盖征应常变之理,存其概，足以警人心，而牵合其事，必至一有不合，或反疑灾变之不足畏，毋乃欲谨而反怠欤？草木变异，虫兽祸孽，史家悉隶五类，列按五事⑨。余以为祥异固有为而作，亦有不必尽然，难以附合者。故据事直书，不分门类，不注征应，一以年月为次。人事有相关者，杂见他篇，可自得焉。

【注释】

①尧水汤旱：据《墨子·七患》《荀子·王霸》、贾谊《新书·忧民》等记载，相传禹时曾连年大水，汤时曾连年大旱。至于水旱时间，各书记载不一，分别有七年水、五年旱，十年水、七年旱，九年水、七年旱，盖传闻异辞，无从确证。

②回星反火：回星指星辰改变运行方向。据《晏子春秋·谏上》记载，齐景公时荧惑（火星）运行到虚宿，正当齐国分野，一年不离开。晏子谏景公行德政，实行三月，荧惑迁徙而去。另据《吕氏春秋·季夏纪》记载，宋景公时荧惑运行到心宿，主国君有灾。子韦让景公把灾祸转嫁给相、民、岁，景公不同意，结果感动上天，荧惑迁徙三舍，景公延年二十一岁。反火即反风灭火。据范晔《后汉书》卷一百零九《儒林传上》记载，刘昆为江陵县令，连年火灾，刘昆向灾叩头，常能雨降风止。后来迁为弘农太守，境内老虎都渡河离去而不为害。汉光武帝刘秀诏问他有何德能够"反风灭火"和"虎北渡河"？刘昆回答说只是偶然而已。

③石鹢(yì)必书：据《春秋·僖公十六年》记载："十有六年春王正月戊申朔，陨石于宋，五。是月，六鹢退飞，过宋都。"《公羊传》曰："五石、六鹢，何以书？记异也。"鹢，古人称一种像鹭的水鸟。

④螟(míng)蝗谨志：据《春秋·隐公五年》记载："螟。"《公羊传》曰："螟，何以书？记灾也。"螟，螟蛾的幼虫，蛀食禾稻之心。蝗，

蝗虫。

⑤《援神》、《钩命》:《援神契》与《钩命诀》,《孝经》纬书之名。

⑥符谶(chèn):符指符命,表示帝王受命于天的祥瑞征兆。谶即图谶,是巫师和方士编造的预测吉凶的图卦谶言。

⑦班、范所录,一准刘向《洪范》之传:班固《汉书》卷二十七《五行志》记载灾祥,以《尚书·洪范》为依据,采录董仲舒、刘向等人的解释。范晔《后汉书》卷二十三《五行志》沿袭《汉书》,记东汉时灾异。据其《五行志序》曰:"《五行传》说及其占应,《汉书·五行志》录之详矣。故泰山太守应劭、给事中董巴、散骑常侍谯周,并撰建武以来灾异。今合而论之,以续前志云。"然而此乃司马彪《续汉书·五行志》文,梁人刘昭补入《后汉书》,并非范晔所作。刘向《洪范》之传,即刘向《洪范五行传》。

⑧圣人第谨书之,而不与斤斤规合:据刘知几《史通》卷三《书志》曰:"古之国史,闻异则书,未必皆审其休咎,详其美恶也。故诸侯相赴,有异不为灾,见于《春秋》,其事非一。"

⑨草木变异,虫兽祸孽,史家悉隶五类,列按五事:据班固《汉书》卷二十七中之上《五行志中之上》记载:"经曰:羞用五事。五事,一曰貌,二曰言,三曰视,四曰听,五曰思。貌曰恭,言曰从,视曰明,听曰聪,思曰睿……传曰:貌之不恭,是谓不肃,厥咎狂,厥罚恒雨,厥极恶。时则有服妖,时则有龟孽,时则有鸡祸,时则有下体生上之痾,时则有青眚青祥,唯金沴木。"以下一一记载"言之不从"、"视之不明"、"听之不聪"、"思之不睿"的不同咎征,并历引灾祥加以论证。五类,金、木、水、火、土五行。五事,貌、言、视、听、思。

【译文】

尧有水灾而汤有旱灾,圣明的时代也不可能没有自然灾害。灾星迁移而反风灭火,外部事物怎么能造成怪异? 然而一定要记载天降陨石和鹢鸟倒飞,谨慎地记录螟虫和蝗虫为害,将要借此修明人事,应答自然变化。从《援神契》、《钩命诀》以来,符箓图谶荒唐不羁,于是失去谨严的宗旨。而班固、范晔所记录的内容,都是以刘向《洪范五行传》作为准则,连缀同类现象比照附会,来验证与人事相合,虽然具有警戒的意图,却未尝没有附会了。天道和人事的关系,孔圣人谨慎对待。《春秋》记载二百四十二年的史事,五行的吉凶征兆,混杂出现不止一处,圣人只是谨慎记载它们,而不把它们拘泥地牵强符合,哪一件应验什么事,哪一件应验什么人。不是不能牵合,大概应验恒定和变化的道理,保存它们的概略,足够警戒人心,而牵强符会那些事情,一定会造成一旦有不符合,有的人反而怀疑灾害变异不值得畏惧,这不是想要谨慎却反而懈怠吗?草木的变异,虫兽的灾祸,史学家都把它们隶属五行,一一对应五事。我认为祥瑞和灾异本来就是有针对而产生,也有不一定都是如此,而难以附会的例子。所以根据事情如实记载,不区分门类,不注明应验,一律按年月为次序。人事有相互关联之处,分散在其他篇里,可以自己找到。

天门县志学校考序

【题解】

　　本篇解释《天门县志》里作《学校考》的缘由，因为学校到处设置，各地相同，似乎没有必要再专门作考。章学诚简要地回顾了两汉以来学校的设置及其作用，指出礼法刑政，风俗教化，都离不开学校的培育。可见学校和政治相为表里，缺一不可。县志记载当地办学的兴盛，可以给后人树立典型，达到教育后世的效果。从这里可以看出，章学诚的思想中表现出对学校教育的高度重视，同时也期望方志在这方面起到传承作用。

　　阙里备家乘矣①，成均辑故事矣②。胶庠泮水③，寰宇同风④，曷事连编采撷，更为专考？抑自两汉以下，政教各有所崇，而学校有兴无废。沵水筑宫⑤，拂虡拭履⑥，有事则于中讲明而施行之；无事则父老子弟，于以观游自淑，而礼法刑政，民彝物则，胥出于是焉。则学校固与吏治相为表里者也。典型具在⑦，坠绪茫然⑧，抚钟鼓而想音徽⑨，可以蹶然兴矣⑩。

【注释】

①阙里备家乘：据班固《汉书》卷六十七《梅福传》记载："今仲尼之庙,不出阙里。"颜师古《注》曰："阙里,孔子旧里也。"即孔子生前居住地,在今山东曲阜城内阙里街。家乘,据《宋史》卷二百零四《艺文志》谱牒类著录："黄恭之《孔子系叶传》三卷。《文宣王四十二代家状》一卷。《阙里谱系》一卷。"后两书不著撰人。

②成均辑故事：据《周礼·春官》记载："大司乐掌成均之法。"周代大学有五,在南曰成均。即后世的国子监。故事,据《明史》卷九十七《艺文志》职官类著录："萧彦……《国子监规》一卷,录洪武以来训谕,邢让《国子监志》二十二卷,谢铎《国子监续志》十一卷,吴节《南雍旧志》十八卷,黄佐《南雍志》二十四卷,王材《南雍申教录》十五卷,崔铣《国子监条例类编》六卷,卢上铭《辟雍纪事》十五卷……焦竑《京学志》八卷。"

③胶庠泮(pàn)水：胶庠为周代学校的名称。胶为太学,庠为乡学。后泛指学校。泮水,泮一作"頖"。据《礼记·王制》记载："大学在郊,天子曰辟雍,诸侯曰頖宫。"又据《诗经·鲁颂·閟宫》曰："思乐泮水。"郑玄《笺》曰："泮之言半也。半水者,盖东西门以南通水,北无也。"指学宫前的水池,呈半月形状。

④寰宇：语出李百药《北齐书》卷四《文宣帝纪》："功决寰宇,威稜海外。"犹言天下,国家全境。

⑤披水筑宫：语出《礼记·明堂位》孔颖达《正义》引蔡邕《明堂月令章句》："取其圆水,则曰辟雍。"周代太学有五,在中曰辟雍。四周环水,形如璧环,故称辟雍。

⑥拂虡(jù)拭履：据范晔《后汉书》卷七十一《钟离意传》李贤《注》引《钟离意别传》记载："意为鲁相,到官出私钱万三千文,付户曹孔䜣,修孔子车;身入庙,拭几席剑履。"虡,悬挂钟磬的架子。履,孔子履,在曲阜孔庙中陈设。

⑦典型具在：语出《诗经·大雅·荡》："虽无老成人，尚有典刑。"范晔《后汉书》卷一百《孔融传》记载："与蔡邕素善。邕卒后，有虎贲士，貌类于邕。融每酒酣，引与同坐，曰：'虽无老成人，且有典刑。'"刑，通"型"，常规，旧法。

⑧坠绪：语出韩愈《韩昌黎全集》卷十二《进学解》："寻坠绪之茫茫，独旁搜而远绍。"意为衰亡或者将绝而未绝的事业。

⑨音徽：据郭茂倩《乐府诗集》卷六十一引南朝宋谢灵运《君子有所思行》曰："长夜恣酣饮，穷年弄音徽。"即琴面上供按弦识别的标志。又指琴、乐器或音调。

⑩蹶(jué)然：语出《礼记·孔子闲居》："子夏蹶然而起。"形容行动迅速的样子。

【译文】

　　孔子故乡阙里具备家史了，国家太学有汇集典故的书籍了，建立各级学校，天下共同接受教化，为什么还用众多篇幅收集选取，再作专考呢？况且从两汉以来，政治教化各自有所推崇，而学校只有兴办没有废除。引水环绕建筑学宫，掸拂钟磬擦拭孔履，有事就在里面讲解说明而施行，无事父老子弟就在这里观赏游览与自我向善，而礼制、法律、刑罚、政事，人际关系和各种事物的准则，都从这里产生。那么学校本来就是和政治互相配合。常规旧法全都存在，没落事业模糊不清，抚摩钟鼓想象乐曲，可以猛然产生感触了。

与石首王明府论志例

【题解】

自清高宗乾隆五十五(1789)年至乾隆五十九年(1794),章学诚客居武昌,为湖广总督毕沅编纂《湖北通志》。为修志有充分的资料依据,毕沅征集所属各州县方志,因而促使两湖地区形成一次修志热潮。当时湖北荆州府石首县(今湖北石首市)知县王维屏,乃重修《石首县志》,志分八门,为书十篇。从本篇文中可知,修志之前王维屏曾经把目录寄给章学诚,请他制定县志的体例,而成书以后,文字也经过章学诚润饰。乾隆五十八年(1793),章学诚就新修《石首县志》存在的问题,致书王维屏商榷义例。他在开篇强调方志属于史学著作,必须遵循作史方法,不能漠然忽视。世俗之人编修方志,由于不把方志当做史学著作,沾染文人讲究文辞习气,而不懂得史家的体例和法度,不但造成文辞不雅训,更重要的是有害于事理。章学诚按照这个标准,指出《石首县志》文字虚浮,体例杂乱,妨碍叙事,影响实用。具体表现在以下几个方面:一是地名不用全称,不易识别;二是官称不用今制,迷惑后人;三是记人只称字号,不知姓名;四是妇女不称姓氏,泛称节烈。章学诚认为,倘若遵循史家法度,运用史学著作的原则纂修方志,不杂入作诗赋使用的辞藻,就可以做到文字简洁,纯粹而不驳杂,从根本上解决上述问题。

志为史裁，全书自有体例。志中文字，俱关史法，则全书中之命辞措字，亦必有规矩准绳，不可忽也。体例本无一定，但取全书足以自覆，不致互歧；毋庸以意见异同，轻为改易。即原定八门大纲①，中分数十子目，略施调剂，亦足自成一家，为目录以就正矣②。惟是记传叙述之人，皆出史学。史学不讲，而记传叙述之文，全无法度。以至方志家言，习而不察，不惟文不雅驯，抑亦有害事理。曾子曰："出辞气，斯远鄙倍矣。"鄙则文不雅也，倍则害于事也。文士囿于习气，各矜所尚，争强于无形之平奇浓淡。此如人心不同，面目各异，何可争，亦何必争哉？惟法度义例，不知斟酌，不惟辞不雅驯，难以行远；抑且害于事理，失其所以为言。今既随文改正，附商榷矣。恐未悉所以必改之故，约举数端，以为梗概。则不惟志例洁清，即推而及于记传叙述之文，亦无不可以明白峻洁，切实有用，不致虚文害实事矣。

【注释】

①八门大纲：据后文《为毕秋帆制府撰石首县志序》记载，一曰编年，二曰方舆，三曰建置，四曰民政，五曰秩官，六曰选举，七曰人物，八曰艺文。

②为目录以就正：据此可知，此前章学诚与王维屏尚有商定志目一书，今已不可见。

【译文】

方志是史书体裁，全书自然有固定体例。方志中的文字，都关系到修史的方法，那么全书中的字辞运用，也一定要有规矩准绳，不可忽视。体例本来没有一成不变的定法，只是要求全书完全能够自身检验，不至于互相有分歧,不用因为意见不相同,而轻率地加以改动。即使原来确定的八门大纲,其中分成几十个细目,稍微加以调整,也足够自成一家之言,已经制定出目录向您请教了。只是记传中叙述的人,都来自史学。史学不讲讨研究,而记传叙述的文章,完全没有法度。以至于纂修方志的人使用的语言,习惯如此而觉察不出问题,不仅文辞不够典雅,而且也损害事理。曾子说:"讲究言辞语调,就会远离粗俗和背理。"粗俗就会文辞不够典雅,背理就对事情有损害。文人受到习气的局限,各自夸耀所崇尚的东西,在无形的平奇浓淡上争强好胜。这就像人心不同,面貌各有区别,有什么可争论,又何必争论呢? 唯独对于修史法度与宗旨体例,不知道斟酌,不仅文辞不能雅正,难以流传久远;而且也会危害到事理,失去发表言论的针对性。现在已经随着文字改正,附上商榷意见了。恐怕不明白一定要据此改正的缘故,简要举出几个方面,当做梗概。这样就不仅使方志的体例简洁清晰,即使推广到记传叙述的文章,也都可以清楚明白而严谨整洁,切实有用,不至于用虚浮的文辞妨害实事了。

如《石首县志》,举文动称石邑,害于事也。地名两字,摘取一字,则同一字者,何所分别? 即如石首言石,则古之县名,汉有石成①,齐有石秋②,隋有石南③,唐有石岩④,今四川有石柱厅⑤,云南有石屏州⑥,山西有石楼县⑦,江南有石埭县⑧,江西、广东又俱有石城县⑨,后之观者,何由而知为今石首也? 至以县称邑⑩,亦习而不察其实,不可训也。邑者城堡之通称,大而都城、省城、府州之城,皆可称邑。《诗》称京邑⑪,春秋诸国通好,自称敝邑⑫,岂专为今县名乎? 小而乡村筑堡,十家之聚,皆可称邑,亦岂为县治邪?

【注释】

①石成:据班固《汉书》卷二十八下《地理志下》记载,西汉置石成县,隶属右北平郡。治所在今内蒙古喀喇沁旗。

②石秋:据萧子显《南齐书》卷十四《州郡志上》记载,南朝齐置石秋县,隶属越州安昌郡。治所在今广西合浦县境内。梁、陈时期废。

③石南:据《隋书》卷三十一《地理志下》记载,南朝陈置石南县,隶属扬州郁林郡。治所在今广西玉林市石南镇。唐代中期废。

④石岩:据《新唐书》卷四十三上《地理志》记载,唐代置石岩县,隶属岭南道岩州。治所在今广西贵港一带。

⑤石柱厅:石砫厅。清高宗乾隆二十二年(1757),改石砫宣慰土司为石砫厅,隶属夔州府。二十六年(1761)升为直隶厅,隶属四川省。1913年降为县。治所在今四川石柱土家族自治县。

⑥石屏州:元代置石坪州,明代改石屏州,清代隶属临安府,民国降为石屏县。治所在今云南石屏县。

⑦石楼县:据《隋书》卷三十《地理志》记载,隋代改吐京县为石楼县。清代隶属汾州府。治所在今山西石楼县。

⑧江南有石埭县:清初设置江南省,圣祖康熙初年分为江苏省和安徽省。石埭县,南朝梁置。治所在今安徽石台县。1959年废。1965年改设石台县。

⑨石城县:五代时期南唐置石城县,清代隶属宁都州。治所在今江西石城县。据《新唐书》卷四十三上《地理志》记载,唐代置石城县,清代隶属高州府。1914年改称廉江县。治所在今广东廉江市。

⑩以县称邑:据《左传·庄公二十八年》记载:"凡邑,有宗庙先君之主曰都,无曰邑。"古代的城镇,规模大的称都,规模小的称邑。后来经常俗称县为邑。

⑪《诗》称京邑：《诗经》中未见"京邑"一词。《大雅·思齐》有"京室"；《商颂·殷武》有"商邑翼翼"。萧统《文选》卷三《张平子·东京赋》始有"京邑翼翼，四方所视"。薛综《注》曰："京，大也。京邑，谓洛阳也。"

⑫春秋诸国通好，自称敝邑：据《左传·僖公二年》记载晋荀息借途于虞以伐虢曰："今虢为不道，保于逆旅，以侵敝邑之南鄙。"又《左传·僖公二十六年》记载展喜犒齐师曰："闻君亲举玉趾，将辱于敝邑。"古人用来谦称自己的国家。

【译文】

例如《石首县志》，行文动不动称呼石邑，就对事理有害。地名有两个字，摘取其中一个字，那么有一个字相同的地名，用什么加以区别呢？就像石首称作石，那么古代的县名，汉代有石成，南齐有石秋，隋代有石南，唐代有石岩，今四川有石柱厅，云南有石屏州，山西有石楼县，江南有石埭县，江西、广东又都有石城县，后世观览方志的人，怎么知道就是现在的石首呢？至于把县称作邑，也是习以为常而不考察实际情况，不可作为准则。邑是城堡的通称，大到都城、省城、府州的城，都可以称为邑。《诗经》称作京邑，春秋时期各国友好往来，自称敝邑，难道唯独是对现在县的称呼吗？小到乡村修筑堡垒，十户人家的村庄，都可以称邑，难道也是县治吗？

　　至称今知县为知某县事，亦非实也①。宋以京朝官知外县事，体视县令为尊②，结衔犹带京秩，故曰某官知某县事耳。今若袭用其称，后人必以宋制疑今制矣。若邑侯、邑大夫③，则治下尊之之辞；施于辞章则可，用以叙事，鄙且倍矣。邑宰则春秋之官④，虽汉人施于碑刻⑤，毕竟不可为训。令、尹亦古官名⑥，不可滥用以疑后人也。官称不用制度而多文语，大有害于事理。曾记有称人先世为司马公者，适欲考其先世，为之迷闷数日，不得其解。盖流俗好用文语，以《周官》司马，名今之兵部[7]；然尚书、侍郎与其属官，皆可通名司马，已难分矣。又府同知，俗称亦为司马，州同亦有州司马之称[8]。自兵部尚书以至州同，其官相悬绝矣。司马公三字，今人已不能辨为何官，况后世乎？以古成均称今之国子监生[9]，以古庠、序称今之廪、增、附生[10]。明经本与进士分科，而今为贡生通号[11]，然恩、拔、副、岁、优、功、廪、增、附、例十等[12]，分别则不可知矣。通显贵官，则谥率恭、文、懿、敏[13]；文人学子，号多峰、岩、溪、泉。谥则称公，号则先生、处士，或如上寿祝辞[14]，或似荐亡告牒[15]，其体不知从何而来。项籍曰："书足以记姓名。"[16]今读其书，见其事，而不知其人何名，岂可为史家书事法欤？

【注释】

①至称今知县为知某县事，亦非实也：据顾炎武《日知录》卷九《知县》曰："宋时结衔曰以某官知某府事，以某官知某州事，以某官知某县事，以其本非此府、此州、此县之正官而任其事，故云然。后则直云某府知府、某州知州、某县知县，文复而义乖矣。"知，语出《左传·襄公二十六年》》："公孙挥曰：'子产其将知政矣，让不失礼。'"意为主持，指掌。后世官职上"知"字，始于此。

②宋以京朝官知外县事，体视县令为尊：据明代于慎行《山谷笔麈》卷九《官制》曰："宋时大县四千户以上，选朝官知，小县三千户以下，选京官知，故知县与县令异。县令即古长吏之职，知县则以京朝官之衔知其县事，非外吏也。"

③邑侯、邑大夫：俗称县令为邑侯，以其治理一邑，犹古代诸侯。邑

大夫,语出《左传·襄公三十一年》:"子皮欲使尹何为邑。"杜预
《注》曰:"为邑大夫。"

④邑宰则春秋之官:春秋时期卿大夫的封地置邑,以家臣为邑宰。
如《论语·雍也》记载:"原思为之宰,与之粟九百,辞。"何晏《集
解》引包曰:"孔子为鲁司寇,以原宪为家邑宰。"又记载:"季氏使
闵子骞为费宰。"何晏《集解》引孔曰:"费,季氏邑。季氏不臣,而
其邑宰数畔。闻闵子骞贤,故欲用之。"

⑤汉人施于碑刻:据《章氏遗书》外编卷一《信摭》曰:"汉碑文字,已
多俗例。如《孙叔敖碑》,以固始县为期思,令长为宰。"孙叔敖,
春秋时期楚相。期思,春秋时期楚邑。故址在今河南淮滨。

⑥令、尹:据宋代赵彦卫《云麓漫抄》卷三记载:"百里之长,周曰县
正,春秋时鲁、卫谓之宰,楚谓之令尹,晋谓之大夫,秦谓之令。
汉因之,大曰令,次曰长,至唐不改。唐末始有知县之称。"秦、汉
以来一县之长通称县令,元代称为县尹,因而后世作为县官的
别称。

⑦《周官》司马,名今之兵部:据《周礼·夏官》记载:"大司马之职,
掌建邦之九法……制军诘禁,以纠邦国。"周代司马掌管军事,负
责警戒征伐。故后世常用作兵部尚书的别称。清代《八旗通志》
卷一百二十五《人物志五》多尔衮《致史可法书》曰:"予向在沈
阳,即知燕京物望,咸推司马。"当时史可法以兵部尚书督师扬
州,故以司马相称。

⑧又府同知,俗称亦为司马,州同亦有州司马之称:府同知为知府
副官;州同即州同知的简称,为知州副官。据《旧唐书》卷四十四
《职官志》记载:"上州:刺史一员,从三品。别驾一人,从四品下;
长史一人,从五品上。司马一人,从五品下……中州:刺史一员,
正四品上。别驾一人,正五品下;长史一人,正六品上。司马一
人,[从]六品上……下州:刺史一员,正四品下。别驾一人,从五

品上。司马一人，从六品下。"后世称府同知、州同知为司马，盖本于此。

⑨国子监(jiàn)生：古代教育管理机构和最高学府。西晋始设，称国子学，与太学并立。北齐称为国子寺。隋炀帝改称国子监。唐、宋时期，以国子监总辖国子学、太学、四门学等学府。元、明、清沿置。清德宗光绪三十一年(1905)改设学部，国子监遂废。监生，清制，凡入国子监学习的贡举、监举生员，统称监生。

⑩以古庠、序称今之廪、增附生：三代之学，相据夏朝称校，商朝称序，周朝称庠。廪、增、附生，明、清时期中央以及府、州、县学生员名目。廪，即廪膳生员的简称，国家发给一定数量的米、银廪给。增，即增广生员的简称，意为在定额以外录取的生员，地位次于廪生。附，即附学生员的简称，在增生之外再增加的名额。初入学的生员均称附生，以后经过考试递补增生和廪生。

⑪明经本与进士分科，而今为贡生通号：据顾炎武《日知录》卷十六《明经》曰："今人但以贡生为明经，非也。唐制有六科，一曰秀才，二曰明经，三曰进士，四曰明法，五曰书，六曰算。当时以诗赋取者，谓之进士；以经义取者，谓之明经。今罢诗赋而用经义，则今之进士乃唐之明经也。"明经，唐代科举制度中科目之一，与进士科并列，主要考试经义。清代则以明经作为贡生的别称。

⑫恩、拔、副、岁、优、功、廪、增、附、例十等：清代科举制度中贡入国子监生员的名目。恩贡、拔贡、副贡、岁贡、优贡又称五贡。恩贡，凡遇国家庆典或皇帝即位颁布恩诏，根据每年常额，在本年加贡一次，称为恩贡。拔贡，府、州、县学限额送生员进京参加廷试，入国子监肄业，称为拔贡。清高宗乾隆时期，定制十二年一次。副贡，乡试中副榜者，例准贡入国子监肄业，称为副贡。岁贡，每年从府、州、县学中选拔资深的廪生入国子监肄业，称为岁贡。实际操作都是依据生员的资格挨次升贡，故俗称"挨贡"。

优贡,每省限定考选生员数人入国子监肄业,称为优贡。乾隆后期定制,优贡生员须赴礼部朝考。功贡,凡生员从军者,若立军功可升入国子监为贡生,称为功贡。例贡,廪、增、附生及监生援例捐纳而入贡者,称为例贡,不属于入仕的正途。

⑬谥率恭、文、懿、敏:语出宋代苏洵《谥法》卷一:"施而中理曰文,经纬天地曰文,敏而好学曰文,修德来远曰文,忠信接礼曰文,道德博闻曰文,刚柔相济曰文,修治班制曰文……柔克有光曰懿。"同书卷二:"卑以自牧曰恭,不懈为德曰恭,治典不易曰恭,责难于君曰恭,既过能改曰恭。"同书卷三:"应事有功曰敏。"

⑭上寿:语出司马迁《史记》卷二十八《封禅书》:"天子从禅还,坐明堂,群臣更上寿。"意为祝颂长寿。

⑮荐亡:为死者念经或做佛事,使亡灵早日脱离苦难。

⑯书足以记姓名:语出司马迁《史记》卷七《项羽本纪》:"籍曰:书足以记名姓而已。"

【译文】

至于称呼现在的知县为知某县事,也不是实际情况。宋代任用京朝官执掌外县事务,体制比县令尊贵,官衔署名仍然连带京朝官职,所以说某官执掌某县事务。现在如果沿用这一称呼,后人一定会用宋代制度推测现在的制度了。像邑侯、邑大夫,则是属下尊称官长的辞语,用在诗文里可以,用来记载史事,粗俗而且背理。邑宰是春秋时期的官称,虽然汉代人曾经在碑刻上使用,毕竟不可当做准则。县令、县尹也是古代官名,不能滥用以致迷惑后人。官称不用当时制度而过多使用文绉绉的语言,对事理非常有害。曾经记得有人称别人先世为司马公的事例,恰好想要考察那个人先世,对这个称呼迷茫了几天,没有得到解释。大概世俗喜欢使用文绉绉的语言,用《周礼》的司马,称呼现在的兵部官员;然而兵部尚书、侍郎和他们的属官,都可以通称司马,已经难以区别了。另外府同知,俗称也是司马,州同知也有州司马的称呼。从兵部尚书一直到州同知，他们的官职相差太悬殊了。司马公三个字，现在的人已经不能辨别清楚是什么官，何况后世呢？用古代的成均称呼现在的国子监生，用古代的庠、序称呼现在的廪生、增生、附生。明经本来和进士分科，而现在是贡生的通称。这样恩贡、拔贡、副贡、岁贡、优贡、功贡、廪生、增生、附生、例贡十等，区别就无法知道了。通达显要的高官，谥号大抵都是恭、文、懿、敏；文人与学者，别号大多使用峰、岩、溪、泉。谥号就称作公，别号就称作先生、处士，或者像祝愿长寿的颂辞，或者像超度亡灵的祷告，这种体式不知道是从哪里而来。项籍说：“学习写字记得姓名就足够了。”现在读某个人的书，看到某个人的事，却不知道这个人的姓名是什么，难道可以作为史学家记载史事的方法吗？

又如双名止称一字，古人已久摘其非①。如杜台卿称卿②，则语不完，而荀卿、虞卿③，皆可通用。安重荣称荣④，则语不完，而桓荣、寇荣⑤，皆可通用。至去疾称疾，无忌称忌，不害称害⑥，且与命名之意相反，岂尚得谓其人欤？妇女有名者称名，无名者称姓。《左》、《史》以来，未有改者。今志家乃去姓而称氏，甚至称为该氏，则于义为不通，而于文亦鄙塞也。今世为节烈妇女撰文，往往不称姓氏，而即以节妇、烈女称之，尤害理也。妇人守节，比于男子抒忠⑦；使为逢、比诸公撰传⑧，不称逢、比之名，而称忠臣云云，有是理乎？经生之为时艺⑨，首用二语破题。破题例不书名，先师则称圣人，弟子则称贤者，颜、曾、孟子则称大贤；盖仿律赋发端⑩，先虚后实，试帖之制度然尔⑪。今用其法以称节孝，真所谓习焉不察者也。

【注释】

①双名止称一字,古人已久摘其非:据顾炎武《日知录》卷二十三《古人二名止用一字》曰:"班固《幽通赋》:'发还师以成命兮,重醉行而自偶。'潘岳《西征赋》:'重戮带以定襄,弘大顺以霸世。'文公名止用一字,本于践土载书,却非剪截古人名字之比。至岳为《关中》诗云:'纷纭齐万,亦孔之丑。'《马汧督诔》云:'万齐哮阚,震惊台司。'则不通矣。岂有以齐万年为齐万者邪? 若梁王彤为征西大将军,而诗云'桓桓梁征',尤不成语。"重,晋文公重耳。带(? —前635),王子带,亦称太叔带,周惠王少子。惠王卒,诸侯立太子郑为周襄王,带招聚戎人攻王城,焚毁东门。秦晋等国来救,带出奔齐国。周襄王十四年(前638)返周。后周惠王被狄人所攻,出奔郑国,带被奉为王。晋文公出兵助周襄王归国,带被杀。襄,周襄王。齐万,齐万年(? —约299),西晋时期氐族首领。晋惠帝元康六年(296),匈奴人郝度元起兵反晋,关中氐、羌等族纷纷响应,推举齐万年为帝。屡破晋军,杀其建威将军周处。元康九年(299),为孟观所败,被俘。梁王彤,司马彤(? —301),字子徽,西晋河内温县(今属河南)人。司马懿之子。晋武帝司马炎即位,受封梁王。晋惠帝拜为征西将军督关中军事,率兵征讨齐万年。后司马伦篡位,被任命为阿衡之官。

②杜台卿:字少山,北齐博陵曲阳(今属河北)人。好学博览,官至中书黄门侍郎。齐亡,归乡教授子弟。隋初,征召入朝,官至著作郎。撰有《玉烛宝典》十二卷、《齐记》二十卷,文集十三卷。

③虞卿:名字失传,战国时期人。因游说赵国孝成王,被任命为上卿,故号虞卿。主张以赵为主,合纵抗秦。后因救魏相魏齐,弃赵国相印,一同奔魏。魏齐自杀后,虞卿被困大梁,穷愁著书,撰《虞氏春秋》。已佚。

④安重荣(? —942):小字铁胡,五代时期朔州(今属山西)人。初

仕后唐,任振武巡边指挥使。后来叛归后晋,官至成德军节度使。后又连结吐谷浑等部叛晋,被杜重威所杀。

⑤桓荣、寇荣:桓荣,字春卿,东汉沛郡龙亢(今安徽怀远龙亢集)人。少学长安,通欧阳《尚书》。汉光武帝时期,征拜议郎,教授太子。后为太子少傅,官至太常。汉明帝即位,尊以师礼。卒年八十有余。寇荣,东汉上谷昌平(今属北京市)人。汉光武帝功臣寇恂曾孙。汉桓帝即位,拜为侍中,因得罪权贵,免官归乡。后以擅离职守,被追捕数年,上书汉桓帝,竟遭诛杀。

⑥去疾称疾,无忌称忌,不害称害:据《章氏遗书》补遗《评沈梅村古文》:"颜氏《匡谬》,谓'延寿称寿,相如称如,犹与命名之意无碍。若弃疾称疾,不害称害,无忌称忌,则与命名之意且大背矣'。是则唐人已明戒之。"春秋、战国时期,郑国有公子去疾,魏国有公子无忌,韩国有申不害。

⑦抒(shū)忠:输忠。献纳忠心。

⑧逢、比:逢即关龙逢,夏朝末年大臣。屡次直言进谏,被夏桀囚禁杀死。比即比干,商朝少师,纣王的叔父。因屡次劝谏,被商纣剖心而死。

⑨时艺:时文制艺,明、清时期对八股文的称呼。

⑩律赋:语出宋人洪迈《容斋四笔》卷七《黄文江赋》:"晚唐士人作律赋,多以古事为题,寓悲伤之旨。"古赋虽用排偶,但不甚严格;自六朝以后,日益强调音韵对偶,体式益趋工整,称为律赋。另据清人孙梅《四六丛话》卷四记载:"自唐讫宋,以赋造士,创为律赋,用便程式。新巧以制题,险难以立韵,课以四声之切,幅以八韵之凡,栫以重棘之围,刻以三条之烛。然后铢量寸度,与帖括同科;夏课秋卷,将揣摩其术矣。徒观其绳墨所设,步骤所同。起谓之破题,承谓之含接,送迎互换其声,进退递新其格。"律赋作为唐、宋科举考试的一种文体,要求对偶工整,对音韵有严格

规定，一般要有八个韵脚。开头起句叫做破题。

⑪试帖：分为帖经与帖诗。帖经为唐代明经科帖经试士。帖诗为唐代以来科举考试中采用的一种文体，大都以古人诗句命名，作出五言或七言诗，限定韵脚，成为六韵或八韵的排律。因经常冠以"赋得"二字，故也称作"赋得体"。

【译文】

又比如取名两个字只称呼一个字，古人早就已经指摘这种做法的错误。例如把杜台卿称作卿，语言就不完整，而荀卿、虞卿等人，都可以通用。把安重荣称作荣，语言就不完整，而桓荣、寇荣等人，都可以通用。至于把去疾称作疾，无忌称作忌，不害称作害，将和命名的意思相反，难道还能说是他们本人吗？妇女有名的称名，无名的称姓。《左传》《史记》以来，没有更改的人。现在编修的方志却去掉姓而称作氏，甚至称作该氏，那么在情理上说不通，而在文辞上也浅薄塞滞。当代为节烈妇女撰写传文，往往不称姓氏，就用节妇、烈女称呼她们，尤其妨碍事理。妇人守节，比照男子献纳忠心；假使为关龙逢、比干等人作传，不称呼关龙逢、比干的名字，而称忠臣如何如何，有这样的道理吗？经生制作八股文，开首用两句话破题。破题按例不写姓名，对先师孔子就称作圣人，对弟子就称作贤者，颜子、曾子、孟子就称作大贤；大概是仿照律赋起首发端，先虚文而后实文，试帖诗的格式是这样罢了。现在用这种方法来称呼节孝妇女，真是人们所说的习惯如此而觉察不出问题。

柳子曰："参之太史以著其洁。"①未有不洁而可以言史文者。文如何而为洁，选辞欲其纯而不杂也。古人读《易》如无《书》②，不杂之谓也。同为经典，同为圣人之言，倘以龙血鬼车之象，而参粤若稽古之文；取熊蛇鱼旐之梦，而系春王正月之次；则圣人之业荒，而六经之文且不洁矣。今为节妇著传，不叙节妇行事，往往称为矢志柏舟③，文指不可得而解也。夫柏舟者，以柏木为舟耳。诗人托以起兴，非柏舟遂为贞节之实事也。《关雎》可以兴淑女④，而雎鸠不可遂指为淑女；《鹿鸣》可以兴嘉宾⑤，而鸣鹿岂可遂指为嘉宾？理甚晓然。奈何纪事之文，杂入诗赋藻饰之绮语？夫子曰："必也正名乎！"⑥文字则名言之萃著也。"名不正则言不顺"，而事理于焉不可得而明。是以书有体裁，而文有法度，君子之不得已也。苟徇俗而无伤于理，不害于事，虽非古人所有，自可援随时变通之义，今亦不尽执矣。

【注释】

①参之太史以著其洁：语出柳宗元《柳河东全集》卷三十四《答韦中立论师道书》："参之太史公以著其洁。"

②古人读《易》如无《书》：语出唐李翱《李文公集》卷六《答朱载言书》："其读《易》也，如未尝有《书》也。"

③矢志柏舟：《诗经·鄘风·柏舟》曰："泛彼柏舟，在彼中河。髧彼两髦，实维我仪。之死矢靡他。母也天只，不谅人只。"卫宏《诗序》曰："《柏舟》，共姜自誓也。"后人因有"之死矢靡他"一句，遂用"矢志柏舟"比喻寡妇守志不嫁。

④《关雎》可以兴淑女：《诗经·周南·关雎》曰："关关雎鸠，在河之洲。窈窕淑女，君子好逑。"卫宏《诗序》曰："《关雎》，后妃之德也。"雎鸠，一种水鸟。后人因有"窈窕淑女，君子好逑"一句，遂用来比喻妇女贤淑。

⑤《鹿鸣》可以兴嘉宾：《诗经·小雅·鹿鸣》曰："呦呦鹿鸣，食野之苹。我有嘉宾，鼓瑟吹笙。"卫宏《诗序》曰："《鹿鸣》，燕群臣嘉宾也。"后人因有"我有嘉宾，鼓瑟吹笙"一句，遂用来比喻宾客

宴会。

⑥必也正名乎:语出《论语·子路》。

【译文】

柳子说:"参验《史记》来显示简洁。"没有不简洁而可以谈论史书文字的事例。文字怎么达到简洁,选择辞语要使它纯粹而不驳杂。古人读《易经》就像没有《尚书》存在,说的就是不驳杂。同样是经典,同样是圣人的言论,假如用《易经》龙交战流血和大车满载鬼的卦象,而掺杂进《尚书》考查古代传说的文字;拿《诗经》出现熊和蛇、鱼和旗帜的梦兆,而接续在《春秋》春王正月纪事的后面;那么圣人的事业荒废,而六经的文字将会不简洁了。现在为节妇作传,不叙述节妇的行为事迹,往往称为矢志柏舟,文字的意思无法得到解释。柏舟,用柏木做舟船而已。诗人凭借它来引发比喻,并不是柏舟就是贞节的实事。《关雎》一诗可以用来比喻淑女,而不能就把雎鸠指为淑女;《鹿鸣》可以用来比喻嘉宾,而难道能就把鸣鹿指为嘉宾吗? 道理非常明白。为什么纪事的文字里面,掺杂进诗赋中经过修饰的华丽词语呢? 孔夫子说:"一定要端正名称啊!"文字就是名称语言的汇聚。"名称不端正说话就不得当",而事理在这里就不能得到阐明。所以书籍有体裁,而文章有法度,君子不得不这样。假如顺从世俗而对道理没有损害,对事情没有妨碍,即使不是古人具备的东西,自然可以援据根据时势加以变通的道理,今天也就不完全坚持了。

记与戴东原论修志

【题解】

本篇文章是章学诚晚年追记自己在清高宗乾隆三十八年(1773)与著名学者戴震偶遇讨论修志事宜,目的在于阐明方志的性质和体裁。当时戴震新修《汾州府志》和《汾阳县志》,认为方志应该详细记载地理沿革,不当侈谈和搜罗地方文献。章学诚此时编纂《和州志》,先作《志例》,认为方志犹如古代国史,本非地理专书,地理沿革固然重要,却可以凭借书籍记载考察,而一方文献不及时搜罗将会散佚不存,倘若无法两全,宁可重文献而轻沿革。两人产生分歧和争论的根源,就是对方志性质和体裁的认识截然不同。戴震把方志视为地理专门之书,而章学诚则认为方志属于史书。另外他们对于修志义例的认识,也不尽相同。例如关于修志的断限,戴震强调考证地理沿革,详远略近;章学诚则指出史书都是详近略远,方志同样应该如此。后人修志应当接续前代之志,续其所有,补其所无,达到实用效果。再如关于人物类例,戴震把僧侣排除在人物之外而随庙宇归入古迹一类;章学诚则对这一做法加以激烈抨击,指出其强作解释而不伦不类的错误。这篇文章,充分表现章学诚对于方志的理论认识和清代浙东学派经世致用的思想。

乾隆三十八年癸巳夏,与戴东原相遇于宁波道署,冯君弼方官宁绍台兵备道也①。戴君经术淹贯②，名久著于公卿间，而不解史学；闻余言史事，辄盛气凌之。见余《和州志例》③，乃曰："此于体例，则甚古雅，然修志不贵古雅。余撰《汾州》诸志④，皆从世俗，绝不异人，亦无一定义例，惟所便尔。夫志以考地理，但悉心于地理沿革，则志事已竟。侈言文献，岂所谓急务哉？"余曰："余于体例，求其是尔，非有心于求古雅也。然得其是者，未有不合于古雅者也。如云但须随俗，则世俗人皆可为之，又何须择人而后与哉？方志如古国史，本非地理专门。如云但重沿革，而文献非其所急，则但作《沿革考》一篇足矣，何为集众启馆，敛费以数千金，卑辞厚币，邀君远赴，旷日持久⑤，成书且累函哉？且古今沿革，非我臆测所能为也。考沿革者，取资载籍。载籍具在，人人得而考之，虽我今日有失，后人犹得而更正也。若夫一方文献，及时不与搜罗，编次不得其法，去取或失其宜，则他日将有放失难稽、湮没无闻者矣。夫图事之要，莫若取后人所不得而救正者，加之意也。然则如余所见，考古固宜详慎；不得已而势不两全，无宁重文献而轻沿革耳。"戴他顾而语人曰："沿革苟误，是通部之书皆误矣。名为此府若州之志，实非此府若州也，而可乎？"余曰："所谓沿革误，而通部之书皆误者，亦止能误入载籍可稽之古事尔。古事误入，亦可凭古书而正之，事与沿革等耳。至若三数百年之内，遗文逸献之散见旁出，与夫口耳流传，未能必后人之不湮没者。以及兴举利弊、切于一方之实用者，则皆核实可稽，断无误于沿革之失考，而不切合于此府若州者也。"

【注释】

①冯君弼方官宁绍台兵备道也：冯君弼即冯廷丞（1728—1784），字子弼，号康斋，清代代州（今山西代县）人。清高宗乾隆十七年（1752）举人，历官浙江宁绍台道、福建台湾道、江西按察使、湖北按察使任。据《章氏遗书》卷十七《冯定九家传》记载："学诚与冯氏交，实自按察君廷丞。壬辰癸丑间，余访按察君于宁波使署。"宁绍台，浙江宁波、绍兴、台州三府。兵备道，全称整饬兵备道，为明、清时期设置的专职道员名称，以文官协理军务或兼理其他专务。

②淹贯：语出《新唐书》卷一百三十二《柳登传》："登字成伯，淹贯群书，年六十余始仕宦。"意为渊博而贯通。也指博通之人。

③《和州志例》：章学诚于清高宗乾隆三十八年（1773）春应和州知州刘长城之聘，撰修《和州志》，先作《志例》。是年夏天，在宁波道署遇见戴震，戴震得以见到章学诚的《和州志例》。

④《汾州》诸志：戴震于清高宗乾隆三十四年（1769）修《汾州府志》三十四卷，三十六年（1771）修《汾阳县志》。汾州，治所在山西汾阳县（今山西汾阳市）。

⑤旷日持久：语出《战国策·赵策四》："今得强赵之兵以杜燕将，旷日持久数岁。"意为旷费时日，相持长久。

【译文】

乾隆三十八年农历癸巳年的夏天，和戴东原在宁波道官署相遇，冯子弼正担任宁绍台兵备道员。戴君经学渊博贯通，在公卿之间久已著名，却不懂史学；听我谈论史事，动不动就气势傲慢地压制别人。看到我作的《和州志例》，就说："这在体例方面，确实很古雅，但是编修方志不在于注重古雅。我编修《汾州府志》等书，都是顺从世俗，绝不和别人不同，也没有固定的宗旨和体例，只是按照便利的方法去做罢了。方志用来考查地理，只要在地理沿革方面尽心尽力，那么方志的事情已经完成。夸大谈论文献,难道是所说的要紧事情吗?"我说:"我在体例方面,追求它们的确切而已,并不是有意追求古雅。然而得到确切内涵的体例,没有不符合古雅的事例。如果说只需要顺从世俗,那么世俗的人都可以做这件事,又何必需要选择人然后交给他去做呢? 方志犹如古代国史,本来就不是地理专门之书。如果说只重视沿革,而文献不是纂修方志所急切的事情,那么仅仅作一篇《沿革考》足够了,为什么要集合众人并开设方志馆,聚集经费达到几千两白银,语言谦恭而礼品优厚,聘请您老远地前去,耗时旷日持久,编成的书又一函接着一函呢? 况且古今地理沿革,不是我主观推测所能编撰。考察沿革的人,可以从书籍中得到凭借。书籍都还存在,每个人都能考察;即使我今天出现失误,后人还能够得以更正。至于一个地方的文献,到了时候不对它们加以搜罗,编排没有恰当的方法,舍弃或者选取违背适度合宜,那么以后就会有散失难以考察、埋没而后世无法闻见的了。谋划事情的要点,莫不如取后人所不能补救的方面,用心留意。那么按照我的意见,考察古代沿革本来应当周详审慎;如果不得已而情势不能两全的时候,宁可重视文献而看轻沿革而已。"戴君看着别处对他人说:"沿革如果错误,这是整个一部书都错误了。名称叫做这一府或这一州的方志,实际上不是这一府或这一州,难道可以吗?"我说:"所说的沿革出现错误,而整个一部书都错误的情况,也只能是误收书籍里可以考察出来的古事罢了。古事误收进方志,也可以根据古书纠正它们,事情和沿革相当罢了。至于三四百年之内,遗失的文献散见别出,和那些口头流传,不能断定到后人的时代不会埋没的材料,还有兴办有利事业、切合一个地方实用的记载,那么都真实可以考察,绝对不会在考察沿革方面出现差错,而不切合这一府或这一州的情况。"

冯君曰:"方志统合古今,乃为完书,岂仅为三数百年以内设邪?"余曰:"史部之书,详近略远①,诸家类然,不独在方志也。《太史公书》详于汉制，其述虞、夏、商、周，显与六艺背者②，亦颇有之。然六艺具在，人可凭而正史迁之失，则迁书虽误，犹无伤也。秦、楚之际，下逮天汉③，百余年间，人将一惟迁书是凭；迁于此而不详，后世何由考其事邪？且今之修方志者，必欲统合今古，盖为前人之修是志，率多猥陋，无所取裁，不得已而发凡起例，如创造尔。如前志无憾，则但当续其所有；前志有缺，但当补其所无。夫方志之修，远者不过百年，近者不过三数十年。今远期于三数百年，以其事虽递修，而义同创造，特宽为之计尔。若果前志可取，正不必尽方志而皆计及于三数百年也。夫修志者，非示观美，将求其实用也。时殊势异，旧志不能兼该，是以远或百年，近或三数十年，须更修也。若云但考沿革，而他非所重，则沿革明显，毋庸考订之州县，可无庸修志矣。"冯君恍悟曰："然。"

【注释】

①详近略远：语出《荀子·非相》："传者久则论略，近则论详。"意为史书记载近代史事详细而记载古代史事简略。

②述虞、夏、商、周，显与六艺背者：例如司马迁《史记》卷二《夏本纪》记载："皋陶作士以理民……乃言曰：'……翕受普施，九德咸事，俊乂在官，百吏肃谨。毋教邪淫奇谋。非其人居其官，是谓乱天事。'"司马贞《索隐》曰："此取《尚书·皋陶谟》为文，断绝殊无次序，即班固所谓'疏略抵牾'是也，今亦不能深考。"又如《史记》卷三十二《齐太公世家》记载："武王……还师，与太公作此《泰誓》。"而《史记》卷三十三《鲁周公世家》则记载："武王……伐纣，

至牧野。周功佐武王,作《牧誓》。"金人王若虚《滹南遗老集》卷
九曰:"按《尚书》二篇,皆王言也。而一以为与太公作,一以为周
公佐之而作,何所据也?"

③秦、楚之际,下逮天汉:据班固《汉书》卷六十二《司马迁传赞》记
载:"司马迁据《左氏》、《国语》,采《世本》、《战国策》,述《楚汉春
秋》,接其后事,讫于天汉。"

【译文】

冯君说:"方志统辖总括古今,才是完整的书,难道只是为三四百年
以内预设吗?"我说:"史部的书,详细叙述近代事而简略叙述远古事,各
家大都是这样,不只是在于方志如此。《史记》对于汉朝制度记载详细,
那些叙述舜、夏、商、周时期的史事,明显和六经违背的地方,也颇有不
少。然而六经全部存在,人们可以凭借它们纠正司马迁的缺失,那么司
马迁撰写的书虽然有错误,还没有造成损失。秦、楚之间,下至汉武帝
天汉年间,一百多年的时间,人们将完全依据司马迁一家之书;司马迁
在这里如果不详细叙述,后世通过什么途径考察那些史事呢? 况且现
在撰修方志的人,一定想要统辖总括今古,大概因为前人撰修本地方
志,大多繁琐鄙陋,没有什么可供选材,不得已而陈述宗旨并制定体例,
就像创始一样。如果以前的方志没有缺憾,就只应该接续它所有的部
类;前志有缺少的类例,只应该补充它所没有的内容。方志的撰修,远
的不过百年,近的不过三四十年。而现在远远地限定在三四百年,是因
为那些史事虽然依次编修,而宗旨和创始相同,特地宽泛地谋划罢了。
如果以前的方志果然可取,恰恰不一定所有方志都谋划到三四百年。
撰修方志,不是要显示外观华美,而是要求得它们的实用。时代不同而
形势各异,旧志不能同时包括,所以远的或许百年,近的或许三四十年,
就需要重新撰修。如果说只考察沿革,而其他不是所重视的内容,那么
沿革明显,不需要考订的州县,就可以不用撰修方志了。"冯君恍然大悟
说:"确实如此。"

戴拂衣径去①。明日示余《汾州府志》曰："余于沿革之外，非无别裁卓见者也。旧志人物门类，乃首名僧，余欲删之，而所载实事，卓卓如彼，又不可去。然僧岂可以为人？他志编次人物之中，无识甚矣。余思名僧必居古寺，古寺当归古迹，故取名僧事实，归之古迹，庸史不解此创例也。"余曰："古迹非志所重，当附见于舆地之图，不当自为专门，古迹而立专门，乃《统志》类纂名目，陋儒袭之，入于方志，非通裁也。如云僧不可以为人，则彼血肉之躯，非木非石，毕竟是何物邪？笔削之例至严，极于《春秋》。其所诛贬，极于乱臣贼子。亦止正其名而诛贬之，不闻不以为人，而书法异于圆首方足之伦也②。且人物仿史例也，史于奸臣叛贼，犹与忠良并列于传，不闻不以为人，而附于《地理志》也。削僧事而不载，不过俚儒之见耳。以古迹为名僧之留辙，而不以人物为名，则《会稽志》禹穴③，而人物无禹；《偃师志》汤墓④，而人物无汤；《曲阜志》孔林⑤，而人物无孔子，彼名僧者，何幸而得与禹、汤、孔子同其尊欤？无其识而强作解事，固不如庸俗之犹免于怪妄也⑥。"

【注释】

①拂衣：意为提衣，振衣。表示激动、喜悦、决绝等情感。

②圆首方足：语出《淮南子》卷七《精神》："头之圆也象天，足之方也象地。"据李延寿《北史》卷七十一《越王侗传》记载："圆首方足，禀气食毛，莫不尽入提封。"也作"方趾圆颅"。据李延寿《南史》卷九《陈本纪上》记载："方趾圆颅，万不遗一。"指人类。

③《会稽志》禹穴：会稽为古地名，在今浙江绍兴。秦置会稽郡，管

辖今江苏东南部及浙江西部。隋文帝析山阴县置会稽县。历代因之。1912 年与山阴县合并为绍兴县。禹穴，据司马迁《史记》卷一百三十《太史公自序》曰："二十而南游江、淮，上会稽，探禹穴。"裴骃《集解》引张晏曰："禹巡狩至会稽而崩，因葬焉。上有孔穴，民间云禹入此穴。"司马贞《索隐》曰："《越绝书》云：'禹上茅山大会计，更名曰会稽。'张勃《吴录》云：'本名苗山，一名覆釜，禹会诸侯计功，改曰会稽。上有孔，号曰禹穴也。'"张守节《正义》则曰："《扩地志》云：'石箐山一名玉笥山，又名宛委山，即会稽山一峰也，在会稽县东南十八里。《吴越春秋》云："禹案《黄帝中经》九山，东南天柱，号曰宛委，赤帝左阙之坝，承以文玉，覆以盘石，其书金简青玉为字，编以白银，皆琢其文。禹乃东巡，登衡山，血白马以祭。禹乃登山，仰天而笑，忽然而卧，梦见绣衣男子自称玄夷仓水使者，却倚覆釜之山，东顾谓禹曰：欲得我山神书者，齐于黄帝之岳岩，岩之下，三月季庚，登山发石。"禹乃登宛委之山，发石，乃得金简玉字，以水泉之脉。山中又有一穴，深不见底，谓之禹穴。'史迁云'上会稽，探禹穴'，即此穴也。"今绍兴会稽山上有洞穴，相传禹南巡到此。《会稽志》，明神宗万历年间杨维新修、张元忭纂《会稽县志》十六卷，清圣祖康熙年间王元臣修、董钦德纂《会稽县志》二十八卷。

④《偃(yǎn)师志》汤墓：偃师在今河南省境内。相传周武王伐纣，在此筑城休整，故名。汉代置县，历代相沿不废。汤墓，据清代顾祖禹《读史方舆纪要》卷四十八《河南》偃师县亳城注引《晋太康地记》记载："尸乡，南有亳坂，东有桐城，太甲所放处，亦曰桐宫，汤墓在焉。"今河南偃师为古代商汤都城，名为亳。相传汤墓在此。《偃师志》，明孝宗弘治年间魏津纂修《偃师县志》四卷，清高宗乾隆年间汤毓倬修、孙星衍纂《偃师县志》三十卷。

⑤《曲阜志》孔林：曲阜为孔子故乡，在今山东省境内。孔林在曲阜

城北门外,是孔子及其后裔的墓地。立有历代颂扬孔子的碑刻。《曲阜志》,明神宗万历年间孔弘修《曲阜县志》,明毅宗崇祯年间孔弘毅修《曲府县志》六卷,清圣祖康熙年间孔衍淳续修《曲阜县志》,清高宗乾隆年间潘相修《曲阜县志》一百卷,民国年间孙永汉修、李经野纂、孔昭曾代总纂《续修曲阜县志》八卷。

⑥无其识而强作解事,固不如庸俗之犹免于怪妄也:据《章氏遗书》补遗《又答朱少白书》曰:"程易田《通艺录》,直《周官》之精要义也;而不今不古之传、志、状、述,犹自以为文也,而亦列其中。岂非自具村俚招供? 若戴东原氏,则更进乎程矣。然戴集中应酬传志,亦自以为文也而存之;且以惹人笑柄之《汾州府志》,津津自道得意。然则人之真自知者,寡矣!"

【译文】

戴君整整衣服就离开了。他第二天给我看《汾州府志》说:"我在沿革之外,并不是没有独特裁制和卓越见识。旧方志的人物门类,首先标列名僧,我想要删掉它,而所记载的实事,却是那样突出,又不能去掉。然而怎么可以把僧当做人? 其他方志编排在人物之中,就很没有见识了。我想名僧一定住在古寺,古寺应当归属古迹一类,所以截取名僧事迹,归于古迹一门,平庸的史官不理解这种首创体例。"我说:"古迹不是方志所重视的内容,应当在地图里附录出现,不应当自己专立一门;古迹设立专门,是《一统志》分类编纂的名目,浅陋的儒生沿用此例,收进方志里,不是贯通的裁断。如果说僧侣不可以当做人,那么他们血肉的躯体,不是木头也不是石头,究竟是什么事物呢? 史家笔削的义例最为严格,至《春秋》达到极限。《春秋》所诛伐贬抑的人物,对乱臣贼子达到极端。也只是是非名称而诛伐贬抑他们,没听说不把他们当做人,而在纪事书法上和圆首方足的同类不相同。况且方志的人物仿效史书,史书对于奸臣叛贼,还和忠良一并编排在列传里,没听说不把他们当做人,而附在《地理志》后面。削除僧侣事迹而不记载,不过是凡庸儒生的见解。把古迹当做名僧遗留的痕迹，而不用人物作名称，那么《会稽志》记载禹穴，而人物部分没有禹；《偃师志》记载汤墓，而人物部分没有汤；《曲阜志》记载孔林，而人物部分没有孔子；那些名僧何等幸运，而能和禹、汤、孔子同样享受尊贵呢？没有见识而勉强装作通达事理，本来就不如平庸还能避免怪异虚妄。"

报广济黄大尹论修志书

【题解】

清高宗乾隆末年，湖广总督毕沅委托章学诚纂修《湖北通志》，征集所辖各州县方志，以备通志采择。湖北黄州府广济知县黄恺将新修的《广济县志》草稿请章学诚评议，商讨改订。章学诚就志稿中存在的一些问题提出意见，诸如体例不一致，引文后面有的加注，有的不加注；有关沿革的记载尚未搜集完备，遗漏过多；学校制度中记载乐章和先儒配享之位，各地规定相同，不须专门记载；收录诗文，诗常全篇录入而文多删节；表体未得到正确使用，名虽为表而实非表；艺文部分载录文人传，亦不得体。尤其是文中明确区分各家之书，提出以史家之书最为近正，而史家之书又有著作之史与纂辑之史，各自承担的使命不同，有助于对方志的体例及其性质深刻认识，进一步提高编纂质量。

承示志稿①，体裁简贵，法律森严，而殷殷辱赐下询，惟恐有辜盛意，则仅就鄙衷所见，约举一二，以备采菲②，然亦未必是也。盖方志之弊久矣，流俗猥滥之书，固可不论；而雅意拂拭③，取足成家，则往往有之。大抵有文人之书，学人之书，辞人之书④，说家之书⑤，史家之书；惟史家为得其正宗。而史家又有著作之史，与纂辑之史，途径不一。著作之史，宋人以还，绝不多见。而纂辑之史，则以博雅为事，以一字必有按据为归，错综排比，整炼而有翦裁，斯为美也。

【注释】

①志稿：乾隆癸丑《广济县志》，十二卷，清代黄恺修、陈诗纂，成稿于清高宗乾隆五十八年(1793)，次年刊刻。

②采菲：语出《诗经·邶风·谷风》：“采葑采菲，无以下体。”葑，蔓菁。菲，芦菔，即萝卜。下体，根茎。两者叶和根茎都可食用，但根茎有时味苦。诗人之意谓采集根茎者不可因根苦而并弃其叶。后来作为请人采纳自己意见的谦辞。

③拂拭：原意为除去尘垢。后来引申为器重和提拔。也比喻修饰文章。

④辞人：语出扬雄《法言》卷二《吾子》：“诗人之赋丽以则，辞人之赋丽以淫。”意为辞赋作家。后来泛指专重诗文辞藻的文人。

⑤说家：笔记小说家。说家之书，喜好掇拾琐屑传闻。

【译文】

承蒙给我看县志初稿，结构简要可贵，规则严谨整齐，却殷切诚恳不耻下问，我惟恐辜负盛情美意，那么就仅仅根据我鄙陋的浅见，大略举出一二，以备采纳拙见，然而也不一定正确。大概方志的弊病很长久了，流俗杂乱繁芜的书，自然可以不谈论；而雅意修饰润色，能够自成一家，却往往有这样的书。大抵有文人之书，学人之书，辞人之书，说家之书，史家之书；只有史学家的书是得到著书的正宗。而史学家又有著作之史和纂辑之史，途径各不相同。著作之史，宋人以来，绝不多见。而纂辑之史，就把广博优雅当做职事，把每个字一定有根有据当做归宿，错综排比，整齐精练而有剪裁之法，这就是完美的了。

今来稿大抵仿朱氏《旧闻》①，所谓纂辑之善者也；而用之似不能画一其体。前周书昌与李南涧合修《历城县志》②，无一字不著来历③。其古书旧志有明文者，固注原书名目，即新收之事，无书可注，如取于案牍，则注某房案卷字样；如取投送传状，则注家传呈状字样；其有得于口述者，则注某人口述字样；此明全书并无自己一语之征，乃真仿《旧闻》而画一矣。志中或注新增二字，或不加注，似非义例。

【注释】

①朱氏：朱彝尊(1629—1709)，字锡鬯(chàng)，号竹垞(chá)，清代浙江秀水(今浙江嘉兴)人。清圣祖康熙年间，举博学鸿词科，授检讨官。博通经史典籍，以诗词古文闻名。著有《经义考》、《日下旧闻》、《曝书亭集》等。编辑《词综》、《明诗综》等。《旧闻》，即《日下旧闻》，四十二卷，朱彝尊撰。成书于康熙二十七年(1688)，仿《三辅黄图》、《西京杂记》体例，征引前人著述以及金石文字一千六百多种，逐条排列，记载北京地理沿革、历代掌故，兼及畿辅等地史迹与风土人物，上自远古，下至明末，分为星土、世纪、形胜、宫室、城市、郊坰、京畿等十三门。

②周书昌与李南涧合修《历城县志》：周书昌即周永年(1730—1791)，字书昌，号林汲山人，清代山东历城(今山东济南)人。清高宗乾隆二十六年(1761)进士，参与编修《四库全书》。改翰林院庶吉士，授编修官。著有《先正读书诀》、《东昌府志》等。李南涧即李文藻(1730—1778)，字素伯，号南涧，清代山东益都(今山东青州)人。清高宗乾隆二十五年(1760)进士，历官桂林府同知。著有《恩平》、《潮阳》、《桂林》诸文集。《历城县志》，据清代桂馥《晚学集》卷七《周先生传》记载："县令胡德琳延先生与青州

李文藻同修《历城县志》。"本书五十卷,由胡德琳修,周永年、李文藻合纂。清高宗乾隆三十六年成书。历城,县名。战国齐国历下邑。西汉置县,属济南郡。西晋永嘉以后为济南郡治。隋代齐郡,唐代齐州,宋代济南府,元代济南路,均以为治所。明、清两代为济南府治。

③无一字不著来历:据清代焦循《雕菰楼集》卷十三《上郡守伊公书》曰:"近时朱竹垞《日下旧闻》、黄玉圃《南台旧闻》皆用此体,而其书实皆述古,不及今时事。若郡县志书,卢牟今古,则有不可徒以纂录成书者。夫汲于古者,纂而编之,其验于今者,无书名可述,无卷数可言,岂其诡设所由来乎? 若使半为纂录,半为心裁,则是醯酱合于酒浆,狐貉蒙于绨绤。前此《雍正府志》、《甘泉县志》,体例杂糅,颇堪哂笑,职此之故。不合一也。行状、行述,作于子孙,所称不曰先府君,即曰先王父,将仍其称乎? 抑易其名乎? 仍其称,断无此理;易其名,则已非行状、行述矣。若已易其名,而仍系以行状、行述,则名为征实,已蹈虚诬。顾案牍之文不删,诮明儒之修史;隋代之称未汰,讥唐士之疏经。设如小吏书供,前朝颂圣,亦仍而列之乎? 不合二也。且事有原诸典籍,而其说非诚;播自传闻,而偏为至确。此符生之录,不及赵逸之舌也。山川道里,十目共征,道德文章,百声均合,转以其不见于书,而概从屏弃,何轻目而重笔也? 不合三也。前古之书,或数行之中,仅取一语,割之则脉络不完,备之则字句冗费,且有前后相间,不容备载,仍将裁彼偏辞,成我专义。夫班固改列传一二字,已名《汉书》;马迁述荆轲数百言,不称《国策》。但名言所本,不复琐述书名,既凭我意为改移,又举而归之古昔。不合四也。史传之文,互为详略,或此篇之意,待彼而通,今节取一端,莫测首尾,是必集腋成裘,酿花为蜜。况长勺师驰,别传'标剑';荥泽败绩,更记'藏肝'。合则簇为奇观,析则伤其零乱。不合五

也。至于孟子述庾斯，业殊盲左；史迁论艾猎，似袭於菟。如谓载籍可凭，书堪尽信，徒以胪列为藏拙之巧，不且以草创失润色之权。不合六也。且夫獭祭之谋，有同卖菜，宜兼收而并采，难主一而废百，势必汗牛充栋，纸不胜书，作者既徒见其烦，阅者恐难终其卷。不合七也。割裂则本末不明，堆垛则繁复无次，果使纂录之书可以千古，则是卫湜之《礼记集说》，高出康成；李昉之《太平御览》，贤于杜佑矣。不合八也。纂录之书，最忌里一漏万，卷帙不得不多。既多矣，始则抄写难，继则刻难，刻矣而印又难，印矣而购者又难。刘表之牛，徒堪享士；庄生之木，止以全天。不合九也。典、谟、誓、诰，读《书》者判以七观；雅、颂、齿、南，学《诗》者亦分四体。《史记》作本纪、世家、列传、书、表，以各归其例，本诸是也。至《元史》则增以《国语》，《明史》且别出《天图》，莫不按事立格，依文树义。今概用纂录，不分纪传，不列书表，将上述天子之恩，下等编氓之例，已非臣子敬谨之所宜，而一郡典型，千秋著作，仅以供诗人之取材，矜博尚奢，有肉无骨。不合十也。"

【译文】

现在送来的县志稿大抵仿照朱彝尊《日下旧闻》，是所说纂辑之史中的优秀者，而运用纂例似乎不能使体例整齐划一。从前周书昌和李南涧合修《历城县志》，没有一个字不注明来历。其中古书和旧志有明文记载，固然注明原书名目；即使新收入的史事，没有书籍可供标注，如果是从官府文书采择而来，就注明某房案卷的字样；如果是采自呈送的家传和行状，就注明家传与呈状的字样；其中有从口述中得来，就注明某人口述的字样；这是表明全书并没有自己杜撰一句话的征验，才是确实仿照《日下旧闻》而整齐划一了。《广济县志》中有的地方注明新增二字，有的地方不加注，似乎没有明确的体例。

又《世纪》遗漏过多,于本地沿革之见于史志者,尚未采备,其余亦似少头绪;此门似尚未可用。至《城市》中之学校,录及乐章及先贤先儒配位①,此乃率土所同②,颁于令典,本不须载;今载之,又不注出于《会典》,而注出于旧志,亦似失其本原。又诗文入志,本宜斟酌,鄙意故欲别为文征。今仿《旧闻》之例,载于本门之下,则亦宜画一其例。按《旧闻》无论诗文,概为低格分载。今但于《山川门》中,全篇录诗,而诸门有应入传、志、记、叙之文,多删节而不列正文,恐简要虽得,而未能包举也。

【注释】

①配位:配享的位置。配享:历代以开国功臣附祭于祖庙。也指以名儒贤者附祭于孔庙。唐代以前,配享与从祀不分,宋代以来文庙典礼,颜渊、曾参、子思、孟轲称为配享,闵子骞、冉伯牛等十哲以下称为从祀。

②率土:语出《诗经·小雅·北山》:"溥天之下,莫非王土。率土之滨,莫非王臣。"意为全国疆域之内。

【译文】

另外《世纪门》内容遗漏过多,对于本地沿革见于史书的材料,尚未收集完备,其余也好像缺少头绪,这一门似乎还不能用。至于《城市门》中学校部分,记录乐章以及先贤、先儒的配享位置,这是普天之下所相同的制度,在法令典章里颁布,本来不需要记载;现在记载了这些内容,又不注明语出《会典》,而标注出于旧县志,也似乎失去根源。再有诗文收入方志,本来应当斟酌,我的浅见是想要另外设立文征。现在仿照《日下旧闻》的体例,记载在本门的后面,那么也应当使体例整齐划一。考《日下旧闻》无论诗词和文章,一概都是低格分开记载。现在只是在

《山川门》中全篇录诗，而其余各门有应该收入的碑传、墓志、杂记、叙说等文体，大多加以删削而不列全文，恐怕简要虽然做到了，却没能做到包容并举。

又表之为体，纵横经纬，所以爽豁眉目，省约篇章，义至善也。今职官、选举①，仍散著如花名簿，名虽为表，而实非表。户籍之表善矣，然注图甲姓氏可也②；今有注人名者，不知所指何人，似宜覈核。

【注释】

①职官、选举：《广济县志》中的《职官表》和《选举表》。

②图甲：保甲。据《清会典》卷九《户部》记载："凡保甲之法，户给印单，书其姓名、习业，出注所往，入稽所来。十户为牌，立牌长。十牌为甲，立甲长。十甲为保，立保长。"即古代户籍编制，兼具治安防盗功能。

【译文】

又表的体例，纵横相交而经纬配合，用来使眉目清晰，节省篇幅，宗旨非常完善。现在的《职官表》、《选举表》，仍然分散著录如同花名册，名称虽然是表，而实际上不是表。《户籍表》编得很好了，然而标注保甲、姓氏就可以，现在有标注人名的事例，不知道指的是什么人，似乎应当核实清楚。

艺文之例，经、史、子、集，无不当收。其著书之人，不尽出于文苑。今裁文苑之传而入艺文，谓仿《书录解题》①。其实刘向《七略别录》，未尝不表其人，略同传体②。然班氏撰入《汉·艺文志》，则各自为传，而于《艺文》目下，但注有传二字③,乃为得体。今又不免反客而为主矣。

【注释】

①《书录解题》:全名《直斋书录解题》,南宋陈振孙撰。著录历代书籍五万一千余卷,分为五十三类。书目下多考订作者与卷帙,评价著述得失,故名解题。原本失传,今本为清代编纂《四库全书》时从《永乐大典》辑出,定为二十二卷。

②刘向《七略别录》,未尝不表其人,略同传体:据虞世南《北堂书抄》卷一百零九引《别录》曰:"《师氏雅琴》者,名忠,东海下邳人,言师旷之后。至今邳俗,犹多好琴也。"

③班氏撰入《汉·艺文志》,则各自为传,而于《艺文》目下,但注有传二字:例如班固《汉书》卷三十《艺文志·诸子略》儒家类著录:"《晏子》八篇。"自注曰:"有列传。"

【译文】

艺文部分的体例,经部、史部、子部、集部,没有不应该收录的内容。那些著书的人,不完全出于文苑。现在裁减文苑的传记而列入艺文部分,说是仿照《书录解题》。实际上刘向撰《七略别录》,未尝不表明著书之人,和传体大致相同。然而班氏编入《汉书·艺文志》,就各自作传,而在《艺文志》书目下面,只标注有传两个字,这才是得体。现在又不免反客为主了。

已上诸条,极知瞽蒙之见①,无当采择。且不自揣,而为出位之谋,是以琐屑不敢渎陈②;然既承询及,不敢不举其大略也。

【注释】

①瞽蒙之见：谦辞，意为愚昧无知的见解。瞽，目盲。蒙，通"矇"，盲人。据东汉王充《论衡》卷十二《量知》曰："人未学问曰矇。"引申为愚昧无知。

②渎陈：谦称自己的陈言轻慢和亵渎对方。渎，通"嬻"、"娎"，意为轻慢，亵渎。

【译文】

以上各条，完全知道是愚昧的见解，不适合选取采纳。况且不自量力，作出超越本分的谋划，所以琐碎的东西不敢轻慢地陈述；然而既然承蒙询问，不敢不举出梗概和大要。

覆崔荆州书

清高宗乾隆末年,在湖广总督毕沅主持下,两湖境内出现一次修志高潮。湖北荆州知府崔龙见聘请章学诚撰修《荆州府志》,内容包括纪、表、考、传,又附《文征》、《丛录》,卷数不详。志稿修成以后,崔龙见请荆州(今属湖北)士绅审阅,提出商订意见。本篇就是章学诚对签批意见提出的问题,择要做出的答复。荆州士绅的意见主要是指出《职官表》与《科目表》中人名存在颠倒错落,《文征》中收录的碑记不按时代先后排列。章学诚承认其中确实有不妥之处,但同时指出造成这种结果的具体原因,是因为两表根据班固《汉书·百官公卿表》制作而成,是执简驭繁的好方法,然而有些士绅不通文理,没有考察全书体例,只是一味斥责甚至谩骂,有失文人道德风貌。

前月过从,正在公事旁午之际①,荷蒙赐赆赠舟②,深切不安。措大眼孔③,不达官场缓急情事,屡书冒渎,抱惭无地!冬寒,敬想尊候近佳④。所付志稿,解缆匆忙,未及开视,曾拜书,俟旋省申复;舟中无事,亦粗一过目,则叹执事明鉴⑤,非他人可及。前在省相见,送志稿时,执事留日无多,即云:"志颇精当;内有讹错,亦易改正。"数语即为定评。

【注释】

①旁午:语出班固《汉书》卷六十八《霍光传》:"使者旁午。"颜师古《注》曰:"如淳曰:'旁午,分布也。'一纵一横为旁午,犹言交横也。"意为交错,纷繁。

②赆(jìn):语出《孟子·公孙丑下》:"当在宋也,予将有远行,行者必以赆,辞曰馈赆,予何为不受?"意为临别时赠送的财物。

③措大:据唐代李匡乂《资暇集》卷下《措大》记载:"代称士流为醋大,言其峭醋而冠四人之首。一说衣冠俨然,黎庶望之,有不可犯之色,犯必有验,比于醋而更验,故谓之焉。或云往有士人,贫居新郑之郊,以驴负醋,巡邑而卖,复落魄不调,邑人指其醋驮而号之。新郑多衣冠所居,因总被斯号。亦云郑有醋沟,士流多居其州,沟之东尤多甲族,以甲乙叙之,故曰醋大。愚以为四说皆非也。醋宜作措,止言其能举措大事而已。"唐代笔记中多有"措大"一词,借指贫寒失意的读书人,往往带有轻视意味。至于如何被称为措大,言人人殊,已无可考证。

④尊候:古人书信中用来问候对方日常生活情况的敬辞。

⑤执事:语出《左传·成公十三年》:"敢尽布之执事,俾执事实图利之。"原指古代侍从官长左右供应役使的人。后在书信中常用来称呼对方,表示不敢向对方直陈,故向其执事陈述,以示尊敬。

【译文】

上个月去拜访,正在您公事繁忙的时候,承蒙赠送财物和舟船,深感不安。穷困书生的眼里,不懂得官场事情的缓急,多次致信冒犯衰渎,惭愧得无地自容。冬日天气寒冷,敬想尊候近况佳胜。您交给我的府志稿,开船时匆匆忙忙,没有来得及打开看,曾经恭敬地给您写信,说等回到省城呈上答复。船中无事可做,也曾经粗略过目,就感叹您能够明察,不是别人能比得上。以前在省城相见,送志稿的时候,您停留的日子不多,就说:"志稿颇为精当,里面有差错,也容易改正。"这几句话就是定评。

　　今诸缙绅磨勘月余①,签摘如麻,甚至屡加诋诘嘲笑,全失雅道,乃使鄙人抱惭无地!然究竟推敲不过《职官》、《科目》二表②,人名有颠倒错落;《文征》碑记一卷,时代不按先后,诚然抵牾。然较书如仇,议礼成讼,办书之有签商往复,亦事理之常。否则古人不必立较雠之学;今人修书,亦不必列较订参阅之衔名矣。况《职官》、《科目》二表,实有办理错误之处;亦有开送册籍本不完全之处。《文征》则因先已成卷,后有续收,以致时代有差。虽曰舛误,亦不尽无因也。而诸绅指摘之外,严加诋诃,如塾师之于孺子,官长之于胥吏,则亦过矣。况文理果系明通,指摘果无差失,鄙又何难以严师奉之!今开卷第一条,则凡例原文云"方志为国史要删",语本明白。要删,犹云删要以备用尔,语出《史记》③,初非深僻。而签改为"要典",则是国史反藉方志为重,事理失实,而语亦费解矣。《文征·二圣祠记》,上云"立化像前"④,下云"食顷复活"。化即死也,故字书死字从化字之半⑤。其文亦自明白。今签"立化"句云"有误,否则下文复活无根"。由此观之,其人文理本未明通,宜其任意诃叱,不知斯文有面目也。至《职官》、《科目》之表,舛误自应改正。然职官有文武正佐,科目亦有文武甲乙,既以所属七县画分七格⑥,再取每属之职官、科目,逐一分格,则尺幅所不能容;是以止分七格,而以各款名目,注于人名之下。此法本于《汉书·百官表》，以三十四官，并列一十四格，而仍于表内各注名目，最为执简驭繁之良法。今签指云："混合一表，眉目不清。"又《文征》以各体文字分编，通部一例，偶因碑记编次舛误，自应签驳改正可也。今签忽云："学校之记当前，署廨列后，寺观再次于后。"则一体之中，又须分类；分类未为不可，然表奏、序论、诗赋诸体，又不分类，亦不签改，则一书之例，自相矛盾。由此观之，其人于书之体例，原不谙习，但知信口詈骂，不知交际有礼义也⑦。其余摘所非摘、驳所非驳之处甚多，姑举一二以概其余。则诸绅见教之签，容有不可尽信者矣。

【注释】

①磨勘：语出明、清之际黄宗羲《明儒学案》卷二十《太常王塘南先生时槐》："塘南之学，八十年磨勘至此，可谓洞彻心境者矣。"意为反复琢磨，推求学理。许慎《说文解字·力部》曰："勘，校也。"即校勘。

②推敲：据五代何光远《鉴戒录》卷八《贾忤旨》记载："贾岛（字阆仙）忤旨，授长江主簿。卑则至卑，名流海内矣。岛初赴洛阳日，常轻于先辈，以八百举子所业悉不如己。自是往往独语，旁若无人，或闹市高吟，或长衢啸傲。忽一日于驴上吟得'鸟宿池中树，僧敲月下门'，初欲著'推'字，或欲著'敲'字。炼之未定，遂于驴上作推字手势，又作敲字手势，不觉行半坊，观者讶之，岛似不见。时韩吏部（愈）权京尹，意气清严，威振紫陌，经第三对呵唱，岛但手势未已，俄为官者推下驴，拥至尹前，岛方觉悟。顾问欲责之，岛具对：'偶吟得一联，安一字未定，神游不觉，致冲大官。非敢取尤，希垂至览。'韩立马良思久之，谓岛曰：'作敲字佳矣。'

遂与岛并辔语笑,同入府署,共论诗道,数日不厌,因与岛为布衣之交。"意为对诗文辞赋字句反复斟酌,后来又引申为对某种情况或思想意图进行反复分析研究。

③要删,犹云删要以备用尔,语出《史记》:据司马迁《史记》卷十四《十二诸侯年表序》曰:"表见《春秋》、《国语》学者所讥盛衰大指,著于篇,为成学治古文者要删焉。"司马贞《索隐》曰:"言表见《春秋》、《国语》,本为成学之人、攻文之士,以欲览其要,故删为此篇焉。"

④立化:站立而死。

⑤字书死字从化字之半:据许慎《说文解字·歹部》曰:"死,澌也,人所离也。从歹从人。"又《说文解字·人部》曰:"匕,变也。从到人。"段玉裁《说文解字注》曰:"今变匕字尽作化。"故曰从化字之半。

⑥所属七县:清代湖北荆州府所辖七县,即江陵、公安、石首、监利、松滋、枝江、宜都。

⑦交际:语出《孟子·万章下》:"万章问曰:'敢问交际何心也?'孟子曰:'恭也。'……曰:'其交也以道,其接也以礼。'"意为交往关系。

【译文】

现在诸位绅士审查了一个多月,挑出的错字像乱麻一样众多,甚至多次加以责骂斥问和讥讽嘲笑,完全丧失温文尔雅的道理,竟然让我惭愧得无地自容。然而探究推敲终究只是《职官》、《科目》两篇表,人名有颠倒错乱之处;《文征》之中碑记一卷,时代不按先后编排,确实存在矛盾抵牾。但是校书就像面对仇人,议论礼制就会形成争辩,编纂书籍有往返商议的字条,也是常有的事理。否则古人也就不必设立校雠学;今人编修书籍,也就不必开列校订、参阅的头衔名称了。况且《职官》、《科目》两篇表,确实有处理错乱的地方;也有呈送上来的名册,本来就有不完全的地方。《文征》是因为原先已经成卷，以后编入续收文章，以致时代先后有差误。虽说是错误，也不是完全没有原因。而诸位绅士在指摘之外，严厉地加以斥责，好像塾师对于童子，官长对于胥吏，那也过分了。何况文理果真是明白通达，指摘果真没有失误，我把他们当做严师尊崇又有什么难处呢！现在开卷第一条，就是凡例原文说"方志为国史要删"一句，语义本来明白。要删，如同说删削取要以备用罢了，语辞语出《史记》，原本不是艰深冷僻。而签出的字条改成"要典"，那就是国史反而借助方志为重，不仅事实和道理失去本来意思，而且辞语也不容易理解了。《文征》中的《二圣祠记》，上文说"立地而死于画像面前"，下文说"一顿饭时间又活过来"。化就是死，所以字书"死"字随从"化"字的右半边。这句文字也自然就明白。现在字条批"立化"一句说"有误，否则下文复活就没有根由"。由此看来，这些人文理本来就不够明白通达，怪不得他们任意斥责，不知道文人需要有脸面。至于《职官》、《科目》两篇表，错误自然应当改正。然而职官有文官、武官、正职、属官，科目也有文举、武举、甲等、乙等，既然已经把所属七县划分为七格，再把每个属县的职官、科目，一一分格，那就篇幅不能容纳，所以只分出七格，而把各项名目，标注在人名的下面。这一方法依据《汉书·百官公卿表》，把三十四种官职，并列为十四格，而仍然在表内各自标注名目，最能显示掌握简要而驾驭繁多的好方法。现在字条指出："混合在一个表里，条理不够清晰。"另外《文征》把各种文体文字分类编排，整个部类一律如此，偶然因为碑记编排错误，本来应当签出批驳改正就可以。现在字条忽然说："学校之记应该排在前面，官署之记列在后面，寺观之记又排在后面。"那么一种文体之中，又需要分类；分类不是不可以，然而表奏、序论、诗赋等文体又不分类，也不签出字条改动，那么整部书籍的体例，就会自相矛盾。由此看来，这些人对于修书的体例，原本并不熟悉，只知道随口谩骂，不懂得人际交往需要有礼义。其余指摘不是该指摘、批驳不是该批驳的地方很多，暂且列举一两处用来概括其他事例。那么诸位绅士给我签出的指教,或许有不能够完全相信的地方了。

《荆志》风俗,袭用旧文,以谓士敦廉让。今观此书签议,出于诸绅,则于文理既不知字句反正虚实,而于体例又不知款目前后编次,一味横肆斥骂①,殆于庸妄之尤,难以语文风土习矣。因思执事数日之间,评定志稿得失,较诸绅汇集多日,纷指如麻,为远胜之,无任钦佩之至。但此时执事无暇及此,而鄙人又逼归期②,俟明岁如签声复,以听进止可耳③。

【注释】

①横(hèng)肆:也作"横恣"。语出司马迁《史记》卷一百零七《魏其武安侯列传》:"武安又盛毁灌夫所为横恣,罪逆不道。"又据班固《汉书》卷七十六《赵广汉传》记载:"郡大姓原褚宗族横恣,宾客犯法为盗贼,前二千石莫能禽制。"二千石,指郡守。禽,通"擒"。意为专横恣肆,形容盛气凌人。

②鄙人又逼归期:清高宗乾隆五十九年(1794)八月,湖广总督毕沅因为奏报湖北白莲教案不详实,降补山东巡抚。章学诚也随即离开湖北,返归故乡绍兴。

③进止:语出《晋书》卷一百二十二《吕光载记》:"光于是大飨文武,博议进止。"意为进退、去留。后来唐人奏札或面奏称"取进止",指所奏之事或进或止,亦即或采纳或不用,听凭皇帝处分,就是由此引申而来。

【译文】

《荆州府志·风俗门》中沿用旧文,以为当地士人敦崇清廉谦让。现在观看本书签出的批驳意见,语出各位绅士,却对于文理既不知道字句的反正和虚实，而对于体例又不知道条目的前后编排次序，一味专横放纵地责骂，几乎是浅陋狂妄到了极点，难以谈论文德教化和士风习尚了。因而想到您短暂的几天里面，评定府志稿本的得失，比起诸位绅士聚集很多天，纷纷指责如同乱麻一样众多，是远远超过他们，不胜钦佩得无以复加。只是这时候您没有时间关注这件事，而我又紧近归乡日期，等到明年再依照字条答复，以便听候存留进退就可以了。

为张吉甫司马撰大名县志序

　　清高宗乾隆五十年(1785)，大名知县张维祺编纂《大名县志》成书。张维祺与章学诚同年进士，交往较多，故采用章学诚修志义例，修成后又将志稿交章学诚审阅，并请他代作序言。本篇以宾主问答形式，阐述方志的性质、源流、作用等。关于方志性质，章学诚指出方志相当于古代诸侯国的史书，而近代修志者错误地当做地理类的图经看待。他认为方志和图经的性质截然不同，源流各异。图经来源于古代官府所掌管的户籍和地形图册，早期图经虽可见，而宋代有《吴郡图经》书等，其后元、明的《一统志》属于图经的总汇，是分类纂集的地理专书。而方志起源于春秋时期各国史书，汉代有各地的地志，宋代方志流传下来约有十几种，仍然沿袭作史方法，此后的方志成了文人追求名声的产物，逐渐误入歧途。需要指出的是，章学诚区分图经和方志源流虽然清晰，却未免过于绝对。因为唐、宋时期的图经，已经不是早期图经仅仅记载地理，而是包括进大量方志内容。所以唐代到北宋多称图经，而到南宋则改称方志，内容一脉相传。

　　乾隆四十六年冬，余自肥乡知县移剧大名①。大名自并魏移治府城②，号称畿南冲要③；而县志尚未裒合成书，文献之征,缺焉未备。余有志蒐罗,下车之始④,姑未遑暇⑤。至四十九年,乃与乡缙绅讨论商榷,采取两县旧志,参互考订,益以后所见闻,汇辑为编;得图说二篇,表二篇,志七篇,传五篇,凡一十六篇,而叙例、目录之列于卷首,杂采缀记之附于卷末者,不与焉。五十年春正月,书成。会余迁河间府同知⑥,寻以罣误免官⑦,羁迹旧治⑧。而继为政者,休宁吴君⑨,自隆平移治兹县⑩。吴君故尝以循良名声三辅⑪,而大雅擅文,所学具有原本。及余相得,莫逆于心⑫。因以志稿属君订定,而付之梓人⑬。爰述所以为志之由,而质之吴君。

【注释】

①余自肥乡知县移剧大名:余指代张维祺,字吉甫,清代胶州(今属山东)人。清高宗乾隆四十三年(1778)进士,四十六年(1781)由肥乡知县移任大名知县。肥乡,县名。清代隶属直隶广平府,今属河北省。剧,繁重,繁忙。大名,县名。清代与元城同为大名府治。1913年,元城并入大名县。今属河北。

②大名自并魏移治府城:清高宗乾隆二十三年(1758),撤销魏县,分属大名、元城二县,大名移入府治。魏县于1913年以后重建,今属河北。

③冲要:语出范晔《后汉书》卷一百零六《王景传》:"景乃商度地势,凿山阜,破砥碛,直截沟涧,防遏冲要,疏决壅积,十里立一水门,令更相洄注,无复溃漏之患。"指在军事或者交通等方面具有重要作用的地方。

④下车:语出《礼记·乐记》:"武王克殷反商,未及下车而封黄帝之后于蓟。"后来称帝王初即位或官员到任为下车。

⑤遑暇:闲暇。

⑥余迁河间府同知:河间府,西汉为河间国,清代隶属直隶。府治河间县,今属河北省。张维祺后来升任河间府同知。清代俗称同知为司马。

⑦罣(guà)误:也作"诖误"。即官吏因过失或被牵连而受到处分。

⑧羁(jī)迹:寄居留滞。羁,也作"羇"。原意为马笼头,引申为拘束、牵制。

⑨休宁:县名。清代至今,均属安徽。吴君:吴之珩。清高宗乾隆三十一年(1766)进士。五十年(1785)由隆平知县调任大名知县。

⑩隆平:县名。清代隶属直隶赵州。1947年,与尧山县合并为隆尧县。

⑪三辅:西汉景帝分内史为左、右内史,与主爵中尉同治长安城中,所辖皆京畿之地,合称三辅。汉武帝时期改称京兆尹、左冯翊、右扶风。文中代指清代京畿之地。

⑫莫逆于心:语出《庄子·大宗师》:"相视而笑,莫逆于心。"指彼此心意相通,无所违避。

⑬付之梓人:交付刻板印刷书籍的人。按张维祺《大名县志》,并未刊刻。后经继吴之珩任大名知县的李棠删补,刻于清高宗乾隆五十四年(1789)。李棠,福建永安(今福建永安市)人,清高宗乾隆五十二年(1787),调任大名县知县。据《大名县志·官师表》载其《序》曰:"甲辰冬,余初任鸡泽,以公至大名,时宰大名者,胶州云嵋张君。张君以名进士出为邑宰,鸿才硕学,游刃有余。酒间语及修志,聆其议论,迥出时蹊,余心韪其言。嗣补满城,去大名益远,志之成与否,无从过问。丁未冬,余由满城移调兹土,甫下车,即询张君所为志书,始知书虽成而未授梓,而其稿亦随装而去,为怅然者久之。居无何,闻邑孝廉成君家尚存笔削遗本。取而读之,始星野,终杂记,括以图、表、志、传。约而核,赅而有

体,卓乎作者之林,余复何间焉! 抑余更有感者,今之大名,非昔
之大名也。昔之大名,自为一邑。今则并魏而附于郭,幅员寥
阔,漳、卫经焉,河伯为灾,岁当思患。则志地理,非徒夸形胜也,
有经济焉。河北为古来用武之区,民情犷悍难驯,遗风未殄。又
况地连三省,易于藏奸,则志风土,非徒侈货殖也,有转移焉。大
名人文甲于他邑,自汉迄今,名臣接踵,后先相望,稽之国史,则
不无遗珠;采之家乘,则不无溢美。况志与史异,史则兼书善恶,
而志则惟善是录;史则备述一代,而志则仅纪方舆;此中去取权
衡,尤宜参酌。而其他芜者删,缺者补,不辞谤陋,而亲自操斧。
盖原书不可见,所见者点窜残编,而复多未经点定之文,故与成
君订定而成是书。是书成,将以备辖轩之采,岂侈言著作云乎
哉? 时乾隆五十四年,岁次己酉,孟秋上浣,知大名县闽永安李
棠撰。"李棠删补刻本,除首卷序目、凡例以外,为《图说》十,《官
师表》二,《选举表》三,《建置志》二,《祀典志》一,《赋役志》一,
《风土志》一,《古迹志》二,《艺文志》四,《机祥志》一,《名宦传》一,
《乡贤传》八,《列女传》二,《流寓传》一,末为《杂记》,凡四十卷。
盖就张维祺旧本,加以修订而成。

【译文】

　　乾隆四十六年冬天,我从肥乡知县移任事务繁重的大名县。大名
自从合并魏县而把县治迁移到府城,号称京畿南部重镇,而县志还没有
汇合成书,文献的征集,缺乏而不具备。我有搜罗纂集的志向,刚刚到
任之初,暂时没有闲暇。到四十九年,才和当地绅士讨论和商榷,采用
魏与大名两县旧志,相互参证考订,把此后的所见所闻增加进去,汇辑
为一编,纂成图说二篇,表二篇,志七篇,传五篇,总共十六篇,而列在卷
首的叙例、目录,附在卷末的杂采、缀记,不包括在里面。五十年正月,
县志修成。正赶上我调任河间府同知,不久因为过失免掉官职,寄居在
大名县治。继任治理政事的人,是休宁人吴君,从隆平移任此县。吴君

过去曾经以守法良能的名声誉满京畿地区，而且德高才大并擅长文辞，所学都有根源。和我交好，心意投合，因而把县志草稿委托吴君改订，交给刻工镂板印刷。于是叙述作县志的由来，而请吴君评定。

　　曰：往在肥乡官舍，同年友会稽章君学诚[①]，与余论修志事。章君所言，与今之修志者异。余征其说，章君曰："郡县志乘，即封建时列国史官之遗；而近代修志诸家，误仿唐、宋州郡图经而失之者也。《周官》外史掌四方之志，注谓若晋之《乘》、楚之《梼杌》、鲁之《春秋》。是一国之史，无所不载，乃可为一朝之史之所取裁。夫子作《春秋》，而必征百国宝书，是其义矣。若夫图经之用，乃是地理专门。按天官司会所掌书契版图，注'版谓户籍，图谓土地形象，田地广狭'，即后世图经所由仿也。是方志之与图经，其体截然不同；而后人不辨其类，盖已久矣。"余曰："图经于今，犹可考乎？"章君曰："古之图经，今不可见。间有经存图亡，如《吴郡图经》、《高丽图经》之类[②]；又约略见于群书之所称引，如水经、地志之类[③]，不能得其全也。今之图经，则州县舆图，与六条宪纲之册[④]，其散著也。若元、明之《一统志》书，其总汇也。散著之篇，存于官府文书，本无文理，学者所不屑道。统汇之书，则固地理专门，而人物、流寓、形胜、土产、古迹、祠庙诸名目，则因地理而类撮之，取供文学词章之所采用，而非所以为书之本意也。故形胜必用骈俪，人物节取要略，古迹流连景物，祠庙亦载游观，此则地理中之类纂，而不为一方文献之征，甚皎然也。"

【注释】

①同年:语出唐代刘禹锡《刘宾客文集》卷二十八《送张盥赴举并引》曰:"古人以偕受学为同门友,今人以偕升名为同年友。"明、清之际顾炎武《亭林文集》卷一《生员论中》曰:"同榜之士,谓之同年。"即科举考试中同榜中式者的互称。

②《吴郡图经》、《高丽图经》:据宋代陈振孙《直斋书录解题》卷八记载,北宋真宗年间李宗谔等人撰《苏州图经》六卷。宋神宗年间朱长文撰《吴郡图经续记》三卷,内容包括封域、城邑等二十八门,征引广博,以补前书。宋徽宗宣和年间徐兢撰《高丽图经》四十卷,南宋刊本已有经无图。

③水经、地志之类:例如旧题汉桑钦撰《水经》,记载我国古代河流水道一百三十七条。西晋武帝太康三年(282)佚名撰《晋太康地志》(又名《晋太康地记》)五卷,记载西晋初年十九州及其所属郡县概况。唐代魏王李泰命萧得言、顾胤等人撰《括地志》五百五十卷,序略五卷,为唐代分道计州的地理志书。

④六条:据班固《汉书》卷十九上《百官公卿表》颜师古《注》引《汉官典职仪》曰:"一条,强宗豪右,田宅逾制,以强凌弱,以众暴寡。二条,二千石不奉诏书,遵承典制,倍公向私,旁诏守利,侵渔百姓,聚敛为奸。三条,二千石不恤疑狱,风厉杀人,怒则任刑,喜则淫赏,烦扰刻暴,剥截黎元,为百姓所疾,山崩石裂,祆祥讹言。四条,二千石选署不平,苟阿所爱,蔽贤宠顽。五条,二千石子弟恃怙荣势,请托所监。六条,二千石违公下比,阿附豪强,通行货赂,割损政令也。"汉制,刺史奉行六条诏书,以监察郡国官吏。此后西晋、北周,都有六条诏书,以肃纲纪。

【译文】

我说:过去在肥乡县官舍,同年友人会稽章君学诚,和我谈论编修方志的事。章君所说的意见,和现在的修志者不同。我征求他的说法,章君说："郡县的志书，就是封邦建国时代各国史官的遗留；而近代纂修方志的各家，错误地仿效唐、宋州郡的图经而失去史书性质。《周礼》外史掌管四方各国的史书，注疏说像晋国的《乘》、楚国的《梼杌》、鲁国的《春秋》。这样一国的史书，没有什么内容不记录，才可以被一个朝代的史书所选取剪裁。孔夫子作《春秋》，一定要征集各国史书，就是这个宗旨了。至于图经的用途，却是地理专门之书。按《周礼·天官》司会所掌管的书契版图，注疏说'版指户籍，图指土地形状，田地面积大小'，这就是后世图经所仿效的由来。所以此方志和图经，它们的体制截然不同；而后人不能分辨它们的类别，大概已经很久了。"我说："图经到如今，还可以考察吗？"章君说："古代的图经，现在无法见到。偶尔有经保存而图散失的情况，像《吴郡图经》、《高丽图经》之类；又在群书所引用之中粗略见到，就像水经、地志之类，不能得到它们的全貌。现在的图经，就有州县地图，和六条法纪的书册，是它们的零散编录。像元、明的《一统志》，是它们的总汇。零散编录的篇章，保存在官府文书里，本来没有文理，学者不屑于提起；总汇的书籍，本来就是地理专门之书，而人物、流寓、形胜、土产、古迹、祠庙等名目，就根据地理方位而分类聚合，求取供应文学词章的采用，而不符合为什么编书的本意。所以形胜门类一定使用骈俪辞句，人物门类节取要略，古迹门类流连景物，祠庙门类也记载游览，这就是地理书中的分类纂集，而不是一个地区文献的汇集，非常明显。"

余曰："然则统志之例，非与？阎氏若璩以谓统志之书，不当载人物者，其言洵足法与？"章君曰："统志创于元、明，其体本于唐、宋，质文损益，具有所受，不可以为非也。《元和郡县》之志，篇首各冠以图，图后系以四至八到，山川经纬之外，无旁缀焉；此图经之本质也。《太平寰宇》之记，则入人物、艺文，所谓踵事而增华也。嘉熙《方舆胜览》①，侈陈名胜古迹，游览辞赋，则逐流而靡矣。统志之例，补《寰宇》之剩义，删名胜之支辞，折衷前人，有所依据，阎氏从而议之，过矣。然而其体自有轻重，不可守其类纂名目，以备一方文献之全，甚晓然也。"余曰："古之方志，义例何如？"章君曰："三代封建，与后代割据之雄，大抵国自为制，其体固不侔矣。郡县之世，则汉人所为《汝南先贤》、《襄阳耆旧》、《关东风俗》诸传说②，固已偏而不备，且流传亦非其本书矣。今可见者，宋志十有余家③，虽不能无得失，而当时图经纂类名目未盛，则史氏家法犹存；未若今之直以纂类子目，取为全志，俨如天经地义之不可易也。"余曰："宋志十有余家，得失安在？"章君曰："范氏之《吴郡志》、罗氏之《新安志》④，其尤善也。罗《志》芜而不精，范《志》短而不详，其所蔽也。罗《志》意存著述，范《志》笔具翦裁，其所长也。后人得著述之意者鲜矣。知翦裁者，其文削而不腴，其事郁而不畅，其所识解，不出文人习气，而不可通于史氏宏裁；若康氏《武功》之志⑤，韩氏《朝邑》之志⑥，其显者也。何为文人习气？盖仿韩退之《画记》而叙山川物产⑦，不知八书、十志之体，不可废也；仿柳子厚《先友记》而志人物⑧，不知七十列传之例，不可忘也。然此犹文人徇名之弊也⑨。等而下者，更无论矣。"

【注释】

①《方舆胜览》：南宋祝穆撰，七十卷。成书于宋理宗嘉熙年间。记载南宋十七路疆域，略于建置沿革，而详于名胜古迹、诗文等人文内容。

②《汝南先贤》:据《隋书》卷三十三《经籍志》史部杂传类著录:"《汝
南先贤传》五卷,魏周斐撰。"此书与《襄阳耆旧记》、《关东风俗
传》两书,都不是汉代人所撰。章学诚此处云"汉人所为",有误。

③宋志十有余家:两宋所修的州郡地方志虽然较多,但后世大都散
佚,流传到现在的府、州、县、镇志仅有三十一种。它们是北宋学
者宋敏求《长安志》二十卷、《河南志》二十卷,程大昌《雍录》十
卷,朱长文《吴郡图经续记》三卷;南宋学者周应合《景定建康志》
五十卷,范成大《吴郡志》五十卷,孙应时《宝祐重修琴川志》十五
卷,史能之《咸淳毗陵志》三十卷,卢宪《嘉定镇江志》二十二卷,
凌万顷《玉峰志》三卷,边实《玉峰续志》一卷,杨潜《云间志》三
卷,罗愿《新安志》十卷,周淙《乾道临安志》三卷,陈仁玉《淳祐临
安志》六卷,潜说友《咸淳临安志》一百卷,常棠《澉水志》八卷,谈
钥《嘉泰吴兴志》二十卷,张津《乾道四明图经》十二卷,罗浚《宝
庆四明志》二十一卷,梅应发《开庆四明续志》十二卷,施宿《嘉泰
会稽志》二十卷,张淏《宝庆会稽续志》八卷,高似孙《剡录》十卷,
陈耆卿《嘉定赤城志》四十卷,陈公亮《严州图经》八卷,郑瑶《景
定严州续志》十卷,梁克家《淳熙三山志》四十二卷,赵与泌《宝祐
仙溪志》四卷,佚名《宝庆昌国县志》二卷,佚名《寿昌乘》等。

④《吴郡志》:南宋范成大撰,五十卷。成书于宋光宗绍熙年间。内
容分为沿革、分封等三十九门,记载平江府城尤为详细。南宋平
江府,古称吴郡,治所在今江苏苏州。《新安志》:南宋罗愿撰,十
卷。成书于宋孝宗淳熙二年(1175)。叙述简严概括,成就较高。
南宋歙州,古称新安郡,治所在今安徽歙县。

⑤《武功》之志:《武功县志》,明代康海撰,三卷。内容分为地理、建
置等七篇。武功,西汉置县,在今陕西眉县。东汉废斄县,移武
功县至此,即今县治。清代隶属乾州。今属陕西省。

⑥《朝邑》之志:《朝邑县志》,明代韩邦靖撰,二卷。成书于明武宗

正德十四年(1519)。内容分为总志、风俗等七篇。朝邑,在今陕
西省东部。1958年撤县,降为朝邑镇,并入陕西大荔县。

⑦《画记》:唐代韩愈作,收入《韩昌黎全集》卷十三。依次记载作者
所观画中人、马等形状和数目。《画记》仅记形状,而书志叙述典
制沿革,两者性质不同。

⑧《先友记》:柳宗元作。即《柳河东全集》卷十二《先君石表阴先友
记》,在其父墓表碑阴记载父亲生前友人六十七人姓名简历。先
友,生前友人。《先友记》只记载先人生前友人的籍贯简历,而史
书传记则叙述人物生平,两者性质不同。

⑩然此犹文人徇名之弊也:《章氏遗书》卷十四《为张吉甫司马撰大
名县志序》,此句作“盖村塾讲习,亦知所谓古文词者,推尊韩、
柳,故其所见如是,自谓远出于流俗矣,而不知文集无当于史裁
也”。

【译文】

我说:“那么统志的体例,不正确吗? 阎若璩认为统志这类书,不应
该记载人物,他的话确实值得效法吗?”章君说:“统志创立在元、明时
代,它的体例依据唐、宋时期,内容和文辞的增减,都有所承受,不能认
为是错误。《元和郡县志》,篇首各自把图放在前面,图后附载四方的分
界标志,山川、道路以外,没有杂缀的内容;这是图经的本质。《太平寰
宇记》,就加入人物、艺文,就是人们所说的继承的事业进一步发展。嘉
熙年间的《方舆胜览》,过多地叙述名胜古迹,收录游览辞赋,就追随潮
流而靡丽了。统志的体例,补充《太平寰宇记》的遗留旨意,删除名胜方
面的支离繁琐文辞,协调前人的做法,有所依据,阎氏因而加以非议,过
分了。然而它们的体例自有主次,不能固守着分类纂集的名目,用来具
备一个地区的全部文献,非常明白显然。”我说:“古代的方志,宗旨和体
例是什么样的呢?”章君说:“夏、商、周三代封邦建国,和后世割据的奸
雄,大抵每个国家各自确立制度,它们的体制本来就不相同。郡县制的

时代,汉代人作的《汝南先贤》、《襄阳耆旧》、《关东风俗》等传记,本来已经片面而不完备,况且流传后世也不是原书了。现在可以见到的例子,宋代方志有十几种,虽然不可能没有错误,而当时图经分类纂集名目不多,那么史学家的学术传统还存在;不像现在只是把分类纂集名目拿来编成全志,很像天经地义的事情不可改变。"我说:"宋代方志有十几种,得失在什么地方呢?"章君说:"范氏的《吴郡志》,罗氏的《新安志》,它们尤其完善。罗氏的《志》芜杂而不精练,范氏的《志》简短而不详细,是它们的障蔽。罗氏的《志》意图保存著述,范氏的《志》写法具有剪裁,是它们的长处。后世得到著述旨意的人很少了。知道剪裁的人,他的文辞枯瘦而不充实,他的叙事郁积而不流畅,他的学识见解,不超出文人习气的范围,而不能和史学家的宏大裁制相通;像康氏的《武功县志》、韩氏的《朝邑县志》,是其中显著的例子。什么是文人习气呢? 大概仿效韩退之《画记》叙述山川、物产,不知道《史记》八书、《汉书》十志的体例,不可以废除;仿效柳子厚《先友记》记载人物,不知道《史记》七十列传的体例不可以忘记。然而这还是文人追求名声的弊病。从这一等再往下,更不用提及了。"

　　余曰:"如君所言,修志如何而后可?"章君曰:"志者,志也。其事其文之外,必有义焉,史家著作之微旨也。一方掌故,何取一人著作? 然不托于著作,则不能以传世而行远也。文案簿籍,非不详明,特难乎其久也。是以贵专家焉。专家之旨,神而明之,存乎其人①,不可以言传也②。其可以言传者,则规矩法度,必明全史之通裁也。明全史之通裁当奈何? 曰:知方志非地理专书,则山川、都里、坊表、名胜,皆当汇入地理,而不可分占篇目,失宾主之义也。知方志为国史取裁,则人物当详于史传,而不可节录大略;艺文当详载书目,而不可类选诗文也。知方志为史部要删,则胥吏案牍,文士绮言③,皆无所用,而体裁当规史法也。此则其可言者也。夫家有谱,州县有志,国有史,其义一也。然家谱有征,则县志取焉。县志有征,则国史取焉。今修一代之史,盖有取于家谱者矣,未闻取于县志。则荒略无稽,荐绅先生所难言也。然其故,实始于误仿图经纂类之名目,此则不可不明辨也。”

【注释】

①神而明之,存乎其人:语出《周易·系辞上》。

②不可以言传也:语出《庄子·天道》:“语之所贵者,意也,意有所随。意之所随者,不可以言传也。”

③绮(qǐ)言:华丽浮艳的语言。绮,华美,绮靡。

【译文】

我说:“如您所说,编修方志怎么做才可以?”章君说:“志,就是记载。它的记事与它的文辞之外,一定寓有宗旨,这是史学家著作的精微意旨。一个地方的掌故,为什么取决于一个人的著作呢?然而不依托著作,就不能凭借它传播后世而流行久远。公文簿册,不是不详细明白,只是难以长久。所以看重专门之家。专门之家的旨意,神妙而明智,存在于各个不同的人,不可以用语言表达。那些可以用语言表达的内容,就是规矩法度,一定要明确整部史书的贯通裁制。明确整部史书的贯通裁制应当怎么样呢?回答说:知道方志不是地理专门之书,那么山川、都邑、街市、名胜,都应当汇编在地理之书中,而不可分占篇幅,失去宾主关系的意义。知道方志被国史选裁,那么人物部分应当比国史的传文详细,而不可节录大概内容;艺文部分应当详细记载书目,而不可分类选编诗文。知道方志为史书撮要删定,那么胥吏的案牍文书,文人的华丽靡辞，都没有用处，而体裁应当按照作史方法规范。这就是那些可以用语言表达的内容。家族有谱牒，州县有方志，国家有史书，它们的意义一样。然而家谱有征验，那么县志就采用。县志有征验，那么国史就采用。现在编修一个朝代的史书，大概有从家谱取材的事例了，没听说有从县志取材的事例。就是因为荒诞没有根据，绅士与文儒很难说得清晰明白。然而造成这种局面的缘故，实际是从误仿图经分类纂集的名目开始，这却不能不辨析清楚。"

噫！章君之言，余未之能尽也。然于志事，实不敢掉之以轻心焉①。二图包括地理，不敢流连名胜，侈景物也。七志分别纲目，不敢以附丽失伦，致散涣也。二表辨析经纬，不敢以花名卯簿，致芜秽也。五传详具事实，不敢节略文饰，失征信也。乡荐绅不余河汉②，勤勤讨论，勒为斯志，庶几一方之掌故，不致如章君之所谓误于地理之偏焉耳。若求其志，而欲附于著作专家，则余谢不敏矣③。

【注释】

①掉之以轻心：语出柳宗元《柳河东全集》卷三十四《答韦中立论师道书》："吾每为文章，未尝敢以轻心掉之，惧其剽而不留也。"意为漫不经心。

②不余河汉：不以余言为河汉之意。后来多用河汉形容言论渺茫玄远，不着边际。

③不敏：语出《论语·颜渊》："回虽不敏，请事斯语矣。"自谦之辞，推辞没有才能。

【译文】

啊！章君的言论，我不能表述得很全面。然而对于县志的事，确实不敢掉以轻心。二幅图包括地理方位，不敢贪恋名胜，夸张景物。七篇志区分纲目，不敢因为依附失去条理，以致散乱。二篇表分清经纬，不敢因为像花名册和点卯簿，以致杂乱。五篇传详细开列事实，不敢节略或文饰，失去征信价值。本地绅士不认为我的言论不着边际，诚恳地探讨议论，编成这部县志，期望一方的掌故不至于像章君所说的误陷在地理之书的偏颇里面。如果奢求这部方志想依附在著作专门之家的后面，那么我就敬谢不敏了。

为毕秋帆制府撰常德府志序

【题解】

章学诚除主修《湖北通志》以外，同时还纂修所属几个府、州、县的方志。《常德府志》作于清高宗乾隆五十八年至五十九年（1793—1794），历时一年而成，是章学诚受毕沅嘱托所撰。毕沅，字秋帆，时任湖广总督。明、清时期别称总督为制军、制台、制府。《常德府志》二十四篇，分为纪二，考十，表四，略一，传七，还有《文征》七卷、《丛谈》一卷，另外单行。本篇内容重在阐明方志的功能和作用，即不仅不能把方志看作地理专书而混淆两者的性质，也不应该把方志仅仅当做历史文献资料看待，而是要在编纂方志中特别注重搜集有关经邦济世的材料，记载有助于治理国家的事实，为当前的政治教化服务，从而发挥借鉴古人成败得失而起到经世的作用。

　　常德为古名郡①，左包洞庭，右控五溪②，战国楚黔中地，秦楚争衡，必得黔中以为橐钥③；所谓旁摄溪蛮，南通岭峤，从此利尽南海者也④。后汉尝移荆州治此⑤，盖外控诸蛮，则州部之内，千里晏然。隋、唐以来，益为全楚关键。五季马氏既并朗州⑥，而后屹然雄视，诸镇莫敢与抗矣。盖北屏荆渚,南临长沙,远作滇、黔门户,实为控要之区⑦,不其然欤?我朝奕世承平,蛮夷率服,大湖南北,皆为腹地。康熙二十二年,满洲将军驻防荆州⑧,遂移提督军门弹压常德⑨。后虽分湖南北为两部院⑩,而营制联络两部⑪,呼吸相通,故节制之任,仍统于一。

【注释】

①常德:春秋战国时期,属秦、楚两国黔中郡。汉代置武陵郡。隋朝改为朗州。北宋改为鼎州。南宋置常德府。元代改称常德路。明代复为常德府。清代仍称常德府,治所在武陵县(今湖南常德)。

②左包洞庭,右控五溪:据[嘉庆]《一统志》记载:常德府"沅水演迤,阳山雄峙,南楚上游,重湖旧壤,荆渚唇齿,左包洞庭之险,右控五溪之要,山林蓊郁,湖水浚阔"。五溪,据郦道元《水经注》卷三十七记载:"武陵有五溪,谓雄溪、横溪、酉溪、沅溪、辰溪,悉蛮夷所居。"指湖南西部沅水上游的五条溪流。

③橐钥:语出《老子》:"天地之间,其犹橐籥乎? 虚而不屈,动而愈出。"萧统《文选》李善《注》引河上公曰:"橐籥中空虚,故能育声气也。"钥,通"籥"。橐籥,即古代冶炼用来鼓风吹火的装置,类似风箱。外面的箱子称为橐,里面的风管称为籥。比喻动力、源泉、根本。

④所谓旁摄溪蛮,南通岭峤(qiáo),从此利尽南海者也:语出顾祖禹《读史方舆纪要》卷八十:"秦惠王时,欲得楚黔中地,以武关外易之。昭王八年,留楚怀王于咸阳,要以割巫、黔中之郡。二十七年,使司马错发陇西兵,因蜀攻楚黔中,拔之。秦得黔中,则旁摄溪蛮,南通岭峤,从此利尽南海矣。"溪蛮,即五溪蛮,是汉代以来

中原人对居住在沅水上游五溪地区少数民族的称呼。岭峤,语出唐修《晋书》卷十五《地理志下》:"秦始皇既略定扬、越,以谪戍卒五十万人守五岭。自北徂南,入越之道,必由岭峤。时有五处,故曰五岭。"即五岭的别称。

⑤后汉尝移荆州治此:据顾祖禹《读史方舆纪要》卷八十记载:"汉置武陵郡,以填压巴、黔。后汉阳嘉中,移荆州治此。"阳嘉,汉顺帝刘保年号,公元 132—135 年。阳嘉三年(134),改索县为汉寿县,作为东汉荆州刺史治所,在今湖南常德市东北。

⑥五季马氏既并朗州:五季指五代十国时期。马氏指马殷,字霸图,许州鄢陵(今属河南)人。唐末马殷割据潭州(今湖南长沙),后梁朱温封其为楚王。后朗州雷彦恭招吴人攻打平江(今属湖南),马殷派遣部将秦彦徽攻占朗州,益称雄镇。

⑦北屏荆渚,南临长沙,远作滇、黔门户,实为控要之区:语出顾祖禹《读史方舆纪要》卷八十:"王氏曰:'朗州北屏荆渚,南临长沙,实为要会。今自巴陵而西,江陵而南,取道辰、沅,指挥滇、黔者,都其揽辔之初也。'然则常德不特荆户之唇齿,亦滇、黔之喉嗌也。"

⑧康熙二十二年,满洲将军驻防荆州:据《清通典》卷三十六记载:"湖北荆州将军一人。"另据[雍正]《湖广通志》卷十五《城池志》记载:"荆州府……康熙二十二年,禁旅驻城东,乃以府署为将军府。"清代满州八旗兵分驻内地各省,设置将军等武官。

⑨提督军门弹压常德:据《清通典》卷三十八记载:"提督军务……掌统辖本标官兵,及分防、营汛,节制各镇,阅军实,修武备,课其殿最,以听于总督……湖广提督驻常德府,节制襄阳、宜昌、镇筸、永州四镇,本标四营。"另据[雍正]《湖广通志》卷二十四《军政志》记载:"提督湖广全省军务,总辖官兵、军卫、土司,控制苗夷,节制各镇,左都督一员,驻节常德府城。"清代提督为一省的

　　高级武官,统辖由汉人组成的绿营兵水陆各军。军门,对提督的
　　敬称。
⑩分湖南北为两部院:元代置湖广行省,明代沿置湖广布政使司,
　　清代设湖广总督,清圣祖康熙时期分为湖南、湖北两省,各设巡
　　抚,仍由湖广总督统率。
⑪营制:语出《诗经·鄘风·鹑之奔奔》"定于方中,作于楚宫"郑玄
　　《笺》曰:"楚宫,谓宗庙也。定星昏中而正,于是可以营制宫室,
　　故谓之营室。"意为经营制作。

【译文】

　　常德是古代著名的大郡,东部围绕洞庭湖,西部控制五溪蛮,是战国时期楚国黔中地界,秦、楚争强抗衡,双方一定要得到黔中当做根本;正是人们所说的侧面威慑五溪蛮,向南通往五岭,从这里能够得到南海的物资了。东汉曾经把荆州治所移到此处,大概对外控制诸蛮族,那么州境之内,就会千里平安无事。隋、唐以来,更加成为整个楚境关键的地方。五代马氏兼并朗州,此后根基坚固不摇威临四方,各个方镇没有敢相抗衡的人了。大概北面屏障荆州,南面临近长沙,更远可以作为云南、贵州的门户,确实是控制要害的地方,不是这样吗?我朝累世承袭太平,四方各族顺从,洞庭湖南北地区,都成为腹里内地。康熙二十二年,满洲将军驻防荆州,于是把提督军门移驻控制常德。后来虽然分湖南与湖北为两个部院,而经营制度联络两部,彼此声气相通,所以管辖的职责,仍然统合在一起。

　　余承乏两湖①,尝按部常德,览其山川形势,慨想秦、汉通道以来,治乱机缄②,割制利弊③,与夫居安思治,化俗宜民之道,爰进守土长吏,讲求而切磋究之。知府三原李君大霱④,恫愊吏也。六条之察,次第既略具矣。府志辑于康熙

九年,故册荒陋,不可究诘;百余年之文献,又邈焉无征;于是请事重修。余谓此能知其大也。虽然,方志遍寰宇矣,贤长吏知政贵有恒,而载笔之士,不知辞尚体要⑤,猥芜杂滥,无讥焉耳。即有矫出流俗,自命成家,或文人矜于辞采,学士侈其蒐罗,而于事之关于经济,文之出于史裁,则未之议也。

【注释】

①余承乏两湖:毕沅于清高宗乾隆五十三年(1788)由河南巡抚升任湖广总督,五十九年(1794)离任。承乏,语出《左传·成公二年》:"韩厥曰:'……敢告不敏,摄官承乏。'"古人谦称所任职位由于一时没有合适人选,暂时由自己充任。

②机缄:语出《庄子·天运》:"天其运乎,地其处乎,日月其争于所乎? 孰主张是,孰维纲是,孰居无事,推而行是。意者,其有机缄而不得已邪?"唐代成玄英《疏》曰:"机,关也。缄,闭也。"原指推动事物运动的造化力量。后用来指气运。

③割制:规划裁制。

④三原:今陕西三原县。

⑤贤长吏知政事有恒,而载笔之士,不知辞尚体要:语出伪古文《尚书·毕命》:"政贵有恒,辞尚体要,不惟好异。"

【译文】

我充数总督两湖,曾经巡察所部到过常德,观览那里的山川形势,慨然遥想秦、汉开辟通道以来,治乱盛衰的气运,规划裁断的利弊,以及在和平时代考虑治理,用教化改变风俗而便利人民的途径,于是召集主管本地的长官,讲求并且深入商讨探究这些内容。常德知府三原人李大霍,是一位诚恳朴实的官员,六条法纪的吏治考察,先后秩序已经大致具备了。府志在康熙九年编成,过去的簿册荒芜浅陋,不可探究查考;一百多年来的文献,又渺茫而难以征信,于是请求重修。我认为这是能够懂得大要。虽然如此,方志已经遍布天下了,贤明的长官知道政事贵在坚持长久,而握笔记载的士人,却不知道文辞崇尚精要,纷繁杂乱过度,不值得评论。即使有超出流俗,自己以为成一家的方志,有的是文人炫耀文章词采,有的是学士侈谈搜罗丰富,而对事情关系到经邦济世,文辞语出史学裁断,却没有议论。

　　会稽章典籍学诚,游于余门①。数为余言史事,犁然有当于余心。余嘉李君之意,因属典籍,为之撰次,阅一载而告成。凡书二十四篇:为纪者二,编年以综一郡之大事;为考者十,分类以识今古之典章;为表者四,年经事纬,以著封建、职官、选举、人物之名姓;为略者一;为传者七,采辑传记,参合见闻,以识名宦、乡贤、忠孝、节义之行事。纲举而目斯张,体立而用可达。俗志附会古迹,题咏八景,无实靡文,概从删落。其有记序文字,歌咏篇什,足以考证事实,润色风雅,志家例录为艺文者;今以艺文专载书目,诗文不可混于史裁,别撰《文征》七卷,自为一书,与志相辅而行。其搜剔之余,畸言塍说②,无当经纶,而有资谈助者,更为《丛谈》一卷。皆不入于志篇。凡此区分类别,所以辨明识职,归于体要。于是常德典故,可指掌而言也。

【注释】

　①会稽章典籍学诚,游于余门:清高宗乾隆五十二年(1787)冬天,
　　章学诚至开封谒见河南巡抚毕沅,为之编订《史籍考》。次年毕

沅升任湖广总督,章学诚随即到武昌,为之纂修《湖北通志》。典籍,国子监典籍,掌管图书文籍之官。

②畸(jī)言脞(cuǒ)说:偏颇的言谈和琐碎的议论。畸,原意指零碎的田地。引申为偏颇,不齐整。脞,琐细。

【译文】

会稽章学诚典籍,在我门下游学。他屡次向我谈论史事,释然符合我的心意。我赞赏李君修志的美意,因而嘱托章典籍,为他编辑撰写,历经一年而宣告完成。总计全书二十四篇:作纪二篇,用编年形式综合一郡的大事;作考十篇,分门别类用来记载今古的典章制度;作表四篇,以年代为经事件为纬,用来记录封邦建国、职任官位、选拔荐举、历代人物各类姓名;作略一篇,作传七篇,采录收集传记之文,参互考察所见所闻,用来记载名宦、乡贤、忠孝、节义的行为。提起网的纲绳而网眼就张开,体制确立而作用可以实现。世俗的方志附会古代遗迹,题咏八种景观,没有实质的华丽文辞,一律删除。其中有记序一类文字,歌咏一类篇章,完全可以用来考证事实,妆点修饰文雅风范,纂修方志之家按惯例收录进艺文部分的内容,现在由于艺文部分专门记载书目,诗文不可以混入史书体裁里,另外编成《文征》七卷,自成一书,和志书互相配合流传。那些搜集选择所剩余的材料,零星细碎的言谈议论,不适合经营治理政事,而可以提供谈论的资料,再编成《丛谈》一卷。这两种文献都不放进方志里。所有这些按类分别,是要用来辨明认清职责,达到本体要义。这样常德的典故,就可以指着手掌而谈论了。

夫志不特表章文献,亦以辅政教也。披览舆图,则善德、桃源之为山镇①,渐、潜、沧浪之为川泽②,悠然想见古人清风,可以兴起末俗。爰求前迹,有若马伏波、应司隶之流③,制苗蛮于汉世;李习之、温简舆其人④,兴水利于唐时;

因地制宜,随时应变,皆文武长吏前事之师⑤。考古即以征今,而平日讨论,不可以不豫也。盖政之有恒与辞之体要,本非两事,昧于治者不察也。余故因李君之知所务也,而推明大旨,以为求治理者法焉。

【注释】

①善德、桃源:据[嘉庆]《一统志》记载常德府山川曰:"善德山在武陵县东南十五里,一曰枉山,一曰枉人山……桃源山在桃源县西南三十里,有桃源洞,相传即陶潜所记桃花源也。"善德山在武陵县(今湖南常德)境内,桃源山在桃源县(今属湖南)境内,是当地最有名的山。

②渐、潜、沧浪:据[嘉庆]《一统志》记载常德府山川曰:"渐水在武陵县北,流入龙阳县西,北流入沅,一名澹水,一名鼎水,亦谓之鼎江……潜水在武陵县东北,一名麻河,一名从河……沧浪水在龙阳县西,源出武陵城南沧山,东北流至此,与浪水合。"渐水在今湖南常德北,东南流至今汉寿县西北入沅江。潜水在今湖南常德东北,合渐水入沅江。沧浪水在今湖南汉寿县西,流至沧港入长江。

③马伏波、应司隶:马伏波即马援(14—49),字文渊,东汉扶风茂陵(今陕西兴平东北)人。曾任陇西太守,击破先零羌。后任伏波将军,南击交趾,封新息侯。率军进击武陵五溪蛮,在军病死。应司隶即应奉,字世叔,东汉汝南南顿(今河南项城西南)人。汉桓帝时期,任武陵太守,招抚武陵蛮,兴建学校,荐举人才,政绩显著。后因事免官,武陵蛮复叛,从荆州车骑将军冯绲征蛮有功,升任司隶校尉。党锢之祸起,退闲归家。

④李习之、温简舆:李习之即李翱。唐穆宗长庆元年(821),以考功员外郎任朗州刺史时,在汉代樊陂旧址开渠,名为考功堰。温简

造即温造(766—835),字简舆,唐代河内(今河南沁阳)人。嗜学不仕,隐居王屋山。唐德宗爱其才,召至京师。唐穆宗时期,官至京兆府司录参军。屡使藩镇称旨,迁起居舍人。后因事出为朗州刺史,任内开后乡渠九十七里,灌溉土地两千顷,名为右史渠。

⑤前事之师:语出《战国策·赵策一》:"前事之不忘,后事之师。"

【译文】

　　方志不仅是表彰文献,也用来辅助政治教化。翻阅地图,那么善德、桃源作为当地名山,渐水、潜水、沧浪水作为河流水域,悠然地想到古人的高风亮节,可以振兴末世的习俗。于是寻求前人遗迹,有像马伏波、应司隶一类的人,在汉代经制五溪苗蛮;有像李习之、温简舆那样的人,在唐代兴修水利;根据当地情况制定适宜的办法,随着时势的变化而采取应对措施,都是文武长官学习的前代榜样。考察古代就是用来验证当今,而平日里探究讨论,不可以不作准备。大概政事的持久和文辞的精要,本来就不是两件事,不懂得治理方法的人不加考察。我所以根据李君知道应该做的事情,而推演阐明主旨,作为寻求治理的人的准则。

为毕秋帆制府撰荆州府志序

【题解】

　　清高宗乾隆五十八、九年之间，章学诚为荆州知州崔龙见纂修《荆州府志》。志成以后，湖广总督毕沅为之作序。序文首先称述荆州地理位置的重要性，为历代朝廷所重视；继而说到由于长江发生洪灾，清廷调毕沅出任湖广总督；以下叙述水灾消除后编修府志的始末原委。本篇序文简述荆州历代方志的利弊得失之后，阐明章学诚所修新志的主张及其特征，强调一贯主张的方志作为地方史的观点，运用史法别裁新意，解释志中设立纪、表、考、传诸体的作用，以及附录《文征》《丛谈》的目的。这不但表明章学诚的修志理论逐渐成熟，而且可以看出他的理论主张一定程度上在两湖境内得到重视和实践。

　　荆州富于《禹贡》《职方》①，雄据于三国、六朝、五季，而冲要岩剧于前明②。盖至今所领仅七城，而于湖北部内十一府州，犹为重望云。三代画州，荆域袤延且数千里③，无可言也。汉分南郡，荆州所部④。蒯越说刘表曰："荆州南据江陵，北守襄阳，八郡可传檄而定。"⑤诸葛忠武说昭烈曰："荆州北据汉沔，利尽南海，东连吴会，西通巴蜀，用武之国。"⑥

六朝争剧于萧梁⑦，五季称雄于高氏⑧，一时献奇借箸⑨，腾说虽多，大约不出蒯、葛数语。然是时荆州，实兼武陵、桂阳诸郡⑩，幅员包湖南境。至明改元中兴路为荆州府，则今荆州境矣。彼时王国所封，蔚为都会⑪。我朝因明旧治，初以总兵官镇守其地⑫，旋改满营，设将军、都统以下如制⑬。雍正十三年，割二州三县与土司地，分置宜昌、施南两府⑭。乾隆五十六年，又以远安隶荆门州⑮。于是荆州所部，止于七县。然而形势犹最诸府，则江陵固兼南北之冲，而东延西控，联络故自若也。至于时事异宜，则满、汉分城⑯，民兵不扰；漕、兑互抵⑰，转饷无劳，亦既因时而立制矣。惟大江东下分流，故道多湮，江防堵筑，视昔为重。乾隆戊申⑱，大水灌城，军民被淹，城治倾圮。天子南顾畴咨⑲，特命重臣，持节临莅⑳，发帑二百万金㉑，巨工大役，次第兴举。余于是时，奉命来督两湖，夙夜惴惕㉒，惟恐思虑有所未周，无以仰答诏旨。咨于群公，询于寮寀㉓，群策材力㉔，幸无陨越㉕。而亿兆生灵㉖，皆蒙恺泽，而出于昏垫㉗，则荆州虽故而若新也。

【注释】

①荆州富于《禹贡》、《职方》：据《尚书·禹贡》记载："荆及衡阳惟荆州……厥土惟涂泥，厥田惟下中，厥赋上下。厥贡羽毛齿革，惟金三品，杶干栝柏，砥砺砮丹，惟箘簵楛。"又据《周礼·夏官·职方氏》记载："正南曰荆州……其利丹银齿革，其民一男二女，其畜宜鸟兽，其谷宜稻。"清代荆州府治在江陵县（今湖北荆州）。

②岩剧：语出明代陈谟《海桑集》卷五《赠永宁县丞序》："永宁处万山间，接壤衡、湘，号称岩剧。"岩，高峻，险要。剧，艰难，险峻。

③袤延:也作延袤。一般指南北之长,也泛指横长。

④汉分南郡,荆州所部:据班固《汉书》卷二十八上《地理志上》南郡
　注文曰:"秦置。高帝元年,更为临江郡。五年,复故……属荆
　州。"战国时期秦昭襄王置南郡,治所在郢(今湖北荆州东北),后
　迁江陵(今湖北荆州)。汉代属荆州。后世曾称南郡为荆州。

⑤蒯越说刘表曰:"荆州南据江陵,北守襄阳,八郡可传檄而定":语
　出陈寿《三国志》卷六《刘表传》裴松之注引司马彪《战略》。蒯
　越,字异度,东汉末年中庐(今湖北襄阳南)人。大将军何进辟为
　东曹掾,劝其尽诛宦官,何进犹豫不决。求出为汝阳令。佐刘表
　平定荆州,任章陵太守。后随荆州归降曹操,封侯,任光禄勋。
　刘表于汉献帝初年任荆州刺史,后改为荆州牧。死后,其子刘琮
　以荆州投降曹操。八郡,长沙、零陵、桂阳、武陵、江夏、南阳、南
　郡、章陵。

⑥诸葛忠武说昭烈曰:"荆州北据汉沔,利尽南海,东连吴会,西通
　巴蜀,用武之国":语出陈寿《三国志》卷三十五《诸葛亮传》。诸
　葛忠武,诸葛亮(181—234),字孔明,汉末琅邪阳都(今山东沂
　南)人。隐居邓州隆中(今湖北襄阳西),躬耕陇亩。东汉献帝建
　安十二年(207),刘备三顾茅庐,他提出三国鼎立的构想。辅佐
　刘备占领荆州、益州,建立蜀汉政权。刘备称帝后,任命他为丞
　相。刘备卒后,受遗命辅佐后主刘禅,受封武乡侯。连年出兵伐
　魏,卒于五丈原军中。谥为忠武侯。昭烈,刘备(161—223),字
　玄德,汉末涿郡涿州(今属河北)人。早年以贩鞋织席为业。汉
　末军阀割据,曾辗转投靠曹操、刘表等人。后得诸葛亮为谋士,
　并且联合孙权,败曹操于赤壁,占领荆州,力量逐渐壮大。后来
　又夺取益州和汉中。公元221年在成都称帝,国号汉,年号章
　武。次年在彝陵被吴国将领陆逊击败,不久病死,谥为昭烈皇
　帝。吴会(kuài),吴郡和会稽郡的合称。秦始皇在原吴、越地区

设置会稽郡,治所在吴县(今江苏苏州)。东汉分置吴郡。吴郡治所在吴县,辖境相当今江苏南部、浙江东北部。会稽郡治所在山阴(今浙江绍兴),辖境相当于今浙江大部。

⑦六朝争剧于萧梁:南朝梁元帝萧绎原为湘东王,镇守江陵,派王僧辩、陈霸先讨灭侯景叛乱,于江陵即位称帝。

⑧五季称雄于高氏:五代十国时期,后梁任命高季兴为荆南节度使。高氏建立荆南国,建都江陵。

⑨借箸(zhù):语出司马迁《史记》卷五十五《留侯世家》:"张良曰:'臣请藉前箸,为大王筹之。'"裴骃《集解》引张晏曰:"求借所食之箸,用指画也。"后借用来指替人出谋划策。箸,筷子。大王,刘邦。

⑩桂阳:西汉初年置桂阳郡,治所在郴县(今湖南郴州)。隋、唐时称郴州,一度改称桂阳郡。元、明、清三代均称郴州。

⑪彼时王国所封,蔚为都会:明太祖洪武年间,建湘王府;明成祖永乐年间,建辽王府;明神宗万历年间,建惠王府。三王均于江陵开府,故称都会。

⑫总兵:清代总兵为汉军绿营兵的高级武官,受提督节制。

⑬将军、都统:清代八旗兵驻防各省,最高长官称为将军,副长官称为都统。不设将军处,都统即为长官。

⑭雍正十三年,割二州三县与土司地,分置宜昌、施南两府:清世宗雍正十三年(1735),升荆州府所属夷陵州为宜昌府,治所在东湖(今湖北宜昌),把原来的直隶州归州(今湖北秭归)划入宜昌。又设置施南府,治所在恩施(今属湖北)。土司,元、明、清时期在西南、西北地区设置的由少数民族首领充任并世袭的官职。

⑮乾隆五十六年,又以远安隶荆门州:唐代设置荆门县,元代升为荆门州。清代乾隆五十六年(1791),升为直隶州,并把远安县划入。荆门、远安,今均属湖北。

⑯满、汉分城：清圣祖康熙年间，规定满洲将军驻荆州，绿营兵提督移驻常德府。

⑰漕、兑：漕指漕运，即把所征收的粮食由水路运往京城或其他规定地区。兑指兑运，即百姓把漕粮交到附近的规定地点，另外附加耗米等项。

⑱乾隆戊申：清高宗乾隆五十三年，公元1788年。

⑲畴咨：语出《尚书·尧典》："畴咨若时登庸。"畴，谁。咨，嗟叹声。此处借用尧命四岳举荐治水之人的典故。

⑳持节：古代使臣奉命出行，手持旄节作为凭证。

㉑发帑二百万金：帑指国家府库。金，汉代以黄金一斤为一金。后世以黄金或白银一两为一金。清代以银作为货币流通，故指白银。

㉒惴惕：语出柳宗元《柳河东全集》卷三十《寄许京兆孟容书》："每当春秋时飨，孑立捧奠，顾眄无后继者，惸惸然欷歔惴惕。"意为惊恐不安。

㉓寮寀(liáo cài)：语出《晋书》卷四十三《王戎传》："寻拜司徒，虽位总鼎司，而委事僚寀。"寮，通"僚"。意为官员，百官。也指僚属或同僚。

㉔群策材力：也作"群策群力"。语出扬雄《法言》卷十《重黎》："汉屈群策，群策屈群力。"屈，尽也。指集合众人的智慧和力量。

㉕陨越：语出《左传·僖公九年》："小白余敢贪天子之命无下拜！恐陨越于下，以遗天子羞。"小白，春秋时期齐桓公，名小白。意为跌倒，坠落。此处指失职。

㉖亿兆：古代十万为亿，百万为兆。形容数量众多。

㉗昏垫：语出《尚书·益稷》："下民昏垫。"孔颖达《疏》引郑玄《笺》曰："昏，没。垫，陷也。"意为陷没沉溺。

【译文】

荆州在《禹贡》《周礼·职方氏》记载里属于富庶地区,在三国、六朝、五代时期是雄关重镇,在前明是险要之地。大约到现在所管辖的只有七个县,而在湖北辖区内十一个府州里,仍然有重大声望。夏、商、周三代划分州境,荆州范围将近数千里,没有什么可说。汉代分设南郡,是荆州所统辖的区域。蒯越游说刘表说:"荆州南面凭借江陵,北面掌握襄阳,所属八郡可以传布檄文而平定。"诸葛忠武劝说昭烈帝说:"荆州北面凭借汉水与沔水,向南能得到南海的物资,向东连络吴越,西面通向巴蜀,是用兵争夺之地。"六朝时期梁朝萧氏争夺这一重地,五代时期高氏在这里割据称雄,一时间指点筹划进献奇策,驰骋游说的言论虽然很多,大抵不超出蒯越、诸葛忠武这些话的范围。然而这时的荆州,实际上包括武陵、桂阳等郡,幅员统辖湖南境内。到明代改元代的中兴路为荆州府,就是现在的荆州地界了。那时是王国的封地,扩展成为都会。我朝根据明代旧有治所,起先用总兵官镇守这个地方,不久改为满洲旗兵,按照制度设置将军、都统以下官员。雍正十三年,割出二州三县和土司地域,分别设置宜昌、施南两府。乾隆五十六年,又把远安县隶属荆门州,于是荆州所统辖的范围,只有七县。然而地势还是位居湖北各府的首位,就是因为江陵本来同时属于南北的要道,而通向东方控制西方,联络本来通畅自如。至于时代不同的行事各异,就有满人与汉人分城驻守,百姓和军队不相侵扰,漕运和兑运互相接连,转运粮饷不受劳苦,也已经根据时势而确立制度了。只是长江东下分流,故道大多堵塞,长江堤防的修筑,比起以前更加重要。乾隆五十三年,大水淹灌府城,军民被水淹没,城墙倾斜倒塌。皇上遥望南方叹息,特地派遣大臣,出使来到此地,拨发库银二百万两,巨大的工程,依次兴办。我在这个时候,奉命来做湖北湖南的总督,从早到晚忧惧,只害怕思虑有不周到的地方,没有成绩报答皇上的诏旨。和群公商议,向僚属咨询,大家尽献才能和力量,幸好没有失职误事。而亿万生灵,都蒙受和乐的恩泽,得以从陷没沉溺脱身,那么荆州虽然古老却像新建一样。

逾年,民气渐苏,官司稍有清晏。知府山阴张君方理,始欲整齐掌故,为后持循;旋以事去①。继其任者,永济崔君龙见②,乃集七县长吏而议修府志。崔君以名进士起家③,学优而仕④,其于斯志,盖斤斤乎不苟作也。且《荆志》著于古者,倍他州郡,盛弘之有《荆州记》⑤,庾仲雍有《江记》⑥,宗懔有《荆楚岁时记》⑦,梁元帝有《荆南志》,又有《丹阳尹传》⑧,书虽不存,部目可考,遗文逸句,犹时见于群书所称引也。前明所修《荆州府志》⑨,仅见著录而无其籍。康熙年间,胡在恪所修⑩,号称佳本,而世亦鲜见。今存叶仰高《志》,自云多仍胡氏旧文,体例谨严,纂辑必注所出⑪,则其法之善也。而崔君之于斯志,则一秉史裁,详赡博雅之中,运以独断别裁之义。首纪以具编年史法,次表以著世次年代,掌故存于诸考,人物详于列传,亦既纲举而目张矣。又以史志之书,记事为主。艺文乃著录之篇,而近代志家,猥选诗文杂体;其有矫而正者,则又裁节诗文,分类隶于本事之下,皆失古人流别。今师史例以辑府志,更仿选例以辑文征。自云志师八家《国语》,文征师十五《国风》,各自为书,乃得相辅而不相乱。又采辑之余,琐事畸言,取则失裁,弃则可惜;近人编为志余,亦非史法。今乃别为《丛谈》一书,巨细兼收,而有条不紊,盖近日志家所罕见也。昔罗愿撰《新安志》,自谓儒者之书,不同抄撮簿记⑫。今崔君所辑,本源深远,视罗氏雅裁,有过之而无不及已。会湖北有《通志》之役,聘会稽章

典籍学诚，论次其事。章君雅有史识，与余言而有合。崔君
又屡质于典籍，往复商榷，时亦取衷于余。余故备悉其始
末，而叙于卷端。

【注释】

①知府山阴张君方理，始欲整齐掌故，为后持循；旋以事去：据《章
　氏遗书》卷二十一《赠张燮君知府序》记载："山阴张燮君太守，宿
　负耿介……拜书天府，出缩县符于山东，历试繁剧，投艰巨，刃迎
　节解。稍迁佐府，屡摄要郡，所至有声。辄以堂议，久不得迁。
　会乾隆五十三年戊申，荆州大水决城，洪流为患。天子南顾畴
　咨，擢毕公制两湖，且命大学士阿公、同公经营相度，巨工大赈，
　羽檄旁午。当事需才孔亟，于是两公合辞入告，请破格用君为荆
　州知府。君下车数月，次第经理，若网在纲，有条不紊。凡所条
　画，具有成书。顾再起再踬，移剧武昌，未一年，又以吏议镌阶。
　督府深惋惜之，力荐其才，天子召见，俾试可于甘凉，岁在壬子冬
　也。"山阴，县名，治所在今浙江绍兴。1912年，与会稽县合并为
　绍兴。张君方理，名方理，字燮君，清代浙江山阴人。乾隆五十
　三年（1788）任荆州知府，后移任武昌知府。乾隆五十七年
　（1792），移官甘肃。
②永济崔君龙见：崔龙见，清代山西永济（今属山西）人。曾官湖北
　荆州知府，纂修《荆州府志》。
③起家：语出司马迁《史记》卷一百零一《晁错列传》："建元中，上招
　贤良，公卿言邓公。时邓公免，起家为九卿。"即自家中征召出
　仕，授予官职。泛指进入仕途。
④学优而仕：语出《论语·子张》："子夏曰：'仕而优则学，学而优则
　仕。'"朱熹《集注》曰："优，有余力也。"
⑤盛弘之有《荆州记》：据《隋书》卷三十三《经籍志》地理类著录：

"《荆州记》三卷，宋临川王侍郎盛弘之撰。"

⑥庾仲雍有《江记》：据《隋书》卷三十三《经籍志》地理类著录："《江记》五卷，庾仲雍撰。"

⑦《荆楚岁时记》：据陈振孙《直斋书录解题》卷六记载："《荆楚岁时记》六卷（按唐、宋《艺文志》俱作一卷），梁吏部尚书宗懔撰。记荆楚风物故事。"

⑧梁元帝有《荆南志》，又有《丹阳尹传》：据《新唐书》卷五十八《艺文志》地理类著录："梁元帝《职贡图》一卷，又《荆南地志》二卷。"另据《隋书》卷三十三《经籍志》杂传类著录："《丹阳尹传》十卷，梁元帝撰。"

⑨前明所修《荆州府志》：据《明史》卷九十七《艺文志》地理类著录："王宠怀《荆州府志》十二卷。"

⑩康熙年间，胡在恪所修：据[雍正]《湖广通志》卷四十九《乡贤志》记载："胡在恪，字念蒿，江陵人。顺治戊子省元，乙未进士……恪博雅能文，尝总修本省通志。"历官刑部郎中，督学江南，补江西盐驿道。又据[雍正]《荆州府志》来谦鸣《序》曰："荆郡之志，明代屡修，俱佚不传。今存者，惟本朝康熙中郡人胡参议在恪所修。"

⑪叶仰高《志》，自云多仍胡氏旧文，体例谨严，纂辑必注所出：叶仰高于清高宗乾隆十五年（1750）任荆州知府，乾隆二十年（1755）开馆重修《荆州府志》，两年后成书，总计五十八卷。叶仰高《荆州府志·自序》曰："余自乾隆十五年，奉命典兹郡，比四年，公务次第举，乃集僚属议曰：'《荆志》当修者三：前郡领二州十一县，今领县八，疆索既分，记录宜异，一也。前志修于康熙二十四年，距今且七十年。七十年中，一方之典章经制，闾泽之逮周曲被，以及户口、田土之增益，官师、俊造、名贤、贞淑之姓氏德善，逮今不记，后此奚述？二也。隶邑首江陵，而邑故无志，余虽有，或舛

略不足观,则郡志之不辑,不可以后,三也.'维时大观察卢公闻
其议,亟为奖掖。于是偕二三寮寀,悉心筹画,乃撰书币,延名
宿,裕饩廪,具章程,岁在乙亥孟春,拣日开馆,越两载书成。为
类三十有二,卷三十有八,视旧志不啻衰益其半。"又《凡例》曰:
"兹分类三十有二,较之旧志,亦不大相径庭。惟旧志附祥异于
星野,附桥梁于山川,附寺观于古迹,今各析为一类。旧志无恤
政、乡镇、纪兵、杂记,今俱增辑。其帝王一类,则全削之。再旧
志征引载籍寥寥,今广为搜罗,兼详所出,或于本文前,或侧注
于下。"

⑫昔罗愿撰《新安志》,自谓儒者之书,不同抄撮簿记:语出罗愿《新
安志·序》:"至于州土沿革,吏治得失,风俗美恶,与其人材之众
寡,是皆有微旨,必使涉于学者纂之……若直抄取记簿以为书,
则凡吏之善书者,足以次之矣……盖世常以此为无事乎儒,而儒
亦卒不可废于世也,岂特此哉!"又据《四库全书总目》卷六十八
《新安志提要》曰:"愿《自序》自亦以为,儒者之书,具有微旨,不
同抄取记簿,皆不愧也。"

【译文】

过了一年,民众气力逐渐恢复,官府略微出现清闲安宁。知府山阴
人张方理,正想要整理掌故,让后任遵循;不久因事离任。接替他职务
的人,是永济人崔龙见,方才聚集七县长官而商讨编修府志。崔君以著
名进士进入仕途,学有余力来做官,他对这部府志,大概非常谨慎而不
随便编纂。况且在古代编著的《荆州志》,是其他州郡的几倍,盛弘之有
《荆州记》,庾仲雍有《江记》,宗懔有《荆楚岁时记》,梁元帝有《荆南志》,
又有《丹阳尹传》。这些志书虽然失传,类目可以考知,遗逸的文句,还
时常在群书的征引里见到。前明编修的《荆州府志》,只在书目著录中
见到却没有这部书籍。康熙年间,胡在恪所编修的府志,号称是佳本,
而世间也很少见到。现存叶仰高编修的方志,自己说大多沿用胡氏旧

文,体例谨严,汇集材料一定注明出处,就是纂修方法的优点。而崔君
对于这部方志,就完全禀持史书体制,在详细充实和丰富文雅当中,运
用独自决断而裁定的宗旨。开篇的纪用来具备编年纪事的史学方法,
接下来的是表用来记录世系和年代,掌故在各篇考里保存,人物在列传
里详细记载,也已经像纲绳提起而网眼就张开了。又认为史书与方志,
以记载史事为主,艺文部类本是著录书目的篇章,而近代编修方志的
人,冗滥地选入诗文杂体;有矫正这类失误的志书,就又删节诗文,分类
归属在本事的下面,都失去古人分门别类的遗留。现在效法史书体例
来编辑府志,又仿照选录诗文的体例来编辑文征。他自己说志效法八
国的《国语》,文征效法十五国的《国风》,各自形成一书,于是可以互相
辅助而不互相扰乱。另外采集所剩余的材料,琐碎事情和零星言论,采
用就失去剪裁,舍弃就可惜;近代人编成方志余编,也不是作史方法。
现在就另外编成《丛谈》一书,大小事情同时收入,而有条理又不紊乱,
大概是近年编纂方志的人罕见的做法。从前罗愿撰《新安志》,自己说
是儒者的书,和摘录簿册的书籍不同。现在崔君所编辑的方志,源头深
远,比起罗氏的高雅裁制,是有过之而无不及了。正值湖北有编修《通
志》的事,聘请会稽章学诚典籍,论定编排府志。章君一向很有史识,和
我谈论有一致的地方。崔君又多次询问章典籍,彼此往来商榷,也常常
向我征求折中意见。所以我完全了解编修府志的过程,而在卷首叙述。

为毕秋帆制府撰石首县志序

【题解】

本篇所指《石首县志》,是清代乾隆年间石首县(今湖北石首市)知县王维屏重修,大约成书于乾隆五十八、五十九年之间,志分八门,为书十篇。章学诚曾为该志制定体例,并在成书后审阅其稿,又代湖广总督毕沅为此书作序。序中重点阐述方志的作用,鲜明地体现出章学诚关于方志为一方政要的一贯主张。他把方志和地方政事紧密联系在一起,强调方志之言要见之于行政之事,也就是说方志应当有助于治理一方之政。正是基于这种认识,他竭力抨击那些修志仅仅以风流文采缘饰地方长官儒雅之名的做法,认为这样的方志不但没有价值,而且败坏社会风气,无补于施政与教化功能。所以,文中反复说明纂修方志必须做到贵体要和明体要,通过阅读方志而明晰地方利弊得失,真正发挥一县之志即一方政书的价值,凸显方志与治理法度同等重要的性质。

石首为荆州望县,两汉本华容地①,晋平吴,分华容置县,因山以石首名②。赵宋改治调弦,易名建宁③。寻迁绣林山左,复名石首④。元大德中,又迁楚望山下⑤。历明至今,文物声名,为荆部称盛。县志不修,近六十年。旧志疏脱,诠次无法,又缺数十年之事实。知县玉田王君维屏⑥,因余撰辑通志,檄征州县之书,乃论次其县事,犁剔八门^⑦,合首尾为书十篇,以副所征,且请余为之序。

【注释】

①两汉本华容地:据顾祖禹《读史方舆纪要》卷七十八记载:"荆州石首县,汉南郡华容县地。"华容,西汉置县,隶属南郡,故城在今湖北监利县东。隋以古华容城置县,故城在洞庭湖以北。北宋徙于今治,即今湖南华容县。明、清两代,均隶属岳州府(今湖南岳阳)。

②晋平吴,分华容置县,因山以石首名:据顾祖禹《读史方舆纪要》卷七十八记载:"晋置石首县,以山为名,仍属南郡。刘宋省。唐武德四年,复置,属荆州。"石首山,据《明一统志》卷六十二《荆州府·山川》记载:"石首山,在石首县北。江中有石孤立,为北山之首,因名。"

③赵宋改治调弦,易名建宁:据顾祖禹《读史方舆纪要》卷七十八记载:"邑志云:县尝改为建宁,其址在调弦口,往东山路也。"调弦口,今湖北石首县调弦口镇。据《明一统志》卷六十二《荆州府·宫室》记载:"调弦亭,在石首县东六十里。俗传伯牙鼓琴于此。"

④寻迁绣林山左,复名石首:据顾祖禹《读史方舆纪要》卷七十八记载:"邑志云……元初,迁绣林山下,仍名石首。"绣林山,据《明一统志》卷六十二《荆州府·山川》记载:"绣林山,在石首县西南二里。旧名岐阳山,汉昭烈娶孙夫人于此。锦障如林,因名。上旧有绣林亭。"

⑤元大德中,又迁楚望山下:据顾祖禹《读史方舆纪要》卷七十八记载:"邑志云……至元中,再迁楚望山北,即今治也。"按上文称元初石首县治绣林山下,而"至元"为忽必烈建立元朝使用的第一个年号,属于"元初",不当重出。疑"至元中"或当为"至元大德

中"之脱文。大德，元成宗年号，公元 1297—1307 年。楚望山，据《清一统志》卷二百六十八《荆州府·山川》记载："楚望山，在石首县西二里。一名望夫山。昭烈入蜀，孙夫人凿石为台，于此望之，名金石台。今台形尚存。"

⑥玉田王君维屏：王维屏，清代直隶遵化州玉田县（今属河北）人。清高宗乾隆年间任石首县知县，纂修《石首县志》。

⑦犁剔：分解，析别。犁，翻耕土地。剔，分解骨肉。

【译文】

　　石首是荆州府所属的大县，两汉时期本来属于华容县地界。西晋平定吴国，分华容之地置石首县，根据石首山的名称作为县名。赵宋把县治改设在调弦，改名建宁县。不久迁到绣林山东边，重新称作石首县。元代大德年间，又迁到楚望山下。经过明代到现在，文化悠久的声名，在荆州地区称为兴盛。县志没有纂修，将近六十年。以前的县志疏略脱漏，铨选编排没有准则，又缺少几十年的事实。知县玉田人王维屏，因为我编辑通志，发布文书征集州县的方志，于是编排石首县的史事，分解成八门，连同首尾成书十篇，用来配合征集，并且请我作序。

　　余披览其书，而知王君之可与论治也。夫为政必先纲纪，治书必明体要。近日为州县志者，或胥吏案牍，芜秽失裁；或景物题咏，浮华无实；而求其名义所归、政教所重，则茫然不知其所指焉。夫政者，事也。志者，言也。天下盖有言之斐然①，而不得于其事者矣；未闻言之尚无条贯，而其事转能秩然得叙者也。今王君是志，凡目数十，括以八门，若网在纲，有条不紊②。首曰编年，存史法也。志者，史所取裁，史以记事，非编年弗为纲也。次曰方舆，考地理也。县之有由立也，山川古迹，以类次焉。而水利江防，居其要矣。

次曰建置，人功修也。城池廨署，以至坛庙，依次附焉。次曰民政，法度立也。户田赋役之隶于司徒，邮驿兵防之隶于司马，皆《洪范》八政之经也。次曰秩官③，昭典守也。长佐师儒，政教所由出也。而卓然者，爰斯传矣。次曰选举，辟才俊也。论秀书升，《王制》之大④，兴贤与能，《周官》是详⑤；勒邦乘者，所不容略也。次曰人物，次曰艺文，一以征文，一以考献，皆搜罗放失，谨备遗忘，尤为乘时之要务也。人物必征实事，而不以标榜为虚名；艺文谨著部目，而不以诗文充篇幅。盖人物为马《史》列传之遗，艺文为班、刘著录之例，事必师古，而后可以法当世也。部分为八，亦既纲举而目张矣。至于序例图考，冠于编首，余文剩说，缀于简末，别为篇次，不入八门。殆如九夫画井⑥，八阵行军⑦，经纬灿然，体用具备。乃知方志为一方之政要，非徒以风流文采，为长吏饰儒雅之名也。

【注释】

①斐然：语出《论语·公冶长》："斐然成章。"形容有文采的样子。

②若网在纲，有条不紊：语出《尚书·盘庚上》："若网在纲，有条而不紊。"纲，网上的总绳。紊，杂乱而没有条理。

③秩官：官吏的职位和品级。

④论秀书升，《王制》之大：语出《礼记·王制》："命乡论秀士，升之司徒，曰选士。司徒论选士之秀者而升之学，曰俊士。升于司徒者，不征于乡；升于学者，不征于司徒，曰造士……大乐正论造士之秀者，以告于王而升诸司马，曰进士。"论，挑选，选拔。升，推举，荐举。

⑤兴贤与能，《周官》是详：语出《周礼·地官·乡大夫》："使民兴
　　贤，出使长之；使民兴能，入使治之。"

⑥九夫画井：语出《孟子·滕文公上》："方里而井，井九百亩，其中
　　为公田。八家皆私百亩，同养公田；公事毕，然后敢治私事。"

⑦八阵行军：据乐史《太平寰宇记》卷一百四十八记载："八阵图在
　　[奉节]县西南七里。《荆州图记》云：'永安宫南一里渚下平碛
　　上，周回四百十八丈，中有诸葛孔明八阵图，聚细石为之，各高五
　　尺，广十围，历然棋布，纵横相当，中间相去九尺，正中开南北巷，
　　广悉五尺，凡六十四聚。或为人散乱，及为夏水所没，冬水退，复
　　依然如故。'"八阵图，三国时期诸葛亮发明的一种阵法。相传他
　　曾经聚石布成阵形。

【译文】

　　我翻阅浏览这部书，知道王君是可以相互谈论治道的人。治理政
事一定要先把法度放在首位，著书一定要明确书籍的纲要。近来编修
的州县方志，有的是胥吏文书，杂乱猥滥失于剪裁；有的是景物题咏，浮
华没有实际内容；而寻求它们所归向的道义、所重视的政治教化，就迷
茫地不知道宗旨所在。为政，就是事情。修志，就是言论。天下大概有
言论斐然成章，却不适合所指的事情了；没听说过言论还没有条理，而
所指的事情反过来能够井然有次序。现在王君这部县志，共有凡例目
录数十项，用八个门类总括，就像把网系在纲上，有条理而不紊乱。开
篇叫做编年，保存史学方法。方志，是国史所选取的材料，史书用来记
事，不用编年的方法不能形成要纲。其次叫做方舆，用来考察地理。县
有设立的来由，山川古迹，按类排列。而水利江防，占据重要地位了。
再次叫做建置，致力于修人事之功。城池官署，以至于祭坛庙宇，依次
附属归类。再次叫做民政，用来树立法度。户口田亩和赋税徭役由司
徒掌管，驿站驻防由司马掌管，都是《洪范》八政的常法。再次叫做秩
官，彰显主管官员。正副长官与学官，政治教化由他们颁布。而突出的

人才政绩,于是流传后世了。再次叫做选举,征辟任用优秀人才。挑选杰出人才写入推举名单,是《王制》中的大事,荐举有贤德与才能的人,为《周礼》详细叙述;这是编修方志的人,所不容忽略的内容。再次叫做人物,再次叫做艺文,一个用来征集成文,一个用来考察言论,都是搜罗散失,谨慎地防备遗忘,尤其是把握时机的重要事务。人物门类一定要验证实事,而不借夸耀作为虚名;艺文门类谨慎记录部类目录,而不用诗文充塞篇幅。大概人物一门是司马迁《史记》列传的遗留,艺文一门是班固与刘歆著录的体例。事情一定要仿效古代,然后可以为当代效法。划分成八门,也已经像提起网上的纲绳而网眼就张开了。至于序例和图考,排在全书最前面,剩余的文字和杂说,附在正文后面,另外单独成篇,不列入八门之中。这差不多就像九家划分井田,八阵图部署军队,经纬纵横显著分明,本体和功用全部完备。于是知道方志是一个地方的为政要纲,而不是仅仅用风流文采,为长官修饰儒雅的名声。

　　且石首置县以来,凡三徙矣。今县治形势,实为不易,四顾平衍之中,至县群山涌出,东有龙盖,南有马鞍①,西有绣林,北有楚望,居中扼要,政令易均;是以明代至今,相仍为治。夫抚驭必因形势②,为政必恃纲纪,治书必贵体要,一也。王君以儒术入仕,知所先务。其于治书,洵有得于体要,后人相仍,如县治矣。抑古人云:"坐而言者,期起而行。"③今之具于书者,果能实见如政治,则必不以簿书案牍为足称职业,文采绚饰为足表声誉;是则虽为一县之志,即王君一人之治书也。古之良史,莫能尚已,余于王君有厚望焉。

【注释】

①东有龙盖，南有马鞍：据顾祖禹《读史方舆纪要》卷七十八记载："笼盖山在[石首]县东二里，县之主山也。与绣林、马鞍为三峰，俱错列江滨。"

②抚驭：语出魏收《魏书》卷九《肃宗纪》："朕叨承乾历，抚驭宇宙。"也作"抚御"。意为安抚而控御。

③坐而言者，期起而行：语出《荀子·性恶》："凡论者，贵其有辨合，有符验，故坐而言之，起而可设，张而可施行。"

【译文】

　　况且石首设县以来，总计迁移三次了。现在县治的地形，实在不易得，四望一片平坦之地，接近县治群山涌出，东面有龙盖山，南面有马鞍山，西面有绣林山，北面有楚望山，位居当中控制要害，政令颁布容易均衡，所以从明代到现在，相沿作为县治。安抚驾驭一定要根据地形，办理政事一定依靠法度，著书一定重视大要，是同样的道理。王君凭借儒学进入仕途，知道应该率先从事的要务。他对于著书，确实在大要方面有所得益，后人相沿，就好像一县得到治理了。也就是古人所说："安稳地坐着谈论，期望能够起身实行。"如今保存在志书里的内容，果真能在治理地方中实际体现，就一定不会把处理簿册文书看作足以符合职责，把文采修饰看作足以显示声誉；那么虽然是一县的方志，就是王君一个人的著书。古代的优秀史官，没有人能超过，我对王君抱有很大期望。

书武功志后

【题解】

明代康海撰《武功县志》三卷,内容共分七篇,二万多字。后人对此志评价很高,奉为修志楷模。清代四库馆臣为它作《提要》说:"凡山川城郭,古迹宅墓,皆括于《地理》。官署学校,津梁市集,皆归于《建置》。祠庙寺观,则总以《祠祀》。《艺文》则用《吴郡志》例,散附各条之下,以除冗滥。《官师》则善恶并著,以寓劝惩。王士祯谓其'文简事核,训词尔雅';石邦教称其'义昭劝鉴,尤严而公,乡国之史,莫良于此'。非溢美也。"章学诚却对此志评价很低,认为撰人实际上并不是真正懂得简约之法,以致造成记载的事实芜秽不堪。存在的主要缺陷,一是全书将《璇玑图》冠于篇首,没有章法条理;二是滥收无用诗文,不知体要;三是方志僭列帝王后妃,名分混淆。究其原因,是因为撰人不知史家法度和文章体裁,一味追求简洁高雅,导致遗漏重要事实,盛名之下其实难副。

康海《武功志》三卷①,又分七篇,各为之目:一曰《地理》,二曰《建置》,三曰《祠祀》,四曰《田赋》,五曰《官师》,六曰《人物》,七曰《选举》。首仿古人著述,别为篇叙②,高自位置,几于不让,而世多称之。王氏士正亦谓"文简事核,训辞尔雅"③;后人至欲奉为修志楷模④,可为幸矣。夫康氏以二万许言,成书三卷,作一县志,自以谓高简矣。今观其书,芜秽特甚。盖缘不知史家法度,文章体裁,而惟以约省卷篇,谓之高简,则谁不能为高简邪?

【注释】

①康海(1457—1540):字德涵,号对山,明代陕西武功人。明孝宗弘治十五年(1502)状元,任翰林院修撰。文学成就突出,为前七子之一。明武宗时期依附宦官刘瑾,后刘瑾被杀,因名列党羽而免官。著有《对山集》、杂剧《中山狼》等。

②首仿古人著述,别为篇叙:据康海《武功县志·目录叙》曰:"夫志者,记也。记其地理、风俗、人物之事也。《武功志》,余先君子长公盖尝述焉。然县官掌故弗严,人匿之矣。余于是卒成先人之志,略序撰之。凡山川城郭,与风俗推移,皆地理所具,作《地理》第一。官署学校,乃诸有司所兴行,皆建置之事,作《建置》第二。治民人者先其神,故祠祀兴焉,作《祠祀》第三。有田则有赋,有身则有役,田赋之政,国所重焉。作《田赋》第四。疆域人民,非官不守,礼乐教化,非官不行,作《官师》第五。文献之事,邦邑所先,以稽古昔,以启后贤,作《人物》第六。科贡制行,士由以兴,作《选举》第七。凡七篇。"

③王氏士正亦谓"文简事核,训辞尔雅":语出王士祯《带经堂集》卷六十五《蚕尾文一·新城县新志序》:"以予所闻见,前明郡邑之志,不啻充栋。而文简事核,训辞尔雅,无如康对山之《武功》。"王士正,王士祯(1634—1711),字子真,一字贻上,号阮亭,又号渔洋山人,清代山东新城(今山东桓台)人。清世祖顺治年间进士,官至刑部尚书。卒谥文简。死后因避清世祖胤禛名讳,改称士正。著有《带经堂集》等。

④后人至欲奉为修志楷模:清代宋荦《西陂类稿》卷九《读康对山武

功志题卷尾二绝句》："绝代风流康对山，琵琶一掷老秦关。千秋邑乘留残帙，简洁居然并马班。　　有虞风物七篇中，骚笔由来撰述工。太息斯人甘废弃，交情瑞祇笃崆峒。"清代李慧［乾隆］《大田县志》序曰："近代志之佳者，如康对山之《武功志》，王渼陂之《鄠志》，李元仲之《宁化志》，皆考据精凿，文简事核，为丹铅家正鹄，彼所谓良史才也。"王渼陂，王九思（1468—1551），字敬夫，号渼陂，明代陕西鄠县（今陕西户县）人。与康海同为曲坛盟主，著有《碧山乐府》、《渼陂集》、《鄠县志》等。李元仲，李世熊（1602—1686），子元仲，号寒支，明末清初福建宁化（今福建宁化县东北泉上镇）人。志节清高，终身未仕。晚年自号愧庵，颜其斋曰"但月"。朝廷屡征不出，名著海内。著有《寒支集》、《宁化县志》、《狗马史记》等。

【译文】

康海撰《武功县志》三卷，又分为七篇，每篇各标题目：第一叫做《地理》，第二叫做《建置》，第三叫做《祠祀》，第四叫做《田赋》，第五叫做《官师》，第六叫做《人物》，第七叫做《选举》。开端仿照古人著述，另外撰作篇叙，把自己摆在很高的位置，近似毫不谦让，而世人大多称赞这部书，王士正也说它"文字简要而记事核实，言论语词温文尔雅"；后人甚至想要尊奉为编纂方志的榜样，可以说是侥幸了。康氏用大约二万字，编成三卷书，作一部县志，自己认为高雅简要了。现在看这部书，非常杂乱，大概由于不知道史学家的法度，撰写文章的体裁，而只是把减省篇幅，称为高雅简洁，那么有谁不能做到高雅简洁呢？

志乃史裁，苟于事理无关，例不滥收诗赋。康氏于名胜古迹，猥登无用诗文①；其与俗下修志，以文选之例为艺文者，相去有几？夫诸侯不祖天子，大夫不祖诸侯②，严名分也。历代帝王后妃，史尊纪传，不藉方志。修方志者，遇帝

王后妃故里，表明其说可也。列帝王于人物，载后妃于列
女，非惟名分混淆，且思王者天下为家，于一县乎何有？康
氏于人物，则首列后稷以至文王③，节录太史《周纪》；次则列
唐高祖、太宗④，又节录《唐本纪》，乖剌不可胜诘矣⑤。方志
不当僭列帝王，姑且勿论。就如其例，则武王以下，何为删
之？以谓后有天下，非邠之故邑耶⑥？则太王尝迁于岐⑦，文
王又迁于丰⑧，何以仍列武功人物？以武王实有天下，文王
以上，不过追王，故录之耶？则唐之高祖、太宗，又何取义？
以谓高祖、太宗生长其地，故录之耶？则显、懿二祖⑨，何为
删之？后妃上自姜嫄⑩，下及太姜⑪，何为中间独无太任⑫？
姜非武功封邑，入于武功列女，以谓妇从夫耶？则唐高祖之
太穆窦后⑬，太宗之文德长孙皇后⑭，皆有贤名，何为又不载
乎？夫载所不当载，为芜为僭，以言识不足也。就其自为凡
例，任情出入，不可诘以意指所在，天下有如是而可称高简
者哉？

【注释】

①康氏于名胜古迹，猥登无用诗文：康海《武功县志·地理志》收录
　　唐太宗于武功所作《冬狩诗》、幸庆善宫赋诗、过武功旧宅与许敬
　　宗唱和诗，记载宋代张载寓所绿野亭而收录清代礼部尚书吴宽
　　碑文、县学训导赵文杰诗；《建置志》记载县署收录唐代柳宗元所
　　作《县丞厅壁记》、宋代陆游重修县厅碑文，记载儒学收录宋代赵
　　茂曾所作碑文；《祠祀志》记载太白祠收录唐代李白和杜甫诗、明
　　代耿忠所作祠记，记载唐太宗祠收录宋代赵茂曾所作碑文、明代
　　耿忠所作碑阴文，记载慈德寺收录无名氏所作慈德寺诗；《官师

志》记载宋代张及、王颐任县令,刻唐代姚合所作《县居诗》三十首于县署。

②诸侯不祖天子,大夫不祖诸侯:语出《礼记·大传》:"礼,不王不禘。王者禘其祖之所自出,以其祖配之。诸侯及其大祖。"孔颖达《疏》曰:"大祖,始封君也。诸侯非王,不得郊天配祖,于庙及祭大祖耳。"又《礼记·丧服小记》曰:"别子为祖,继别为宗。"孔颖达《疏》曰:"别子为祖者,谓诸侯嫡子之弟,别于正嫡,故称别子也。为祖者,别与后世为始祖,谓此别子子孙为卿大夫,立此别子为始祖。"

③首列后稷以至文王:按《武功县志·人物志》于周之先祖叙至"后稷卒,子不窋立"结束,未及文王。后稷,姬姓,名弃,古代周族的始祖。在尧、舜时代做农师之官,教民耕种。以功封于邰(古邑名,在武功西南)。

④唐高祖、太宗:唐高祖李渊及其子唐太宗李世民。

⑤乖剌(là):语出班固《汉书》卷三十六《楚元王传附刘向传》:"朝臣舛午,胶戾乖剌。"颜师古《注》曰:"言志意不和,各相违背。"意为抵触,彼此不一致。

⑥邠(bīn):也作"豳",在今陕西彬县。相传周族自后稷至公刘定居于邠。公刘受到夏朝侵扰,率其民迁至豳定居。邠与武功地域相隔较远,而邰在武功县境内。疑此处"邠"字当为"邰"字。

⑦太王尝迁于岐:周太王即古公亶父,是周文王的祖父。由于遭受戎狄逼迫,由豳(今陕西彬县东北)迁到岐山(今陕西岐山县西北)定居,发展农业生产,使周族逐渐强盛。

⑧文王又迁于丰:周文王灭掉崇国以后,建立丰邑(今陕西长安境内),作为周人都城。

⑨显、懿二祖:唐高祖李渊追尊其高祖李熙为宣简公,曾祖李天赐为懿王。唐高宗李治仪凤年间,追尊李熙为宣皇帝,庙号献祖,

　　李天赐为光皇帝,庙号懿祖。此处"显"字似当作"献"字。

⑩姜嫄(yuán):后稷之母,有邰氏之女。

⑪太姜:周太王之妻,有邰氏之女,生太伯、仲雍、王季。

⑫太任:王季之妻,文王之母,挚任氏之女。

⑬太穆窦后:唐高祖李渊之妻,隋定州总管窦毅之女,京兆始平(今陕西兴平)人。隋炀帝大业年间卒,年四十五。唐高宗李治上元元年(674),改上尊号为太穆顺圣皇后。

⑭文德长孙皇后:唐太宗李世民之妻,隋右骁骑将军长孙晟之女,京兆长安(今陕西长安)人。性节俭,常有规谏太宗之言。撰《女则》十卷。唐高宗李治上元元年(674),改上尊号为文德顺圣皇后。

【译文】

　　方志是史书体裁,如果和事理没有关系,按照惯例不过多收入诗赋。康氏在名胜古迹部分,猥滥地登载没有用处的诗文;这和时下编修的世俗方志,按照文选的体例作《艺文志》,差别有多少呢? 诸侯不祭祀天子,大夫不祭祀诸侯,名分谨严。历代帝王与后妃,史书尊崇地记载在纪传里,不依靠方志记载。编修方志的人,遇到帝王与后妃的故乡,表明兴王之地的说法可以允许。在《人物传》里列入帝王,在《列女传》里记载后妃,不仅名分混淆,而且试想帝王以天下为家,和一县有什么关系呢? 康氏对于人物,却在篇首胪列后稷直至文王,节选抄录《史记》的《周本纪》,其次胪列唐高祖和唐太宗,又节选抄录《唐书·本纪》,抵触舛驳多得责问不过来。方志不应当超越本分列入帝王,暂且不论。即使按照它的体例,那么周武王以下,为什么删除呢? 是不是认为周武王以后统一天下,已经不是邻土城邑呢? 那么周太王曾经迁到岐山,周文王又迁到丰都,为什么还列在武功人物里呢? 是不是因为周武王实际统一天下,周文王以上不过是追加王号,所以记载他们呢? 那么唐代的高祖和太宗,又是根据什么义例记载呢? 是不是认为唐高祖和唐太宗生长在此地,所以记载他们呢? 那么显祖和懿祖,为什么删除呢? 后妃上起姜嫄,下到太姜,为什么中间唯独没有太任呢? 姜姓不是武功的封邑,收在武功列女之中,是不是认为妇人跟随丈夫呢? 那么唐高祖的太穆窦皇后,唐太宗的文德长孙皇后,都有德行贤惠的名声,为什么又不记载呢? 对于记载不应该记载的人物,纷繁杂乱和超越本分而言,这是见识不够。根据作者自己定下的凡例,任意出入变化,不能责问出意旨在何处来看,天下有像这样而可以称作高雅简洁的书吗?

尤可异者,志为七篇,舆图何以不入篇次? 盖亦从俗例也。篇首冠图,图止有二,而苏氏《璇玑》之图①,乃与舆图并列,可谓胸中全无伦类者矣。夫舆图冠首,或仿古人图经之例,所以揭一县之全势,犹可言也。《璇玑》之图,不过一人文字,或仿范氏录蔡琰《悲愤诗》例②,收于列女之传可也。如谓图不可以入传,附见传后可也。蓦然取以冠首③,将武功为县,特以苏氏女而显耶? 然则充其义例,既列文王于人物矣,曷取六十四卦之图冠首? 既列唐太宗于人物矣,曷取六阵之图冠首④? 虽曰迂谬无理,犹愈《璇玑图》之仅以一女子名也。惟《官师志》褒贬并施,尚为直道不泯,稍出于流俗耳。

【注释】

①苏氏《璇玑》之图:据唐修《晋书》卷九十六《列女传》记载,前秦时期秦州刺史窦滔之妻苏蕙,字若兰,因窦滔犯罪远戍,临行织锦为回文旋图诗送别,八百四十二字,纵横循环读之,皆成诗章。宋代桑世昌编《回文类聚》卷一《武则天·璇玑图叙》则记载,苏蕙性情褊急,颇伤嫉妒,窦滔镇守襄阳,拒绝与她往来,苏蕙悔恨

　　伤感,织锦为回文,题诗二百余首,八百多字,题名《璇玑图》,送
　　往襄阳,窦滔被感动,迎接苏惠至襄阳,和好如初。

②范氏录蔡琰《悲愤诗》:据范晔《后汉书》卷一百一十四《列女传》
　　记载,东汉末年女诗人蔡琰作五言诗二章,全长一百零八句,叙
　　述自己被匈奴乱军掠去,居于南匈奴十二年,生育二子,后来被
　　赎还乡,母子离别的遭遇,感伤乱离,追怀悲愤。

③蓦(mò)然:语出辛弃疾《稼轩词》卷三《青玉案·元夕》:"众里寻
　　他千百度,蓦然回首,那人却在,灯火阑珊处。"意为忽然,突然。

④六阵之图:据李靖《李卫公问对》卷中记载:"太宗曰:'……卿所
　　制六花阵法,出何术乎?'靖曰:'臣所制本诸葛亮八阵法也。大
　　阵包小阵,大营包小营,隔落钩连,曲折相对。古制如此,臣为图
　　因之。故外画之方,内环之圆,是成六花,俗为号耳。'"六花阵是
　　唐代李靖根据诸葛亮八阵法创制的阵法,并绘制有图。

【译文】

　　尤其令人诧异的是,志文分成七篇,地图为什么不编入篇章顺序之
中呢? 大概也是随从世俗的惯例。全书开端把图放在最前面,图只有
二幅,而苏氏《璇玑图》,竟然和地图并列,可以说是胸中完全没有区别
伦类了。地图放在最前面,或许是仿照古人图经的例子,用来揭明一县
的整个地形,还可以说得过去。《璇玑图》,不过是一个人的文字,或许
仿照范晔记载蔡琰《悲愤诗》的例子,收进《列女传》就可以了。如果认
为图不能收入传,附在传后也可以。突然拿来放在全书的最前面,难道
武功作为一个县,只是因为苏氏女子而出名吗? 那么推演这种义例,既
然把周文王列入《人物志》了,为什么不取六十四卦的图放在全书最前
面呢? 既然把唐太宗列入《人物志》了,为什么不取六花阵图放在全书
最前面呢? 虽然说这是迂腐荒谬而没有道理,也还胜过只是凭借一个
女子命名的《璇玑图》。只有《官师志》里赞美和贬斥同时使用,还算公
正直书的原则没有消失,略微超出流俗罢了。

书朝邑志后

【题解】

　　明代韩邦靖所撰《朝邑县志》，成书于明武宗正德十四年（1519）。全书只有七篇，分别为总志、风俗、物产、田赋、名宦、人物、杂记，分成二卷，共计六七千字。作者极力求简，颇为引人注目。清代《四库全书总目》评论说："古今志乘之简，无过于是者。而宏纲细目，包括略备。盖他志多夸饰风土，而此志能提其要，故文省而事不漏也。然叙次点缀，若有余闲，宽然无局促束缚之迹。自明以来关中舆记，惟康海《武功志》与此志最有名。"章学诚则认为，韩邦靖与康海都是文人，并不精通史学。《朝邑县志》和《武功县志》一样，尽管文笔简洁，篇幅短小不滥，然而用史家法度衡量，却不能视作方志体裁。他列举出《朝邑县志》存在三大谬误：一是滥采野史，不考证事实；二是分类不当，记载缺漏；三是避讳尊长名字，使读者不知何许人。末尾讨论篇与卷的名称，指出《朝邑县志》和《武功县志》既然已经分篇，就不应该再分卷，名实关系混乱，难称佳作。

　　韩邦靖《朝邑志》二卷①，为书七篇：一曰《总志》，二曰《风俗》，三曰《物产》，四曰《田赋》，五曰《名宦》，六曰《人物》，七曰《杂记》。总约不过六七千言，用纸十六七番②，志乘之简，无有过于此者。康《武功》极意求简，望之瞠乎后矣③。康为作序，亦极称之④。

【注释】

①韩邦靖：字汝度，号五泉，明代朝邑（今陕西大荔朝邑镇）人。明武宗正德三年（1508）进士，官至工部主事。后因上书言时政，忤旨下狱，削职为民。明世宗嘉靖初年，起用为山西左参议，分守大同，请求发府库之财赈灾，朝廷不允，辞官归乡。至家病卒，年仅三十六。朝邑：明、清两代隶属陕西同州府。1958 年并入大荔县。

②番：量词，意为枚、片。古代用来表示银币、纸张以及物品的单位。

③瞠（chēng）乎后矣：语出《庄子·田子方》："颜渊问于仲尼曰：'夫子步亦步，夫子趋亦趋，夫子驰亦驰，夫子奔逸绝尘，而回瞠若乎后矣。"瞠，张目直视，瞠着眼睛看。

④康为作序，亦极称之：康海《朝邑志序》曰："余读郡邑志，盖将极天下之撰矣；然益繁而不能详，晦而不能白，乱而不能理焉，此安在于志耶？夫志者，记也。记其风土文献之事，与官乎是郡邑者，可以备极其改革，省见其疾苦，景行其已行，察识其政治，使天下为士大夫者读之足以兴，为郡邑者读之足以劝而已。然非以夸灵胜之迹，崇奖饰之细也。而撰者之志，每不皆若此焉，且何以观也。朝邑令陵川王君莅县之明年，以五泉韩子汝庆所撰《朝邑志》刻成，谓予宜序诸首。予读五泉子之志，异而叹焉。曰：嗟乎！此吾五泉子之所以为志也欤？置县沿革与山川、故迹、官署诸事，惟归诸《总志》，此天下之所通见而不能裁者，斯予之所谓繁而不辞，晦而不白，乱而不理者矣，今毕以反之矣。《名宦》所以志其官师之行事，《人物》所以备其豪俊之余烈，其恐犹

有所遗而未尽也,括之以《杂记》。开卷之际,凡川源改革之实,
文献散失之旧,皆缕陈而无憾矣。使郡邑之志皆若此,其奚有不
可也。正德己卯九月十有八日己酉,浒西山人康海序。"

【译文】

韩邦靖撰《朝邑县志》二卷,分作七篇:第一叫做《总志》,第二叫做
《风俗》,第三叫做《物产》,第四叫做《田赋》,第五叫做《名宦》,第六叫做
《人物》,第七叫做《杂记》。总共大约只有六七千字,用纸十六七张,方
志纂修的简略,没人能超过这部书。康氏《武功县志》极意追求简要,看
到这部书也只能落在后面干瞪眼了。康氏为此书作序,也是极力表彰
赞扬。

今观文笔,较康实觉简净;惟《总志》于古迹中,入唐诗
数首为芜杂耳[①]。康氏、韩氏皆能文之士,而不解史学,又欲
求异于人,故其为书,不情至此,作者所不屑道也。然康氏
犹存时人修志规模,故以志法绳之,疵谬百出。韩氏则更不
可以为志,直是一篇无韵之《朝邑赋》,又是一篇强分门类之
《朝邑考》;入于六朝小书短记之中,如《陈留风俗》、《洛阳伽
蓝》诸传记[②],不以史家正例求之,未始不可通也。故余于
《武功》、《朝邑》二家之志,以《朝邑》为稍优。然《朝邑志》之
疵病虽少,而程济从建文事,滥采野史[③],不考事实,一谬也。
并选举于《人物》,而举人进士不载科年,二谬也。书其父
事,称韩家君名[④],至今人不知其父何名。列女有韩太宜人
张氏[⑤],自系邦靖尊属;但使人至今不知为何人之妻,何人之
母。古人临文不讳[⑥]。或谓司马迁讳其父谈为同;然《滑稽
传》有谈言微中[⑦],不讳谈字,恐讳名之说未确。就使讳之,

而自叙家世，必实著其父名，所以使后人有所考也。今邦靖讳其父，而使人不知为谁；称其尊属为太宜人，而使人不知为谁之妻、母；则是没其先人行事，欲求加人而反损矣，三谬也。

【注释】

①惟《总志》于古迹中，入唐诗数首为芜杂耳：韩邦靖《朝邑县志·总志》记载大庆关即古蒲津关，收录唐玄宗《过蒲关诗》；记载饶益寺，收录金章宗明昌四年赵扑题名记。

②《陈留风俗》：据《隋书》卷三十三《经籍志》地理类著录："《陈留风俗传》三卷，圈称撰。"

③程济从建文事，滥采野史：据《朝邑县志·人物》记载，明太祖洪武年间，程济为四川岳池县学教谕，上书言某年月日西北方将有人起兵叛乱，后果如其言。建文帝任命他为军师，随军北行，与燕王朱棣的靖难军先锋在徐州交战，大获全胜，诸将纷纷立碑记功。一天夜里，他突然去祭碑，别人莫测其故。后来燕王军队过江，程济逃走，不知所终。燕王命人击碎石碑，又突然制止，命左右按碑记录姓名，族诛诸将。而程济名字恰好被击碎，家族得以幸免。于是人们才明白他去祭碑，原来是提前祈禳消祸。按《武功县志》程济事迹，取材于明代郑晓《逊国臣记》。《明史》卷一百四十三《牛景先传附程济等传》记载："然考其实，徐州未尝有捷也。"

④书其父事，称韩家君名：据明刻本《朝邑县志·人物》记载："李济、樊冕、萧斌、刘让、上志、韩家君名、马骧、王峹、房瑄、韩邦奇、韩邦靖、牛斗、王朝塗，俱登进士……韩家君名至福建按察司副使。"而清代文渊阁四库全书本《朝邑县志》两处"韩家君名"皆作"家君绍宗"，未尝不称其父韩绍宗之名，或为后人所改。家君，

对别人称呼自己的父亲。

⑤列女有韩太宜人张氏:据《朝邑县志·人物》记载:"节妇则蔚太淑人薛氏,韩氏宜人张氏。"太宜人,明、清时期五品官之母或祖母的封号。

⑥古人临文不讳:语出《礼记·曲礼上》:"临文不讳。"郑玄《注》曰:"为其失事正。"

⑦《滑稽传》有谈言微中:据司马迁《史记》卷一百二十六《滑稽列传》记载:"谈言微中,亦可以解纷。"

【译文】

现在看这部书的文笔,比起康氏来确实感觉简洁干净,只是《总志》在叙述古迹的时候,收入唐诗显得杂乱罢了。康氏、韩氏都是善于做文章的士人,却不懂史学,又想追求和别人不同,所以不合情理达到这种程度,学业有成就的人不屑于谈论。然而康氏的书还保留着当时人编修方志的规模,所以用修志的方法衡量它,疵病错谬百出。韩氏的书就更不能当做方志,简直是一篇没有韵律的《朝邑赋》,又是一篇勉强划分门类的《朝邑考》。放在六朝时期短篇记事的小书之中,就像《陈留风俗传》、《洛阳伽蓝记》等传记,不按照史学家的正规体例要求,未尝不可通融,所以我对于《武功》、《朝邑》两家的志书,认为《朝邑县志》略微好些。然而《朝邑县志》的弊病虽然少,可是程济跟随建文帝的记事,胡乱采用野史资料,不考核事实真伪,这是第一个错误。把选举内容合并进《人物》篇,而对举人、进士不记载考中年代,这是第二个错误。记载他父亲的事,称作"韩家君名",到现在别人不知道他父亲叫什么名字。《列女》篇有韩太宜人张氏,自然是韩邦靖的长辈亲属,只是让人到现在不知道她是什么人的妻子,什么人的母亲。古人写文章的时候不避讳。有人说司马迁避讳他父亲的名字而把"谈"写成"同",然而《滑稽列传》中有"谈言微中",并不避讳"谈"字,恐怕避讳父名的说法不确实。就算需要避讳,而自己叙述家世,一定要如实标著自己父亲的名字,用来使后人有考察的依据。现在韩邦靖讳他父亲的名字，而让读者不知道是什么人；称呼他的长辈亲属为太宜人，而让读者不知道是谁的妻子、母亲，这是埋没他前辈的行事，想要追求超过别人却反而受到损害了，这是第三个错误。

　　至于篇卷之名，古人以竹简为篇；简策不胜，则别自为编，识以甲乙，便稽核耳。后人以缯帛成卷，较竹简所载为多，故以篇为文之起讫，而卷则概以轴之所胜为量；篇有义理，而卷无义理故也。近代则纸册写书，较之卷轴，可增倍蓰，题名为卷，不过存古名耳。如累纸不须别自为册，则分篇者，毋庸更分卷数，为其本自无义理也。今《武功》、《朝邑》二志，其意嫌如俗纂之分门类，而括题俱以篇名①，可谓得古人之似矣。《武功》用纸六十余番，一册足用，而必分七篇以为三卷，于义已无所取。《朝邑》用纸仅十余番，不足一册之用，而亦分七篇以为二卷，则何说也？或曰：此乃末节，非关文义，何为屑屑较之？不知二家方以作者自命，此等篇题名目，犹且不达古人之意，则其一笔一削，希风前哲②，不自度德量力，概可知矣。

【注释】

①括题：语出元代陈绎曾《文说·抱题法》："括题，只取题中紧要一节作主意，余事轻轻包括见之，此最径捷也。"意为囊括题意。

②希风：语出范晔《后汉书》卷九十七《党锢传序》："自是正直废放，邪枉炽结，海内希风之流，遂共相标榜。"指仰慕与迎合一时流行的风尚。

【译文】

至于篇和卷的名称,古人用竹简作成篇;简册不能承受,就各自成为一编,用甲、乙作为标记,便于查考罢了。后人用缯帛作成卷,比起竹简所记载的内容多,因此把篇当做文章的始末,而卷就一律用木轴所能承受的程度作为限量,因为篇有完整的含义,而卷没有完整的含义。近代用纸册写书,比起卷轴,可以增加几倍,取名称作卷,只是保存古代名称罢了。如果累积纸张不需要另外作一册,那么分了篇的内容,就不用再分卷数,因为卷本来没有完整的含义。现在《武功》、《朝邑》两部县志,撰者的意思嫌弃像平庸方志编纂那样分门别类,而标题都用篇作为名称,可以说得到古人表面的形似了。《武功县志》用纸六十余张,编成一册足够了,却一定要把七篇分开编成三卷,在宗旨上已经没有可取之处。《朝邑县志》用纸只有十几张,还不够一册,却也把七篇分开编成二卷,那么这怎么解释呢? 有人说:这只是细枝末节,和文章大义没有关系,为什么琐屑地计较这些东西呢? 不知道这两家正以学有成就的人自命,这类篇题名目,尚且不通晓古人的意思,那么他们的记载和删削,仰慕前代贤人之风,却不估量自己的德行和能力,大概就可以知道了。

书吴郡志后

【题解】

　　南宋著名学者范成大撰《吴郡志》五十卷，分为三十九门。后附汪泰亨增补宋光宗绍熙三年（1192）至宋理宗绍定元年（1228）三十多年之事。《四库全书总目》谓其"征引浩博，而叙述简核，为地志中之善本"，历来受到世人重视。章学诚虽然肯定《吴郡志》编纂文笔简洁，编次古雅，然而总体评价是作者不解史法，采用分类纂集之例，而非著作之体。本篇序文具体指摘《吴郡志》编纂疵病，归纳概括出几个方面：一是叙述详郡略县，造成历史沿革不清晰；二是划分门类不合理，各门类排列次序前后不妥当。三是行文体例不一致，导致文义不明确。所以尽管章学诚认为《吴郡志》在宋代方志中矫出时辈，和罗愿《新安志》为其中的佼佼者，但却难以达到方志的最高水平。

　　范成大《吴郡志》五十卷①，分篇三十有九：曰《沿革》，曰《分野》②，曰《户口税租》，曰《土贡》，曰《风俗》，曰《城郭》，曰《学校》，曰《营寨》，曰《官宇》，曰《仓库》，而场务附焉，曰《坊市》，曰《古迹》，曰《封爵》，曰《牧守》③，曰《题名》，曰《官吏》，曰《祠庙》，曰《园亭》，曰《山》，曰《虎邱》④，曰《桥梁》，曰

《川》,曰《水利》,曰《人物》,而列女附焉,曰《进士题名》,曰《土物》,曰《宫观》⑤,曰《府郭寺》,曰《郊外寺》,曰《县记》,曰《冢墓》,曰《仙事》,曰《浮屠》⑥,曰《方技》,曰《奇事》,曰《异闻》,曰《考证》,曰《杂咏》,曰《杂志》。篇首有绍定二年汴人赵汝谈序⑦,言:"石湖志成,守具木欲刻。时有求附某事于籍而弗得者,哗曰:'是书非石湖笔也。'守莫敢刻,遂藏学宫⑧。绍定初元⑨,广德李侯寿朋以尚书郎出守⑩。其先度支公嘉言⑪,石湖客也。谒学问故,惊曰:'是书犹未刊耶?'他日拜石湖祠,从其家求遗书,校学本无少异。而书止绍熙三年,其后大建置,如百万仓、嘉定新邑、许浦水军、顾迳移屯等类皆未载⑫。于是会校官汪泰亨与文学士杂议⑬,用褚少孙例⑭,增所缺遗,订其误伪,而不自别为续焉。"又曰:"石湖在时,与郡士龚颐、滕成、周南厚⑮,三人数咨焉,而龚荐所闻于公尤多,异论由是作。益公碑公墓⑯,载所为书,篇目可考"云云。其为人所推重如此。今学者论宋人方志,亦推罗氏《新安志》与范氏《吴郡志》为称首,无异辞矣。

【注释】

①范成大《吴郡志》五十卷:据清代卢文弨《宋史艺文志补》著录:"范成大《吴郡志》五十卷。"范成大(1126—1193),字致能,号石湖居士,南宋苏州吴县(今江苏苏州)人。宋高宗绍兴二十四年(1154)进士。宋孝宗时期出使金朝,坚强不屈,几乎被杀。撰《揽辔录》,记录出使见闻。历任广西安抚使、四川制置使、参知政事等。晚年退居故乡石湖,以文学自娱,为南宋著名诗人。著有《石湖居士诗集》、《桂海虞衡志》等。

②分野：底本原作"分封"，据范成大《吴郡志》卷一《分野》及《章氏遗书》卷十五《书吴郡志后》改。

③牧守：汉代州郡长官的名称。州官称牧，郡官称守。

④虎邱：苏州名胜古迹。相传吴王阖闾死后葬于此地。有剑池、云岩寺虎丘塔等。

⑤宫观（guàn）：道教的道场和祠庙。北宋为崇奉道教而大建宫观，并设置宫观使，由前任宰相、使相等元老重臣充任，另外还设有提举、提点、主管、判官、都监等官，用来安置闲散官员，没有实际事务和权力。

⑥浮屠：也作"浮图"。梵语音译。语出范晔《后汉书》卷七十二《楚王英传》："晚节更喜黄老，学为浮屠斋戒祭祀。"李贤《注》曰："浮屠，佛也。西域天竺国有佛道焉。佛者，汉言觉也，将以觉悟群生也。"原意指佛和塔，后来也指僧人。

⑦绍定二年汴人赵汝谈序：《吴郡志序》："初，石湖范公为《吴郡志》成，守具木欲刻矣，时有求附其事于籍而弗得者，因哗曰：'是书非石湖笔也。'守惮莫敢辨，亦弗敢刻，遂以书藏学宫。愚按风土必志，尚矣。吴郡自阖庐以霸，更千数百年，号称虽数易，常为东南大都会。当中兴，其地视汉扶、冯，人物魁伟，井赋蕃溢，谈者至与杭等，盖亦盛矣。而旧图经芜漫失考，朱公长文虽重作，亦略，是岂非大缺者？何幸此笔属公，条章灿然，成一郡巨典，辞与事称矣。而流俗乃复掩陋使不得行，岂不使人甚太息哉！绍定初元冬，康德李侯寿朋以尚书郎出守，其先度支公嘉言，石湖客也，是以侯习知之。及谒学问故，惊曰：'是书犹未刊邪？'他日拜石湖祠，退以从其家求遗书，得数种，而斯志与焉，校学本无少异。侯曰：'嘻！信是已。吾何敢不力？'而是书止绍熙三年，其后大建置如百万仓、嘉定新邑、许浦水军、顾泾移屯等，类皆未载，法当补。于是会校官汪泰亨与文学士杂议，用褚少孙例，增所缺遗，订其脱讹，书用大备，而不自别为续焉。侯喜曰：'是不

没公美矣！亦吾先人志也。'书来属汝谈序，余病谢，弗果。侯重请曰：'吾以是石湖书也，故敢愿子，而子亦辞乎？'余不得已，勉诺。客有问余曰：'或疑书不尽出石湖笔，子亦信乎？'余笑曰：'是固前哗者云也。昔八公徒著道术数万言，书标《淮南》；《通典》亦出众力，而特表杜佑；自古如《吕氏春秋》、《大小戴礼》，曷尝尽出一手哉？顾提纲何人耳。余闻石湖在时，与郡士龚颐、滕宬、周南厚，三人者博雅善道古，皆州之隽民也。故公数咨焉，而龚荐所闻于公尤多，异论由是作。子亦盍观益公碑公墓乎？载其为书，篇目可考，子不信碑而信诞乎？且公蕴以文名四方，位二府，余鄙何所系重，余特嘉夫侯之不忘其先，能毕力是书以卒公志，而不自表显焉，是其贤非余言莫能明也。抑余所感，则又有大此者焉。方是书始出也，疑谤横集，士至莫敢伸喙以白；曾未四十年，而向之风波自息灭渐尽，至是无一存者，书乃竟赖侯以传，是不有时数哉？然则世论是非，曷尝不待久而后定乎？此余所以重感也。余诚不足序公，姑以是寄意焉，其亦可乎否也？'疑者唯服。侯父子世儒有闻，其治吴末期，百坠交举，既上此职方氏，将复刊《石湖集》，与白氏《长庆》并行，而改命漕湖北矣。余故并志，以申后觊焉。绍定二年十一月朔，汴人赵汝谈序。"绍定，宋理宗年号，公元1228—1233年。赵汝谈(？—1237)，字履常，赵宋宗室，故称祖籍为汴(今河南开封)人。宋孝宗淳熙十一年(1184)进士，荫补将仕郎。曾参与拥立宋宁宗。反对朝廷与蒙古开战。官至权刑部尚书。著有《介轩诗集》等。

⑧学宫：地方各府、州、县的孔庙，为儒学教官的衙署所在。

⑨绍定初元：宋理宗绍定元年，公元1228年。

⑩广德李侯寿朋以尚书郎出守：李寿朋，字俦老，南宋广德(今属安徽)人。历官鄞县县令、太平州知州、池州知州、建康府知府、平江府知府。宋宁宗嘉定十七年(1224)，任兴国军知军，因兴国军

(今湖北阳新)古名富川,主修《富川志》三卷。宋理宗绍定六年(1233),任沿江制置使。宋理宗嘉熙元年(1237),任淮西安抚使,以受命羁期三月,诏夺三官,建昌军居住。尚书郎,尚书省各司正副长官郎中、员外郎,通称尚书郎。

⑪度支公嘉言:李嘉言,字圣俞,南宋广德(今属安徽)人。宋孝宗隆兴初年进士,历任常州知州、饶州知州。曾官度支员外郎。随范成大出使金朝,参谋机宜。宋孝宗乾道八年(1172),范成大帅广西,随之赴任。度支,官署名。三国曹魏始置,掌管全国的财政收支。唐代改称户部,下辖有度支司,设郎中、员外郎,掌管计算财政收支等。唐代中期又曾专设度支使,主管度支之事。宋代沿置。宋神宗元丰改制,度支司恢复原来职掌。公,古代对男子的敬称。

⑫百万仓、嘉定新邑、许浦水军、顾迳移屯:据范成大《吴郡志》卷六《官宇》记载:“户部百万仓,在阊门里,开禧三年创。”据《吴郡志》卷三十八《县记》记载:“嘉定县在府东北一百四十里,嘉定十年置。”嘉定,唐代为昆山县疁城乡,宋代为练祈市。宋宁宗嘉定十年(1217)析出置县,以年号为名,隶属平江府(今江苏苏州),故曰新邑。今属上海市。据《吴郡志》卷五《营寨》记载:“淳熙二年,建御前许浦水军寨。”许浦在今江苏常熟市东北浒浦镇,为滨江要地。另据明代王鏊《姑苏志》卷二十五《兵防》记载:“顾迳水军寨,宝庆元年,许浦都统制吴英请分屯左军,以四千人为额。”顾迳,在嘉定县东部。

⑬会校官汪泰亨:会校即会集在一起校对书籍。汪泰亨,南宋宣城(今属安徽)人。曾任湖州府判官、平江府府学教授。

⑭用褚少孙例:沿用褚少孙补司马迁《史记》的成例。

⑮龚颐、滕成、周南:龚颐即龚颐正,字养正。关于其籍贯,一说为和州历阳(今安徽和县)人,一说为处州遂昌(今属浙江)人,又因

自称楚人，故一说为湖广（今属湖北）人。范成大《吴郡志》卷三十一《官观》则记载："郡人龚颐正作[天庆观]上梁文。"当是寓居平江府（今江苏苏州）。宋孝宗时期，授和州文学。宋宁宗时期，为国史院检讨官，预修实录。著有《芥隐笔记》等。滕成当为滕宬（1154—1218），字季度，南宋平江府吴县（今江苏苏州）人。宋孝宗淳熙年间，征召就试，不取。后再召不应，朝廷授予廉靖处士之号。周南（1159—1213），字南仲，号山房，南宋平江府吴县（今江苏苏州）人。宋光宗绍熙元年（1190）进士，任池州教授。两度因言论获罪，罢官。著有《山房集》。

⑯益公：周必大（1126—1204），字子充，又字洪道，号平园老叟，南宋吉州庐陵（今江西吉安）人。宋高宗绍兴年间进士。历官权给事中、中书舍人，言事不避权贵。任枢密使，整肃军政。孝宗末年，任左丞相。光宗时期，封为益国公。宁宗时期，致仕归乡。著作被后人汇编为《益国周文忠公全集》。

【译文】

范成大撰《吴郡志》五十卷，分为三十九篇：叫做《沿革》，叫做《分封》，叫做《户口税租》，叫做《土贡》，叫做《风俗》，叫做《城郭》，叫做《学校》，叫做《营寨》，叫做《官宇》，叫做《仓库》，而把场务附在里面，叫做《坊市》，叫做《古迹》，叫做《封爵》，叫做《牧守》，叫做《题名》，叫做《官吏》，叫做《祠庙》，叫做《园亭》，叫做《山》，叫做《虎丘》，叫做《桥梁》，叫做《川》，叫做《水利》，叫做《人物》，而把列女附在里面，叫做《进士题名》，叫做《土物》，叫做《宫观》，叫做《府郭寺》，叫做《郊外寺》，叫做《县记》，叫做《冢墓》，叫做《仙事》，叫做《浮屠》，叫做《方技》，叫做《奇事》，叫做《异闻》，叫做《考证》，叫做《杂咏》，叫做《杂志》。篇目前面有绍定二年开封人赵汝谈作的序，说："范石湖郡志编成以后，郡太守准备镂板将要刻印，当时有请求把某事加进书里面而没有办成的人，喧哗吵嚷说：'这部书不是石湖的文笔。'郡守不敢刻印，于是收藏在府学里。绍定元年，广德人李寿朋以尚书郎出守吴郡，他的先人度支员外郎李嘉言，是石湖的宾客。他拜谒学宫询问掌故，诧异地说：'这部书还没有刻印吗？'过些日子祭拜石湖祠，从石湖家中求得遗书，和府学藏本核对没有多少差异。而志书截止绍熙三年，以后的大设置，像百万仓、嘉定新县、许浦水军、顾迳移屯之类都没有记载，于是会校官汪泰亨和有才学的士人共同商议，袭用褚少孙补《史记》的例子，增添书中所缺少遗漏的史事，订正原书的差错，而不自己另外再作续志。"又说："石湖在世的时候，和郡内士人龚颐、滕成、周南交情深厚，屡次询问三人，而龚进呈所闻给范公特别多，书不是石湖之作的说法由此产生。周益公为范公墓作碑文，记载有他所作的书，篇目可以查考"等等。这部书竟然如此被人推重。当今学者评论宋人方志，也推举罗氏《新安志》和范氏《吴郡志》为第一，没有不同意见了。

　　余谛审之，文笔亦自清简；后世方志庸猥之习，彼时未开，编次亦尔雅洁。又其体制详郡而略县，自《沿革》、《城池》、《职官》、《题名》之属，皆有郡而无县。《县记》二卷，则但记官署，间及署中亭台，或取题石记文而无其名姓，体参差不一律。此则当日志例，与近日府志之合州县志而成者，迥不相同。余别有专篇讨论其事①，此固可无论也。第他事详郡略县，称其体例可也；《沿革》有郡无县，则眉目不分矣。宜其以平江路府冒吴郡之旧称②，冠全志而不知其谬也。且《沿革》叙入宋代，则云："开宝元年，吴越王改中吴军为平江军。太平兴国三年，钱俶纳土。"考史，是时改苏州矣，而志文不著改州。下突接云："政和三年，升苏州为平江府。"③上无苏州之文，忽入升州为府，文指亦不明矣。通体采摭史籍及诗文、说部，编辑而成，仍注所出于本条下，是足为纂类之法,却非著作体也。《风俗》多摭吴下诗话④,间亦考订方音⑤,是矣。徐祐辈九老之会⑥,章岵辈耆英之会⑦,皆当日偶为盛事,不当入《风俗》也。《学校》在四卷,《县记》在三十七八卷;县治官宇,既入《县记》,而《学校》兼志府县之学,是未出县名而先有学矣。《坊市》不附《城郭》,而附《官宇》,亦失其伦。提点刑狱司、提举常平盐茶司题名⑧,不入《牧守》、《题名》本类,而附见《官宇》之后,亦非法度。提点刑狱题名,皆大书名姓于上,而分注出身与来去年月于下⑨;提举常平盐茶,皆大书官阶、名姓于上,而分注任事年月于下,亦于体例未画一也。《牧守》载有名人,而《题名》反著于后,是倒置矣。《官吏》不载品制、员额⑩,而但取有可传者,亦为疏略。功曹掾属⑪,与令长相间杂次,亦嫌令长之名在《县记》之先也。《古迹》与《祠庙》、《官宇》、《园亭》、《冢墓》、《宫观》、《寺》、《山》、《川》等,颇相混乱。别出《虎邱》一门于《山》之外⑫,不解类例牵连详略互注之法,则触手皆荆棘矣。

【注释】

①余别有专篇讨论其事:见前文《为张吉甫司马撰大名县志序》。

②平江路府:元世祖至元十三年(1276),升平江府为平江路,治所在今江苏苏州市。辖境相当于今江苏苏州、常熟、吴江、吴中、昆山、太仓等市区和上海嘉定、宝山等区。

③政和三年,升苏州为平江府:语出范成大《吴郡志》卷一《沿革》:"乾宁之后,属钱氏吴越国……唐同光二年,升苏州为中吴军。晋天福五年,割嘉兴县为秀州。本朝开宝八年,改中吴军为平江军。太平兴国三年,钱俶纳土。政和三年,以徽庙节镇之所,升

苏州为平江府。"乾宁，唐昭宗年号，公元894—898年。同光，后
唐庄宗李存勖年号，公元923—926年。开宝，宋太祖年号，公元
968—976年。太平兴国，宋太宗年号，公元976—984年。政和，
宋徽宗年号，公元1111—1118年。钱俶(929—988)，五代时期吴
越国王。在位三十年。北宋建立后，向宋称臣。宋太宗太平兴
国三年(978)，把割据的吴越之地献给宋朝。国除以后，被封为
邓王。

④《风俗》多摭吴下诗话：据范成大《吴郡志》卷二《风俗》记载："《白
纻舞》。按舞辞有'巾袍'之言，纻本吴地所出，宜是吴舞也。晋
俳歌曰：'皎皎白绪，节节为双。'吴音呼绪为纻，疑白绪即白纻
也。(《古今乐录》)"

⑤间亦考订方音：据范成大《吴郡志》卷二《风俗》记载：："吴语谓来
为厘，本于陆德明'贻我来牟'，'弃甲复来'，皆音厘。德明吴人，
岂遂以乡音释注，或自古本有'厘'音耶？吴谓'罢'必缀一'休'
字，曰罢休。《史记》吴王谓孙武曰：'将军罢休。'盖亦古有
此语。"

⑥徐祐辈九老之会：据范成大《吴郡志》卷二《风俗》记载，北宋仁宗
庆历年间，都官员外郎徐祐与少卿叶参德高望重，告老还乡之
后，相约筹办九老会，结果聚会者只有五人。徐祐，字受天，官至
左司员外郎，以清白著称。晚年居苏州，优游自适，年七十五卒。

⑦章岵辈耆英之会：据范成大《吴郡志》卷二《风俗》记载，苏州九老
会后来改名耆英会，也叫率真会。宋神宗元丰年间，章岵知苏
州，与诸老会集，共有卢革仲、黄挺、程师孟、郑方平、间丘孝终、
章岵、徐九思、徐师闵、崇大年、张诜十人，总共七百四十六岁，平
均年龄在七十岁以上。章岵(1013—?)，字伯望，北宋建安(今属
福建)人。宋仁宗宝元年间进士。宋神宗元丰年间任苏州知州。

⑧提点刑狱司、提举常平盐茶司：宋代提点刑狱司简称提刑司或宪

司,掌管一路司法刑狱、巡察等事务。提举常平盐茶司为南宋高宗绍兴年间由提举常平司与提举茶盐司合并而成。原来的提举常平司掌管一路役钱、青苗钱、义仓、水利等事务。简称仓司或庾司。原来的提举茶盐司掌管茶、盐事务。

⑨出身:个人最早的身份和经历。科举时代则称中式科第为出身,是做官的最初资历。

⑩品制:语出《旧唐书》卷十二《德宗纪》:"诏以梁州为兴元府,郑县为赤畿,官名品制视京兆、河南。"即官员的制度和品级。

⑪功曹:州郡佐官,掌管考查记录功劳。

⑫别出《虎丘》一门:据范成大《吴郡志》卷十六《虎丘》记载:"虎丘山又名海涌山,在郡西北五里。遥望平田中一小丘……比入山,则泉石奇诡,应接不暇。其最者,剑池千人坐也。剑池,吴王阖庐葬其下,以扁诸、鱼肠等剑各三千殉焉,故以剑名池。葬之三日,有白虎踞其上,故山名虎丘。"

【译文】

我仔细察看这部志书,文笔也自然清洁简约;后世方志平庸猥滥的习气,那时还没有开创,编排也雅致简洁。另外它的体制是叙述郡详细而叙述县简略,从《沿革》、《城池》、《职官》、《题名》各类以下,都有郡而无县。《县记》二卷,就仅仅记官署,偶尔涉及官署中的亭台,有的取自题在石壁上的记文而没有作者姓名,体例参差不齐。这就是当时方志的体例,和近来合并州县方志而纂成的府志,大不相同。我另外有专篇探讨这件事,这里自然可以不谈论。只是其他事情叙述郡详细而叙述县简略,可以称为符合体例;《沿革》有郡无县,那就眉目不分了。怪不得他用平江路府的辖区来包括吴郡的旧称,当做全志的书名而不知道这样做的错误。况且《沿革》叙述到宋代,就说:"开宝元年,吴越王把中吴军改成平江军。太平兴国三年,钱俶献纳领土。"考查史书,这时改称苏州了,而志文不记载改州的事情。下面突然接着说:"政和三年,升苏州为平江府。"上面没有说明苏州的文字，忽然插入升州为府，文意也就不明白了。整部方志采集史书以及诗文、笔记小说，编辑成书，仍然在本条下注明引文出处，这样作为分类纂集的方法足够了，却不是著作的体裁。《风俗》大多采集吴地诗话，偶尔也考订方言，这就对了。徐祐等人的九老会，章岵等人的耆英会，都是当时偶然形成的盛事，不应该收进《风俗》。《学校》在第四卷，《县记》在第三十七到三十八卷；县衙官舍，已经收入《县记》之中，而《学校》同时记载府、县的学校，这是县名还没有出现却先有学校了。《坊市》不接续《城郭》，而接续《官宇》，也失于不伦不类。提点刑狱司、提举常平盐茶司的题名，不收进《牧守》、《题名》本身的门类，而附录在《官宇》的后面，也没有法度。提点刑狱题名，都在前面用大字书写姓名，而在下面分注出身和到任离任年月；提举常平盐茶题名，都在前面用大字书写官阶、姓名，而在下面分注在任年月，在体例上也没有整齐划一。《牧守》记载有姓名的人，而《题名》反而放在后面，这是本末倒置了。《官吏》不记载官职品级和官员名额，而只是选取有事迹可以流传的人，也算是疏略。州县的功曹属官，和长官互相间隔交错排列，也嫌州县长官的姓名在《县记》的前面出现。《古迹》和《祠庙》、《官宇》、《园亭》、《冢墓》、《宫观》、《寺》、《山》、《川》等门类，颇为相互混杂。在《山》门之外，另外列出《虎丘》一门，不懂得类别相互关联而详细和简略互相标注的方法，就像随手都能触摸到荆棘一样了。

《人物》不自撰著，裁节史传，亦纂类之例也。依次编为八卷，不用标目分类，尚为大雅。然如张、顾大族，代有闻人，自宜聚族为篇，一族之中，又以代次可也。乃忽分忽合，时代亦复间有颠倒，不如诸陆之萃合一编，前后不乱。岂今本讹错，非范氏之原次欤？《仙事》、《浮屠》、《方技》，亦人物之支流，纵欲严其分别，亦当次于《人物》之后，别其题品可也。今于《人物》之后，间以《进士题名》、《土物》、《宫观》、《府郭寺》、《郊外寺》、《县记》、《冢墓》，凡十二卷后，忽出《仙事》以下三门，遂使物典人事，淆杂不清，可谓扰而不精之甚者矣。《土物》搜罗极博，证事亦佳。但干将、莫邪、属镂之剑①，吴鸿、扈稽之钩②，传记所载一时神物③，亦复难以尽信；今概入之《土物》，非其类矣。《奇事》一卷，《异闻》三卷，细勘实无分别。《考证》疏而不至于陋。诗赋杂文，既注各类之下，又取无类可归者，别为《杂咏》一门，虽所收不恶，亦颇嫌漫漶无当也。每见近人修志，识力不能裁断，而又贪奇嗜琐，不忍割爱，则于卷末编为《杂志》，或曰《余编》。盖缘全志分门，如布算子，无复别识心裁，故于事类有难附者，辄为此卷，以作蛇龙之菹，甚无谓也。今观范氏志末，亦为《杂志》，则前辈已先导之。其实所载，皆有门类可归，惜范氏析例之不精也。其五十卷中，官名、地号之称谓非法，人氏、名号之信笔乱填，盖宋人诗话家风，大变史文格律；其无当于方志专家，史官绳尺，不待言矣。其所以为世所称，则以石湖贤而有文，又贵显于当时；而翦裁笔削，虽不合于史法，亦视近日猥滥庸妄一流，固为矫出，得名亦不偶然也。然以是为方志之佳，则不确矣。

【注释】

①干将、莫邪、属镂：均为吴国剑名。据赵晔《吴越春秋》卷二《阖闾内传》记载，春秋时期吴国的干将、莫邪夫妇善于铸剑，为吴王阖闾铸造阴阳二剑，阳剑取名干将，阴剑取名莫邪，锋利无比，自己留下阳剑，把阴剑献给吴王。又据赵晔《吴越春秋》卷三《夫差内

　　传》记载，吴王听说伍子胥怨恨自己，命人送给他属镂之剑，令其

　　自尽。

②吴鸿、扈稽：均为吴国兵器名。据赵煜《吴越春秋》卷二《阖闾内

　　传》记载，吴国有个善于铸钩的人，杀其二子吴鸿、扈稽，以人血

　　涂拭金属，铸成二钩，献给吴王阖闾。

③神物：语出《周易·系辞上》："是兴神物，以前民用。"指神异奇特

　　之物。

【译文】

　　《人物》不是自己撰写，而是节取史书的传记，也是分类纂集的体例。按照时代顺序编成八卷，不用标注名目来分类，还算是雅正。然而像张、顾等大家族，世代都有出名的人，自然应当聚集家族成篇，一个家族之中，又按照世代次序排列就可以。却忽而分开忽而合并，时代也偶然有颠倒，不如各位陆姓的人汇集成一编，前后顺序不乱。难道是今本有差错，不是范氏的原编顺序吗？《仙事》、《浮屠》、《方技》，也是人物的支流，纵然想要严格分别，也应当排列在《人物》的后面，区别开它们的名目就行了。现在在《人物》的后面，间隔着《进士题名》、《土物》、《宫观》、《府郭寺》、《郊外寺》、《县记》、《冢墓》，总共十二卷之后，忽然列出《仙事》以下三门，于是使事物的典故和人物的事迹，彼此混杂不清，可以说是非常纷乱而不清晰了。《土物》搜罗得极其丰富，例证也好，只是干将、莫邪、属镂之剑，吴鸿、扈稽之钩，传记所记载的某个时代的神奇物品，也难以完全相信，现在一律收进《土物》，不是同一类性质了。《杂事》一卷，《异闻》三卷，仔细考察实际上没有区别。《考证》粗疏却还不到庸陋的地步。诗赋和杂文，已经附注在各类之下，又选取没有类别可以归属的内容，另外专列《杂咏》一门，虽然收进的内容不算恶滥，也颇嫌模糊而不恰当。常常见近人编修方志，认识和能力不足以裁断，而又贪图猎奇和嗜好细碎，不忍心割爱，就在卷末编成《杂志》，或者叫做《余编》。大概由于整部方志分门别类，如同密布算筹，不再有独特见识与

内心裁断，所以对事类有难归属的东西，就做成这类篇卷，用来当做龙蛇聚集的草泽，实在没有意义。现在看范氏方志的末尾，也设立《杂志》，那是由于前辈已经引路了。实际上篇中所记载的内容，都有门类可以归属，可惜范氏区分类例不精确。这五十卷中，官名、地名的称呼不合规则，人物、名号随笔乱填，大概是宋人诗话家的风气，大大改变史书文字的法则；这样就不符合方志专门一家，史家著作准则，不需要明说了。这部书被世人称道的缘故，就是因为石湖贤明而有文才，又在当时尊贵显赫；而且剪裁删削，虽然不符合史学方法，也比近来杂滥浅陋的一类方志，确实表现突出，得到好名声也不是偶然。然而把它当做方志中的佳作，就不确切了。

书姑苏志后

【题解】

明代王鏊撰《姑苏志》，成书于明孝宗弘治年间。全书共六十卷，篇首设置《沿革》、《守令》、《科第》三表，下面分三十一个门类。清代《四库全书总目》称其"繁简得中，考核精当，在明人地志之中，犹为近古"。章学诚指出方志使用古地名作书名并不妥当，批评王鏊以姑苏命名不合理，地名、职官不宜用古称概括今称，以致名实不符。同时还指出全书分卷内容多寡不均，篇目分合没有体例的缺陷。他认为全书最荒谬可笑的地方，就是卷首的三篇表。因为有些情况下不需作表，可以区分条目排列，或者分类记载，就可以做到眉目清晰。究其原因，章学诚认为是作者暗于史裁，以文人修志的缘故，故得出文人不能修志的结论。

王鏊《姑苏志》六十卷①，首《郡邑沿革》，次《古今守令》，次《科第》，皆为之表；次《沿革》，次《分野》，次《疆域》，次《山》，次《水》，次《水利》，次《风俗》，次《户口》，次《土产》，次《田赋》，次《城池》，次《坊巷》，次《乡都》②，次《桥梁》，次《官署》，次《学校》，次《兵防》，次《仓场》③，次《驿递》④，次《坛庙》，次《寺观》，次《第宅》，次《园池》，次《古迹》，次《冢墓》，次《吴世家》，附封爵、氏族，次《平乱》，次《宦绩》⑤，次《人物》，而《人物》之中，分名臣、忠义、孝友、儒林、文学、卓行、隐逸、荐举、艺术、杂技、游寓、列女、释老⑥，凡一十三类；殿以《纪异》《杂事》。而卷次多寡，不以篇目为齐。《名宦》分卷为六，《人物》中之名臣分卷为十，而忠义与孝友合为一卷，儒林与文学合为一卷，《仓场》与《驿递》合为一卷，如此等类，不一而足。总六十卷，亦约略纸幅多寡为之，无义例也。《苏志》名义不一⑦，即范氏成大以苏州为《吴郡志》，已失其理，而前人惟讥王氏不当以苏州府志为《姑苏志》，所谓贵耳而贱目也。然郡县志乘，古今卒鲜善本。如范氏、王氏之书，虽非史家所取，究于流俗恶烂之中，犹为矫出。今本《苏州府志》之可取者多，亦缘所因之故籍足采摭也。然有荒谬无理，不直一笑，虽末流胥吏，略解文簿款式，断不出于是者，如发端之三表是也。

【注释】

①王鏊（áo）《姑苏志》：据《明史》卷九十七《艺文志》著录："王鏊《姑苏志》六十卷。"王鏊（1450—1524），字济之，明代吴县（今江苏苏州）人。明宪宗成化十一年（1475）进士，授官翰林院编修。明武宗正德初年，以吏部左侍郎入内阁，旋迁户部尚书、文渊阁大学士。不满宦官刘瑾专权，求退赋闲，家居十余年而卒。姑苏，苏州西南三十里有姑苏山，相传吴王阖闾在山上筑姑苏台，古人因以山名称呼苏州。

②乡都：行政区划单位。历代管辖范围不尽相同。唐、宋以来县下分乡，乡下分里，里下分都。

③仓场：古代官府收纳粮食或其他物资的仓库和场务。

④驿递：古代官府传递文书的车马和驿站。汉、唐时代规定三十里置一驿，设驿长、驿丞等官。

⑤宦绩：官员在职期间的政绩。

⑥杂技：各类杂色技艺，包括星相、占卜等。游寓：游历寄居。

⑦名义不一：《章氏遗书》卷十四《书姑苏志后》作"名义不正"。

【译文】

王鏊撰《姑苏志》六十卷，首篇《郡邑沿革》，其次《古今守令》，其次《科第》，都编制成表；其次《沿革》，其次《分野》，其次《疆域》，其次《山》，其次《水》，其次《水利》，其次《风俗》，其次《户口》，其次《土产》，其次《田赋》，其次《城池》，其次《坊巷》，其次《乡都》，其次《桥梁》，其次《官署》，其次《学校》，其次《兵防》，其次《仓场》，其次《驿递》，其次《坛庙》，其次《寺观》，其次《第宅》，其次《园池》，其次《古迹》，其次《冢墓》，其次《吴世家》，附录封爵、氏族，其次《平乱》，其次《宦绩》，其次《人物》，而《人物》之中，分名臣、忠义、孝友、儒林、文学、卓行、隐逸、荐举、艺术、杂技、游寓、列女、释老，共十三类；最后是《纪异》、《杂事》。而卷数的多少，并不根据篇目取齐。《名宦》分成六卷，《人物》中的名臣分成十卷，而把忠义与孝友合成一卷，儒林与文学合成一卷，《仓场》与《驿递》合成一卷，像这样的例子，还有很多。总共六十卷，也是估量纸张多少来分卷，没有体例。《苏州志》名称和义例都不统一，就像范成大把苏州的方志称为《吴郡志》，已经不合情理，而前人仅仅指责王氏不应当把苏州府的方志称为《姑苏志》，这就是人们所说的重视传闻而轻视亲眼所见。然而郡县志书，从古到今终究缺少优秀著作。像范氏、王氏的书，虽然不被史学家所注重，毕竟在庸俗低劣的作品当中，还算超出同类。现在的《苏州府志》可取的地方很多，也是由于所依据的昔日志书足够采集材料。然而王氏的书也有荒谬无理，不值得一笑的地方，即使是末流胥吏，稍微懂得文书格式，也绝对不会这样做，例如开端的三表就是如此。

表一曰《郡邑沿革》，以府县为郡邑，其谬不待言矣。表以州、国、郡、军、府、路为目[①]，但有统部、州、郡而无县邑，无论体例不当，即其自标郡邑名目，岂不相矛盾耶？且职官有知县，而沿革无县名，不识知县等官何所附耶？尤可异者，表之为体，纵横以分经纬；盖有同年月而异地，或同世次而异支，所谓同经异纬，参差不齐，非寻常行墨所能清析，故藉纵横经纬以分别之。如《守令表》，必以郡之守、丞、判、录[②]，县之令、丞、簿、尉[③]，横列为经；而以朝代年月，纵标为纬。后人欲稽莅任年月，由纵标而得其时世，由横列而知某守、某令、某丞、某录，或先或后，或在同时，披表如指掌也。假有事出先后，必不同时，则无难列款而书，断无经纬作表之理。表以州、国、郡、军、府、路分格。夫州则苏州也，国则吴国也，郡则吴郡也，军、府、路则平江路府也，此皆一苏州府地先后沿革之名；称吴国时并无苏州，称苏州时并无吴郡，称吴郡时并无平江路府；既无同时异出参差难齐之数，则按款罗列，阅者自知。今乃纵横列表，忽上忽下，毫无义例，是徒乱人耳目；胥吏文簿，不如是颠倒也。《古守令表》以太守、都尉、权摄分格[④]。夫太守、都尉，固有同官年月；至于权摄，犹今之署印官也。有守即无权守，有尉即无摄尉；权摄官与本官，断无同时互见之理，则亦必无纵横列表之法。今分列格目，虚占篇幅，又胥吏之所不为也。职官列表，当以时制定名；守令之表，当题《府县官表》，以后贯前可也。今云《古守令表》，于文义固无碍矣；至于《今守令表》，则今乃指时制而言也，仍以守令称明之知府、知县，名实之谬，又不

待言矣。府官但列知府，而削同知以下；县官但列知县，而削丞、簿之属，此何说也？又表有经纬；经纬之法，所谓比其类而合之，乃是使不类者从其类也。故类之与表，势不两立。表则不能为类，类则无所用表，亦胥吏之所通晓也。《科第》之表，分上中下，以古今异制，简编繁重，画时代以分卷可也。其体自宜旁书属籍为经，上书乡会科年为纬⑤。举人、进士，皆科第也；今乃以科第为名，而又分举人、进士列为二表，是分类之法，非比类也。且第进士者，必先得举人，今以进士居前，举人列后，是于事为倒置，而观者耳目且为所乱，又胥吏所不为也。凡此谬戾，如王氏鏊，号为通人，未必出其所撰；大抵暗于史裁，又浸渍于文人习气⑥，以表无文义可观，不复措意，听一时无识之流，妄为编辑，而不知其贻笑识者，至如是也。故曰文人不可与修志也。

【注释】

①州、国、郡、军、府、路：古代地方行政区划名称。以《姑苏志》为例，所谓州指苏州，国指吴国，郡指吴郡，军指苏州军额平江军节度，府指平江府，路指平江府路，分别为春秋至元代各个时期的名称。

②郡之守、丞、判、录：古代州郡官员。守指郡守，宋代用来称呼知府、知州。丞指府丞。判指通判和判官。录指录事参军，明、清无此官。

③县之令、丞、簿、尉：古代县级官员。令指县令，宋代以京朝官宰县称作知县。丞指县丞。簿指主簿。尉指县尉，明、清设典史，相当于县尉。

④都尉、权摄：秦、汉时期辅佐郡守掌管军事的武官，秦代称作郡

尉，汉代称作都尉。权摄，古代由于铨选途径不畅以及路途遥远
等缘故，在正官没有到任之前，暂时由他官代理职务。

⑤乡会科年：据《清会典》卷三十一《礼部》记载："凡试有定期。岁
在子、卯、午、酉，以八月乡试；丑、辰、未、戌，以三月会试。"

⑥浸渍(jìn zì)：语出《古文苑》卷八《汉孔融·临终诗》："三人成市
虎，浸渍解胶漆。"比喻累积而沾染的影响。

【译文】

第一个表叫做《郡邑沿革》，把府县称为郡邑，这种错误就不用说
了。表把州、国、郡、军、府、路作为格目，只有统部、州、郡而没有县，不
要说体例不恰当，就是他自己标署的郡县名目，难道不自相矛盾吗？况
且职官有知县，而沿革无县名，不知道知县等官归属到什么地方呢？尤
其值得诧异的是，表作为一种体例，纵横排列来区分经纬，大概有同一
年月而地区不同，或者同一世系而支派不同，就是所说的同经异纬，参
差不齐，不是平常文字所能够表达清楚，所以借助纵横经纬来区别它
们。例如《守令表》，一定要把郡的太守、郡丞、通判、录事参军，县的县
令、县丞、主簿、县尉，横行排列当做经，而把朝代年月，纵行标著当做
纬。后人想要查验到任年月，由纵行标著而得知此人时世，由横行排列
而知道某守、某令、某丞、某录事参军，有的在先有的在后，有的在同一
时期，翻阅表就像指着手掌一样便利。假如有事情先后发生，一定不在
同一时期，就不难开列条目而记载，断然没有经纬作表的理由。表用
州、国、郡、军、府、路分格。州就是苏州，国就是吴国，郡就是吴郡，军、
府、路就是平江路府，这些都是一个苏州府地域先后沿革的名称；称吴
国时期并没有苏州，称苏州时期并没有吴郡，称吴郡时期并没有平江路
府；既然没有同时出现异称参差难齐的情况，那就按照条目罗列，阅览
的人自然知道。现在却纵横列表，忽上忽下，毫无宗旨和体例，这不过
是扰乱人耳目；胥吏的文簿，也不像这样颠倒。《古守令表》用太守、都
尉、权摄分格。太守、都尉，自然有同时任官年月；至于权摄，如同现在

的署印官。有守就没有权守，有尉就没有摄尉；权摄官和本官，断然没有同时并见的道理，那么也一定不需要纵横列表的方法。现在分别列出格目，白白地占用篇幅，又是胥吏所不做的事情。职官列表，应当依据当时制度确定名称；守令的表，应当题作《府县官表》，用后代贯穿前代就行了。现在叫做《古守令表》，在文义上本来没有妨碍；至于《今守令表》，那么"今"是指现时制度而言，仍然用守、令称呼明代的知府、知县，名称和实际不符合的谬误，又不用再说了。府官只列知府，而削去同知以下的官职；县官只列知县，而削去县丞、主簿之类，这有什么说法呢？另外表有经纬，经纬的方法，就是所说的并列排比同类而聚集它们，这是让不成类的内容归属它那一类。所以分类和列表，势不两立。作表就不能按类排列，按类排列就用不着表，这也是胥吏都知道的事情。《科第表》分上中下，因为古今制度不同，篇幅数量众多，划分时代来分卷也可以。它的体例自然应该旁边记载籍贯作经，上边记载乡试与会试科目年月作纬。举人、进士，都是科举及第；现在用科第作为名称，而又分举人、进士列为两篇表，这是分类的办法，不是并列排比同类。况且中进士等第的人，一定先中举人；现在把进士排列在前面，举人排列在后面，这对事理来说是本末倒置，而观览的人耳目将被扰乱，又是胥吏所不做的事情。凡是这些谬误乖戾，就像王鏊，号称是通人，不一定语出他的手笔；大概昧于史书裁断，又熏陶沾染了文人习气，认为表没有文义可供观览，不再留意，听任同时没有见识的一类人，妄自胡乱编辑，而不知道他们给有见识的人留下笑柄，到了这样的程度。所以说文人不可以参与修志。

至于官署建置，亭楼台阁，所列前人碑记序跋，仍其原文可也。志文叙述创建重修，一篇之中，忽称为州，忽称为郡，多仍范《志》原文[①]；不知范《志》不足法也。按宋自政和五年以前，名为苏州，政和五年以后，名为平江路府[②]；终宋之世,无吴郡名③。范《志》标题既谬,则志文法度,等于自郐无讥。王氏不知改易,所谓谬也。

【注释】

①范《志》:范成大所撰《吴郡志》。

②政和五年以后,名为平江路府:两处所言不正确。据《宋史》卷二十一《徽宗纪》记载:政和三年五月"丙申,升苏州为平江府"。宋代隶属两浙路。另据《元史》卷六十二《地理志》记载:"宋为平江府。元至元十三年升平江路。"元代隶属江浙等处行中书省。

③终宋之世,无吴郡名:两汉时期吴郡治吴县(今江苏苏州),隶属扬州,辖境相当于今江苏长江以南、浙江建德市以下钱塘江两岸地区。三国吴以后辖境逐渐缩小。南朝梁、陈改属吴州。隋文帝开皇九年(589)废。唐代中叶曾经一度改苏州为吴郡。北宋徽宗政和三年(1113)以前称为苏州,以后称为平江府,没有吴郡之称。

【译文】

　　至于官府署衙建置,修建亭台楼阁,所列入的前人碑记序跋,沿用它们的原文就可以了。志文叙述创建、重修的情况,一篇文章里面,忽而称为州,忽而称为郡,大多沿用范成大《吴郡志》的原文,却不知道范成大《吴郡志》不值得效法。考察宋代自政和五年以前称为苏州,政和五年以后称为平江路府,整个宋代,没有吴郡的名称。范成大《吴郡志》标著名称既然错误,那么志文的法度,相当于从《郐风》以下不值得评论。王氏不知道改变,就是所说的谬误。

　　又叙自古兵革之事,列为《平乱》一门①,亦不得其解也。山川田赋、坊巷风俗、户驿兵仓,皆数典之目;宦迹流寓、人物列女,皆传述之体。《平乱》名篇,既不类于书志数典,亦不等于列传标人,自当别议记载,务得伦序;否则全志皆当改如记事本末,乃不致于不类之讥②。然此惟精史例者,始能辨之,尚非所责于此志也。其余文字小疵,编摩偶舛,则更不足深求矣。《苏志》为世盛称,是以不得不辨,非故事苛求,好摭先哲也③。

【注释】

①列为《平乱》一门:据王鏊《姑苏志》卷三十六《平乱》记载:"苏为东南乐土,自秦以来,亦或有乘时跳梁,倡变阶祸,而皆败不旋踵,岂亦地势使然乎?今考诸史,质诸旧闻,书之册,乱臣贼子,可以戒矣。"

②不类之讥:语出《左传·襄公十六年》:"晋侯与诸侯宴于温,使诸大夫舞,曰:'歌诗必类!'齐高厚之诗不类。"杜预《注》曰:"齐有二心故。"孔颖达《疏》曰:"歌古诗,各从其恩好之义类。高厚所歌之诗,独不取恩好之义类。故云齐有二心。"另据宋代洪适《盘洲文集》卷六十三《跋李运使瑞芝颂》曰:"所作妥然若成一笔,无齐人不类知讥,非深于《诗》者能之乎?"

③摭(zhí):掎(jǐ)摭,捃(jùn)摭。意为摘取,指摘。

【译文】

此外叙述自古战争的事情,列为《平乱》一门,也不知道这怎么解释。山川田赋、坊巷风俗、户口驿递与兵防仓场,都属于列举典章制度的题目;宦迹流寓、人物列女,都属于传述的体例。用《平乱》作为篇题,既不和书志的列举典章制度相似,也不和列传的标举人物相同,自然应当另外斟酌记载,务必使得有条理;否则整部方志都应当改成像纪事本末体一样,才不会招致不属同类的指责。然而这只有精通史书体裁的人，才能区别它们的含义，还不是对这部方志的要求。其余文字上的小毛病，编辑当中的偶尔错误，就更不值得深究了。《姑苏志》被世人极力称赞，所以不得不加以辨析，并不是故意做出苛刻的要求，喜欢指摘先哲。

书滦志后

【题解】

　　明代湖广应城人陈士元任滦州知州期间，编撰《滦州志》十一卷。清代康熙年间，滦州知州侯绍岐依例续补。章学诚指出，《滦州志》的编纂者沾染明人不读书而猎奇的风气，不切实际地模仿《春秋》经传，记事矫诬迂怪，不近人情。书中采用编年体裁记事，把明朝分为"我朝"和"中兴"两个阶段，而以明世宗嘉靖二十九年（1550）作为分界线，不知道根据何在。另外分类没有章法，职官、科举人物载入编年之中，而其他各类人物却不收入。尤其是侯绍岐续书记载明代史事而使用清代年号，更加荒谬。这些大都涉及方志体例方面的问题，针砭深刻，足见章学诚对方志体例及其性质的高度重视，对后人具有深刻启发意义。

　　家存《滦志》四帙，板刻模糊，脱落颠倒，不可卒读；盖乾隆四十七年，主讲永平①，故滦州知州安岳蔡君薰②，欲属余撰辑州志，因取旧志视余，即其本也。按《明史·艺文志》，有陈士元《滦州志》十一卷③。陈字养吾，湖广应城人，嘉靖甲辰进士④，历滦州知州，有盛名；著述甚富，多见《明志》，而史不列传。《应城县志》有传而无书目；然县人士至今犹侈

言之。余少侨应城⑤，求其所著，一无所见。闻前知县江浦
金嶒⑥，尽取其家藏稿以去，意甚惜之。今此志尚称陈君原
本。康熙中，知州侯绍岐依例续补⑦，虽十一卷之次，不可复
寻，而门类义例，无所改易。篇首不知何人撰序，有云："昔
宦中州⑧，会青螺郭公议修《许州志》⑨。公曰：'海内志书，李
沧溟《青州志》第一⑩，其次即为《滦志》。'"似指陈君原本而
言。其书与人，均为当世盛称，是以侯君率由而不敢议更张
也。今观其书，矫诬迂怪，颇染明中叶人不读书而好奇习
气；文理至此，竟不复可言矣。陈君以博赡称，而《滦志》庸
妄若此，其他著述，不知更如何也。而郭青螺氏又如此妄
赞，不可解矣。

【注释】

① 乾隆四十七年，主讲永平：据《章氏遗书》卷二十三《蔡滦州哀辞》
记载："余主永平书院，一时官永平者，多好文学，与余无不善
也……惟滦州知州蔡君……英姿飒爽，气豪一世……乾隆四十
七年壬寅，余至永平，君一见如素。"永平，明代置永平府，清代沿
置。治所在卢龙县（今属河北）。滦州，治所在今河北滦县。

② 安岳蔡君薰：据《章氏遗书》卷二十三《蔡滦州哀辞》记载："君讳
薰，字涵斋，生雍正七年己酉月正元日，卒乾隆戊申夏，其月日不
知也，得年甫六十云。"安岳，春秋、战国时代为巴蜀之境；北周建
德四年（575）置安岳县，隶属普州。隋代隶属资阳郡。清代隶属
潼川府。今属四川省。

③ 陈士元：字心叔，一字养吾，明代湖广应城人（今属湖北）。明世
宗嘉靖二十三年（1544）进士。官至滦州知州。著有《易象钩
解》、《五经异文》、《孟子杂记》、《荒史》、《梦林元解》等书。湖广，

　　明代湖广包括今湖北、湖南两省。

④嘉靖：明世宗年号，公元1522—1566年。甲辰，明世宗嘉靖二十
　　三年，公元1544年。

⑤余少侨应城：据《章氏遗书》卷二十三《李清臣哀辞》记载："初，先
　　子于乾隆辛未官应城知县……丙子，先子罢县，贫不能归，侨家
　　故治，又十许年。"辛未，清高宗乾隆十六年（1751），章学诚之父
　　章镳任应城知县，章学诚随父至应城，时年十四岁。丙子，乾隆
　　二十一年（1756），章镳罢官，仍居应城十余年。

⑥江浦金嶒（céng）：清代江南江浦（今属江苏）人。清世宗雍正八年
　　（1730）进士，官应城知县。擅长书法篆刻。

⑦侯绍岐：清代长安（今陕西西安）人。清世祖顺治十三年（1656）
　　副榜，历任三原县知县、仙游县知县、滦州知州等官。

⑧中州：古代豫州地处九州中间，故称中州。今河南省一带为古代
　　豫州之地，故相沿称河南为中州。也泛指黄河中游地区。

⑨青螺郭公议修《许州志》：郭子章（1542—1618），字相奎，号青螺，
　　自号蠙衣生，明代泰和（今属江西）人。明穆宗隆庆年间进士。累
　　官贵州巡抚。平定杨应龙之叛，以功进太子少保、兵部尚书。著
　　述颇丰，有《易解》、《平播始末》、《黔记》、《豫章诗话》等。许州，
　　今河南许昌。

⑩李沧溟：李攀龙，字于鳞，号沧溟。曾经纂修《青州志》。著作有
　　《沧溟集》。青州：明代设置青州府，清代沿置，治所在益都（今山
　　东青州市）。

【译文】

　　家中存有《滦志》四册，板刻模糊，脱漏颠倒，不能尽读。大约是乾
隆四十七年，我在永平主讲书院，已故的滦州知州安岳人蔡薰，想要委
托我编撰州志，于是拿旧志给我看，就是这一本。考察《明史·艺文
志》，有陈士元《滦州志》十一卷。陈氏字养吾，湖广应城人，嘉靖甲辰年

间进士，做过滦州知州，负有盛名，著述很多，大多见于《明史·艺文志》，然而《明史》没有给他立传。《应城县志》之中，有他的传而没有书目记载，然而本县人士至今还夸耀地谈论他。我少年时期寄居在应城，寻求他的著作，一无所见。听说前任应城知县江浦人金嶒，曾经把他家收藏的手稿全部拿走而离开，感到非常惋惜。现在的这部方志还称作陈君原本。康熙中叶，知州侯绍岐依照原书体例续补，虽然十一卷的次序不能再探寻，而门类的宗旨和体例，没有多大改变。书的前面不知道是什么人撰写的序言，有这样的话："从前在中州做官，正值青螺郭公商议纂修《许州志》。郭公说：'天下的志书，李沧溟《青州志》第一，第二就是《滦志》。'"这好像是指陈君原本所说。这部书和撰人，都被当世极力称赞，所以侯君遵循成规而不敢议论变更。现在看这部书，虚假荒诞而迂阔怪异，颇多沾染明代中期人不读书而喜新猎奇的风气；文理到这种地步，就不再有可以谈论的余地了。陈君以学识渊博著称，而《滦志》如此浅陋妄谬，其他的著述，不知道又怎么样。而郭青螺氏又如此虚妄地赞扬，就不能够理解了。

其书分四篇：一曰《世编》，二曰《疆里》，三曰《壤则》，四曰《建置》。《世编》用编年体，仿《春秋》书法，实为妄诞不根。篇首大书云："帝喾氏建九州①，我冀分。"传云："书者何？志始也"云云，以考九州分域。又大书云："黄帝逐荤粥②。"传云："书荤粥何？我边郡也。"又大书云："周武王十有三祀，夷、齐饿死于首阳③，封召公奭于燕④，我燕分。"此皆陈氏原编，怪妄不直一笑。《春秋》，鲁国之书，臣子措辞，义有内外，故称鲁为我⑤，非特别于他国之君。且鲁史既以国名，则书中自不便于书国为鲁，文法宜然，非有他也。郡县之世，天下统于一尊，珥笔为州县志者，孰非朝廷臣子，何我之有？至于公、穀传经，出于经师授受，隐微之旨，难以遽喻，则假问答而阐明之，非史例也。州县之志，出于一手撰述，非有前人隐义，待己阐明，而自书自解，自问自答，既非优伶演剧，何为作独对之酬酢乎？且刘氏《史通》，尝论《晋纪》及《汉晋春秋》，力诋前人摩拟，无端称我与假设问答，俱在所斥⑥。陈氏号为通博，独未之窥乎？国史且然，况州县志乎？"周武王十有三祀"，文尤纰缪。殷祀周年⑦，两不相蒙。《洪范》为箕子陈畴，书法变例⑧，非正称也。陈氏为夷、齐之故，而改年称祀，其下与封召公，同蒙其文，岂将以召公为殷人乎？且夷、齐不食周粟，饿死首阳，盖言不受禄而穷饿以死，非绝粒殉命之谓也。大书识其年岁，不偾甚乎？即此数端，尚待窥其余乎？

【注释】

①帝喾氏建九州：语出杜佑《通典》卷一百七十一《州郡》："若颛顼之所建，帝喾受之，创制九州，统领万国。"颛顼、帝喾，古代传说五帝之中的二帝。

②黄帝逐荤粥（xūn yù）：语出司马迁《史记》卷一《五帝本纪》："黄帝……北逐荤粥。"荤粥，据司马迁《史记》卷一百一十《匈奴列传》司马贞《索隐》曰："匈奴别名也。唐、虞已上曰山戎，亦曰熏粥，夏曰淳维，殷曰鬼方，周曰猃狁，汉曰匈奴。"即古代北方匈奴族在远古时代的名称。

③夷、齐饿死于首阳：据司马迁《史记》卷六十一《伯夷列传》记载，周武王灭商，天下归周，商朝分封的孤竹国君二子伯夷、叔齐不受周粟，隐居在首阳山，采薇而食，贫困而死。首阳山，旧说不一，大约在今山西永济一带。

④封召(shào)公奭(shì)于燕：据司马迁《史记》卷四《周本纪》记载：武王灭商以后，"于是封功臣谋士……封召公奭于燕。"召公姬姓，名奭，食邑在召(今陕西岐山西南)。辅佐周武王灭商，被封于燕(今北京市)。周成王时期任太保，与周公共同辅政。

⑤称鲁为我：《春秋·隐公八年》："庚寅，我入邴。"《公羊传》曰："其言我何？言我者，非独我也。"

⑥刘氏《史通》，尝论《晋纪》及《汉晋春秋》，力诋前人摩拟，无端称我与假设问答，俱在所斥：据刘知几《史通》卷八《模拟》记载："干宝撰《晋纪》，至天子之葬，必云葬我某皇帝。无二君，何我之有？以此而拟《春秋》，又所谓貌同而心异也。吴均《齐春秋》每书灾变，亦曰：'何以书？记异也。'夫事无他议，言从己出，辄自问而自答者，岂是叙事之理者耶？以此而拟《公羊》，又所谓貌同而心异也。"章学诚把吴均《齐春秋》说成习凿齿《汉晋春秋》，有误。

⑦殷祀周年：语出《尔雅·释天》："夏曰岁，商曰祀，周曰年，唐、虞曰载。"郭璞《注》曰："岁取岁星行一次，祀取四时一终，年取禾一熟，载取物终更始。"

⑧《洪范》为箕子陈畴，书法变例：据《尚书·洪范》记载："惟十有三祀，王访于箕子。"伪孔安国《传》曰："商曰祀。箕子称祀，不忘本也。"

【译文】

这部书分为四篇，第一篇叫做《世编》，第二篇叫做《疆里》，第三篇叫做《壤则》，第四篇叫做《建置》。《世编》采用编年体，仿照《春秋》的纪事原则，实际上荒诞没有根据。篇首大字写道："帝营设置九州，我冀州分界。"注释说"为什么这样记载呢？是记载初始"等等，以此考察九州地域划分。又大字写道："黄帝驱逐荤粥。"注释说："为什么记载荤粥的事呢？是我边境州郡。"又大字写道："周武王十有三祀，伯夷、叔齐在首阳山饿死，封召公奭在燕，我燕地分界。"这些都是陈氏原编的文字，古怪虚妄不值得一笑。《春秋》，是鲁国的书，臣下载笔措辞，道理上有内外的区别，所以称鲁国为"我"，不仅是和另外国家的君主区别开来。况且鲁国史书既然用国名作为名称，书中就自然不便把本国写作鲁国，文章的法度应该如此，没有其他原因。郡县制度的时代，天下统属定于一尊的皇帝，握笔编纂州县方志的人，哪一个不是朝廷臣下，有什么"我"呢？至于公羊氏、穀梁氏解说《春秋》经，出于经师互相传授，隐约微妙的宗旨，人们难以马上理解，就假借问答阐明它的意思，不是史书的体例。州县的志书，出于一人撰写，并不是有前人隐秘的寓意，等待自己阐明，而自己记载自己解释，自己提问自己回答，既然不是演员演戏，为什么做出独自一人的应酬呢？况且刘氏撰《史通》，曾经议论《晋纪》和《汉晋春秋》，极力指责前人模拟，没有来由地称"我"和假设问答，都在所指责的范围里。陈氏号称通达渊博，难道没有注意到这个问题吗？国史尚且这样，何况州县方志呢？"周武王十有三祀"，这样的文字尤其错误。商朝称作祀，周朝称作年，两种用法并不互相牵涉。《洪范》是箕子陈述谋谟，使用"祀"字是著述原则的变例，不是正规的名称。陈氏因为伯夷、叔齐的缘故，而把"年"改称"祀"，这样下面和分封召公，共同使用这个字，难道要把召公当做殷人吗？况且伯夷、叔齐不食周粟，在首阳山饿死，大概是说不接受俸禄而穷饿致死，不是绝食献出生命的意思。用大字记载这件事的年代，不是严重颠倒错乱吗？就是这几方面已经够了，还要等待察看剩下的内容吗？

其《世编》分目为三：一曰前代，二曰我朝，三曰中兴。其称我朝者，终于世宗嘉靖二十八年；其题中兴者，断始嘉靖二十九年，实亦不得其解。《疆里》之目有六：曰域界，曰理制，曰山水，曰胜概，曰风俗，曰往迹。《壤则》之目有七：曰户口，曰田赋，曰盐法，曰物产，曰马政，曰兵政，曰驿传。

《建置》之目十一：曰城池，曰署廨，曰儒学，曰仓库，曰铺舍①，曰街市，曰坊牌，曰楼阁，曰桥渡，曰秩祀②，曰寺观。而官师人物，科目选举，俱在编年之内。官师则大书年月，某官某人来任；其人有可称者，即仿《左传》之例，注其行实于下。科目则曰，某贡于学，某举于乡，某中某榜进士；其有可称者，亦同官师之例，无则缺之。孝义节烈之得旌者，书于受旌之日。而暗修之儒，能文之士，不由科目，与夫节孝之妇、贞淑之女，偶不及旌，则无入志之例矣。

【注释】

①铺舍：又称铺屋。城市街坊中警巡、救火等军卒驻扎的房屋。

②秩祀：古代祭祀制度，根据祭祀对象划分等级，按照不同规格举行祭礼。

【译文】

　　那篇《世编》分成三个类目：第一目叫做前代，第二目叫做我朝，第三目叫做中兴。其中称作我朝的部分，到世宗嘉靖二十八年为止；其中标明中兴的部分，断限从嘉靖二十九年开始，实在不明白怎么解释。《疆里》的类目有六个：叫做域界，叫做理制，叫做山水，叫做胜概，叫做风俗，叫做往迹。《壤则》的类目有七个：叫做户口，叫做田赋，叫做盐法，叫做物产，叫做马政，叫做兵政，叫做驿传。《建置》的类目有十一个：叫做城池，叫做署廨，叫做儒学，叫做仓库，叫做铺舍，叫做街市，叫做坊牌，叫做楼阁，叫做桥渡，叫做秩祀，叫做寺观。而官员师儒人物，科举铨选科目，都放在编年里记载。官员师儒就大字记载年月，某官某人来滦州任职；那些有可称道的人物，就仿照《左传》的例子，把他的事迹标注在下面。科举就记载说，某人由学校贡举，某人在乡试中举，某人考中某一榜进士；其中有可赞扬的人物，也和官员师儒的例子相同，没有就空缺。孝义与节烈得到表彰的人物，在受到表彰的日期下面记载他们。而默默研修的儒者，擅长文词的士人，没有经过科举考试，以及贞节与守孝的妇人、贞静贤淑的女子，偶然没有受到旌表，就没有收入方志的事例了。

尤有异者，侯君续陈之志，于明万历四十七年①，大书我太祖高皇帝天命四年己未②，分注前明年号于下；复大书冯运泰中庄际昌榜进士③，又书知州林应聚来任④。夫前明疆宇，未入我朝版图；国朝史笔，于书明事，不关于正朔者，并不斥去天启、崇祯年号⑤。藉曰臣子之义，内本朝而外前明，则既书天命年号于上，事之在前明者，必当加明字以别之；庶使阅者知所主客，是亦一定理也。今冯运泰乃明之进士，林应聚乃明之知州，隶于本朝年号之下，又无明字以为之区别，是直以明之进士、知州，为本朝之科第、职官，不亦诬乎！至《滦志》标题，亦甚庸妄。滦乃水名⑥，州亦以水得名耳。今去州字，而称《滦志》，则阅题签者，疑为滦水志矣。然《明·艺文志》以陈士元撰为《滦州志》，则题删州字，或侯绍岐之所为。要以全书观之，此等尚属细事，不足责也。

【注释】

①万历：明神宗朱翊钧年号，公元1573—1620年。

②太祖高皇帝天命四年己未：太祖高皇帝，清朝的创建者努尔哈赤。庙号太祖，尊号高皇帝。天命，努尔哈赤于明神宗万历四十

四年(1616)建立后金国,年号天命。天命四年,明神宗万历四十七年(1619)。

③冯运泰中庄际昌榜进士:据《明史》卷二十一《神宗纪》记载:明神宗万历四十七年(1619)二月"辛丑,赐庄际昌等进士及第出身有差"。冯运泰,滦州人。明神宗万历三十一(1603)癸卯科举人。万历四十七年己未科进士。官至太仆寺卿。庄际昌,字景说,号羹若,明代福建永春人。明熹宗天启元年(1621),授翰林院修撰。受魏忠贤排挤,罢官归里。明毅宗崇祯初年,起复左庶子。

④林应聚:明代福建漳浦人。明神宗万历四十四年(1616)进士。官滦州知州。明毅宗崇祯年间,历任浙东分守道,温州府知府。

⑤天启:明熹宗朱由校年号,公元 1621—1627 年。

⑥滦乃水名:清代滦水,今称滦河,在河北省东北部。其源出于河北沽源县,向北经过内蒙古多伦县,再进入河北境内,下游流经滦县,至乐亭县注入渤海。全长八百多公里。

【译文】

尤为奇特的是,侯君续补陈士元的志书,在明代万历四十七年之处,大字写上我朝太祖高皇帝天命四年己未,又在下面分注前明年号;再大字写上冯运泰考中庄际昌榜进士,还写上知州林应聚到任。前明的疆土,没有纳入我朝的版图;我朝史官,对于记载明朝史事,假如与朝廷正朔无关,并不删除天启、崇祯年号。如果说做臣下的道义,以本朝为内而以前明为外,那么已经在上面记载天命年号,发生在前明的事情,一定应该添加"明"字用来区别,差不多可以让观览的人知道主客关系,这也是固定不变的道理。现在冯运泰是明代的进士,林应聚是明代的知州,归属在本朝年号记事下面,又没有标著"明"字对他们加以区别,是直接把明代的进士、知州,当做本朝的科第、职官,不是虚假诬枉吗!至于《滦志》的标书题名,也非常浅陋谬妄。滦本来是水名,州也因为水而得名。现在去掉"州"字,而称作《滦志》,那么看到书名题签的人,怀疑是滦水志了。然而《明史·艺文志》把陈士元所撰称为《滦州志》,那么书名去掉"州"字,也许是侯绍岐所做。总之从全书来看,这类还属于细微琐事,不值得指责。

书灵寿县志后

【题解】

清圣祖康熙二十四年（1685），灵寿知县陆陇其根据县人傅维枟所纂县志初稿而稍加修改，编修《灵寿县志》十卷。书末附载陆、傅二人互相讨论修志凡例的文字，有助于读者了解修志过程及其议论得失。章学诚比较二人意见之后，认为陆陇其的主张迂阔错谬而失当。主要问题在于本书《地理门》附录纪事，体例乖谬，倘若可以这样，那么正史中的本纪也都可以编入《地理志》了；《建置门》中删除坊表、寺观，目的是要重人轻物和捍卫儒教；《人物门》列入后妃，失于谨严。这些属于体例方面的失误，章学诚一一作出驳斥。更重要的是，陆陇其《官师门》、《选举门》全录旧志内容，记事起自明初，而不能博考前代事实，记事疏失浅陋；又貌同心异地效法《左传》不详细记载孔子事迹，强调这样做是尊崇孔子，于是把正史中有传的灵寿籍名臣，在方志中只存留梗概。章学诚尖锐地指出这是陆陇其强词夺理，为自己不懂史学义例强作辩解。总的看来，章学诚的观点是主张方志应该详尽保存一方文献，这样才有实用价值。

书有以人重者，重其人而略其书可也；文有意善而辞不逮者，重其意而略其辞可也。平湖陆氏陇其①，理学名儒，何可轻议？然不甚深于史学。所撰《灵寿县志》②，立意甚善，然不甚解于文理。则重陆之为人，而取作志之本意可也。重其人，因重其书，以谓志家之所矜式，则耳食矣③。余按陆氏《灵寿县志》十卷：一曰《地理》，纪事、方音附焉，二曰《建置》，三曰《祀典》，四曰《灾祥》，五曰《物产》，六曰《田赋》，七曰《官师》，八曰《人物》，《人物》之中，又分后妃、名臣、仕绩、孝义、隐逸、列女，九《选举》，十《艺文》。而《田赋》、《艺文》分上下卷，《祀典》、《灾祥》、《物产》均合于一，则所分卷数，亦无义例者也。其书大率简略，而《田赋》独详，可谓知所重矣。《叙》、《例》皆云："土瘠民贫，居官者不可纷更聚敛，土著者不可侈靡争竞。"④尤为仁人恺悌之言⑤。全书大率以是为作书之旨，其用心真不愧于古循良吏矣。

【注释】

①平湖陆氏陇其：陆陇其（1630—1692），字稼书。明、清之际浙江平湖（今浙江平湖市）人。清圣祖康熙九年（1670）进士。历任嘉定、灵寿知县，补四川道，试监察御史。学宗程、朱，以居敬穷理为宗旨，力排王守仁学说，成为清初程朱理学正宗。著作极其丰富，主要有《四书大全》、《困勉录》、《三鱼堂文集》等。

②灵寿：西汉置县，隶属常山郡。明代隶属直隶真定府，清代沿置。今属河北省，位于河北省西南部。

③耳食：语出司马迁《史记》卷十五《六国年表序》："学者牵于所闻，见秦在帝位日浅，不察其终始，因举而笑之，不敢道，此与以耳食无异。"司马贞《索隐》曰："言俗学浅识，举而笑秦。此犹耳食不能知味也。"比喻不加审察而轻信传闻。

④《叙》、《例》皆云："土瘠民贫，居官者不可纷更聚敛，土著者不可

侈靡争竞。"：据《灵寿县志序》曰："灵寿于真定三十二州县中，最为瘠壤。其民遇丰岁，荳饭藿羹，仅免沟壑。一遇水旱蝱雹之灾，流离转死，不可救药。盖在前代已然，兵燹之后，元气益复衰耗，以故文献散佚失征。按史传所记故事，询之土人，无有能道之者。大禹治卫，疏凿何所？鲜虞、中山之诗，疆理若何？武灵、惠文，屯兵何方？昌国君遗址安在？乐叔继封，何乡何里？邡侯食采，第宅何存？何年始废？曹武惠、韩忠献父子，聚族何村？始迁何代？大圣大贤之故迹，如烟云之过目，不可复求，穆然徒见滹沱流而太行峙而已。即户口之盛衰，赋役之繁简，典礼之废兴，自明以前，亦湮没不可考。岂不可慨也哉？国子学生傅君维枟，悯旧志之残缺，网罗放失旧闻，汇缉成编，藏于家塾，笔削详略，具有法度，不凿不滥；然其已湮没者，亦末如之何也。适余奉部檄征县志，因取其书，稍为更定，附以管见，分为十卷，聊以备采择云尔。阅是编者，见其土瘠民穷，慨然思为政者宜安静，不宜纷更，宁损上，毋损下，宁便民，毋便官，则可矣。若曰一方之文献在是，则余与傅君皆不能无愧焉。康熙乙丑仲夏，直隶真定府灵寿县知县，当湖陆陇其谨序。"

⑤仁人恺悌之言：据《灵寿县志·凡例》曰："灵寿土瘠民贫，居官知此，然后不敢以分更聚敛为事；土著者知此，然后不敢以侈靡争竞为能。纲领所在，故随处提醒。"恺悌，仁慈和乐，平易近人。

【译文】

书有的是因为作者而受到重视，重视此人而忽视此书就可以了；文章有的是立意好而文辞不及，重视它的内容而忽视它的文辞就可以了。平湖人陆陇其，是理学名儒，怎么可以轻易评论？但是他对史学并不很深入。他编撰的《灵寿县志》，立意虽然很好，然而不太通晓文理义法。那么重视陆的为人，而重视修志的本意就可以了。重视这个人，于是就重视他的书，认为是方志家所应当敬重和效法的榜样，就是轻信传闻了。我考察陆氏《灵寿县志》十卷，第一叫做《地理》，纪事、方音附在里面，第二叫做《建置》，第三叫做《祀典》，第四叫做《灾祥》，第五叫做《物产》，第六叫做《田赋》，第七叫做《官师》，第八叫做《人物》，《人物》中又分后妃、名臣、仕绩、孝义、隐逸、列女，第九《选举》，第十《艺文》。而《田赋》、《艺文》分上下卷，《祀典》、《灾祥》、《物产》都合在一卷，那么划分卷数，也没有宗旨和体例。这部书大致都很简略，而只有《田赋》详细，可以说知道所应当重视的要务了。《叙》和《凡例》都说："土地贫瘠而百姓穷困，在任的官员不能变易法度搜刮，本地的人士不能攀比奢侈浪费。"这尤其是仁爱的人厚道的言论。全书大致把这一点当成作书的主旨，他的用意真不愧是古代守法度有治绩的官吏了。

篇末以己所陈请于上，有所兴废于其县者，及与县人傅维云往复论修志凡例终编①。其兴废条议，固切实有用；其论修志例，则迂错而无当矣。余惧世人徇名而忘其实也，不得不辨析于后。如篇首《地理》，附以方音可也，附以纪事谬矣②。纪事，乃前代大事关灵寿者，编年而书，是于一县之中，如史之有本纪者也。纪事可附《地理》，则《舜典》可附于《禹贡》，而历史本纪可入《地理志》矣。书事贵于简而有法；似此依附，简则简矣，岂可以为法乎？《建置》之篇，删去坊表③，而云所重在人，不在于坊，其说则迂诞也。人莫重于孔子，人之无藉书志以详，亦莫如孔子，以为所重有在，而志削其文，则阙里之志④，可焚毁矣。坊表之所重在人，犹学校之所重在道也，官署之所重在政也，城池之所重在守也。以为别有所重而不载，是学校、官廨、城池皆可削去，《建置》一志，直可省其目矣。寺观删而不载，以谓辟邪崇正⑤，亦迂而无当也。《春秋》重兴作，凡不当作而作者，莫不详书⑥，所以示鉴戒也。如陆氏说，则但须削去其文，以为辟邪崇正，千百载后，谁复知其为邪而辟之耶？况寺观之中，金石可考，逸文流传，可求古事，不当削者一也。僧道之官，定于国家制度，所居必有其地，所领必有其徒，不当削者二也。水旱之有祈祷，灾荒之有赈济，弃婴之有收养，先贤祠墓之有香火，地方官吏多择寺观以为公所，多遴僧道以为典守，于事大有所赖，往往见于章奏文移，未尝害于治体；是寺观僧道之类，昔人以崇异端，近日以助官事，正使周、孔复生，因势利导⑦，必有所以区处，未必皆执人其人而庐其居也⑧。陆氏以削而不载，示其卫道，何所见之隘乎？《官师》、《选举》，止详本朝⑨，谓法旧志断自明初之意，则尤谬矣。旧志不能博考前代，而以明初为断，已是旧志之陋；然彼固未尝取其有者而弃之也。今陆氏明见旧志，而删其名姓，其无理不待辨矣。自古诸侯不祖天子，大夫不祖诸侯，理势然也。方志诸家，于前代帝王后妃，但当著其出处，不可列为《人物》，此说前人亦屡议之，而其说讫不能定。其实列《人物》者，谬也。姑无论理势当否，试问人物之例，统载古今，方志既以前代帝王后妃，列于《人物》，则修京兆志者，当以本朝帝后入《人物》矣。此不问而知其不可。则陆志《人物》之首后妃⑩，殊为不谨严也。

【注释】

①傅维云：当作傅维枟，字培公，号霄影，清代灵寿（今属河北）人。不求仕进，以诗文自娱。著有《燕川渔唱诗》、《植斋文集》。

②附以纪事:据《灵寿县志》卷一《地理志·纪事》注曰:"事不可以无纪,然不能自成一卷,是以附之《地理》末。"

③删去坊表:据《灵寿县志·凡例》曰:"牌坊之建,盖表厥宅里之意,所重在人,不在于坊。买椟还珠,无取乎耳。故名臣贤士,既表章于各传中,不复载其坊额。"

④阙里之志:据《四库全书总目》卷五十九《传记类存目》著录:"《阙里志》二十四卷,明陈镐撰,孔允植重纂。"这里泛指记载孔子故里的方志。

⑤寺观删而不载,以谓辟邪崇正:据《灵寿县志·凡例》曰:"辟邪崇正,为政之大防。故佛老寺观,概不收载,如鲁柏、祁林,止因事而见。"

⑥《春秋》重兴作,凡不当作而作者,莫不详书:据《春秋·隐公七年》记载:"夏,城中丘。"另据《春秋·僖公二十年》记载:"二十年春,新作南门。"又据《春秋·成公十八年》记载:"八月……筑鹿苑。"《左传》在上述经文之后,都说是"书不时也",并在鲁庄公二十九年作《传例》说:"凡土功,龙见而毕务,戒事也。"杜预《注》曰:"谓今九月,周十一月,龙星角、亢晨见东方,三务始毕。戒民以土功事。"

⑦因势利导:语出司马迁《史记》卷六十五《孙子列传》:"善战者,因其势而利导之。"意为顺着事物的发展趋势加以引导。

⑧人其人而庐其居:语出韩愈《韩昌黎全集》卷十一《原道》:"不塞不流,不止不行。人其人,火其书,庐其居。"意为佛老之道不塞不止,则周、孔之教不流不行。故主张废除佛老之教,令其徒还俗。

⑨《官师》、《选举》,止详本朝:据《灵寿县志·凡例》曰:"《官师》、《选举》,止详本朝,亦本旧志断自明初之例,非敢擅削也。"

⑩《人物》之首后妃:据《灵寿县志》卷七《人物志·后妃》记载:"宋

慈圣光宪曹皇后,灵寿人,彬之孙,玘之女,仁宗后也……后周德
妃董氏,镇州灵寿人也。周太祖闻妃有贤行,聘之,册为德妃。"
宋初,灵寿隶属镇州。宋仁宗庆历八年(1048),改镇州为真定
府,隶属不变。

【译文】

　　书的末尾用自己向皇上的陈请,关系到本县事情兴废的举措,以及
和本县人士傅维云反复讨论修志凡例的意见结束全书。他的事情兴废
的奏议,自然是切实有用;而他的讨论修志条例,就迂阔谬误而不恰当
了。我恐怕世人曲从他的名声而忘记他的实际,不得不在下面加以辨
析。如本书开端的《地理》篇,把方音附在后面还可以,把纪事附在后面
就错了。纪事,是前代大事关系到灵寿的内容,编年记载下来,这是在
一县之中,像史书里有本纪一样。如果纪事可以附在《地理》篇后面,那
么《舜典》可以附在《禹贡》后面,而历代史书的本纪可以放进《地理志》
了。记载事情贵在简洁而有准则;像这样依附归类,简洁倒是简洁了,
难道可以当做准则吗?《建置》一篇,删去牌坊表记,却说所重视的内容
在于人,不在于牌坊,这种说法就迂阔荒诞了。人没有谁比孔子重要,
人不需凭借史书和方志详明,也没有谁像孔子,认为所重视的内容在于
其人,而方志删除这方面文字,那么记载阙里的志书,就可以烧毁了。
坊表的重心在于人,就像学校的重心在于道统,官署的重心在于政治,
城池的重心在于守备。认为另外有所重视就不记载,这样学校、官舍、
城池都可以删掉,《建置》一志,简直可以删除这个类目了。删除寺观而
不记载,认为是排斥邪教而尊崇正道,也迂阔而不恰当。《春秋》重视兴
建,凡是不应当建造而建造,无不详细记载,用来显示鉴戒。按照陆氏
的说法,就只需要删掉兴建的文字,当做是排斥邪教而尊崇正道,千百
年以后,谁又知道那是邪教而排斥它呢?何况寺观里面,有金石文字可
以考察,有逸文流传下来,可以求证古事,这是不应该删除的第一个理
由。僧道的官职,在国家制度中确定,起居一定有他们的地方,管领一

定有他们的教徒，这是不应该删除的第二个理由。对旱涝有所祈祷，对灾荒有所赈济，对弃婴有所收养，对先贤祠墓有香火供奉，地方官吏大多选择寺观当做处理公众事务的场所，大多选任僧道来做主管，对于办理事情大有依靠，往往在章奏文书中见到，未尝对治理法度有害；这是寺观僧道一类，过去人们凭借它们尊崇异教，近来凭借它们辅助官府公事，即使周公、孔子复生，根据形势妥善引导，一定会有处理的办法，不一定都坚持让僧道还俗为人而把寺观改成民居。陆氏用删除而不记载，显示他捍卫儒道，为什么见解这样狭隘呢？《官师》、《选举》，只详细记载本朝，说是效法旧志断限从明初开始的意图，就尤其荒谬了。旧志不能广泛考察前代，而以明初作为断限，已经是旧志的浅陋；然而它本来还没有把那些已有的记载而舍弃。现在陆氏明明见到旧志有记载，却删除他们的名姓，这种作法没有道理就不需要辩解了。自古诸侯不祭祀天子，大夫不祭祀诸侯，情理和时势如此。编修方志的各家，对于前代的帝王和后妃，只应当记载他们语出何地，不可以列在《人物》门中，这种说法前人也经常讨论，而他们的说法至今没有定论。实际上列在《人物》里，是错误的的做法。姑且不论情理与时势是否妥当，试问《人物》一门的体例，总括记载古今；方志既然把前代帝王与后妃列在《人物》门，那么编修京城方志的人，就该把本朝皇帝与后妃列入《人物》中了，这不用问就知道不行。那么陆氏修志在《人物》门把后妃列在前面，极为不谨严。

　　至于篇末，与傅维云议，其初不过所见有偏，及往复再辨，而强辞不准于情理矣。其自云："名臣言行，如乐毅、曹彬①，章章于正史者，止存其略。"维云则谓："三代以上圣贤，事已见经籍者，史迁仍入《史记》，史迁所叙孝武前事，班固仍入《汉书》；不以他见而遂略。前人史传文集，荒僻小县，人罕尽见，《艺文》中如乐毅《报燕王书》、韩维《僖祖庙议》^②，不当刊削。"其说是也。陆氏乃云："春秋人物，莫大于孔子，文章亦莫过于孔子。《左传》于孔子之事，不如叔向、子产之详，于孔子之文，不如叔向、子产之多；相鲁适楚，删书正乐，事之章章于万世者，曾不一见；《孝经》、《论语》、《文言》、《系辞》，昭昭于万世者，曾不一见。以孔子万世圣人，不必沾沾称述于一书，所以尊孔子也。"此则非陆氏之本意，因穷于措辨，故为大言，以气盖人，而不顾其理之安，依然诋毁阳明习气矣^③。《左传》乃裁取国史为之，所记皆事之关国家者，义与《春秋》相为经纬。子产、叔向，贤而有文，又当国最久，故晋、郑之事，多涉二人言行，非故详也，关一国之政也。孔子不遇于时，惟相定公为郏谷之会^④，齐人来归汶阳之田^⑤，是与国事相关，何尝不详载乎？其奔走四方^⑥，与设教洙泗^⑦，事与国政无关，左氏编年附经，其体径直，非如后史纪传之体，可以特著《道学》、《儒林》、《文苑》等传，曲折而书，因人加重者也。虽欲独详孔子，其道无由，岂曰以是尊孔子哉？至谓《孝经》、《论语》、《文言》、《系辞》不入《左传》，亦为左氏之尊孔子，其曲谬与前说略同，毋庸更辨。第如其所说，以不载为尊，则帝典之载尧、舜^⑧，谟贡之载大禹^⑨，是史臣不尊尧、舜、禹也；二南正雅之歌咏文武^⑩，是诗人不尊周先王也；孔子删述《诗》、《书》，是孔子不尊二帝三王也，其说尚可通乎？且动以孔子为拟，尤学究压人故习。试问陆氏修志初心，其视乐毅、曹彬、韩维诸人，岂谓足以当孔子耶？

【注释】

①乐毅、曹彬:乐毅为战国时期中山国灵寿(今属河北)人。燕昭王时期任亚卿,又拜上将军,率军击破齐国,攻下七十多城,被封为昌国君。燕惠王即位以后,中齐人反间计,他被迫出奔赵国,被封望诸君,死于赵国。曹彬(931—999),字国华,北宋真定灵寿(今属河北)人。宋太祖乾德年间,率兵灭后蜀,任都监。灭南唐之役,任统帅,攻下金陵(今江苏南京)后,禁止将士杀掠。任枢密使。宋太宗时期,任使相,封鲁国公。率军攻辽,败于涿州(今属河北),被降职。真宗初年复任枢密使。卒谥武惠。

②韩维《僖祖庙议》:韩维《南阳集》卷二十五《议僖祖庙状》。韩维(1017—1098),字持国,北宋开封雍丘(今河南杞县)人。先世占籍真定灵寿。宋神宗为太子时期,任东宫僚属。宋神宗即位以后,历任知汝州、权开封府等职。后为翰林学士承旨。宋哲宗元祐初年,为门下侍郎,旋被罢免。绍圣二年(1095),被列为元祐党人,安置均州(今湖北丹江口市)。著有《南阳集》。僖祖,北宋建立以后,宋太祖赵匡胤追尊高祖赵朓的庙号。

③诋毁阳明习气:据陆陇其《三鱼堂文集》卷二《学术辨上》曰:“自阳明王氏倡为良知之说,以禅之实而托儒之名;且辑《朱子晚年定论》一书,以明已之学与朱子未尝异。龙溪、心斋、近溪、海门之徒,从而衍之。王氏之学遍天下,几以为圣人复起,而古先圣贤下学上达之遗法,灭裂无余。学术坏而风俗随之,其弊也,至于荡轶礼法,蔑视伦常。天下之人,恣睢横肆,不复自安于规矩绳墨之内,而百病交作。”

④相定公为郏谷之会:据《左传·定公十年》记载:“夏,公会齐侯于祝其,实夹谷。孔丘相。”郏谷,即夹谷。春秋时期齐国地名。故址说法不定,一说在今山东莱芜市南,一说在今山东淄博市淄川区西南,一说在今山东淄博市博山区东。近人多主莱芜夹谷

之说。

⑤齐人来归汶阳之田:据《春秋·定公十年》记载,郏谷之会以后,"齐人来归郓、谨、龟阴田"。杜预《注》曰:"三邑皆汶阳田也。"汶阳,春秋时期鲁国地名。在今山东泰安西南一带。因其在汶水(今山东大汶河)以北,古人以河川北岸为阳,故名。

⑥奔走四方:语出司马迁《史记》卷一百二十一《儒林列传》:"世以混浊莫能用,是以仲尼干七十余君,无所遇。"

⑦设教洙泗:语出班固《汉书》卷二十八下《地理志下》:"鲁地……濒洙泗之水……孔子闵王道将废,乃修六经,以述唐、虞、三代之道,弟子受业而通者,七十有七人。"洙泗,古时洙泗二水从今山东泗水县北合流西下,流至鲁国都城曲阜北,又分为二水。洙泗之间,是孔子聚徒讲学之地。

⑧帝典:《尚书》中的《尧典》和《舜典》。

⑨谟贡:《尚书》中的《皋陶谟》和《禹贡》。

⑩二南正雅:二南即《诗经·国风》中的《周南》、《召南》。正雅,《诗经》中《小雅》自《鹿鸣》至《菁菁者莪》,《大雅》自《文王》至《卷阿》为正雅,一般指西周兴盛时期的作品。

【译文】

至于书末和傅维云的讨论,开始的时候只是见解有些偏颇,等到反复辩论,就强辩而不符合情理了。他自己说:"名臣的言行,像乐毅、曹彬,在正史中名声显赫,只须保留他们的概要。"傅维云却说:"夏、商、周三代以上的圣贤,事迹已经出现在经籍中的人,司马迁仍然写进《史记》,司马迁记叙武帝以前的事,班固仍然写进《汉书》,并不因为在别的书里见到就省略。前人的史传和文集,在荒僻的小县,人们很少能都见到;艺文中像乐毅的《报燕王书》、韩维的《僖祖庙议》,不应该删除。"他的说法正确。陆氏却说:"春秋时期的人物,没有谁能比孔子伟大,文章也没有谁能超过孔子。《左传》对于孔子的事,不如记载叔向、子产的事详细,对于孔子的文章,不如收录叔向、子产的文章多;作为鲁国宾相和前往楚国游历,删定经书和校正音乐,这些万代彰显的事情,竟然不能见到一处记载。《孝经》、《论语》,《易经》的《文言》、《系辞》,这些光耀万代的书籍,竟然不能见到一处记载。因为孔子是万世圣人,不一定在一部书里沾沾自喜地称赞,用来尊崇孔子。"这就不是陆氏的本意,因为辩论理屈辞穷,故意说大话,用气势压人,而不顾道理是否恰当,依然是诋毁王阳明时候的习气了。《左传》是截取国史而作,记述的内容都是关系到国家的事,宗旨和《春秋》配合。子产、叔向,贤明而有文采,又主持国政最长久,所以晋国、郑国的事情,大多涉及两人言行,不是故意详细记载,而是关系到一国的政治。孔子在当时没有遇到时机,只有辅佐定公参加郏谷的盟会,迫使齐国人来退还汶阳的土地,这两件事和国事相关,何尝不详细记载呢? 孔子奔走四方,和在洙泗水滨设坛授徒,事情和国政无关,左氏编年纪事依附《春秋》经文,这种体例直截单一,不像后世的纪传体史书,可以特地撰写《道学》、《儒林》、《文苑》等传,委曲详细地记载,根据具体的人增加纪事分量。《左传》即使想要单独详细记载孔子,也没有途径,难道说是用这种方式尊崇孔子吗? 至于说《孝经》、《论语》、《文言》、《系辞》不记载进《左传》里,也是左氏尊崇孔子,这一曲说谬谈和前一种说法大致相同,不用再分辩。只是按照陆氏所说,以不记载当做尊崇,那么《尚书》中《尧典》、《舜典》记载尧、舜,《大禹谟》、《禹贡》记载大禹,这是史官不尊崇尧、舜、禹了;《诗经》中二南正雅歌咏文王、武王,这是诗人不尊崇周代先王了;孔子修订《诗经》、《尚书》,这是孔子不尊崇尧、舜二帝和夏禹、商汤、周文三王了;这种说法还能解释得通吗? 况且动不动就用孔子作比拟,尤其是学究压服人的老习惯。试问陆氏修志的本心,他对待乐毅、曹彬、韩维等人,是不是认为足够配得上孔子呢?

又引太史公《管晏传赞》有云:"吾读管子《牧民》、《山

高》、《乘马》、《轻重》、《九府》及《晏子春秋》,其书世多有之,
是以不论。"①可见世所有者,不必详也。此说稍近理矣。然
亦不知司马氏之微意,盖重在轶事,故为是言。且诸子著
书,亦不能尽裁入传,韩非载其《说难》②,又岂因其书为世所
有而不载耶? 文入史传,与入方志艺文,其事又异。史传本
记事之文,故裁取须严;而方志艺文,虽为俗例滥入诗文,然
其法既宽,自可裁优而入选也。必欲两全而无遗憾,余别有
义例③,此不复详。

【注释】

①吾读管子《牧民》、《山高》、《乘马》、《轻重》、《九府》及《晏子春
　秋》,其书世多有之,是以不论:语出司马迁《史记》卷六十二《管
　晏列传赞》:"太史公曰:'吾读管氏《牧民》、《山高》、《乘马》、《轻
　重》、《九府》及《晏子春秋》,详哉其言之也。既见其著书,欲观其
　行事,故次其传。至其书,世多有之,是以不论。论其轶事。'"

②韩非载其《说难》:司马迁《史记》卷六十三《老子韩非列传》全文
　收录韩非《说难》。《说难》,《韩非子》第十二篇。

③余别有义例:内容详见本书《方志立三书议》篇。

【译文】

　　又引用司马迁《管晏列传赞》里的话说:"我读管子的《牧民》、《山
高》、《乘马》、《轻重》、《九府》和《晏子春秋》,他们的书世间多有流传,所
以不评论。"可见世上流传的书,不必详细叙述。这种说法稍微接近道
理了。然而也不知道司马氏的精微含义,大概重点在于记载轶事,所以
说这样的话。况且诸子著书,也不能全部载入各人的传,《韩非传》中收
入他的《说难》,又难道因为他的著作世间存在而不载入吗? 文章编入
史传,和编入方志的艺文部分,它们的事体又不相同。史传本来是记事

的文字,所以采录选取必须严格;而方志的艺文部分,虽然被世俗的惯例过度采入诗文,然而它的标准既然宽松,自然可以采取优秀的文章入选。一定要两全其美而没有遗憾,我另外有宗旨和体例阐述,这里不再详细说明。

中华经典名著
全本全注全译丛书
（已出书目）

孙子兵法

墨子

管子

孔子家语

吴子·司马法

商君书

列子

鬼谷子

庄子

公孙龙子（外三种）

荀子

六韬

吕氏春秋

韩非子

山海经

黄帝内经

新书

淮南子

新序

说苑

列仙传

盐铁论

法言

潜夫论

政论·昌言

风俗通义

申鉴·中论

太平经

周易参同契

人物志

博物志

抱朴子内篇

抱朴子外篇

神仙传

搜神记

拾遗记

世说新语

弘明集

齐民要术

颜氏家训

中说

帝范·臣轨·庭训格言

坛经

大慈恩寺三藏法师传

茶经·续茶经

玄怪录·续玄怪录

酉阳杂俎

化书·无能子

梦溪笔谈

北山酒经（外二种）

近思录

焚书